제2판

유럽특허법

박동식

세창출판사

이 도서의 국립중앙도서관 출판예정도서목록(CIP)은 서지정보유통지원시스템 홈페이지(http://seoji.nl.go.kr)와 국가자료공동목록시스템(http://www.nl.go.kr/kolisnet)에서 이용하실 수 있습니다.(CIP제어번호: CIP2016028289)

제2판 머리말

2016년 6월 영국의 유럽연합(EU) 탈퇴 결정은 여러 분야에 걸쳐 많은 영향을 미쳤다. 특허분야에서는 단일특허(Unitary patent) 도입에 대한 유럽연합의 노력이 무산될 위기에 놓였다. 유럽특허법 개정판을 준비하고 있던 나에게도 파장이 밀려왔다. 개정판에서 가장 큰 비중을 차지하던 단일특허에 대한 내용을 삭제하고, 그동안 개정된 규칙들과 관련된 절차에 중점을 두는 것으로 결정해야 했다.

개정판에서는 분할출원, 확대된 유럽조사보고서에 대한 대응, 촉진된 심사 등에 대한 개정 내용을 반영하였고, 디스클레이머, 유럽특허의 승인, 확장, 전환에 대한 내용을 추가하였으며, 보정제도, 한정 및 취소, 유로-PCT출원 등에 대해서는 내용을 심화시켰다.

초판 발행 후에 받았던 질책, 격려, 칭찬이 생각난다. 혹시라도 개정판을 낸다면 초판의 부족함을 완전히 없애리라 다짐했었지만, 마지막 교정을 보면서도 아쉬움이 남는다. 이 책의 부족함을 채우는 것과 오류를 수정하는 것은 또 숙제로 가져가야겠다. 독자 여러분이 숙제를 함께 해결해 주시리라 믿는다.

개정판을 준비할 수 있었던 가장 큰 원동력은 몇 년째 정기적으로 유럽특허를 함께 공부하고 있는 유럽특허연구회의 회원 여러분이다. 저보다 더 많은 지식, 능력, 경험을 가지신 회원분들과 함께 공부할 수 있어서, 좋은 내용들을 개정판에 많이 반영할 수 있었다. 유럽특허연구회 회원들에게 깊은 감사의 마음을 전한다.

오랜 경험을 바탕으로 원고를 잘 다듬어 개정판을 발간해 주신 세창출판사의 임직원 여러분, 책 쓰는 시간을 가질 수 있도록 업무처리를 도와준 특허법인 남촌의 식구들에게도 감사의 마음을 전한다. 가장 많이 양보해 준 시하, 송하, 성희. 사랑한다.

2016년 11월
변리사 박동식

머 리 말

유럽은 국내총생산을 기준으로 세계 최대의 경제권이고, 우리나라에게는 중국 다음인 2번째로 큰 수출시장이다. 기업들이 유럽이라는 매력적인 시장을 공략하기 위해서는 유럽특허제도를 반드시 알아야 할 것이다. 하지만 그동안 우리나라에는 유럽특허에 대해 다룬 책이 거의 없어, 특허업계의 실무자들이 많은 불편을 겪었다. 필자 역시 15년 가까이 유럽특허를 다루어 왔지만, 실무에서 참고할 책이 거의 없어 유럽특허조약, 시행규칙 및 가이드라인을 직접 찾아볼 수밖에 없었다.

목마른 사람이 우물을 판다고, 몇 년 전부터 유럽특허에 대한 실무경험을 바탕으로 우리나라 실무자들이 쉽게 참고할 만한 책을 만들기로 생각했다. 하지만 업무에 바빠 늘 생각만으로 그치다가, EPC 2000이 2007년 12월에 발효된 것을 기회로 작업을 시작했다. 약 1년여의 노력으로 볼품없지만 작은 결실을 맺었다. 필자의 지식이 깊지 못해 내용 중에 오류가 있을 수 있을 것이다. 책 내용에 필자의 생각을 보다 많이 담고 싶었으나 능력이 부족함만 알게 되었다. 하지만 독자 여러분들이 이 책의 내용에 대해 부족함을 언제라도 지적해 주시면 보다 더 좋은 책을 만드는 데 큰 도움이 되리라 생각한다.

참고로 이 책은 2007년 12월 13일자로 발효된 EPC 2000과 시행규칙 및 가이드라인을 기초로 작성되었다. 그 후에 시행규칙 등에 약간의 수정이 있으나, 다 반영하지는 못했고 일부만을 각주에서 설명했다.

마지막으로, 부족한 원고를 잘 다듬어 주신 세창출판사 임직원 여러분, 교정은 보면 볼수록 좋은 책을 만들 수 있다며 여러 번의 교정을 독려하여 주신 형님, 오랫동안 퇴근 후와 주말의 시간을 모두 책쓰기에 할애할 수 있도록 양보해 준 시하, 송하 그리고 성희에게 정말 감사한다.

2009년 5월

변리사 박동식

차 례

‖ 제1장 유럽특허제도 ‖

‖ 제2장 출원 및 출원일의 부여 ‖

‖ 제3장 방식요건 심사 ‖

‖ 제4장 비회원국으로의 특허의 확장 및 승인 ‖

‖ 제5장 출원의 공개 ‖

‖ 제6장 언어—유럽특허출원에 사용되는 언어 ‖

‖ 제7장 유럽조사 ‖

‖ 제8장 유럽특허출원의 요건 ‖

‖ 제9장 청구항 ‖

‖ 제10장 특허성 ‖

‖ 제11장 우선권 ‖

‖ 제12장 심사절차 ‖

‖ 제13장 보 정 ‖

‖ 제14장 특별출원 ‖

‖ 제15장 국제출원(EURO-PCT 출원) ‖

‖ 제16장 유럽특허 및 유럽특허출원의 효과 ‖

‖ 제17장 이　의 ‖

‖ 제18장 한정 및 취소 ‖

∥ 제19장 구두절차 ∥

‖ 제20장 기한(Time limit) 및 기한에 따라 발생되는 문제에 대한 절차 ‖

‖ 제21장 심 판 ‖

‖ 제22장 기 타 ‖

제2판

유럽특허법

제1장

유럽특허제도

Ⅰ. 개 요

유럽특허제도는 유럽특허조약의 회원국(Contracting States) 내에서 유효한 유럽특허(European Patent)를 부여하기 위한 것으로, 유럽특허조약(European Patent Convention)을 근간으로 운영된다. 유럽특허제도에 있어서, 유럽특허조약과 함께 심사가이드라인(Guidelines for Examination)[1)]이 실질적인 지침서 역할을 한다. 심사가이드라인은 유럽특허청(European Patent Office: EPO)의 기본업무를 기술하고 있는데, 유럽특허출원의 방식심사, 실체심사 및 조사를 담당하는 부서 등은 심사가이드라인을 기초로 업무를 수행한다.

Ⅱ. 유럽특허조약

유럽특허조약의 목적은 발명의 보호에 관해 유럽국가 사이의 협력을 강화하고, 발명의 보호가 이들 국가 사이에서 특허의 허여를 위한 통일된 절차와 허여된

1) 이 책은 2016년 6월 기준의 유럽특허조약 본문 제16판과 2015년 10월 14일 기준의 시행규칙 그리고 2015년 11월 기준의 심사가이드라인을 기준으로 한다.

특허를 규율하기 위한 표준 규칙을 통해 얻어질 수 있도록 하는 것이다.

유럽특허조약은 1978년에 발효되었는데, 그 모태는 스트라스부르그(Strasbourg) 조약(1963년)이다. 스트라스부르그조약은 유럽공동체의 이사회에 의해 기본 골격이 만들어졌는데, 그 실질적인 규정들이 그대로 유럽특허조약에 채택되었다. 스트라스부르그조약의 목적 역시 회원국 내에서뿐만 아니라 유럽 전체에서 산업과 발명자를 보호하여 궁극적으로 각 회원국의 이익을 증진하는 데 있다.

유럽특허조약은 1978년 발효 후, 처음으로 2007년 12월 13일자로 일부 개정되었다.[2] 개정 내용의 주요한 것으로, 출원요건의 완화, 청구항 제출의 유예, 사용언어의 자유화, 인용에 의한 출원, 우선권 제도의 변화(대상의 확대, 우선권추가 및 보정), 회원국의 자동지정, 선행기술 제출제도, 속행제도, 권리의 재설정, 특허권자에 의한 특허의 한정 등이 있다.

유럽특허조약의 개정은 유럽특허기구(European Patent Organisation)의 행정이사회(Administrative Council)가 소집하는 회원국의 회의에서 이루어진다. 유럽특허조약의 개정을 위한 회의는 적어도 회원국의 3/4이 참석하여야 유효하다. 유럽특허조약의 개정을 위해서는 회의에 참석하여 투표한 회원국의 3/4이 동의를 해야 한다.[3]

유럽특허는 유럽특허조약하에서 허여된 특허를 말하며, 유럽특허가 허여된 각 회원국에서 다르게 규정하지 않는 한, 회원국에서 허여된 국가특허(national patent)와 같은 조건을 따르고 같은 효력을 가진다.[4] 유럽특허의 허여는 하나 또는 그 이상의 회원국에 대해 요청될 수 있다.[5]

유럽특허의 존속기간은 출원일로부터 20년이다. 유럽특허에 의해 부여되는 권리는 유럽특허공보에 특허허여가 공고된 날로부터 효력이 발생된다. 유럽특허가 허여되면, 지정된 회원국에서는 그 나라에서 허여된 국가특허에 의해 부여되는 것과 동일한 권리가 유럽특허에 대해 주어진다. 유럽특허에 대한 침해는 각각의 국가법에 의해 처리된다.

---

2) 2007년 12월 13일자 유럽특허조약의 개정을 EPC 2000이라 부른다.

3) 조약 제172조.

4) 조약 제2조.

5) 조약 제3조.

Ⅲ. 유럽특허조약의 회원국

유럽특허조약의 회원국은 2016년 5월 기준으로 아래에 기재된 38개국이다. 유럽특허조약의 회원국은 아니지만 확장협약(Extension agreements)을 맺은 확장협약국[6]이 있고, 승인협약(Validation agreements)을 맺은 승인협약국[7]이 있다.

알바니아(AL: 2010.5.1.), 오스트리아(AT: 1979.5.1.), 벨기에(BE: 1977.10.7.), 불가리아(BG: 2002.7.1.), 스위스(CH: 1977.10.7.), 키프로스(CY: 1998.4.1.), 체코(CZ: 2002.7.1.), 독일(DE: 1977.10.7.), 덴마크(DK: 1990.1.1.), 에스토니아(EE: 2002.7.1.), 스페인(ES: 1986.10.1.), 핀란드(FI: 1996.3.1.), 프랑스(FR: 1977.10.7.), 영국(GB: 1977.10.7.), 그리스(GR: 1986.10.1.), 크로아티아(HR: 2008.1.1.), 헝가리(HR: 2003.1.1.), 아일랜드(IE: 1992.8.1.), 아이슬란드(IS: 2004.11.1.), 이탈리아(IT: 1978.12.1.), 리히텐슈타인(LI: 1980.4.1.), 리투아니아(LT: 2004.12.1.), 룩셈부르크(LU: 1977.10.7.), 라트비아(LV: 2005.7.1.), 모나코(MC: 1991.12.1.), 구 유고마케도니아공화국(MK: 2009.1.1.), 몰타(MT: 2007.3.1.), 네덜란드(NL: 1977.10.7.), 노르웨이(NO: 2008.1.1.), 폴란드(PL: 2004.3.1.), 포르투갈(PT: 1992.1.1.), 루마니아(RO: 2003.3.1.), 세르비아(RS: 2010.10.1.), 스웨덴(SE: 1978.5.1.), 슬로베니아(SI: 2002.12.1.), 슬로바키아(SK: 2002.7.1.), 산마리노(SM: 2009.7.1.), 터키(TR: 2000.11.1.).

---

6) 유럽특허조약에 대한 확장협약을 맺은 확장협약국으로 보스니아(Bosnia and Herzegovina)와 몬테네그로(Montenegro)가 있다. 확장협약은 1993년과 2009년 사이에 유럽특허기구가 유럽특허조약의 회원국이 아닌 유럽 국가들과 맺은 것으로, 유럽특허출원인이 정해진 기간 내에 확장을 신청하고 확장료를 납부하면, 해당 유럽특허출원 또는 유럽특허는 이들 국가로 확장되어 원칙적으로 해당 국가 출원 또는 특허와 동일한 효과를 가지고, 해당 국가법에 따르고, 유럽특허청이 유럽특허조약 회원국에 허여한 특허와 같은 보호를 얻을 수 있다.

7) 유럽특허기구는 2010년 이래로, 3개의 비회원국과 승인협약을 맺어, 모로코(Morocco)와 몰도바(Republic of Moldova)에서 승인협약이 시행 중이다. 나머지 나라인 튀니지(Tunisia)에서는 시행되지 않고 있다. 승인협약은 유럽국가에 한정하지 않고 맺는다. 승인협약을 맺은 나라에 유럽특허출원인이 정해진 기간 내에 승인을 신청하고 승인료를 납부하면, 해당 유럽특허출원 또는 유럽특허는 이들 국가에서 승인되어 원칙적으로 해당 국가 출원 또는 특허와 동일한 효과를 가지고, 해당 국가법에 따르고, 유럽특허청이 유럽특허조약 회원국에 허여한 특허와 같은 보호를 얻을 수 있다.

Ⅳ. 유럽특허조약을 위한 조직

1. 유럽특허기구(European Patent Organization)

유럽특허기구는 유럽특허조약에 의해 설립되는데, 행정적 자치권 및 재정적 자치권을 가진다. 유럽특허기구의 기관으로, 유럽특허청과 행정이사회가 있다.

유럽특허기구의 업무는 유럽특허를 허여하는 것인데, 행정이사회에 의해 감독되는 유럽특허청이 유럽특허를 허여하는 업무를 수행한다.[8)]

유럽특허기구는 법인격을 가지고, 각 회원국에서 그 나라의 국가법하에서 법인에게 인정되는 가장 광범위한 법적 능력을 향유한다. 유럽특허기구는 동산 및 부동산을 취득 및 처분할 수 있고 법적 절차의 당사자가 될 수 있다. 유럽특허청장은 유럽특허기구를 대표한다.

2. 유럽특허청

(1) 유럽특허청의 위치

유럽특허청의 본부는 뮌헨에 위치하고, 헤이그에 지국(branch)이 있다. 유럽특허청은 지청(Sub-offices)을 가질 수 있다. 즉 행정이사회의 결정에 의해, 접수 및 연락의 목적으로, 회원국 또는 관련 기구의 승낙을 조건으로 회원국 내에 유럽특허청의 지청이 만들어질 수 있다. 현재 베를린(Berlin), 비엔나(Vienna) 브뤼셀(Brussels)에 지청이 있다. 연락사무소가 룩셈부르크(Luxembourg)와 로마(Rome)에 있다.

유럽특허청에서 유럽특허출원을 접수하는 곳은 뮌헨, 헤이그 그리고 베를린이다. 비엔나 지청은 유럽특허청의 서지사항 데이터 베이스에 대한 업무를 하고 특허정보의 공중에 대한 제공과 관련된 업무를 한다. 브뤼셀 지청은 EU(European Union)의 기관들과 연락업무를 한다.

---

8) 조약 제4조.

(2) 유럽특허청장

유럽특허청은 유럽특허청장에 의해 관리되는데, 유럽특허청장은 다음과 같은 직무와 권한을 가진다.

유럽특허청장은 내부의 행정지시와 공중에 대한 통지의 채택을 포함하는 유럽특허청의 기능을 보장하기 위해 모든 필요한 조치를 취하고, 조약에서 다르게 규정하지 않는 한, 뮌헨에 있는 유럽특허청과 헤이그에 있는 지국에서 각각 어떤 업무가 수행되어야 할지를 규정한다. 유럽특허청장은 또한 예산을 준비하고 집행할 수 있으며, 수정예산도 준비하고 집행할 수 있다. 유럽특허청장은 매년 행정이사회에 관리보고서를 제출하여야 하고, 그 직원들에 대해 감독권을 행사하며, 직원을 임명하고 인사조치할 수 있고 또한 징계권을 행사할 수 있고, 행정이사회에 대해 직원의 징계를 제안할 수 있다.

유럽특허청장은 다수의 부청장(Vice-presidents)에 의해 보조되는데, 유럽특허청장이 부재중이거나 업무가 불가능할 경우에는 부청장 중 한 명이 행정이사회가 정하는 절차에 따라 직무를 대행한다.

(3) 유럽특허청에서 절차를 담당하는 부서

유럽특허청에는 수리부(Receiving Section), 복수의 조사부(Search Divisions), 복수의 심사부(Examining Divisions), 복수의 이의부(Opposition Divisions), 법률부(Legal Division), 복수의 심판소(Boards of Appeal) 및 확대심판소(Enlarged Board of Appeal)가 있다. 유럽특허청은 행정적으로 위의 부서들에 대한 이사회(Directorates-General)들로 분리되고, 법률적 문제와 유럽특허청의 내부 행정을 다루기 위해 규정된 직무가 할당된다.

수리부는 유럽특허출원의 심사에 대해 심사부가 책임을 가지게 될 때까지, 제출서류에 대한 심사와 유럽특허출원의 방식요건에 관해 심사할 책임이 있다.[9] 조사부는 유럽조사를 수행하고, 유럽조사보고서를 작성할 책임이 있다.[10]

심사부는 유럽특허출원에 대한 실체심사에 책임이 있다.[11] 심사부는 심사청구가 제출된 때부터 실체심사의 책임을 진다. 만약 유럽조사보고서가 출원인에게 전달되기 전에 심사청구가 제출되면 출원인으로부터 그 출원을 계속 진행하겠

---

9) 조약 제16조.

10) 조약 제17조.

11) 조약 제18조.

다는 의사표시를 받은 때부터 심사의 책임을 진다. 또한 유럽조사보고서가 출원인에게 전달되기 전에 심사청구가 제출되고, 출원인이 그 출원을 계속 진행하겠다는 의사표시하기를 포기하면, 심사부는 조사보고서가 출원인에게 전달된 때부터 심사책임을 진다. 심사부는 3인의 기술심사관으로 구성된다. 만약 심사부가 결정의 특성상 필요하다고 판단하면, 심사부는 1인의 기술심사관을 추가함에 의해 확대된다.

이의부는 유럽특허에 대한 이의(Opposition)[12]를 심사할 책임을 가진다.[13] 이의부는 3인의 기술심사관으로 구성되는데, 이들 중 적어도 2인은 이의와 관련된 특허의 허여과정에 참여하지 않았어야 한다. 만약 이의부가 결정의 특성상 필요하다고 판단하면, 이의부는 그 특허의 허여를 위한 과정에 참여하지 않은 1인의 기술심사관을 추가함에 의해 확대된다.

법률부는 유럽특허등록부(Register of European Patents)[14]에의 기재사항에 관한 결정과 직업대리인 명부에 대한 등록과 삭제에 관한 결정에 책임이 있다.[15] 법률부의 결정은 법률전문가인 한 명의 구성원에 의해 수행된다.

심판소는 수리부, 심사부 및 이의부, 그리고 법률부의 결정에 대한 불복을 심리할 책임이 있다.[16] 심판소의 구성원은 다음과 같이 정해진다.

수리부 또는 법률부의 결정에 대한 불복에 대해서는 법률전문가인 3인의 구성원으로 구성된다. 심사부의 결정에 대한 불복에 대해서는 결정이 유럽특허출원의 거절 또는 유럽특허의 한정 또는 취소, 허여에 관한 것이고, 4명 이하의 구성원으로 구성된 심사부에 의해 이루어진 경우에는, 기술전문가인 2명의 구성원과 법률전문가인 1명의 구성원으로 구성된다. 결정이 4명의 구성원으로 이루어진 심사부에 의해 이루어졌거나, 심판소가 그 불복의 특성상 필요하다고 판단하는 때에는 기술전문가인 3인의 구성원과 법률전문가인 2인의 구성원으로 이루어진다. 그리고 다른 모든 경우에는 법률전문가인 3인의 구성원으로 구성된다.

이의부의 결정에 대한 불복에 대해서, 심판소는 결정이 3인의 구성원으로 이루어진 이의부에 의해 수행되었을 경우에는, 기술전문가인 2명의 구성원과 법률

---

12) 조약 제99조.

13) 조약 제19조.

14) 조약 제127조.

15) 조약 제20조.

16) 조약 제21조.

전문가인 1인의 구성원으로 구성된다. 결정이 4인의 구성원으로 이루어진 이의부에 의해 이루어졌거나 또는 심판소가 불복의 특성상 필요하다고 판단하는 경우에는 기술전문가인 3인의 구성원과 법률전문가인 2인의 구성원으로 구성된다.

확대심판소는 심판소에 의해 회부된 법률의 관점에 대한 결정, 유럽특허청장에 의해 회부된 법률의 관점에 대한 의견 제공,[17] 심판소의 결정에 대한 재심리청구[18]에 관한 결정에 관하여 책임을 진다.[19]

위의 법률의 관점에 대한 결정 및 의견제공에 대해서는 확대심판소는 법률전문가인 5인의 구성원과 기술전문가인 2인의 구성원으로 구성되어야 한다. 재심리청구에 관한 절차에서는, 확대심판소는 시행규칙[20]에 규정된 것처럼 3인 또는 5인의 구성원에 의해 구성되어야 한다. 확대심판소의 모든 절차에서는 법률전문가인 구성원이 의장이 된다.

3. 행정이사회

(1) 구성원 및 의장의 자격

행정이사회는 회원국의 대표 및 부대표에 의해 구성된다. 각 회원국은 행정이사회에 1명의 대표와 1명의 부대표를 임명할 권리를 가진다. 행정이사회의 구성원은 행정이사회의 절차규칙에 따라 조언자 또는 전문가의 도움을 받을 수 있다.[21]

행정이사회는 회원국의 대표 및 부대표 중에서 1명의 의장과 1명의 부의장을 선출한다. 부의장은 의장이 그 직무를 수행할 수 없을 때 직무상 자동으로 의장을 대신한다. 의장 및 부의장의 임기는 3년으로 하고, 재선출될 수 있다.[22]

(2) 위원회

회원국이 적어도 8개국이 있을 때, 행정이사회는 5명의 구성원으로 된 위원

17) 조약 제112조.
18) 조약 제112a조.
19) 조약 제22조.
20) 규칙 109(2).
21) 조약 제26조.
22) 조약 제27조.

회를 설치할 수 있다. 행정이사회의 의장 및 부의장은 자동으로 구성원이 되고, 나머지 3명은 행정이사회에 의해 선출된다. 행정이사회에 의해 선출된 구성원의 임기는 3년으로 하는데, 재선출될 수 없다. 유럽특허청은 행정이사회 및 그에 의해 설치된 모든 위원회의 직무를 수행하는 데 필요한 직원, 부동산 및 장비를 행정이사회 및 상기 위원회가 사용할 수 있도록 한다.

(3) 행정이사회의 회의

행정이사회의 회의는 그 의장에 의해 소집되는데, 유럽특허청장은 행정이사회의 심의에 참가한다. 행정이사회는 매년 1회의 통상의 회의를 소집하고, 또한 행정이사회는 의장의 발의에 의해 또는 회원국의 1/3의 요청에 의해 회의를 소집한다. 행정이사회의 심의는 의사일정에 근거해야 하고, 절차 규칙에 따라 수행되어야 한다.

유럽특허기구와 세계지적소유권기구(WIPO) 사이에 체결된 합의서에 따라 세계지적소유권기구에서는 행정이사회의 회의에 그 대표를 파견한다. 특허분야에 있어서, 국제절차를 수행할 책임을 지는 다른 정부간 기구로서 유럽특허기구와 합의서를 체결한 정부간 기구에서는, 상기 합의서에 포함된 규정에 따라 행정이사회의 회의에 그 대표를 파견한다. 유럽특허기구에 관련된 활동을 수행하는 다른 정부간 기구 및 국제적 비정부간 기관은 행정이사회가 상호 이해관계가 있는 사항을 토의하는 동안, 행정이사회의 회의에 그 대표가 출석할 수 있도록 초청받을 수 있다.

(4) 행정이사회의 언어

행정이사회의 회의에서는 영어, 프랑스어 및 독일어가 사용되고, 행정이사회에 제출되는 서류 및 그 의사록은 위의 언어로 작성되어야 한다.

(5) 행정이사회의 권한

행정이사회는 유럽특허조약에 규정된 기한, 특허에 관한 국제조약 또는 특허에 관한 유럽공동체의 법령에 일치시킬 것을 목적으로 한 유럽특허조약의 제2부에서 제8부까지 그리고 제10부[23] 및 시행규칙을 개정할 권한을 가진다. 행정이사

---

23) 유럽특허조약 제2부는 실체 특허법, 제3부는 유럽특허출원, 제4부는 특허허여절차, 제5부는

회는 유럽특허조약의 재무규칙, 유럽특허청의 직원과 관련된 규칙, 직원의 연금에 대한 규칙 및 수수료에 관한 규칙 및 행정이사회의 절차 규칙을 채택하거나 개정할 권한을 가진다. 그 외의 행정이사회의 권한은 조약 第33조 3항~5항에 규정되어 있다.

(6) 행정이사회에서의 투표권

행정이사회에서 투표할 권리는 회원국에 한정되고, 조약 第36조의 투표의 가중치가 적용되는 경우를 제외하고, 한 표를 가진다. 행정이사회에서의 결정은 일반적으로 참석하여 투표하는 회원국의 과반수에 의해 이루어진다. 하지만 중요사항에 대한 결정은 참석하여 투표하는 회원국의 3/4에 의해 이루어진다.[24)]

행정이사회의 결정에서 만장일치가 요구되는 경우가 있다. 이는 본 조약의 제2부에서 제8부 및 제10부를 특허에 관한 국제조약 또는 특허에 관한 유럽공동체의 법령에 일치시킬 목적의 결정에서 필요하다. 그리고 이 결정은 모든 회원국이 행정이사회에 대표를 보낸 경우에만 할 수 있다. 또한 이 결정은 그 결정일로부터 12개월 이내에 회원국이 당해 결정에 구속될 의사를 가지지 않은 것으로 선언할 경우에는 그 효력이 생기지 않는다.

(7) 행정이사회의 투표에서의 가중치

수수료에 관한 규칙의 채택 또는 개정에 관하여 그리고 회원국이 부담해야 할 재무상의 부담분이 그에 따라 증가하게 될 경우, 유럽특허기구의 예산의 채택과 그 수정 또는 추가예산과 관련하여, 어느 회원국도 각 회원국에게 하나의 투표권이 인정된 1차 투표 결과에 이어서, 그 투표의 결과가 어떠한 것일지라도, 2차 투표가 즉시 행해지도록 요구할 수 있다. 그 경우 각 회원국에는 아래와 같은 방식으로 투표권이 주어진다. 결정은 2차 투표의 결과에 의해 이루어진다.

2차 투표에서 각 회원국이 가지게 될 표수의 결정은 다음과 같이 이루어진다. 각 회원국의 특별재정분담금에 대한 비율에 대하여 각 회원국이 얻는 백분율은 회원국의 수에 의해 곱해지고 5로 나누어진다. 위와 같이 하여 얻어진 표수는 다음의 상위의 정수까지 절상한다. 이 표수에 추가의 5표가 더해질 수 있다. 다

이의 및 한정절차, 제6부는 심판절차, 제7부는 공통규정, 제8부는 국가법에 대한 영향, 제10부는 특허협력조약하의 국제출원이다.

24) 조약 第35조 2항.

만, 어떤 회원국도 30표보다 더 가질 수 없다.

4. 회원국 장관의 회의

특허문제에 대해 책임 있는 회원국의 장관의 회의는 유럽특허기구와 유럽특허제도에 대한 문제를 논의하기 위해 적어도 5년마다 열린다.[25]

---

25) 조약 제4a조.

제2장

출원 및 출원일의 부여

Ⅰ. 출　원

1. 출원의 제출

(1) 직접 또는 우편에 의한 출원의 제출

유럽특허출원은 직접, 우편 또는 통신의 기술적 수단에 의해 뮌헨, 헤이그 또는 베를린에 있는 유럽특허청의 접수사무실에 서면으로 제출될 수 있다. 비엔나와 브뤼셀에 있는 유럽특허청의 지청은 접수사무실은 아니다. 유럽특허청의 접수사무실 중의 적어도 하나가 서류의 수령을 위해 업무를 하지 않는 날짜는 유럽특허청 관보에 정기적으로 공고된다.

베를린과 뮌헨에 있는 유럽특허청의 접수사무실은 언제라도 사용될 수 있는 자동화된 우편함을 갖추고 있다. 자동화된 우편함은 헤이그에 있는 접수사무실에서는 현재는 이용할 수 없다. 유럽특허출원[분할출원 및 조약 제61조 1항(b)에 따른 출원은 예외]은 회원국의 국가법이 허용한다면 회원국의 중앙산업재산청 또는 다른 관할 당국에 제출될 수 있다.

(2) 팩스에 의한 출원

유럽특허출원은 유럽특허청의 접수사무실이나 회원국의 관할 국가당국에 팩스(Fax)에 의해서도 제출될 수 있다. 현재는 오스트리아(AT), 벨기에(BE), 불가리아(BG), 체코(CZ), 덴마크(DK), 핀란드(FI), 프랑스(FR), 독일(DE), 그리스(GR), 아이슬란드(IS), 아일랜드(IE), 리히텐슈타인(LI), 룩셈부르크(LU), 모나코(MC), 노르웨이(NO), 폴란드(PL), 포르투갈(PT), 산 마리노(San Marino), 슬로바키아(SK), 슬로베니아(SI), 스페인(ES), 스웨덴(SE), 스위스(CH) 및 영국(GB)에 팩스로 제출 가능하다.

이런 기술적 수단을 사용하여 제출된 서류가 판독불가능하거나 또는 불완전한 경우, 그 서류는 판독불가능한 범위 또는 시도된 전송이 실패된 범위까지 수령되지 않은 것으로 취급된다. 이는 송신자에게 가능한 한 빨리 통지되어야 한다.[1)]

만약 유럽특허출원이 팩스에 의해 제출되었다면, 그 서류가 품질이 낮은 경우에만 서면으로 된 확인본(confirmation)이 요청된다. 이 경우 유럽특허청은 2개월의 기간 내에 확인본을 제출할 것을 출원인에게 요청한다.[2)] 만약 출원인이 기한 내에 이 요청에 따르지 못하면, 그 유럽특허출원은 거절된다. 서류의 중복을 방지하기 위해, 출원인은 출원서류의 확인본에 출원번호 또는 그 서류가 제출된 팩스송신일과 당국의 이름을 표시하여야 할 것과 이들 서류가 "팩스에 의해 제출된 출원의 확인본"임을 나타내는 것을 명확하게 하여야 한다.

(3) 전자적 형태의 출원

유럽특허출원과 PCT출원은 온라인 또는 전자적 데이터 캐리어(electronic data carriers)의 전자적 형태로 유럽특허청에 제출될 수 있다.[3)] 유럽특허출원 또는 PCT출원을 구성하는 전자적 형태의 서류는, 다른 소프트웨어의 사용이 허용되지 않는 한, epoline Online Filing 소프트웨어 또는 PaTrAS 소프트웨어를 사용하여 만들어져야 한다. 다른 서류들도 특허심사 절차에서 전자적으로 제출될 수 있다.[4)] 유럽특허출원은 서류의 전자적 형태로의 제출이 허용된 회원국의 관할 국가당국에 전자적 형태로 제출될 수 있다.

특허허여, 이의, 한정, 취소 및 심판에서의 다른 서류들도 전자적으로 제출될 수 있다. 유럽특허출원과 PCT출원 그리고 그 출원에 관련된 다른 서류들은 EPO

1) 2007.7.12. 유럽특허청장의 결정(decision), 유럽특허청 관보 2007, A3 특별판 No.3.
2) 규칙 2(1).
3) 2009.2.26. 유럽특허청장의 결정, OJ EPO 2009, 182.
4) 2009.2.26. 유럽특허청장의 결정, OJ EPO 2009, 182.

case management system과 EPO web-form filing service를 사용하여 제출될 수 도 있다.

(4) 다른 수단에 의한 출원

2003년 1월 1일 현재, 유럽특허출원은 EP-EASY 소프트웨어에 의해 준비된 서면본이 첨부된 디스켓으로 유럽특허청에 더 이상 출원될 수 없다.[5] 이것은 벨기에(BE), 핀란드(FI), 프랑스(FR), 스웨덴(SE), 스위스(CH) 및 영국(GB)의 출원관청에 대한 유럽특허출원의 제출에도 역시 적용된다.

이메일과 같은 다른 수단에 의한 유럽특허출원의 제출은 현재 허용되지 않는다.[6]

(5) 출원의 이송(Forwarding of applications)

회원국의 중앙산업재산청은, 그 나라의 관청 또는 다른 관할 당국에 제출된 출원을, 발명의 비밀에 관련된 국가법과 양립할 수 있는 가장 짧은 시간 내에, 유럽특허청에 이송하여야 한다.

대상물(subject-matter)이 비밀유지 책임이 명백하게 없는 출원의 유럽특허청에 대한 이송은 출원 후 6주의 기한 내에 수행되어야 한다. 비밀유지에 대한 그들의 책임에 대해 더 심사를 요하는 출원에 대해서는, 이 기한이 4개월로 연장되고, 우선권이 청구된 경우에는 우선일로부터 14개월로 연장된다. 하지만 위 6주 또는 4개월의 정해진 기간을 넘어서 수령된 출원은, 그 출원이 출원 후, 또는 적절한 경우 우선일 후 14개월의 종료 전에 뮌헨, 헤이그 또는 베를린에서 수령되는 것을 조건으로 진행되어야만 한다. 14개월의 기간을 넘어서 수령된 출원은 취하된 것으로 간주된다. 권리의 상실이 출원인의 기한 준수의 실패로부터 기인하지 않으므로, 권리의 재설정과 규칙 37(2)하의 기간에 관한 속행은 불가능하다. 하지만 조약 제135조 1항(a)하의 전환청구는 제출될 수 있다.

(6) 출원번호 부여 시스템

2002년 1월 1일 이전에 제출된 출원에 대해서는 다음과 같이 출원번호가 부

---

5) 2002.10.1. 유럽특허청의 고시, OJ 10/2002, 515.

6) 2000.9.12. 유럽특허청의 고시, OJ EPO 2000, 458.

여된다. 전체 출원번호는 9자리로 구성된다. 출원번호의 처음 두 자리(좌에서 우로)는 출원 연도를 표시한다. 마지막(9번째)자리는 체크 숫자(check digit)이다. 출원번호의 3번째 자리 또는 3번째 및 4번째 자리는 출원의 장소를 표시한다. 나머지 자리들은 출원이 출원의 장소에 제출된 순서대로 출원에 연속적으로 번호를 부여하기 위해 사용된다. PCT하에서 출원되고 EP를 지정하는 국제출원(유로-PCT 출원)은 세 번째 자리에 "7", "8" 또는 "9"를 부여받는다.

2002년 1월 1일 이후에 제출된 출원에 대해서는 다음과 같이 출원번호가 부여된다. 이때도 역시 출원번호는 9자리로 구성된다. 출원번호의 처음 두 자리(좌에서 우로)는 출원 연도를 표시한다. 마지막(9번째) 자리는 체크 숫자이다. 그 사이의 나머지 6자리는 6-자리 숫자의 정해진 범위 내의 가장 낮은 숫자부터 시작해서, 출원이 출원의 장소에 도착한 순서대로 출원에 대해 연속적으로 번호를 부여하기 위해 사용된다. 정해진 범위는 출원의 장소를 반영한다. 적절한 경우, 상기 범위는 서면출원과 온라인출원 사이를 구별하도록 두 개의 범위로 다시 나누어진다.

유로-PCT출원에 대해서는, 출원번호 내에서 위에서 언급된 6자리의 전용범위는 3번째 자리에 "7", "8", 또는 "9"를 가지고 출원의 장소나 출원의 방법은 반영하지 않는다.

2. 출원을 할 권한이 있는 자

유럽특허출원은 자연인 또는 법인, 또는 그 규율하는 법에 의해 법인과 동등한 단체에 의해 제출될 수 있다. 유럽특허출원은 한 사람 또는 몇 사람의 이름으로 될 수 있다. 몇 사람이 함께 출원하는 경우 이들을 공동출원인이라고 한다.

출원은 다른 회원국을 지정하는 둘 또는 그 이상의 출원인에 의해 제출될 수도 있다. 첫 번째 출원인은 회원국의 하나의 그룹을 지정하고 두 번째 출원인은 회원국의 다른 그룹을 지정하고, 두 출원인은 회원국의 다른 그룹을 공동으로 지정하는 것도 가능하다.

3. 출원 절차

(1) 접수증 및 확인

유럽특허출원이 제출된 유럽특허청(뮌헨, 헤이그 또는 베를린) 또는 관할 국가

당국은 그 유럽특허출원을 구성하는 서류에 수령의 날짜를 표시하여야 하고 출원인에게 접수증을 발행하여야 한다. 접수증은 지체 없이 발행되어야 하고 적어도 출원번호, 서류의 종류 및 부수 그리고 그 수령일을 포함하여야 한다. 접수증은 또한 출원인 또는 대리인의 포대참조번호(file reference number) 또는 그 출원인을 특정하는 데 유용한 다른 정보를 포함하여야 한다.

온라인으로 제출된 유럽특허출원에 대한 접수증은 제출기간 동안 전자적으로 확인되어야 한다. 위와 같은 확인이 성공적으로 전달되지 않은 것이 명백할 경우, 그 출원이 제출된 당국은 다른 수단으로 그 확인을 즉시 전달하여야 한다.

(2) 회원국의 관할 국가당국에의 출원

만약 출원이 회원국의 관할 국가당국에 제출되면, 그 당국은 지체 없이 유럽특허청에 그 출원을 구성하는 서류의 수령을 통지하여야 하고 그 서류의 종류와 수령일, 출원번호 및 있다면 주장된 우선일을 표시하여야 한다. 관할 국가당국은 표시가 되어 있다면 출원인 또는 대리인의 포대참조번호도 표시하는 것이 권장된다. 실무상으로, 국가관청에 의한 국가안전 확인이 그 출원의 이송을 지연하지 않는 한, 출원자체의 이송에 의해 유럽특허청에 상기 언급된 정보가 제공되는데, 이송이 지연되는 경우, 별도의 통지가 그 관청에서 유럽특허청으로 보내진다.

유럽특허청이 회원국의 중앙산업재산청에 의해 이송된 출원을 수령했을 때, 유럽특허청은 유럽특허청의 수령날짜를 표시하여, 출원인에게 통지한다.[7] 일단 이 통지가 수령되면, 그 출원과 관련해서 추가의 모든 서류는 유럽특허청에 직접 보내져야 한다. 출원 후 14개월의 종료 전 또는 우선일 후 14개월의 종료 전에 그 출원이 회원국의 중앙산업재산청으로부터 유럽특허청에 수령되지 않고 결과적으로 취하된 것으로 간주되는 경우에는 출원인에게 그 사실이 즉시 통지되어야 한다. 이 경우 그 기한 전에 납부된 모든 수수료와 납부된 과태료가 반환되어야 한다.

7) OJ EPO 1990, 306.

II. 출원일의 부여

1. 출원일 부여에 대한 최소한의 요건

유럽특허출원으로서 출원일을 부여받기 위해서는 아래와 같은 최소한의 요건이 있다. 이 요건에 대한 심사는 수리부가 담당한다. 출원일의 부여에 대한 요건심사는 심사부가 심사책임을 지기 전에 수행되어야 하므로, 수리부에 의해 수행된다.

이 요건은 유럽특허를 요청한다는 표시, 출원인을 특정하거나 출원인이 접촉될 것을 허용하는 정보 그리고 상세한 설명 또는 단일의 선출원에 대한 인용(reference)이다.

출원인은 출원일을 부여받기 위해 청구항을 제공할 필요는 없다. 만약 출원이 청구항 없이 제출되었으나, 출원일을 얻기 위한 모든 요건을 만족시키면, 출원인은 추후에 적어도 하나의 청구항을 제공할 것을 요청받는다.[8)]

상세한 설명이 선출원에 대한 인용에 의해 제출된 경우, 상기 인용이 출원일에 대한 권리를 그 출원이 인정받도록 하기 위해 포함해야 할 정보는 다음과 같다. 선출원의 출원일, 그 출원번호, 제출된 관청 그리고 이 인용이 상세한 설명 및 필요한 도면을 대체한다는 표시이다. 출원인은 제출일로부터 2개월 내에 선출원의 인증사본을 제출하여야 한다. 하지만 선출원이 유럽특허청에 직접 제출된 출원 또는 PCT하에서 수리관청으로서 유럽특허청에 제출된 국제출원이면 인증사본이 제출될 필요가 없다. 다른 모든 경우에는 인용으로 된 선출원의 인증사본이 제출일로부터 2개월 내에 제출되어야 한다. 관련된 선출원이 우선권을 주장하고 있는 경우에는, 출원일 관련된 요건과 우선권 요건을 만족시키기 위해 단지 하나의 인증사본만이 필요하다.

특허출원에 대해 인용에 의해 출원된 분할출원에 대해서, 그 특허출원이 유럽특허청에 직접 제출된 출원 또는 PCT하에서 수리관청으로서 유럽특허청에 제출된 국제출원이면, 사본은 유럽특허청에 의해 분할출원의 포대에 자동적으로 포함된다.

---

8) 규칙 57(c) 및 규칙 58.

출원일을 부여받기 위해, 이들 서류가 특별한 양식을 만족시켜야 하는 것은 아니다. 즉 출원일의 부여를 위해 상세한 설명의 내용은 면밀한 정밀조사를 요하지 않는다. 상세한 설명이 출원서류에 포함되어 있다는 것만 확인되면 된다.

유럽특허청의 수리부가 출원서류에 유럽특허를 요청한다는 표시가 없거나,[9] 상세한 설명이나 선출원에 대한 인용이 없는[10] 불비사항을 발견하면, 그 유럽특허출원에 출원일을 부여하지 않고, 출원인에게 통지하여, 그 통지일로부터 2개월의 연장 불가능한 기간 내에 불비사항을 해소하도록 요청한다. 출원인이 기한 내에 불비사항을 해소하지 않으면, 그 출원이 유럽특허출원으로 취급되지 않는다는 통지를 받게 된다. 이 경우 납부된 모든 수수료는 반환된다. 출원인에 관한 정보가 누락되거나 유럽특허청이 출원인과 접촉할 수 없는 경우,[11] 그런 통지가 보내지지 않는다.

출원인이 원본서류의 수령일부터 2개월 내에 자진해서 이와 같은 불비사항을 해소하면, 출원일은 이와 같은 모든 요건을 만족한 날로 된다. 만약 요건이 기간의 종료일에 만족되지 않으면, 그 출원은 유럽출원으로 취급되지 않고, 출원인은 유럽출원에 관련된 모든 서류를 다시 제출하여야 한다.

2. 출원일

유럽특허출원에 부여된 출원일은 그 유럽특허출원이 유럽특허조약의 요건을 만족시킨 날이고, 또

(i) 유럽특허청 또는 관할 국가당국에서 수령한 날, 또는

(ii) 위의 원본서류의 수령일로부터 2개월의 기간까지, 출원인이 불비사항을 해소한 날; 후자의 경우 출원인은 그의 출원에 대해 부여된 출원일을 통지받는다.

위의 (ii)에는 하나의 예외가 있다. 출원이 선출원에 대한 인용에 의해 제출되고, 또 규칙 40(3)에 의해 요청되는 바와 같이 제출일부터 2개월 내에 선출원의 인증사본을 제출하지 못한 경우, 출원인은 다시 유럽특허청의 통지[12]로부터 2개

9) 규칙 40(1)(a).

10) 규칙 40(1)(c).

11) 규칙 40(1)(b).

월의 기간 내에 인증 사본을 제출할 것을 요청받는다. 만약 출원인이 이 2개월 내에 인증사본을 제출하면, 출원일의 인정을 위한 다른 모든 요건을 만족하는 것을 조건으로, 그 출원은 원래의 출원일을 유지한다.

3. 도면 또는 상세한 설명의 일부의 늦은 제출

출원일은 출원일 후에 출원인이 상세한 설명의 일부 또는 도면을 삽입하는 경우 변경될 수 있다.

출원은 제출 시에 출원일이 부여될 수 있는지를 체크하기 위해 심사된다. 만약 이 체크 중에 유럽특허청이 상세한 설명의 일부 또는 도면이 누락된 것을 발견하면, 유럽특허청은 출원인에게 요청일로부터 2개월의 기한 내에 누락된 부분을 제출할 것을 요청하여야 한다. 만약 출원인이 기간 내에, 이 요청에 응하지 않으면, 누락된 부분에 대한 모든 인용은 삭제된 것으로 간주된다.

출원인은 자진해서, 출원일부터 2개월 내에, 상세한 설명의 누락된 일부 또는 도면을 제출할 수 있다. 만약 출원인이 이 기간 내에 누락된 부분을 제출하지 않으면, 누락된 부분에 대한 모든 인용은 삭제된 것으로 간주된다. 만약 원출원일부터 2개월 내에, 출원인이 원래 제출된 출원에서 도면 및/또는 상세한 설명의 일부를 간과했다는 것을 발견하면, 이들을 규칙 56(2)에 따라 자진해서 가능한 한 빨리 제출하여야 한다. 이는 유럽특허청이 그 누락부분을 제출하도록 그에게 요청하지 않으면, 출원인이 추후에 누락 부분을 제출할 수 있는 가능성이 원출원일 후 2개월에 종료되기 때문이다.

4. 출원일 변경

만약 출원인이 절차에 따라 누락된 일부 상세한 설명 또는 도면을 제출하면, 출원일은 유럽특허청에서 그 누락 부분을 받은 날로 된다. 출원인은 새로운 출원일을 통보받는다.

---

12) 규칙 55에 따른 통지.

5. 우선권에 기초한 누락 부분

만약 출원인이 누락된 상세한 설명의 일부 또는 도면을, 위에서 설명된 절차에 따른 제출일 후에 제출한 경우, 아래의 조건들이 만족되는 것을 조건으로, 출원일은 변경되지 않는다.[13]

(i) 적용가능한 기한 내에 누락 부분이 제출됨.

(ii) 출원이 우선권을 청구.

(iii) 출원일의 변경을 피하기 위해 늦게 제출된 부분이 청구된 우선권에 기초한 것이라고 요청하고, 또 그것을 적용가능한 기한 내에 수행.

(iv) 상세한 설명 또는 도면의 늦게 제출된 부분이, 청구된 우선권출원에 완전하게 포함.

(v) 규칙 53(2)하에서 유럽특허청에 대해 사본이 이미 이용가능하지 않는 한, 출원인이 적용가능한 기한 내에 우선권출원의 사본을 제출.

(vi) 우선권 서류가 유럽특허청의 공식언어로 되어 있지 않은 경우, 출원인은, 번역문을 유럽특허청이 이미 이용가능하지 않는 한, 적용가능한 기간 내에 공식언어 중 하나로 번역문을 제출.

(vii) 우선권 서류에 그리고 만약 적용가능한 경우, 그 번역문에, 상세한 설명의 늦게 제출된 누락 부분 또는 도면이 완전하게 포함되고, 그리고 적용가능한 기한 내에 출원인이 표시.

위의 (i)이 만족되지 않는 경우, 그 부분의 늦은 제출은 수행되지 않은 것으로 간주되고 또 출원에서 그에 관한 모든 인용은 삭제된 것으로 간주된다.[14] 이 경우 출원일은 변경되지 않고, 늦게 제출된 부분은 그 출원에 도입되지 않는다.

위에서 설명된 규칙 56(3)에 따른 요청이 위의 요건 (ii)~(iv) 중 하나 또는 그 이상에 맞지 않으면, 규칙 56(2)에 따라 출원일은 유럽특허청이 그 출원의 늦게 제출된 누락 부분을 수령한 날로 변경된다. 유럽특허청은 이것을 규칙 56(2)에 따라 출원인에게 알리는 통지를 보낸다.

---

13) 규칙 56 참조.

14) 규칙 56(4)(a).

6. 선출원에 대한 인용에 의한 출원(Filing by reference to a previous application)

상세한 설명의 제출 대신에, 출원인이 선출원을 인용하여 출원을 할 수 있다. 이 경우에는 상세한 설명이 출원서류에 포함되지 않을 수 있다. 이 경우 출원일을 인정받기 위해, 선출원의 출원일, 그 출원번호 및 선출원이 제출된 관청과, 인용이 상세한 설명과 도면을 대체한다는 진술과 같은 상세 사항을 표시해야 한다. 인용이 된 선출원은 실용신안출원일 수도 있다.

출원인은 출원일부터 2개월 내에 선출원의 인증사본을 제출하여야 한다. 하지만 이러한 요건은 유럽특허청장에 의해 정해진 조건에 따라 선출원이 이미 유럽특허청에 의해 이용가능한 것인 경우 면제된다. 선출원이 다음의 하나이면 인증 사본이 제출될 필요가 없다.[15]

(a) 유럽특허출원

(b) 유럽특허청을 수리관청으로 제출된 국제출원

(c) 중국특허출원 또는 실용신안출원

(d) 일본특허출원 또는 실용신안출원

(e) 한국특허출원 또는 실용신안출원

(f) 미국특허청과의 서류교환협약에 따른 미국특허출원 또는 가출원

만약 선출원이 위에 기재된 것 중 하나이면, 사본은 유럽특허청에 의해 자동적으로 포대에 포함된다.

만약 선출원이 유럽특허청의 공식언어가 아니면, 출원인은 출원일부터 2개월 내에 공식언어 중 하나로 된 번역문을 제출하여야 한다. 만약 선출원의 번역문을 유럽특허청이 이미 이용할 수 있으면, 그 사본이 무료로 포대에 포함될 것이고, 출원인은 그것을 제출할 필요가 없다.

선출원이 유럽특허청의 공식언어 이외의 언어로 되어 있으면, 그 출원은 출원인이 유럽특허청의 공식언어 이외의 언어를 가지는 회원국 내에 거주지 또는 주 영업소를 가지는 자연인 또는 법인 및 외국에 거주하는 그 회원국의 국민인 경우, 출원료의 감면을 받을 수 있다. 출원료의 감면은 선출원에 대한 인용으로서 제출된 경우에도 적용되는데, 선출원이 유럽특허청의 공식언어 이외의 언어로 제

15) 2012.8.9. 유럽특허청장의 결정, OJ EPO 2012, 492.

출되었으나, 청구항은 출원일 이후에 유럽특허청의 공식언어로 제출된 경우에도 출원료의 감면을 받을 수 있다. 이는 출원일의 인정을 위한 필수적 요건이 감면에 대한 권리를 발생시키는 언어로 제공되었기 때문이다.[16]

출원인은 제출된 출원의 청구항을 선출원의 청구항으로 할 것을 표시하는 선택을 할 수 있다. 그런 표시는, 바람직하게는 특허허여청구(Request for Grant)(양식 1001)의 적절한 체크박스에 출원일에 표시되어야 한다. 만약 이 표시가 있으면, 선출원의 청구항은 조사를 위한 기초가 된다.

만약 출원인이 선출원의 청구항을 인용하지 않고, 단지 그 상세한 설명과 필요한 도면만을 인용하면, 출원인은 인용을 제출함과 동시에(즉 출원일에), 청구항을 제출할 수 있다. 만약 출원인이 청구항을 제출하지 않으면, 출원인은 청구항을 제출할 것을 유럽특허청에 의해 요청받는다.

16) G 6/91, OJ 9/1992, 491 준용: 심판소의 판례는 영문자, 일련번호 및 연도를 나타내는 숫자로 구성된다. 영문자 G는 확대심판소의 판례이고, 영문자 J는 심판소 중에서 법률심판소의 판례이고, 영문자 T는 기술심판소의 판례를 나타낸다. 예를 들어, 앞의 판례는 확대심판소가 1991년에 6번째로 한 것이다.

제3장

방식요건 심사

I. 방식심사

1. 개 요

유럽특허출원이 충족시켜야 하고, 수리부에 의한 심사의 대상이 되는 방식요건(Formal requirements)은 다음과 같다.[1]

(i) 대리권(representation);

(ii) 서명;

(iii) 출원의 양식 요건;

(iv) 요약서;

(v) 특허허여청구;[2]

(vi) 우선권 주장;

(vii) 발명자의 지정;

(viii) 필요한 경우, 번역문;

(ix) 적어도 하나의 청구항;

---

1) 조약 제90조 3항.

2) 우리나라의 출원서에 해당된다.

(x) 출원료 및 조사료

위의 요건 외에도 수리부는 다음의 것을 확인할 필요가 있다.

(ⅰ) 발명의 명칭을 확정하기 위해 상세한 설명 및 청구항의 예비적 확인을 수행한다. 발명의 명칭은 공개된 출원에 나타나고, 발명의 기술적 의미를 명확하고 간결하게 진술하고 모든 공상적 단어를 배제하여 부여되어야 한다.

(ⅱ) 적당한 청구료가 적절하게 납부되었는지에 대한 확인을 수행한다.

(ⅲ) 발명이 공인된 국제전시회 등에서 전시된 경우, 전시증명서[3]가 제출되었는지에 대한 확인을 수행한다.

(ⅳ) 생물학적 물질에 관련된 유럽특허출원의 경우에, 기탁에 관한 정보[4]가 완전한지에 대한 확인을 수행한다.

(ⅴ) 뉴클레오티드 및/또는 아미노산 서열에 대한 출원의 경우에, 규정된 서열목록도 제출되었는지의 확인을 수행한다.

위의 요건에 대한 설명과 요건이 만족되지 않았을 때의 절차를 아래에서 설명한다.

2. 대리권

방식심사 담당자는 규정된 바와 같이 대리권이 만족되는지에 관한 요건을 확인해야 한다. 고려되어야 할 주요점은 다음과 같다:

(ⅰ) 회원국 내에 거주지 또는 주 영업소가 없는 출원인이, 권한이 부여된 직업적 대리인 또는 요건[5]을 충족하는 권한이 부여된 법률실무가(legal practitioner)에 의해 대리되어야 할 필요;

(ⅱ) 회원국 내에 거주지가 있거나 주 영업소가 있는 출원인이 고용인(employee)에 의해 대리되는 경우, 그 고용인이 권한을 부여받았다는 것;

(ⅲ) 만약 필요하다면,[6] 위임이 타당하고, 적절하게 서명되고 기간 내에 제

---

3) 규칙 25.

4) 규칙 31(1)(c)와 규칙 31(d).

5) 조약 제134조 8항.

출되어야 한다는 것.

3. 양식 요건(Physical requirements)

특허허여청구, 상세한 설명, 청구항, 도면 및 요약서와 같은 출원을 구성하는 서류가 타당하고 일정한 공개의 목적에 필요한 범위에서, 요건[7]을 만족하는지 그리고 도면에 관한 요건[8]을 만족하는지를 확인하는 것은 수리부의 책임이다.

만족해야 되는 요건 중에서 기술적 지식이 필요한 경우에는, 수리부는 조사부와 상의하고 조력을 받아야 한다. 심사부가 출원의 심사에 대한 책임을 가지게 되면, 심사부도 방식요건에 대한 심사책임을 가지게 된다. 하지만 심사부는 보다 기술적 요건에 대해서 특별한 관심을 기울여야 한다.

수리부는 양식요건에 대한 심사 후에 대체로 2개월의 기한 내에 불비사항을 치유할 것을 출원인에게 요청한다. 출원인이 이 요청을 기한 내에 치유하지 못하면 출원은 거절된다.[9]

늦게 제출된 출원 서류의 양식 요건에 대해서 살펴본다. 출원일 후에 청구항이 제출된 경우 또는 상세한 설명의 누락부분 또는 도면이 출원일 후에 제출된 경우, 이들 늦게 제출된 모든 출원 서류는 양식 요건을 만족시켜야 한다. 결과적으로, 유럽특허청은 첫째는 원본 출원서류의 양식 요건, 그리고 둘째는 늦게 제출된 청구항 또는 상세한 설명의 누락부분 또는 도면에 대해 별도의 표시를 하여야 할 것이다.

늦게 제출된 상세한 설명의 누락부분 또는 도면이 출원일의 변경을 발생시키는 경우, 출원인은 늦게 제출된 상세한 설명의 부분 또는 도면을 출원일의 변경의 통지 후 일 개월까지 취소할 수 있다.[10] 결과적으로, 늦게 제출된 상세한 설명의 누락 부분 또는 도면이 양식 요건에 대한 불비사항을 포함하고, 출원일의 변경을 야기하면, 유럽특허청은 그들의 취소를 위한 일 개월의 기간이 만료될 때까지 기다린다. 그러고 나서 출원인이 기한 내에 그들을 취소하지 않으면, 그들 불비사항

6) 2007.7.12. 유럽특허청장의 결정, 특별판 No. OJ EPO 2007, L.1.

7) 규칙 49(2)에서 (9) 및 (12).

8) 규칙 46.

9) 조약 제90조 5항.

10) 규칙 56(6).

에 대하여 통지를 보내야 한다.

4. 특허허여청구(Request for grant)

특허허여청구는 특별한 양식을 필요로 하지 않지만, 적절한 유럽특허청 양식(양식 1001)으로 만들어져야 한다. 양식 1001의 종이버전은 유럽특허청 또는 출원이 제출되는 관할 국가당국으로부터 무료로 출원인이 이용할 수 있다. 이 양식은 인터넷상으로 유럽특허청 사이트를 통해 이용할 수 있고, 또한 유럽특허청(www.epo.org)으로부터 무료로 얻을 수 있는 epoline Online Filing 소프트웨어에 포함되어 있다. 특허허여청구 양식의 새로운 버전이 발행될 때마다, 유럽특허청의 관보에 공개된다. 최신 버전을 사용하는 것이 권장된다.

수리부는 특허허여청구가 필요한 정보[11]를 포함하고 있는지를 확인하기 위해 그 청구를 심사한다. 특허허여청구의 양식은 필요한 정보를 출원인이 기입하거나 표시하도록 한다. 특허허여청구는 그 양식에 일체로 된 부분이다. 출원인은 규정되어 있는 범위에서 특허허여청구의 불비사항을 정정하는 것이 허용된다.

특허허여청구는 출원인의 성명, 주소 및 국적을 포함해야 하고 그가 거주하는 나라 또는 주 영업소가 있는 나라를 포함해야 한다. 출원이 복수의 출원인에 의해 되는 경우, 각 출원인에 대해 요건이 만족되어야 한다. 방식심사 담당자는 특허를 위한 출원인으로서 기재된 자의 권한을 규율하는 규정에 대하여 고려해야 한다.

거주지 또는 주 영업소가 유럽특허조약 회원국 내에 있고 직업대리인에 의하지 않고 출원을 진행하는 출원인은 그들의 거주지 대신에 통신을 위한 주소를 사용할 수 있다. 통신을 위한 주소는 출원인 자신의 것이고 유럽특허조약 회원국 내에 있어야 한다.

특허허여청구는 출원인 또는 그의 대리인에 의해 서명되어야 한다. 1인 이상의 출원인이 있는 경우, 각 출원인 또는 그의 대리인은 특허허여청구에 서명하여야 한다.

---

11) 규칙 41(2).

5. 발명자의 지정(Designation of inventor)

모든 유럽특허출원은 발명자를 지정하여야 한다. 발명자의 지정은 epoline Online Filing 소프트웨어에 일체로 되어 있다. 출원이 서면으로 제출될 때, 출원인이 발명자가 아니거나 단독의 발명자가 아닌 경우에 발명자의 지정은 별도의 서류로 제출된다. 그렇지 않으면, 발명자의 지정은 특허허여청구 양식의 적절한 체크박스에 x표시를 함에 의해 효력이 발생한다. 발명자의 지정이 별개의 서류에 의해 효력이 발생하는 경우, 유럽특허청 또는 회원국의 중앙산업재산청으로부터 무료로 이용할 수 있는 3개 국어로 된 양식이 사용되어야 한다.

출원인에 의해 지정된 발명자는 항상 포기서가 기간 내에 접수되는 것을 조건으로, 공개된 유럽특허출원, 유럽특허명세서,[12] 그리고 공개된 유럽특허출원에 그의 이름이 기재되지 않은 경우에 유럽특허 등록부, 그리고 결과적으로 유럽특허공보(European Patent Bulletin)에 발명자로서 기재되는 권리의 서면 포기서를 유럽특허청에 제출할 수 있다. 발명자의 지정이 별개의 문서로 제출된 경우, 발명자의 성과 이름 및 발명자의 완전한 주소, 특허에 대한 권리의 근원을 지적하는 진술[13] 및 출원인 또는 그 대리인의 서명을 포함하여야 한다.

양도의 경우, "… 일자 약정에 의해(by agreement dated…)"라는 말이 있어야 하고, 피고용인에 의한 발명의 경우, 발명자가 출원인의 피고용인이라는 기재 그리고 상속의 경우에는, 출원인이 발명자의 상속자라는 기재가 있어야 한다. 발명자의 지정은 출원인 또는 그 대리인에 의해 서명되어야 한다. 유럽특허청은 발명자의 지정에 주어진 정보의 정확성을 검증하지 않는다.

출원인이 발명자가 아니거나 또는 단독의 발명자가 아니면, 수리부는 발명자를 지정하는 서류에 있는 데이터를 발명자에게 송달하여야 한다. 하지만 발명자나 출원인 누구도 이 송달의 누락 또는 송달 내에 포함된 오류를 법에 호소할 수 없다.[14]

---

12) 특허명세서(Patent specification)는 심사를 거쳐 등록되어 유럽특허공보에 공고되는 것으로, 상세한 설명, 청구항 및 필요한 도면을 포함하고, 그 공개되는 표지에는 발명의 명칭, 공개일, 출원일, 출원번호, 등록번호, 특허허여일, 출원인, 발명자, 지정국, 인용문헌의 각종 서지적 사항이 표시된다. 특허명세서에 대해서는 규칙 72에 규정되어 있다.

13) 조약 제81조.

14) 규칙 19(3) 및 (4).

발명자는 출원인에 의해 표시된 주소로 송달받는다. 만약 발명자의 주소가 알려지지 않았거나, 알려지지 않은 새로운 주소로 이사하였기 때문에 통지가 반송되면, 출원인에게 발명자의 새로운 주소를 문의한다. 만약 출원인이 새 주소를 제공하면, 발명자는 그 주소로 송달을 받는다. 그렇지 않으면, 송달에 대한 더 이상의 시도를 하지 않는다.

발명자의 지정이 제출되지 않은 경우, 또는 제출된 발명자의 지정이 불비한 경우(예를 들어, 발명자의 이름 또는 주소 또는 출원인의 서명이 누락), 이는 유효한 제출로 여겨질 수 없기 때문에, 출원인은 출원일 또는 우선일로부터 16개월 내에 불비사항을 해소하지 않으면 그 유럽특허출원은 거절된다는 것을 통지받는다. 이 기한은 공개를 위한 기술적 준비가 완성되기 전에 그 정보가 통지되면 충족된 것으로 간주된다. 만약 불비사항이 기한 내에 수정되지 않으면, 그 출원은 거절되고 출원인은 이를 통지받는다. 조약 제121조 및 규칙 135에 따라 속행이 가능하다.

발명자의 잘못된 지정은 잘못 지정된 자의 동의를 첨부한 요청이 제공됨에 의해 정정될 수 있는데, 그 요청이 그 당사자에 의해 제출되지 않은 경우에는 그 특허의 소유자 또는 출원인의 동의도 첨부되어야 한다. 만약 발명자가 더 지정되려면, 먼저 지정된 발명자의 동의는 필요하지 않다. 정정은 유럽특허청에 대한 절차가 끝난 후에도 요청될 수 있다. 잘못된 지정이 정정된 경우 또 잘못된 지정이 유럽특허등록부에 기재되거나 또는 유럽특허공보에 공고된 경우, 그 정정 또는 취소는 유럽특허공보에 공고되어야 한다.

6. 발명의 명칭(Title of the invention)

특허허여청구는 발명의 명칭을 포함하여야 한다. 발명의 명칭은 그 발명의 기술적 의미를 간결하고 명료하게 진술하여야 하고 또 모든 공상적 단어를 배제하여야 한다. 이런 요건을 명백하게 충족시키지 못하는 것은 방식 심사 동안에 확인될 수 있지만, 심사부의 심사관은 상세한 설명과 청구항에 대한 그의 검토에 비추어 명칭을 재고하여야 하고 거기에 어떤 보정사항이 있으면, 간결할 뿐 아니라, 그 명칭이 발명의 대상을 명확하고 적절하게 표시하도록 만들어야 한다. 그리고 만약 청구항의 카테고리를 변경하는 보정이 되면, 심사부의 심사관은 명칭에서 대응되는 보정이 필요한지 아닌지를 확인하여야 한다.

발명의 명칭에 대해 수리부는 다음의 것을 고려하여야 한다:

(i) 발명을 식별하기 위한 기능을 하지 못하는 개인적 명칭, 공상적 명칭, 비기술적 성질의 "특허(patent)"라는 단어 또는 유사한 용어를 사용하지 않아야 한다;

(ii) 불명료한 약어 "등(etc.)"은 사용하지 않아야 하고 또 그것이 의도하는 것을 커버할 수 있는 것을 표시하도록 대체되어야 한다;

(iii) "방법(method)", "장치(Apparatus)", "화학적 조성물(Chemical Compounds)"과 같은 것으로만 된 명칭 또는 유사한 불명료한 명칭은, 명칭이 그 발명의 기술적 의미를 명확하게 진술하여야 한다는 요건을 만족시키지 못한다;

(iv) 상호 및 상표는 사용되지 않아야 한다. 하지만 수리부는 일반적 상식에 따라 상호 또는 상표인 명칭이 사용되는 때, 개입의 필요가 있다.

시행규칙의 규정에 따른 발명의 명칭을 확정하기 위한 최종 책임은 심사부에 주어진다. 그럼에도 불구하고 수리부는, 가능하면, 명백하게 정보를 제공하지 않거나 오해의 우려가 있는 발명의 명칭을 가지는 출원의 공개를 피하도록 하여야 한다. 따라서 수리부는 발명의 명칭이 위의 규정에 명확하게 부합되지 않는 경우, 출원인에게 통지함이 없이, 직권으로 발명의 명칭을 변경한다. 출원인은 그가 제안한 명칭이 조사부에 의해 승인되었는지에 대해서 유럽조사보고서의 전달 시에 통지를 받는다. 조사부에 의해 승인된 명칭의 문구(유럽특허청의 3개의 공식언어로 된)는 임박한 공개를 알리는 통지에 의해 통지된다.[15] 이 발명의 명칭은 공개되고 유럽특허등록부에 대문자로 기입된다.

7. 금지된 사항

출원은 "공공의 질서(ordre public)" 또는 도덕에 반하는 언급 또는 다른 사항을 포함하지 않아야 한다. 그런 사항은 출원이 공개될 때 삭제되어야 하고, 그 공개된 출원은 삭제된 단어 또는 도면의 위치와 숫자를 표시하여야 한다(도면이 삭제되었을 경우, 고려되어야 할 사항은 양식요건에 대한 것이어야 한다). 수리부는 위

15) OJ 4/1991, 224.

반사항을 포함하고 있는지를 확인하기 위해, 상세한 설명, 청구항 및 도면을 확인하여야 한다. 방식심사를 부적절하게 지연시키지 않도록 하기 위해, 방식심사가 수행되었다면, 방식심사는 출원이 다음의 금지된 사항을 포함하지 않는다는 것을 확인하도록 약식 심사(cursory examination)를 수반하여야 한다. 즉 폭동의 유인 또는 공공의 질서에 반하는 행위의 유인, 인종적 · 종교적 또는 유사한 차별적인 선전, 또는 범죄행위 및 전체적으로 음란한 사항을 구성하는 진술 등이다. 수리부는 간과한 이런 사항에 대해 조사부가 확인한 경우, 이런 사항의 공개가 방지되도록 해야 한다. 출원인은 삭제된 사항에 대해 통지를 받는다. 유럽특허출원에 이런 사항이 있다는 것을 조사부가 수리부에 알린다.

유럽특허출원에는 험담성 진술(Disparaging statements)을 포함하지 않아야 한다.[16] 출원은 출원인 외의 다른 특정한 자의 제품 또는 방법을 험담하는 진술 또는 그런 자의 출원 또는 특허의 장점 또는 유효성을 험담하는 진술을 포함하지 않아야 한다. 하지만 선행기술과의 단순한 비교는 그 자체로는 험담하는 것으로 간주되지 않는다. 약식심사로부터 명백하게 되는 이 범주 내에서 명백하게 나오는 진술 또는 조사부에 의해 발견된 진술은 그 출원이 공개될 때 수리부에 의해 삭제될 수 있다. 의심스러운 경우에는, 그 사항은 심사부의 고려를 위해 남겨져야 한다. 공개된 출원은 삭제된 단어의 위치와 숫자를 표시하여야 하고 유럽특허청은, 요청에 의해, 삭제된 단락의 사본을 제공해야 한다. 출원인은 삭제된 사항에 대해 다시 통지를 받는다.

8. 청구항료(Claims fee)

청구항의 제출 시에 15항 이상의 청구항을 포함하는 유럽특허출원은 15항 이상의 각 청구항에 대하여 청구항료를 납부하여야 한다.[17] 청구항의 순서는 제출 시에 기재되어 있는 순서이다. 만약 출원이 하나 이상의 청구항 세트를 포함하고 있으면, 규칙 45는 가장 높은 숫자의 청구항을 포함하는 청구항 세트에만 적용될 수 있다. 청구항료는 청구항이 제출된 후 1개월 내에 납부되어야 한다. 만약 청구항료가 기한 내에 납부되지 않으면, 그 기한이 준수되지 않은 것을 지적하는

16) 규칙 48(1)(b).

17) 2008.3.6. 행정이사회의 결정 CA/D 2/08.

통지로부터 한 달의 연장될 수 없는 시헤기간 내에 유효하게 납부될 수 있다. 만약 청구항료가 시헤기간 내에 납부되지 않으면, 관련된 청구항은 포기된 것으로 간주되고 출원인은 그 효과를 통지받는다. 만약 납부된 청구항료가 청구항료를 초래하는 모든 청구항을 커버하기에 불충분하고 또 납부된 청구항료가 어느 청구항에 대한 것인지가 지적되지 않은 경우에는, 출원인은 납부된 청구항료가 어느 청구항에 대한 것인지 정하도록 요청받는다. 수리부는 조사부에 포기된 것으로 간주된 청구항을 통지한다. 유럽특허출원의 이송[18]이 출원일 또는 우선일부터 14개월 내에 유럽특허청에 수령되지 않은 경우에만 적절하게 납부된 청구항료가 반환된다.

출원이 선출원에 대한 인용에 의해 제출된 경우와 선출원의 청구항이 제출된 출원의 청구항을 대체하는 것으로 출원 시에 출원인이 표시한 경우에, 청구항료는 제출일부터 한 달 내에 기한이 된다(선출원의 청구항은 사실상 유럽출원일에 나타나므로). 하지만 유럽특허청은, 출원인이 출원일부터 2개월 내에 선출원의 사본을 제출할 때까지는, 납부해야 할 청구항료를 납부하도록 요청하는 통지를 출원인에게 보내지 않는데, 이는 유럽특허청이 얼마나 많은 청구항이 있고, 결과적으로 납부해야 할 청구항료가 있다면 얼마나 되는지를 알게 되는 시점이 이 시점이기 때문이다.

9. 요약서(Abstract)

모든 유럽특허출원은 요약서를 포함하여야 한다. 요약서의 최종적인 내용을 확정하는 것은 유럽특허청의 책임이다. 요약서의 최종적인 내용은 유럽특허청에 의해 결정되어 조사보고서와 함께 출원인에게 전달되어야 하는데, 여기서 실무상 유럽특허청은 조사부를 의미한다. 하지만 제출된 요약서가 그 출원에 속하지 않는다는 것이 명백한 경우, 그리고 이것은 일반적으로 조사부에 의해 확인되고, 출원인은 제출된 서류가 요약서를 구성하지 않는다는 것을 통지받고, 또 출원인이 그 불비사항을 정정하지 않는 한 거절된다.

유럽특허출원이 도면을 포함하고 있으면, 출원인은 출원인이 요약서에 첨부되어야 할 것으로 제안하는 도면 중의 그림을 지적하여야 한다. 이 요건이 충족되

18) 이 책의 제2장, Ⅰ. (5).

지 않는 경우, 조사부는 어느 그림이 공개되어야 할지를 결정한다.

10. 회원국의 지정

(1) 총 론

유럽특허출원의 제출 시에 유럽특허조약의 모든 회원국이 특허허여청구에 지정된 것으로 간주된다. 특허허여청구에 들어 있는 다른 나라들은 무시되어야 한다. 회원국의 지정은 지정료의 납부에 의해서 된다.

유럽특허출원이 공동출원인의 이름으로 된 경우, 각각의 출원인은 다른 회원국을 지정할 수 있다. 각각의 출원인에 의해 지정된 나라에 대해서 모호한 점이 있는 경우, 방식심사의 과정에서 거절이 나올 수도 있다.

(2) 지정료

2009년 4월 1일 및 그 이후에 제출된 유럽특허출원에 대해서는, 지정료가 모든 회원국을 커버하는 균일 지정료이다.[19] 따라서 이들 출원에 대해서는 개별 지정국에 대해 지정료를 부과하는 시스템이 더 이상 적용되지 않는다.

유럽특허출원에 대해서, 지정료는 유럽조사보고서가 유럽특허공보에 공고된 날부터 6개월 내에 납부되어야 한다. 분할출원과 무권리자에 의한 유럽특허출원에 대해 새로 출원된 유럽특허출원[조약 제61조 1항(b)]에 대해서는, 유럽분할출원과 새로 출원된 유럽특허출원에 대하여 작성된 유럽조사보고서가 유럽특허공보에 공고된 날로부터 6개월 이내에 지정료가 납부되어야 한다.

납부된 지정료는, 명백하게 취소된 지정국을 제외하고, 모든 회원국을 커버한다. 지정료가 정해진 기간의 만료 시까지 납부되지 않으면, 그 출원은 취하된 것으로 간주된다. 이 경우 유럽특허청은 출원인에게 권리의 상실을 통지한다. 이 통지에 응답하여, 출원인은 조약 제121조와 규칙 135에 따른 속행을 신청할 수

---

19) 2009년 4월 1일 이전 출원에 대해서는, 지정료는 1개국의 지정료의 7배의 납부에 의해 전체 회원국에 대해 납부된 것으로 간주되었다. 지정료가 어느 지정국에 대하여 기한 내에 납부되지 않은 경우, 그 나라에 대한 지정이 취하된 것으로 간주했다. 만약 특정 회원국에 대한 지정료가 기간 내에 납부되지 않으면, 유럽특허청은 당해 지정의 간주된 취하를 출원인에게 통지하고, 이에 대한 응답으로, 출원인은 이 권리의 부분적 상실에 대하여 속행을 신청할 수 있었다.

있다.

(3) 지정의 취소

하나 또는 그 이상의 회원국의 지정은 특허허여 시까지 출원인에 의해 언제라도 취소될 수 있다. 모든 지정국의 취소는 그 유럽특허출원의 취하간주에 귀결되고 출원인에게 즉시 통지되어야 한다. 어떤 경우에도 유효하게 납부된 지정료는 반환되지 않는다.

회원국의 지정은, 제3자가 유럽특허청에 그가 그 특허출원에 대해 정당한 권리를 가진 자라는 것을 확인하는 절차를 개시했다는 것을 제공한 때로부터, 유럽특허청이 특허허여를 위한 절차를 재개한 날까지 동안에는 취하될 수 없다.

출원인은 유럽특허출원을 제출할 때, 지정을 취하할 수 있는데, 예를 들면 회원국의 선권리(prior rights)와 조약 제139조 3항에 따른 우선권출원이 겹치는 것을 피하기 위해서이다. 취하된 지정에 대한 지정료의 적절한 시간 내의 납부가 그 지정이 재개되도록 하지는 않는다.

유럽단계에 진입하는 유로-PCT출원에 대해서, 만약 지정료 납부 기한이 먼저 만료하였다면, 지정료가 그 출원일 또는 우선일로부터 31개월 내에 납부되어야 한다. 기한 내에 지정료가 납부되지 않은 회원국에 대한 지정은 취하된 것으로 본다. 유럽단계로 진입하는 유로-PCT 출원에 대한 지정료가 기본 기한 내에 납부되지 않은 경우, 그 유럽특허출원은 취하된 것으로 간주된다. 만약 유럽특허청이 유럽특허출원 또는 회원국의 지정의 취하간주가 일어난 것을 발견하면, 출원인에게 권리의 상실을 통지한다. 이 통지에 대한 응답으로, 출원인은 속행을 신청할 수 있다.

11. 출원료 및 조사료

출원인은 출원료와 아래에 언급된 예외에 따른[아래의 항목(iii)을 보시오] 조사료를 납부하여야 한다. 출원료 및 조사료는 다음의 기간 내에 납부하여야 한다.

(i) 항목 (ii) 또는 (iii)이 적용되지 않는 경우, 유럽출원의 출원일로부터 한 달 이내,

(ii) 유럽분할출원 또는 조약 제61조 1항(b)에 따라 정당한 권리자에 의해

제출된 유럽출원에 대해서는, 분할출원 또는 조약 제61조 1항(b)에 따른 정당한 권리자의 특허출원의 출원일로부터 한 달 이내,

(iii) 유로-PCT 출원에 대해서는, 출원일 또는 적용가능한 경우, 가장 빠른 우선권주장일로부터 31개월 이내.

위의 (i) 또는 (ii) 경우의 출원에 관해서, 유럽특허청은 이들 수수료가 납부되었는지를 체크한다. 만약 정해진 시간에 2개의 수수료가 납부되지 않으면, 그 출원은 취하된 것으로 간주된다. 유럽특허청은 출원인에게 규칙 112(1)에 따라 권리의 상실을 통지하고, 출원인은 속행을 신청할 수 있다.

유럽특허청에 의해 부가조사보고서(supplementary search report)가 작성되지 않은 경우에는, 유로-PCT출원에 대해서는 조사료가 요구되지 않는다.[20]

2009년 4월 1일 이후의 출원중 명세서의 페이지가 35페이지를 초과하는 경우에는 출원료에 대해 추가비용이 발생한다. 추가비용은 명세서에서 35페이지를 초과하는 부분에 대해 발생한다. 추가비용은 상세한 설명, 청구항, 도면 및 요약서(1페이지)의 페이지 수에 대해 계산된다. 특허허여청구에 관련된 페이지는 계산되지 않는다.

12. 출원의 번역문

유럽출원의 번역문이 요구되는 것은 유럽특허출원이 유럽특허청의 공식언어가 아닌 언어로 제출된 경우, 유럽출원이 선출원에 대한 인용에 의해 제출되었는데 선출원이 유럽특허청의 공식언어로 되지 않은 경우, 유럽분할출원이 유럽특허청의 공식언어가 아닌 언어로 된 기초가 되는 선출원과 같은 언어로 제출된 경우이다.

앞의 두 경우, 즉 출원의 번역문이 유럽특허청의 공식언어가 아닌 언어로 제출된 경우 규칙 6(1) 또는 선출원에 대한 인용이나 선출원이 유럽특허청의 공식언어가 아닌 경우 규칙 40(3)에 따라 출원일로부터 2개월 내에 유럽특허청에 제출되어야 한다. 세 번째 경우에는 규칙 36(2)에 따라 분할출원의 제출로부터 2개월 내에 번역문이 제출되어야 한다.

---

20) 규칙 159(1)(e).

유럽특허청은 이 요건이 만족되는지를 확인하여야 한다. 만약 출원인이 번역문을 제출하지 않으면, 유럽특허청은 정해진 절차에 따라 2개월의 기간 내에 불비사항을 출원인에게 정정하도록 요청한다. 정해진 기간 내에 번역문을 제출하지 못하면, 그 출원은 취하된 것으로 간주된다. 유럽특허청은 이 권리의 상실을 출원인에게 통지한다.

규칙 40(3) 및 규칙 6(1)하의 번역문의 제출에 대한 기한은, 규칙 58하의 번역문을 제출하지 못한 것을 수정하기 위한 기한이므로, 속행으로부터 모두 제외된다. 결과적으로, 속행은 이 경우에 불가능하다. 하지만 출원인은 번역문 제출에 대한 기한에 따르지 못한 것에 대해 재설정을 청구할 수 있다.[21)]

13. 청구항의 늦은 제출

청구항은 유럽특허출원의 출원일 확정을 위해 필수적인 것은 아니다. 적어도 하나의 청구항의 존재가 유럽출원을 위한 요건이지만, 아래에 설명된 절차에 따라 출원일 후에 한 세트의 청구항이 제출될 수 있다.

유럽특허청은 출원에 적어도 하나의 청구항이 있는지를 확인한다. 만약 그렇지 않으면, 유럽특허청은 두 달의 기간 내에 하나 또는 그 이상의 청구항을 제출할 것을 출원인에게 요청한다. 만약 출원인이 이 기간 내에 청구항을 제출하지 못하면, 그 출원은 거절된다. 출원인은 이 결정을 통지받는다. 청구항 제출에 대한 기한을 준수하지 못한 것에 대한 속행은 할 수 없다. 하지만 출원인은 재설정을 신청하거나 심판을 청구할 수 있다.

최초 출원된 출원서류가 적어도 하나의 청구항을 포함하지 않은 경우, 출원인은 출원일 후에 자진해서 청구항을 제출할 수 있는데, 유럽특허청이 출원인에게 청구항을 제출하도록 요청하기 전이어야 한다. 이 경우 유럽특허청으로부터 규칙 58에 따른 불비사항의 해소를 위한 통지는 주어지지 않는다.

만약 출원인이 유럽특허청의 요청에 대해 한 세트의 청구항을 제출한다면, 그렇게 제출된 청구항은 출원일에 제출된 출원서류(상세한 설명과 도면)에 기초하여야만 한다. 이 요건은 조사단계에서 첫 번째로 확인되어야 한다.

만약 출원이, 선출원에 대한 인용에 의하여 제출되고 또 출원인이 출원일에,

---

21) 조약 제122조 및 규칙 136.

선출원의 청구항이 제출된 그 출원의 청구항을 대체한다는 표시를 하면, 선출원이 출원일에 청구항을 가지고 있는 것을 조건으로, 유럽출원일에 청구항이 제출된 것이고 청구항 제출에 대한 통지는 보내지지 않는다. 이런 절차는 유럽분할출원과 정당한 권리자에 의해 제출된 출원에도 적용된다.

14. 불비사항의 정정

출원의 방식요건에 부합되는지에 대한 심사 중에, 정정되어야 할 불비사항이 있다는 것이 발견되면, 방식심사관은 출원인에게 정해진 기간 내에 그 불비사항을 정정할 수 있는 기회를 주어야 한다. 방식심사관은, 수리부가 방식요건에 대한 불비사항 또는 청구항 내에 표의 포함에 대한 질문에 대해 출원인에게 통지하지 않는 것을 제외하고, 출원에 대한 첫 번째 심사로부터 명백하게 되는 형식적 사항에 대한 모든 거절이유를 출원인에게 그의 첫 번째 보고서에서 거론해야 한다. 예를 들어, 제출을 위한 기간이 만료되지 않은 우선권서류의 제출과 같이, 현재의 상태에서 최종적으로 처리될 수 없는 사항인 경우, 또 한 번의 보고서가 필요할 수도 있다. 만약 출원인이 대리인을 선임하는 것이 요구되는데, 그렇게 하지 않은 경우, 방식심사관은 그의 첫 번째 보고서에서 이 불비사항을 해소하도록 요청하여야 한다. 다른 불비사항에 대한 보정요청은 대리인이 선임될 때까지 보내지지 않고, 대리인에게 보내져야 한다.

다음의 불비사항을 해소하기 위한 기간은 불비사항이 지적된 통지로부터 2개월이다:

(ⅰ) 출원인의 거주지 또는 주 영업소가 회원국 내에 없는 경우에 대리인을 선임하지 않은 경우;

(ⅱ) 출원을 구성하는 서류가 양식 요건에 맞지 않는 경우;

(ⅲ) 특허허여청구(우선권 기준을 제외하고)가 만족되지 않는 경우;

(ⅳ) 요약서가 제출되지 않은 경우;

(ⅴ) 출원의 번역문이 요청되었음에도 제출되지 않은 경우;

(ⅵ) 청구항이 없는 경우.

위의 (ⅰ)-(ⅳ) 또는 (ⅵ)하의 불비사항이 기간 내에 정정되지 않으면, 그 출원은 거절된다. (ⅴ)의 불비사항이 기간 내에 정정되지 않으면, 그 출원은 취하된 것으로 본다. 불비사항에 대한 해소기한을 준수하지 못함으로부터 일어나는, 위에서 언급된 권리의 상실 모두에 대해 속행이 배제된다.

청구항료의 불납, 우선권 서류 또는 선출원의 출원번호의 누락 그리고 출원료, 추가료 및 조사료의 불납 등의 불비사항은 규칙 58 이외의 조항 하에서 정정된다.

위의 청구항료의 납부에 대한 불비사항을 해소하기 위한 기간은 그 불납을 지적한 통지로부터 한 달이다. 정해진 기한 내에 이 불비사항을 정정하지 못하면 당해 청구항이 포기된 것으로 간주된다. 속행이 이 권리의 상실에 대해 적용된다.

위의 우선권서류 또는 선출원의 출원번호가 누락된 불비사항은, 인증사본을 제출하지 않았거나 및/또는 우선권서류의 출원번호를 제출하지 않은 것을 지적하는 통지로부터 유럽특허청에 의해 정해진 기간 내에 정정되어야 한다. 이 기간은 2개월보다 짧거나 4개월보다 더 길어질 수 없다.[22] 정해진 시간 내에 이 불비사항을 정정하지 못하면 우선권이 상실된다. 속행은 이 권리의 상실에 대해서는 배제된다.

출원료, 추가료 또는 조사료를 정해진 기한 내에 납부하지 못하면 그 출원은 취하된 것으로 간주된다. 이 권리의 상실은 적용가능한 기한의 만료에 따라 바로 일어난다. 이 불비사항은 속행을 신청함에 의해 정정될 수 있다. 적절한 경우, 조사부는 권리의 상실을 통지받는다.

II. 방식심사보고서 및 그에 대한 대응

1. 방식심사보고서의 통지

방식심사 후, 수리부 또는 적절한 경우 심사부는 그 출원이 형식적으로 결함이 있다는 것이 밝혀지면 출원인에게 방식심사보고서를 발행한다. 방식심사보고서는 그 출원이 만족시키지 못하는 유럽특허조약의 모든 특정 요건을 표시하여야 하고, 정정될 수 있는 불비사항인 경우에, 출원인에게 정해진 기간 내에 그 불비사항을 정정하도록 요청하여야 한다. 출원인에게, 예를 들면 기한 내에 적절한 대

22) 규칙 132(2).

응을 하지 않음이나 그 불비사항으로 인해, 유럽특허출원이 취하된 것으로 된다, 우선권이 상실된다, 등의 결과를 통지해야 한다.

일반적으로, 해당 불비사항에 대해서는 다음의 예와 같이 절차가 진행된다. 먼저 우선권서류 또는 우선권 번호를 제출하라는 요청과 같은 거절이유를 만족시키기 위해, 그 해소를 위한 기한이 유럽특허청에 의해 정해진다. 그리고 방식적 불비사항을 정정하기 위해 2개월의 확정된 기한이 적용된다.

2. 출원의 보정

유럽조사보고서를 받기 전에, 출원인은 수리부가 특정한 불비사항을 해소하도록 요청한 경우에만 그의 출원을 보정할 수 있다. 특정한 불비사항에는 최초에 제출된 출원에 청구항이 포함되지 않은 경우가 포함된다. 이 경우 출원인은 한 세트의 청구항을 제출함에 의해 그 불비사항을 정정하여야 한다. 유럽조사보고서의 수령 후, 그리고 심사부로부터의 최초 통지의 수령 전, 즉 출원이 수리부에 아직 있는 기간 동안에, 출원인은 자진해서 상세한 설명, 청구항 및 도면[23]을 보정할 수 있다. 조사의견이 규칙 62(1)에 따른 조사보고서를 동반하는 경우, 출원인이 의견서 및/또는 보정서를 제출함에 의해 조사의견에 대응해야 한다. 하지만 그 유럽특허출원은 최초 출원의 내용을 넘어서 확장되는 대상물을 포함하는 방식으로 보정될 수는 없다.

3. 방식에 대한 보정의 심사

수리부는 유럽조사보고서의 수령 전에 출원인으로부터 제출된 보정에 대해 형식적 요건을 심사한다. 이 보정은 수리부에 의해 통지된 불비사항을 해소하여야만 한다. 상세한 설명, 청구항 및 도면은 개시된 불비사항을 해소하기에 충분한 한도 내에서만 보정될 수 있다. 따라서 수리부가 보정된 상세한 설명, 청구항 및 도면을 최초 출원된 그것과 비교하여야 한다. 예를 들어 새로운 상세한 설명이 양식요건이 맞지 않는다는 이유로 거절된 최초 출원된 상세한 설명을 대체하기 위해 제출된 경우, 수리부는 상세한 설명을 비교하여야 하고, 표현의 동일성이 있을

---

23) 규칙 137(2).

때까지 거절이유는 만족되지 않는다. 하지만 최초 출원서류와의 표현의 동일성이 다음의 불비사항을 정정하는 보정에 대한 요건은 아니다.

(i) 출원에 청구항이 존재하지 않는 경우에, 규칙 58에 따라 적어도 하나의 청구항이 제출될 것(이들 청구항은 조약 요건을 만족시켜야만 하나, 이 확인은 수리부와 심사부에 의해 수행된다)

(ii) 도면 또는 상세한 설명의 누락 부분의 제출.

불비사항의 해소를 넘어서 확장되고 또 유럽조사보고서의 수령 전에 제출된 보정은 유럽조사보고서의 수령 시에, 출원인이 그들이 유지될 것을 원한다고 선언하는 것을 조건으로 이 후의 절차에서 고려될 수 있다. 유럽조사보고서의 수령 후, 그리고 출원이 심사부로 전달되기 전에 제출된 보정의 형식적 요건에 대한 심사는 수리부가 담당한다.

4. 유럽특허청에 제출된 서류에서 오류의 정정

유럽특허청에 제출된 서류에서 언어적 오류(errors), 사본의 오류(errors) 및 명백한 실수(mistakes)는 요청에 의해 정정될 수 있다. 이런 보정에 대한 요청은 절차가 유럽특허청에서 진행중이라면 언제라도 될 수 있다. 하지만 만약 정정된 오류가 제3자가 액면 그대로 믿을 수 있는 것으로 기대하는 사항에 관한 것이어서, 정정에 의해 제3자의 권리가 위험해질 수 있으면, 정정에 대한 요청은 되도록 빨리 제출되어야 하고, 또 유럽특허출원의 공개에 포함될 수 있는 시간 내에 제출되어야 한다. 우선권 주장의 정정에 대해서는, 제3자의 이익을 보호하기 위한 관점을 가지는 특정한 규정이 적용되는데, 그 규정은 출원인이 우선권 주장을 정정하도록 허용하고 또 그렇게 할 수 있는 기한을 규정한다. 이것은 정정된 우선권정보가 출원이 공개될 때 이용가능 하도록 한다. 출원인은, 특별히 발명의 공개 이후에, 특정하게 제한된 상황하에서, 착오가 있는 공개된 출원의 표지에 명백히 있는 경우에, 이날 이후에 우선권주장을 정정만 할 수 있다.[24] 이들 각각의 결정은, 우선권 데이터의 정정이 너무 늦어서 그 출원과 함께 공개될 수 없다는 경고가 허

24) J 11/92, OJ 1-2/1995, 25, 아울러 3/91 및 J 2/92, J3/91 및 J 6/91, OJ 6/1994, 375, 365 및 349, 그리고 J7/94, OJ 12/1995, 817을 참조.

용될 수 없다는 EPC 1973하의 상황을 표시한다. 이들 동일한 상황이 EPC 2000하에서, 우선권주장의 수정을 위한 기한[25]의 종료 후에 우선권 주장을 정정하기 위한 청구의 수령에 대해 준용되어 적용된다.

만약 오류가 상세한 설명, 청구항 또는 도면에 있는 경우, 정정은 그 정정으로 제공되는 것 이상의 다른 어떤 것을 의도하는 것이 아니라는 것이 의미상 명백하여야만 한다. 그런 정정은 당업자가 제출된 전체 서류로부터, 상식을 사용하여, 그리고 객관적으로 보여지고 제출일을 기준으로, 직접적이고 불명확하지 않게 할 수 있는 범위 내에 있는 것에 대해서만 효력이 있을 수 있다. 정정이 허용될 수 있는지를 판단하는 데 고려되어야 할 서류는, 출원일의 변경을 가져왔느냐에 상관없이, 상세한 설명의 누락부분 또는 누락도면의 늦게 제출된 부분을 포함하는, 최초에 제출된 출원의 서류들이다. 하지만 규칙 58에 따른 요청에 응하여 출원일 이후에 제출된 청구항은 보정의 유효성을 판단하는 데 사용될 수 없다.

Ⅲ. 심사부로의 서류의 전달

1. 수리부에서 심사부로의 서류의 전달

만약 심사청구가 적절한 기간 내에 제출되고 또는 그 출원에 대해 더 진행하려는 의도가 적절한 기간 내에 표시[26]되면, 수리부는 그 출원을 심사부에 전달하여야 한다. 그렇지 않으면, 수리부는 발생된 권리의 상실을 확인한다.

심사부로 전달된 서류는 다음을 포함하는데, 그중 일부는 종이서류이고, 다른 것들은 대응되는 컴퓨터 서류이다.

(ⅰ) 우선권서류, 번역문 및 보정을 포함하는, 그 출원에 관련하여 제출된 모든 서류;

(ⅱ) 전시회에서의 전시에 관련하여 제출된 인증서 그리고 출원이 생물학적 물질에 관한 것일 때 기탁에 따라 제공된 정보;

(ⅲ) 유럽조사보고서, 만약 적용가능한 경우 조사의견, 조사부에 의해 작성

25) 규칙 52(3).

26) 규칙 70(2).

된 요약서의 내용, 그리고 있다면, 내부 조사기록;

(iv) 유럽조사보고서에서 인용된 서류의 사본, 그리고 공개서류의 사본 2부; 그리고

(v) 모든 관련된 통지. 출원인 또는 발명자에 대한 유럽특허청의 통지의 사본은 대응되는 컴퓨터 서류로만 보관된다. 이들의 가장 중요한 요소는 항상 출력될 수 있고(유럽특허청 양식 1190) 또 종이서류로 둔다.

2. 심사료의 반환

심사료는 심사부가 심사책임을 가지기 전에 유럽특허출원이 취하, 거절 또는 취하간주 되면 전체가 반환된다. 그리고 심사부가 심사책임을 가진 후이지만, 실질심사가 시작되기 전에 만약 유럽특허출원이 취하, 거절 또는 취하간주 되면, 심사료는 75%가 반환된다(이것은 출원인이 기한 내에 조사의견에 대응하지 않은 경우에 적용된다). 출원인이 실질심사가 시작되었는지가 불확실하고 또 만약 출원인이 75%의 반환을 받을 수 있으면 그 출원을 취하하는 것을 원함은 반환을 조건으로 한 취하를 하게 할 수 있다(조건부 취하). 심사의 시작일자는 포대의 공개 부분에 표시되고 그 출원의 공개 후에 유럽특허등록부에 기재되어 포대열람에 대해 제공된다. 공개 전에는 유럽특허청이 출원인의 요청에 따라 제공하고 또 유럽특허청의 MyFiles 서비스를 통해 온라인으로 확인할 수 있다.

3. 심사료의 감면

공식언어로서 영어, 프랑스어 또는 독일어 이외의 언어를 가지는 회원국의 영토 내에 주 영업소 또는 거주지를 가지는 출원인, 그리고 해외에 거주하는 그 국가의 국민의 경우 심사료가 감면된다.[27]

---

27) RFees 제14조 1항 및 규칙 6(3).

Ⅳ. 대 리

1. 대리의 일반사항

(1) 직업 대리인에 의한 대리

유럽특허청에 대한 절차에서 누구도 직업 대리인에 의해 대리되도록 강제될 수 없다. 이것은 예를 들어 출원인, 소유자, 이의신청인과 같은 절차의 모든 당사자에게 해당된다. 하지만 회원국에 거주지 또는 주 영업소를 가지지 않은 당사자(법인 또는 자연인)는 직업 대리인에 의해 대리되어야 한다. 당사자는 모든 절차(출원일의 부여를 위한 모든 행위를 포함하는 출원의 제출을 제외한)에서 이 직업 대리인을 통해 행동하여야 한다. 대리되어야 한다는 것은 직업 대리인의 선임의 통지뿐만 아니라, 적용가능한 경우, 선임된 대리인의 위임장의 제출을 포함하는 적절한 대리를 의미하는 것으로 해석된다.

(2) 피고용인에 의한 대리(Representation by an employee)

회원국 내에 거주지 또는 주 영업소를 가지는 당사자는 유럽특허청에 대한 절차에서 직업 대리인에 의해 대리되는 것이 강제되지 않는다. 그들이 법인 또는 자연인인지에 상관없이, 그들은 피고용인에 의해 대리될 수 있는데, 피고용인은 직업 대리인일 필요는 없으나 위임되어야만 한다. 유럽특허청에 대해 당사자가 직업적으로 대리되기를 원하는 경우, 직업 대리인에 의해서만 될 수 있다. 당사자들은, 그들이 비록 피고용인 또는 직업 대리인에 의해 대리될지라도, 유럽특허청에 대해 직접적으로 행위할 수 있다. 당사자와 대리인으로부터 서로 경합하는 지시가 수령되었을 때, 당사자와 대리인은 각각 그들의 행위를 통보받아야 한다.

(3) 공통 대리(Common representative)

공동 출원인, 특허의 공동 소유자 및 공동 이의신청 또는 참가의 통지가 주어진 한 명 이상의 자는 공통 대리인을 통해서만 행위할 수 있다. 만약 유럽특허의 특허허여청구, 이의신청 또는 참가신청이 공통의 대리인 이름으로 되지 않으면, 해당 서류에서 첫 번째로 이름이 있는 당사자가 공통의 대리인으로 된다. 이 대리인은 법인일 수 있다. 하지만 당사자 중의 하나가 직업 대리인을 선임할 것을 강제받으면, 그 서류에 첫 번째로 이름이 있는 당사자가 직업 대리인을 선임하지 않는 한, 이 대리인이 공통 대리인으로 여겨진다. 만약 절차의 진행 중에, 양도가 하나 이상의 자에게 되고 또 그자가 공통의 대리인을 선임하지 않으면, 앞에서 설명된 규정이 적용된다. 만약 그런 적용이 불가능하면, 유럽특허청은 그자에게 정해진 기간 내에 공통 대리인을 선임할 것을 요청할 수 있다. 만약 이 요청이 만족되지 않으면, 유럽특허청이 공통 대리인을 선임한다.

규칙 151의 적용을 위해, 각 당사자 또는 그의 적절하게 위임된 대리인은 그의 참가를 초래하는 서류(특허허여청구, 이의신청 등)에 서명하여야 한다. 그렇지 않으면 그 당사자는 그 절차에 참여할 수 없고, 따라서 공통 대리인에 의해 대리될 수 없다.

(4) 직업대리인의 명부 및 법률실무가(Legal practitioner)

자연인 또는 법인 또는 법인과 동등한 회사의 직업적 대리는 유럽특허청에 의해 유지되는 명부에 이름이 있는 직업 대리인에 의해서만 될 수 있다. 하지만 회원국 중의 하나에서 특허문제에 대해 직업적 대리인으로 행동하도록 권한이 주어진 범위 내에서, 그 나라에서 자격이 주어지고 그 나라 내에 영업소를 가진 법률실무가에 의해 직업 대리인에 의한 것과 같은 방식으로 직업적 대리가 수행될 수 있다.

(5) 위임장

유럽특허청에 대해 행위를 하는 대리인은 유럽특허청에 의해 정해진 기간 내에 서명된 위임장을 요청에 따라 제출하여야 한다. 만약 조약 제133조 2항의 요건이 만족되지 않으면, 선임의 통지 그리고 적용가능한 경우 위임장의 제출을 위해 동일한 기간이 정해진다. 이와 같이 자신을 증명한 직업 대리인은 특정한 경우에만 서명된 위임장을 제출할 것이 요구된다. 하지만 직업 대리인으로 행동할 권한이 주어진 법률실무가 또는, 직업 대리인은 아니지만 출원인을 위해 행동하는 피고용인은, 서명된 위임장을 제출해야 한다. 유로-PCT절차에서, 이러한 자격으로 고객을 대리하는 자는, 만약 그들이 수리관청으로서 유럽특허청에 유럽특허조약에 의해 확립된 절차를 명백하게 표시하는 위임장을 이미 제출했다면, 서명된 위임장을 제출할 것을 요구받지 않는다. 위임장은 출원인에 의해서도 제출될 수 있다.

대리권의 위임은 유럽특허청에 그 종료가 통지될 때까지는 강제로 유지된다. 대리권의 위임은 반대되는 위임이 제공되지 않은 한 위임자의 사망에 의해서 종료되지 않는다.

(6) 포괄 위임

위임은 하나 이상의 출원 또는 특허를 커버할 수 있다. 또한 위임을 하는 당사자의 모든 특허처리에 관하여 행위할 대리권을 부여하는 포괄 위임장이 제출될 수 있다. 위임의 취하에 대하여 상응하는 절차가 적용된다.

(7) 위임장 제출 요청

직업 대리인으로 행위할 권리가 주어진 법률실무가 또는 직업 대리인은 아니지만 출원인을 위해 행위하는 피고용인의 선임이 제출된 위임 없이 유럽특허청에 통지된 경우에, 그 대리인은 유럽특허청에 의해 정해진 기간 내에 위임장을 제출할 것을 요청받는다. 회원국 내에 거주지 또는 주 영업소를 가지지 않는 당사자가 요건[28]을 충족시키지 못하는 경우에, 그 통지는 그에게 주어진다. 선임의 통지, 그리고 적용가능한 경우, 위임장의 제출을 위해 동일한 기간이 정해진다. 이 기간은 그 사건에 대한 대리인 또는 당사자의 요청에 의해 연장될 수 있다. 만약 위임장이 기간 내에 제출되지 않으면, 유럽특허출원의 제출을 제외하고 대리인에 의해 수행된 모든 절차 단계는, 유럽특허조약에 정해져 있는 다른 법적 결과를 훼손함이 없이, 받아들여지지 않은 것으로 간주된다. 이런 상황은 당사자에게 즉시 통지된다.

2. 서류의 양식

(1) 유럽특허출원을 구성하는 서류

유럽특허를 구성하는 서류, 즉 특허허여청구, 상세한 설명, 청구항, 도면 및 요약서가 만족시켜야 하는 양식요건은 규칙 49에 규정되어 있고 또 도면에 관해서는 규칙 46에 규정되어 있다. 유럽특허청장은 서류의 제출에 대한 특별한 형식적 또는 기술적 요건을 더 규정할 수 있고, 특히 기술적 수단에 의한 서류의 제출

---

28) 조약 제133조 2항.

에 관하여 더 규정할 수 있다. 도면에 관련해서는, "상세한 설명과 청구항의 각 용지의 라인은 5개의 라인마다 번호 매겨지는 것이 바람직한데, 오른쪽의 여백에 대해 왼쪽에 숫자가 표시되도록 한다"라는 규정에 대해 주의가 필요하다.

하나 이상의 출원 또는 특허에 관련(예를 들면 포괄 위임장)되고, 또는 한 명 이상의 당사자에게 통지되어야 하는 서류는, 단지 하나의 사본으로 제출될 필요가 있다. 하지만 제출된 서류(특히, 양식1038)를 수반하는 서신은 그들이 수반하는 서류가 관계되는 각각의 포대에 대해 하나씩의 사본이 제출되어야 한다.

(2) 기타 서류

대체서류와 제출된 서류의 공식언어로의 번역문[29]은 그 출원을 구성하는 서류로서 동일한 요건을 만족시켜야 한다.

앞 단락에서 규정된 서류 외의 서류는 각 페이지의 왼쪽 편에 약 2.5cm의 여백을 가지도록 타이핑되거나 인쇄되어야 한다.

(3) 추가 서류의 제출

유럽특허출원이 제출된 후에, 규칙 50에 규정된 서류는 직접 또는 우편에 의해 제출될 수 있고, 위임장과 우선권서류를 예외로, 유럽특허청의 접수사무실에 팩스에 의해 제출될 수 있다. 이 서류는 디스켓, 텔리텍스(teletex), 이메일, 전보, 텔렉스 또는 유사한 수단에 의해 제출될 수 없다. 만약 유럽특허출원에 관련된 서류가 팩스에 의해 제출되면, 이들 수단에 의해 제출된 서류의 내용을 재생하고 그리고 유럽특허조약에 대한 시행규칙을 만족시키는 서면으로 된 확인서를 유럽특허청으로부터의 요청에 대해 2개월의 기한 내에 제출하여야 한다. 만약 출원인이 기한 내에 이 요청에 응하지 못하면, 그 팩스는 수령되지 않은 것으로 간주된다.[30] 만약 통지된 서류가 품질이 나쁘면, 서면으로 된 확인본이 필요하다.

당사자가 팩스로 조약 제14조 4항을 이용하면, 수반되는 사본이 팩스일 때와 동일한 언어로 제출되어야만 하는데, 이 경우에 그 사본은 팩스 제출일에 수령된 것으로 간주된다. 조약 제14조 4항하의 번역문의 제출에 대해 규칙 6(2)의 기간은 팩스 제출일 다음 날에 시작한다.

---

29) 조약 제14조 2항 또는 규칙 40(3).

30) 2007.7.12. 유럽특허청장의 결정, 특별판 No.3, OJ EPO 2007, A.3 참조.

3. 서류의 서명

(1) 유럽특허출원의 제출 후에 제출된 서류

유럽특허출원의 제출 후에 제출된 부속서류(annexes) 이외의 모든 서류는, 책임 있는 자에 의해 서명되어야 한다. 조약 제133조의 원칙은, 출원인 또는 그의 대리인만이 유럽특허허여 절차에서 행위할 수 있다는 것이다. 유럽특허출원의 제출 후에 제출된 서류는 따라서 이들에 의해서만 유효하게 서명될 수 있다.

우선권서류 또는 그 번역문과 같은 서류는, 별개의 서신에 첨부되거나 또는 적어도 그 서류 자체에 그것이 유럽특허청에 제출되는 것이라는 표시를 가져야 하고, 유럽특허청에 대해 행위하도록 위임받은 자에 의해 적절하게 서명되어야 한다. 예를 들어, 이것은 만약 유럽특허조약에 대한 회원국 중의 하나에 거주지 또는 주 영업소를 가지지 않은 출원인에 의해 서명되었다면, 발명자의 지정에 대해서도 적용된다. 서면에 의한 절차행위의 수행을 확인하는 권한 있는 자의 서명은 그 절차의 상태를 명확히 하는 데 도움이 된다. 이것은 절차의 행위가 유효하게 수행되었는지를 보이고, 또 대리권에 대한 규정의 속임을 방지할 수 있다.

(2) 유럽특허출원의 일부를 구성하는 서류

위의 (1)에 규정된 서류에 추가해서, 유럽특허출원의 일부를 구성하는 서류는 서명되어야 한다. 이들 서류는 특허허여청구, 발명자의 지정 그리고 적용가능한 경우, 대리권의 위임을 포함한다. 유럽특허출원의 전자적 제출의 경우에, 앞에서 언급된 서류에 서명하기 위해, 서명자의 수기 서명의 팩시밀리 이미지, 택스트-스트링 서명(a text-string signature), 또는 강화된 전자서명(an enhanced electronic signature)이 사용될 수 있다. 대리인의 위임장을 예외로 하고, 이 서류들은 출원인 대신에 선임된 대리인에 의해 서명될 수 있다.[31)]

(3) 서명의 형태

자연인 또는 법인이든 간에, 당사자의 이름이 인각된 고무인에는 서명이 첨부되어야 한다. 이니셜(Initials)이나 약자 형태는 서명으로서 받아질 수 없다. 관련 당사자가 법인인 경우, 서류는 그 법인을 대표하여 서명할 것을 의도하는 자에

31) 2007.7.12. 유럽특허청장의 결정 Art. 6, 특별판 No.3, OJ EPO 2007, A.4.

의해 일반적으로 서명될 수 있다. 법인을 대신하여 서명하는 자의 권한은, 서명한 자가 권한이 없다는 것을 믿어야 할 이유가 있는 경우나 서명을 하는 권한의 증거가 요구되는 경우를 제외하고는, 유럽특허청에 의해 확인되지 않는다. 팩스에 의해 서류가 제출된 경우, 그 서류를 제출하는 자의 서명을 원본대로 재생하는 것으로 충분하다. 그의 이름과 직위가 서명으로부터 명확하게 되어야 한다.[32]

(4) 공동 출원인

만약 한 명 이상의 출원인이 있으면, 각 출원인 또는 그의 대리인은 특허허여 청구 그리고 적용가능한 경우, 공통 대리인의 선임에 대해 서명하여야 한다. 이것은 만약 출원인 중의 하나가 공통 대리인으로 여겨질 때도 역시 적용된다. 하지만 공통 대리인은 발명자의 지정 그리고 출원의 제출 후에 제출되는 모든 서류에 서명할 수 있다. 한 명 이상의 출원인을 대표하는 위임은 모든 출원인에 의해 서명되어야 한다.

Ⅴ. 수수료

1. 개 요

유럽특허출원인, 유럽특허의 권리자 등 절차의 당사자는 유럽특허출원 또는 유럽특허와 관련된 수수료를 납부하여야 한다. 이 수수료에는 유럽특허출원에 관한 것, 유럽특허의 유지 및 법적인 치유를 얻기 위한 것 등 다양한 것이 있다. 수수료는 원칙적으로 당사자가 납부하여야 한다. 하지만 수수료는 누구에 의해서도 유효하게 납부될 수 있다.[33] 수수료의 총액, 수수료가 납부되는 방법 및 납부의 날짜는 수수료에 관한 규칙(RFees)에 정해진다.

유럽 및 국제 출원에 대한 주요한 수수료의 액수뿐만 아니라,

- 수수료표 및 수수료에 관련된 규칙의 현재 버전;
- 수수료에 관련된 규칙에 대한 중요한 시행규칙;

---

32) 2007.7.12. 유럽특허청장의 결정, 특별판 No.3, OJ EPO 2007, A.3.

33) Legal Advice No.6/91 rev., OJ 11/1991, 573.

- 수수료와 비용의 납부 및 반환;
- 수수료 및 가격(prices)에 관한 다른 고시(notices); 그리고
- 유럽단계에 진입하는 유로-PCT 출원을 포함하는 국제 출원

에 관한 정보의 비용과 가격, 수수료의 납부에 대한 안내와 수수료에 관련된 규칙으로부터의 요약은 유럽특허청의 관보에 정기적으로 공고된다. 유로화로의 납부를 위한 유럽특허청의 은행계좌를 포함하는 수수료에 대한 정보 및 납부의 방법은 유럽특허청 웹사이트에서 찾을 수 있다.

유럽특허조약과 그에 대한 시행규칙은 수수료의 납부를 위한 기한과 그 기한을 준수하지 못한 법적 결과를 규정한다. 납부기한과 납부하지 못한 것에 대한 법적 결과는 그 절차의 각각의 과정에 대한 설명에서 다루어진다.

2. 납부의 방법

유럽특허청에 대한 수수료는 다양한 방법으로 납부될 수 있다. 먼저 유럽특허청에 대한 수수료납부는 유럽특허청에 의해 유지되는 은행계좌에 대한 납부 또는 이체를 통해 될 수 있다. 또한 뮌헨에 있는 유럽특허청의 기록부에 개설된 예금계좌에 입금을 통해 수수료의 납부가 이루어질 수 있고, 반환되는 수수료의 재할당 요청에 의해 납부될 수 있다. 유럽특허청에 직접 내거나 배달되는 수표에 의한 납부는 2008년 4월 1일부터 폐지되었다.[34]

원칙적으로 결제계좌로부터의 인출은 계좌소유자에 의해 사인된 결제요청에 기초해서 일어난다. 결제요청은 유럽특허청의 온라인 제출 소프트웨어, 새로운 온라인제출(CMS) 또는 온라인 수수료 납부서비스를 사용하여 제출될 수 있다. 결제요청은 종이로 될 수 있는데, 팩스를 통하거나, 유럽특허청 양식 1010, PCT/RO/101 양식 또는 PCT/IPEA/401 양식을 의무적으로 사용하는 웹형식 제출을 통해서 된다.

3. 통 화

유럽특허청에 대한 수수료는 유로화로 납부되어야 한다. 결제요청(Debit

34) OJ EPO 2007, 533 및 OJ EPO 2007, 626.

order)은 유로화로 되어야 한다.

4. 납부일로 간주되는 날짜

(1) 유럽특허기구에 의해 개설된 은행계좌로의 입금 혹은 이체

유럽특허기구의 은행계좌로 실제로 돈이 입금된 날짜가 납부일로 간주된다. 따라서 납부 또는 이체 다음 날이 납부일로 간주되거나 은행 내에서 지연의 경우, 더 늦은 날일지라도 납부일로 간주되는 것이 가능하다. 늦게 납부되었음에도 불구하고, 만약 납부 또는 이체가 회원국에서의 납부에 대한 기한만료 전이고, 적절한 경우 과태료가 납부되면 납부가 기한 내에 된 것으로 간주될 수 있다.

(2) 유럽특허청의 예금계좌

예금계좌에 대한 규정[이하에서는 "ADA(Arrangements for deposit accounts)"라고 약칭한다]과 그들의 부속서류는 OJ EPO 2015에 보충으로 공개되었다. 예금계좌와 관련해서, 예금계좌를 보충하기 위한 납부와 예금계좌에서 인출함에 의해 유럽특허청의 공개 또는 서비스를 위한 비용 또는 수수료의 납부는 서로 분리되어야 한다.

예금계좌를 보충하기 위한 납부는 유로화로 되어야 한다. 다른 통화로의 납부는 자유롭게 환전할 수 있는 경우에만 받아들여질 수 있다. 하지만 예금계좌는, 환율에 따라 환전된 후에 항상 유로화(이 계좌가 유지될 수 있는 단 하나의 통화)로 되어야 한다.

결제요청(debit order)은 명료하고 불명확하지 않아야 한다. 결제요청은, 각각의 수수료 또는 관련된 비용을 포함해서 납부의 목적을 확인하기 위해 필요한 상세 사항을 포함하여야 하고 인출되어야 할 계좌번호를 표시하여야 한다. 심판소는 결제요청이, 그 요구를 하는 자의 의도가 명백하다면 결제요청 내에 불명확한 정보가 있음에도 불구하고 수행되어야 한다는 것을 결정한다. 인출은, 원칙적으로, 그 계좌 소유자에 의해 서명된 서면의 결제요청에 기초하여 일어난다. 온라인 및 팩스 제출을 포함해서, 결제요청이 제출될 수 있는 다양한 방법이 ADA 6.2에 개시되어 있다. 결제요청의 서면 확인은 보내지지 않는다.

유럽특허청 온라인 제출 또는 온라인 수수료 납부에 의해 제출된 납부요청에 대해서, 예금계좌 소유주는 제출일자보다 늦은 날짜에 납부요청이 실행되도록 정할 수 있다. 그 경우 납부일자는 정해진 실행일자로 본다. 납부요청은 제출일자 후에 40일까지 실행될 수 있다.

실행될 결제요청의 취소 통지에 대해서, 늦어도 그 결제요청이 수리된 날짜까지는 유럽특허청에 의해 수리되어야 한다. 이것은 정해진 실행 날짜에 상관없이, 연기된 납부일의 경우에도 적용된다.

예금계좌는 계좌소유자에 의해 또는 계좌소유자를 대신하여 서명된 자동 결제요청에 기초하여 인출될 수 있다. 그런 요청은 출원인 또는 특허소유자 또는 그의 대리인을 위하여 제출될 수 있고, 또 자동 인출절차에 의해 납부될 수 있는 모든 형태의 수수료에 적용되고 자동 결제요청에 정해진 절차에 관하여 납부될 수 있다. 그 절차가 진행됨에 따라 각각의 그런 수수료는 자동적으로 인출되고 또 기한 내에 납부된 것으로 취급된다. 자동 결제요청은 특정 타입의 수수료에 한정되지 않는다. 자동결제 절차 규정(The Arrangements for the automatic debiting procedure)(이하 "AAD")과 설명은 OJ 10/2007에 ADA에 대한 부록 A.1 및 A.2로서 보충으로 공개된다.

5. 수수료에 대한 기일

(1) 기일(Due date)의 정의

유럽특허조약에서 기일(due date)은 특별한 의미를 가지는데, 즉 수수료의 납부가 유효하게 되어질 수 있는 첫 번째 날이고, 그런 납부를 위한 기간의 마지막 날은 아니다. 수수료를 위한 기일은 일반적으로 유럽특허조약의 규정이나 특허협력조약의 규정에 의해 정해진다. 만약 기일이 정해지지 않으면, 그 수수료는 관련된 수수료를 초래하는 서비스에 대한 요청의 수령일이 기일이 된다. 그 수수료는 기일 전에 유효하게 납부되지 않을 수 있다. 이 원칙에 대한 단 하나의 예외는 유지료인데, 유지료는 그 기일 전 3개월 이내에 유효하게 납부될 수 있다.

유효하지 않게 기일 전에 된 납부는 유럽특허청에 의해 반환될 수 있다. 만약 납부가 기일 직전에 된 경우, 유럽특허청은 그 납부를 반환하지 않을 수 있다. 하지만 이 경우 납부는 그 기일에 효력을 발휘한다.

(2) 특정 수수료에 대한 기일

출원료, 조사료 및 지정료는 유럽특허출원이 제출된 날이 기일이다. 심사료는 심사청구가 제출되었을 때가 기일이다. 심사청구는 등록허여청구(양식 1001)를 위해 정해진 양식에 포함되어 있으므로, 심사료는, 만약 유럽특허출원이 규정된 양식 1001로 제출되었다면 유럽특허출원의 출원일에 즉시 납부될 수 있다. 심사료는 유럽특허공보가 유럽조사보고서를 공개한 날부터 6개월의 만료 시까지 납부될 수 있다.

등록 및 공고를 위한 수수료는 이들 수수료를 납부할 것을 요청하는 규칙 71(3)에 따른 통지일이 기일이 된다. 동일한 것이 청구항료에 대해 적용되는데, 청구항료가 규칙 45(1)[35] 및 (2) 또는 규칙 162(1) 및 (2)하에서 이미 납부되지 않은 한 그러하다.

청구항료는 청구항의 첫 번째 세트의 제출 시에 기일이 되는데, 출원일이 될 수도 있고 또는 그 후에 일어날 수도 있다.

한정/취소, 이의, 심판, 재심리에 대한 수수료는 당해 서류(한정신청, 취소신청, 이의신청, 심판청구 및 재심리청구)가 제출된 날이 기일이 된다.

(3) 유지료에 대한 기일

유럽특허출원의 해당년도에 대한 유지료는 매년마다 유럽특허출원의 출원일을 포함하는 달의 마지막 날이 기일이다. 유지료는 유지료가 기일이 되기 3개월 전에는 유효하게 납부될 수 없다. 유효하지 않은 유지료 납부는 유럽특허청에 의해 반환된다. 만약 허용가능한 선납기간 직전에 납부된다면, 유럽특허청은 그 납부를 반환하지 않도록 할 수 있다. 하지만 이 경우 납부는 오직 허용가능한 선납기간의 첫 번째 날에만 효력을 발휘한다. 만약 유지료가 기일 또는 그 전에 납부되지 않으면, 추가 수수료가 납부되는 것을 조건으로, 그 기일로부터 6개월 내에 유효하게 납부될 수 있다. 추가 기간의 계산을 위해 J 4/91를 보라. 출원인은 유지료 납부에 관한 통지의 누락에 대해 법에 호소할 수 없다(유로-PCT 출원에 대해서는 Legal Advice No.5/93 rev., OJ 4/1993, 229 참조). 유럽특허청에 대한 유럽특허출원인의 유지료 납부의무는 유럽출원일로부터 3년차 유지료부터 시작해서, 유럽특허의 등록에 대한 공고가 된 해에 대해 기일이 되는 유지료의 납부로 끝난다.[36] 이 후의 유지료, 즉 유럽특허에 대한 유지료는 승인이 이루어진 회원국의

---

35) 규칙 45(1), 규칙 162(1)에서 기준이 되는 청구항의 개수는 2008년 4월 1일부터 10개에서 15개로 변경되어 적용된다(2008.3.6. 행정이사회의 결정 CA/D 2/08).

36) 조약 제86조 1항; OJ 6/1984, 272.

관할당국에 납부되어야 한다. 유럽특허에 대한 유지료는 회원국 특허청이 자신들의 기준에 따른 수수료를 부과하도록 허용하기 위해 회원국 특허청에 납부될 수 있다. 회원국 특허청은 유럽특허청에 유럽특허에 대해 납부된 유지료의 50%를 전달해야 한다.

회원국에 대한 유지료가 유럽특허허여의 공고일로부터 2개월 이내에 기일이 된다면, 이 유지료는 2개월의 만료 전에 납부되어야 한다. 여기서 2개월은 다른 회원국에서 다른 규정을 가지는 것을 허용하기 위한 안전기간이다.

유로-PCT출원에 대해서는, 3년차에 대한 유지료가 이미 기일이 되었다면, 규칙 159(1)에 따라서 국제출원일 또는 우선권이 있다면 우선일로부터 31개월의 만료까지 기일이 되지 않는다. 이 연기된 기일, 그에 따른 또 다른 기간의 만료(31개월 기한)는 추가의 수수료와 함께 유지료 납부의 추가기간을 계산하기 위한 기초를 형성한다.

유지료 납부에 관한 예를 들면 2008년 5월 12일이 우선일이고, 2008년 11월 13일에 유럽특허출원이 되었다면, 3년차 유지료의 기일은 3년차가 되는 해의 출원일이 있는 달의 마지막 날인 2010년 11월 30일이 된다. 만약 유로-PCT 출원이라면 2010년 12월 12일로 31개월이 만료된다. 따라서 이미 3년차 납부의 기일이 지났다. 하지만 유로-PCT 출원의 유럽단계 진입 시에 3년차를 납부하면 된다. 그리고 2010년 12월 12일로부터 6개월이 만료되는 시점인, 2011년 6월 13일이 추가의 수수료와 함께 유지료를 납부할 수 있는 마지막 날이 된다.

6. 기간 내의 납부

(1) 기본원칙

만약 납부날짜가 관련된 기일의 마지막이나 그 전날이면 또는 규칙 134에 따라 기일이 연장되면, 수수료는 기한 내에 납부된 것으로 간주된다.

(2) 10일 안전납부(Ten-day fail-safe arrangement)

만약 납부자가 유럽특허조약 회원국에서 주어진 수수료의 납부를 위한 기한 내에;

(i) 납부자가 은행 시스템을 통해 수수료의 납부를 했거나,

(ii) 납부자가 납부액을 은행시스템에 이체하도록 요청을 했다는 증거를 유

럽특허청에 제공하면;

비록 언급된 기간의 만료 후에 유럽특허청에 의해 납부액 또는 납부요청이 수령되더라도 납부자는 납부에 대한 기간을 준수한 것으로 간주된다. 하지만 이런 경우에, 수수료의 납부를 위한 기간의 만료 전 10일보다 늦게 납부가 이루어지고, 여전히 그 기간 내이면, 관련된 수수료 또는 수수료들에 10%의 과태료, 하지만 150유로를 초과하지 않는 과태료가 수수료의 납부를 위한 기간이 준수된 것으로 되도록 하기 위해 납부되어야 한다.

Rfees 제7조 3항(a) 및 (b)의 두 번째 절반 문장하의 10일 안전납부는 예금계좌 보충을 위한 납부에 준용된다. 앞의 (i) 및 (ii)하에 규정된 단계 중 하나가 예금계좌를 보충하기 위해 수행되고, 또 적절한 경우, 과태료가 납부되면, 결제요청을 발행함에 의해 납부를 위한 기일에 맞추기 위한 목적으로 이들 단계 중의 하나가 수행된 후 늦어도 10번째 날에 보충된 것으로 간주된다.

수수료가 통상적인 수수료율로 통상적인 기간 내에 납부되거나 필수적인 속행료와 함께 속행을 위한 기간 내에 납부될 수 있는 경우에, 만약 납부를 위한 통상적인 기간은 10일 안전납부가 적용될 때 준수된 것으로 간주되며, 위에서 언급된 속행료는 납부될 필요가 없다.

7. 수수료의 할인

(1) 개 요

유럽특허조약은 특정한 경우에 출원료와 심사료에 대한 할인을 제공한다.[37] 할인은, 그 수수료의 백분율로 Rfees에 확정되어 있다. 수수료가 할인된 경우 —수수료의 반환의 경우와는 다르게— 전체 수수료를 대신하여 할인된 액수가 납부될 수 있다. 수수료의 할인을 위한 실제적인 조건은 납부를 위한 기간이 만료된 날 또는 전에 대해 만족되어야 한다.

---

37) 2014년 4월 1일 이전에는 출원료뿐만 아니라 이의료, 심판료, 한정 또는 취소신청료 및 재심리에 대한 수수료를 감면해 주었다. 2014년 4월 1일 이전의 유럽특허출원, 이의, 심판, 재심 또는 한정 또는 취소신청 그리고 유로-PCT출원에 대해서는, 2014년 4월 1일 이전까지 적용되던 감면이 적용된다.

(2) 언어에 따른 할인

유럽특허출원은 어떤 언어로라도 출원될 수 있다. 만약 유럽특허청의 공식언어가 아닌 다른 언어로 제출되면, 번역문이 제공되어야 한다. 결과적으로 유럽특허출원에 사용될 수 있는 언어는 유럽특허청의 공식언어, 유럽특허청의 공식언어가 아닌 회원국의 공식언어[예를 들면 화란어, 이태리어 또는 스페인어('용인될 수 있는 비유럽특허청언어'라 한다)], 그 밖의 모든 언어(한국어, 중국어, 일본어, 러시아어 등) 등 3종류로 분류할 수 있다.

출원인이 용인될 수 있는 비유럽특허청 언어를 공식언어로 사용하는 회원국의 영토 내에 그 거주지 또는 주 영업소를 가지거나 또는 출원인이 그런 회원국의 국민이면, 기한 내에 제출되어야만 하는 서류는 용인될 수 있는 비유럽특허청 언어로 제출될 수 있다.

2014년 4월 1일 또는 그 이후에 출원된 유럽특허출원이나 유로-PCT출원의 경우에 출원료 및/또는 심사료가 언어조건에 추가해서 출원인이 중소기업, 자연인, 비영리단체, 대학 및 공공연구기관인 경우에는 출원인에게 30% 할인된다.

만약 공동출원인이라면, 각각의 출원인이 위에서 지적된 독립체이거나 자연인이어야 출원료 및/또는 심사료가 감면된다. 출원인이 출원료나 심사료의 감면을 받기 위해서는 유럽특허조약의 규칙 6(4)에 규정된 자임을 선언하여야 한다. 유럽특허청은 이 선언에 대해 무작위로 확인을 하게 되는데, 그 선언의 진실성에 대해서 등록허여 절차에서 합리적인 의혹이 있다면, 유럽특허청은 적절한 증거를 요청할 수 있다.

(3) 출원료의 할인

출원료는 만약 유럽특허출원(즉 적어도 상세한 설명)이 용인될 수 있는 비유럽특허청 언어로 제출되면 할인된다. 다시 말해 유럽특허청의 공식언어가 아닌 회원국의 공식언어로 제출된 경우이다. 또한 출원료의 할인은 공식언어로서 용인될 수 있는 비유럽특허청 언어를 가진 회원국의 국민 또는 거주자에 의해 출원이 제출되었을 때만 적용된다. 예를 들어, 스페인어로 유럽출원을 제출한 멕시코의 국민 또는 거주자는 수수료 할인에 대한 자격이 없고, 또 그의 국적 또는 거주지에 불구하고 한국어로 제출한 출원인도 자격이 없다.

선출원을 인용하여 제출된 출원, 또 인용된 선출원이 용인될 수 있는 비유럽특허청 언어로 되고 또 출원인이 위에서 언급된 거주와 국적 요건을 만족하며 규칙 6(4)에 적합한 경우, 그 출원인은 출원료 할인에 대한 권한이 있다. 수수료의 할인을 위해서는, 출원인이 선출원의 청구항이 해당 출원의 청구항을 대신한다는 요청을 하거나 하지 않거나 문제가 되지 않는다.

분할출원의 경우, 모출원이 용인될 수 있는 비유럽특허청 언어로 출원되고, 분할출원도 동일하게 용인될 수 있는 비유럽특허청 언어로 제출되며 감면을 위한 다른 조건이 만족되는 것과 번역문이 정해진 기간 내에 제출된 것을 조건으로 출원료의 감면이 가능하다.

(4) 심사료의 할인

수수료 감면 적격을 가진 출원인은 만약 심사청구가 용인될 수 있는 비유럽특허청 언어로 제출되면 심사료의 감면이 허용된다. 양식 1001이나 PCT 양식 1200은 용인될 수 있는 비유럽특허청 언어로 된 심사청구를 위한 미리 인쇄된 체크박스를 포함하고 있고 또 규칙 6(6)에 따른 선언이 입력될 수 있다. 이 경우 위 양식에 3개의 유럽특허청 공식언어로 된 심사청구 기재가 체크되므로, 심사청구에 대한 번역문의 제출이 필요하지 않다.

(5) 2014년 4월 1일 이전의 수수료 할인

2014년 4월 1일 이전의 유럽특허, 유럽특허출원, 이의, 심판, 재심 또는 한정 또는 취소신청 그리고 유로-PCT출원에 대해서 적용되던 수수료의 할인에 대해서 설명한다.

먼저, 수수료 할인의 조건으로서 규칙 6(4)가 없었다. 즉 수수료의 할인을 받을 수 있는 출원인이 중소기업, 자연인, 비영리단체, 대학 또는 공공연구기관에 한정되지 않았다.

출원료의 할인을 위해서는 유럽특허출원(적어도 상세한 설명)이 용인될 수 있는 비유럽특허청 언어로 제출되어야 한다. 그리고 공식언어로서 용인될 수 있는 비유럽특허청 언어를 가진 회원국의 국민 또는 거주자에 의해 제출되어야 한다.

심사료는 심사청구가 용인될 수 있는 비유럽특허청 언어로 제출되고 심사청구에 대한 번역문이 유럽특허청의 공식언어로 제출되어야 할인된다. 용인될 수 있는 비유럽특허청 언어로 된 심사청구는, 유럽특허청의 양식 1001이 이미 유럽특허청의 공식언어로 된 심사청구를 위한 미리 인쇄된 체크박스를 포함하고 있고 또 심사청구를 위해 제공되는 체크박스에 허용될 수 있는 비유럽특허청 언어로 심사청구가 들어갈 수 있기 때문에 특허허여청구(양식 1001)의 일부로서 제출될 수 있다.

이의료는 서면으로 된 이의의 이유를 포함하는 이의신청의 번역문으로 유럽특허청의 공식언어로 된 것뿐만 아니라 용인될 수 있는 비유럽특허청 언어로 제출되면 할인된다.[38] 만약 단지 이의절차 동안 이의신청인이 용인될 수 있는 비유럽특허청 언어로 기한 내에 제출되어야만 하는 서류를 제출하면, 그는 수수료의 할인을 받지 못한다.

심판청구료의 할인은, 만약 심판청구서가 번역문으로 유럽특허청의 공식언어로 된 것뿐만 아니라 용인될 수 있는 비유럽특허청 언어로 제출되면 허용될 수 있다.

한정에 대한 수수료와 취소에 대한 수수료의 할인은, 만약 한정 또는 취소 청구가 번역문으로 유럽특허청의 공식언어로뿐만 아니라 용인될 수 있는 비유럽특허청 공식언어로 제출되면 허용된다. 할인의 자격을 받기 위해, 출원인은 용인될 수 있는 비유럽특허청 언어로 규칙 92(2)(a),(b),(c)에 규정된 항목을 제출하여야 한다.

재심리에 대한 수수료의 할인은 만약 번역문으로 유럽특허청의 공식언어로뿐만 아니라 용인될 수 있는 비유럽특허청 공식언어로 재심리청구가 제출되면 허용된다. 할인의 자격을 받기 위해, 출원인은 용인될 수 있는 비유럽특허청 공식언어로 규칙 107(2)에 규정된 항목을 제출해야만 한다.

8. 특별 할인

부가유럽조사보고서에 대한 조사료는, 국제조사기관인 미국, 일본, 중국, 오스트레일리아, 러시아 또는 한국의 특허청에 대한 PCT출원에 대해서 할인된다. 이 경우들에 있어서, 부가조사료는 정해진 액수만큼 할인된다.[39]

부가유럽조사보고서에 대한 조사료는 오스트리아, 핀란드, 스페인 또는 스웨덴의 특허청 또는 노르딕특허기구가 국제조사기관이거나 또는 이들 관청의 하나가 부가 국제조사보고서를 준비하면 PCT출원에 대해 정해진 액수만큼 할인된다.

---

38) T 290/90, OJ 7/1992, 368.

39) OJ 11/2005, 548, OJ 11/2005, 577, OJ 3/2006, 192.

각각의 경우 수수료 할인에 대한 요건들이 만족되는 경우, 수수료 할인은 부가유럽조사보고서의 작성을 위해 납부된 조사료에 대해 단지 한 번 허용된다.

국제출원에 대하여 국제예비심사보고서를 유럽특허청이 작성하는 경우, 그 심사료는, 만약 유럽특허청이 지정관청(선택관청)이라면 50% 할인된다. 만약 진행언어하의 할인을 위한 조건도 만족되면, 심사료는 첫 번째 50%에 더해 20%가 더 할인되어 전체 수수료의 총 60%가 할인된다.

국제출원의 국제조사와 예비심사에 대한 수수료는, 만약 그 출원이 출원의 제출일 또는 요청일에 세계은행에 의해 저소득 국가(low-income ecomony) 또는 하층 중산국가(lower-middle-income economy)로 분류되어 있는 유럽특허조약 회원국이 아닌 나라의 국민과 그 나라의 거주자인 자연인에 의해 제출되면 75%까지 감면된다.[40]

9. 수수료의 반환

(1) 개　요

법적인 근거가 없이 납부된 수수료는 반환될 수 있다. 즉, 유효하지 않게 납부된 수수료는 반환에 대한 조건이 만족되는 경우 납부자에게 신청에 의해 반환된다. 수수료의 납부가 완전히 유효하게 되기 위해서는, 그 납부가 계속 중인 절차에 관련된 것이어야만 하고 또 그 납부가 적절한 시간, 즉 기일 또는 그 이후에 되어야 한다.

(2) 반환의 조건

만약 납부가 진행 중인 유럽특허출원(예를 들면 그 출원이 이미 취하된 것으로 간주되는 특허출원에 대한 것) 또는 진행중인 절차에 관한 것이 아니면, 그 납부에 대한 법적 근거가 없다. 이 경우들에서 납부된 금액은 반환되어야만 한다.

납부가 기일 전 또는 기일에 되고, 또 늦어도 납부일까지는 법적인 근거가 없어지면(예를 들어, 유럽특허출원이 취하간주되거나 취하되기 때문에), 납부액은 반환되어야 한다. 기일 후에 납부되거나 납부에 대한 기한의 만료 전에 납부된 수수료는 특별한 이유가 있는 경우에만 반환된다.

40) OJ EPO 2008, 521.

기간만료 후의 수수료 납부는 유효하지 않고, 이 수수료는 속행에 대한 유효한 신청이 제출되지 않는 한 반환되어야만 한다. 예로서, 속행에 대한 조항하에 규정된 것과 같이 납부된 출원료, 조사료, 지정료 또는 심사료가 있다.

납부된 금액이 수수료보다 더 큰 경우, 그 액수가 작고 또 관련 당사자가 반환을 명백하게 요청하지 않으면 반환되지 않는다. 10유로까지의 액수는 작은 액수라고 결정되었다.[41)]

(3) 특별 반환

1) 조사료의 반환

유럽조사보고서 또는 부가유럽조사보고서에 대한 조사료는, 2014년 7월 1일 또는 그 이후에 제출된 유럽특허출원에 적용되는, 2014년 2월 21일자 유럽특허청장의 결정 OJ EPO 2014, A29와 수수료에 관한 규칙 제9조에 규정된 경우에 반환된다. 조사료의 반환에 대한 기준의 상세한 것은 2009년 1월 9일자 유럽특허청의 통지, OJ EPO 2009, 99에 있다.

2) 추가 조사료의 반환

만약 조사부로부터의 통지에 따라 출원인이 추가 조사료를 납부했지만, 출원인의 요청에 따라 심사부가 추가조사료의 청구에 정당성이 없다는 것을 알게 되면, 추가 조사료는 반환되어야 한다. 동일한 것이 규칙 164(2)에 따라 심사부에 의한 요청에 근거한 조사료를 출원인이 납부하면 적용된다. 이 경우 출원인의 요청에 의해 심사부가 조사료 청구의 정당성을 검토한다.

3) 국제조사료의 반환

국제조사료는 PCT 규칙 16.2, 16.3 및 41과 PCT 하에서 WIPO와 유럽특허기구 사이의 협약 Annex C에 정해진 경우에 반환되어야 한다. 국제출원에 대해 납부된 국제조사료의 반환은 2014년 2월 21일자 유럽특허청장의 결정 OJ EPO 2014, A30에 규정된 한도에서 허여될 것이다. 국제조사료의 반환에 대한 기준의 상세한 것은 2009년 1월 9일자 유럽특허청의 통지, OJ EPO 2009, 99에 있다.

4) 심사료의 반환

심사료는 Rfees 제11조에 규정된 상황에서 반환된다. 만약 국제출원과 유럽특허출원이 OJ 11/1992, 662의 법률고시(Legal Advice)에 의해 규정된 조건에 따

---

41) 2007.7.12. 유럽특허청장의 결정 Art.1, 특별판 No.3, OJ EPO 2007, M.3.

라 통합되면, 유럽특허출원에 대해 납부된 심사료는, 만약 심사부가 두 출원에 대한 심사책임을 가지기 전에 통합되면 전부가 반환되고 통합이 요청되었을 때, 두 출원에 대한 심사책임을 심사부가 이미 가졌지만, 두 번째 출원의 실질심사가 아직 시작되지 않았다면 75%가 반환된다. 이것은 PCT 2장하의 국제예비심사가 된 경우에도 적용한다.

5) 국제예비심사료의 반환

2004년 1월 1일 또는 그 후에 제출된 국제출원에 대해, 유럽특허청은 합리화된 국제예비심사를 중단했다.[42] 결과적으로, '상세한' 심사청구가 요구될 수 없고, 또 합리화된 절차에 대한 수수료 반환은 더 이상 이용되지 않는다.

6) 규칙 37(2)에 따른 반환

만약 관할 국가 당국에 제출된 유럽특허출원이 기한 내에 이송되지 않아 취하된 것으로 간주되면,[43] 모든 수수료, 특히 출원료, 조사료 및 지정료 그리고 제출된 모든 청구항료는 반환된다.

7) 청구항료의 반환 및 등록 및 공고를 위한 수수료의 반환

등록 및 공고를 위한 수수료는 만약 유럽특허출원이 등록결정의 통지 전에 거절되거나, 취하되거나 그 당시에 취하간주되면 반환되어야 한다. 이와 같은 상황이 발생하는 것은, 예를 들면 출원인이 등록 및 공고를 위한 수수료를 납부하였지만, 출원의 취하간주로 되는 청구항료의 불납 및/또는 청구항에 대한 번역문의 미제출의 경우이다.

출원이 거절되면, 반환은 심판이 제기되지 않고 심판청구에 대한 기간이 만료된 후에만 이루어질 수 있다. 출원이 취하간주되면, 반환은 속행에 대한 청구기간이 만료된 후에 그리고 출원인에 의해 속행이 청구되지 않은 경우에만 이루어진다.

(4) 반환의 방법 및 대상

만약 반환받을 자가 유럽특허청에 예금계좌를 유지하고 있다면, 반환은 예금계좌에 대한 예금의 형태로 될 수 있다. 반환은 수표로 될 수도 있다.

수수료는 관련 당사자에게 반환된다. 만약 그 당사자의 대리인이 지불받을

---

42) OJ EPO/2001, 539.

43) 조약 제77조 3항.

것을 위임받으면, 반환이 대리인에게 될 수 있다. 반환은 포대복사에 대한 수수료에 관련된 것을 제외하고는 수수료를 납부한 제3자에게 될 수 없다.

(5) 반환을 대신한 전용

만약 당사자가 서면 요청서를 제출하면, 그 납부금액은 반환되는 대신에 전용될 수 있다. 전용 지시를 수령한 날은 새로운 납부의 목적을 위한 납부일로 된다.

(6) 규칙 71a(5)에 따른 수수료의 적립

규칙 71(3)에 따른 요청에 응답하여 출원인이 등록료와 공고료 또는 청구항료를 이미 납부하였고, 추가로 규칙 71(3)에 따른 요청이 발행되었다면, 상기 납부액은 적립되어야 한다.

이런 경우가 발생하는 것은 다음과 같다. 출원인이 규칙 71(3)에 따른 첫 번째 통지에 대응하여 보정 또는 수정을 하거나, 규칙 71(3)에 따른 통지에서 심사부에 의해 제안된 보정을 반전시킬 것을 요청하고 출원인이, 비록 요청은 없었지만 자진해서 등록료와 공고료 또는 청구항료를 납부하고 이 후에 심사부가 규칙 71(3)에 따른 추가의 통지를 발행하는 경우에 발생할 수 있다. 다음으로, 출원인이 규칙 71(3)에 따른 통지에 대해 허여된 본문을 인정(이는 등록료와 공고료 또는 청구항료에 대한 납부가 필요하다)한 후에, 규칙 71(3)에 따른 추가의 통지를 발생시키도록 심사가 재개된 경우에 발생할 수 있다.

1) 등록료와 공고료의 적립

규칙 71(3)에 따른 첫 번째 통지에 대응하여 납부된 등록료와 공고료의 액수는 두 번째 통지에 대한 같은 수수료를 위해 적립된다. 만약 첫 번째 통지와 두 번째 통지의 사이에 액수가 늘어나면, 그 차액은 두 번째 통지에 대한 응답기간 내에 납부되어야만 한다.

2009년 4월 1일 전에 제출된 유럽특허출원 또는 그날 전에 유럽국내단계로 진입한 국제출원에 대해서, 등록 및 공고를 위한 수수료는 고정된 비용과 35페이지에 더해진 출원의 각 페이지에 관한 비용을 포함한다. 전체 수수료가 첫 번째와 두 번째 통지 사이에서 변하면, 두 번째 통지에 대한 기간 내에 부족분이 납부되어야 하고 초과분은 반환되어야 한다. 초과분이 발생하는 경우의 예는, 두 번째 통지의 기초가 된 출원의 버전이 첫 번째 통지의 기초가 되는 초기버전보다 더 적은 페이지를 가지는 경우이다.

2) 청구항료의 적립

규칙 71(3)에 따른 첫 번째 통지에 대응하여 납부된 청구항료의 액수는 두 번째 통지에 대해 납부되어야 할 청구항료의 액수를 위해 적립된다. 이것과 관련해서 규칙 45하의 출원 또는 규칙 162하의 유럽단계로의 진입을 위해 납부되어야 하는 청구항료와 달리, 계산에서 사용되는 것은 청구항의 숫자가 아니라 납부된 액수라는 것을 알아야 한다.

첫 번째와 두 번째 통지의 사이에 납부되어야 할 청구항료의 액수가 증가되면, 그 차액은 두 번째 통지에 대응하는 기간 내에 납부되어야 한다. 청구항료의 증가는 청구항 하나당의 수수료가 증가되거나 청구항의 개수가 증가함에 의해 또는 이들 모두에 의해 발생할 수 있다.

규칙 71(3)에 대응하여 납부하여야 할 청구항료의 액수를 계산하기 위해 무료청구항의 숫자(15)와 출원 시 또는 유럽단계 진입 시에 청구항료가 납부된 청구항의 숫자는 첫 번째 및 두 번째 통지 모두에서 기초가 된 청구항의 숫자로부터 공제된다. 그 후에 첫 번째 통지에 대응하여 납부된 청구항료의 액수는 두 번째 통지에 대응하여 납부되어야 하는 청구항료 액수에 대하여 적립된다.

3) 등록료와 공고료 그리고 청구항료의 별도의 적립

청구항료에 대한 적립과 등록료 및 공고료에 대한 적립은 별개로 취급된다. 청구항료는 등록료와 공고료에서의 증가에 대해 적립되지 않는다.

4) 속행료와 수수료의 적립

출원인이 규칙 71(3)에 따른 첫 번째 통지에 대하여 속행을 신청한 경우, 속행에 대한 수수료는 규칙 71(3)에 따른 두 번째 통지에 대응하는 수수료 액수의 증가에 대해 적립되지 않는다. 또한 첫 번째 통지에 대해서 납부된 속행에 대한 수수료는 규칙 71(3)의 통지에 대한 속행의 추가신청에 적립되지 않는다.

제4장

비회원국으로의 특허의 확장 및 승인

(Extension and validation of European patent applications and patents)

Ⅰ. 개 요

1. 서 론

유럽특허출원 및 유럽특허에 대해 출원인은 유럽특허청과 확장협약(Extension agreement)을 맺은 유럽국가(확장협약국)로 확장을 요청할 수 있고, 또한 승인협약(Validation agreement)을 맺은 유럽 또는 비유럽국가(승인협약국)에 승인을 요청할 수 있다. 확장협약과 승인협약은 유럽특허기구와 해당 국가 사이에서 체결된 쌍무적인 국제조약이다.

2. 확 장

1993년에서 2009년 사이에 유럽특허기구는 유럽특허조약에 가입하지 않은 10개의 유럽 국가와 유럽특허 확장협약을 맺었다. 현재 확장이 가능한 확장협약국은 보스니아 및 헤르제고비나(BA)(2004.12.1. 이후), 몬테네그로(ME)(2010.3.1. 이후)이다.

슬로베니아(SI)(1994.3.1. 발효~2002.11.30. 종료), 루마니아(RO)(1996.10.15. 발효~2003.2.28. 종료), 리투아니아(LT)(1994.7.5. 발효~2004.11.30. 종료), 라트비아

(LV)(1995.5.1. 발효~2005.6.30. 종료), 크로아티아(HR)(2004.4.1. 발효~2007.12.31. 종료), 전 유고슬라비아 마케도니아공화국(MK)(1977.11.1. 발효~2008.12.31. 종료), 알바니아(AL)(1996.2.1. 발효~2010.4.30. 종료) 및 세르비아(RS)(2004.11.1. 발효~2010.9.30. 종료)와의 유럽특허청의 확장 협약은 이들 국가가 유럽특허조약에 가입한, 2002년 12월 1일(슬로베니아), 2003년 3월 1일(루마니아), 2004년 12월 1일(리투아니아) 및 2005년 7월 1일(라트비아), 2008년 1월 1일(크로아티아), 2009년 1월 1일(전 유고슬라비아 마케도니아공화국), 2010년 5월 1일(알바니아), 2010년 10월 1일(세르비아) 하루 전날에 종료되었다. 하지만 확장 시스템은 이들 날짜 이전에 제출된 모든 유럽 및 국제 출원에의 적용이 계속되고 또 그런 출원에 대해 허여된 모든 유럽특허에 대해 적용이 계속된다.

3. 승 인

2010년 이래로, 유럽특허기구는 3개의 비회원국과 승인협약을 맺었다. 현재 승인협약국은 모로코(MA)(2015.3.1.이후)와 몰도바(MD)(2015.11.1. 이후)이다. 튀니지는 2014년 7월 3일자로 협약은 맺었으나 아직 발효되지 않았다.

II. 확장 및 승인의 신청 등

1. 신 청

확장협약국과 승입협약국에 대한 확장과 승인의 신청은 협약발효 중에 제출된 유럽특허출원에 대해서 이루어진 것으로 간주된다. 이는 유럽특허를 위해 유럽특허청을 지정하고 또 국제출원에서 국가특허를 위해 확장협약국 또는 승인협약국이 지정된 경우에 유로-PCT출원에도 적용된다.

확장신청 또는 승인신청은 모든 확장협약국 및 승인협약국에 대하여 신청된 것으로 본다. 확장신청 또는 승인신청은 공개된 출원에 표시된다. 확장료 또는 승인료가 납부된 이들 국가는 유럽특허등록부와 유럽특허공보에 표시된다.

2. 확장료 및 승인료의 납부

출원인이 그의 출원을 확장협약국으로 확장하는 것 또는 승인협약국에 승인시키는 것을 결정하는 것은 확장료 또는 승인료를 납부함에 의해서이다. 출원인이 확장료 또는 승인료를 납부하기를 의도하는 국가를 표시하기 위해 출원서(양식1001) 또는 유럽특허청에 대한 유럽국내단계 진입을 위한 양식1200의 적절한 부분에 표시하는 것은 단지 정보의 목적이고 또 수수료납부 기록을 위한 의도이다. 정해진 기한 내에 확장료나 승인료가 납부되지 않았다면 확장이나 승인신청은 취하 간주된다.

확장협약국 및 승인협약국의 적용가능한 국가 규정하에서, 확장료 또는 승인료는 아래의 날까지 납부되어야 한다.

(i) 유럽특허출원에 대해서, 유럽특허공보가 유럽조사보고서의 공개를 언급한 날로부터 6개월 내,

(ii) 유로-PCT출원에 대해서, 유럽국내단계로 국제출원의 진입에 필요한 요구사항을 수행하기 위한 기간 내 또는 국제조사보고서의 공개의 날로부터 6개월 중 더 늦은 날까지이다.

3. 확장료 및 승인료의 추가납부

위의 기본 기한 내에 확장료 또는 승인료를 납부하지 못한 경우, 출원인은 50%의 과태료와 함께 아래의 날까지 확장료 또는 승인료를 납부할 수 있다.

(i) 납부에 대한 기본 기한의 만료로부터 2개월의 시혜기간 내,

(ii) 만약 지정료가 납부되지 않았다면, 지정료에 관련된 속행을 위한 유효한 신청의 제출과 함께, 지정료에 관한 권리상실의 통지로부터 2개월 내이다.

만약 출원인이 기본 기한과 시혜기간 동안 확장료 또는 승인료를 납부하지 못하면, 확장신청 또는 승인신청은 취하된 것으로 본다. 이 권리상실에 대한 통지는 없다.

하지만 규칙 39(2) 또는 규칙 159(1)(d)에 따른 지정료를 납부하지 못한 것에 관련된 권리의 상실에 대한 지적은 확장료 또는 승인료의 납부결여에 대한 출원인의 주의를 끌고, 적절한 경우 위의 (ii)에서 언급된 기한을 시작하도록 한다.

2010년 1월 1일 이전에 확장료의 납부에 대한 상기 기본 기간에 관련된 출원에 대해서, 시혜기간 동안 과태료를 더해서 상기 확장료를 유효하게 납부하는 선택은 존재하지 않는다. 이런 케이스들에서 기한 내의 납부 실패는 상기 확장료에 관한 권리상실의 통지를 따르는, 오직 조약 제121조 및 규칙 135에 따른 속행절차에 대한 유효한 신청의 제출과 함께 치유될 수 있다. 조약 제122조와 규칙 136에 따른 권리의 재설정에 대한 신청은 확장료 또는 승인료의 납부에 대해서는 불가능하다.

4. 확장 또는 승인된 특허출원 및 특허의 효력

유럽특허의 출원인이 확장신청 또는 승인신청을 하고 확장료 또는 승인료를 적절한 기한 내에 납부하면, 유럽특허출원 또는 유로-PCT출원 또는 특허는 확장협약국 또는 승인협약국으로 확장 또는 승인되고, 원칙적으로 국가 출원 및 특허와 동일한 효력을 가지고, 국가법에 따르고, 그리고 기본적으로 유럽특허조약의 회원국에 대해 유럽특허청이 허여한 특허와 같은 보호를 받는다.

5. 분할출원에 대한 확장 및 승인

분할출원에 대한 확장 또는 승인의 신청은 분할출원이 제출되었을 때, 각각의 신청이 모출원에서 여전히 효력 있을 경우에만 되어진 것으로 간주된다. 분할출원의 제출 시에 모출원에 지정된 모든 확장협약국 및 승인협약국은 분할출원에 지정된 것으로 간주된다.

Ⅲ. 확장 및 승인과 국가법

확장협약국 또는 승인협약국의 영토 내에서 확장 또는 승인 요청이 제출된 유럽특허출원 또는 확장협약국 또는 승인협약국 내에서 승인된 유럽특허의 효력은 국가법에 기초한다. 유럽특허조약, 그 시행규칙 그리고 수수료에 관한 규칙의 조항은, 이들 조항이 적용가능한 국가법에 의해 준용되지 않는 한 그리고 그 범위 내에서 확장 또는 승인시스템에 적용되지 않는다.

따라서 출원인의 법적 치유 및 심판에 관련된 유럽특허조약 조항은 확장료 또는 승인료가 정해진 적용가능한 기한 내에 납부되지 않은 경우, 확장 또는 승인 절차 하에서 유럽특허청에 의해 수행된 행위에 관하여 적용되지 않는다. 유사하게, 확장 및 승인협약에 시행규칙 138(다른 나라에 대한 다른 청구항, 상세한 설명 및 도면)은 적용되지 않으므로, 청구항, 상세한 설명 또는 도면이 확장협약국 또는 승인협약국에 관하여 다른 것이 인정될 수 없다.

Ⅳ. 기 타

1. 확장신청 또는 승인신청의 취하

확장 또는 승인에 대한 신청은 언제라도 취하될 수 있다. 만약 유럽특허출원 또는 유로-PCT 출원이 최종적으로 거절, 취하 또는 취하 간주되면 확장에 대한 신청은 취하 간주된다. 출원인에게 별도의 통지가 발부되지 않는다. 유효하게 납부된 확장료 또는 승인료는 반환되지 않는다.

2. 국가등록부

확장협약국 및 승인협약국들은 그들의 국가등록부에 그들의 영토로 확장 또는 승인되는 유럽특허출원 및 특허에 대한 관련 정보를 기재한다.

제5장

출원의 공개

I. 개 요

유럽특허출원은 혁신을 촉진하기 위해 제3자가 발명의 내용을 볼 수 있도록 정해진 시점에 공개된다. 공개는 특허의 독점권에 대한 대가로서 제3자를 위한 것이다. 제3자는 공개된 발명을 더 개량하거나 침해가 되지 않는 대체 발명을 할 수 있다. 유럽특허조약의 제93조에 유럽특허출원의 공개가 규정되어 있다.

II. 유럽특허출원의 공개

1. 공개의 시기

유럽특허출원은 출원일 또는 우선권이 주장된 경우 가장 빠른 우선일로부터 18개월의 종료 후에 가능한 한 빨리 공개된다. 하지만 유럽특허출원은 위 기간 전에 출원인에 의해 요청되고 또 출원료와 조사료가 유효하게 납부되며 출원서류에 방식적 불비사항이 없는 것을 조건으로 공개될 수 있다. 위 기간 전에 특허를 허여한다는 결정이 되면, 특허를 허여한다는 결정이 되었을 때 그 유럽특허출원은 유럽특허의 본문으로 동시에 공개되어야 한다.

출원인이 그의 우선일(우선권)을 포기하면, 공개를 위한 기술적 준비의 완료 전에 유럽특허청에 의해 포기의 통지가 수령되는 것을 조건으로 공개가 연기된다. 이들 준비는 만약 우선권이 청구되었으면 우선일, 만약 우선권이 포기되거나 우선권 주장이 없으면 출원일로부터 18개월의 만료 전 5주가 되는 날의 만료 시에 종료된 것으로 된다. 실제로 준비가 완료된 때와 공개번호 및 계획된 공개일이 출원인에게 통지된다. 공개 준비의 완료 후에 우선권의 포기 통지가 수령되면, 공개가 아직 되지 않았다면, 비록 유럽특허공보에는 우선권의 포기에 대한 표시가 나타나지만, 우선일이 적용되는 것으로 공개된다. 동일한 절차가 우선권이 상실된 경우에도 적용된다.

2. 공개의 내용

유럽특허출원의 공개는 표지, 상세한 설명, 청구항 그리고 있다면 도면, 요약서, 그리고 만약 가능하다면 조사보고서를 포함한다. 표지에는 서지적 사항, 지정국 그리고 요약서가 있다.

공개에는 가능한 경우, 발명자로서 지정된 자를 특정하여야 한다. 청구항이 규정된 절차에 따라 출원일 후에 제출되면, 이것은 출원이 공개될 때 표시되어야 한다. 공개에는 공개를 위한 기술적 준비의 종료 전에 출원인에 의해 취소된 회원국이 없는 한 출원 시점에서 유럽특허조약에 가입된 모든 회원국이 지정국으로서 표시되어야 한다. 2009년 4월 1일 전에 제출된 유럽출원이 공개될 때, 보호가 요구되는 국가가 알려지지 않을 수도 있는데, 이는 지정료의 납부를 위한 기간[1]이 아직 진행되고 있기 때문이다. 최종적으로 ―지정료의 실제 납부를 통해― 지정된 국가는 후에 유럽특허등록부 및 유럽특허공보에 공고된다.

공개에는 유럽조사보고서와 만약 요약서가 공개를 위한 기술적 준비의 종료 전에 이용가능한 경우 조사부에 의해 결정된 요약서와 함께, 유럽조사보고서의 수령 후에 출원인에 의해 제출된[2] 새로운 또는 보정된 청구항이 포함된다. 그렇지 않은 경우, 출원인에 의해 제출된 요약서가 공개된다. 조사의견은 유럽조사보고서와 함께 공개되지 않는다.[3] 하지만 유럽조사보고서는 포대열람을 위해 공개

1) 규칙 39(1)에 따른 기간.
2) 규칙 137(2).
3) 규칙 62(2).

된다. 만약 유럽특허청에 대해 제출된 서류 내의 착오에 대한 정정신청이 받아들여지면 이것은 공개되어야 한다. 공개에 대한 기술적 준비의 종료 시에, 정정에 의해 제3자의 권리가 위험해질 수 있는 사항에 대한 정정신청의 결정이 아직 진행 중이면, 이것은 공개의 첫 페이지에 표시되어야 한다. 만약 유럽특허청이 전문가에게 기탁된 샘플의 지급에 대한 출원인으로부터의 통지를 받으면, 이것도 역시 언급되어야 한다. 유럽특허청장의 재량으로 더 많은 데이터가 포함될 수 있다. 공개에는 공개를 위한 기술적 준비의 종료 전에 최종적으로 출원인에 의해 취하되거나 취하간주된 국가의 지정은 포함될 필요가 없다.

번역이 필요한 서류를 제외하고는, 제출된 서류의 원본은 그들이 규정된 양식요건을 만족시키는 경우, 공개 목적을 위해 사용되고, 그렇지 않으면 이들 요건을 만족시키는 보정된 서류 또는 대체된 서류가 사용된다. 금지된 사항은 공개 전에 서류로부터 삭제되어야 한다. 삭제된 도면 또는 단어의 개수와 위치는 표시되어야 한다. 전자적 서류에 합체된 서류는 원본으로 간주된다.[4)]

유럽특허청에 제출된 서류에서 규칙 139하의 실수의 보정을 위한 신청이 허용되면, 이것은 공개에 포함되어야 한다. 유럽특허출원의 공개의 절차에서 일어난 실수의 보정은 언제라도 신청될 수 있다. 적절한 경우에 출원의 완전한 재공개가 일어날 것이다.

3. 공개의 방식

모든 유럽특허출원, 유럽조사보고서 및 유럽특허 명세서는 공개 서버상에, 전자적 형태(electronic form)로 공개된다.[5)] 이들 서류는 서면으로 공개되지 않는다. 만약 출원과 함께 공개되지 않으면, 유럽조사보고서는 별도로 전자적으로 공개된다.

4) 규칙 147(3).

5) 2007.7.12. 유럽특허청장 고시, 특별판 No.3, OJ EPO 2007, D.3 및 OJ 2/2005, 126.

4. 비공개

공개를 위한 기술적 준비의 종료 전에 출원이 최종적으로 거절되거나 취하간주 또는 취하되면, 그 출원은 공개되지 않는다. 이들 준비는 출원일 또는 우선일로부터 18개월의 종료 전 5주가 되는 날의 만료일에 종료된 것으로 된다. 공개를 위한 기술적 준비의 완료 시에 결정 요청이 수리되었으나, 최종 결정이 아직 되지 않은 경우에는 그 출원은 공개된다.

공개를 위한 기술적 준비의 종료 후에, 그 출원이 공개를 방지하기 위해 취하되면 비공개는 보장될 수 없다. 유럽특허청은 공개절차에서 도달된 상태가 그 유럽출원의 비공개가 가능한 상태이면 각 사건별로 공개를 방지하도록 노력하여야 한다.

출원은 서명된 선언서에 의해 취하될 수 있는데, 선언서는 제한되지 않고 명백하여야 한다. 출원인은 효력 있는 취하 선언에 의해 구속되는데, 그 출원의 내용이 공중에게 알려지지 않도록 한다는 것을 조건으로 할 수도 있다. 이것은 출원인이 공개가 방지될 수 있을지의 여부를 알지 못하고 공개일 전 5주보다 후에 취하선언을 한 절차상의 특수성을 참작한다. 하지만 출원과 회원국의 지정은 제3자가 권리부여에 관한 절차를 시작한 시점부터 유럽특허청이 특허허여를 위한 절차를 재개한 날까지 취하될 수 없다.

Ⅲ. 공개의 효력

유럽특허출원이 공개되면 특정한 기간이 시작되고 특정한 행위를 위한 기회를 제공하는 효력을 가진다.

유럽특허출원이 공개되면 그 출원의 내용이 선행기술이 되고,[6] 조약 제54조 3항에 따른 선권리[7]효과가 발생한다.

유럽특허출원이 공개되면 출원인은 조약 제67조에 따라 임시보호의 권리를 가질 수 있다. 여기서 보호의 한도는 공개에 포함된 가장 늦게 제출된 청구항에

6) 조약 제54조 2항.

7) 조약 제54조 3항은 우리나라 특허법의 확대된 선원 조항에 해당된다.

의해 결정된다. 참고로 회원국은 유럽특허에 부여되는 것과 같은 보호를 부여하지 않을 수 있다. 하지만 회원국의 법이 심사되지 않은 국가출원의 공개에 부여하는 보호보다 낮은 정도의 보호가 되어서는 안 된다. 회원국은 공개 이후에 회원국에서 그 발명을 사용한 자로부터 출원인은 정당한 보상을 청구할 수 있다는 것을 보장해야 한다.[8]

유럽특허출원이 공개되면, 제3자는 심사 중에 그 출원에 관련된 발명의 특허성에 대해 의견을 제시할 수 있다. 하지만 그 제3자는 절차의 당사자가 되지는 않는다.[9]

유럽특허출원이 공개되면 그 출원의 정보가 유럽특허등록부에 기록된다. 유럽특허등록부에는 유럽특허출원의 공개 전에는 어떤 것도 기재되어서는 안 된다. 유럽특허등록부는 공중의 열람의 대상이 된다.[10]

유럽특허출원이 공개되면 유럽특허청에 있는 그 출원의 포대를 청구에 의해 그리고 정해진 규정에 따라 공중이 열람할 수 있다.[11]

Ⅳ. 공개언어

유럽특허출원은 유럽특허청의 공식언어인 영어, 프랑스어 그리고 독일어 중 하나로 공개된다. 보다 정확하게는 유럽특허출원의 공개는 공식언어 중 진행언어로 이루어진다. 유럽특허출원의 공개 시에 상세한 설명, 청구항 등은 모두 진행언어로 공개된다.

---

8) 조약 제67조 2항.
9) 조약 제115조.
10) 조약 제127조.
11) 조약 제128조 4항.

제6장

언 어

— 유럽특허출원에 사용되는 언어

Ⅰ. 유럽특허조약의 공식언어

유럽특허청의 공식언어들은 영어, 프랑스어 및 독일어이다. EPC 2000에서 개정된 유럽특허조약 제14조 2항에 따르면, 유럽특허출원이 공식언어 외의 다른 언어로 출원되었다면, 공식언어 중의 하나로 번역문이 제출되어야 한다고 규정하고 있다. 따라서 유럽특허청에서 출원일을 부여받기 위한 요건으로서 언어에 대한 제한은 실질적으로 없다.

유럽특허출원에 사용될 수 있는 언어는 다음의 3가지의 카테고리로 나눌 수 있다. 첫 번째로 유럽특허청의 공식언어인 영어, 프랑스어 및 독일어이다. 두 번째로는 유럽특허청의 공식언어가 아닌 회원국의 공식언어로서 용인될 수 있는 비유럽특허청 언어이다. 예를 들면 화란어, 이태리어 또는 스페인어이다. 마지막으로 그 밖의 모든 언어로서, 예를 들면 한국어, 중국어, 일본어, 러시아어 등이 있다.

II. 진행언어

1. 진행언어(Language of the proceedings)

유럽특허출원에 있어서, 영어, 프랑스어 또는 독일어 중에서 선택되어 사용된 언어가 진행언어이다. 그리고 유럽특허청의 공식언어 이외의 언어로 유럽특허출원이 제출된 경우 번역문의 제출 시 사용된 언어가 진행언어가 된다. 진행언어는 서면절차에서 유럽특허청 부서에 의해 사용되는 유일한 언어이다.

유럽특허출원 또는 유럽특허에 대한 보정은 진행언어로만 제출되어야 한다.[1)]이 언어는 서면절차에서 유럽특허청에 의해 사용될 수 있다. 출원일 이후에 제출된 청구항은 진행언어로 제출될 필요가 있다.

2. 선출원과 관련된 출원의 언어

상세한 설명이 선출원에 대한 인용에 의해 제출되고 그 선출원이 유럽특허청의 공식언어로 되지 않은 경우, 출원인은 출원일로부터 2개월 내에 공식언어 중 하나로의 번역문을 제출하여야 한다.

유럽분할출원은 모출원의 진행언어로 출원되어야 한다. 만약 모출원이 유럽특허청의 공식언어로 되지 않았다면, 분할출원은 모출원의 언어로 제출될 수 있다. 이 경우 모출원의 진행언어로의 번역문은 분할출원의 제출로부터 2개월 이내에 되어야만 한다. 동일한 것이 정당한 권리자에 의한 새로운 유럽특허출원의 제출에도 적용된다.[2)]

III. 서면절차의 진행언어의 예외

유럽특허청에 대한 서면절차에서 당사자는 유럽특허청의 3개의 공식언어 중

1) 규칙 3(2).
2) 조약 제61조 1항(b).

어느 것이라도 사용할 수 있다. 물론 유럽특허출원 또는 유럽특허에 대한 보정은 반드시 진행언어로 되어야 한다. 이 경우에 제출된 서면에 대한 진행언어로의 번역문은 요구되지 않는다. 이런 상황은 이의절차에서 종종 발생하는데, 이의신청인이 진행언어와 다른 공식언어를 선호하는 경우이다. 규칙 3(1)이 조약 제14조 4항을 참조하므로, 권리 있는 당사자는 용인될 수 있는 비유럽특허청 언어로 기간 내에 제출되어야 할 서류를 제출할 수 있다. 상기 당사자는 공식언어로의 번역문을 제출하여야 하는데, 반드시 진행언어로 해야 하는 것은 아니다. 이 번역문은 규칙 6(2)에 따라 그 서류의 제출로부터 1개월 이내에 제출되어야 한다.

공식언어로서 영어, 프랑스어 또는 독일어 이외의 언어를 가지는 유럽특허조약 회원국 내에 거주지 또는 주 영업소를 가지는 자연인 또는 법인, 그리고 해외에 거주하는 그 국가의 국민은 그 국가의 공식언어로 기한 내에 제출해야 하는 서류를 제출할 수 있다. 예를 들어, 이탈리아 또는 스위스 출원인은 심사부로부터의 의견제출에 대한 통지[3]에 대해 이탈리아어로 답변을 제출할 수 있다. 유럽특허청의 공식언어로의 이 서류의 번역문이 제출되어야 한다. 번역문은 그 진행언어에 불구하고, 유럽특허청 공식언어 중 어떤 것으로도 될 수 있다.

일반적으로, 이 번역문을 위해 허용된 기간은 서류의 제출 후 연장불가능한 1달이지만, 그 서류가 이의신청 또는 심판의 청구 또는 재심리의 청구이면, 번역문의 제출을 위한 기간은 이 기간이 나중에 만료되면 이의신청 또는 심판기간의 종료 또는 재심리청구를 위한 기간까지 연장된다.

IV. 증거로서 사용되는 서류

증거로서 사용되는 서류는 어떤 언어로도 제출될 수 있다. 이것은 유럽특허청에 대한 어떤 절차에서도 적용되고 또 특별히 공개에도 적용된다(예를 들어, 신규성 또는 진보성 없음을 보이기 위해 이의신청인에 의해 인용된 러시아 정기간행물로부터의 발췌). 하지만 그 사건을 다루는 부서는, 그 서류를 제출한 자가 선택한 유럽특허청의 공식언어 중 하나로 된 번역문을 요구할 수 있다. 만약 출원인에 의해 특허허여 전 절차에서 서류가 제출되면, 심사관이 그 언어로 충분하다고 하지 않

3) 조약 제94조 3항.

는 한, 유럽특허청은 번역문을 요구해야 한다. 하지만 대부분의 경우, 그런 서류는 이의절차에서 제출되고 또 번역문이 요구된다. 관련 부서는 기한 내에 이 번역문이 제출될 것을 요청할 수 있다. 이것은 각 사건에 따라 결정된다. 허용된 기간은 최소 2개월, 최장 4개월, 예외적으로 6개월인데, 관련된 언어에 따라 그리고 번역되어야 할 서류의 양에 따라 결정되어야 한다. 정해진 기간 내에 번역물이 제출되지 못하면 유럽특허청은 당해 서류를 무시할 수 있다.

V. 잘못된 언어로 제출된 서류

1. 유럽특허출원을 구성하는 서류

유럽특허출원을 구성하는 모든 서류는 최초에 어떤 언어로도 제출될 수 있으므로, 그 보정의 경우에 잘못된 언어로 제출될 수 있다. 그런 경우에, 만약 어떤 서류가 소정의 언어로 제출되지 않았다거나 요구되는 번역문이 기한에 제출되지 않았다면, 그 서류는 제출되지 않은 것으로 간주된다. 그 서류를 제출한 자는 유럽특허청으로부터 즉시 통지를 받는다. 비록 그 서류는 제출되지 않은 것으로 간주되지만 관련된 그 서류는 포대의 일부가 되고 따라서 공중이 접근할 수 있다.

2. 다른 서류

만약 출원을 구성하는 서류 이외의 다른 서류가 규정된 언어 중 하나로 제출되지 않은 경우, 또는 기한 내에 요구되는 번역문이 제출되지 않으면, 그 서류는 수령되지 않은 것으로 간주된다. 그 서류를 제출한 자는 유럽특허청에 의해 즉시 통보받아야 한다. 기한에 관한 절차 행위에 관한 첨부서류(예를 들면 발명자의 지정의 제출, 우선권이 주장된 경우 선출원의 인증 사본의 제출 또는 유럽특허청의 공식언어 중 하나로 우선권서류의 번역문의 제출)가 유럽특허청의 공식언어로 제출되지 않은 경우, 그들의 내용에 대한 확인 없이 포대에 들어간다.

VI. 원본 본문(Authentic text)[4)]

1. 개 요

진행언어로 된 출원 또는 특허의 본문은 원본 본문이다. 따라서 조약 제14조 6항에 의해 요구되는 특허명세서의 청구항의 번역문은 단지 정보를 위한 것이다. 즉, 유럽특허의 공고 시에 진행언어 외의 나머지 2개의 공식언어로 된 청구항의 번역문은 원본이 아니다.

2. 본문과 번역문의 일치

출원인이 유럽특허청의 공식언어 이외의 다른 언어로 출원을 제출하거나, 또는 유럽특허청의 공식언어로 되지 않은 선출원에 대해 인용에 의해 출원이 제출되거나 그리고 출원인 또는 특허소유자에 의해 제안된 보정이 최초출원의 내용을 넘어서 출원 또는 특허의 내용을 확장하고 그에 의해 보정의 범위[5)]를 위반하는 것인지에 대해 의문이 있는 경우, 유럽특허청은 반대되는 증거가 없으면 영어, 프랑스어 또는 독일어로의 최초 번역문은, 어떤 언어(예를 들면 한국어)라도 될 수 있는 원래의 언어로 된 원래의 본문과 일치하는 것으로 가정하여야 한다. 하지만 그런 의문을 결정하기 위한 기초를 구성하는 것은 원래의 본문(original text)이다. 유사하게, 선권리와 관련된 조약 제54조 3항을 위해서, 제출된 출원의 내용을 결정하는 것은 원래의 본문이다. 출원의 원래의 언어로부터 실수에 의한 번역은 등록허여 전 절차 또는 이의신청절차와 같은 유럽특허청에 대한 절차 중 언제라도 원래의 언어와 일치되게 할 수 있다. 하지만 이의절차 중에 만약 부여된 보호범위를 넘어서는 특허의 청구항에 대한 보정이면 번역문을 일치시키기 위한 보정은 허용되어서는 안 된다.

---

4) 이 책에서 유럽특허출원의 본문(text)이란 용어는 유럽특허출원을 구성하는 상세한 설명, 청구항 및 도면을 포함하는 것이다. 본문은 출원된 발명의 내용이 개시되는 부분으로 실질심사를 위한 대상이 된다.

5) 조약 제123조 2항.

제7장

유럽조사

(European Search)

Ⅰ. 유럽조사의 개요

1. 유럽조사의 목적

조사의 목적은 그 출원이 관련된 발명이 신규하고 또 진보성이 있는지, 만약 그렇다면 어느 정도인지를 결정하기 위한 것으로 대응되는 선행기술(the state of the art)을 찾는 것이다. 유럽조사는 내부 또는 외부의 문서자료의 수집물 또는 단어, 분류기호 또는 색인코드에 의해 계통적으로 접근할 수 있는 데이터베이스에 대해 수행된다. 이들은 주로 여러 나라의 특허문서이고, 정기간행물의 기사 또는 다른 비특허 문서에 의해 보충된다.

조사보고서에는 조사의 결과가 기재되는데, 특히 관련된 선행기술을 구성하는 문서를 표시한다. 조사보고서는 출원인, 유럽특허청의 심사부 그리고 공중에게 관련된 선행기술에 대한 정보를 제공하기 위한 역할을 한다. 조사보고서에는 조사의견이 첨부되는데, 조사의견은 유럽조사보고서와 함께 확장된 유럽조사보고서(EESR)를 구성한다.

2. 조사부(Search Division)

다른 형식의 모든 조사보고서를 작성할 뿐 아니라, 조사의견이 포함된 확장된 유럽조사보고서를 작성할 책임이 있는 유럽특허청 내의 부서는 조사부이다. 조사부는 또한 다수개의 독립항을 가진 출원에 대한 규칙 62a(1)에 따라 조사되어야 할 주제를 명확히 하거나 필요한 경우 한정하기 위한 선조사 요청을 발행할 책임과 미완성조사에 대한 규칙 63(1)에 따른 요청을 발행할 책임도 있다.

조사부는 일반적으로 한 명의 심사관으로 구성된다. 유럽특허출원에 대한 조사 책임이 있는 심사관은 그 출원에 대한 심사부의 첫 구성원이다. 조사가 위임된 심사관은 여러 가지 이슈에 대한 조언을 위해 다른 심사관에게 자문을 구할 수 있다.

발명이 넓게 분산된 전문화된 분야의 조사를 요구하는 특성을 가진 경우, 둘 또는 가능한 경우 세 명의 심사관으로 구성된 특별 조사부가 구성될 수 있는데, 예를 들어, 그 출원의 기술분야에서 '당업자'가 하나 이상으로 구성되는 경우이다. 또 다른 케이스는 다른 기술분야 사이에서 주제의 단일성이 결여된 것이 있는 경우이다.

3. 유럽조사(European searches)의 종류

조사부의 책무는 일차적으로 유럽특허출원에 대한 조사를 수행하고 또 조사보고서를 작성하는 것이다. 이들 일상적인 조사에 더해, 유럽특허청의 조사부는 아래에서 설명될 다른 형태의 조사를 수행할 수 있다.

(1) 추가유럽조사(Additional European searches)

유럽특허출원의 심사단계에서는, 추가적인 조사가 필요할 수 있다. 이런 추가적인 조사의 이유는 예를 들면 아래의 것이 있다.

(i) 최초의 조사에 의해 수행되지 않은 사항을 포함하도록 된 청구항의 보정;

(ii) 실질 심사과정에서, 규칙 63하의 조사보고서를 대체하는 선언 또는 미완성 조사보고서의 발행, 또는 PCT 제17조 2항(a) 또는 제17조 2항(b)하의 선언을 발생시키는 불비사항의 보정 또는 반박(rebuttal)에 의한 삭제;

(iii) 신규성 또는 진보성의 결여, 또는 다른 이슈, 특히 발명의 단일성의 결여 또는 조사로부터의 제외에 관한 조사부의 의견에 대한 심사부에 의한 파기(reversal);

(iv) 최초 조사에 있어서의 제한(Limitation) 또는 불충분함(imperfections).

심사부는 그 출원의 심사에 적합하다고 인정하는 경우에 추가적인 조사에서 발견된 문헌을 이용한다. 심사절차에서 새로운 문헌이 사용된 경우, 사본이 출원인에게 통지되어야 한다.[1] 유사한 방식으로 추가적인 조사는 유럽특허에 대한 이의의 심사 과정에서 필요하게 될 수도 있다.

(2) 부가유럽조사(Supplementary European searches)

유럽특허청이 지정관청 또는 선택관청으로 되고 또 국제출원일이 부여된 국제출원(PCT출원)은 유럽특허출원으로 간주된다. 국제조사보고서가 이미 이용가능한 경우, 이것은 유럽조사보고서를 대체한다. 조사부는 부가유럽조사보고서 또는 행정이사회의 결정에 다르게 되어 있지 않는 한 규칙 63에 따라 유럽조사보고서를 대체하는 선언서를 작성하여야 한다.

하지만 행정이사회는 어떤 조건과 어떤 범위하에서 부가유럽조사보고서가 면제되는지를 결정한다.[2]

국제조사기관(ISA)/국제예비심사기관(IPEA)은 PCT 제33조 1항에 따라 청구된 발명의 신규성, 진보성 및 산업상 적용가능성에 대한 의견을 주고 또 PCT 제34조 3항에 따른 발명의 단일성에 대해서 그리고 PCT 제17조 2항/ 제34조 4항에 따른 국제조사/국제예비심사의 면제에 대한 의견을 준다. 부가유럽조사보고서를 위한 조사부는 이들 의견을 고려하지만, 부가유럽조사를 수행할 때 그리고 조사의견을 작성할 때 이들 의견중의 하나 또는 모두로부터 자유롭게 벗어난다. 조사부는 조사의견에서 그의 조사결과를 뒷받침하기 위해 국제조사보고서에 인용된 문서를 사용할 수 있다.

행정이사회에 의해 수행된 결정에 따라 다음의 경우에 국제출원에 대하여 부가유럽조사보고서가 작성되지 않는다.

---

1) 조약 제113조 1항.

2) OJ EPO 2012, 212 및 219.

(i) 유럽특허청이 국제조사기관이거나 부가국제조사기관인 경우,

(ii) 스웨덴, 오스트리아 또는 스페인 특허청이 국제조사기관이고 그 국제출원이 2005년 7월 1일 전에 제출된 경우,[3)]

행정이사회에 의해 수행된 결정에 따라 규칙 제62조에 따른 조사의견을 포함하는 부가유럽조사보고서가 작성된다. 위의 두 경우 국제출원에 대해서 아래의 조건에서 조사료가 감면된다.

(i) 미국, 일본, 중국, 호주, 러시아 또는 한국 특허청이 국제조사기관인 경우,[4)]

(ii) 스웨덴, 오스트리아 또는 스페인 특허청이 국제조사기관이고 그 국제출원이 2005년 7월 1일 또는 그 이후에 출원되고 또한 국제조사기관이 핀란드의 특허청이고 그 국제출원이 2005년 4월 1일 또는 그 이후에 제출되거나 노르딕 특허기구가 국제조사기관인 경우[5)]

(iii) 부가국제조사보고서가 위의 (ii)에 규정된 유럽국제조사기관 중의 하나에 의해 작성된 경우[6)]

(iv) 국제조사보고서가 위의 (i)에서 (iii)에 언급된 기관들 중 하나 이외 그리고 유럽특허청 이외의 국제조사기관에 의해 작성된 경우

위의 (i)에서 (iv)에 언급된 출원에 대해서는 부가유럽조사보고서가 유럽특허청의 모든 조사문서에 대해 수행된다. 조사문서에 대한 제한이 선택될 것인지의 여부는 조사부의 결정사항이다. 이들 국제조사기관의 문서와 조사실무가 유럽특허청과 완전히 일치하지 않으므로, 이들 부가적인 조사에 대해 정확한 제한이 정해질 수 없다.

지정관청으로서 유럽특허청은 국제조사기관에 국제조사보고서와 그에 포함되어 있는 인용서류의 사본[7)]을 함께 제공할 것을 요청한다. 국제조사보고서에 인용된 문서가 유럽특허청의 공식언어 중 하나가 아니고 또 조사부가 공식언어 중

---

3) OJ EPO 1979, 248; OJ EPO 1995, 511; OJ EPO 2012, 212 및 219.

4) OJ EPO 2005, 548; OJ EPO 2012, 212 및 219.

5) OJ EPO 2005, 422.

6) OJ EPO 2010, 316; OJ EPO 2011, 616.

7) PCT 제20조 3항, 그리고 PCT 규칙 44.3(a).

하나로의 번역문이 필요할 때, 예를 들면 출원인 또는 국제조사기관과 같은 다른 출처로부터 번역문을 얻을 수 있지 않는 한, 조사부는 스스로 번역문을 제공해야 한다.

부가적인 조사를 포함하는 유럽특허 허여절차는 그 출원이 유럽단계로 진입할 때 출원인에 의해 정해진 출원 서류에 기초한다.[8] 다르게는 만약 규칙 161에 따른 통지로부터 연장할 수 없는 한 달의 기간 내에 출원인이 출원을 보정했다면, 보정된 그 출원은 부가적인 조사를 위한 기초로서 사용된다.

(3) PCT 국제조사

PCT 국제조사에 대한 조사 실무에 대해서는 최신판의 유로-PCT가이드 뿐만 아니라, PCT 국제조사 및 예비심사 가이드라인이 참고된다.

(4) 국제-형식 조사(International-type searches)

PCT하에서 유럽특허청은 국제조사기관으로서 국가특허출원[9]에 대한 "국제-형식 조사"를 수행할 것을 위탁받을 수 있다. 이 조사는 정의에 있어 국제조사와 유사하고 또 발명의 단일성이 결여된 경우를 제외하고 동일한 고려점이 적용된다. 국제-형식조사의 경우에 국가출원에서 단일성의 결여의 경우에 조사보고서에 단일성 결여에 대한 이유는 주어지지 않는다. 추가의 수수료 납부에 대한 요청이 없지만 출원인은 국가 관청에 직접 이들 수수료를 납부하여야 할 수 있다. 서면 의견이 작성된 경우 이는 PCT 국제단계하에서 유럽특허청 실무에 따라 작성되는데 가능한 단일성 거절에 대한 이유를 포함한다.

(5) 국가출원에 대한 조사

유럽특허청의 조사부는 그 회원국의 국가출원에 대한 조사도 수행한다. 유럽특허청의 가이드라인은 이들 국가조사에 반드시 전적으로 적용될 수 있는 것은 아니고, 또는 이들 조사는 특정하게 지적된 유럽조사와 다른 방식으로 되는 것은 아니다. 하지만 이들 국가조사는 유럽조사와 대부분의 범위에서 동일하고 또한 양립할 수 있다.

---

8) 규칙 159(1)(b).

9) PCT 제15조 5항.

4. 조사의 특성

(1) 개 요

앞에서 설명한 바와 같이, 조사의 목적은 신규성과 진보성의 판단을 위한 관련된 선행기술을 찾는 것이다. 신규성과 진보성에 대한 결정은 심사부의 영역이다. 하지만 조사의견에서 조사부는 그 출원과 출원에 관련된 발명이 유럽특허조약의 요건을 만족시키는지 아닌지에 대한 이유가 있는 의견을 출원인에게 주어 출원인이 심사절차에서 응답할 수 있게 한다.[10] 특허성에 대한 의견은 문헌의 카테고리의 할당에 의해 조사보고서에 명백하게 표현되고 또 심사단계에서 심사부에 의해 검토된다.

조사 단계에서 특허성의 평가는 조사 그 자체의 실행에 대해 직접적인 관련을 가질 수 있다. 일반적으로, 신규성 또는 진보성 이외의 실질심사 사항은 조사의 실행에 대해 직접적인 관련을 가지고 조사를 제한할 수 있다. 이들 의견은 심사부에 의해 다시 검토된다.

(2) 조사의 범위

유럽조사는 필수적으로 전체적이고 모든 것을 포함하는 조사이다. 그럼에도 불구하고, 유럽조사에서는 정보검색시스템 및 그 실행에 있어서 피할 수 없는 결함 때문에 100%의 완전성이 항상 얻어질 수 있는 것은 아니다. 또한 비용의 제한 때문에 조사가 제한될 수도 있다. 이 조사는 청구항에 대해 완전한 선행기술 또는 다른 매우 관련된 선행기술을 찾는 것을 실패할 가능성을 최소로 줄이는 방식으로 수행된다.

국제조사와 유럽조사는 서로 완전히 양립할 수 있다. 만약 유럽특허청이 국제조사 또는 부가국제조사를 수행했다면, 부가로 작성되어야 할 유럽조사보고서는 없고 또 유럽특허청에 의해 만들어진 국제 조사보고서는 조건 없이 유럽조사보고서를 대신한다.[11]

관련문서를 찾기 위한 조사의 실효성과 효율은 조사되어야 할 문서의 모음에 적용될 수 있거나 또는 이용가능한 정렬(order)의 정도에 의지한다. 문서의 모음에서 정렬을 위한 기본적 요소는, 단어(words), 분류단위(classification units), 색인

10) 조약 제113조 1항.

11) 조약 제153조 6항, OJ EPO 2010, 316; OJ EPO 2011, 616.

코드(indexing codes) 또는 공통적으로 인용된 문서에 의한 문서들 사이의 서지적 연결관계이다. 심사관은 조사와 관련된 문서를 찾을 가능성이 무시될 수 있는 문서자료의 부분, 예를 들어, 해당 기술의 분야가 개발되기 시작한 시간 이전의 기간에 있는 문서를 제거할 수 있도록 해당 기술과 정보검색시스템에 대한 자신의 지식에 기초하여, 경제적 관점에 따라 조사를 위한 판단을 해야 한다. 심사관은 특별한 경우에 동일한 패밀리의 다른 구성원의 내용에 실질적으로 다른 점이 있는 것으로 가정할 이유가 있지 않는 한, 특허 패밀리의 한 구성원만을 참고할 필요가 있다.

스칸디나비언 국가의 문서와 같은 특정 카테고리의 문서는 비록 그들이 PCT 최소 문서의 부분을 형성하지는 않지만 유럽특허 시스템과 특별한 연관이 있을 수 있다. 모든 이들 문서는 유럽조사, 추가유럽조사 및 국제-형식(international-type) 조사, 그리고 관련 국가와의 협약에서 특별히 제외되지 않은 한 국가조사에서 고려되어야 한다.

조사는 발명과 관련된 모든 기술 분야에서 발명에 관한 것을 포함할 수 있는 문서 또는 데이터베이스의 수집을 통해 수행된다. 이 조사 방법은 모든 직접적으로 관련된 기술분야를 커버하는 고려되어야 할 문서의 부분을 결정하여야 하고, 또 유사분야를 커버하는 문서의 부분으로까지 연장될 수 있다. 하지만 이에 대한 필요는 각각의 사건에서 심사관에 의해 결정되어야 하고, 최초에 고려된 문서의 부분에서 조사의 결과를 설명하여야 한다.

출원에 언급되지 않은 분야로 조사를 확장하는 결정은 심사관의 판단으로 남겨져야 하는데, 심사관은 그 자신을 발명자의 위치에 두어서는 안 되고 또 가능한 발명의 모든 종류의 출원을 상상하도록 노력해야 한다. 유사한 분야로 조사를 확장하는 것을 결정하는 가장 중요한 원칙은, 이들 분야에서 조사에 의해 찾아질 수 있는 것에 기초하여 이유 있는 진보성 결여 거절을 할 수 있을 가능성 여부이다.[12)]

(3) 인터넷상에서의 조사

유럽조사는 온라인 기술저널, 온라인 데이터베이스 또는 다른 웹사이트를 포함하는 인터넷 자원을 커버할 수 있다.[13)] 그런 인터넷 조사의 정도는 개별케이스

12) T 176/84, T 195/84.

에 따라 다르나 몇몇 기술적 분야에서는 조직적 인터넷 조사가 정기적으로 필요하다. 특히 정보 또는 소프트웨어 기술에 관련된 분야에서는 인터넷을 제외한 조사는 가장 적절한 선행문헌을 제공할 수 없다.

(4) 조사의 대상

1) 조사를 위한 기초

조사는 상세한 설명과 도면(만약 있다면)을 적절히 참고하여 청구항에 근거하여 이루어져야 한다.[14] 청구항은 유럽특허가 허여되었을 때 부여되는 보호의 한도를 정한다. 따라서 조사는 청구항에 설정된 권리범위를 고려하여 이루어진다.

2) 청구항의 해석

조사는 한편으로는 청구항의 문자적 표현(literal wording)에 제한되어서는 안 되고, 다른 한편으로는 상세한 설명과 도면으로부터 그 분야의 당업자에 의해 유추할 수 있는 모든 것을 포함하도록 넓혀져서는 안 된다. 심사관은 다음의 사항들을 위해 조사를 수행할 때 상세한 설명 및/또는 도면의 내용을 고려할 필요가 있다.

첫 번째로는 기술적 문제와 그 해결책을 확인하기 위해서이다. 다음으로는 청구항에 정의되지 않은 불명료한 용어의 정의를 세우기 위해서이다. 세 번째로는 통상적인 의미와 다른 정의가 주어진 명확한 용어의 정의를 세우기 위해서이고, 마지막으로는 폴백 포지션(Fallback position)의 존재를 확인하기 위해서이다.

조사의 목적은 신규성 및/또는 진보성에 관련된 종래 기술을 찾는 것이다. 조사는 그 발명의 필수적 특징이 무엇인지에 초점이 맞춰져야 하고, 검색된 종래 기술의 결과로서 조사 중에 발생할 수 있는 발명에 있는 기술적 문제의 변화를 설명하여야 한다. 조사의 목적으로 청구항을 해석할 때, 조사는 기술적 특징을 포함하는 선행기술이 청구된 발명의 기술적 특징과 잘 알려진 등가물인지와 진보성을 약화시킬 수 있는 것인지를 고려해야 한다.

3) 상세한 설명 또는 도면에 대해 명백한 인용을 가지는 청구항

비록 상세한 설명 또는 도면에 설명된 특징에 대한 청구항에서의 명백한 인용은 "절대적으로 필요한" 경우에 허용되지만, 그런 인용을 포함하는 청구항은 만

13) OJ EPO 2009, 456.

14) 조약 제92조.

약 이런 기술적 특징이 상세한 설명의 특정한 부분에 의해 명백하게 정의되어 있으면 조사되어야 한다.

하지만 상기 인용이 상세한 설명 및/또는 도면의 어떤 주제를 청구항에 포함된 것으로 명백하지 않게 확인하는 경우, 규칙 63(1)에 따른 요청이 발행되어야 한다. 옴니버스 청구항(omnibus claims)의 특별한 경우, 규칙 63(1)에 따른 요청이 발행되어서는 안 되고 조사보고서는 완전한 것으로 지정될 것이다. 이것은 위와 같은 종류의 대상물은 오직 심사중에만 다루어질 것이라는 것을 의미한다.

위의 절차는 도면 및/또는 상세한 설명에 대한 인용이 규칙 43(6)에 따라 허용가능한 것인지 아닌지에 불구하고 수행되어야 한다. 이들 경우에, 청구항은 동일한 범위를 가질 것이다. 만약 상기 인용이 규칙 43(6)에 의해 허용될 수 없다면, 출원인은 상세한 설명 및/또는 도면으로부터 청구항으로 기술적 특징의 정의를 카피할 것이 요청될 것이다. 만약 그 인용이 허용가능하면, 청구항은 그대로 있게 된다.

하지만 인용이 타당한 것으로 나타나지 않게 되면, 심사관은 조사보고서에서 규칙 43(6)에 따른 거절을 해야 한다.

4) 기술적 문제를 확인하기 위한 상세한 설명 및/또는 도면의 사용

규칙 42(1)(c)에 따르면, 상세한 설명은 그 출원이 해결하기를 의도하는 기술적 문제를 언급해야 한다. 이것은 비록 청구항으로부터 즉시 명백하게 되지 않을 사실임에도 불구하고 그 발명에 있는 기술적 문제가 인식되도록 한다.

하지만 청구된 발명에 의해 해결되는 객관적인 기술적 문제가 검색된 선행기술의 관점에서 변경되면, 출원에서 최초로 언급된 문제에 관련되어 남아 있도록 다시 정의되어야만 한다.

5) 청구항에서 정의되지 않은 불명료한 용어의 정의

청구항의 기술적 특징은 청구항의 범위가 명백하게 정의될 수 없도록 불명확한 용어에 의해 정의될 수 있다. 그 경우 상세한 설명은 관련된 용어의 의미를 해석하기 위해 사용되어야 한다.

예를 들어서, 청구항에 타이어의 트레드부에 넓은 홈이 적어도 하나의 길이방향 리브가 상기 넓은 홈의 길이방향으로 형성되는 것을 청구하고 있고, 상세한 설명에서는 '넓은'이라는 것에 대해서 이 발명에서는 적어도 20mm 폭의 범위로 사용된다고 되어 있다.

청구항에서는 '넓은'이라는 용어가 불명료한데, 이는 이 용어가 이 기술분야

에서 잘 정의되지 않은 상대적인 용어이기 때문이다. 따라서 청구항의 권리범위는 불명료하다. 하지만 상세한 설명에서는 이 용어에 대한 명확한 용어를 제시한다. 여기서 적어도 20mm 폭으로 정의된 '넓은'이라는 정의는 조사가 수행될 때 사용되어야 한다. 결과적으로 조약 제84조, 2번째 문장에 따른 조사 의견에서 '넓은'이라는 용어의 명료성에 대한 거절이 주어져야 한다.

6) 일상적인 의미로부터 다른 정의가 주어진 명백한 용어의 정의를 위한 상세한 설명 및/또는 도면의 사용

몇몇 출원에서 상세한 설명 및/또는 도면에 의해 기술적 용어에 주어진 의미는 그 출원의 기술분야에서 그 용어의 일반적으로 인식되는 의미와 다르다. 이것은 그 용어의 의미를 더 넓게 또는 더 좁게 되도록 할 수 있다. 이런 경우에 조사는 그 출원 자체에서 정의된 용어의 의미뿐만 아니라 그 출원의 기술분야에서 일반적으로 인식되는 용어의 의미를 고려한다.

7) 폴백 포지션의 존재의 확인

청구항은 청구항에 명료한 바람직한 실시례가 주어지지 않아서 정의되지 않고 불명료한 용어를 가질 수 있는데, 그 불명료한 용어의 명료한 바람직한 실시례(즉 "fallback position")가 상세한 설명 및/또는 도면에 표현될 수 있다. 그런 경우에, 조사는 그 용어의 가장 넓은 기술적으로 합리적인 해석에 기초해서 된다. 하지만 만약 관련된 그 용어의 의미가 너무 불명료해서 의미있는 조사가 수행될 수 없을 때, 규칙 63에 따라 조사의 범위를 한정하는 것이 정당하다.

Ⅱ. 조사의 절차

1. 조사전 절차

(1) 출원의 분석

유럽조사를 수행할 때, 첫째로 심사관은 청구된 발명의 대상을 결정하기 위해 그 출원을 고찰한다. 이 목적으로 심사관은 상세한 설명과 도면을 참고하여 청구항에 대한 철저한 분석을 한다. 심사관은 그 발명에 있는 문제, 그 해결책으로 인도하는 발명의 개념, 청구항에서 발견된 것과 같은 해결책에 필수적인 특징 및 얻어질 수 있는 결과 및 효과를 충분히 인식하기 위해, 특히 청구항, 상세한 설명

및 도면의 내용을 충분히 숙고한다. 청구항에 나타나 있지 않은 기술적 특징이 언급된 문제의 해결을 위해 필수적인 것으로 상세한 설명에 표시되어 있는 경우, 이들 특징은 조사에 포함되어야 한다.[15]

(2) 방식적 불비사항

조사는 방식심사와 함께 수행된다. 만약 그 심사관이 수리부에 의해 간과된 불비사항을 확인하면, 심사관은 내부 통지의 수단에 의해 이들을 적절한 행동을 취할 수리부에게 알려야 한다. 심사부에 의해 추가 조사가 요청되어 있는 경우에 심사관은 내부의 통지수단에 의해 심사부에게 알려야 한다. 하지만 심사관은 수리부의 업무를 반복해서는 안 되고, 이들 문제에 대해 시간을 소비할 필요는 없다. 심사관이 통지해야 할 이런 불비사항은 다음을 포함한다.

(i) 출원의 양식적 불비사항은 다음을 포함한다.

(a) 전자적으로 된 서열목록이 없는 것,[16]

(b) 페이지 숫자매기기의 잘못된 배열 및/또는 위치시킴 및/또는 페이지 숫자 매기기에서 아라비아숫자를 사용하지 않음.

(c) 상세한 설명 및 청구항 내에 도면의 존재,

(d) 내용의 진위(authenticity) 및/또는 우수한 재생을 위한 요건이 위협받을 수 있는, 출원서류의 말소(erasures) 및/또는 변경의 존재,

(ii) 출원에 금지된 사항의 존재,

(a) "공공의 질서"에 반하는 것,

(b) 험담하는 표현을 구성하는 것. 하지만 정당한 코멘트는 허용된다.

(iii) 생물학적 물질의 기탁에 관련된 규정에 따르지 않은 것. 특히 출원에서 기탁기관의 정확한 확인 및 기탁된 물질에 대해 기탁 기관에 의해 부여된 생물학적 물질의 기탁번호에 관하여 따르지 않은 것.[17]

(iv) 분할출원으로서 출원이 정확하게 확인되지 않은 것.

(v) 2개의 다른 유럽특허청 공식언어로 본문의 존재.

---

15) T 32/82.

16) 규칙 30(1) 및 OJ EPO 2011, 372.

17) 규칙 31(1)(c), G 2/93.

(3) 출원인에 의해 제공되거나 인용된 문헌

출원에 대해서 우선권이 청구된 경우, 출원인은 최초 출원된 특허청에 의해 수행된 조사의 결과의 사본을 제출할 것이 요구된다. 최초 출원된 특허청의 종래기술정보가 유럽특허청에서의 조사가 완료되기 전에 사용가능한 경우, 심사관은 이들 인용문헌을 확인하여야 하고 심사에서 그들의 관련성을 평가하며, 조사전략의 정의에서 사용하여야 한다.

출원에서 인용된 서류는, 그들이 발명의 시작점으로서 인용되거나, 선행기술을 보이기 위해 인용되거나, 또는 관련된 문제에 대한 다른 해결책을 주기 위해 인용되었거나, 또는 그들이 그 출원의 정확한 이해를 위해 필요하다면 심사되어야 한다. 하지만 그런 인용이 청구된 발명에 직접적으로 관련되지 않은 사항에만 관련된 것이 명백하다면, 그들은 고려되지 않을 수 있다. 그 출원이 공개되지 않거나 또는 조사부가 접근할 수 없는 문서를 인용하고, 그 문서의 내용에 대한 이해 없이 의미 있는 조사가 불가능한 정도로 그 발명의 정확한 이해에 그 문서가 필수적인 것으로 나타나는 예외적인 경우에, 조사부는 조사를 연기하고 또 만약 조사보고서의 준비를 위한 기한 내에 그렇게 하는 것이 가능하다면, 출원인에게 먼저 그 문서의 사본을 제공할 것을 요청하여야 한다. 조사부는 규칙 63하의 절차를 적용하고 출원인에게 그 문서를 제출하도록 하거나 조사되어야 할 주제를 표시하도록 요청하여야 한다. 이 요청에서는 어떤 인용문헌이 필요하고, 왜 그 문서가 필요하고 또 기간내에 그 문서가 제공되지 않은 결과를 표시하여야 한다.

만약 조사부에 의해 정해진 기한 내에 그 문서의 사본이 수령되지 않고 그 문헌이 의미 있는 조사를 위해 필수적인 것이 아니다는 것을 상기 요청에 대한 답변으로서 기간 내에 제출하지 않으면, 미완성 조사보고서 또는 적용가능하다면, 조사보고서를 대체하는 선언이 준비된다.[18] 이 미완성 조사보고서 또는 선언은 다음의 이유를 기초로 발행될 것이다.

(ⅰ) 문서의 이용불가능성은 조약 제83조의 의미 내에서 불충분하게 개시된 발명을 낳는다, 그리고

(ⅱ) 위의 (ⅰ)에서 언급된 불충분한 개시는 청구된 발명의 적어도 일부에 대해 의미 있는 조사가 불가능할 정도로 존재한다.

18) 규칙 63.

출원인이 그 문서를 조사보고서와 조사 의견이 준비된 후에 제공한 경우, 그 조사로부터 처음부터 제외된 대상에 대한 추가적인 조사는 미완성의 조사로 되게 하는 불비사항의 정정을 위해 수행될 수 있다. 하지만 출원인은 그런 늦게 제출된 정보는 특정 경우에 조약 제83조에 따른 개시의 충분성을 위해 참작될 수 있다는 것을 알아야 한다.

2. 조사 전략(Search strategy)

(1) 조사의 대상(Subject of the search) 및 한정(restrictions)

위에서 설명된 것과 같이 발명의 대상을 결정하면 심사관은 첫 번째로 가능한 한 정확하게 그의 조사의 대상을 한정하는, 조사진술서를 준비하는 것이 바람직하다. 많은 경우에 하나 또는 그 이상의 청구항이 이 목적으로 사용되나, 그들은 그 발명의 모든 측면과 실시례를 커버하도록 일반화되어야 한다. 이 경우 특허성으로부터 배제된 대상 및 발명의 단일성 결여에 대한 고려는 명심해야 한다. 심사관은 의미 있는 조사가 불가능한 정도로 유럽특허조약의 요건을 만족하지 않는 것 때문에 조사를 한정할 수도 있다. 조사에 대한 그런 한정은 미완성 조사보고서 또는 조사보고서를 대신하는 선언서에 표시되어야만 한다. 선언서는 한정에 대한 이유를 표시하여야 한다. 선언서 또는 미완성의 조사보고서는 다음의 절차를 위해, 조사보고서로서 간주된다.

(2) 조사전략의 확정

다음으로 심사관은 조사 전략, 즉 조사를 위해 고려되어야 하는 문서의 부분으로 되는, 조사의 대상을 표현하는 일련의 조사진술서를 구성하는 계획을 구성함에 의해 조사과정을 시작해야 한다. 조사과정은 심사관이 검색된 정보의 유용성에 따라 그의 초기 조사진술서를 다시 재확정해야 한다는 점에서 쌍방향적이고 반복되는 것이어야 한다. 분류단위(classification units)를 사용하는 경우, 심사관은 그 조사에서 고려되어야 할 분류단위를 직접적으로 관련된 모든 분야 및 유사 분야 모두에 대해 선택하여야 한다. 관련된 분야에서 분류단위의 선택은 다음에 한정된다.

심사관은 적절한 경우 다른 분류 또는 색인주제도 고려할 수 있고, 유사한 기술분야나 그 출원의 내용에 관련된 가능한 분야에 있는 동료의 컨설팅도 고려할 수 있다.

조사가 수행되어야 할 적절한 분야에 대한 의심이 있는 경우, 심사관은 적절한 분류 전문가에게 조언을 요청할 수 있다.

일반적으로 다양한 조사 전략이 가능하고, 또 심사관은 가장 적절한 조사전략을 선택하기 위해 그의 경험 및 이용가능한 조사도구에 기초해서 판단을 해야 한다. 청구된 발명의 바람직한 실시례와 특정한 예와 가장 관련된 기본요소와 함께 대체로 그 출원의 주기술분야에 우선권이 주어질 것이다. 그 문서의 다른 덜 관련된 부분으로 조사를 연장하는지에 대해 고려할 때, 심사관은 이미 얻어진 조사결과를 항상 고려해야 한다.

(3) 조사의 수행

심사관은 신규성과 진보성에 관련된 문서에 주의를 집중하면서 조사를 수행하여야 한다. 심사관은 또한 다른 이유로 중요하게 될 수 있는 다음과 같은 문서에 역시 주의해야 한다:

(i) 아래의 것과 경합하는 문헌

(a) 조약 제54조 3항하에서 공개된 유럽출원;

(b) 조약 제54조 3항 및 조약 제153조 3항 및 5항하의 공개된 국제 출원;

(c) 조약 제139조 2항하의 유럽특허조약 회원국의 공개된 국가출원;

(d) 비유효한 우선일의 경우에 조약 제54조 2항하에서 관련될 수 있는 출원의 우선권 기간 동안 공개된 문헌;

조사 중에 그 출원의 우선권기간 내에 공개되었을 때, 이들 출원은 "P"문헌으로서 조사보고서에 인용된다. 유럽 또는 국제 출원일 이후에 공개되었을 때, 그들은 "E"문헌으로서 조사보고서에 인용된다.

(ii) 청구된 우선권의 유효성에 대해 의심이 가는 문헌, 이것은 조사보고서에서 "L"문헌으로 인용된다;

(iii) 청구된 발명의 보다 정확한 이해에 기여하는 문헌, 이는 조사보고서에 "T"문헌으로 인용된다;

(iv) 기술적 배경을 설명하는 문헌, 이것은 조사보고서에서 "A"문헌으로서 인용된다;

(v) 조사가 수행된 것에 대한 출원과 동일한 출원일 또는 우선일을 가지고 동일한 출원인으로부터, 그리고 동일한 발명에 관련되고 또 따라서 이중

특허의 문제에 관련된 유럽특허출원, 이것은 조사보고서에 "L"문헌으로 인용된다.

(vi) 인터넷으로부터 나온 문서의 공개일을 표시하거나 설정하는 문헌, 이것은 조사보고서에 "L"문헌으로 인용된다. 그리고;

(vii) 공개일이 없이 인터넷에서 나왔지만 심사관이 출원인 또는 제3자에게 알리기를 원하는 문헌, 이것도 "L"문헌으로 인용된다.

하지만 심사관은 이들 문헌에 대한 조사 또는 특별한 경우에, 그렇게 하기 위한 특별한 이유가 있지 않는 한 이들의 조사에 많은 시간을 소비해서는 안 된다.

(4) 조사 대상의 재확정

심사관은 그의 조사 결과를 계속적으로 평가하여야 하고 필요하다면 조사의 대상을 재확정해야 한다. 예를 들면 조사되어야 할 분류 단위의 선택 또는 그들을 조사하는 순서는 조사 동안에 얻어진 중간결과의 영향에 따라 변경을 요할 수 있다. 심사관은 다른 방식으로 조사 문서에 접근할 것인지, 예를 들면

(i) 조사에 의해 나온 관련 문서에 인용된 문헌, 예를 들면 상세한 설명 또는 특허문서의 조사보고서에 인용된 문헌; 또는

(ii) 조사에 의해 나온 관련 문헌을 인용하는 문헌을 참고하거나,

또는 조사 부서 조직 내에서 이용가능한 외부 문서에 관심을 둘 것인지를, 계획적인 조사 동안에 결정함에 있어서 얻어진 결과를 참작하면서 판단할 수 있다.

(5) 가장 근접한 종래기술

심사관이 청구된 발명의 신규성이나 진보성을 손상할 수 있는 가장 빠른 우선일 전에 공개된 문헌을 찾지 못할 수도 있다. 이 경우에 심사관은 가능할 때에는 반드시, 청구된 발명의 기초를 이루는 문제점 등에 대한 해결책을 개시하는, 조사 중에 발견된 종래 기술을 적어도 조사보고서에 인용해야 한다. 이 문제점은 검색된 종래 기술에 따라 변경될 수 있고 상기 알려진 해결책은 청구된 해결책(발명)에 기술적으로 가장 근접한 것이다['가장 근접한 종래 기술'(closest prior art)]. 이런 종래 기술은 조사보고서에서 "A"문헌으로서 인용된다.

만약 그런 문헌이 찾아지지 않으면, 심사관은 청구된 발명의 기초를 이루는

문제점에 밀접하게 관련된 문제점을 해결하고 또 그 해결책이 기술적으로 조사 중인 출원의 해결책과 가장 유사한 문헌을 가장 근접한 종래 기술로서 인용하여야 한다.

심사관이 청구된 발명의 신규성을 훼손할 수 있으나, 그 출원의 적절한 보정 후에 그 진보성에 영향을 주지 않는 문헌("X"로서 인용될 수 있는)을 검색하고, 또 진보성을 훼손하는 다른 문헌을 검색하지 못한 경우, 심사관은 위에서와 같이 진행하여야 한다.

국제출원으로부터 나온 유럽출원이고 유럽단계에 진입한 후에 부가조사가 된 경우에, 심사관은 국제조사기관에 의해 국제조사보고서에 이미 인용된 문헌 외에 더 관련된 종래 문헌을 더 밝히지 않는 것이 가능하다. 이 경우에 부가유럽조사보고서에 더 이상의 관련된 문서를 기재하지 않는 것이 허용된다.

(6) 조사의 종료

심사관은 요구되는 노력에 비해서 더 이상 관련된 종래 기술을 찾을 가능성이 매우 낮아졌을 때 조사를 종료할 것을 결정한다. 조사는 청구된 발명의 전체 대상물에서 신규성의 결여를 확실하게 설명하는 문서가 찾아지고 사소하거나 심사 중인 분야에서 상식적인 특징을 제외하고, 상세한 설명에 나와 있는 출원의 특징이 진보성을 가지지 않으면 종료될 수 있다. 하지만 경합출원에 대한 조사는 이용 가능한 문서에 그들이 존재하는 한 항상 완전하게 되어야 한다.

3. 조사 후의 절차

(1) 조사보고서의 준비

조사의 완료 후에 심사관은 검색된 문헌으로부터 보고서에 인용될 것들을 선택하여야 한다. 인용될 문서들은 항상 가장 관련된 문헌을 포함하여야 하는데, 인용될 문서들은 보고서에서 특별하게 기술된다. 덜 관련된 문서는 그들이 인용을 위해 이미 선택된 문서에서 발견되지 않은 청구된 발명의 일면 또는 상세 사항에 관한 것일 경우에만 인용되어야 한다. 신규성 또는 진보성과 관련해서 의심이 있는 케이스나 경계선상의 케이스 경우에, 심사관은 심사부에 그 문제를 더 완전하게 고려할 기회를 주기 위해 이의 없이 인용하여야 한다.

조사에 있어서 지나치게 비용이 증가하는 것을 피하기 위해, 심사관은 필요한 건보다 더 많은 문서를 인용해서는 안 된다. 같은 정도의 관련성이 있는 다수의 문서가 있는 경우 조사보고서는 그들 중 하나 이상을 인용하지 않는다. 어떤 경우에도 조사보고서에는 특허 패밀리(patent family)에 속하고 이용 가능한 특허문헌 리스트가 첨부된다. 인용을 위해 이들 문헌으로부터 선택함에 있어서, 심사관은 언어적 편의를 고려하여야 하고, 바람직하기로는 출원의 언어로 문헌을 인용(또는 적어도 주석을 표시)해야 한다. 그 다음에 심사관은 조사보고서를 준비한다.

(2) 조사의 완료 후에 발견된 문헌

종종 조사보고서의 완성 후에 조사부가 더 관련된 문헌을 찾는 일이 발생할 수 있다(예를 들면 관련된 출원에 대한 이후의 조사에서). 이들 문헌은 심사에서 사용될 수 있다.

(3) 조사보고서 내의 오류

조사보고서의 공개 전에 조사보고서 내에 중요한 오류가 있는 것이 발견되었을 때, 이전의 조사보고서를 대신하는 새로운 조사보고서가 작성될 것이다. 조사보고서가 규칙 65에 따라 이미 출원인에게 전달되었지만, 아직 공개되지 않았을 때에는, 그 오류는 즉시 출원인에게 통지된다. 중대한 오류가 조사보고서의 공개 후에 확인되었을 때는, 유럽특허공보에 정오표(corrigendum)가 공개되고, 또 출원인과 심사부는 즉시 통지받는다. 만약 오류가 인용문헌으로서 틀린 문헌의 전달을 포함하는 것이면 정확한 문헌이 보내져야 한다.

4. 유럽특허출원의 예비분류 및 공식 분류

(1) 정 의

분류의 첫 번째 단계는 ‘예비분류’인데, 청구된 발명(만약 하나 이상이 있다면, 첫 번째 청구된 발명)의 대상이 적절한 분류 기호에 의해 넓게 분류된다. 청구된 발명의 기술적 대상(만약 하나 이상이 있다면, 각각의 청구된 발명의 기술적 대상)을 내용확인하는 적절한 분류 기호의 할당은 ‘공식분류’라고 말해지는데, 그런 내용확인은 분류가 허용하는 한 정확하고 이해가능하게 된다. 추가로 비필수적인 분류 혹은 색인 기호는 분류된 문서에 포함된 추가적인 정보로 될 수 있고, WIPO에 의해 발행된 국제특허분류(IPC)에 대한 가이드(WIPO의 웹사이트 참조)에 따라 분류되어야 한다. 유럽특허출원의 공식 분류는, 청구된 발명에 대한 IPC의 규칙에 포함된 분류기호를 사용하여["필수적인 분류(Obligatory Classification)"] 심사관에 의해 수행된다. 심사관은 적절한 분류 기호 및/또는 색인코드를 부가적인 정보(Non-Obligatory Classification)에 시행 중인 IPC에 대한 가이드에 정의된 것같이 할당할 수 있다.

(2) 예비분류(Preclassification)

출원이 해당되는 부서에 할당되도록 하기 위하여 예비 분류를 한다. 이 단계에서의 분류의 수준은 그 문서의 신속하고 자세한 조사의 기초로서 적용할 수 있을 만큼 일반적이어야 한다(예를 들면 명칭 및 독립청구항 또는 청구항들). 반면에 상기 분류수준은 해당되는 부서에 할당되기 전에 예비분류의 중간 단계에 대한 필요를 피하기에 충분해야 한다. 이런 관점에서 가장 적절한 수준은 대체로 서브클래스(sub-class) 수준이다. 단지 드물게, 서브 클래스가 과도하게 넓거나 또는 복합적이고 다른 조사부문에 걸쳐 있는 경우, 메인("00") 또는 서브-그룹으로 예비분류가 필요하다. 이 분류는 기록서류 및 전자적 인터페이스에 제공된 공간에 적절한 기호의 사용에 의해 표시되어야 한다.

이 첫 번째 할당을 위해 요구되는 예비분류는 독립청구항에 기초한다. 이것이 하나 이상의 서브 클래스로 예비분류되면, 이들 중 어느 것이 가장 청구된 발명(또는 발명의 단일성이 결여되어 있다면, 처음으로 청구된 발명)에 관련된 것인지가 선택되어야 한다. 이것은 기록서류에 표시되어야 하는 예비분류이다.

대부분의 케이스에서 그 부문 내에서 출원이 조사부에 할당될 수 있도록 더 이상의 분류가 요구되지 않는데, 필요한 경우 적절한 방식으로 그런 할당을 위해 조정하는 것은 그 분야의 담당 심사관의 권한 내에 있다.

(3) 잘못된 예비분류

조사부에 도달하자마자, 출원이 틀리게 예비분류되고, 따라서 부적절하게 할당되었다는 것이 발견되면, 이것은 재분류되고 또 그것을 받은 조사부문에 의해 재할당되고, 기록서류상의 표시는 적절하게 보정된다. 일반적으로 이것은 그 출원이 재할당되는 조사부문과 상호 합의에 의해 된다. 하지만 분류 범위에 대하여 합의가 되지 않거나 불명확함이 있는 사건들이 발생하고 또는 그 사건을 다루는 조사부문이 그 정확한 분류에 대해서 불명확한 경우, 그리고 그 경우 그 사건을 가진 조사부문은 그 문제를 해결하려고 노력하는 데 시간을 소비해서는 안 되고, 유럽특허청의 분류 전문가에게 문의하여야 하고, 만약 필요하다면 그들에게 그 사건을 맡겨야 한다.

(4) 유럽특허출원의 공식 분류

유럽특허출원의 공식 분류는 심사관에 의해 수행된다. 바람직하게는 공식분류는 심사관이 조사를 수행하기 위해서 출원의 내용을 검토할 때 수행되어야 한다. 하지만 만약 조사보고서가 작성되기 전에 그 출원의 공개의 기한이 되면, 심사관은 평소보다 빠른 단계에서 공식 분류를 결정하기 위해 그 출원에 대해 충분히 검토할 필요가 있다.

만약 그 출원의 공식 분류가 하나 이상의 서브 클래스 또는 하나의 서브 클래스 내의 하나 이상의 메인("00") 그룹이 있는 경우에는 그 분류 모두가 할당되어야 한다. 청구된 발명의 분류는 추가의 분류 및/또는 색인 코드와 구별되어야 한다.

공식 분류는 공개된 출원에 개시된 것, 즉 제출된 출원에 대한 것이어야 하므로, 보정 후의 출원의 가능한 내용을 고려함이 없이 분류가 결정되어야 한다. 하지만 만약 그 발명 또는 제출된 출원의 내용에 대한 심사관의 이해가 조사의 결과로서 상당히 바뀐다면(예를 들어 찾아진 종래 기술의 결과로서 또는 명백한 불명료함의 명확화 때문에), 그 단계에서 공개를 위한 준비가 완성되지 않았다면, 심사관은 즉시 분류를 보정해야 한다.

(5) 늦게 공개된 조사보고서의 분류

조사보고서가 그 출원의 공개 시에 활용불가능하여 별도로 공개되고, 또 심사관이 원래의 분류를 보정하는 것이 필요하다는 것을 발견한 경우, 심사관은 그 출원에 대해 공개된 것(이것은 단지 "공개를 위한 분류"가 된다)을 대신하여 공식 분류를 구성한다고 진술하면서, 조사보고서에 보정된 분류를 표시해야 한다.

유럽특허출원이 조사보고서 없이 분류되고 공개된 경우(A2 공개), 유럽조사보고서는 그 출원의 공개 이후에 별도로 준비되고 공개된다(A3 공개). 이것은 IPC가 유럽특허출원의 공개(A2 공개) 및 조사보고서의 별도의 공개(A3 공개) 사이의 기간에 보정되면 발생될 수 있다. 이 경우 심사관은 그 출원이 공개되었을 때 시행 중인 IPC 버전을 조사보고서로 사용하여야 한다.

(6) 발명의 범위가 분명하지 않은 경우의 분류[부분 조사(a partial search)]

발명의 범위가 분명하지 않은 경우, 이해될 수 있는 한도에서 발명에 나타난 것에 기초해서 분류가 되어야 한다. 만약 불명료함이 조사에 의해 제거되면, 위에서와 같이 분류가 보정되어야 한다.

(7) 발명의 단일성이 없는 경우의 분류

발명의 단일성에 대한 거절이 있는 경우, 공개된 출원에 모든 것이 개시되어야 하므로 모든 발명이 분류되어야 한다. 청구된 각각의 발명은 위에서 설명된 바와 같이 분류되어야 한다.

Ⅲ. 선행기술(The state of the art)

1. 개 요

발명의 신규성과 진보성에 대한 결정에는 선행기술과 특허가능성에 대한 고려가 필요하다. PCT 규칙 33.1(a) 및 (b)에 따라 구두 개시, 사용, 전시 등은 기록된 개시에 의해 구현되었을 때만 종래 기술로서 인정된다. 이와 다르게 공공연한 구두 설명(a public oral description), 사용 등은 종래 기술로서 간주된다. 하지만 심사관은 유럽조사를 수행함에 있어, 그가 이용가능한 기록된 증거를 가지고 있거나 그렇지 않으면 그 사실이 증명될 수 있다는 것을 확신하는 경우에만 종래 기술로서 공공연한 구두 설명 등을 인용하여야 한다. 구두 개시, 이전의 공중의 사용, 판매에 의한 개시 등에 대한 인용은 일반적으로 이의절차에서 이의신청인에 의해 제시된다.

만약 주장된 우선권 날짜가 이 단계에서 확정될 수 없으면, 그들의 유효성에 대해 불명확함이 존재하고 또 경합되는 출원에 대한 조사가 가장 빠른 우선일에서 해당 출원의 출원일(주장된 우선일이 아닌)까지 모든 공개된 출원을 커버하기 위해 확장되어야 한다.

2. 경합 출원(Conflicting applications)

(1) 잠재적으로 경합하는 유럽 및 국제 출원

조사가 그 출원의 유럽출원일 또는 국제 출원일(조약 제80조에 따른 출원일이고 그 청구된 우선일이 아닌) 이후 18개월 이전에 완결되는 경우, 조사 당시에는 잠재적으로 경합하는 유럽 및 국제출원에 대한 완벽한 조사를 하는 것이 가능하지 않다. 따라서 이 조사는 심사 부서에 의해 심사단계에서 완성되어야 한다. 심사관이 잠재적인 경합문헌을 알게 되면, 이 문헌들은 조사보고서에 인용되어야 한다.

조사 대상 출원의 출원일(우선일이 아님) 전인 출원일 또는 유효한 우선일을 가지고 그들의 상태 또는 출처를 불구하고, 조사 대상 출원의 출원일 후에 공개되며 그 출원의 독립항 중의 적어도 하나에 대해 신규성 훼손 대상물을 포함하는 특허문헌은 "E"문헌으로 된다.

유럽조사보고서에 "E"문헌으로 인용된 것은 조사대상 출원에 청구된 대상물의 신규성을 예측할 수 있는 관련된 더 빠른 우선일을 가지는 다른 유럽출원 또는 국제출원일 수 있다.

이와 관련해서 "E"문헌은 만약 그 출원의 일부(예를 들어, 청구항, 상세한 설명 또는 도면)에 관련된 대상물을 개시한다면, 조약 제54조 3항에 따른 신규성-훼손 문서라는 것이 강조되어야 한다.

1997년 7월 1일과 2007년 12월 12일 사이에 출원된 유럽출원에 대해서, 지정료가 출원의 공개 후에 납부되므로, 그 출원은 모든 회원국을 자동적으로 지정한 것으로 공개된다.[19] 하지만 관련된 지정료가 기한 내에 납부되지 않으면, EPC 1973의 조약 제54조 3항 및 4항을 위해 유럽출원의 공개에 대해 이루어진 지정국의 자동지정은 소급적으로 유효하지 않게 된다.

이는 그 신규성 훼손 대상물과 더 빠른 우선권 때문에 "E"문헌으로 잠재적으로 관련되고 또 지정국에 대한 규칙의 변경(1997년 7월 1일)이 된 후 그리고 EPC 2000이 발효되기 전에 출원된 유럽출원이 검색된 경우, 그 공개공보로부터 어떤 회원국이 유효하게 지정되었는지를 즉시 알 수 없다는 것을 의미한다. 결과적으로 이 문헌은 "E"문헌으로 항상 인용되어야 한다(즉 조사된 출원과 관련하여 유효하게 지정된 지정국을 공유한다고 가정하면서).

---

19) OJ EPO 1997, 160.

2007년 12월 13일과 그 이후에 제출된 유럽특허출원에 대해서는, 심사중인 해당출원의 출원일보다 더 빠른 출원일을 가지고 심사중인 출원의 출원일에 또는 그 후에 공개된 어떤 유럽특허출원도, 공통적으로 지정된 지정국에 불구하고, 조약 제54조 3항에 따른 선행기술로 고려된다.

2007년 12월 13일에 또는 그 후에 유럽단계로 진입한 경합하는 국제출원이 유럽출원에 대한 조사에서 "E"문헌으로 검색되면, 조약 제54조 3항에 따른 종래기술을 구성한다. 즉 규칙 165에 따라 다음의 경우에 "E"문헌을 형성한다. 그 국제출원에서 유럽특허청이 지정되고, 그 출원인이 유럽특허청의 공식언어로 국제출원의 번역문을 유럽특허청에 제출하였고, 또 출원료를 납부한 경우이다.

만약 상기 공개된 국제출원에 기초해서 위 내용의 어떤 것도 확인하는 것이 불가능하면(특히, 조사의 시점에서 그 국제출원에 대해서 국내단계진입을 위한 31개월이 아직 만료되지 않은 경우), 그 문헌은 조약 제54조 3항에 관련된 것으로 되고 또 결과적으로 조사보고서에 "E"문헌으로 인용되어야 한다.

(2) 회원국의 선행하는 권리(National earlier rights)

그 출원일이 유럽출원의 출원일 또는 우선일 이전이고, 또 그날 또는 그날 이후에 국가출원 또는 특허로서 공개된, 유럽출원으로 지정된 하나 또는 그 이상의 회원국의 국가출원이 있을 수 있다. 비록 그런 출원은 유럽특허의 등록을 방해하지는 않지만, 관련된 회원국에서 취소의 이유로 될 수 있어, 그 출원인에게는 중요할 수 있다. 따라서 그 문서에 존재하는 것들은 정보의 목적으로 조사보고서에 표시되어 언급되어야 한다. 하지만 이 목적으로 특별한 조사를 할 필요는 없다.

3. 기준일, 출원 및 우선일

(1) 주장된 우선일의 확증

우선권주장의 유효성이 조사 단계에서 확증될 수 없는 경우에, 조사를 위한 기본적 기준일(reference date)은 수리부에 의해 부여된 바와 같은 유럽출원의 출원일로 되어야 한다.

(2) 중간 문헌(Intermediate documents)

조사부는 조사대상 출원의 가장 빠른 우선일과 출원일 사이에 공개된 문헌을 고려해야 하고, 또 이들 문헌은 조사보고서에 있는 것과 같이 확인된다. 이들 문헌의 확인을 위해 출원이 하나 이상의 우선일을 가질 때, 가장 오래된 날짜가 적용된다. 조사보고서에 인용을 위해 어떤 문헌을 선택할 것인가를 결정할 때, 심사관은 이들 날짜를 참고하여야 하고 바람직하게는 우선일 전에 공개된 것을 선택하여야 한다. 예를 들면 두 개의 문헌이 있는 경우에, 하나는 우선일 전에 공개되고 다른 하나는 그날 이후 출원일 전에 공개되고 또 이들 두 개의 문서가 모두 동일하게 관련된 경우에, 우선일 전에 공개된 것을 선택하여야 한다.

(3) 우선권 주장의 유효성에 대한 의문

우선권 주장이 정당한지 그리고 어느 정도까지 정당한지를 확인하는 것은 심사부의 책임이다. 하지만 조약 제54조 3항에 따른 잠재적 선행기술 또는 중간의 선행기술(intervening state of the art)이 조사에서 발견된 경우, 조사부는 가능하다면, 우선권 주장의 유효성을 확인해야 한다. 우선권 주장이 정당하지 않을 수 있다는 것을 보이는 문서(예를 들어, 우선권이 주장된 출원이 관련된 발명에 대한 첫 번째 출원이 아닐 수 있다는 것을 지적하는 동일한 출원인의 선출원 또는 특허)는 조사보고서에 인용되어야 한다. 하지만 예를 들어, 그 우선권 주장 출원이 우선권이 주장되지 않은 선출원의 "일부 계속(continuation-in-part)"인 때와 같이 그렇게 해야 할 특별한 이유가 있는 경우를 제외하고, 일반적으로 이 목적을 위해 특별한 조사 노력을 해야 하는 것은 아니다. 때때로 출원인이 거주하는 나라가 우선권 출원의 나라와 다른 사실은 조사의 확장을 정당화하는, 첫 번째 출원이 아니라는 표시가 될 수 있다.

4. 출원일 이후에 공개된 문서

조사는 일반적으로 그 출원의 출원일 이후에 공개된 문서를 고려하지 않는다. 하지만 특정 목적을 위해 확장이 필요하다. 출원일 후에 공개된 문서가 관련 있는 상황이 일어날 수 있다. 발명의 기초를 이루는 원리나 이론을 포함하여, 그 발명의 더 나은 이해를 위해 유용할 수 있는 더 늦게 공개된 문서와 그 발명의 기초를 이루는 논거와 사실이 부정확하다는 것을 보이는 더 늦게 공개된 문서가 그 예이다.[20] 조사가 이런 목적을 위해 연장되어서는 안 되지만, 심사관에게 알려진 이런 종류의 문서는 보고서에서 인용을 위해 선택될 수 있다.

5. 신규성 상실의 예외(Non-prejudicial disclosures)

유럽특허출원의 출원일 이전 6개월보다 빠르지 않은 개시[21] 그리고 출원인 또는 그의 법적 전임자에 관련된 명백한 기만 때문이거나 또는 공식적, 또는 공식적으로 인정되는 국제 전시회에서 전시된 것 때문인 개시는 고려되지 않는다. 그럼에도 불구하고 조사부는 몇 개의 카테고리 중 하나 내에 있다고 믿을 이유를 가지는 문서는 조사보고서에 인용하여야 한다. 이 경우 조사를 위한 기준일은 그 출원의 출원일이 된다. 출원인 또는 그 전임자에 대한 기만(abuse)의 문제는 조사보고서 및 조사의견의 전달 후에만 일반적으로 일어나고 전시회에서의 개시는 전시된 것과 청구된 발명 사이의 동일성 문제를 가지므로, 이들 문제는 모두 심사부에 의해 조사된다.

6. 종래 기술 개시의 내용

(1) 개 요

일반적으로 조사부는 그 부서의 조사 문서자료(documentation) 내에 있는 문헌 또는 다른 방식으로 접근할 수 있는 문헌만을 인용을 위해 선택한다. 이때 심사관은 일반적으로 각각의 인용된 문헌을 물리적으로 조사하므로, 인용된 문헌의 내용에 대해 의심은 없다.

(2) 유럽특허청의 공식 언어 중 하나로 이용할 수 없거나 공개되지 않은 문헌에 대응하는 문헌의 인용

특정한 상황하에서, 심사관이 조사한 다른 문헌과 내용의 동일성이 있다고 가정할 수 있으면서 그 내용이 검증되지 않은 문헌이 인용될 수 있다. 두 문헌 모두 정해진 방식으로 조사보고서에 언급되어야 한다. 예를 들면 출원일 전에 유럽특허청 공식언어가 아닌 언어로 공개되고 또 인용을 위해 선택된 문헌 대신에, 심사관은 유럽특허청의 공식언어로 되고 출원일 이후에 공개될 수 있는 대응되는 문헌(예를 들면 같은 특허 패밀리의 다른 것 또는 대상물의 번역문)을 조사했을 수도

---

20) 조약 제84조.

21) G3/98 및 G2/99, OJ 2/2001, 51.

있다. 또한 반대되는 명백한 표시가 없을 때는, 요약서의 내용은 원래의 문헌에 포함된 것으로 간주될 수 있다. 또한 구두 발표의 보고서의 내용은 그 발표와 일치한다고 가정되어야 한다.

(3) 요약서와 원문서의 경합

요약서가 그 원문서와 경합하거나 또는 동일한 원문서의 다른 요약서와 경합하여 요약서에 문제가 있는 경우, 심사관은 다음과 같이 하여야 한다. 원문서가 접근 가능한 언어(특히 유럽특허조약 회원국의 언어)로 된 경우나 요약서와 원문서 모두 심사관이 이용가능한 경우에는 원문서를 인용하여야 한다. 하지만 원문서가 접근 불가능한 언어로 된 경우에는 요약서를 인용하여야 한다. 하나 이상의 요약서가 이용가능한 경우, 그 요약서와 다른 요약서 사이 또는 그 요약서와 원문 사이의 경합에도 불구하고, 청구된 발명과 가장 관련된 요약서를 인용하여야 한다.

원문서는 인용된 요약서의 "&"문헌으로서 조사보고서에 표시될 수 있다. 요약서가 이용가능하지만 접근이 어려운 일본어와 같은 언어이면, 원문서와 요약서 모두가 표시되고 출원인에게 보내지며 포대에 포함된다. 심사관은 조사의견에 왜 경합이 있다고 생각하는지에 대해 설명하여야 한다.

(4) 인터넷 개시-기술 저널

기술 저널에 대해서, 공개자의 웹사이트가 웹상에서의 공개가 일어난 날짜를 표시한다.[22] 특별히 서면공개의 공개날짜와 웹상에서의 공개 날짜가 다르다면, 다양한 케이스가 발생할 수 있다. 이런 모든 경우에 대해 심사관은 그 전자적 또는 서면공개의 날짜 또는 발행의 날짜가 언급되었다면, 그 저널의 웹페이지를 출력해야 한다. 이 문서는 조사보고서에 "L"문헌으로 인용되어야 한다. 인터넷 개시가 발견되었을 때에는 가능한 한 빨리 출력해 두는 것이 필요하다. 이는 조사와 실질심사의 사이에 그 정보가 그 웹사이트로부터 옮겨지거나 제거될 수 있기 때문이다.

---

22) OJ EPO 2009, 456.

Ⅳ. 발명의 단일성(Unity of invention)

1. 개 요

(1) 조사에서 발명의 단일성

발명의 단일성의 요건은 등록까지의 절차를 효과적으로 하려는 관점에서 조절기능으로 작용한다. 조사에서 다른 출원에 부과된 수수료를 고려하면 다양한 내용을 가지는 발명의 단일성이 없는 출원에 대해 발명의 단일성이 있는 것과 같이 간주하여 조사를 진행하면 불공정하게 된다. 또한 출원내용에 대한 이해의 측면에서 보면, 다양한 대상물로 인해 출원내용의 이해에 많은 부담이 있게 된다.

반면에 발명의 단일성의 요건을 지나치게 엄격하게 적용하면, 단일의 절차에서 서로 연결된 실질적 사항에 대한 취급이 될 수 없다. 이런 이유에서, 서로 연결된 사항은 불필요하게 분리되어서는 안된다.

(2) 부분 유럽조사보고서(Partial European search report)

만약 조사부가 그 유럽출원이 발명의 단일성의 요건을 만족하지 않는다고 생각하면, 청구항에서 첫 번째로 언급된 발명(또는 단일성을 형성하는 발명의 그룹)에 관련된 출원의 부분에 대해, 조사가 수행되어야 하고, 또 부분 유럽조사보고서[23)]가 작성되어야 한다. 부분 유럽조사보고서는 각각의 발명의 명세서에 추가된다. 청구항에서 첫 번째로 언급된 발명 또는 발명의 단일의 그룹이 어느 발명인지를 결정할 때, 심사관은 종속항들의 내용을 고려하고, 사소한 청구항을 무시한다.

(3) 추가의 조사료납부 요청

조사부는 부분 조사보고서를 첨부하는 통지에서 발명의 단일성 결여를 출원인에게 통지하고 또 조사를 청구항에 첫 번째로 언급된 것 이외의 발명들에 대해서도 받기를 원한다면, 추가의 조사료가 청구항에 첫 번째로 언급된 것 이외의 각각의 발명들에 대해서도 납부되어야 한다고 표시하여야 한다. 이들 조사료의 납부는 2개월 내에 이루어져야 한다.[24)] 추가의 조사료가 정해진 기간 내에 납부된

23) 규칙 64(1).

발명에 관한 조사는 조사부로부터 우선적인 취급을 받는다. 조사보고서는 조사료가 납부된 발명에 관련된 특허 출원의 모든 부분에 대해 작성된다. 조사보고서는 각각의 발명을 구별하고 또 조사가 된 대상물 및 대응되는 청구항(또는 청구항의 부분)을 표시한다.

(4) 다른 발명에만 관련된 문헌

다른 발명들에만 관련된 문헌이 청구항에서 첫 번째 언급된 발명에 대한 조사 중에 검색될 수 있는데, 이들은 부분 유럽조사보고서에 반드시 포함될 필요는 없다. 하지만 그런 문헌은 만약 그들이 귀납적으로 발명의 단일성 결여의 기초를 형성한다면 부분 조사보고서에 인용되어야 한다.

2. 발명의 단일성 결여인 경우의 절차

심사 단계에서 출원인은 단일성 없음에 대한 주장에 대해 다툴 수 있고 또 납부된 하나 또는 그 이상의 추가 조사료의 반환을 요청할 수 있다. 만약 심사부가 이것이 정당하다는 것을 발견하면, 당해 조사료는 반환되어야 한다.

발명의 단일성에 대한 결정은 심사부의 책임이다. 따라서 조사부에 의해 이에 관해서 적용되어야 할 표준은 심사부에 의해 적용되어야 하는 표준과 같다. 특별히 조사부는 단지 청구된 발명이 별개의 분류 단위에 분류되거나 또는 단지 문헌의 특정 부분, 예를 들면 특정 분류 단위에 조사를 한정하기 위한 목적으로 단일성 결여의 거절이유를 제기해서는 안 된다. 예외적으로 발명의 단일성 결여의 경우, 특별히 '후천적으로' 그 발명들이 개념적으로 매우 밀접할 경우, 무시할 수 있는 추가의 작업과 비용으로 모든 발명에 대해 심사관은 완전한 조사를 할 수 있고 또 조사의견을 준비할 수 있다. 그 경우에 추가의 발명에 대한 조사는 청구항에서 첫 번째로 언급된 발명에 대한 것과 함께 완성된다. 모든 결과는 발명의 단일성 결여에 대한 거절이유를 지적하고 다른 발명을 확인하는 단일의 조사 보고서에 포함되어야 한다. PCT출원의 국제조사에 이은 부가유럽조사에서 발명의 단일성 문제가 제기되었을 때, 부가조사보고서는 부가조사에 대해 기초로서 역할을 하는 청구항에 처음으로 언급된 발명 또는 발명의 그룹에 기초하여야 하고 발명

24) 규칙 64(1).

의 단일성에 대한 국제조사기관의 조사결과와는 독립적이어야 한다.

V. 조사제외 대상물

1. 개 요

유럽특허출원에 대해서 수행되는 조사에 관해, PCT 규칙 39.1에 나열된 대상물(Subject-matter)은 유럽특허조약하에서, 산업상 적용가능성이 없는지(조약 제57조), 그런 대상물에 관련한 유럽특허출원에 한해서, 조약 제52조 2항에서 3항하의 특허성이 배제되는지, 또는 조약 제53조(b) 및 (c)하의 특허성에 대한 예외를 구성하는지가 고려되어야 하고, 청구항들은 그런 대상물에 관련되는 한 조사되지 않는다.

이런 문제에 대한 결정이 심사부에 달려 있는 반면, 이들 문제에 대한 의견은 조사 의견을 작성하기 위한 목적으로 그리고 또한 조사의 가능한 한정을 고려하기 위한 목적으로 조사부에 의해 형성된다. 조사부는 신규성과 진보성 이외에 특허성을 위한 요건을 고려해야만 한다. 위에서 설명된 상황은 청구항의 일부 또는 청구항들의 몇몇에 대해서만 일어날 수 있다. 이들 경우에, 이것은 규칙 63(1)에 따른 요청에 표시되어야 하고, 다음의 미완성 조사보고서에 또는 규칙 63(2)하의 조사보고서를 대신하는 선언서에 표시되어야 한다.

2. 인간 혹은 동물의 신체의 수술 또는 치료 방법과 인간 혹은 동물의 신체에 적용되는 진단방법

비록 청구항이 의학적 치료방법으로 작성되고 또 이 이유 때문에 특허가능한 대상물이 없을지라도, 만약 결정적인 기술적 특징이 조사될 수 있는 그 물질의 효과이고, 그리고 규칙 63에 따른 절차가 필요없다면 의미 있는 조사는 가능할 수 있다. 예를 들어, 그런 청구항은 다음과 같이 작성될 수 있다.

"환자에게 식 x의 화합물을 투여함에 의해 치매를 치료하는 방법." 또는 "A, B 및 C 단계를 포함하는, 인간/동물의 신체에 수행되는 질병 Y의 진단을 위한 방법."

이러한 방법 청구항은 조약 제53조(C)하의 특허성이 배제된다. 하지만 대부분의 경우에, 심사단계에서 특허허여가능한 형태로 출원인이 재작성하는 것이 가능하다. 결과적으로 이런 청구항은, 인간/동물의 신체에 대한 치료 또는 진단행위보다는 시약의 사용에 의해 특징지어지고 또는 인간 또는 동물의 신체에 직접적으로 수행되지 않는 단계 A, B, C의 하나 또는 그 이상의 효과 또는 조성물 X의 효과에 의해 특징지어지므로 조사될 수 있다. 하지만 만약 특정한 방법에 특징이 있다면(예를 들어 물리적 치료와 함께 하는 제약의 조합) 의미 있는 조사가 불가능할 수도 있다. 의심이 가는 경우에 조사부는 규칙 63(1)하의 요청을 통지해야 한다. 하지만 그런 청구항이 조사되었거나 그렇지 않거나에 상관없이 그런 대상물이 특허성이 배제된다는 사실에 대한 조사의견이 출원인에게 전달된다.

3. 의미 있는 조사

1) 서　언

조사의 한정은 청구항들, 또는 청구항의 일부, 또는 청구항의 일부분의 의미 있는 조사가 불가능한 정도로 유럽특허조약의 요건을 만족시키지 못하는 출원으로부터도 나올 수 있다. 그런 경우에 조사부는 가능한 한도까지 의미 있는 조사를 수행하여야 한다.

의미 있는 또는 의미 없는 것은 조사부가 결정해야 할 사실의 문제이다. 조사부의 결정권의 실행은 그 사건의 사실에 따른다. 유럽특허조약의 규정된 요건을 만족시키지 못함에 의해 조사가 이루어지는 것이 사실상 불가능한 사건들이 명백하게 있다. 한편 "의미 있는"이라는 단어는 단순히 조사가 어렵기 때문에 규칙 63이 시행된다는 방식으로 해석되어서는 안 된다.

2) 구체적인 예

규칙 63의 미완성조사가 적용되는 몇 개의 제한되지 않는 예를 설명한다:

(i) 뒷받침되지 않는 청구항; 불충분한 개시

하나의 예는 청구항의 범위의 작은 부분을 커버하는 제한된 개시만에 의해 뒷받침되는 넓거나 이론적인 청구항의 경우일 수 있다. 만약 그 청구항의 광범위함이 그 청구항 전체에 대한 의미 있는 조사가 불가능하게 하는 것이라면, 조사부는 더 좁고, 개시된 발명을 기초로 조사를 수행하여야 한다. 이것은 특정한 실시례의 조사를 의미할 수 있다. 그런 경우에, 종종 넓게 작성하는 형태 때문에, 청구항 전체의 완전한 조사를 하는 것이 사실상 전혀 불가능하게 될 수 있다.

(ii) 간결하지 않은 청구항

너무 많은 청구항이 있거나, 또는 청구항 내에 너무 많은 가능성이 있어서, 보호를 요하는 대상을 결정하기 위해 너무 많은 부담이 되는 경우가 하나의 예이다. 완전한 조사(또는 어떤 조사라도)는 사실상 불가능할 수 있고, 또는 이어지는 심사 단계에서 청구항 또는 청구항 세트가 유용한 목적으로 역할할 수 없다. 청구항의 간결하지 않음이 의미 있는 조사를 불가능하게 한다는 이유에서, 미완성 조사보고서 또는 조사 없는 선언서가 적절할 수 있다.

(iii) 명확하지 않은 청구항

종래 기술이 당해 출원의 파라미터(parameter)[25]와 같은 파라미터를 채용하지 않았거나, 그런 파라미터를 전혀 채용하지 않았기 때문에, 출원인이 그의 발명을 한정하기 위한 파라미터의 선택이 종래 기술과의 의미 있는 비교를 불가능하게 한 경우가 예이다. 그런 경우에 출원인에 의해 선택된 파라미터는 명확성을 결여한다. 파라미터의 명확성의 결여는 청구항들 또는 청구항 또는 청구항의 일부분의 의미 있는 조사를 불가능하게 하는 것이 될 수 있고, 조사의 결과를 의미 없게 하므로, 파라미터의 선택은 청구된 발명과 종래 기술의 의미 있는 비교를 불가능하게 만든다. 만약 그렇다면, 미완성 조사(또는 예외적인 경우, 조사 없음)가 적절하고, 조사는 이해될 수 있는 범위 또는 바랐던 파라미터가 얻어지는 방식으로 주어진 실시례에 제한될 수 있다.

(iv) 분할출원 또는 보정의 범위를 위반하는 청구항

규칙 63은 다음의 경우들에서 추가된 대상물을 포함하는 청구항에 관한 출원에 적용할 수 있다.

- 조약 제76조를 위반하는 분할출원에 있는 청구항;
- 출원일 이후에 제출되고 조약 제123조 2항을 위반하는 청구항이 있는 출원; 또는
- 부가 유럽조사를 위한 기초로서 보정된 청구항이 제출되고 조약 제123

25) 이 책 제9장 IV 10 참고.

조 2항을 위반하는 유로-PCT 출원

이들 예들은 전부는 아니다. 기본적 원칙은 무엇이 조사되었고 무엇이 조사되지 않았는지에 대해 출원인 및 제3자 모두에게 투명하고 개방되어 있어야 한다는 것이다. 만약 의미 있는 조사를 불가능하게 하는 불비사항이 보정에 의해 실질적으로 정정되거나 심사의 실질 단계 동안에 출원인에 의해 불비사항이 성공적으로 반박된다면, 심사단계에서 추가조사가 수행될 것이다.

3) 조사를 위한 대상물에 대한 요청

유럽특허출원이 청구된 대상물의 전부 또는 일부가 선행기술의 조사를 위한 기초로서 의미있는 조사를 수행하는 것이 불가능할 정도로 유럽특허조약에 따르지 않는다고 판단하면, 유럽특허청은 출원인에게 2달의 기간 내에 조사되어야 할 대상물을 표시하는 진술을 제출하도록 요청하여야 한다. 이 요청에는 이유를 기재해야 하고 또 조사부가 의미있는 조사가 불가능하다고 판단하는 청구된 대상물을 추가적으로 지적할 수 있다.

의학적 방법청구항의 특별한 경우에는, 청구항이 특허가능한 대상물로 재작성되는 것이 용이한 경우에만 완전한 조사보고서가 발행된다. 역으로 미완성조사보고서 또는 조사 없음에 대한 선언서가 예상되는 경우에는, 출원인에게 관련된 요청이 보내져야 한다.

4) 규칙 63(1)의 통지에 대한 대응

출원인이 기한 내에 조사될 대상물을 제시하여 대응하고, 출원인이 지적한 대상물에 기초하여 의미 있는 조사를 하는 것이 가능하다고 조사부에 의해 판단되면 그 대상물에 대한 조사가 수행된다.

비록 출원인이 조사될 대상물을 제시했지만, 그 대상물에 대해서 조사부가 완전한 조사를 하는 것이 여전히 불가능하다고 판단되면 조사부는 조사될 대상물을 결정하고, 출원인의 응답을 유지하는 방식으로, 그것이 가능한 한도에서 조사를 하거나 또는 예외적으로 의미있는 조사가 가능하지 않다는 결정을 내릴 수 있다.

출원인은 상기 통지에 대한 응답으로 조사되어야 할 대상물을 지적하는 대신에, 모든 청구된 대상물에 대해서 의미 있는 조사가 수행될 수 있다고 생각하는 이유로 의견을 제시할 수 있다. 만약 조사부가 출원인의 의견에 따라 납득이 되면, 완전한 조사보고서가 발행된다. 조사부가 출원인의 의견에 납득이 되지 않거나 부분적으로 납득이 되면, 조사부는 부분 조사보고서를 발행하고 조사되어야 할 대상물을 결정하거나, 예외적으로 조사보고서를 대체하는 선언서를 발행할 수 있다. 규칙 63에 따른 요청이 적절한지에 대한 최종 책임은 심사부에 있다. 추가 조사가 선언서 후에 심사에서 필요할 수 있고 또는 상기 통지 후의 조사단계에서 부분 조사보고서가 발행될 수 있다.

만약 출원인이 상기 요청에 대해 2개월 내에 답변하지 않으면, 조사부는 조사되어야 할 대상물을 결정한다. 이 경우에 부분 조사보고서가 즉시 작성되고 또는 예외적으로 조사보고서를 대체하는 선언서가 발행된다. 출원인의 늦은 응답은 미완성 조사를 수행하기 위한 심사관에 의해 주어진 의견을 재검토하기에 유용할 수 있으므로, 심사단계에서 심사관에 의한 고려를 위해 포대에 포함된다.

조사보고서가 출원과 함께 공개되어야 하는 것을 고려하면, 규칙 63에 규정된 2개월은 속행에는 적용되지 않는다. 하지만 권리의 재설정을 요청하는 것은 가능하다.[26)]

4. 하나의 카테고리에 다수개의 독립항

1) 개 요

규칙 62a에 따르면, 하나의 카테고리에 규칙 43(2)에 부합되지 않게 2개 이상의 독립항에 있으면, 유럽특허청은 조사가 되어야 할 독립항을 출원인에게 정하도록 통지한다. 출원인은 2개월 내에 이에 응답하여야 한다.

규칙 64에 따르면, 심사관은 이 통지를 보낼 것인지 또는 서면의견에서 규칙 43(2)에 따른 거절을 하면서, 모든 청구항에 대한 완전한 조사를 할 것인지에 대한 재량이 있다.

2) 규칙 62a(1)에 따른 통지에 대한 대응

출원인이 유럽특허청이 조사하기를 원하는 특정한 카테고리의 독립항을 지적하면서, 통지에 대응하면 유럽특허청은 이 청구항에 기초하여 조사를 수행할 것이다.

이 통지에 대한 응답에서 출원인은 하나의 카테고리에 다수의 독립항이 있는 것이 규칙 43(2)에 위반되지 않는다고 생각하면, 조사를 위해 동일한 카테고리에 하나 이상의 독립항을 지적할 수 있다. 이러한 출원인의 의견에 대해 유럽특허청

---

26) OJ EPO 2009, 533.

이 납득하지 못하면, 출원인에 의해 지적된 가장 낮은 숫자를 가지는 독립항에 대해서만 조사가 이루어질 것이다.

출원인이 기한 내에 상기 통지에 대해 응답하지 못하면, 각 카테고리의 첫 번째 청구항에 기초하여 조사가 수행될 것이다. 즉시 조사보고서가 작성될 것이다. 기한을 지나서 제출된 응답은 심사단계에서의 고려를 위해 포대에 포함된다.

조사보고서는 출원의 공개시에 이용가능하므로, 규칙 62a는 2개월의 응답기간을 규정하고 속행에서는 제외된다. 하지만 관련된 상태들이 만족될 것을 조건으로 권리의 재설정이 허여될 수 있다.

VI. 조사보고서(Search report)

1. 개 요

조사부에서 수행된 유럽조사의 결과는 유럽조사보고서에 기록된다. 조사보고서의 범위의 다른 가능한 여러 개의 제한이 존재한다. 이들은 다음과 같다.

(i) 청구항료의 미납으로 청구항이 포기된 것으로 간주되는 경우;

(ii) 유럽특허조약 규칙 63에 따른 조사보고서를 대신하는 선언서;

(iii) 규칙 63 및/또는 규칙 62a에 따른 미완성 조사보고서;

(iv) 규칙 64(1)에 따른 단일성 결여의 발견 때문인 부분 유럽조사보고서; 그리고

(v) 조약 제153조 7항에 따른 부가유럽조사보고서는 (i) 또는 (iii)에 주어진 이유 때문에 미완성으로 될 수 있고, (ii)에 따른 선언서에 의해 대체될 수 있다[부가유럽조사보고서에 대해 청구항료가 납부되지 않은 경우에, 규칙 162(4)가 적용된다].

위의 (i)-(iii), 그리고 (v)[단지 (i)-(iii)이 적용되는 한]형태의 조사보고서는 출원인에게 전달되고, 심사부에 의한 심사를 위한 기초로서 역할을 한다. 하지만 부분 조사보고서[위의 (iv)의 경우]는 출원인에게 전달되고, 심사 포대의 공개 부분에 조사를 위해 이용가능하게 된다.

위에서 언급된 예외에 따라 그 출원과 관련된 발명이 유럽특허조약의 요건을

만족시키는 것으로 보이는지에 대한 의견을 조사부가 제공한 경우에, 유럽조사보고서와 부가유럽조사보고서는 조사 의견에 첨부된다. 이와 함께 유럽조사보고서 또는 부가유럽조사보고서 및 조사 의견은 확장된 유럽조사보고서(EESR)를 구성한다.

조사부는 유럽조사보고서를 작성할 책임이 있다. 조사부는 국제조사보고서를 작성하는 것과 특정 회원국의 산업재산청을 대신하여 조사보고서를 작성할 책임이 있다.

조사보고서는 조사보고서 자체의 양식에 의해 요구되거나 앞에서 설명된 것 이외에는 의견, 이유, 설명 등의 표현을 포함할 수 없다.

2. 유럽특허청에 의해 작성된 다른 형태의 조사보고서

유럽특허청은 다음 형태의 조사보고서를 작성한다:

(i) 유럽조사보고서;
(ii) PCT 출원에 관련된 부가유럽조사보고서;
(iii) 규칙 164(2)에 따른 조사 결과;
(iv) PCT하의 국제 조사보고서;
(v) 국제-타입 조사보고서;
(vi) 국가특허청을 대신하여 작성하는 조사보고서; 그리고
(vii) 특별 작업을 더한 조사보고서.

또한 심사과정에서, 추가 조사의 결과를 포함하는 설명이 필요시에 작성되고 공개되지는 않는다. 하지만 거기에 인용된 문서는 심사 과정에서 사용될 수 있다.

3. 조사보고서의 형식과 언어

표준 조사보고서는 심사관에 의해 준비되고 부가시트 A와, 특정한 경우에는 부가시트 B뿐만 아니라 출원번호, 그 출원의 분류, 조사된 분야, 조사에 의해 밝혀진 관련 문헌 및 그 조사를 수행한 심사관의 성명과 같은 조사의 중요한 사항을 기록하기 위해 모든 조사들에 대해 사용되는 메인 페이지를 포함한다.

부가시트 A는 발명의 명칭의 확정 또는 수정, 출원인에 의해 제출된 요약서

및 요약서와 함께 공개될 도면을 표시하고 또 발명의 명칭의 다른 2개의 공식언어로 된 번역을 제공하기 위해 사용된다.

부가시트 B는 조사에 대한 제한이 있는 경우에 작성되는데, 예를 들면 비용을 초래하는 청구항이 청구항료의 비납부 때문에 조사되지 않은 때, 발명의 단일성이 결여되어 있을 때, 조사보고서가 미완성이거나 선언서에 의해 완전히 대체되어 의미 있는 조사가 불가능할 때 또는 조사가 카테고리 하나에 다수의 독립항이 있어 제한되었을 때이다. 조사보고서 또는 조사보고서에 첨부되거나 조사보고서를 대체하는 선언서는 진행언어로 작성되어야 한다.

4. 특허 출원의 확인 및 조사보고서의 타입

메인 페이지 및 부가시트상에서 유럽특허출원은 그 출원 번호에 의해 확인된다. 조사보고서의 타입은 보고서에 표시된다.

출원 및 조사보고서의 동시 공개의 경우에 보고서의 메인 페이지는 A1으로 표시된다. 만약 출원의 공개가 조사 전에 기한이 되면, 메인페이지는 A2로 표시된다. 추후의 조사보고서는 A3으로 표시된 메인 페이지상에 된다. 조사보고서가 국제출원에 대한 부가조사보고서인 경우에 이 조사보고서는 A4로 표시된 새로운 메인 페이지에 된다.[27]

5. 특허 출원의 분류

보고서의 메인 페이지에는 유럽특허출원에 대해 공식 분류기호가 기입된다. 만약 그 출원이 조사보고서가 준비되기 전에 공개되면(A2 공개) 심사관은 그 출원의 공개 전에 부가시트 A를 준비한다. 그런 경우에, 부가시트 A는 모든 필수 정보와 그 출원의 공식 분류도 포함한다.

추후에 조사보고서가 발생되는 경우(A3 공개), 그 출원의 공식분류는 별도로 공개된 조사보고서에 반복된다. 심사관이 공식 분류를 수정한 경우(즉 A2 공개된 출원에 주어진 공식분류가 추후 공개된 A3 조사보고서에 주어진 것과 다름), 추후에 공개된 A3 조사보고서에 나타나는 것은 보정된 분류이다.

---

27) WIPO 표준 ST.16.

6. 조사된 기술의 범위

비록 유럽특허조약은 조사된 기술의 범위를 유럽조사보고서에 표시할 것을 요하지는 않지만, 이 정보는 보고서에 서브-클래스 수준까지 IPC기호 리스트의 형태로 포함된다. 조사가 종류가 같은 대상에 대한 출원에 대해 된 이전의 조사에 전적으로 또는 부분적으로 기초된 경우, 이전의 이 조사에 대해 참고된 문서자료의 부분은 당해 출원에 대해 참고된 것으로 보고서에 또한 표시된다. 이것은 적절한 IPC 기호를 표시함에 의해 된다.

7. 부가시트 A

부가시트 A는 조사보고서와 함께(A1공개)이든 또는 조사보고서 없이(A2 공개)이든 상관없이, 출원의 공개 전에 심사관에 의해 준비된다. 부가시트 A에 포함된 정보는 출원의 공개에 필요하다. 부가시트 A에 심사관은 다음의 것들을 표시한다:

(i) 요약서의 내용의 확정 또는 보정, 규칙 66에 따라 출원인에게 통지된 내용; 요약서의 심사는 그것이 관련된 출원에 관계된 것이고 또 그 발명의 명칭 또는 그 출원의 분류와 경합되지 않는다는 것을 보증하는 것을 넘어서 될 수 없다. 요약서는 출원된 것과 관련되므로, 심사관은 이를 고려해야 하고 조사의 결과에 의해 역으로 영향받는 것을 피하기 위해 조사의 수행 전에 최종적인 내용을 결정하여야 한다.

만약 조사보고서가 별도로 공개되면(A3공개), 요약서에 대한 정본 통지에 주어지지 않는다. 출원인에게 주어진 정보는 발명의 명칭과 있다면 요약서와 함께 공개될 대표도이다.

예외적인 경우에, 심사관은 조사가 수행된 후에 요약서를 변경할 수 있다. 하지만 출원이 A2 공개된 후에 이것이 이루어지면, 부가시트 A는 재발행되지 않는다;

(ii) 발명의 명칭의 승인 또는 보정;

(iii) 요약서에 첨부되는 도면의 부분의 승인, 수정 또는 폐기; 그리고

(iv) 유럽특허출원의 발명의 명칭의 두 개의 다른 공식언어로의 번역.

유럽특허공보는 유럽특허청의 3개의 공식언어 모두로 작성되고,[28] 유럽특허등록부에 만들어진 기재사항[29]을 포함하고, 발명의 명칭을 포함하여야 한다. 따라서 발명의 명칭은 유럽특허조약의 3개의 공식언어 모두로 요구된다.

위의 것은 조사보고서와 함께 공개된(A1공개) 출원과 조사보고서 없이 공개된(A2공개) 출원에 동일하게 적용된다. A2공개의 경우에, 부가시트 A는 그 출원의 공식 분류를 더 포함한다. A1공개의 경우에, 공식 분류는 조사보고서상에만 나타난다.[30] 부가시트 A는 그것이 관련된 공개의 성질도 표시한다(A1 또는 A2).

국제출원에 대한 부가적인 조사보고서의 경우에, 부가시트 A는 A4로 표시되어야 한다. 심사관은 발명의 명칭, 요약서 또는 요약서와 함께 공개되는 도면을 결정하지 않는다. 이는 PCT 규칙 37.2, 38.2(a) 및 8.2 각각에 따라 국제조사기관에 의해 이미 결정되었기 때문이다.

8. 조사의 대상의 제한

다음의 경우에는, 조사보고서, 조사보고서를 대체하는 선언서, 또는 미완성의 또는 부분조사보고서는 조사의 대상이 제한되었는지 아닌지 그리고 어느 청구항이 조사되었거나 조사되지 않았는지를 표시한다.

(i) 추가료가 납부되지 않은 15항 이상의 청구항.[31] 상기 청구항들은 조사되지 않았음이 표시된다. 이것은 유럽조사보고서 및 부가유럽조사보고서에만 적용된다.

(ii) 발명의 단일성 결여. 다른 발명은 그들의 대상물 및 그에 관련된 청구항을 지적함에 의해 언급되어야 한다(부분적 또는 전체적으로). 부분조사보고서에 대해서는, 청구항에서 처음으로 언급된 발명에 대해서 되었음이 표시된다. 이것은 발명의 단일성의 사후적인 결여 및 발명의 단일성의 사전적 결여에 적용된다. 조사료가 납부된 모든 발명들에 대해서 작성되어야 할 조사보고서에 대해, 조사된 다른 발명(그리고 부분적으로 또는 전

28) 조약 제14조 7항(a).

29) 규칙 143(1)(c).

30) 규칙 61(6).

31) 규칙 45(1), 규칙 162(1)에서 기준이 되는 청구항의 개수는 2008년 4월 1일부터 10개에서 15개로 변경되어 적용된다(2008.3.6. 행정이사회의 결정 CA/D 2/08).

체적으로 대응되는 청구항)이 조사보고서에 표시된다.

(iii) 의미 있는 조사가 될 수 없거나 단지 미완성의 조사가 수행될 수 있는 청구항. 선언서는 다음의 경우에 만들어진다.

(a) 모든 청구항을 기초로 하여 의미 있는 조사가 가능하지 않은 경우(이 선언서는 조사보고서를 대체한다); 또는

(b) 하나 또는 그 이상의 청구항에 대해 부분적 또는 전체적으로 의미 있는 조사가 가능하지 않은 경우. 이 경우에 관련된 청구항이 미완성 조사보고서를 첨부하는 선언서에 언급된다.

위의 (a) 및 (b)의 경우 모두에, 조사가 수행되지 않거나 제한되는 이유가 표시되어야 한다(예를 들면: 대상물이 특허가능하지 않거나 불명료한 청구항).

(iv) 규칙 43(2)에 따르지 않아 조사가 수행되지 않은 청구항.

9. 조사에서 확인된 문헌들

(1) 조사보고서에 있는 서류의 확인

조사보고서에서 인용된 모든 문헌은 필요한 서지사항을 표시함에 의해 불명료하지 않게 확인되어야 한다. 조사보고서에 있는 모든 인용은 WIPO 표준 ST.14(특허 문서에 인용된 참조의 포함에 대한 권고), WIPO 표준 ST.3(2-문자 코드) 및 ST.16(다른 종류의 특허문헌의 확인을 위한 표준 코드)을 따라야 한다. 이것은, 문헌의 명백하고 쉬운 확인을 위한 필요가 없는 반면, 규정의 엄격한 고수가 상당한 추가 비용 및 노력을 요하는 경우에는 특별한 경우들에서 예외가 있을 수 있다.

심사관은 종종 '대응되는(corresponding)' 문헌, 즉 동일하거나 실질적으로 동일한 기술 내용을 가진 문헌의 존재에 직면한다. 일반적으로 이들은 두 그룹 중 하나에 해당되는데, 즉 특허패밀리 및 요약서로부터의 특허문헌이다.

(i) 같은 특허 패밀리에 있는 특허문헌

이들은 동일한 나라 또는 다른 나라들로부터의 특허문헌이고 또 적어도 하나의 우선권을 공유한다. 만약 인용된 특허문헌이 특허 패밀리에 속하면, 조사보고서의 첨부내용에서 이미 언급되므로, 심사관은 알려지거나 또는 접근가능한 패밀리의 모든 구성원을 인용할 필요는 없다. 하지만 심사관은 인용된 것에 추가해서 하나 또는 그 이상의 구성원을 언급할 수 있다. 그런 문헌은 원래의 특허청, 문헌의 형태와 번호 및 앰퍼샌드(&) 표시

를 앞에 두어 표시되어야 한다. 심사관이 동일한 특허 패밀리 내에서 하나 이상의 문헌을 조사보고서에 표시하기를 원할 수 있는 가능한 이유가 아래의 것을 포함해서 다수가 있다:

(a) 특허 패밀리의 하나의 문헌이 그 출원의 가장 빠른 우선일 이전에 공개되고, 하지만 비유럽특허청 언어로 공개되었고, 반면에 같은 특허 패밀리의 다른 구성원이 유럽특허청의 언어로, 하지만 그 출원의 가장 빠른 우선일 이후에 공개되었다.[32] 이는 조사보고서에서 그 문헌의 번호에 "&"를 붙여 표시한다. 즉 &문서로서 인용된다.

(b) 다른 패밀리 구성원에 나타나지 않은 관련되는 기술적 대상물을 각각 포함하는 동일한 특허 패밀리에서 다른 문헌.

(c) 하나의 패밀리 구성원이 비유럽특허청 언어로 출원에 인용되고 유럽특허청 언어로 된 다른 패밀리 구성원이 존재하는 경우, 이들이 모두 가장 빠른 우선일 전에 공개된 경우.

(ii) 문헌의 요약서

이들은 다수의 데이터베이스 제공자(예를 들면 화학 요약서, Derwent 또는 일본의 특허요약서) 중의 하나로부터 제공되고 또 특허문헌, 논문, 박사학위 논문(PhD theses), 책 등과 같은 많은 다른 타입에 관련될 수 있다. 요약서는 원래 문서의 기술적 내용의 가장 중요한 점의 요약을 제공한다. 인용된 대부분의 요약서는 영어로 된다. 요약서가 조사보고서에 인용되는 모든 경우에, 심사관은 그 요약서가 관련되는 원래 문서를 "&"표시 뒤에 두어야 한다.

심사관은 여러 이유 중 하나 때문에 원래 문헌을 인용하기보다는 요약서(이 경우 원래 문서는 "&"문서로서 인용되어야만 한다)를 인용하기 위해 선택할 수 있다. 이들 이유는, 원래 문헌이 심사관이 쉽게 이용할 수 없거나(예를 들면 PhD theses의 검색) 또는 원래 문헌이 비유럽특허청 언어로 되고 또 다른 대응되는 문헌이 존재하지 않는 경우(예를 들면 패밀리 구성원이 없는 일본 특허 문헌, 또는 러시아의 논문)이다. 원래 문헌은 심사관에 의해 그렇게 지정된 경우에만 출원인에게 보내진다.

만약 심사관이 일본어 또는 한국어 공개특허문서를 인용하기를 원하면, 심사

---

32) 조약 14(1).

관은 조사보고서에 일본어 또는 한국어 공보를 인용할 수 있다. 유럽특허청의 데이터베이스에 이용가능한 영문요약서가 있다면, 그 일본공보 또는 한국공보 그리고 영문요약서가 출원인에게 보내진다.

(2) 인용된 문헌의 언어

종종 같은 특허 패밀리의 구성원이 다수의 다른 언어로 공개된다. 결과적으로 심사관은 조사보고서에서 인용된 문헌의 언어에 대하여 선택권을 가진다. 만약 관련된 기술 내용이 다양한 패밀리 구성원들 사이에서 다르지 않고 또 그들이 모두 그 출원의 가장 빠른 우선일 전에 공개되었다면, 그 패밀리의 모든 구성원은 그 출원에 대해 동일한 관련성을 가진다. 그런 경우에, 심사관은 그 공개의 언어에 따라 인용될 문헌을 선택하여야 하고 또 다음의 리스트에 따라 첫 번째로 주어질 수 있는 가장 바람직한 언어를 선택하여야 한다.

(i) 유럽특허청의 공식언어(즉 영어, 프랑스어 또는 독일어);

(ii) 유럽특허조약 회원국의 공식 언어. 만약 해당 심사관이 이 언어에 친숙하지 않다면, 그런 문헌은 일반적으로 동료에 의해 해석될 수 있다;

(iii) 유럽특허조약의 회원국의 언어 이외의 언어.

위의 (ii)와 (iii)의 경우에, 심사관은 원래의 문헌 대신에 유럽특허청의 공식언어로 된 요약서를 인용하는 것을 고려할 수 있다.

원래 문헌이 덜 접근가능한 언어(중국어 또는 한국어)인 경우 요약서를 인용하는 것이 최선이다. 어떤 경우에는 유럽특허청의 공식언어로 특허문헌의 자동화된 번역을 얻을 수도 있다.

특정한 문단의 번역문만이 필요한 경우, 심사관은 전체 번역문 대신에 해당되는 문단의 번역을 조사의견에 넣을 수 있다. 덜 접근 가능한 언어로의 공보의 비공식적 번역문을 조사보고서에 인용하여서는 안 된다.

부가유럽조사보고서의 경우에, 특정한 상황에서 부가유럽조사보고서에 문헌을 인용하지 않는 것이 허용될 수 있다. 그런 경우에, 조사보고서에 "더 이상의 관련 문서가 발견되지 않았다"는 표현이 나타난다. 하지만 그런 경우에, 조사의견은 국제조사보고서에 인용된 선행기술에 대해 청구된 발명의 특허성에 대한 의견을 줄 것이다.

(3) 문헌의 카테고리(X, Y, P, A, D 등)

조사보고서에 인용된 모든 문서는 인용시트의 첫 번째 난(column)에 특정 문자를 위치시킴에 의해 확인된다. 필요한 경우에는 다른 카테고리의 조합이 가능하다. 다음의 문자가 사용된다.

(i) 특히 관련 있는 문헌

유럽조사보고서에서 인용된 문헌이 특히 관련 있는 것인 경우, 이것은 문자 "X" 또는 "Y"에 의해 표시되어야 한다. 카테고리 "X"는 그 문헌만이 홀로 선택되었을 때, 청구된 발명이 신규한 것으로 여겨질 수 없거나 또는 진보성을 가지는 것으로 생각할 수 없는 경우에 사용된다.

카테고리 "Y"는 그 문헌이 하나 또는 그 이상의 다른 동일 카테고리의 문헌과 결합되고, 그런 결합이 그 분야의 당업자에게 자명할 때, 청구된 발명이 진보성을 가진다고 여겨질 수 없는 경우에 적용가능하다. 하지만 만약 한 문헌[소위 "주 문헌(primary document)]이 특정 특징에 대해 더 상세한 정보를 제공하는 것으로 다른 문헌을 명백하게 인용하고, 또 이들 문헌의 조합이 특히 관련 있는 것으로 여겨지면, 상기 주 문헌은 "Y"가 아닌 "X" 문자로 표시되어야 하고 또 인용된 그 문헌은 적절한 범위에서 "X" 또는 "L"로서 표시되어야 한다.

(ii) 선행기술을 정의하고 또 신규성 또는 진보성을 해하지 않는 문헌

유럽조사보고서에 인용된 문헌이 청구된 발명의 신규성 또는 진보성을 해하지 않는 선행기술을 대표하는 경우, 이것은 문자 "A"로 표시되어야 한다.

(iii) 기록되지 않은 개시를 인용하는 문헌

조사보고서에 인용된 문헌이 기록되지 않은 개시를 인용하는 경우, 문자 "O"가 들어가야 한다. 그런 개시의 예들은 회의록(conference proceedings)을 포함한다. 문서 카테고리 "O"는 (i) 또는 (ii)에 따른 문헌의 관련성을 표시하는 기호와 항상 함께하는데, 예를 들면: "O, X"; "O,Y"; 또는 "O,A"이다.

(iv) 중간 문헌(intermediate documents)

심사되고 있는 출원의 출원일과 우선권이 주장된 날, 또는 하나 이상이 있는 경우 가장 빠른 우선권이 주장된 날 사이에 있는 날짜에 공개된 문헌은, 문자 "P"에 의해 표시되어야 한다. 문자 "P"는 고려 중인 특허 출원의 가장 빠른 우선일 바로 그날에 공개된 문헌에도 주어진다. 문헌 카테고리

"P"는 (i) 또는 (ii)에 따른 문헌의 관련성을 표시하는 기호와 항상 함께 하는데, 예를 들면: "P, X"; "P, Y"; 또는 "P, A"이다.

(v) 발명의 기초가 되는 이론 또는 원칙에 관련된 문헌

조사보고서에 인용된 문헌이 발명의 기초가 되는 원칙 또는 이론의 보다 좋은 이해에 유용하게 사용될 수 있거나, 또는 발명의 기초가 되는 사실 또는 근거가 틀렸다는 것을 보이기 위해 인용된 경우, 이것은 문자 "T"에 의해 표시되어야 한다.

(vi) 잠재적으로 경합하는 특허문헌

조사되고 있는 출원의 출원일(우선일이 아님)보다 더 빠른 출원일 또는 우선일을 가지나, 그날 이후에 공개되고 또 그 내용이 신규성에 관련된 종래기술을 구성하는 특허문헌은 문자 "E"에 의해 표시되어야 한다. 조사된 특허문헌과 그 출원이 같은 날짜를 가지는 경우에도, 그 특허문헌은 문자 "E"에 의해 표시되어야 한다. 고려 중인 청구된 우선권에 기초한 특허문헌에 대한 예외가 만들어진다. 이들 문헌은 인용되지 않아야 한다.

(vii) 출원에서 인용된 문헌

조사보고서가 조사가 수행된 그 특허출원의 상세한 설명에서 이미 언급된 문헌을 인용한 경우, 이들은 문자 "D"에 의해 표시되어야 한다.

(viii) 다른 이유로 인용된 문서

조사보고서에서 어떤 문헌이 앞에서 설명된 것 이외의 이유로 인용된 경우, 예를 들면:

(a) 우선권 주장에 대해 의심을 제기할 수 있는 문헌;

(b) 다른 인용문헌의 공개일을 확정하는 문헌; 또는

(c) 이중 특허의 문제에 관련된 문헌

이런 문헌은 문자 "L"에 의해 표시되어야 한다. 그 문헌을 인용하는 간단한 이유가 주어져야 한다. 이런 형태의 문헌의 인용은 특정한 청구항에 연계될 필요는 없다. 하지만 그들이 제공하는 증거가 단지 특정 청구항에 관련된 것인 경우, 예를 들면 조사보고서에 인용된 "L" 문서는 특정 청구항만에 대해서 우선권 주장을 무효화할 수 있다.

"L"문헌의 인용은 특정 청구항과의 연결이 필요 없다. 하지만 그 문헌이 제공하는 증거가 특정한 청구항에만 관련된 경우에는 그 문헌의 인용은 그 청구항에 연결되어야 한다.

(4) 문헌과 청구항 사이의 관계

조사보고서에 인용된 각 문헌은, 그 문헌이 카테고리 문자 "L"에 의해 표시되지 않는 한, 그것이 관련하는 청구항의 표시를 첨부하여야 한다. 하나의 문헌 그리고 동일한 문헌이 다른 청구항들에 대하여 다른 카테고리에 의해 표시될 수 있는데, 여기서 각 카테고리는 특정 청구항과 관계된다.

이에 더해 각 독립항은 가장 빠른 우선일 전에 공개된, 적어도 하나의 문헌과 관련해서, 적어도 한 번 조사보고서에서 언급되어야 한다(당해 독립항이 조사의 대상의 제한 때문에 조사로부터 제외되지 않는 한).

(5) 종래기술문헌에서 관련 문단의 표시

긴 문헌의 경우 심사관은 조사된 발명에 가장 근접한 기술적 대상물을 포함하는 인용된 문헌의 해당 부분을 표시하여야 한다. 이것은 그 문헌이 신규성 또는 진보성 거절을 위해 인용되었을 때 특히 중요하다.

그리고 동일하거나 유사한 기술적 대상물을 설명하는 문헌의 부분 뿐만 아니라 그 대상물에 의해 해결되는 문제에 관련된 부분 또는 문단을 지적하는 것이 좋다. 이런 접근은 심사에서 진보성의 판단을 촉진시키고 또 출원인에게 심사과정에서 이 문헌이 어떻게 사용되는지를 잘 보여줄 수 있다.

10. 조사보고서의 인증 및 날짜

조사보고서가 작성된 날짜는 보고서에 표시된다. 그 날짜는 조사를 수행한 심사관에 의해 보고서가 작성된 날짜이어야 한다. 심사관의 이름이 조사보고서에 기재되어야 한다.

11. 조사보고서에 첨부되어야 할 사본

조사보고서는 출원인에게 송부되고 심사부에 전달된다. 이 두 경우에 그 보고서는 복사 및 출원인에게 전달되도록 지정되지 않은 "&"문자 뒤에 나오는 조사보고서에 나타난 문헌을 제외한, 인용된 모든 문헌의 사본을 첨부하여야 한다. 이들 인용된 문헌은 조사의견 및 심사과정 모두에서 청구된 발명의 특허성을 판단하기 위해 사용된다.

특허문헌의 경우에 비록 특허가 페이지수가 많더라도 전체 사본이 제공된다. 문헌의 전체 또는 부분이 오직 전자적 수단에 의해 공개된 경우,[33] 종이 형태로 이용할 수 없는 그 문헌의 적어도 해당 부분의 전자문서판은 출원인에게 이용가능하도록 만들어져야 한다. 이것은 출원인이 종이와 전자적 형태의 조합으로 또는 전자적 형태만으로 전체 문헌을 제공받을 수 있는 방식으로 되어야 한다.

특허 패밀리의 경우에 실제로 인용된 패밀리의 구성의 사본만이 일반적으로 제공된다. 다른 구성원은 정보용도로 컴퓨터에 의해 체계적으로 만들어진 첨부에 언급된다. 특정 경우에 동일한 특허 패밀리에서 하나 또는 그 이상의 추가의 특허문헌이 "&" 표시 뒤에 조사보고서상에서 언급될 수 있다. 이들 경우에 심사관은 "&" 표시 뒤에 나타나는 특허문헌도 복사되고 출원인에게 전달되어야 한다고 지정할 수 있다. 이 문서는 심사 포대에 포함될 수 있고 또 만약 적용가능하다면, 조사 의견에 참고될 수 있다.

논평 또는 서적의 경우에는 제공되는 사본은 타이틀 페이지와 관련 공개의 해당 페이지가 되어야 한다. 인용된 문서가 다른 문서의 개요, 발췌 또는 요약이고, 별도로 발행된 경우 개요, 발췌 또는 요약의 사본은 보고서와 함께 출원인에게 전달된다. 만약 조사 부서가 전체 문헌이 요구된다고 생각하면, 그 문헌은 인용되어야 하고 또 보고서에 사본이 첨부되어야 한다. 조사보고서의 작성시에 유럽특허청에서 이용할 수 있는 데이터베이스(예를 들어, COMPDX, PAPERCHEM2 및 NTIS)로부터의 출력본 또는 원본이 없는 온라인 조사에 의해 얻어진 참조물의 경우에, 원본을 대신해서 출력물이 파일에 더해져야 한다. 이것은 요약의 출력형태가 이용가능한 경우 하지만 데이터베이스 출력물로부터의 요약과 그 출력본 사이에 관련된 기술 내용에서 차이가 없는 경우에만 된다.

12. 조사보고서와 조사의견의 전달

유럽특허청은 조사보고서, 조사의견(적용가능한 경우) 및, "&" 표시 후에 나타나는 문헌과 복사되고 출원인에게 전달되어야 하는 것으로 지정된 문헌을 포함하는 모든 인용된 문헌의 사본을 출원인에게 보낸다.

33) 규칙 68(2) 및 OJ 7/2000, 367.

Ⅶ. 조사 의견(Search opinion)

1. 서 론

유럽특허청은 심사의 효율성을 증대시키기 위해서, 조사보고서와 함께 첫 번째 심사의견을 제공하도록 하였다. 여기서 첫 번째 심사의견을 '조사의견(Search opinion)'이라고 하는데, 조사부에 의해 제공된다. 조사의견을 조사보고서와 함께 제공하는 것은 2005년 7월 1일 및 그 이후에 제출된 유럽특허출원 그리고 유럽단계로 진입하는 유로-PCT출원에 대해서 적용된다. 여기서, 유럽특허출원의 유럽조사보고서에 조사의견이 첨부된 것 그리고 유로-PCT출원의 부가유럽조사보고서에 조사의견이 첨부된 것을 확장된 유럽 조사보고서(EESR)라고 한다.

2010년 4월 1일부터 시행된 규칙 70a에 따라 이후에 작성된 조사의견에 대한 응답은 자율적이 아니라 필수적인 것으로 되었다. 따라서 확장된 유럽조사보고서의 조사의견에 대해서는 출원인의 대응이 필요하다.

2. 확장된 유럽조사보고서

(1) 의 의

확장된 유럽조사보고서는 유럽특허출원에 대해서는 유럽조사보고서와 조사의견으로 구성되고, 유로-PCT출원에 대해서는 부가유럽조사보고서와 조사의견으로 구성된다.

(2) 조사의견의 첨부

2005년 7월 1일 이전에 출원된 유럽특허출원과 유럽단계에 진입한 유로-PCT출원에 대해서는 조사의견에 조사보고서에 첨부되지 않았다. 2005년 7월 1일 및 그 이후에 출원된 유럽 출원과 유럽 단계에 진입한 유로-PCT출원에 대해서, 유럽조사보고서와 부가유럽조사보고서에는 그 출원 및 그 출원과 관련된 발명이 유럽특허조약의 요건을 만족하는지에 대한 조사의견이 첨부되었다. 하지만 이 조사의견에 대해서 보정 등의 대응을 하는 것은 자율적이었다. 즉 반드시 조사의견에 대해서 대응하지 않아도 상관없었다. 이는 조사의견에 대응하지 않을 경우, 조사부에 의해 동일한 첫 번째 심사의견이 다시 제시되었기 때문이다. 따라서 심사절차가 지연되는 경우가 대부분이었다.

2010년 4월 1일부터 규칙 70a가 조사의견에 대해서 적용되기 시작했다. 즉 확장된 유럽조사보고서의 조사의견에 대해서, 출원인은 정해진 기간 내에 조사의견에 대해서 코멘트를 하고 확장된 유럽조사보고서가 공개된 날로부터 6개월 내에 조사의견에 표시된 불비사항을 보정하거나, 상세한 설명, 청구항 및 도면을 보정하여야 한다. 만약 출원인이 이에 응답하지 않으면 출원은 취하된 것으로 간주된다. 즉 조사의견에 대한 응답이 자율적인 것이 아니라 필수적으로 되었다. 이는 유로-PCT 출원에 대해서도 적용된다.

(3) 확장된 유럽조사보고서에 대한 대응

출원인은 조사보고서 및 조사의견에 대해 코멘트할 기회를 가진다. 이 코멘트는 규칙 139에 따른 보정과 규칙 137(2)에 의해 허용되는 출원에 대한 자진보정을 포함할 수 있다.

확장된 유럽조사보고서의 조사의견에 대한 대응은 조사의견의 내용과 해당 출원이 가지고 있는 불비사항에 따라 달라질 수 있다.

만약 불비사항이 없어서 조사의견이 긍정적이고 심사부가 등록허여에 관한 통지를 발행할 수 있거나 또는 조사의견이 부정적이지만 심사부가 등록허여에 관한 통지에서 정정할 수 있는 사소한 불비사항만 있으면, 조사의견에 대한 응답이 요구되지 않고 또 상기 요청이 발행되지 않는다.

만약 조사의견이 부정적이고 또 출원인이 반드시 보정해야 할 불비사항이 있으면 조사의견에 대한 응답이 요구되고 상기 요청을 발행하는 것이 적절하다.

유럽특허청이 유로-PCT출원에 대한 의견과 부가조사보고서를 작성한 경우, 조사의견에서 지적된 불비사항에 대해 응답하고 자진보정을 제출할 것을 출원인에게 요청한다.

긍정적인 조사의견은 상기 요청을 포함하지 않으므로, 제재가 적용되지 않고 조사의견에 대한 응답은 자율적이다.

(4) 응답기간

상기 요청에 대해서 응답을 해야 하는 기간은 다음과 같다. 먼저, 상기 요청에 대한 의무적인 응답과 보정할 기회에 대한 자진응답은 규칙 70(1)의 기간, 즉 조사보고서의 공개로부터 6개월 내에 모두 제출되어야 한다. 따라서 심사청구와 조사의견에 대한 응답은 같은 기간 내에 제출되어야 한다.

유럽특허청은 유럽특허공보가 유럽조사보고서를 공개한 날짜를 출원인에게 통지해야 하고, 이와 관련해서 규칙 70(1) 및 조약 제94조 2항의 심사청구기간, 규칙 70a(1)의 조사의견에 대한 응답기간에 대한 기간을 환기한다. 이 기간의 경과 후에 제출된 자진보정에 대한 인정은 심사관의 재량이다. 조사보고서의 공개 며칠 후에, 유럽특허청은 규칙 70a(1)하의 의무에 대한 출원인의 주의를 끄는 규칙 69(1)하의 통지를 출원인에게 보낸다.

조사보고서의 전달 전에 심사청구료의 납부에 의해 심사청구가 제출되면, 조사의견에 대한 응답과 자진보정을 제출하기 위한 기간은 출원인이 그 출원에 대해 계속해서 진행할 것을 원하는지를 표시하는 규칙 70(2)의 통지에 정해진 기간과 같다. 심사가이드라인은 이 기간을 조사보고서의 공개로부터 6개월로 정한다. 이 기간은 단지 예외적으로 연장가능하다.

유로-PCT출원의 경우에도 일반적으로 부가조사보고서의 공개 전에 심사청구가 이루어진다. 유럽특허청이 유로-PCT출원에 대한 의견과 부가조사보고서를 작성한 경우에 조사의견에서 지적된 불비사항에 대해 응답하고 자진보정을 제출할 것을 출원인에게 요청한다. 상기 응답은 그 출원의 심사를 계속하는 것을 확인하도록 기간 내에 제출되어야 하는데, 부가조사보고서의 통지로부터 6개월 내이다.

만약 출원인이 심사청구를 미리 제출하고, 규칙 70(2)의 통지에 대한 권리를 포기하면, 조사의견과 규칙 70a의 통지는 발행되지 않는다. 대신에 조약 제94조 3항의 통지, 즉 유럽특허출원이 유럽특허조약의 요건을 만족시키지 않는 것에 대해 출원인에게 의견을 제출하고 필요한 보정을 알리는 통지가 발행된다.

(5) 미응답의 효과

출원인이 규칙 70a(1) 또는 (2)의 기간 내에 요청에 대한 응답에서 보정 또는 코멘트를 제출하지 않으면, 그 출원은 취하된 것으로 본다. 조약 제121조 및 규칙 135하의 속행이 가능하다. 상기 요청에 응답하지 않음에 대한 제재는 규칙 70a(3)에 규정되어 있다.

(6) 기 타

심사부는 일반적으로 조사의견에서 취해진 당초의 견해를 유지하여야 한다.

이 견해는 출원인으로부터 의견, 보정 및 다른 제출서류를 받은 후에는 변경될 수 있다. 그 견해는 조사가 수행되었을 때 완전한 조사가 될 수 없고 또 조약 제54조 3항의 선행기술이 조사부에 의해 완전한 조사에서 발견되거나 3자의 의견에 의하거나 출원인에 의해 심사부가 추가의 선행기술을 알게 된 경우에는 출원인으로부터의 다른 의뢰에도 불구하고 견해가 변경될 수 있다. 심사부는 위의 것 외의 이유로 조사 의견의 결과를 뒤집을 수 있는데, 그런 경우는 예외적이어야 한다.

3. 출원의 분석 및 조사 의견의 내용

(1) 개 요

출원 또는 그와 관련된 발명이 유럽특허조약의 요건을 만족하지 않는다는 것이 유지되는 경우, 조사의견에서 대응되는 거절이 제기된다.

일반적으로 조사 의견은 출원에 대한 모든 거절이유를 다룬다. 이들 거절이유는 실질적인 사항(예를 들면 그 출원의 대상물이 특허가능하지 않다) 또는 형식적 사항(예를 들면 규칙 41-43, 46, 48-50에 규정된 요건의 하나 또는 그 이상에 부합되지 않음) 또는 둘 모두에 관한 것일 수 있다.

인간 또는 동물의 신체의 치료를 위한 방법 또는 인간 또는 동물의 신체에 적용되는 진단방법에 관련된 청구항이 조사의 시점에서 허용될 수 있는 형태로 그들의 재구성이 될 수 있기 때문에 조사되었다면, 조사 의견은 그럼에도 불구하고, 특허가능성이 배제된 대상물에 관련된 것으로 이들 청구항을 거절하여야 한다.

(2) 심사관의 서류(The examiner's dossier)

조사과정에서 심사관의 첫 번째 과업은 상세한 설명, 도면(만약 있다면) 및 그 출원의 청구항을 검토하는 것이다. 그의 과업을 수행함에 있어서, 심사관은 유럽 출원을 구성하는 서류와 조사의 시작까지 과정의 완전한 이력을 입수해야 한다. 하지만 번역문과 함께 우선권 서류는 이 단계에서 아직 이용될 수 없다.

(3) 이유를 붙인 거절

각각의 거절이유에 대해 조사 의견은 특정한 조문이나 규칙을 지적하면서, 또는 다른 명확한 언급을 하면서, 만족되지 않는 유럽특허조약의 요건 및 불비된 출원의 부분을 지적하여야 한다. 직접적으로 명백하지 않은 거절이유에 대해서는 이유를 제공하여야 한다. 예를 들어, 종래 기술이 인용되고 인용된 종래 기술의 단지 일부만이 관련된 것인 경우, 관련된 특정 문단이 밝혀져야 한다. 만약 인용된 종래 기술이 독립항 또는 청구항들의 신규성이나 진보성 결여를 설명하기 위한 것이면, 그리고 결과적으로 종속항들 사이에 단일성이 결여되어 있으면, 출원인에게 이 상황을 통지한다. 실체적인 사항은 일반적으로 첫 번째로 설명되어야 한다. 조사의견은 보정된 출원의 추후의 심사를 촉진시키고, 특히 광범위한 재검토에 대한 필요를 피할 수 있도록 작성된다.

만약 심사관의 조사보고서가 주어진 청구항에 대해 하나의 "X" 또는 "Y" 카테고리의 문헌이 인용되었다면, 심사관은 조사의견에서 그 동일한 청구항에 대해서 신규성 또는 진보성 거절을 제시해야 한다. 이것이 종속항에 관련되고 또 관련된 독립항에 대한 거절의 뒷받침으로 주어진 경우 단지 그 종속항에 대한 간단한 코멘트만이 요구된다.

4. 조사의견의 작성과 우선권주장

(1) 조사의견의 작성

우선권 서류가 제공되어야만 하는 날짜(최초의 우선권 주장으로부터 16개월까지) 이전에 조사가 수행되었거나,[34] 우선권 서류의 번역문이 요청되었으나 조사의견 작성 시점에서 조사부가 이용할 수 없어서,[35] 조사 단계에서 우선권 주장의 유효성을 체크하는 것이 불가능할 때, 조사 의견의 작성 목적으로, 우선권 주장이 유효한 것으로 일반적으로 가정할 수 있다. 이 단계에서 그 출원에 대해서 제기될 수 있는 단 하나의 거절이 우선권의 비유효성에 의존하고 또 그 우선권서류(또는 그 번역문)가 이용가능하지 않은 경우, 심사관은 거절없이 전체적으로 긍정적인 조사의견을 제시해야 한다. 우선권서류의 번역문을 이용할 수 없는 경우, 규칙 53(3)에 따른 통지가 발행될 수 있고, 심사단계에서 우선권의 유효성이 검토된다.

하지만 조약 제54조 3항에 따른 잠재적 선행기술 또는 중간의 선행기술 때문에 우선권의 유효성의 판단이 필요하고, 또 우선권 주장의 유효성을 침해하는 증거가 이미 이용가능한 경우, 이것은 조사의견에 기재되어야 한다. 예를 들어, 조

34) 규칙 53(1).
35) 규칙 53(3).

사의견의 작성시점에서 우선권 서류가 이용가능하고 또 청구항의 기술적 특징이 우선권 서류에 나타나지 않는 경우, 번역문이 요구된다. 참고로, 심사관이 우선권 서류의 언어와 친밀한 경우에도 번역문을 요구하는 것이 가능하다.

(2) “P”와 “E”문헌의 사용

조약 제54조 3항에 따른 잠재적인 종래기술에 관한 문헌이 조사의견에 인용된 경우, 상기 종래기술문헌이 그 출원의 관련날짜보다 더 빠른 관련날짜를 가진다는 것을 심사관이 확정적으로 밝힐 수 있는지 아닌지에 따라 2개의 상황이 발생할 수 있다. 만약 그렇다면, 심사관은 조약 제54조 3항하의 거절을 제시할 수 있다. 만약 그렇지 않다면, 심사관은 확인될 수 없는 어떤 우선권이 유효하다는 가정을 해야 한다. 이것은 다음의 두 가지 시나리오로 연결된다.

(ⅰ) 그 종래기술문헌이 조약 제54조 3항에 따른 선행기술에 포함된다. 심사관은 결국 조사의견에서 조약 제54조 3항에 따른 거절을 제시하고 어느 우선권이 유효한 것으로 가정되었는지를 지적한다.;

(ⅱ) 그 종래기술문헌이 조약 제54조 3항에 따른 선행기술에 포함되지 않는다. 조사의견이 다른 거절을 제시하는 경우, 조사의견은 조약 제54조 3항에 잠재적으로 해당되는 문서(그리고 그 관련된 문단)를 언급하고 어느 우선권이 유효한 것으로 가정되었는지를 설명한다.

조사보고서에 인용된 “P”문헌들이 있고 이들은 잠재적인 조약 제54조 3항 문헌이 아니면(그들이 국제출원 또는 유럽특허출원이 아니므로), 이들 문헌은 조약 제54조 2항하의 종래기술을 구성할 수 있고 그 출원의 우선권이 유효하지 않은 한 신규성과 진보성의 판단에 관련된다. 그 출원의 우선권이 확인될 수 있는 경우, 심사관은 우선권을 확인하고, 만약 우선권이 유효하지 않다면 “P”문헌에 기초한 조사의견에서 거절을 한다. 만약 그 출원의 우선권이 확인될 수 없으면, 그것은 유효한 것으로 가정되고 조사의견에서 거절이 제기되지 않는다.

우선권 주장의 유효성의 문제는 심사에서 확인될 필요가 있다.

5. 선행기술에 대한 의심의 문제

신규성에 대한 결정은 조사부의 책임이 아니라 심사부의 책임이므로, 조사부는 예를 들어 공개 또는 공용의 정확한 날짜, 또는 구두 개시, 전시 등의 정확한 내용에 관한 의심 때문에 참고될 수 있는 문서를 포기하지 않아야 한다. 조사부는 존재할 수 있는 의심을 제거하기 위해 노력하여야 하고, 그럼에도 불구하고 조사보고서에 항상 관련된 문헌을 인용하여야 한다. 미심쩍은 문제에 증거를 제공하는 추가 서류는 인용될 수 있다.

그 공개의 날짜에 대한 문서에서의 언급은, 이에 대항하는, 예를 들면 조사부에 의해 더 빠른 공개가 보여지거나, 심사과정에서 출원인에 의해 더 늦은 공개가 보여지는 것과 같이 완전한 이유가 주어지지 않는 한 정확한 것으로 받아들여져야 한다. 만약 표시된 공개일이 조사를 위한 기준일 전에 공개가 되었는지를 확정하기에 불충분하면(예를 들면 단지 월 또는 연도만 주어졌기 때문에), 조사부는 그 목적을 위해 충분히 정확함을 가진 정확한 날짜를 확정하기 위해 노력해야 한다.

6. 조사의견에 관련된 단일성

조사부가 청구된 발명이 발명의 단일성의 요건을 만족시키지 않는 것을 발견한 경우, 조사부는 출원인에게 추가의 조사료를 납부할 것을 요청하는 요청서와 그 발명 또는 청구항에 첫 번째 언급된 발명의 단일 그룹에 관한 부분 조사보고서를 보낸다.

상기 요청을 준비하는 것과 동시에 조사부는 조사된 첫 번째 발명에 대한 조사의견을 완성하여야 한다. 하지만 이 단계에서 추가수수료의 납부에 대한 요청과 부분 조사보고서가 출원인에게 실제로 보내진다.

추가의 조사료 납부 기간이 만료된 후에, 출원인은 그 발명 또는 청구항에서 첫 번째 언급된 발명의 단일 그룹 그리고 추가조사료가 납부된 모든 다른 청구된 발명 또는 발명의 단일 그룹에 대해 조사보고서를 받는다.

이것은,

(ⅰ) 단일성의 결여 뒤에 있는 이유

(ⅱ) 첫 번째 발명 또는 청구항에서 언급된 발명의 단일 그룹에 대한 의견

(ⅲ) 추가 조사료가 납부된 모든 발명 또는 발명의 단일 그룹에 대한 의견을 포함하는 조사 의견이 첨부된다.

위의 것은 유럽조사보고서와 부가유럽조사보고서에 동일하게 적용된다.

7. 조사의 한정의 경우 조사의견

조사의견에 나타난 주장 및 거절이유는 조사의 한정 및 그에 대한 이유와 일치해야 한다. 이것은 특허될 수 없음의 이유(예를 들면 비즈니스 방법) 또는 의미 있는 조사를 훼손하는 심각한 불비사항 또는 규칙 43(2)에 따른 하나의 카테고리에 다수개의 독립항과 관련된 위반 때문인 한정에 적용된다.

청구항료의 미납의 이유로 청구항이 포기간주되고 또 결과적으로 청구항이 조사되지 않은 경우 조사의견은 이 사실에 대해 출원인의 주의를 환기한다.

8. 조사의견을 대신한 통지

출원인이 조사보고서가 자신에게 전달되기 전에 규칙 70(1)에 따른 심사청구를 제출하고, 규칙 70(2)에 따른 통지를 받을 권리를 포기한 경우 출원인에 대한 조사 보고서의 발송은 그 출원이 심사부의 관할에 들어가도록 한다.[36]

이 경우 그 출원이 불비사항을 포함하고 있으면 심사부는 조사보고서를 대신하여 조약 제94조 3항에 따른 통지를 발행한다. 이 통지에 답변하지 못하면, 조약 제94조 4항에 따라 그 출원은 취하간주된다.

만약 출원이 등록허여될 준비가 되면, 다음의 절차가 진행된다. 먼저 규칙 54(3)에 따른 경합하는 출원에 대한 조사가 완성된 경우, 심사부는 규칙 71(3)에 따른 등록허여와 관련된 통지를 발행한다. 다음으로 규칙 54(3)에 따른 경합하는 출원에 대한 조사가 완성되지 못한 경우, 추가조사가 완성되었을 때, 조약 제54조 3항에 따른 선행기술이 발견되지 않을 것을 조건으로, 출원인은 그 출원이 등록허여를 위해 유효하다는 것을 통지받는다. 이것은 순전히 정보를 위한 것이고 출원인으로부터 대응이 필요하지 않다.

9. 확장된 유럽조사보고서에 대한 대응

출원인은 규칙 70(1)하에 제공된 심사청구를 위한 기간 내에 조사의견에 대해 답변할 것이 요구된다. 하지만 출원인이 조사보고서를 받기 전에 심사청구를

36) 조약 제18조 1항.

제출하고 조사의견이 출원인에게 전달되면(조약 제94조 제1항에 따라 심사료의 납부를 요한다). 정해진 기간 내에 그 출원을 계속해서 진행하기를 원하는지에 대한 표시를 하도록 규칙 70(2)에 따른 통지가 주어진다. 이들 경우에 출원인은 규칙 70(2)에 정해진 기간 내에 조사의견에 대해 대응을 해야 한다. 이것은 부가유럽조사보고서와 조사의견이 준비된 유로-PCT출원에도 적용된다.

기간 내에 조사의견에 응답하지 못하면 그 출원은 취하된 것으로 간주되고 출원인에게 즉시 통지된다. 이 권리 상실의 통지에 대해서 출원인은 조약 제121조와 규칙 135에 따른 속행을 요청할 수 있다.

2010년 4월 1일 이전에 작성된 조사의견이 첨부되지 않은 유럽조사보고서 또는 부가유럽조사보고서에 대해서는 출원인이 응답할 필요가 없다. 물론 조사의견이 긍정적인 경우에도 출원인이 응답할 필요가 없다. 하지만 이들 케이스에서 출원인이 원하면 규칙 137(2)에 따라 조사보고서에 대해 응답할 수 있다. 그런 케이스들에서 출원인은 그 출원이 심사단계에 들어가기 전에 조사보고서에 응답할 것을 요청받는다.

출원인은 규칙 137(2)에 따라 보정된 출원서류를 제출함에 의해 조사의견에 대응하거나 그와 동시에 또는 별도로 조사의견에 대한 의견서를 제출함에 의해 대응할 수 있다. 이 보정된 출원서류나 의견서는 심사단계에 들어가면 심사부에 의해 심사된다. 심사관과의 전화통화나 인터뷰는 심사단계에 들어간 후에야 가능하다.

개인적 인터뷰에 대한 요청 또는 구두절차에 대한 요청과 같은 절차적 요청 또는 단순한 반대는 조사의견에 제시된 의견에 대한 반박이 없으므로 유효한 응답이 되지 않는다. 이러한 요청 또는 반대가 기한의 만료까지 유일한 응답인 경우 그 출원은 규칙 70a(3)에 따라 취하간주된다.

조사의견이 제공되었지만 조사보고서가 2010년 4월 1일 전에 작성된 출원에 대해서는 출원인이 조사의견에 대응하지 않고 그 출원이 심사단계에 들어가면 조약 제94조 3항하의 첫 번째 통지로서 심사부에 의해 출원인에게 조사의견을 알리고 응답에 대한 기한을 정한 통지가 제공된다. 이 통지에 대해 기한 내에 답변하지 못하면 조약 제94조 4항에 따라 그 출원은 취하간주된다.

제8장

유럽특허출원의 요건

Ⅰ. 개 요

유럽특허출원에 대한 요건, 즉 유럽특허출원의 필요서류는 조약 제78조에 규정되어 있다. 이에 따르면 유럽특허출원은 특허허여청구,[1)] 상세한 설명,[2)] 하나 또는 그 이상의 청구항 및 요약서 그리고 필요한 경우 상세한 설명 또는 청구항에서 인용되는 도면을 포함하여야 한다.

이 장에서는 청구항을 제외한 유럽특허출원의 내용을 다룬다.

Ⅱ. 요약서(Abstract)

1. 요약서의 목적

유럽특허출원은 요약서를 포함하여야 한다. 요약서의 목적은 상세한 설명,

---

1) 우리나라의 출원서에 해당: 조약 제78조 1항(a).

2) 이 책에서 상세한 설명(description)은 우리나라의 명세서(발명의 명칭, 도면의 간단한 설명 및 특허청구범위)에서 특허청구범위를 제외한 것으로 생각할 수 있다. 그리고 이 책에서 사용되는 명세서 또는 특허명세서(Patent specification)는 심사를 거쳐 등록되어 유럽특허공보에 공고되는 것으로, 상세한 설명, 청구항 및 필요한 도면을 포함하고, 그 공개되는 표지에는

청구항 및 도면에 포함된 개시에 대한 간단한 기술적 정보를 제공하는 것이다. 요약서는 특허의 대상물에 대해 법적 효력이 없다. 즉, 요약서는 보호의 범위를 해석하기 위해 사용될 수 없고 또는 상세한 설명에 대한 새로운 대상물의 추가를 정당화하는 데 사용될 수 없다.[3]

요약서는 특정한 기술적 분야를 조사하는 목적을 달성할 수 있도록 작성되어야 하고 또 특히 그 유럽특허출원을 참고하기 위한 필요가 있는지를 판단할 수 있도록 하여야 한다.

2. 요약서의 내용

요약서[3]는:

(i) 발명의 명칭을 표시하여야 하고;

(ii) 그 발명이 관련된 기술분야를 표시하여야 하고;

(iii) 상세한 설명, 청구항 및 도면에 포함된 것과 같은 개시의 간결한 개요를 포함하여야 하는데, 그것은 기술적 문제의 명확한 이해가 가능하도록 작성되어야 하고, 그 발명 및 그 발명의 주요한 사용을 통한 그 문제의 해결책의 요점이 기재되어야 하며, 또 적용가능한 경우 요약서는 출원에 포함되어 있는 것 중에서 그 발명을 가장 잘 특징짓는 화학식을 포함하여야 하며;

(iv) 증거 없이 주장된 장점 또는 발명의 가치 또는 그 이론적인 적용에 대한 언급을 포함하지 않아야 하고;

(v) 바람직하게는 150단어 이상을 포함하지 않아야 하고; 또

(vi) 요약서에 첨부되어야 하는 하나의 도면 또는 예외적으로 하나 이상의 도면의 표시가 있어야 한다. 이때 상기 도면은 상세한 설명에 첨부되어 있는 도면 중에서 선택해야 한다. 요약서에 기재되고 설명된 각각의 주된 특징은 괄호에 넣어진 참조부호가 뒤에 기재된다.

발명의 명칭, 공개일, 출원일, 출원번호, 등록번호, 특허허여일, 출원인, 발명자, 지정국, 인용문헌 및 각종 서지적 사항이 표시된다. 특허명세서에 대해서는 규칙 72에 규정되어 있다; 조약 제78조 1항(b).

3) 규칙 47.

3. 최종적인 내용

요약서는 최초 출원시에 출원인에 의해 제공된다. 하지만 심사관은 그 출원과 함께 공개될 요약서의 최종적인 내용을 결정한다. 요약서의 최종적인 내용을 결정함에 있어서, 심사관은 제출된 출원과 관련하여 요약서를 고려하여야 한다. 만약 조사보고서가 출원보다 후에 공개되면, 그 출원과 함께 공개되는 요약서는 심사의 결과의 하나가 된다.

요약서의 최종적인 내용을 결정함에 있어서, 심사관은 요약서가 단지 기술적 정보로서의 사용을 위한 것이고 특히 보호를 요하는 범위를 해석하는 목적으로 사용되어서는 안 된다는 것을 감안하여야 한다. 요약서의 내용을 결정함에 있어서, 심사관은 간결함과 명확함에 초점을 맞춰야 하고, 또 언어를 꾸미기 위한 목적으로 내용을 변경하지 않아야 한다. 조사의 결과에 의해 역으로 영향을 받는 것을 피하기 위해 조사를 수행하기 전에 그 최종적인 내용을 결정해야 한다. 예외적으로 심사관은 조사가 수행된 후에 요약서를 변경할 수 있다. 최종적인 요약서의 내용은 조사보고서와 함께 출원인에게 전달되어야 한다.

4. 요약서에 첨부되는 도면

심사관은 요약서의 내용뿐 아니라 요약서와 함께 공개를 위한 도면도 결정한다. 심사관은 필요한 한도 내에서 그 내용을 변경하여야 한다. 심사관은 만약 그 발명을 더 잘 특징짓는다면, 출원인이 표시한 도면과 다른 하나의 도면 또는 필요하다면 여러 개의 도면을 선택한다.

심사관은 그 출원에 있는 어떤 도면도 그 요약서의 이해를 위해 유용하지 않다고 판단되는 경우 요약서와 도면이 공개되는 것을 막을 수 있다. 이것은 출원인이 특정 도면 또는 도면들이 규칙 47(4)에 따른 요약서와 함께 공개되기를 요청한 경우에도 될 수 있다.

Ⅲ. 상세한 설명(Description)

1. 개 요

상세한 설명은 발명의 실질적인 내용을 개시하는 부분으로 발명의 기술분야에 대한 설명, 발명의 기술적 과제와 해결책, 발명의 실시례 등이 기재되어야 한다.[4] 상세한 설명에는 발명이 당업자에 의해 충분히 명확하고 완전하게 실행될 수 있도록 개시하여야 한다. 이 목적을 위한 "당업자"(a person skilled in the art)는 출원 그 자체의 가르침 및 거기에 있는 인용문헌뿐만 아니라 그 출원의 출원일에 그 기술분야에서 일반적인 상식을 알고 있는 일상적인 업무종사자(ordinary practitioner)이다.

당업자는 당해 기술분야에 대해 일반적인, 실험(experimentation) 및 일상적인 일에 대한 능력과 수단을 임의로 처리할 수 있는 것으로 여겨진다. "일반적인 상식"은 일반적으로 해당 대상에 대한 핸드북, 전공논문(monographs) 및 교과서(textbooks)에 포함된 정보로 여겨질 수 있다.[5] 예외로서, 만약 그 발명이 너무 새로워서 관련된 기술적 지식이 아직 교과서로부터 이용할 수 없는 조사 분야에 있으면, 특허 명세서 또는 과학적 공개물에 포함된 정보도 될 수 있다.[6] 개시의 충분성은 상세한 설명, 청구항 및 만약 있다면 도면을 포함하여 전체적으로 출원을 기초로 판단되어야 한다. 상세한 설명의 내용에 관련된 규정의 목적은 당업자가 청구된 발명을 실행할 수 있도록 충분한 기술적 정보를 출원이 포함하도록 보장하고 청구된 발명이 제공한 그 기술분야에의 공헌을 읽는 사람이 이해할 수 있도록 하는 것이다.

2. 상세한 설명의 구체적인 기재

(1) 기술분야(Technical field)

발명은 그것이 관련된 기술 분야를 특정함에 의해 무엇에 관한 것인지가 확

4) 규칙 42.
5) T 171/84, OJ 4/1986, 95.
6) T 51/87, OJ 3/1991, 177.

인되어야 한다. 이를 위해 명세서의 상세한 설명에는 일반적으로 서두에 그 발명의 기술분야가 기재된다.

(2) 배경기술(Background art)

상세한 설명은 출원인이 알고 있고, 그 발명의 이해와 종래 기술에 대한 그 관계를 이해하는 데 유용한 것으로 여겨질 수 있는 배경기술을 언급해야 하는데, 그런 기술을 반영하는 문서, 특별히 특허 명세서가 포함되어야 한다. 이것은 독립청구항 또는 청구항의 첫 번째 부분 또는 "종래 기술"(prior art)의 부분에 대응되는 배경 기술에 특별히 적용된다.

예를 들어 조사보고서에 의해 실질적으로 확인된 문헌을 상세한 설명의 종래 기술의 언급에 삽입하는 것은 가능하다. 예를 들어 최초출원된 상세한 설명의 종래 기술은 발명자가 어떤 포인트에서부터 그 발명을 개발했는지를 알려 줄 수 있는 반면, 인용된 문헌은 주장된 발전이 이미 알려진 것이라는 것 또는 알려진 단계라는 것을 보일 수 있다. 그런 경우에 심사관은 이들 문헌에 대한 인용과 관련된 내용의 간략한 요약을 요청할 수 있다. 상세한 설명에 그런 요약의 추후의 포함은 조약 제123조 2항을 위반하지 않는다.

출원 후에 상세한 설명에 추가된 종래 기술에 대한 인용은 순전히 사실에 근거하여야 한다. 출원 시에 기재되어 있던 그 발명의 주장된 장점은 필요하다면 종래 기술에 비추어 조정되어야 한다. 장점의 새로운 언급은 최초로 제출된 출원으로부터 유추될 수 없는 문제를 상세한 설명에 도입하지 않는 것을 조건으로 허용된다.

상세한 설명을 읽는 자는 그 기술분야에 적절한 일반적 기술적 배경 지식을 가지고 있다고 가정되므로, 심사관은 출원인에게 교과서로부터 얻을 수 있거나 또는 잘 알려진 설명적 사항 또는 리서치 보고서 또는 전문서적(treatise)과 같은 어떤 것을 삽입하라고 요구할 수 없다. 이와 같이 심사관은 인용된 종래 문서의 내용에 대한 상세한 설명을 요구할 수 없다. 특별한 경우에 그 출원의 발명에 대한 완전한 이해를 위해 더 상세한 설명이 필요하지 않는 한, 그 인용의 포함에 대한 이유가 표시되는 것으로 충분하다.

(3) 기술적 과제 및 그 해결책

상세한 설명에는 청구된 발명이 다루는 기술적 문제점(Technical problem) 또는 문제점들이 인식될 수 있고 또 그 해결책이 이해될 수 있도록 개시되어야 한다. 그리고 배경기술과 비교하여 발명의 유리한 효과를 기재하여야 한다. 이 요건을 만족시키기 위해 그 발명을 설명하기 위해 필요한 상세 사항이 포함되도록 해야 한다.

종속항의 대상물이 청구항 그 자체의 표현에 의해 또는 그 발명을 수행하는 방식의 설명에 의해 이해될 수 있는 경우에, 이 대상물에 대한 추가의 설명이 필요하지 않을 것이다. 발명의 특정한 실시례가 종속항에서 설명된다는 것이 상세한 설명에 언급되면 충분하다. 하지만 어떤 상세 사항이 필요한지에 대해 의심이 있을 때, 심사관은 그들의 삭제를 주장하여서는 안 된다. 또한 그 발명이 문제점-그리고-해결책의 형태로 명시적으로 표현될 필요는 없다. 출원인이 그 발명이 종래 기술과 관련해서 가지고 있다고 생각하는 어떤 좋은 효과는 언급되어야 하지만, 특정한 종래의 제품 또는 방법을 험담하는 식으로 언급하지 않아야 한다. 종래기술도 출원인의 발명도 오도될 수 있는 방식으로 언급하지 않아야 한다. 하지만 공정한 언급은 허용된다.

(4) 도면에 대한 설명

유럽특허출원에 도면이 포함되었다면, 상세한 설명에서 도면에 대해 다음과 같은 방식으로 간단하게 설명되어야 한다. "도 1은 커넥터 하우징의 평면도; 도 2는 커넥터 하우징의 측면도; 도 3은 도 2의 화살표 X 방향에서 본 정면도; 도 4는 도 1의 AA선을 따른 단면도." 상세한 설명에서 도면의 구성요소에 대한 인용이 필요할 때, 그 번호뿐만 아니라 구성요소의 이름이 설명되어야 한다. 즉 "3은 5가 연결된 상태로 4에 설치된다"가 아니라, "터미널(3)은 와이어(5)가 연결된 상태로 하우징(4)에 설치된다"와 같이 설명되어야 한다.

(5) 발명의 실시례

상세한 설명에서는 필요하다면 도면을 참고하여 청구된 발명이 실제로 수행되는 예를 상세하게 설명하여야 한다. 도면을 참고하여 발명이 수행되는 것을 설명하기 위해서는 상세한 설명과 도면은 특히 참조번호 및 다른 표시의 문제에 있어서 서로 일치해야 한다. 그리고 상세한 설명에서 실시례를 설명할 때, 각각의 번호와 부호를 병기하고, 필요한 경우 번호와 부호에 대한 설명이 상세한 설명에 있어야 한다. 상세한 설명에 대한 보정의 결과로서 특정 문단이 삭제되었을 경우,

도면으로부터 그 문단에만 있는 참조 번호 및 부호를 삭제하는 것은 지루할 수 있고 그런 경우에 심사관은 일관성에 대해 너무 가혹하게, 규칙 46(2) (i)에 따른 거절이유를 내어서는 안 된다. 하지만 그 역의 상황은 발생되지 않아야 한다. 즉, 상세한 설명 또는 청구항에서 사용된 모든 참조 번호 또는 부호는 도면에도 나타나야 한다.

(6) 산업상 적용

상세한 설명은 발명의 본질 또는 상세한 설명으로부터 명백하지 않다면, 그 발명이 산업에서 사용될 수 있는 방식을 명백하게 표시하여야 한다. "산업에서 사용될 수 있는(capable of exploitation in industry)"은 "산업상 적용을 할 수 있는(susceptible of industrial application)"과 같은 표현이고, 유럽특허조약의 프랑스어와 독일어 문장에서도 실제로 같은 표현이 사용된다. 조약 제57조에 의한 후자의 표현에 주어진 넓은 의미의 관점에서, 대부분의 경우 발명이 산업에서 사용될 수 있는 방식이 자명할 것이고, 이 점에 대해서 더 이상 명백한 설명이 요구되지 않는다. 하지만 예를 들어 시험방법과 관련해서, 산업상 적용의 방식이 명백하지 않은 경우가 있을 수 있고, 이 경우에는 명백하게 설명되어야 한다.

생명공학관련 발명, 예를 들어 유전자 서열 및 부분서열에 대한 발명에서, 산업상 적용이 명백하지 않다. 이런 서열의 산업상 적용은 특허출원에서 개시되어야 한다.

(7) 상세한 설명에서 표현의 방식과 순서

상세한 설명은 발명의 본질 때문에 다른 형태의 표현이 보다 나은 이해 또는 보다 명확함을 제공할 수 있다면, 규칙 42(1)에 제시된 순서와 방식을 고집할 필요는 없다. 발명에 대한 명백하고 정확한 설명의 책임은 출원인에게 있으므로, 심사관은 그의 거절이 재량권의 적절한 사용이라는 것을 만족하지 않는 한, 제시된 표현방식을 거절해서는 안 된다.

상세한 설명이 명백하고 질서정연하며 모든 요청되는 정보가 있다는 것을 조건으로, 규칙 42(1)로부터의 어느 정도의 이탈은 받아들여진다. 기술적으로 간단한 발명은 최소의 설명과 단지 종래 기술에 대한 약간의 참조만으로 완전히 이해될 수 있다.

(8) 개시의 충분성

상세한 설명에는 출원된 발명을 수행하는 최소한 하나의 실시례에 대한 자세한 설명이 있어야 한다. 출원은 그 기술분야의 당업자에게 초점이 맞춰지므로, 잘 알려진 부수적인 특징의 상세 사항을 설명하는 것은 필요하지도 바람직하지도 않지만, 상세한 설명은 당업자가 그 발명을 실행하는 방법이 명백하게, 충분히 상세하게 그 발명의 수행을 위해 필수적인 특징을 설명하여 개시하여야 한다. 단일의 예로 충분할 수 있으나, 청구항이 넓은 범위를 커버하는 경우, 그 출원은 청구항에 의해 보호되는 영역에 대해 확장되는 변형례 또는 다른 실시례들을 설명하거나 다수의 예를 상세한 설명이 제시하여야 한다. 하지만 매우 넓은 분야일지라도 제한된 숫자의 실시례 또는 하나의 실시례로도 충분하게 설명될 수 있는 경우가 있다. 이들 후자의 경우에 그 출원은 실시례들 외에 당업자가 발명적 기술을 필요로 함이 없이, 또 과도한 부담 없이 일반적 상식을 사용하여 청구된 모든 분야에 대해 그 발명을 실시할 수 있도록 충분한 정보를 포함하여야 한다. 심사부가 그 출원이 충분한 개시를 결여하고 있다고 주장하는 경우, 그 발명이 실질적으로 그 청구된 범위 전체에 걸쳐 재현되고 수행될 수 있다는 것을 확증하는 책임은 출원인에게 있다.

발명이 유럽특허조약의 규정을 충분히 만족시키기 위해서는 다양한 부분의 기능이 직접적으로 명백하지 않다면, 그 구조에 의해서뿐만 아니라 기능에 의해서도 설명되는 것이 필요하다. 실제로 몇몇 기술적 분야에서(예를 들면 컴퓨터), 기능의 명확한 설명이 매우 상세한 구조의 설명보다 더 적절할 수 있다.

출원에 있어서 상세한 설명에 충분한 개시를 제공하는 것은 출원인의 책임인데 이는 모든 청구항에서 청구된 것과 같은 발명에 대하여 유럽특허조약의 요건을 만족시키는 것이다. 만약 청구항이 파라미터에 의해 그 발명 또는 그의 특징을 정의한다면, 제출된 출원은 당업자가 어떤 방법이 사용되었는지를 알지 않는 한 또는 모든 방법이 동일한 결과를 낼 수 있지 않는 한 그 파라미터값을 결정하기 위해 사용된 방법의 명백한 설명을 포함하여야 한다.

(9) 불충분한 개시

만약 상세한 설명에서 발명의 개시가 매우 불충분하다면, 그런 불비사항은 보정이 최초출원 내용을 넘어서 연장되는 대상물의 도입이 되지 않아야 한다는 요건[7]을 위반함이 없이 추가의 실시례 또는 특징을 추가함에 의해 실질적으로 해소될 수 없다. 그러므로 그런 경우 그 출원은 일반적으로 거절되어야 한다. 하지만 그 불비사항이 그 발명의 몇몇 실시례에 관해서만 일어나고 다른 것에 대해서는 그러하지 않은 경우, 충분히 설명된 실시례에 대응되는 청구항만으로 한정되고, 나머지 실시례의 상세한 설명은 삭제됨에 의해 해소될 수 있다.

(10) 기　타

비록 상세한 설명이 불필요한 기술적 전문 용어를 피해 명확하고 바르게 작성되어야 하지만, 그 분야에서 인정된 용어의 사용은 받아들여질 수 있고 또 종종 바람직하다. 거의 알려지지 않거나 또는 특별하게 공식화된 기술적 용어는 그들이 적절하게 정의되고 일반적으로 인정된 상당어구(equivalent)가 없는 것을 조건으로 허용될 수 있다. 이미 확정된 의미를 가진 용어는 만약 혼란을 야기하기 쉽다면 다른 의미로 사용되는 것이 허용되지 않는다. 하지만 유사 기술분야로부터 적절하게 용어가 채용될 수 있는 경우가 있다. 전문용어 및 부호는 출원 전체를 통해 일관되어야 한다.

컴퓨터 분야의 발명의 특별한 경우에 프로그래밍 언어로 된 프로그램 리스트만으로 발명을 설명할 수 없다. 다른 기술적 분야에서처럼, 상세한 설명은 일반적인 언어로 작성되어야 하고, 가능하게는 흐름도 또는 이해를 위한 다른 보조물을 첨부하여, 그 발명이 특정 프로그래밍 언어의 전문가로 간주되는 당업자가 아닌 일반적 프로그래밍 기술을 가진 당업자에 의해 이해될 수 있어야 한다. 공통적으로 사용되는 프로그래밍언어로 작성된 프로그램으로부터의 간단한 발췌는 만약 그들이 그 발명의 실시례를 설명하는 역할을 한다면 받아들여질 수 있다.

물품 또는 물건을 나타내기 위한 고유한 이름, 상표 또는 상호 또는 유사한 단어는 그런 단어가 단지 원래의 것을 나타내는 한 또는 그들이 다른 물품의 범위에 관련될 수 있는 경우에 바람직하지 않다. 만약 그런 단어가 사용된다면, 조약 제83조의 요건을 만족시키기 위해 필요한 경우, 출원일에 당업자에 의해 그 발명이 실행될 수 있도록 그 단어에 의존함이 없이 그 물품은 충분히 설명되어야 한다. 그런 단어가 표준적인 설명용어로서 국제적으로 받아들여지고 있고 정확한 의미를 획득한 경우에는 그들이 관련된 제품의 더 이상의 확인 없이 허용될 수 있다.

---

7) 조약 第123조 2항.

Ⅳ. 도면(Drawings)

1. 서 언

도면은 상세한 설명을 구성하는 요소 중의 하나로 발명의 내용을 도식적인 표현으로 나타내는 것이다. 도면과 관련해서는 규칙 46에 규정되어 있다. 또한 규칙 49에는 출원서류의 표시에 관한 일반적인 내용이 나와 있는데, 이는 일반적으로 유럽특허출원을 구성하는 서류 및 그들을 대체하는 서류에도 적용되므로 도면과 관련해서도 적용되어야 한다.

2. 도면으로 되는 표현의 도식적 형태

도면의 형식과 내용에 관련된 요건은 시행규칙에 정의되어 있는데,[8] 이들 대부분은 형식적인 것이다. 하지만 원칙적으로 도면에 문자적 사항(textual matter)이 절대적으로 필수불가결한 것인지 아닌지에 대해서는 명확하지 않다. 회로도, 블록도 및 흐름도의 경우에 복합시스템의 기능적 요소를 위한 식별용 표제어는 만약 그들이 도면을 신속하고 명확하게 이해할 수 있도록 하는 데 필요하다면 실무적인 관점에서 필수 불가결한 것으로 간주될 수 있다.

도면으로 간주되는 도식적 형태의 표현으로 기술적 도면(Technical drawings)과 사진(Photographs)이 있다. 먼저 모든 형태의 기술적 도면은 유럽특허조약에서 도면으로 간주된다. 예를 들어 이들은 사시도, 분해도, 단면도 및 횡단면도, 다른 축척의 상세도 등을 포함한다. 도면은 또한 둘 또는 그 이상의 값 사이의 관계를 표현하는 주어진 현상의 도식적 표현과 기능적 도표에 포함되는 "흐름도 및 도표"도 포함한다.

또한 상세한 설명, 청구항 및 도면에 포함될 수 있는 다른 도식적 형태의 표현이 있는데, 이 경우에 그들은 도면에서와 같이 동일한 요건을 따르지 않는다. 그런 형태는 화학식 및 수학식과 표가 있다. 이들은 도면으로 제출될 수도 있는데, 그 경우에 그들은 도면에 대한 요건을 따라야 한다.

---

8) 규칙 46.

사진에 대해서 유럽특허조약에는 명시된 것이 없다. 하지만 도면으로 표시하는 것이 불가능한 경우 그리고 사진이 흑백으로 되고 직접적으로 복제가능하고 또 도면에 대해 적용가능한 요건인 용지, 크기, 여백 등을 만족시키는 것을 조건으로 사진이 허용된다. 컬러 사진은 받아들여지지만, 단지 흑백으로만 스캔되고, 출력되며 또 포대열람을 위해 사용가능하게 된다. 만약 제출된 사진의 상세사항을 파악하기 위해 컬러가 필요하다면 사진이 공고 또는 포대열람을 통해 흑백으로 이용가능한 경우에는 이러한 상세사항은 훼손될 것이다. 사진의 경우에도 도면들과 같이 번호 매겨지고 상세한 설명에서 간단하게 설명된다.

3. 도면의 표현(Representation of drawings)

(1) 도면의 그룹화(Grouping of drawings)

모든 도면은 도면을 위한 용지상에 함께 배치되어야만 한다. 상세한 설명, 청구항 또는 요약서가 페이지의 상단에서 종료되거나 충분한 공간을 남기더라도 그리고 단지 하나의 도면만이 있을지라도 도면은 상세한 설명, 청구항 또는 요약서에 어떠한 경우라도 포함될 수 없다.

(2) 도면의 복제가능성(Reproducibility of drawings)

도면은 스캐닝, 사진, 전자기적 방법, 사진 오프셋 및 마이크로 필름화에 의해 직접적으로 복제될 수 있을 뿐 아니라 전자적 복제를 허용하도록 표현되어야 한다.[9)]

(3) 요약서에 첨부되는 그림

요약서에는 그 발명을 가장 잘 나타내는 그림이 첨부되어야 한다. 그 그림은 그 유럽특허출원에 첨부된 도면으로부터 선택되어야 한다. 따라서 유럽특허출원에 있는 다른 그림들과는 다른, 요약서를 위한 특별한 그림을 그리는 것은 허용되지 않는다.

---

9) 규칙 49(2).

4. 사용되는 용지에 관한 조건

유럽특허출원에서 도면은 유연하고(pliable), 튼튼하고(strong), 희고(white), 평탄하고(smooth), 광택이 없고(matt) 그리고 내구력 있는(durable) A4 용지(29.7cm × 21cm)에 표현되어야 한다(80-120g/m^2의 용지무게가 추천된다).[10] 모든 용지는 찢어진 부분, 주름 및 접힘이 없어야 하며, 단지 용지의 일면만이 사용될 수 있다. 각 용지는 지워짐으로부터 매우 안전해야 하고 변화로부터 안전해야만 한다. 이 규칙에 맞지 않는 것은 만약 내용의 진정성이 의심되지 않고, 또 좋은 복제를 위한 요건이 위험하지 않으면 인정될 수 있다.

수행된 정정은 내구성이 있고 영구적이어야만 하는데, 그에 의해 정정은 어떤 의심도 불러일으킬 수 없다. 정정은 그 출원의 모든 사본에 대해 수행되어야 한다. 정정을 위한 특별한 제품으로 백색마스킹액과 같은 것이 사용될 수 있는데, 그들은 지워지지 않아야 하고 또 규칙 49(12)하의 다른 요건을 만족시켜야 한다.

용지들은 쉽게 넘겨질 수 있고, 분리되거나 그리고 다시 함께 결합될 수 있도록 연결되어야 한다. 영구적인 결합(예를 들어, 제본)은 허용되지 않는다. 오직 여백에 약간의 표시만을 남기는 스테이플, 종이용 클립 및 그립 등과 같은 일시적인 결합이 사용될 수 있다.

5. 도면 용지의 표현

(1) 용지의 이용가능한 표면영역

도면이 있는 용지상에서 이용가능한 표면영역은 26.2cm × 17cm를 넘을 수 없다. 이들 용지는 사용가능한 또는 사용된 표면을 둘러싸는 프레임을 포함할 수 없다. 최소 여백은 다음과 같다. 상단: 2.5cm; 좌측단: 2.5cm; 우측단: 1.5cm; 하단: 1cm.

(2) 도면용지의 페이지 부여

유럽특허출원에 포함되어 있는 모든 용지는 아라비아숫자로 연속적으로 페이지가 부여되어야 한다. 이들 페이지는 용지의 상단 중앙에 있어야 하는데, 상단

---

10) OJ EPO 1994, 74.

여백 내는 아니다. 도면용지는 최대 사용가능한 표면영역 내에 페이지가 부여되어야 한다. 중간에 용지의 페이지를 부여하는 대신에, 만약 이용가능한 영역의 가장자리의 중앙에 도면이 지나치게 인접하게 되는 경우, 우측 단을 향해 페이지가 부여될 수 있다. 이 페이지 부여는, 예를 들어 참조부호로 사용되는 숫자보다 더 크게 숫자로 명확하게 되어야 한다.

모든 출원 용지에 연속적으로 페이지가 부여되어야 한다. 유럽특허출원을 구성하는 서류는 특허허여청구, 상세한 설명, 청구항, 도면 및 요약서인데, 이들에 대한 페이지 부여는 바람직하게는 각각 1로 시작하는 3개의 별개의 일련번호로 되어야 하는데, 첫 번째 일련번호는 특허허여청구에 부여되고 사용되는 양식에 이미 프린트되어 있다. 두 번째 일련번호는 상세한 설명의 첫 번째 장에서 시작해서 청구항을 거쳐 요약서의 마지막 장까지 계속된다. 세 번째 일련번호는 도면용지에만 부여되는데 도면의 첫 번째 장에서 시작한다.

1로 시작하는 하나의 일련번호로 상세한 설명, 청구항 및 도면 모두에 대해 페이지가 연속적으로 부여된 것이 거절이유가 될 수 없다. 그 일련번호는 상세한 설명의 첫 번째 장에서 시작되어야 한다.

6. 도면의 일반적 배치

하나의 도면 용지에 있는 여러 개의 그림은 배치 및 숫자부여(numbering)에 대한 요건에 따라 배치되어야 하고, 그리고 몇 개의 부분으로 분리된 그림은 특별한 요건에 따라야 한다.

가능한 한 도면의 모든 그림은 용지에 대해 직립되게 배치되어야 한다. 만약 도면이 높이보다 옆으로가 더 넓다면, 그림의 상단과 하단이 용지의 좌측단에 그림의 상단이 있도록 용지의 측단을 따라 놓이도록 배치될 수 있다. 이 경우 동일 용지에 다른 그림이 있다면, 그들도 같은 방식으로 배치되어 하나의 용지에 있는 모든 도면이 평행한 축을 따라 놓이도록 한다. 도면을 볼 수 있도록 용지가 회전되어야 하는 경우, 페이지는 용지의 우측 단부에 있어야 한다.

다른 그림은 용지의 페이지와는 독립적으로 아라비아숫자로 연속적으로 페이지가 부여되어야 한다. 이 번호는 그 출원의 공식언어가 무엇이든 간에, "FIG" 라는 약자의 뒤에 표시되어야 한다. 발명을 나타내기 위해 하나의 그림으로 충분한 경우, 이 번호는 부여되지 않아도 되고 약어 "FIG"도 없어야 한다. 규칙

46(2)(d)가 그림들을 표시하는 숫자와 문자에 역시 적용된다. 즉, 숫자와 문자는 간단하고 명료해야 하고 또 괄호(brackets), 원 또는 인용부호와 함께 사용될 수 없다. 이들 숫자와 문자는 참조부호로서 사용된 숫자들보다 더 커야 한다.

규칙 46(2)(h)에 대한 예외는 하나의 전체 그림을 형성하기 위한 부분 그림들에 관하여만 허용될 수 있는데, 이는 부분 그림들이 하나 또는 여러 용지에 나타나는지에 상관없다. 이 경우 하나의 전체 그림은 대문자가 뒤에 표시된 동일한 번호로 구분될 수 있다(예, FIG 3A, FIG 3B).

둘 또는 그 이상의 용지에 그려진 그림이 하나의 전체 그림을 형성하는 경우, 몇 장의 용지에 그려진 그 그림들은 부분 그림의 일부가 삭제됨이 없이 전체 그림이 만들어질 수 있도록 배치되어야 한다. 별도의 용지에 그려진 부분 그림들은 항상 끝부분과 끝부분이 서로 연결될 수 있도록 되어야 한다. 즉, 어느 그림이 다른 그림의 일부를 포함할 수 없다. 이 경우는 전체 그림의 일부가 하나의 용지에 전체 그림의 배치와 다른 배치를 따라 그려질 때 일어날 수 있는데, 예를 들면 몇 개의 부분으로 나누어진 매우 긴 그림이 하나의 용지상에 다른 것의 위에 하나가 위치되고 또 서로 인접하지 않는 것이다. 이것은 실무적으로 허용된다. 하지만 다른 그림 사이의 관계는 명확하고 또 불명료하지 않아야 한다. 부분 그림에 의해 형성되는 전체를 보이고 또 절단된 위치가 표시되는 축소된 그림을 사용하는 것이 추천된다.

7. 금지된 사항

규칙 48(1)(a)의 의미 내에서 금지된 사항의 삭제에 대한 규정은 도면에도 적용된다. 도면에서 나타날 수 있는 규칙 48(1)(c)에 규정된 불필요한 진술 또는 다른 사항의 유형은 특히 다양한 형태의 광고이다. 예를 들면 출원인이 등록되었거나 그렇지 않거나 간에, 다양한 사업상의 표시 또는 산업디자인 또는 모델에 대한 인용이 도면에 포함된 경우이다. 이렇게 함에 의해 명백하게 부적절하거나 불필요한 사항이 도입될 수 있는데, 이것은 규칙 48에 의해 명백하게 금지된 것이다.

8. 도면의 작성

(1) 선 및 스트로크 굿기

규칙 46(2)(a)는 규칙 49(2)에 규정된 다양한 수단에 의해 만족스럽게 복제되는 것을 허용하는, 도면에서의 선과 스트로크(strokes)에 대한 기준을 정한다. 도면은 검은색으로 작성되어야 한다. 감광(heliographic) 인쇄는 도면을 위한 요건을 만족시킬 수 없다. 따라서 감광인쇄된 사본으로 제출하지 않아야 한다.

모든 경우에 선과 스트로크의 두께는 도면의 축척, 본질, 작성 또 도면의 완벽한 가독성 및 쉬운 복제를 고려하여야 한다. 모든 선은, 예를 들어 불규칙한 도표나 구조와 같이 도구가 없는 경우를 제외하고는 제도용구를 사용하여 그려져야 한다.

(2) 음영(Shading)

도면에서 음영의 사용은 음영이 이해를 돕고 또 도면을 해독하는 것을 그다지 크게 방해하지 않는 것을 조건으로 허용된다.

(3) 단면(Cross-sections)

어느 그림이 다른 그림의 단면도인 경우, 그 다른 그림은 단면의 위치를 표시하여야 하고 또 보는 방향을 표시할 수 있다. 각 단면도는 쉽게 알아볼 수 있도록 되어야 하는데, 특히 몇 개의 단면도가 동일한 그림에 대해 만들어지는 경우, 예를 들어, “AB에 대한 단면”이라는 단어를 표시하거나, 또는 문자의 사용을 피하기 위해, 그림에 대한 단면선의 양단에 하나의 로마숫자를 가지도록 함에 의해 표시한다. 이 숫자는 단면이 표시되는 도면을 표시하는 (아라비아)숫자와 같은 숫자이다. 예를 들어, “그림 22는 그림 21의 XXII-XXII선을 따른 단면을 나타낸다.”

단면도는 일정하게 이격된 스트로크를 가지도록 단면부분이 해칭(Hatching)이 되고 일반 도면과 같은 방식으로 설정되고 그려져야 하는데, 스트로크 사이의 간격은 해칭되어야 하는 전체 면적에 기초해서 결정된다. 해칭은 참조부호와 지시선을 명확하게 볼 수 있도록 표시되어야 한다. 만약 해칭된 영역 내에 참조부호를 위치시키는 것이 불가능하면, 해칭은 참조부호가 삽입되는 부분에서 끊어져야 한다. 해칭의 형태는 특정한 의미를 제공할 수 있다. 즉, 다른 형태의 해칭은 단면으로 보여진 부분의 재질의 특성에 관해 다른 의미를 가질 수 있다.

(4) 도면의 축척

만약 도면이 크기에서 2/3로 선형적으로 축소되어, 전자적으로 또는 사진적으로 복제되었을 때 그 모든 상세한 부분이 명확하게 구별되지 않는 그림의 축척이라면, 그 그림은 더 큰 크기로 다시 그려야만 하고, 또 만약 필요하다면 그 그림은 2/3크기의 선형적 축소가 여전히 명료하게 되도록 부분도로 분리되어야 한다.

도면의 크기를 표시하는 것이 유용하다고 간주되는 경우에, 도면의 크기의 도시는 그 도면이 축소된 형태로 복제될 때 여전히 이용될 수 있도록 되어야 한다. 이것은 상세한 설명 및 도면 모두에 대해 "실제 크기" 또는 "1/2 크기"와 같은 크기의 표시를 배제한다.

(5) 숫자, 문자 및 참조부호(Numbers, letters and reference signs)

숫자, 문자 및 참조부호 그리고 그림의 번호, 도면의 페이지, 허용되는 문자사항, 크기에 대한 눈금(graduation) 등과 같은 도면용지에 주어진 다른 데이터는 간단하고 명확해야 하고, 그리고 다른 괄호, 따옴표, 원 또는 어떠한 외곽선과도 함께 사용될 수 없다. 6'와 35"와 같은 표시는 따옴표를 포함하는 것으로 간주되지 않고 허용된다.

숫자, 문자 및 참조부호는 그 페이지를 회전시키는 것을 방지하도록 도표와 같이 직립되게 배치되어야 한다.

(6) 지시선 및 화살표

지시선은 참조부호와 그것이 지시하는 부분 사이에 있는 선이다. 지시선은 직선 또는 곡선일 수 있고 가능한 한 짧아야 한다. 지시선은 그 참조부호에 아주 인접하여 시작해야 하고 적어도 지적되는 특징부까지 연장된다. 지시선은 도면에 있는 선들과 같은 방식으로 그려져야 한다.

화살표는 그 의미가 명백한 것을 조건으로 지시선의 끝부분에 사용될 수 있다. 독립되어 있는 화살표는 그것이 가리키는 전체 단면을 표시하고, 선에 접촉되어 있는 화살표는 그 화살표의 방향을 따라 보이는 선(접촉되어 있는 선)에 의해 표현되는 표면을 표시한다.

(7) 도면에서의 숫자와 문자의 높이

도면에서 사용되는 모든 숫자와 문자는 2/3크기로 축소가 되더라도 쉽게 알

아볼 수 있도록 최소 크기 0.32cm로 되어야 한다.[11)]

라틴문자는 문자로서 사용되어야 한다. 그리스문자는 예를 들어 각도, 파장 등을 표시하는 데 관례상으로 사용된다.

(8) 상세한 설명, 청구항 및 도면 사이에서 참조부호의 일관된 사용

상세한 설명과 청구항에서 언급되지 않은 참조부호는 역으로, 도면에 표시되어서는 안 된다. 도면에 나타나는 참조부호는 상세한 설명과 청구항에 사용되어야 한다. 도면의 구성요소는 그 구성요소 자체가 상세한 설명에서 설명되지 않았다면 부호가 부여될 수 없다. 이 경우는 페이지의 삭제 또는 문단 전체의 삭제를 포함하는 상세한 설명에 대한 보정의 결과로서 일어날 수 있다. 하나의 해결책은 상세한 설명에서 삭제된 참조부호를 도면상에서 삭제하는 것이다. 그런 정정은 규칙 49(12)에 따라 되어야 한다.

어떤 이유에서 그림이 삭제된 경우 출원인 또는 소유자는 상세한 설명과 청구항에 나타나는 그 그림에 대해서만 관련되는 모든 참조부호를 삭제하여야 한다. 복잡한 대상을 취급하고 또 많은 수의 도면을 포함하는 출원의 경우에, 참조키(reference key)가 상세한 설명의 끝부분에 첨부될 수 있다. 이 참조 키는 적절한 어떠한 형태로도 될 수 있고 또 그들이 지시하는 특징의 지정과 함께 모든 참조부호를 포함할 수 있다. 이 방법은 상세한 설명에서 사용된 용어를 표준화하는 장점을 가질 수 있다.

동일한 구성요소는 참조부호에 의해 표시될 때, 출원 전체에 걸쳐 동일한 참조부호로 표시되어야 한다. 여러 도면에서 하나의 구성요소에 다른 참조부호가 부여되어 있다면 상당한 혼란이 있는 것이다. 발명의 몇 개의 실시례가 각각이 특정 그림을 참고하여 설명되는 경우, 또 각 실시례가 그 기능이 같거나 또는 기본적으로 동일한 구성요소를 포함하고 있는 경우, 그 구성요소는 만약 상세한 설명에서 그것이 표시되었다면, 그 구성요소의 번호가 그 실시례가 관계되는 그림의 번호 뒤에 놓이도록 구성된 참조번호에 의해 표시될 수 있는데, 예를 들면 공통의 구성요소 "15"는 도 1에서 "115"에 의해 표시될 수 있고, 도 2에서는 대응되는 구성요소가 "215"에 의해 표시될 수 있다. 이런 시스템은 각각의 구성요소와 그것이 고려되는 그림이 동시에 표시될 수 있다는 장점을 가진다. 이런 시스템은 많은 페

11) 규칙 46(2)(g).

이지의 도면을 가지는 복잡한 경우에 쉽게 이해할 수 있도록 한다. 특정 그룹의 그림을 참고하여 각각의 실시례가 설명될 때, 그림의 번호가 앞에 붙은 공통의 참조번호 대신에 관련되는 특정 실시례의 숫자가 앞에 붙도록 할 수 있다. 이것은 상세한 설명에서 설명되어야 한다.

(9) 비율에 있어서의 변화

그림의 명확성을 위해 비율에 있어서의 차이가 필수불가결하지 않는 한, 동일 그림의 구성요소는 서로 비례해야 한다. 필요한 명확성을 달성하기 위한 목적으로 하나의 그림 내에서 비율이 다른 것에 대한 바람직한 대안으로서, 처음 그림의 구성요소의 보다 큰 치수로 표현된 보충도면, 즉 확대도가 추가될 수 있다. 그런 경우 확대도에 도시된 확대된 구성은 첫 번째 그림 내에서 그림을 불명확하게 함이 없이 그 위치를 지적하는 정밀하게 그려진 또는 점선으로 된 원에 의해 둘러쳐질 것이 권장된다.

(10) 도면 내의 문자 문제

규칙 46(2)(d)와 (g)가 도면에서의 문자 문제에 적용된다. "AB에 대한 단면"이라는 형태의 표시에 대해서는 앞서 설명되었다. 도면은 필수불가결한 경우에 단일의 단어 또는 몇 개의 단어를 제외하고 문자를 포함할 수 없다. 문자가 도면을 이해하는 데 필수적이라고 보여지는 경우, 최소한의 단어가 사용될 수 있고, 또 번역을 위해 그 문자의 주위에 도면의 모든 선으로부터 이격된 공간이 남겨져야 한다.

9. 일반적인 심볼(Conventional symbols)

알려진 장치는 그 발명의 대상물을 이해하기 위해 더 이상 상세한 것이 필수적이지 않은 것을 조건으로, 보편적으로 일반적인 의미로 인정된 심볼에 의해 표시될 수 있다. 다른 부호(signs)와 심볼(symbol)이 현존하는 일반적인 심볼과 혼동되지 않을 것을 조건으로 사용될 수 있는데, 이들은 쉽게 인식될 수 있어야 한다. 즉, 이들 부호와 심볼의 사용은 간단하고 또 상세한 설명에서 명백하게 설명되어야 하는 것을 조건으로 한다.

10. 도면에 대한 보정

유럽특허출원에서는 도면에 대한 보정이 허용된다. 이들 보정은 관련된 당사자의 요청에 의해 되거나 또는 유럽특허청의 요청에 의해 된다. 도면의 보정은 사무적 실수 또는 더 실질적인 변경에 관한 것일 수 있다. 일반적으로 도면에 대한 보정은 다른 출원서류에 대한 보정에 관하여 적용되는 것과 동일한 규칙이 적용된다. 보정의 인정여부를 규율하는 일반적 규칙은 제출된 출원의 내용을 넘어서지 않아야 한다는 것, 즉 보정이 신규사항을 도입하는 효과를 가져서는 안 된다는 것이다.

만약 규칙에 규정된 양식 요건으로부터 실질적으로 벗어나는 도면이 제출일을 확정하거나 또는 우선일을 유지하기 위해 제출되면, 수리부는 보정에 의해 출원에 새로운 사항이 도입되는 것이 아니라는 것이 명백할 것을 조건으로, 규칙에 맞는 도면을 제공하도록 그 도면이 보정되거나 대체되는 것을 허용한다. 이 규정의 관점에서 출원인은 출원인이 제출한 도면이 발명을 설명하기 위해 필요한 모든 특징을 명확하게 보이도록 주의해야 한다.

11. 도면으로 간주되지 않는 도식적 형태의 표현

(1) 화학식 또는 수학식

유럽특허출원에서는 화학식과 수학식(Chemical and mathematical formulae)은 필요하다면 손으로 쓰이거나 그려질 수 있는데, 형판(stencils) 또는 전사(transfer)와 같은 적절한 보조기구(aids)를 사용하는 것이 좋다. 실무상의 이유로 식들은 상세한 설명에 첨부된 하나 또는 그 이상의 용지에 함께 그룹화될 수 있고 또 그 용지는 상세한 설명과 함께 페이지가 부여된다. 이런 경우에 각 식은 참조부호에 의해 표시되어야 하고 또 상세한 설명은 필요할 때마다 이들 식에 대해 인용하여야 한다.

화학식 또는 수학식은 일반적으로 사용하는 심볼을 채용하여야 하고 또 그들이 완전하게 불명확하지 않게 작성되어야 한다. 그림들, 타이핑되지 않은 문자들 및 부호들은 알아볼 수 있어야 하고 또 그들이 나타나는 서류에 불구하고 다양한 식에서 동일한 형식으로 되어야 한다.

유럽특허출원 또는 유럽특허의 본문에 나타나는 화학식 또는 수학식은 심볼을 가져야만 하고, 그 대문자는 적어도 0.21cm 높이이다. 그들이 도면에 표시되는 경우 이들 심볼은 적어도 0.32cm 높이여야 한다.

상세한 설명, 첨부서류 또는 도면의 용지상에 나타나는 수학식에서 사용된 모든 수학적 심볼은 그들의 의미가 전후관계로부터 명확하지 않은 한, 상세한 설명에서 설명되어야 한다. 어떤 경우에는 사용된 수학적 심볼이 리스트에 모아져야 한다.

(2) 표(Tables)

유럽특허출원에서는 편의를 위해, 표가 상세한 설명에 첨부된 하나 또는 그 이상의 용지에 그룹으로 모아질 수 있고, 그리고 용지는 상세한 설명과 함께 페이지가 부여된다. 만약 둘 또는 그 이상의 표가 필요하면, 각각의 표는 상세한 설명 또는 도면 또는 그림의 번호와는 독립적으로, 로마숫자에 의해 또는 대문자에 의해 또는 그 내용을 표시하는 제목에 의해 또는 다른 수단에 의해 구별되어야 한다. 표에서 각 행과 열은 그것이 나타낸 것을 설명하는 표제어 그리고 필요하다면 사용된 단위로 시작되어야 한다.

청구항의 대상물의 관점에서 바람직하다면 청구항은 표를 포함할 수 있다. 이 경우 그 표는 대응되는 청구항의 본문에 포함되어야 한다. 표는 청구항에 부속될 수 없고 상세한 설명에 첨부되거나 상세한 설명에 있는 표를 인용할 수 없다. 규칙 43(6)은 청구항이 절대적으로 필요한 경우에만 다른 출원 서류를 인용할 수 있다는 것을 규정한다. 서류의 단순화를 위해 청구항에 표가 필요하다는 요구는 절대적 필요성을 가지는 것이 아니다.

제9장

청구항

(Claims)

Ⅰ. 개 요

유럽특허출원은 "하나 또는 그 이상의 청구항"을 포함하여야 하는데, 청구항은 "보호가 요구되는 사항을 정의하고", "명확하고 간결해야 하고", 그리고 "상세한 설명에 의해 뒷받침되어야"만 한다. 유럽특허 또는 유럽특허출원에 의해 부여된 보호의 범위는 청구항에 의해 결정되어야 한다. 물론 명세서 및 도면은 청구항의 해석을 위해 사용된다. 청구항은 유럽특허 또는 유럽특허출원에 의해 부여되는 보호의 한도를 결정하는 기준이 되는 것이므로, 청구항의 명확성은 매우 중요하다.

Ⅱ. 청구항의 형태와 내용

1. 기술적 특징(Technical features)

청구항은 '발명의 기술적 특징'에 관하여 작성되어야 한다. 이것은 청구항이, 예를 들면 상업적 이점 또는 다른 비기술적 사항에 관련된 언급을 포함하지 않아야 한다는 것을 말한다. 하지만 발명을 정의하는 데 필요하다면 목적의 기재는 허용되어야 한다. 모든 특징이 구조적 한정에 의해 표현되어야 하는 것은 아니다.

기능적 특징은 당업자가 발명적 기술을 수행함이 없이, 이 기능을 수행하는 수단을 제공하는 데 어려움이 없다는 것을 조건으로 포함될 수 있다. 발명의 사용에 대한 청구항은 그 기술적 적용의 관점에서 허용된다.

2. 두 부분 형식(Two-part form)

독립항은 두 부분 형식으로 작성되는 것이 바람직하다. 시행규칙에는 청구항이 "적당한 경우는 언제나" 채용해야 할 두 부분 형식이 규정되어 있다.[1] 첫 번째 부분은 "발명의 대상물의 지정" 즉 발명이 관련된 장치, 방법 등의 일반적 기술분야를 표시하는 기재를 포함하여야 하고, "청구된 대상물의 정의를 위해 필요하지만, 조합되어 선행기술의 일부가 되는 기술적 특징"의 언급이 뒤따라야 한다. 선행기술 특징의 언급은 독립항에만 적용되고 종속항에는 적용되지 않는다. 발명에 관련된 선행기술 특징만 언급하는 것이 필요하다.[2] 예를 들어, 발명이 사진기에 관한 것인데 진보성은 전적으로 셔터에 관한 것이면, 청구항의 첫 번째 부분은 "포컬플레인 셔터를 가진 카메라(A photographic camera including a focal plane shutter)"라는 것으로 충분하고 또 렌즈 또는 뷰파인더와 같은 카메라의 다른 알려진 특징까지 언급할 필요는 없다.

두 번째 부분 또는 특징부(characterizing portion)는 그 발명에서 선행기술에 추가된 특징, 즉 첫 번째 부분에서 언급된 특징과 조합하여, 보호를 요구하는 기술적 특징을 언급하여야 한다. 조약 제54조 2항에 따른 선행기술에 속하는, 예를 들어 조사보고서에 인용된 단일 문헌이 청구항의 두 번째 부분에 있는 하나 또는 그 이상의 특징이 이미 청구항의 첫 번째 부분에 있는 모든 특징과 조합하여 알려지고 또 그 발명에 따른 모든 조합에서 가진 것과 같은 동일한 효과를 그 조합이 가진다면, 심사관은 그 특징 또는 특징들을 첫 번째 부분으로 옮기도록 요청하여야 한다. 하지만 청구항이 신규한 조합에 관한 것이고 또 선행기술 부분과 특징부분 사이의 청구항의 특징의 분할이 부정확함 없이 하나 이상의 방법으로 될 수 있는 경우, 상당한 이유가 있지 않는 한 출원인은 그의 선택이 부정확하지 않다면, 그가 선택한 것으로부터 그 특징의 다른 분할을 하도록 강요되어서는 안 된다.

---

1) 규칙 43(1)(a) 및 (b).

2) 규칙 43.

3. 두 부분 형식이 부적절한 경우

출원인은 예를 들어 발명이 부품 또는 단계의 오래된 조합에 대한 현저한 개선이 있는 것이 명백한 경우, 독립항(들)에 대해 상기 두 부분 형식을 따를 것이 요구된다. 하지만 이 형식은 오직 적절한 경우에만 사용될 필요가 있다. 발명의 성질이 이런 형식의 청구항이 부적절한 경우도 있을 수 있는데, 예를 들어 그 발명 또는 그 선행기술을 왜곡하거나 오해를 일으킬 수 있는 경우이다. 다른 기재방식을 필요로 하는 종류의 발명의 예는 다음과 같다.

(ⅰ) 동등한 지위의 공지요소의 조합으로 오로지 그 조합에 진보성이 있는 경우;

(ⅱ) 공지된 화학적 방법의 변경으로, 공지된 화학적 방법에 추가하는 것과 구별하여, 예를 들면 한 가지 물질을 생략하거나 또는 한 가지 물질을 다른 물질과 치환하는 경우;

(ⅲ) 기능적으로 서로 관련된 부품의 복합 시스템으로, 진보성이 이들 부품 중 몇 개 또는 그 상호관계에 있어서의 변경에 관련되어 있는 경우.

위의 (ⅰ) 및 (ⅱ)의 경우에, 두 부분 형식의 청구항은 인공적이고 부적당할 수 있고, 반면에 (ⅲ)의 경우는 불필요하게 길고 복잡한 청구항이 될 수 있다. 두 부분 형식의 청구항이 부적절하게 되는 다른 경우는 발명이 신규의 화합물 또는 화합물군인 경우이다. 다른 경우는 출원인이 다른 형식으로 청구항을 작성하는 설득력 있는 이유를 제공할 수 있는 경우를 들 수 있다.

두 부분 형식의 청구항을 피해야 할 특별한 경우가 있다. 이는 유일하게 관련된 선행기술이 조약 제54조 3항의 기간 내에 있는 다른 유럽특허출원인 경우이다. 그런 선행기술은 상세한 설명에 명백하게 언급되어야 한다.

규칙 43(1)의 두 번째 문장에 따른 형식으로 청구항이 되었는지 아닌지를 심사할 때, 이 형식이 적절한지를 판단하는 것이 중요하다. 이 경우 두 부분 형식의 목적이 선행기술과의 조합에 있어서, 어떤 특징이 청구된 대상물의 정의를 위해 필요한 것인가를 독자가 명확하게 알 수 있도록 하는 것이라는 점을 명심해야 한다. 만약 상세한 설명에서 된 선행기술의 언급으로부터 선행기술과 관련된 규칙 42(1)(b)의 요건을 만족시키는 것이 충분히 명백하다면, 두 부분 형식이 강요될 수 없다.

Ⅲ. 청구항의 종류

1. 카테고리(Categories)

유럽특허조약에서 청구항의 '카테고리'는 제품, 방법, 장치 또는 용도가 있다. 발명의 충분한 보호를 위해 하나 이상의 카테고리에 해당하는 청구항이 필요할 수 있다. 실제로 단지 2가지의 기본적인 종류의 청구항이 있는데 이는 물리적 실체(제품, 장치)에 대한 청구항 및 활동(방법, 용도)에 대한 청구항이다.

첫 번째 기본적 종류의 청구항("제품청구항")은 물질 또는 조성물(예를 들어 화학적 화합물 또는 화합물의 혼합물) 및 사람의 기술적 숙련에 의해 만들어지는 모든 물리적 실체[예를 들어, 물체(object), 물품(article), 장치(apparatus), 기계(machine) 또는 협력 동작되는 장치의 시스템]가 포함된다.

두 번째 기본적인 종류의 청구항("방법청구항")은 방법을 실행하기 위해 실체적 물품의 사용이 수반되는 모든 종류의 활동에 적용될 수 있다. 그 활동은 실체적 제품, 에너지, 다른 방법 또는 생명체에 대하여 실행될 수 있다.

2. 독립항의 수

2002년 1월 2일부터 시행되고 EPC 1973의 규칙 51(4)[EPC 2000의 규칙 71(3)에 대응되는]에 따른 통지에 대해 모든 유럽특허출원에 적용할 수 있는 규칙 43(2)에 따르면, 독립청구항의 개수는 각 카테고리에 하나로 제한된다. 이 규정에 대한 예외는 조약 제82조의 단일성에 대한 요건이 충족되는 것을 조건으로 이 규칙의 (a), (b) 또는 (c)에 규정된 특정한 상황에서만 인정될 수 있다.

카테고리당 하나의 독립항의 원칙에 대한 예외의 범위에 있는 전형적인 상황의 예는 다음과 같다.

(ⅰ) 상호 관련된 다수개의 물의 예[3]:

- 플러그와 소켓;
- 전송기-수신기;

---

3) 규칙 43(2)(a).

- 중간체와 최종 화학적 화합물;
- 유전자(gene) - 유전자구조(gene construct) - 숙주(host) - 단백질(protein)
- 의약(medicament);

(ii) 물 또는 장치의 다수개의 상이한 발명적 사용의 예[4]:

- 첫 번째 의학적 용도가 알려졌을 때 두 번째 또는 그 이상의 의학적 용도에 대한 청구항;
- 예를 들면 장식적으로 머리카락을 강화하는 것과 머리카락의 성장을 도모하기 위한 다용도의 화합물 X의 사용에 대한 청구항,

(iii) 특정 문제에 대한 다른 해결책의 예[5];

- 화학적 화합물의 그룹
- 그런 화합물의 제조에 대한 둘 또는 그 이상의 과정

위와 같은 하나의 카테고리에 다수개의 독립항을 사용할 수 있는 예를 설명한다.

- 예를 들어 화합물의 합성에서 특정한 단계를 제어하는 효소인 신규하고 진보성 있는 폴리펩티드 P를 포함하는 다수의 방법에 대한 청구항들:

폴리펩티드 P를 제조하는 방법,

분리된 폴리펩티드 또는 상기 폴리펩티드를 발현하는 숙주세포를 사용하여 합성물을 제조하는 방법,

본 발명의 폴리펩티드를 발현하는지 아닌지에 기초하여 숙주세포를 선택하기 위한 방법.

- 버스로 연결된 복수의 장치 간에 데이터 패킷 전송을 위한 데이터 전송방법;

버스로 연결된 복수의 장치 간에 데이터 패킷 수신을 위한 데이터 수신방법.

- 특정 회로-상기 회로를 포함하는 장치(상기 장치 청구항은 회로 청구항의 모든 특징들을 포함하기 때문에 상기 회로 청구항의 종속항으로 고려될 수도 있음)
- 단계 A,B,...를 포함하는 데이터 처리 시스템의 동작방법 – 상기 방법을 수행하는 수단을 포함하는 데이터 처리장치/시스템 – 상기 방법을 실행하기 위한 컴퓨터 프로그램[장치] – 상기 프로그램을 포함하는 컴퓨터 판독가능한 저장매체/데이터 캐리어;

---

4) 규칙 43(2)(b).

5) 규칙 43(2)(c).

하지만 몇 개의 독립항이 충분히 다르지 않은 균등한 실시례에 관한 것일 때, 규칙 43(2)하의 예외는 적용되지 않는다.

3. 청구항의 카테고리에 관련된 거절

심사과정에서 동일한 카테고리에 정당하지 않은 다수개의 독립항이 조사후에도 있는 경우, 청구항의 카테고리에 관련된 규칙 43(2)하의 거절이 주어진다. 조사단계에서 규칙 62a(1)의 요청이 보내지지 않았으면, 심사부는 규칙 43(2)하의 거절을 여전히 낼 수 있다.

청구항의 카테고리에 관한 거절이 주어졌을 때, 출원인은 그 청구항을 적절하게 보정할 것을 요청받는다. 만약 조사가 규칙 62a에 따라 한정되고 또 심사부가 출원인에 의해 제공된 의견에도 불구하고 거절을 유지하면, 청구항은 조사로부터 제외된 모든 대상물의 제거에 이르는 방식으로 보정되어야 하고 또 상세한 설명이 즉시 보정된다.

만약 이유 있는 거절에 대한 답변에서 추가적인 독립항이 유지되고 또 규칙 43(2) (a)에서 (c)에 언급된 상황 중 하나라는 설득력 있는 의견이 제출되지 않으면, 그 출원은 조약 제97조 2항에 따라 거절될 수 있다.

4. 독립항 및 종속항(Independent and dependent claims)

모든 출원은 발명의 본질적 특징에 관련되는 하나 또는 그 이상의 '독립'항을 포함한다. 각 독립항은 그 발명의 "특정한 실시례(particular embodiments)"에 대한 하나 또는 그 이상의 청구항을 수반한다. 특정한 실시례에 관한 청구항은 그 발명의 본질적 특징도 포함해야 하고 이에 따라 적어도 하나의 독립항의 모든 특징을 포함해야만 하는 것은 명백하다.

다른 청구항의 모든 특징을 포함하는 청구항을 "종속항"이라고 한다. 종속항은 가능하면 서두 부분에 그 모든 특징을 포함하는 다른 청구항에 대한 인용을 포함하여야 한다. 종속항은 그 자체가 청구된 대상물의 특징 모두를 정의하는 것은 아니므로, "… 을 특징으로 하는(characterized in that)" 또는 "… 에 의해 특징지어지는(characterized by)" 등의 표현은 종속항에서 필요 없으나, 그럼에도 불구하고 사용하는 것이 허용될 수 있다. 발명의 더 상세한 것을 한정하는 청구항은 다른 종속항의 모든 특징을 포함할 수 있고, 그 경우에 그 청구항을 인용해야 한다. 때로는 종속항은 하나 이상의 선행하는 (독립 또는 종속) 청구항에 적당히 부가될 수 있는 특정한 특징(들)을 규정할 수 있다. 따라서 몇 가지의 가능성이 있다. 종속항은 하나 또는 그 이상의 독립항, 하나 또는 그 이상의 종속항 또는 독립항 및 종속항 모두를 인용할 수 있다. 만약 독립항을 두 부분 형식으로 한 경우, 종속항은 특징부의 특징뿐만 아니라 전제부의 특징에 대한 더 상세한 것에 대한 것일 수 있다.

5. 청구항의 배열

하나의 앞의 청구항을 인용하는 모든 종속항 또는 다수의 앞의 청구항을 인용하는 모든 종속항은 가능한 정도 및 가장 적절한 방법으로 함께 그룹지어져야 한다. 따라서 청구항의 배열은 관련된 청구항의 연계가 쉽게 결정될 수 있고 또한 그 연계에 있어서의 의미가 쉽게 해석될 수 있는 것이어야 한다. 청구항의 배열이 보호되어야 할 대상물의 정의를 모호하게 하는 것이면 심사관은 거절해야 한다. 일반적으로 대응되는 독립항이 등록가능하면, 그 청구항들이 진실로 종속관계이고 또 대응되는 독립항에 정의된 발명의 보호범위를 확장하지 않는 방식이라는 것을 만족하는 것을 조건으로, 심사관은 종속항의 등록가능성과 관련해서 종속항의 대상물에 과도하게 관심을 가져서는 안 된다.

6. 청구항에서 택일적 기재

청구항은 독립항이든 종속항이든, 하나의 청구항에서 택일적 사항의 개수와 표현이 그 청구항을 불명료하게 하거나 또는 해석하기 어렵게 해서는 안 되고, 또 단일성의 요건을 만족시키는 것을 조건으로 택일적 사항을 인용할 수 있다. 소위 "마르쿠스-그룹"이라는 택일적 사항을 정의하는(화학적 또는 비화학적) 청구항에서, 만약 그 택일적 사항이 유사한 본질이고 또 서로 공정하게 치환될 수 있다면, 발명의 단일성이 있는 것으로 보아야 한다.

7. 다른 청구항에 대한 인용을 포함하는 독립항

청구항은 비록 종속항이 아닐지라도 다른 청구항에 대한 인용을 포함할 수 있다. 이것의 일례가 다른 카테고리의 청구항을 인용하는 청구항이다. 예를 들면 "… 청구항 1의 방법을 실시하기 위한 장치" 또는 "… 청구항 1의 제품의 제조를 위한 방법"이 있다. 이러한 예에서 심사관은 인용을 포함하는 청구항이 인용되는 청구항의 특징을 반드시 포함하는 정도 및 포함하지 않는 정도를 주의 깊게 고려하여야 한다.

물건 청구항의 물건을 만드는 방법에 관한 청구항의 경우에, 물건 청구항에서 정의된 것과 같은 물건의 모든 특징이 반드시 청구된 방법으로부터 발생하는 것을 조건으로, 물건 청구항이 특허성이 있으면 방법 청구항에 대해서는 신규성 및 진보성에 대한 별도의 심사가 필요치 않다.[6] 이것은 또한 그 제품이 특허성이 있고 또 청구된 그 특징으로 사용된다면, 제품의 용도에 대한 청구항의 경우에도 적용된다.[7] 그 외의 다른 모든 경우에, 인용되는 청구항의 특허성은 반드시 그 인용을 포함하는 독립항의 특허 가능성을 의미하는 것은 아니다. 방법, 물건 및/또는 용도 청구항이 다른 유효일을 가진다면, 중간문헌(Intermediate documents)의 관점에서 별도 심사가 필요하다는 것을 알아야 한다.

IV. 청구항의 명료성 및 해석

1. 명료성(Clarity)

청구항이 명료해야 한다는 요건은 개별의 청구항 및 전체로서의 청구항에도 적용된다. 청구항의 명료성은 보호를 받고자 하는 사항을 정의하는 청구항의 기능의 관점에서 매우 중요하다. 따라서 청구항의 용어의 의미는 가능한 한 청구항만의 표현으로부터 당업자에게 명백하여야 한다. 청구항의 상이한 카테고리에 따른 보호 범위의 차이의 관점에서, 심사관은 청구항의 표현이 그 카테고리에 대해 의문이 없도록 해야 한다.

조약 제84조 하에서 청구항이 명료성이 없다는 것이 발견된 경우에, 규칙 63 하에서 부분 유럽조사보고서 또는 부가 유럽조사보고서의 발행에 이르게 될 수 있다. 그런 경우에, 출원인으로부터의 적절한 보정서 및/또는 의견서가 없는 경

6) T 169/88.

7) T 642/94.

우에 규칙 63(3)하의 거절이 통지된다.

2. 해 석

명백한 정의 또는 다른 방법에 의해 그 단어에 특별한 의미를 상세한 설명에서 제공하는 특별한 경우가 아닌 한, 각각의 청구항은 특정 단어가 해당 기술분야에서 일반적으로 가지는 의미와 범위를 가진 것으로 해석되어야 한다. 또한 만약 그런 특별한 의미가 적용되면, 심사관은 가능한 한 그 청구항 자체의 표현으로부터 그 의미가 명확하게 되도록 청구항이 보정되도록 요구하여야 한다. 이것은 유럽특허의 모든 공식언어로 공개되는 것은 상세한 설명이 아니라, 유럽특허의 청구항만이기 때문에 중요하다. 청구항은 그로부터의 기술적인 의미를 이해하려는 시도를 통해 해석되어야 한다. 그러한 해석은 그 청구항들의 표현의 엄밀한 문언적 의미에서 벗어남을 포함할 수 있다.

3. 불일치(Inconsistencies)

조약 제69조 1항 두 번째 문장에 따라 보호의 한도에 의심이 있을 수 있고 따라서 청구항이 불명료하게 되거나 또는 조약 제84조, 두 번째 문장 하에서 뒷받침되지 않게 되거나, 또는 다르게는, 조약 제84조 첫 번째 문장 하에서 거절 가능한 청구항을 낳는다면, 상세한 설명과 청구항 사이의 불일치가 없도록 해야 한다. 그런 불일치로 단순한 용어의 불일치(Simple verbal inconsistency), 명백한 필수불가결한 특징에 관한 불일치(inconsistency regarding apparently essential feature), 상세한 설명 및/또는 도면의 대상물의 부분이 청구항에 의해 커버되지 않는 경우(part of the subject-matter of the description and/or drawings is not covered by the claims)가 있다.

4. 일반적 언급

보호의 한도가 불명확하고 명확하지 않은 방법으로 확장될 수 있는 것을 의미하는 상세한 설명에 있는 일반적 언급은 거절되어야 한다. 특히 발명의 "정신"을 커버하는 데까지 확장된 보호의 정도를 인용하는 언급에 대해서는 거절되어야 한다. 거절은 마찬가지로 청구항이 몇 개인가의 특징의 조합을 대상으로 하고 있는 경우, 보호가 전체로서 그 조합뿐만 아니라 개별 특징 또는 그 부-조합에 대해서도 요구된다는 의미를 포함하는 것 같은 언급은 사용되지 않아야 하고, 이런 언급이 사용된 경우 거절이 주어져야 한다.

5. 필수적 특징

보호를 구하는 대상을 정의하는 청구항은 명확해야 한다. 기술적 관점으로부터 청구항이 이해되어야 할 뿐 아니라 발명의 모든 필수적 특징을 명확하게 정의해야만 한다. 그리고 상세한 설명에 의해 청구항이 뒷받침되어야 한다는 조약 제84조의 규정은 그 발명을 수행하기 위해 필수적인 것으로 상세한 설명에 명백하게 나오는 특징에 적용되어야 한다. 독립항에서 필수적 특징의 결여는 명확성과 뒷받침 규정하에서 다루어져야 한다.

어떤 특징이 비록 전체 출원을 통해 발명의 범위에서 지속적으로 언급되었을지라도 그 특징이 실제로 문제의 해결책에 기여하지 않으면 필수적 특징이 아니다.

독립항은, 예를 들면 "자전거"에 대한 청구항이 바퀴의 존재를 언급할 필요가 없는 것과 같이, 사용되는 일반적 용어에 의해 암시되는 그런 특징을 제외하고는 그 발명을 정의하는 데 필요한 필수적 특징 모두를 명백하게 특정하여야 한다.

만약 청구항이 그 발명의 물품을 생산하기 위한 방법에 관한 것이라면, 청구된 그 방법은 당업자에게 타당하다고 생각되는 방법으로 실시한 경우에 그 최종 결과가 반드시 그 특정 제품을 얻는 것이어야 한다. 그렇지 않으면 내부 불일치가 있게 되고 그 청구항이 불명료하게 된다. 물건의 청구항에 있어서, 그 물건이 잘 알려진 종류이고 그 발명이 특정한 면에서 그 물건을 변경한 것이라면, 청구항이 그 물건을 명백하게 정의하고 또 변경된 것과 그 방법을 특정하면 충분하다. 장치 청구항에 대해서도 유사하게 적용된다. 특허성이 기술적 효과에 의존하는 경우, 그 청구항은 그 기술적 효과에 대해 필수적인 발명의 모든 기술적 특징을 포함하도록 작성되어야 한다.[8)]

---

8) T 32/82.

6. 상대적인 용어

용어가 예를 들어 증폭기에 관한 "고주파(high-frequency)"와 같이 특정한 기술분야에서 널리 인정되어 있고, 이것이 의도하는 의미인 경우가 아니라면, 청구항에 "얇은(thin)", "넓은(wide)" 또는 "강한(strong)"과 같이 상대적이고 또는 이와 유사한 용어를 사용하지 않는 것이 바람직하다. 용어가 널리 인정된 의미를 가지지 않는 경우에는, 가능하면 원래의 개시 중에서 다른 부분에서 알 수 있는 더 정확한 표현으로 대체되어야 한다. 원래의 개시에서 명백한 정의를 위한 기초가 없고 또 그 발명에 대해 그 용어가 필수적인 관계가 아닌 경우에는 그 용어는 청구항에 통상적으로 남겨 두어야 한다. 이는 그 용어를 삭제하는 것은 조약 제123조 2항을 위반하여, 일반적으로 출원 시의 출원의 내용을 넘어서 대상물을 확장하는 것으로 되기 때문이다. 하지만 만약 그 용어가 그 발명에 대해 필수적인 것이라면 청구항에 불명료한 용어가 있는 것을 허용할 수 없다. 마찬가지로 불명료한 용어는 출원인이 자기의 발명을 선행기술로부터 구별하기 위해 사용할 수 없다.

7. "약" 및 "대략"과 같은 용어

"약(about)" 또는 "대략(approximately)" 또는 "실질적으로(substantially)"와 같은 유사한 용어가 사용될 때는 특별한 주의가 필요하다. 이런 단어는 예를 들어 특정한 값(예를 들어 "약 200℃") 또는 특정한 범위(예를 들어 "약 X로부터 약 Y까지") 또는 장치의 구조적 단위(예를 들어, "실질적으로 원형의 둘레를 가지는 트레이플레이트")에 사용된다. 심사관은 각 경우에 그 출원을 전체적으로 검토할 때 그 의미가 충분히 명확한지 아닌지에 대해 판단하여야 한다. 하지만 그 단어는 그 존재가 신규성과 진보성에 대하여 그 발명이 선행기술과 불명료함이 없이 구별되는 것을 방해하지 않는 경우에 한하여 허용될 수 있다.

8. 선택적 특징

"바람직하게는(preferably)", "예를 들어(for example)", "~와 같은(such as)" 또는 "~보다 상세하게는(more particularly)"과 같은 표현은 그들이 불명료함을 초래하지 않도록 충분히 주의해야 한다. 이러한 종류의 표현은 청구항의 범위에 대한 한정 효과는 없다. 즉, 이런 표현 다음에 오는 특징은 전적으로 선택적인 것으로 간주된다.

9. 달성되는 결과

청구항에 의하여 정의되는 분야는 발명이 허용하는 한 정확해야 한다. 일반적 원칙으로 발명을 달성되는 결과로써 정의하려고 하는 청구항, 특별히 그것이 기초가 되는 기술적 문제를 주장하는 데 불과한 청구항은 허용해서는 안 된다. 하지만 그러한 청구항도 그 발명을 그 용어로만 규정할 수 있는 경우 또는 그 청구항의 범위를 부당하게 제한함이 없이 그렇지 않으면 더 정확하게 규정할 수 없는 경우에 허용될 수 있다. 그리고 만약 그 결과가 당업자에게 알려지거나 명세서에 적절하게 정의된 과정 또는 테스트에 의해 직접 그리고 명확하게 확증할 수 있는 경우 그리고 부당한 실험을 필요로 하지 않는 것인 경우에는 달성되는 결과로 청구항을 정의하는 것이 허용된다.[9)]

10. 파라미터(Parameters)[10)]

발명이 물건에 관한 것인 경우, 그 발명은 청구항에서 다양한 방법으로 정의될 수 있다. 즉, 화학식에 의해 화학적 제품으로 정의되거나, 방법에 의해 정의된 물건으로 정의되거나 또는 예외적으로, 그 파라미터에 의해 정의될 수 있다.

파라미터는 직접적으로 측정될 수 있는 물성치(예를 들어, 물질의 녹는점, 스틸의 좌굴 강도, 도전체의 저항)이거나 수식의 형태로 다수개의 변수의 다소 복잡한 수학적 조합으로 정의될 수 있는 특성치이다. 주로 그 파라미터에 의해 물건을 특정하는 것은 그 파라미터가 상세한 설명의 기재사항 또는 당해 분야에서 통상적인 객관적인 절차에 의해 명백하고 신뢰성 있게 정의될 수 있을 경우에 한해, 다

---

9) T 68/85.

10) 파라미터를 사용하여 발명을 정의하는 것을 파라미터발명이라고 하는데, 주로 화학적 또는 물리적 특성치에 의해 정의된 화학물질, 조성물에 관한 발명이다. 하지만 파라미터발명이 반드시 화학물질 및 조성물에만 한정될 수 있는 것은 아니다. 파라미터 발명에 대해서 우리나라에서는 "산업부문별 심사기준(합금분야)"(2004.12)과 "유기화합물분야 심사기준"(2008.12)에 언급되고 있다(안용귀, "수치한정발명의 법적 쟁점에 관한 연구," 충남대학교, 2009.2).

른 방법으로 그 발명이 적절하게 정의될 수 없을 경우에만 허용되어야 한다.[11] 동일한 것이 파라미터에 의해 정의된 방법-관련 구조에도 적용된다. 통상적이지 않은 파라미터가 채용되거나 또는 그 파라미터(들)를 측정하기 위해 이용불가능한 장치가 사용되는 경우, 선행기술과의 의미 있는 비교가 될 수 없으므로, 일단 불명료를 이유로 거절될 수 있다. 그런 경우는 신규성이 없는 것으로 할 수 있다.

11. 방법에 의해 정의된 물건 청구항(Product-by-process claim)

제조의 방법에 의해 정의된 물건에 대한 청구항은 그와 같은 물건이 특허성, 특히 신규성 및 진보성을 만족시키는 경우에만 허용된다. 물건이 새로운 방법에 의해 제조되었다는 사실만으로는 신규성을 가지는 것이 아니다.[12] 방법으로 물건을 정의하는 청구항은 그 물건에 대한 청구항으로 해석되어야 한다. 그 청구항은 예를 들면 "방법 Y에 의해 얻어질 수 있는 물건 X"라는 형식을 취할 수 있다. 방법에 의해 정의된 물건 청구항에서 "얻을 수 있는(Obtainable)", "얻어진(Obtained)", "직접적으로 얻어진(directly obtained)" 또는 유사한 표현을 사용했는지에 불구하고, 그것은 물건 자체에 관한 것이고 물건에 대해 절대적인 보호가 제공되는 것으로 추론된다.[13]

신규성에 관해서는 물건이 그 제조의 방법에 의해 정의되었을 때, 해결되어야 할 질문은 고려가 되는 물건이 공지된 물건과 동일한지 여부이다. 이에 대한 부담은 출원인이 가지는데, 출원인은 예를 들어 그 물건의 특성에 존재하는 구별되는 차이점을 보임에 의해, 공정 파라미터의 수정이 다른 물건에 귀착된다는 증거를 제공하여야 한다. 그럼에도 불구하고 심사관은 특별히 출원인에 의해 이 거절이유가 이의제기되면, 방법에 의해 정의된 물건 청구항의 상정된 신규성 결여를 뒷받침하기 위한 이유 있는 의견을 제공할 필요가 있다.

조약 제64조 2항에 따라 유럽특허의 대상물이 방법이면, 그 방법에 의해 직접적으로 얻어지는 물품에까지 그 특허에 의해 부여된 보호가 미친다. 이 규정은 단지 표면적인 변화밖에 없는 방법(예를 들면 도장, 연마)뿐만 아니라 시작 물질과 완전히 다른 제품을 생산하는 공정에도 적용된다고 해석된다.

---

11) T 94/82.

12) T 150/82.

13) T 20/94.

12. "…을 위한 장치", "…을 위한 방법" 등("Apparatus for …", "Method for …" etc.)

청구항이 "…그 방법을 수행하기 위한 장치"라는 표현으로 시작된 경우, 이것은 그 방법을 수행하는 데 적합한 장치만을 의미하는 것으로 해석되어야 한다. 청구항에 특정된 모든 특징을 다른 면에서는 가지고 있지만 진술된 목적에 적합하지 않거나 또는 그렇게 사용되기 위해서는 변경이 요구되는 장치는 통상적으로 그 청구항을 예상하는 것으로 고려되어서는 안 된다.

물건의 특정한 용도에 대한 청구항에도 유사한 고려점이 적용된다. 예를 들어 청구항이 "용융 스틸용 주형"에 대한 것인 경우에, 이것은 주형에 대한 특정한 한정을 암시한다. 따라서 스틸의 녹는점보다 훨씬 낮은 융점을 가지는 플라스틱제 각얼음 트레이는 청구항에 해당하지 않는다고 생각된다. 마찬가지로 특정 용도를 위한 물질 또는 조성물에 대한 청구항은 언급된 용도에 실제로 적합한 물질 또는 조성물을 의미하는 것으로 해석되어야 한다. 이미 알려진 제품으로 청구항에서 정의된 물질 또는 조성물과 동일하지만, 언급된 용도로는 부적당하게 하는 형태인 제품은 그 청구항의 신규성을 박탈하지 않는다. 하지만 알려진 제품이 언급된 용도에 실제로 적합한 형태이면, 그것이 그 용도에 대해 기술되어 있지 않더라도 이것은 그 청구항의 신규성을 박탈한다. 이와 같은 해석의 일반적 원칙에 대한 예외는 청구항이 수술, 치료 또는 진단 방법의 용도로 이미 알려진 물질 또는 조성물에 대한 것인 경우이다. 유사하게, 데이터처리/컴퓨터 프로그램 분야에서, 기능을 가진 수단(means-plus-function) 타입의 장치 특징은 단지 그것을 수행하기에 적합한 수단보다는 관련된 단계들/기능들을 수행하기에 적합한 수단으로 해석된다. 이와 같은 방식으로, 신규성이 프로그램되지 않은 또는 다르게 프로그램된 데이터 처리장치에 대해 부여된다.

장치 또는 물건 청구항과는 반대로, "전기층을 재융해시키는 방법"과 같은 표현으로 시작하는 방법 청구항의 경우에, "…를 재융해시키기 위한"이라는 부분은 그 공정이 단순히 전기층을 재융해시키는 것에 적합하다는 의미로 해석되어서는 안 되고, 청구된 방법의 단계 중 하나를 정의하고 또 전기층을 재융해시키는 것에 관한 기능적 특징으로 이해되어야 한다.[14]

---

14) T 848/93.

13. 용도 또는 다른 실체를 참조한 정의

물리적 실체(물건, 장치)에 대한 청구항이 그 실체의 용도에 관한 특징을 참조하여 그 발명을 정의하고자 하는 경우에는, 명료성의 결여에 귀착될 수 있다. 이것은 특히 청구항이 그 실체 자체를 규정할 뿐만 아니라, 청구된 실체의 부분이 아닌 제2의 실체에 대한 관계도 특정하고 있는 경우이다(예를 들어 엔진용의 실린더헤드로서, 실린더헤드가 엔진에서의 그 위치의 특징에 의해 정의되어 있는 경우). 그 2개의 실체의 조합에 대한 제한을 고려하기 전에, 비록 제1 실체가 제2 실체에 대한 그 관계에 의해 당초 정의된 것일지라도, 제1 실체 그 자체에 대해서 독립적인 보호를 통상적으로 받을 자격이 있다. 제1 실체는 통상적으로 제2 실체와는 독립적으로 생산되고 판매될 수 있으므로, 적절하게 청구항을 표현함에 의해 독립적인 보호를 통상적으로 얻을 수 있다[예를 들어, "연결되었다(connected)" 대신에 "연결가능한(connectable)"으로 대체함에 의해]. 제1 실체 그 자체에 대해 명료한 한정을 하는 것이 불가능하면, 그 청구항은 제1 및 제2 실체의 조합을 대상으로 해야 한다[예를 들면 "실린더헤드를 가진(with) 엔진" 또는 "실린더 헤드를 포함하는(comprising) 엔진].

청구된 제1 실체의 일부는 아니지만 용도를 통하여 관련된 제2 실체의 치수와 대응되는 형상에 대한 참조에 의해, 독립항에서 제1 실체의 치수 및/또는 형상을 정의하는 것이 가능하다. 이것은 특별히 제2 실체의 치수가 어떤 방식으로 표준화되어 있는 경우에 인정된다(예를 들어 차량 번호판의 설치 브라켓의 경우에, 브라켓 프레임과 고정요소가 번호판의 외부 형상에 대한 관계로 정의되는 경우이다). 하지만 표준화에 따른 것으로 인정되지 않는 제2 실체에 대한 인용은 당업자가 그 제1 실체에 대한 보호범위의 결과적인 제한을 거의 어려움 없이 추론할 수 있는 경우에는 충분히 명료한 것이 될 수 있다(예를 들어 농업용 둥근 포장의 커버시트의 경우에, 그 커버시트의 길이, 폭 및 접는 방법이 그 포장의 원주, 폭 및 직경을 인용하여 정의되어 있는 경우).[15] 그런 청구항은 제2 실체의 정확한 치수를 포함할 필요가 없고, 제1 및 제2 실체의 조합에 대해 인용할 필요도 없다. 제2 실체를 참조함이 없어 제1 실체의 길이, 폭 및/또는 높이를 특정하는 것은 보호범위의 부당한 제한에 이르게 된다.

15) OJ에 공개되지 않은 T 455/92.

14. "에 있어서(in)"라는 표현

불명료함을 피하기 위해, 다른 물리적 실체(물건, 장치) 사이 또는 실체 또는 활동(방법, 용도) 사이 또는 다른 활동 사이의 관계를 정의하기 위해 "에 있어서(in)"라는 표현을 채용하는 청구항을 평가하는 때에는 특별한 주의를 기울여야 한다. 이 방식으로 표현된 청구항의 예들은 다음과 같다.

(i) 4-행정 엔진에 있어서의 실린더 헤드;

(ii) 자동 다이얼장치, 다이얼 톤 검지기 및 특성제어기를 가진 전화기에 있어서, …을 포함하는 다이얼 톤 검지기;

(iii) 아크 용접장치의 전극공급수단을 사용하는 공정에 있어서, …단계를 포함하는 아크용접 전류 및 전압을 제어하기 위한 방법; 그리고

(iv) 공정/시스템/장치 등에 있어서, …로 이루어지는 개량.

위의 (i)에서 (iii)의 예에서는, 하위 단위(sub-unit)(실린더 헤드, 다이얼 톤 감지기, 아크용접 전류 및 전압을 제어하는 방법)가 포함되는 완성 단위(complete unit)(4-행정 엔진, 전화기, 방법)보다는 완전히 기능을 수행하는 하위 단위에 강조점이 있다. 이것은 보호받고자 하는 것이 하위 단위 그 자체인지 또는 전체로서의 단위를 보호받고자 하는 것인지를 불명료하게 한다. 명료성을 확보하기 위해, "하위 단위를 가지는(또는 포함하는) 단위"(예를 들어 실린더헤드를 가진 4-행정 엔진)를 대상으로 하거나 또는 그 목적을 특정하여 하위 단위 그 자체를(예를 들어 4-행정 엔진을 위한 실린더헤드) 대상으로 하도록 해야 한다. 후자에 대해서는 출원인의 명시된 의사에 의해서만, 또한 조약 제123조 2항에 따라 출원 시에 제출된 내용에 그에 대한 기초가 있는 경우에 한하여 따를 수 있다.

위의 (iv)에 표시된 종류의 청구항에서는, "…에 있어서(in)"라는 단어의 사용이 때때로, 보호를 구하는 것이 개량된 것만인지 또는 청구항에 정의된 모든 특징에 대한 것인지가 불명료할 수 있다. 이 경우에도 역시 표현을 명확하게 확인하는 것이 필요하다.

하지만 "페인트 조성물 또는 래커 조성물에 있어서, 방부성분으로서 물질…의 용도"라는 청구항에 대해서는 제2의 비의학적 용도를 기초로 허용될 수 있다.

15. 용도 청구항(Use claims)

심사의 목적으로는 "물질 X의 살충제로서의 용도"와 같은 형식의 "용도" 청구항은 "물질 X를 사용하여 곤충을 죽이는 방법"이라는 형식의 "방법" 청구항과 동등한 것으로 간주되어야 한다. 따라서 이 형태의 청구항이 살충제로서의 용도로 의도된 것과 같이 인식될 수 있는(예를 들어 부가적인 첨가제에 의한) 물질 X에 대한 것으로 해석되어서는 아니 된다. 유사하게, "증폭회로에 있어서의 트랜지스터의 용도"에 대한 청구항은 트랜지스터를 포함하는 회로를 사용하는 증폭방법에 대한 방법 청구항과 동등하고, 또 "트랜지스터가 사용된 증폭회로" 또는 "그런 회로를 만들 때 트랜지스터를 사용하는 방법"에 대한 것으로 해석되어서는 안 된다.

16. 상세한 설명 또는 도면의 인용

청구항은 그 발명의 기술적 특징에 대해서, "절대로 필요한 경우를 제외하고" 상세한 설명 또는 도면에 대한 인용에 의존해서는 안 된다. 특별히 청구항은 통상적으로 "상세한 설명의 … 부분에 기재된 바와 같이", 또는 "도면의 도 2에 도시된 바와 같이" 등과 같은 인용에 의존해서는 안 된다. 적절한 경우, 상세한 설명 또는 도면에 대한 인용에 의존하는 것이 "절대로 필요"하다는 것을 보여줄 의무는 출원인에게 있다.[16] 인정 가능한 예외의 예는 발명이 도면에 표시된 기묘한 형상을 포함하고, 그 형상이 단어 또는 간단한 수학식에 의해서도 쉽게 정의될 수 없는 경우이다. 다른 특별한 예는 발명이 화학제품으로서 그 특징의 일부가 그래프 또는 표(diagrams)에 의해서만 정의될 수 있는 경우이다.

17. 청구항에 인용된 파라미터를 측정하는 방법 및 수단

또 다른 특별한 경우가 발명이 파라미터에 의해 특정되는 경우이다. 이와 같은 방법으로 발명을 정의하기 위한 조건을 만족하는 것을 조건으로 그 발명의 정의가 상당히 실제적인 경우 항상 청구항 자체에서 발명의 한정이 완전하게 나타나야 한다. 원칙적으로 측정 방법은 파라미터의 명료한 정의를 위해 필요하다. 하지만 다음의 경우에는 청구항에 파라미터 값의 측정을 위한 방법 및 수단이 필

16) T 150/82.

요하지 않다.

(i) 그 방법의 기재가 너무 길고 그것을 포함하면 간결성의 결여 때문에 청구항이 불명료해지거나 또는 이해가 어려워지는 경우; 그 경우 청구항은 규칙 43(6)에 따라 명세서에 대한 인용을 포함해야 한다;

(ii) 예를 들어, 오직 한 가지 방법만이 존재하거나 또는 특정한 방법이 일반적으로 사용되기 때문에 당업자라면 채용해야 하는 방법을 아는 경우; 또는

(iii) 모든 공지된 방법이 동일한 결과를 내는 경우(측정 정확도의 한도 내에서).

하지만 그 밖의 모든 경우에 청구항이 보호를 요하는 대상물을 한정하므로, 측정 방법 및 수단이 청구항에 포함되어야 한다.

18. 참조부호(Reference signs)

출원이 도면을 포함하고, 청구항 중에 기재된 특징과 도면 중의 대응되는 참조부호와의 관계를 확정함에 의해 청구항의 이해가 개선되는 경우에는 청구항에 언급된 특징 뒤의 괄호에 참조부호를 위치시켜야 한다. 만약 많은 수의 다른 실시례가 존재하는 경우에는, 가장 중요한 실시례의 참조부호만을 독립항에 두면 된다. 청구항이 규칙 43(1)에 정의된 두 부분 형식으로 작성된 경우, 참조부호는 청구항의 특징부뿐만 아니라 전제부에도 삽입되어야 한다. 그러나 참조부호는 청구항에 의해 보호되는 대상의 한도를 제한하는 것으로 간주해서는 안 된다. 참조부호의 유일한 기능은 청구항을 보다 이해하기 쉽게 하는 것이다. 상세한 설명에서 그 취지를 언급하는 것이 허용된다.[17)]

19. 부정적 한정

일반적으로 청구항의 대상물은 특정한 기술적 요소가 존재한다는 것을 표시하는 긍정적 특징의 형태로 정의된다. 예외적으로 특정한 특징이 없다고 명시적으로 기재하는 부정적 한정을 사용하여 청구항의 대상물을 정의할 수 있다. 예를 들어 출

---

17) T 237/84.

원된 명세서로부터 그 특징의 부존재가 추론될 수 있다면[18] 이것이 가능하다.

디스클레이머(disclaimers)와 같은 부정적인 한정은 청구항에 긍정적인 특징을 추가하는 것이 보호될 수 있는 대상물을 보다 명확하고 또 간결하게 정의할 수 없거나,[19] 또는 그 청구항의 범위를 지나치게 제한하는 경우[20]에만 사용될 수 있다. 디스클레이머의 수단에 의해 배제되는 것이 명백해야만 한다. 하나 또는 그 이상의 디스클레이머를 포함하는 청구항은 조약 제84조의 명확성과 간결성 요건에 전적으로 부합해야만 한다.[21] 게다가 특허의 투명성을 위하여, 제외된 종래기술은 규칙 42(1)(b)에 따라 상세한 설명에 표시되어야 하고, 그 종래기술과 디스클레이머 사이의 관계가 보여야 한다.

20. "Comprising"과 "consisting"

일상생활용어로 "comprise"라는 단어는 "include", "contain" 또는 "comprehend"와 "… consist of"라는 뜻 모두를 가질 수 있는 반면, 특허청구범위를 작성함에 있어서는, 법적 확실성은 통상적으로 이것이 더 넓은 의미인 "include", "contain" 또는 "comprehend"로 해석될 것을 요구한다. 반면에 화학적 화합물에 관한 청구항이 그 비율을 백분율로 해서 "성분 A, B 및 C로 구성되는(consisting of)"으로 참조하는 경우에는, 어떤 추가적 성분의 존재는 배제되고 또 그러므로 백분율은 합계가 100%가 되어야 한다.[22]

V. 간결성 및 청구항의 수

청구항은 간결해야 한다는 요건은 각각의 청구항뿐만 아니라 전체로서의 청구항에도 적용된다. 청구항의 수는 출원인이 보호받고자 하는 발명의 본질과 관련하여 결정되어야 한다. 예를 들어 하나의 청구항과 다른 청구항 사이에서 특정

18) T 278/88.

19) T 4/80.

20) T 1050/93.

21) G 1/03, Reasons 3.

22) T 759/91 및 T 711/90.

표현의 과도한 반복은 종속항 형식을 취함으로써 피해야 한다. 종속항에 대해서, 심사관은 발명의 특별히 바람직한 특징에 대한 청구항 수가 합리적이면 거절하지 않지만, 사소한 본질을 가지는 다수개의 청구항에 대해서는 거절해야 한다. 어떤 것이 청구항의 합리적인 개수고 어떤 것이 합리적이지 않은지는 각각의 사건에 따라 다르다. 청구항의 표현은 보호를 원하는 사항을 결정하는 데 부당한 부담을 주어서는 안 된다.[23] 하나의 청구항에 다수의 택일적 사항이 있는 경우에, 만약 이것이 보호를 원하는 사항을 결정하는 데 부당한 부담을 주는 경우를 낳는다면, 거절할 수도 있다.

VI. 상세한 설명에 의한 뒷받침

1. 개 요

청구항은 상세한 설명에 의해 뒷받침되어야 한다. 이것은 모든 청구항의 대상물(subject-matter)에 대해 상세한 설명에 근거가 있어야만 한다는 것과 청구항의 범위는 상세한 설명 및 도면의 범위 및 기술에 대한 기여 정도에 따라 정당화되는 것보다 넓어서는 안 된다는 것을 의미한다.[24]

2. 청구항의 일반화의 정도

대부분의 청구항은 하나 또는 그 이상의 특정한 실시예로부터 일반화된 것이다. 허용될 수 있는 일반화의 정도는 심사관이 관련된 선행기술에 비추어 각각의 특정한 사건에서 판단해야 하는 사항이다. 따라서 전체적으로 새로운 분야를 여는 발명은 공지된 기술의 진보에 관한 발명보다 청구항에서 보다 더 일반화가 가능하다. 청구항의 공정한 기재는 청구항이 그 발명의 범위를 벗어날 정도로 넓지 않은 것이면서 또한 그 발명의 개시에 대한 정당한 보상을 출원인으로부터 박탈할 정도로 좁지 않은 것이다. 출원인에게는 그가 기재한 사항에 대해서 모든 명백한 변경, 그 사항에 대한 균등물 및 그 사항에 대한 사용을 포괄하는 것이 허용되어야 한다.

---

23) T 79/91 및 T 246/91.

24) T409/91.

특히 청구항에 의해 포괄되는 모든 변형례에 대해서 출원인이 상세한 설명에서 그에 기인한다고 한 특성 또는 용도를 가진다고 예측하는 것이 타당하다면, 출원인이 청구항을 그에 따라 작성하는 것이 허용된다. 하지만 출원일 후에는, 출원인은 조약 제123조 2항을 위반하지 않는 경우에만 그렇게 하는 것이 허용되어야 한다.

3. 뒷받침 결여에 의한 거절

일반적으로 청구항은 상세한 설명에 의해 뒷받침되는 것으로 간주된다. 하지만 출원 시에 제출된 출원서의 정보에 근거하면, 일상적인 실험 또는 분석의 방법을 사용함에 의해 당업자가 특허청구된 전체 분야로 상세한 설명의 특정한 교시를 확장할 수 없다고 충분히 믿을 수 있는 근거 있는 이유가 있는 경우에는 그러하지 아니하다. 하지만 뒷받침은 기술적인 특징의 것이어야 하고, 기술적 내용을 수반하지 않는 막연한 언급 또는 주장은 그런 뒷받침이 될 수 없다.

심사관은 그가 충분히 근거 있는 이유를 가진 경우에 한하여, 상세한 설명에 의해 지지되지 않는다는 거절이유를 제기해야 한다. 예를 들어 심사관이 넓은 청구항이 그 모든 범위에서 뒷받침되지 않는다는 이유를 제시하면, 청구항이 완전히 뒷받침된다는 것을 입증할 책임은 출원인에게 있다. 거절이유가 제시된 경우, 가능하면 그 이유는 공표되어 있는 문헌에 의해 구체적으로 뒷받침되어야 한다.

포괄적 형태의 예를 들어 물질 또는 기계, 즉 모든 분류에 관계되는 청구항은 상세한 설명에 정당한 뒷받침이 있고 발명이 청구된 전체 분야에서 실시할 수 없는 것으로 생각되는 이유가 전혀 존재하지 않는 경우라면, 비록 넓은 범위일지라도 인정될 수 있다. 주어진 정보에 대해서 당업자가 일상적인 실험 또는 분석의 방법을 사용함으로써 상세한 설명에 기재된 내용을 청구되었지만 명확하게 기재되어 있지 않은 분야의 일부까지 확장하기에는 불충분한 것으로 보이는 경우, 심사관은 거절이유를 제시하여야 하고, 출원인에게 적절한 대응을 하도록 하여 그 발명이 청구된 전 분야에 대해 주어진 정보를 기초로 실제로 바로 적용될 수 있다는 것을 확인하거나 또는 그것이 불가능하면, 청구항을 한정하도록 해야 한다.

4. 뒷받침결여와 불충분한 개시

비록 상세한 설명에 의해 뒷받침되지 않는다는 거절이유는 조약 제84조에 따른 거절이지만, 위의 예에 나타난 바와 같이 조약 제83조에 근거한 발명의 불충분한 개시에 의한 거절이유, 다시 말해 (비록 좁은 "발명"에 대해서는 충분하더라도) 당업자가 그 "발명'을 청구된 넓은 분야 전체에 대해서 실시할 수 있을 정도로 충분히 개시하지 않았다는 거절이유로도 인정되는 일이 있다는 것을 주의해야 한다. 두 요건 모두 청구항의 용어가 발명과 균형을 이뤄야 한다거나 또는 발명에 의하여 정당화되어야 한다는 원칙을 반영하기 위한 것이다. 심사절차에서 거절이유가 뒷받침의 결여 또는 불충분한 개시 중 어느 것에 의해 제기되는지는 중요하지 않다. 하지만 이의신청 절차에서는 오직 불충분한 개시만이 이의의 이유로서 이용가능하기 때문에 중요하다.

5. 기능의 관점에서의 정의

특징에 대한 단 하나의 예가 상세한 설명에 기재된 경우에도 만약 당업자가 다른 수단이 동일한 기능을 위해 사용될 수 있다는 것을 인식할 수 있다면, 청구항은 기능적 특징으로, 즉 그 기능의 관점에서 특징을 넓게 정의할 수 있다. 예를 들어 청구항에서 "종점 위치 검출장치"는 리미트스위치를 포함하는 단 하나의 실시례에 의해 지지될 수 있는데, 예를 들어 광전지 또는 스트레인 게이지가 대신 사용될 수 있다는 것이 당업자에게 자명하다면 그러하다. 하지만 일반적으로 출원의 전체 내용이 기능이 특정한 방법으로 수행되어야 하는 것이라는 의미를 주는 것이고, 택일적 수단이 파악되는 데 제한이 없고, 또한 청구항이 그 기능을 수행하는 다른 수단 또는 모든 수단을 포괄하는 방식으로 되어 있을 경우에는 거절이유가 제기된다. 또한 상세한 설명이 다른 수단이 채택될 수 있다는 것을 단지 애매하게 언급하고 있다면, 그리고 그것이 무엇이고 또는 어떻게 이용되는지 합리적으로 명확하지 않다면 불충분하다.

6. 종속항에 대한 뒷받침

어떤 대상물이 출원 시의 청구항에 명확하게 개시되어 있지만 상세한 설명에는 기재되어 있지 않은 경우, 상세한 설명이 이 대상물을 포함하도록 상세한 설명을 보정하는 것이 허용된다. 그 청구항이 종속항인 경우에는 그 청구항이 발명의 특정한 실시례를 나타낸다고 상세한 설명에 언급하는 것으로 충분하다.

제10장

특허성

(Patentablity)

Ⅰ. 특허성 판단

1. 요 건

특허성을 판단하기 위한 기본적인 요건은 다음의 4가지이다.

(i) 기술의 어느 분야에 속하는 "발명(invention)"이어야 한다;

(ii) 발명은 "산업상 적용가능성(susceptible of industrial application)"이 있어야 한다;

(iii) 발명은 "신규(new)"한 것이어야 한다; 그리고

(iv) 발명은 "진보성(inventive step)"이 있는 것이어야 한다.

이들 4개의 기본적 요건에 추가하여, 심사관은 유럽특허조약에 묵시적으로 포함되어 있는 다음의 두 가지 요건도 특허성의 판단에 사용하여야 한다.

즉, 발명은 당업자가 출원서류의 내용에 따라 실시할 수 있는 것이어야 한다.[1)] 그리고 발명은 기술적 분야에 관련되고,[2)] 기술적 문제에 관련되어야 하며,[3)]

1) 조약 제83조.
2) 규칙 42(1)(a).
3) 규칙 42(1)(c).

보호받고자 하는 사항이 청구항에 한정될 수 있는 기술적 특징을 보유하여야 한다.[4)]

유럽특허조약은 특허될 수 있는 발명이 기술적 진보 또는 유용한 효과를 가져와야만 한다는 점을 명시적 또는 묵시적으로 요구하지 않는다. 하지만 선행기술과 비교하여 유리한 효과가 있으면, 그것이 명세서에 기재되어야 하고[5)] 또 그러한 효과는 종종 "진보성"이 있음을 주장하는 데 중요한 역할을 한다.

2. 발 명

(1) 발명의 정의

유럽특허조약에서는 발명이 무엇인지에 대해 정의하고 있지 않다. 조약 제52조 1항에 따르면, "유럽특허는 모든 기술분야에서, 신규하고 진보성을 가지며 산업상 적용가능한 발명에 대해서 부여된다"라고 되어 있어 "발명"은 구체적이고, 기술적인 성질의 것이어야 하고 어떤 기술분야의 것이라도 될 수 있다.

(2) 특허성에 대한 심사실무

출원의 대상물이 조약 제52조 1항의 의미 내에 있는 발명인지를 판단함에 있어, 심사관은 두 가지의 일반적 사항을 고려해야 한다. 첫 번째로 조약 제52조 2항에 따른 특허성의 배제는 출원이 그와 같이 배제되는 대상물에 관련되는 범위에서만 적용된다. 두 번째로 심사관은 청구항의 형식 또는 종류를 무시하고, 청구된 대상물이 전체적으로 고려할 때 기술적 특성을 갖고 있는지를 특정하기 위해 그 내용에 집중해야 한다. 조약 제52조 1항에서 말하는 발명인지 여부에 대한 기본적 테스트는 그 대상물이 산업상 적용가능성이 있는지, 신규성이 있는지, 진보성을 가지는지의 문제와는 구분되는 별개의 것인 점에도 유의해야 한다.

기술적 수단을 정의하거나 사용하는 청구된 대상물은 조약 제52조 1항의 의미 내의 발명이다. 만약 청구된 대상물이 일견하여 기술적 특징을 가지지 않는다면, 조약 제52조 2항 및 3항에 의해 거절되어야 한다. 만약 그 대상물이 조약에서 인정하는 발명이라면, 심사관은 신규성 및 진보성을 검토한다. 진보성이 있는지

---

4) 이 책 제9장 II. 1 참고.

5) 규칙 42(1)(c).

여부를 판단함에 있어, 심사관은 극복되어야 할 객관적인 기술적 과제를 확립해야만 한다. 그 문제의 해결책은 그 분야에 대한 그 발명의 기술적 기여를 구성한다. 그와 같은 기술적 기여의 존재는 청구된 대상물이 기술적 특징을 가지는 것을 확립하고 그러므로 실제로 조약 제52조 1항의 의미 내의 발명이 된다. 이와 같은 객관적인 기술적 문제가 발견되지 않으면, 그 분야에 대한 기술적 기여가 없으므로, 그 청구된 대상물은 적어도 진보성에 대한 요건을 만족하지 않고, 그러므로 그 청구항은 거절된다.

(3) 발명에서 제외되는 것

조약 제52조 2항에는 발명으로 간주되지 않는 것이 예시적으로 나열되어 있다. 유럽특허조약에서 제시하고 있는 발명에서 제외되는 비제한적 리스트에 나와 있는 것들은 모두 추상적이고(발견, 과학적 이론 등) 및/또는 기술적이지 않은 것(미적 창조물 또는 정보의 제시) 중 하나이다.

1) 발견(Discoveries)

만약 공지된 물질 또는 물품의 새로운 특성이 발견되면, 그와 같은 발견은 기술적 효과를 가지지 않고, 따라서 조약 제52조 1항의 의미 내에 있는 발명이 아니기 때문에, 그것은 단순히 발견이고 특허될 수 없다. 하지만 그 특성이 실용적으로 사용될 수 있다면, 이것은 특허될 수 있는 발명을 구성한다. 예를 들어 공지의 특정 재료가 기계적 충격에 견딜 수 있다는 발견은 특허를 받을 수 없지만, 그 재료로 만들어진 철로 침목은 충분히 특허될 수 있다. 자연에 존재하는 물질로서 과거에 인식되지 않았던 것을 발견하는 것도 단순한 발견으로 특허를 받을 수 없다. 하지만 자연에서 발견된 물질이 기술적 효과를 발생시키는 것이 보여질 수 있으면, 이것은 특허가능하다.

2) 과학적 이론(Scientific theories)

과학적 이론들은 발견의 보다 일반화된 형태로 발견에 대해 설명한 것과 동일한 원리가 적용된다. 예를 들어 특정 현상에 대한 물리적 이론에는 특허성이 없다. 하지만 그러한 물리적 이론을 적용한 물품을 생산하기 위한 장치나 그 물품의 제조방법은 특허될 수 있다.

3) 수학적 방법(Mathematical methods)

수학적 방법은 순수한 추상적 또는 지적 방법은 특허성이 없다는 원칙의 특별한 예이다. 하지만 예를 들어 나눗셈의 간편한 방법은 특허성이 없지만, 그에 따라서 동작하도록 구성된 계산기는 충분히 특허 가능하다. 전기필터를 설계하기 위한 수학적 방법에는 특허성이 없지만, 그럼에도 불구하고 이 방법으로 설계된 필터는 특허성이 배제되지 않는다.

4) **미적 창조물**(Aesthetic creations)

미적 창조물에 관련되는 대상물은 대체로, 예를 들면 캔버스 또는 천과 같은 '기판'인 기술적인 면과 예를 들면 캔버스상의 이미지 또는 천상의 패턴과 같은 형태인 미적인 면 모두를 가진다. 만약 기술적인 면이 그런 미적 창조물에 나타난다면, 이것은 미적 창조물이 아니고 이것은 특허성이 배제되지 않는다.

미적 창조물은 정의에 있어서, 기술 이외의 면을 가지고 또 본질적으로 주관적인 물품(예를 들어 그림 또는 조각)에 대한 것이다. 그러나 그 물품이 우연히 기술적 특징도 가지고 있으면 특허성이 있다. 그 예로서 타이어 트레드(tyre tread)를 들 수 있다. 미적 효과 그 자체는 물건의 청구항 또는 방법의 청구항 중 어느 것으로도 특허되지 않는다. 정보의 목차, 배치 또는 사용활자의 미적 또는 예술적 효과만으로 청구된 서적은 특허성이 없고, 그 대상이 미적 효과, 색채의 배열 또는 예술적 스타일에 의해 규정되는 그림에도 특허성이 없다. 그럼에도 불구하고 미적 효과가 기술적 구조 또는 다른 기술적 수단으로부터 얻어지는 경우, 미적 효과 자체에는 특허성이 없다고 해도 그것을 얻는 수단에는 특허성이 있을 수 있다.

미적 창조물을 만드는 방법도 기술적 혁신을 포함할 수 있고, 이 경우에는 특허될 수 있다. 예를 들어 다이아몬드에는 신규의 기술적 방법으로 만들어진 특별히 아름다운 형상(그 자체로는 특허성이 없다)을 갖춘 것이 있다. 이 경우에 그 방법은 특허될 수 있다. 유사하게는 미적 효과를 가지는 특별한 배치를 가지는 서적의 새로운 인쇄기술은 그 방법의 제품인 서적과 함께 충분히 특허될 수 있다. 또한 향기 또는 풍미에 관하여 특별한 효과를 미치는 데 도움이 되는 기술적 특징, 예를 들면 향기 또는 풍미를 오래 유지시키거나 또는 그것을 증가시키는 데 도움이 되는 기술적 특징에 의해 한정된 물질 또는 조성물도 충분히 특허될 수 있다.

5) **지적활동을 수행하거나 게임을 하거나 영업을 수행하는 계획, 법칙 및 방법**(Schemes, rules and methods for performing mental acts, playing games or doing business)

이는 추상적 또는 지적 특성을 가지는 항목의 추가적인 예이다. 특히 언어를 배우는 계획, 크로스워드 퍼즐을 해결하는 방법, (게임 룰에 의해 정해진 추상적 실체로서의) 게임, 또는 상업적 활동을 조직하기 위한 계획은 특허를 받을 수 없다.

그러나 청구된 대상물이 적어도 그 계획의 일부를 실시하기 위한 장치 또는 기술적 방법을 특정하고 있을 경우에는 그 계획 및 장치 또는 방법 전체가 설명되어야 한다. 특히 청구항이 어느 계획의 적어도 몇 단계를 실행하기 위한 컴퓨터, 컴퓨터 네트워크 또는 그 밖의 프로그램 가능한 종래 장치, 또는 그를 위한 프로그램, 또는 그 프로그램을 가지고 있는 저장매체를 특정하고 있을 경우, 이것은 컴퓨터 또는 비슷한 프로그램된 장치에 관련된 기술적 특징을 가진 기술적 또는 비기술적 특징의 혼합을 포함할 수 있다. 이 경우에 그 청구항은 "컴퓨터 이용 발명"으로서 심사된다.

6) 컴퓨터 프로그램

컴퓨터 프로그램은 "컴퓨터 이용발명"의 형태, 즉 컴퓨터, 컴퓨터 네트워크 또는 그 밖의 프로그램이 가능한 장치를 포함하는 청구항으로 표현되며, 청구된 발명의 일응 신규한 특징이 하나 또는 복수의 프로그램에 의해 구현되는 것을 포함하도록 하고 있다. 이와 같은 청구항은, 예를 들어 위의 장치의 조작방법, 그 방법을 실행하기 위해 설정된 장치, 또는 T 1173/97에 따라 프로그램을 담을 수 있는 물리적 매체[6]뿐만 아니라 프로그램 그 자체 등의 형태를 취할 수 있다.

컴퓨터 프로그램에 대한 청구항에 관한 기본적 특허가능성에 대한 고려점은 다른 대상물에 대한 것과 동일하다. 조약 제52조 2항에 나열된 항목 중에 "컴퓨터용 프로그램"이 포함되어 있다고 해도 청구된 대상물이 기술적 특성을 포함하고 있으면, 특허성이 배제되지는 않는다. 컴퓨터 프로그램에 의해 제외되는 데이터 처리동작은 이론적으로, 특별한 회로에 의해 동등하게 실시할 수 있고, 프로그램의 실행은 언제나, 예를 들어 전류와 같은 물리적 효과를 포함한다. T 1173/97에 따르면, 이와 같은 통상적인 물리적 효과 그 자체는 컴퓨터 프로그램에 기술적 성질을 부여하기에는 불충분하다. 하지만 컴퓨터 프로그램이 컴퓨터상에서 동작될 때, 그러한 통상적인 물리적 효과를 넘어서는 새로운 기술적 효과를 가져올 수 있으면, 그것은 특허성이 배제되지 않는다. 이 추가의 기술적 효과는 종래 기술 중에서 알려져 있어도 좋다. 컴퓨터 프로그램에 기술적 특징을 부여하는 새로운 기술적 효과는 예를 들어 프로그램의 영향 하에 있는 산업적 과정의 제어, 물리적 존재를 나타내는 데이터 처리, 또는 컴퓨터 자체 혹은 그 인터페이스에서 볼 수 있고, 또 예를 들어 처리과정의 효율성 또는 보안성, 요구되는 컴퓨터 자원의 관

6) T424/03.

리 또는 통신 링크에서의 데이터 전송률에 영향을 줄 수 있다. 결과적으로 프로그램은 컴퓨터상에서 동작될 때, 그 프로그램과 컴퓨터 사이의 통상적인 물리적 상호작용을 넘어서는 추가의 기술적 효과를 가져올 잠재력을 가지고 있으면, 컴퓨터 프로그램은 조약 제52조 1항의 의미 내의 발명으로 간주될 수 있다. 이와 같은 청구항에 대해 유럽특허조약의 모든 요건이 만족되면 특허가 허여될 수 있다. 이와 같은 청구항은 프로그램 리스트를 포함할 필요는 없지만, 프로그램 작동 중에 수행시키려고 하는 방법의 특허성을 확인하기 위해 모든 특징을 기재하여야 한다.

7) 정보의 나열(Presentations of information)

단지 정보의 내용으로만 규정된 정보의 나열은 특허성이 없다. 이것은 특징이 정보의 나열 그 자체(예를 들어 음향신호, 말하여진 단어, 화상 디스플레이, 주제로 정의되는 서적, 기록된 음악작품에서 정의되는 축음기용 레코드, 주의 표시로 정의되는 교통 신호에 의한 것), 또는 정보를 나열하기 위한 방법 및 장치(예를 들어 표시되거나 기록된 정보에 의해서만 정의된 표시기 또는 기록기의 특징은 기술적 특징으로 되지 않는다.)로서 청구된 경우에 적용된다. 하지만 정보의 나열이 신규한 기술적 특징을 가지고 있으면, 정보의 기록매체 또는 정보를 나열하기 위한 방법 또는 장치에 특허성이 있는 대상물이 있을 수 있다. 정보의 내용과 구별되는, 나열에 대한 구성 또는 방법은 특허성이 있는 기술적 특징을 충분히 구성할 수 있다.

3. 특허성에 대한 예외

유럽특허조약 제53조에는 특허성이 있는 발명이기는 하지만, 유럽특허가 허여되지 않는 예외가 규정되어 있다. 이러한 예외를 차례로 설명한다.

(1) "공공의 질서" 또는 도덕에 반하는 사항

1) 개　요

그 상업적 이용이 "공공의 질서(ordre public)" 또는 도덕(morality)에 반하는 발명은 특허성이 특별히 배제된다. 이것은 폭동 또는 공중의 혼란을 야기할 우려가 있거나, 범죄 또는 일반적으로 다른 위반적인 행위에 이르도록 할 우려가 있는 발명에 대한 보호를 거부하기 위한 목적이다. 이 조항은 주로 드물고 극단적인 경우에만 주장된다. 이 조항을 적용하는 공정한 기준은 일반 공중이 그 특허권의 부여를 받아들일 수 없을 만큼 그 발명을 혐오하는 것으로 간주될 수 있는지를 고려하는 것이다. 이에 해당하는 것이 분명하다면, 조약 제53조(a)에 따른 거절이 주어져야 한다.

발명의 실시가 단지 몇몇 또는 전부의 회원국의 법률 또는 시행규칙에 의해 금지되어 있다는 것을 이유로 "공공의 질서" 또는 도덕에 반하는 것으로 간주되지 않는다. 이에 대한 이유는 그 사용이 금지되지 않은 회원국에 대해 수출하기 위해 유럽특허에 근거하여 제품이 제조될 수 있다는 것이다.

2) 생명공학 발명(Biotechnological inventions)

유럽특허조약의 규칙 28에는 생명공학 발명 분야에서 조약 제53조(a)에 근거하여 특허성이 배제되는 것의 리스트가 제시되어 있다. 이 리스트는 예시적이고 비제한적인 것으로, 이 기술분야에서 "공공의 질서" 및 "도덕"의 개념을 명확하게 구축하기 위한 것이다.

(i) 인간복제를 위한 방법;

(ii) 인간의 생식계열의 유전적 특성 변경 방법;

(iii) 상업적 또는 산업적 목적으로의 인간 배아의 이용;

(iv) 동물의 유전적 동일성을 변경하는 방법으로 인간 또는 동물에게 실질적인 의학적 이익을 주는 일 없이 고통을 야기할 수 있는 방법 및 그 방법으로부터 얻어지는 동물.

(2) 조약 제53조(b)에 따른 특허성의 예외

조약 제53조(b)에 근거한 특허성에 대한 예외 항목은 "식물 또는 동물 품종 또는 필수적으로 식물 또는 동물의 생산을 위한 생물학적 방법"을 포함한다.

1) 식물품종

"식물품종(Plant varieties)"은 알려진 가장 낮은 순위의 단일의 식물학상의 분류 내에서 그룹화된 식물을 말한다.[7] 청구된 대상물이 특정한 식물품종 또는 특정한 식물품종들에 대한 것이라면 특허될 수 없다. 하지만 만약 그 발명이 식물 및 동물에 관한 것이고 또 그 발명의 기술적 실행가능성이 특정한 식물 또는 동물 품종에 한정되지 않는다면, 그 발명은 특허가능하다.[8]

---

7) 규칙 26(4).

8) G 1/98, OJ 3/2000, 111에 따르면, 식물 품종의 생산을 위한 방법에 대한 청구항이 심사될 때, 조약 제64조 2항은 고려되지 않는다. 따라서 식물품종을 생산하기 위한 방법청구항은, 최종 제품이 식물품종을 구성하거나 또는 구성할 가능성이 있다는 이유만으로 원칙적으로

2) 식물 또는 동물의 생산을 위한 방법

식물 또는 동물의 생산을 위한 방법은 교배나 선택과 같은 완전한 자연현상으로 구성되어 있다면, 본질적으로 생물학적이다. 몇 가지 예를 들자면, 어떤 특징을 보유하는 동물을 육종하고 함께 키우기 위해 단순한 선택을 포함하는 말을 교배, 잡종번식 또는 선택적으로 육종하는 방법은 본질적으로 생물학적이기 때문에 특허받을 수 없다. 한편 그 특성 또는 수확량을 개선하기 위해 또는 그 성장을 촉진 혹은 억제하기 위해 식물 또는 동물을 취급하는 방법, 예를 들어 나무를 가지치기 하는 방법은 비록 생물학적인 방법이 포함되어 있기는 하지만, 그 발명의 본질은 기술이므로 본질적으로는 생물학적이지 않다.

동일하게, 성장촉진 물질 또는 방사선을 사용하는 것을 특징으로 하는 식물 취급방법에도 동일한 것이 적용된다. 식물의 성장을 촉진하거나 억제하기 위해 기술적 수단을 사용하여 수행하는 토양의 처리는 또한 특허성이 배제되지 않는다.

3) 미생물학적 방법(Microbiological processes)

조약 제53조(b), 두 번째 후반 문장에 명기되어 있는 바와 같이, 전반 문장에 언급되어 있는 예외는 미생물학적 방법 또는 그에 의한 물에는 적용되지 않는다. "미생물학적 방법"이라는 용어는 미생물학적 물질을 포함하거나 또는 미생물학적 물질에 대해 수행되거나 또는 미생물학적 물질에 귀착되는 방법을 말한다. 따라서 "미생물학적 방법"이라는 용어는 예를 들어 유전자공학에 의해 미생물학적 물질에 대해 수행되는 방법 또는 그런 것에 귀착되는 방법뿐만 아니라 미생물학적 및 비미생물학적 단계 모두를 포함하여 청구된 방법도 포함하는 것으로 해석된다.

한편 식물 또는 동물 품종에 대한 물 청구항은 그 품종이 미생물학적 방법으로 생산된다고 해도 인정될 수 없다.[9] 조약 제53조(b) 전반의 특허성에 대한 예외는 식물품종에 대해서 그들이 생산되는 방법에 불구하고 적용된다. 따라서 유전자 재조합 기술에 의해 기존의 식물에 도입된 유전자를 포함하는 식물품종은 특허성이 배제된다.[10]

특허성이 배제되지 않는다.

9) 규칙 27(c).

10) G 1/98, OJ 3/2000, 111.

(3) 수술, 치료 및 진단 방법(Surgery, therapy and diagnostic methods)

유럽특허는 “인간 또는 동물 신체에 대한 수술 또는 치료 방법 및 인간 또는 동물 신체에 적용되는 진단 방법”에 대하여는 허여될 수 없는데 이 규정은 이들 방법 중 어떤 것에 사용을 위한 물(products), 특히 물질(substances) 또는 조성물(compositions)에는 적용되지 않는다. 그러므로 특허는 그런 방법에서 사용을 위한 수술, 치료 또는 진단 도구 및 장치에 대해 허여될 수 있다.

새로운 물, 특별히 이들 치료 또는 진단의 방법에서 사용을 위한 물질 또는 조성물에 대해서는 특허가 허여될 수 있다. 조약 제54조 4항에 따라 그 물질 또는 조성물이 공지인 경우, 만약 그 알려진 물질 또는 조성물이 인간 또는 동물 몸체에 사용되는 수술 또는 치료 방법 및 진단 방법에의 사용에 대해 이전에 개시되지 않았다면[“첫 번째 의학적 용도(first medical use)”], 이들 방법에의 사용을 위해서만 특허될 수 있다. 수술, 치료 방법 및/또는 진단 방법에 첫 번째 용도를 위한 공지의 물질 또는 조성물에 대한 청구항은 다음과 같은 형태이다. “물질 또는 조성물 X”의 뒤에, 예를 들어 “약(medicament)으로서 사용을 위한…”, “항균제로서…”, 또는 “질병 Y를 치료하기 위한…”과 같은 그 용도의 표시가 따른다.

물질 또는 조성물이 이미 “첫 번째 의학적 용도”로 사용되는 것이 알려진 경우, 그 용도가 신규하고 진보성이 있는 것을 조건으로, 조약 제53조(c)에 따른 방법으로 두 번째 또는 추가의 용도에 대해 조약 제54조 5항에 따라 특허될 수 있다.

조약 제53조(c)에 따른 예외는 인간 또는 동물의 신체에 적용되는 수술적 또는 치료적 및 진단적 방법에 의해 인간 또는 동물의 신체의 치료를 위한 방법에 한정된다는 것을 알아야 한다. 살아 있는 인간 또는 동물의 취급의 다른 방법 또는 인간 또는 동물 신체의 특징을 측정하거나 기록하는 다른 방법은 그런 방법이 기술적이고 또 본질적으로 생물학적 특징이 아닌 것을 조건으로 특허가능하다는 것은 당연하다. 예를 들어 화학적 제품의 적용에 의한 순전한 미용적 처치에 대한 청구항을 포함하고 있는 출원은 특허가능한 것으로 간주될 수 있다.[11] 하지만 수술적 또는 치료적인 것을 포함하는 미용적 처치는 특허가능하지 않다.

특허성이 배제되기 위해서는, 치료 또는 진단 방법은 살아 있는 인간 또는 동물의 신체에 대해 실제적으로 수행되어야만 한다. 죽은 인간 또는 동물의 신체에 적용되는 치료 또는 진단방법은 조약 제53조(c)에 따른 특허성이 배제되지 않는

11) T 144/83, OJ 9/1986, 301.

다. 인간 또는 동물의 신체로부터 제거된 후의 신체조직 또는 유체의 취급 또는 거기에 적용된 진단방법은 그 신체 조직 또는 유체가 동일한 신체로 귀환되지 않는 한 특허성이 배제되지 않는다. 따라서 혈액은행에의 저장을 위한 혈액의 취급 또는 혈액 샘플의 진단적 테스트는 특허성이 배제되지 않고, 반면에 동일한 신체로 귀환되는 혈액에 대한 투석에 의한 혈액의 취급은 특허성이 배제된다.

II. 산업상 적용(Industrial application)

1. 정 의

발명은 농업을 포함하는 어떤 종류의 산업에서 만들 수 있거나 또는 이용될 수 있으면 산업상 적용을 할 수 있는 것으로 간주된다. "산업(Industry)"이란 "기술적 특징"의 어떤 물리적 활동, 즉 미적인 기술과는 구별되는 것으로 유용하거나 실용적인 기술에 속하는 활동을 포함하는 것으로 넓게 해석되어야 한다. 이것은 반드시 기계사용 또는 물품제조를 의미하는 것은 아니다.

따라서 조약 제57조는 조약 제52조 2항에 언급된 리스트에 의해 특허대상에서 이미 제외되지 않은 발명 중에서 매우 적은 발명에 대해서 특허성을 배제한다. 하지만 배제되어야 하는 또 하나의 종류의 발명은, 예를 들어 영구운동기관과 같이 물리법칙에 분명히 반하는 방법으로 작동되는 물품 또는 방법이다. 청구항이 그 발명이 의도하는 기능 또는 목적을 특정하고 있는 경우에만, 조약 제57조에 따라 거절이유를 제기할 수 있다. 그러나 예를 들어 영구운동기관이 단지 특별히 특정된 구조를 가지는 물품으로 청구되어 있으면, 거절이유로서 발명의 개시가 충분하지 않은 것을 지적하여야 한다.[12)]

2. 산업상 적용가능성의 구체내용

산업상 적용가능성은 조약 제52조 2항의 제한을 넘어서는 요건이 아닌 것을 주의해야 한다. 예를 들어 재고관리방법은 조약 제52조 2항을 감안하여 그것이

12) 조약 제83조 적용.

예비 부품을 위한 공장 저장공간에 적용될 수 있는 것이더라도 특허성이 없다. 한편 비록 발명이 "산업상 적용할 수 있는" 것이고, 또 그것이 명백하지 않은 경우에, 상세한 설명은 그 발명이 적용될 수 있는 방법을 명시하여야만 하지만, 청구항은 반드시 그 산업상 적용에 한정될 필요는 없다.

일반적으로 유럽특허출원의 상세한 설명은 발명이 산업상 실시할 수 있는 것이 자명하지 않는 한, 그것을 실시 가능하게 하는 방법을 명기해야 한다. 유전자 서열 및 일부 서열에 대하여, 이 일반적 요건은 유전자 서열 또는 일부 서열의 산업상 적용을 특허출원서류에서 개시하도록 하는 특별한 양식이 있다. 기능에 대한 명시 없는 단순한 핵산의 서열은 특허 가능한 발명이 될 수 없다.[13] 유전자 서열 또는 일부 서열이 단백질 또는 그 일부의 생성에 이용되는 경우에, 어떤 단백질 또는 그 일부가 생성되는지, 이 단백질 또는 그 일부가 어떤 기능을 수행하는지 특정해야 한다. 또는 뉴클레오티드 서열이 단백질 또는 그 일부의 생성에 이용되지 않으면, 상세한 설명에 명시되어야 할 기능은, 예를 들어 그 서열이 어떤 전사 프로모터 활성을 나타내는지이다.

III. 신규성

1. 신규성의 정의

유럽특허조약에서 발명의 신규성은 조약 제54조에 규정되어 있다. 이에 따르면, 발명은 선행기술(state of the art)의 일부를 형성하지 않으면 신규한 것으로 간주된다. 여기서 "선행기술"은 "서면 또는 구두설명, 사용 또는 다른 어떠한 방법에 의해 유럽특허출원일 전에 공중이 이용가능하게 된 모든 것"[14]으로 정의된다. 이 정의의 범위에 유의해야 한다. 관련 정보가 공중에게 이용가능하게 된 지리적 위치 또는 언어 또는 방법에 대한 제한은 없고, 또한 문헌 또는 그 밖의 정보의 출처에 대한 연한의 제한도 없다. 하지만 심사관에게 있어서 이용가능한 선행기술은 주로 조사보고서에 열거된 문헌이다.

13) EU Dir. 98/44/EC, rec.23.

14) 조약 제54조 2항.

2. 신규성의 판단

신규성을 판단함에 있어서, 종래 기술의 별개의 요소를 하나로 조합하는 것은 허용되지 않는다. 또한 하나의 동일한 문헌에 기재된 다른 실시례에 속하는 별개의 요소를 조합하는 것 역시, 그러한 조합이 특별하게 제시되어 있지 않는 한 허용될 수 없다.[15]

하지만 어떤 문헌["주(primary)" 문헌]이 다른 문헌을 특정한 특징에 대하여 보다 상세한 정보를 제공하는 것으로 명확하게 인용하고 있고, 인용된 그 문헌이 주 문헌이 그 인용을 포함하는 공개일에 공중에게 이용가능한 것이면, 다른 문헌의 교시는 그 참조를 포함하는 그 주 문헌에 일체로 된 것으로 간주된다.[16] 하지만 신규성 목적에 대한 유효일은 항상 주 문헌의 날짜가 된다.

다른 청구항 또는 하나의 청구항에서 청구된 다른 실시례는 다른 유효일, 즉 다른 출원일 또는 청구된 다른 우선일(중의 하나)을 가질 수 있다는 것을 유의해야 한다. 신규성 문제는 각 청구항(또는 하나의 청구항이 다수의 실시례를 특정하고 있으면 하나의 청구항의 일부)마다 고려되어야 하고, 하나의 청구항 또는 하나의 청구항의 일부분에 관련된 선행기술은 보다 빠른 유효일을 가지기 때문에 다른 청구항 또는 동일 청구항에서 다른 실시례에 대하여 인용할 수 없는 사항, 예를 들어 중간 문헌(intermediate document)을 포함할 수 있다. 물론, 선행기술의 모든 사항이 최초 우선일 전에 공중에게 이용가능해진 경우, 심사관은 유효일의 결정에 관심을 가질 필요가 없다.

또한 선행기술의 내용은 해당 문헌에서 명확하게 권리포기된 사항(실시 불가능한 실시례를 제외하는 디스클레이머를 예외로 함), 다른 문헌에 대한 허용가능한 인용이 된 사항 그리고 거기에 명확히 기술되어 있는 종래 기술을 포함한다. 문헌에서 사용되고 있는 특정한 용어를 해석하기 위해 사전 또는 유사한 문헌을 사용하는 것도 또한 허용된다.

문헌에 명시적으로 언급되어 있는 것에서 그 분야의 당업자가 알 수 있는 특징을 포함하는 문헌으로부터, 직접적이면서도 확실하게 추론할 수 있는 것은 청구된 대상물의 신규성을 상실시킨다. 예를 들어 고무의 탄성특성이 사용되고 있

15) T 305/87, OJ 8/1991, 429.

16) T 153/85, OJ 1-2/1988, 1.

는 경우 그것이 명시적으로 언급되지 않았더라도, 탄성재료의 사용의 신규성을 상실시킨다. 문헌으로부터 "직접적이면서 확실하게 추론할 수 있는" 대상물로 제한하는 것은 중요하다. 따라서 신규성을 고려할 때, 문헌의 교시 내용을 그 문헌에 개시되어 있지 않은 공지의 균등물까지 포함하는 것으로 해석하는 것은 틀린 것이다. 이것은 자명성의 문제이다.

3. 선행 문헌(Prior document)

신규성을 결정할 때, 선행문헌은 그 문헌의 유효일 당일에 당업자가 볼 수 있는 것으로 해석되어야 한다. "유효"일은 사전에 공개된 문헌의 경우에는 그 공개일, 조약 제54조 3항에 따른 문헌의 경우에는 출원일(또는 적절한 경우 우선일)을 의미한다.

문헌에 기재된 대상물은 해당 정보가 그 문헌의 유효일에 당업자에게 주어졌을 때, 그 기술분야에서 그 당시에 일반적인 지식을 고려하여 문헌의 주제인 기술적 교시를 실시할 수 있을 정도로 충분하다면, 그 문헌은 공중이 이용가능하며, 따라서 조약 제54조 1항에 따른 선행기술에 포함되는 것으로 간주된다.[17]

유사하게, 명칭 또는 화학식이 선행문헌에 기재되어 있는 화합물에 대해서는 그 문헌 중의 정보가 적절하다면, 그 문헌의 유효일에 일반적으로 이용가능한 지식과 함께 그 화합물을 제조 및 분리하는 것을 가능하게 하지 않는 한 또는 예를 들어 천연물의 경우는 분리하는 것만을 가능하게 하지 않는 한, 공지라고 간주되지 않는다는 점에 유의해야 한다.

신규성을 판단함에 있어서, 포괄적 개시는 그 개시의 용어 내에 있는 특정한 예의 신규성을 일반적으로 상실시키지 않지만, 특정한 개시는 그 개시를 포함하는 총괄적 청구항의 신규성을 상실시킨다. 예를 들어 구리의 개시는 포괄적 개념으로서의 금속의 신규성을 상실시키지만, 구리 이외의 금속의 신규성을 상실시키는 것이 아니고, 리벳의 예시는 포괄적 개념으로서의 고정수단의 신규성을 상실시키지만, 리벳 이외의 고정수단의 신규성을 상실시키는 것은 아니다.

선행문헌의 경우, 신규성의 결여는 그 문헌 자체에 명백하게 기술되어 있는 것으로부터 명백할 수 있다. 그렇지 않으면, 선행문헌의 교시내용을 실시하면 당

17) T 26/85, T206/83 및 T 491/99.

업자라면 반드시 청구항에 해당되는 결과에 도달할 것이라는 묵시적인 암시를 줄 수 있다. 선행교시의 실제적 효과에 대해 합리적인 의문이 있을 수 없는 경우에 한하여, 심사관은 이런 종류의 신규성 결여에 대한 거절이유를 제기해야 한다. 이런 상황은 청구항이 발명을 파라미터에 의해 정의하는 경우에도 일어날 수 있다. 관련 선행기술에 다른 파라미터가 기재되어 있거나 파라미터가 전혀 기재되어 있지 않은 경우가 발생할 수 있다. 공지이고 청구된 물품이 다른 모든 점에서 동일한 경우(이는 예를 들어 출발물질 및 제조방법이 동일한 경우에 예상된다), 첫째로 신규성 결여로 거절이유가 제기된다. 출원인이, 예를 들어 적절한 비교시험에 의해 파라미터에 대하여 차이가 실제로 있는 것을 입증할 수 있다면, 그 출원이 청구항에서 특정하고 있는 파라미터를 갖는 제품을 제조하는 데 필수불가결한 특징을 모두 개시하고 있는지가 문제가 된다.

4. 조약 제54조 3항에 따른 종래기술

이 조항에 따르면, 종래기술은 심사대상 유럽특허출원의 출원일 또는 유효한 우선일보다 빠른 출원일 또는 우선일을 가짐과 동시에 심사대상 유럽특허출원의 출원일보다 늦게 공개된 다른 유럽특허출원의 내용을 포함한다.[18] 이 조항에 따라 종래기술이 되는 유럽특허출원은 진보성을 판단할 때가 아닌 단지 신규성을 판단할 때만 종래기술이 된다. 여기서 종래기술이 되는 선 유럽특허출원의 내용은, 예를 들면 상세한 설명, 도면 및 청구항 등의 모든 개시를 의미한다.

이 조항을 적용할 때 종래기술로 고려되어야 할 것은 선 유럽특허출원의 최초 출원된 내용이다. 진행언어로의 번역문에서 실수로 누락된 사항 또는 진행언어로 조약 제93조에 따른 출원공개가 되지 않은 사항이 발생할 수 있다. 이 경우에 조약 제54조 3항에 관련된 것은 원래의 본문의 내용이다.

이 조항을 적용하기 위한 추가적인 요건으로 종래기술로 되는 선 유럽특허출원은 그 공개일에 여전히 진행중이어야 한다.[19] 만약 선 유럽특허출원이 공개일 전에 포기되거나 다르게 권리를 잃었지만, 공개에 대한 준비가 완성되어 공개되었다면, 그 출원은 조약 제54조 3항에 따른 효력은 없다. 하지만 조약 제54조 2항

18) 우리나라의 확대된 선원에 해당되는 내용이다.
19) J 5/81.

에 따른 효력은 가진다. 조약 제54조 3항은 유효한 출원, 그 공개일에 존재하는 유럽특허출원에 대한 공개에 대한 것으로 해석되어야 한다.

5. 신규성 상실의 예외(Non-prejudicial disclosures)

(1) 신규성 상실의 예외의 예

유럽특허조약 제55조에는 신규성 상실의 예외를 규정하고 있다. 출원일 이전의 개시가 선행기술의 일부로서 고려되지 않는 두 가지 예를 규정하고 있는데, 그 개시가 다음과 같은 이유로 인해 발생한 경우이다.

먼저, 예를 들어 발명이 출원인으로부터 나왔고 그 자신의 의사에 반하여 개시된 경우와 같이, 출원인 또는 그의 법적 전임자에 대한 명백한 기만의 경우와 공식적으로 인정된 국제 전시회에서의 출원인 또는 그의 법적 전임자에 의한 발명의 전시의 경우이다.

(2) 기 한

신규성 상실의 예외를 적용받기 위해서는 유럽특허출원의 제출 시에 주장하여야 한다.

위 2가지 경우 모두에서, 필수조건은 문제가 되는 개시가 출원일 전 6개월 내에 행해졌어야 한다. 6개월 기간을 산정하기 위한 유효일은 유럽특허출원의 실제 출원일이지 우선일은 아니다.[20)]

의사에 반한 개시의 경우, 개시는 공표된 문헌 또는 다른 방법으로 행해질 수 있다. 특별한 경우 더 빠른 우선일을 가지는 유럽출원에 의해 개시될 수 있다. 예를 들어 비밀인 갑의 발명을 지득한 을은 이 발명에 대해 특허출원을 할 수 있다. 이 경우 을의 출원의 공개로 인한 개시는 갑이 이미 출원을 했거나 또는 그 공개일로부터 6개월 내에 출원하는 것을 조건으로, 갑의 권리를 손상시키지 않는다. 어떤 경우든, 조약 제61조를 감안하면 을은 그의 출원을 진행할 수 있는 권리를 갖지 않는다.

전시회의 경우에, 전시로 인해 불이익을 받지 않으려면 전시회에서의 그 발명의 개시일로부터 6개월 이내에 그 출원이 이루어져야 한다. 또한 출원인은 출

---

20) G3/98, OJ 2/2001, 62, 및 G 2/99, OJ 2/2001, 83.

원 시에 그 발명이 그와 같이 전시되었다는 것을 표시하고, 증명서[21]를 4개월 이내에 제출해야 한다. 신규성상실의 예외가 인정되는 전시회는 관보에 공고된다.

(3) 제출서류

출원인이 신규성상실의 예외를 출원의 제출 시에 주장한 경우, 출원인은 유럽특허출원의 제출로부터 4개월 내에 전시증명을 제출하여야 한다. 이 증명은:

(i) 그 전시회에서 산업재산의 보호에 대해 책임 있는 당국에 의해 전시회 동안에 발행되어야 한다;

(ii) 그 발명이 그 전시회에서 전시되었다고 표시하여야 한다;

(iii) 그 전시회의 개막일과 만약 전시회의 개막일과 다르다면, 처음 전시된 날짜를 표시하여야 한다;

(iv) 위에서 언급된 당국에 의해 적절하게 증명된, 발명과의 동일함의 증명이 첨부되어야 한다.

전시에 대한 증명이 제출된 경우, 수리부는 전시의 증명과 발명과의 동일함의 증명의 수리를 확인한다. 수리부는 허용된 4개월의 기간 내에 불비사항을 정정할 수 있는 경우에 전시증명과 동일 증명에 있는 명백한 결함을 출원인에게 알린다. 만약 전시 증명과 발명과의 동일 증명이 허용된 기간 내에 제공되지 않으면, 유럽특허청은 이를 출원인에게 통지한다. 출원인은 권리의 상실에 관하여 속행을 신청할 수 있다.

(4) 명백한 기만

"명백한 기만"이 성립하기 위해서는, 손해를 야기할 실제적 의사 또는 이 개시로부터 발생되거나 발생될 수 있는 피해에 대한 실제적 혹은 추정적 인식 중 하나가 있어야 한다.[22]

---

21) 규칙 25.

22) T585/92.

Ⅳ. 진보성(Inventive step)

1. 정　의

유럽특허조약은 제56조에 진보성을 규정하고 있다. 이에 따르면 선행기술을 고려하여 그 발명이 그 분야의 당업자에게 자명하지 않으면, 진보성을 가지는 것으로 간주된다. 신규성과 진보성은 다른 기준을 가진다. 신규성은 발명과 공지기술 사이에 차이점이 있으면 존재한다. 진보성은 그 발명에 신규성이 있는 경우에만 생각할 수 있다.

2. 진보성 판단의 기초

진보성 검토를 위한 “선행기술”은 조약 제54조 2항에 규정되어 있다. 조약 제54조 3항에 규정된 나중에 공개된 유럽출원은 진보성 판단을 위한 선행기술에 포함되지 않는다. 조약 제54조 2항에서 “출원일”은 우선권주장이 있는 경우 우선일을 의미한다. 선행기술은 관련된 통상의 일반적 지식에 있을 수도 있는데, 반드시 서면으로 존재할 필요는 없고, 필요한 경우에만 실증을 요한다.[23)]

3. 당업자(Person skilled in the art)

(1) 정　의

“당업자”는 해당일에 발명이 속하는 기술분야에서 통상의 일반적 지식이 무엇인지를 알고 있고, 평균적인 지식과 능력을 소유한 그 기술분야의 숙련된 실무자(practitioner)라고 추정되어야 한다. 당업자는 또한 선행기술의 모든 것, 특히 조사보고서에 인용된 문헌에 접근이 가능하며, 자신의 뜻대로 관련된 기술의 분야에서 일상적인 작업과 평상적인 실험을 할 수 있는 일반적인 수단과 능력을 가지고 있는 것으로 추정된다. 문제가 그 분야의 당업자가 그 해결책을 다른 기술분야에서 찾도록 하는 것이라면, 그 분야에서의 전문가(specialist)는 그 문제를 해결

23) T 939/92.

하기 위해 적임인 사람이다. 따라서 그 해결책이 진보성을 가지고 있는지 여부는 전문가의 지식 및 능력에 근거하여야만 한다.[24] 당업자는 진보성과 충분한 개시를 판단하기 위한 동일한 기술의 수준을 가진다는 것을 명심해야 한다.

(2) 통상의 일반적 지식

통상의 일반적 지식은 다양한 소스로부터 나올 수 있고 또 특정한 날짜에 특정한 문헌의 공개에 반드시 의존할 필요는 없다. 어떤 것이 통상의 일반적 지식인가에 대한 확인은 이것이 이론이 있다면, 문서적 증거에 의해 뒷받침될 필요가 있다. 단일의 공개는 통상의 일반적 지식으로 통상적으로 간주될 수 없다.[25] 특별한 경우에 기술저널에 있는 기사는 통상의 일반적 지식의 대표가 될 수 있다. 기초적 교과서 및 논문(monographs)은 통상의 일반적 지식의 대표로서 고려될 수 있다.

4. 자명성(Obviousness)

발명을 정의하고 있는 어느 청구항에 대해서 고려되어야 할 문제는, 그 청구항에 대해 유효한 우선일 또는 출원일 전에, 그 당시에 알려진 기술에 관하여 그 청구항의 기재에 해당하는 것에 도달하는 것이 당업자에게 자명한지의 여부이다. 만약 자명하면 그 청구항은 진보성 결여로 특허될 수 없다.

"자명"이라는 용어는 기술의 통상적인 진보를 넘어서지 못하고 종래 기술로부터 단순히 또는 논리적으로 나오는 것에 불과한 것, 즉 당업자에게 당연히 기대되는 것을 넘어서는 숙련 또는 능력의 발휘를 포함하지 않는 것을 의미한다. 신규성과 구별되게, 진보성을 고려함에 있어서 이후의 지식에 비추어 공개된 문헌을 해석하고 또 청구된 발명에 대해 유효한 우선일 또는 출원일 전에 당업자가 일반적으로 이용할 수 있는 모든 지식을 고려하는 것이 공정하다.

5. 진보성 판단에서 기술적 특징[26]

발명에 대한 진보성을 판단함에 있어서, 발명은 전체적으로 고려되어야 한

24) T 32/81.

25) T 475/88.

26) 기술적 특징을 발명의 구성요소로 생각해도 무방하다.

다. 즉, 청구항이 다수개의 기술적 특징의 조합으로 구성되었을 경우, 각각의 기술적 특징이 공지 또는 자명하고 따라서 청구된 전체 대상물이 자명하다는 주장은 정확하지 않다. 하지만 청구항이 각각의 기술적 특징의 단순한 나열 또는 주합이고 진정한 조합이 아닌 경우, 기술적 특징의 집합이 진보성을 가지지 않는다는 것을 증명하기 위해 각각의 기술적 특징이 자명하다는 것을 보이는 것으로 충분하다. 기술적 특징들 사이의 기능적 상호작용이 개개의 기술적 특징의 기술적 효과의 합과는 다른, 예를 들면 더 큰 조합된 기술적 효과를 달성하는 경우, 진보성이 인정된다. 즉, 개개의 기술적 특징의 상호작용은 상승효과를 나타내어야 한다. 만약 그런 상승효과가 존재하지 않는다면, 기술적 특징의 단순한 주합일 뿐이다.[27)]

예를 들어 개개의 트랜지스터의 기술적 효과는 필수적으로 전자 스위치의 기술적 효과이다. 하지만 데이터 처리와 같은 기술적 효과를 달성하도록 상승적으로 상호작용하는 마이크로프로세서를 형성하도록 서로 연결된 트랜지스터는 그들 각각의 개별 기술적 효과의 합을 능가한다.

6. 진보성 판단을 위한 접근방식

(1) 서 언

실제에 있어서 객관적이고 예측 가능한 방식으로 진보성을 판단하기 위해서, 심사관은 일반적으로 소위 “문제점 -및 - 해결책 접근(Problem-and-solution approach)”을 적용해야 한다. 따라서 이 접근으로부터의 이탈은 예외적인 것이 된다. 이 접근방식은 다음과 같은 3개의 주요 단계로 구성된다.

첫 번째 단계는 “가장 근접한 종래기술”을 결정하는 단계이고, 다음의 단계는 해결해야 할 “객관적인 기술적 과제”를 확정하는 단계이다. 마지막 단계는 가장 근접한 종래 기술 및 객관적인 기술적 과제로부터 출발해서, 청구된 발명이 당업자에게 자명한지 아닌지를 검토하는 단계이다.

(2) 가장 근접한 종래 기술의 결정

가장 근접한 종래 기술은 그 발명으로 이끄는 개선을 위한 가장 좋은 출발점

---

27) T 389/86.

을 구성하는 특징의 조합을 개시하는 하나의 인용례이다. 가장 근접한 종래 기술을 결정함에 있어서, 먼저 고려할 사항은 해당 발명과 동일한 목적이나 효과를 가지거나 적어도 청구된 발명과 동일하거나 밀접하게 관련된 기술분야에 속하는 것이어야 한다. 실제로 가장 근접한 종래 기술은 일반적으로 동일한 용도에 해당되고 청구된 발명에 도달하기 위해 최소한의 구조적 기능적 변경이 요구된다.[28)]

어떤 경우에는, 진보성의 판단을 위한 몇 개의 동일하게 유효한 출발점이 있다. 예를 들면 당업자가 몇 개의 작동가능한 해결책의 선택을 가지는 경우, 예를 들어 다른 문헌으로부터 나오는 해결책으로, 이것은 그 발명으로 안내할 수 있다. 만약 특허가 허여되었다면, 문제점-및-해결책 접근을 이들 출발점 각각, 즉 이들 모든 작동가능한 해결책에 차례로 적용할 필요가 있다. 하지만 거절의 경우에는 이들 해결책 중 적어도 하나에 관한 선행문헌의 관련된 부분에 기초하여 그 청구된 대상물이 진보성을 결여한다는 것을 보이는 것으로 충분하다. 이런 경우에는 어느 문헌이 그 발명에 가장 근접하냐는 논의는 필요 없다. 단 하나의 관련된 문제는 사용된 문헌이 진보성을 판단하는 데 실현가능한 출발점인지에 대한 것이다.[29)] 이것은 문제점-해결책 추론에서 도출된 문제점이 출원인에 의해 인식된 것과 다를 수 있을지라도 유효하다.

가장 근접한 종래 기술은 청구된 발명의 유효한 우선일 또는 출원일 전의 당업자의 관점으로부터 판단되어야만 한다.

가장 근접한 종래 기술을 확인함에 있어서, 출원인 자신이 그 자신의 상세한 설명 및 청구항에서 알려진 것으로 인정한 것이 고려되어야 한다. 공지 기술의 이러한 인정은 출원인이 실수했다고 언급하지 않는 한, 심사관에 의해 정확한 것으로 간주되어야 한다.

(3) 객관적인 기술적 과제의 확정

두 번째 단계에서는 해결해야 할 기술적 과제를 객관적인 방법으로 확정한다. 이를 위해 그 출원(또는 특허), 가장 근접한 종래 기술 그리고 청구된 발명 및 가장 근접한 종래 기술 사이의 특징(구조적 또는 기능적)의 면에서의 차이점[발명의 "구별되는 특징(distinguishing feature(s)"으로도 불리는]을 검토하고 그 구별되는 특징으로

28) T 606/89.
29) T 967/97.

부터 유래하는 기술적 결과를 확인한 후 기술적 과제를 확정한다.

발명의 기술적 특징에 대하여 독립적으로 또는 다른 특징과 조합하여도 어떠한 기여를 하는 것으로 볼 수 없는 특징은 진보성의 존재를 뒷받침할 수 없다.30) 이러한 상황은, 예를 들어 특징이 비기술적 과제여서 특허성으로부터 배제되는 분야에서의 문제점의 해결에만 기여하는 경우에 일어날 수 있다.

문제점-및-해결책 접근에서, 기술적 문제점은 그 발명이 가장 근접한 종래 기술을 넘어서 제공하는 기술적 효과를 제공하기 위해 가장 근접한 종래 기술을 수정하거나 개선하는 목적 및 과업을 의미한다. 이렇게 하여 정의된 기술적 문제점은 "객관적인 기술적 문제"로 불리운다.

이 방식으로 이끌어 내어진 객관적인 기술적 과제는 출원인이 출원에서 "문제점"으로 나타낸 것이 아닐 수도 있다. 상기 객관적인 기술적 과제가 객관적으로 확증된 사실, 특별히 절차의 과정에서 나타난 종래 기술에 나타나는 사실에 근거하고, 출원 시에 출원인이 실제로 알고 있던 종래 기술과는 다를 수 있으므로, 기술적 과제는 새롭게 확정되어야 할 수 있다. 특히 조사보고서에 인용된 선행기술은 발명에 대해서 출원내용만을 보는 것과는 명백하게 다른 관점을 줄 수 있다.

재형성은 그 출원에 의해 최초에 채용된 것보다 의미가 덜한 객관적인 기술적 문제로 인도할 수 있다. 그런 경우의 예는 최초로 언급된 문제점이 약간의 개선을 제공하는 물건, 공정 또는 방법의 공급인 경우 일 수 있지만, 청구된 대상물이 그에 의해 조사에서 커버되지 못한 가장 근접한 선행기술을 넘어서 개선된 증거가 없는 경우에는, 차라리 훨씬 더 멀리 관련된 종래기술만이 있다. 이 경우 그 문제점은 대체되는 물건, 공정 또는 방법의 규정과 같이 재형성되어야 한다. 그 재형성된 문제점에 대해 청구된 해결책의 자명성은 인용된 종래기술의 관점에서 판단되어야 한다.31)

기술적 과제의 재형성이 가능한 한도는 각각 특정 사건에 따라 판단되어야 한다. 원칙적으로 발명에 의해 제공되는 효과는, 그 효과가 출원 시의 내용으로부터 나올 수 있는 것인 한, 기술적 과제의 재형성을 위한 기초로서 사용될 수 있다.32) 당업자가 이들 효과가 최초에 제시된 기술적 과제에 관련되거나 그에 의해 함축되는 것으로 인정되는 것을 조건으로, 출원인에 의해 절차 중에 나중에 제출

30) T 641/00.

31) T 87/08.

32) T 386/89.

된 새로운 효과에 의존하는 것이 가능하다.[33]

문제점의 관점에서 선행기술이 판단될 때, 문제점의 언급에서 발명에 의해 제공되는 기술적 해결책의 일부는 필수적으로 사후고찰에 귀착되므로, 객관적인 기술적 과제는 기술적 해결책에 대한 지시자(pointers)를 포함하지 않도록 재형성되어야 한다는 것을 알아야 한다.[34] 청구항이 비기술적 분야에서 달성되어야 할 목적을 언급하는 경우, 이 목적은 해결되어야 할 기술적 과제, 특히 만족되어야 할 제한의 골격의 일부로서 과제의 형성에 합법적으로 나타날 수 있다.[35]

"기술적 과제"라는 표현은 넓게 해석되어야 한다. 기술적 해결책이 선행기술에 대한 개선을 반드시 의미하는 것은 아니다. 게다가 그 문제점은 동일하거나 유사한 효과를 제공하는 알려진 장치 또는 방법에 대한 대체물을 단순히 찾는 것이 될 수 있고 훨씬 비용면에서 효율적이다. 실질적으로 모든 청구된 실시례가 그 발명이 기초하는 기술적 효과를 나타낸다는 것이 신뢰할 만하다면, 기술적 문제는 해결될 수 있는 것으로 간주될 수 있다.

때때로 객관적인 기술적 과제는 다수의 "부분적 문제점(partial problems)"의 집합으로 여겨져야만 한다. 이것은 조합된 모든 구별되는 특징에 의해 달성되는 기술적 효과는 없지만 다수의 부분적 문제점이 구별되는 특징의 다른 세트에 의해 독립적으로 해결되는 경우이다.[36]

(4) Could-would 접근

마지막 단계에서는 객관적인 기술적 과제에 직면한 당업자가 선행기술의 교시를 참작하면서, 가장 근접한 선행기술을 변경하거나 수정하여 그 결과로서 청구항의 조건 내에 있는 것에 도달하여, 그에 따라 발명이 달성하려고 한 것을 달성하게 되는(단순히 가능이 아니라, 당연히 되는) 교시가 전체적으로 선행기술에 있는지를 판단한다.

다시 말하면, 당업자가 가장 근접한 종래 기술을 변경하거나 수정함에 의해 그 발명에 도달할 수 있었겠는가가 아니라, 당업자라면 객관적인 기술적 과제를 해결하고자 또는 개량 또는 이점에 대한 기대에서 선행기술이 그에게 그렇게 하

33) T 184/82.
34) T 229/85.
35) T 641/00, T 172/03.
36) T 389/86.

라고 했기 때문에 그렇게 했을 것인지의 여부이다.[37] 암시된 설득 또는 암시적으로 인식가능한 인센티브도 당업자가 종래기술로부터 나온 요소들을 조합할 것이라는 것을 보이기에 충분하다.[38] 이것은 심사중인 청구항에 대해 유효한 우선일 또는 출원일 전에 당업자에게 당연한 경우임에 틀림이 없다.

발명이 기술적 문제의 완전한 해결책에 도달하기 위해 다양한 단계를 요하는 경우에, 해결되어야 할 그 기술적 과제가 당업자를 단계적 방식으로 그 해결책으로 인도하고 또 각각의 개별적 단계가 이미 완성된 것과 여전히 해결되어야 할 잔여의 과업의 관점에서 명백하다면 그 것은 명백한 것으로 간주되어야 한다.[39]

7. 선행기술 문헌의 결합

하나 또는 그 이상의 문헌, 문헌의 일부 또는 선행기술(예를 들어 공중의 선사용)의 다른 부분의 개시를 가장 근접한 종래 기술과 결합하는 것은 허용된다. 하지만 특징의 조합에 도달하기 위하여 가장 근접한 종래 기술에 하나 이상의 개시가 결합되어야만 한다는 사실은 진보성이 있다는 표시일 수 있다.

발명이 다수의 독립적인 "부분 문제점(partial problems)"에 대한 해결책인 경우 다른 상황이 발생한다. 실제로 그런 경우에는, 그 부분 문제점을 해결하는 특징의 조합이 종래 기술로부터 자명하게 나올 수 있는지 여부를, 각각의 부분 문제점에 대해 별도로 판단하는 것이 필요하다.[40] 그러나 청구항의 대상물이 진보성이 있기 위해서는, 이들 특징의 조합 중의 하나가 진보성을 가지는 것으로 충분하다.

둘 또는 그 이상의 개시를 결합하는 것이 명백한지 여부를 결정함에 있어서, 특별히 다음의 사항들을 고려해야 한다.

먼저, 개시(예를 들어 문헌)의 내용이 당업자가 발명에 의해 해결되는 문제점에 직면했을 때, 그들을 결합시킬 가능성이 있는지 아닌지, 예를 들어 전체적으로 고려된 두 개의 개시가 발명에 대해 필수적인 개시된 특징에 있어서 본질적으로 서로 양립할 수 없기 때문에 실제로 쉽게 결합될 수 없으면, 이들 개시의 결합은 일반적으로 자명한 것으로 간주되지 않는다.

---

37) T 2/83.

38) T 257/38, T35/04.

39) T 623/97, T558/00.

40) T 389/86, OJ 3/1988, 87.

두 번째 고려사항은 예를 들어 문헌이 유사하거나, 이웃하거나 또는 먼 기술적 분야로부터 온 것인지 여부를 고려하여야 한다.

다음으로, 동일 문헌의 여러 부분의 조합은 당업자가 이들 부분을 서로 연결하는 데에 합리적인 근거가 있으면 자명하다고 할 수 있다. 주지의 교과서 또는 표준 사전을 종래 기술 문헌과 결합하는 것은 통상적으로 자명하다. 이는 하나 또는 그 이상의 문헌의 교시를 그 기술분야에서 공통의 일반적 지식과 결합하는 것이 자명하다는 일반적 명제의 특수한 케이스이다. 일반적으로, 문헌 중 하나가 명료하고 확실하게 다른 문헌을 인용하는 문헌들을 결합하는 것은 자명하다.

8. 사후적 분석

첫눈에 자명하게 보이는 발명이 실제로는 진보성을 가질 수 있다는 것을 주의해야 한다. 일단 새로운 아이디어가 형성되면, 공지의 것으로부터 출발하여, 일련의 명백하게 용이한 단계에 의해 어떻게 발명에 도달하는지를 이론적으로 보일 수 있다. 심사관은 이런 종류의 사후적 분석을 조심해야 한다. 심사관은 조사에서 나온 문헌들이 당연히 어떤 것이 그 청구된 발명을 구성하는지에 대한 예견을 가지도록 한다는 것을 항상 유의해야 한다. 모든 경우에 심사관은 출원인의 기여 전에 당업자가 당면한 선행기술 전체를 보려고 노력해야 하고, 이 점과 다른 관련 요소의 '실제의' 판단을 하도록 시도하여야 한다.

9. 예측하지 못한 효과

예측하지 못한 기술적 효과는 진보성의 지표로 간주될 수 있다. 하지만 이것은 청구된 대상물로부터 나와야만 하고, 단지 상세한 설명에서만 언급된 추가적인 특징으로부터 나온 것은 아니다. 상기 효과는 반드시 그 청구항의 알려진 구조와 조합된 그 발명의 특징적인 구조에 기초를 두어야 하고, 단지 종래 기술에 이미 합쳐진 구조에 대한 것이어서는 안 된다. 하지만 선행기술을 고려할 때, 다른 선택이 없는 '일방통행'상황으로 인해 청구항 내에 있는 것에 당업자가 도달하는 것이 이미 명백하면, 예측하지 못한 효과는 청구된 대상물에 진보성을 부여하지 못하는 단순한 보너스효과이다. 예측하지 못한 특성 또는 효과는 정확한 용어로 설명되어야 한다. 불명료한 언급은 진보성의 존재를 뒷받침할 수 없다.

제11장

우선권

(Priority)

Ⅰ. 우선권

1. 우선권의 요건

유럽특허를 출원하는 출원인은 선출원된 동일한 발명에 대해 우선권을 주장할 수 있는데, 이 경우 그 유럽특허의 출원일은 선출원의 출원일로 된다. 다음과 같은 요건을 만족시켜야 우선권주장이 가능하다.

(ⅰ) 선출원은 유럽특허조약의 규정에 따른 우선권을 제공하는 것으로 인정되는 국가 또는 세계무역기구(WTO)의 회원국에 또는 이들 국가에 대해서 출원되어야 한다;

(ⅱ) 유럽특허를 위한 출원인이 선출원을 한 출원인이거나 그 출원인의 승계인이어야 한다;

(ⅲ) 유럽특허출원은 첫 번째 출원의 출원일로부터 12개월 동안에 되어야 한다;

(ⅳ) 유럽특허출원은 선출원에 개시된 발명과 동일한 발명에 관한 것이어야 한다.

2. 우선권 주장이 가능한 출원

선출원이 유럽특허조약의 규정에 따른 우선권을 주도록 인정된 나라 또는 WTO회원국에 출원된 경우에 대해 규정된 우선권을 발생시키는 출원은 다음의 산업재산청에 출원된 것이다:

(i) 산업재산권 보호에 관한 파리조약의 당사국 또는 그 당사국을 위해 직무를 하는 산업재산청;

(ii) WTO회원국 또는 그 회원국을 위해 직무를 하는 산업재산청; 또는

(iii) 파리조약 또는 WTO의 성립을 위한 협약에 속하지는 않으나;

(a) 유럽특허청에 된 제1출원에 파리조약에 규정된 조건 및 효과와 동일하게 우선권을 주는 것을 인정하고, 또

(b) 유럽특허청장이 이를 표시하는 통지를 발행한 경우에, 그 산업재산청.

지금까지 (iii)(b)와 관련된 유럽특허청장의 통지가 발행되지 않았고 이것은 아직 적용되지 않았다. 또한 WTO 회원국은 반드시 국가일 필요는 없고, 대만(Taiwan), 평후(Penghu), 킨멘(Kinmen), 마추(Matsu)와 같은 별개로 과세되는 영토와 같은 특별한 상태의 정부간 기관(Intergovernmental bodies) 또는 영토일 수 있다.

'파리조약 당사국 또는 WTO 회원국에서 또는 그에 대한' 출원에 대한 조약 제87조 1항의 표현의 관점에서, 우선권은 먼저 제출된 제1의 국가출원, 유럽출원 또는 국제출원에 대해 청구될 수 있다. 파리조약 당사국의 명단은 WIPO의 웹사이트에 공고되어 있고, 유럽특허청의 관보에 정기적으로 공고된다. WTO의 회원국의 명단도 WTO의 웹사이트에 공고되어 있고, 이것도 정기적으로 갱신된다.

3. 유효하게 주장된 우선권

주장된 우선권이 유효하게 되기 위한 조건을 설명한다.

먼저, 위의 1-(i)에 대해서, 파리조약의 당사국 또는 세계무역기구의 회원국 "에서" 또는 당사국 또는 회원국에 "대해서(in or for)"라는 것은 우선권을 선국가출원, 유럽출원 또는 PCT 출원에 근거하여 주장할 수 있는 것을 의미한다. 만약 선출원이 유럽특허조약의 회원국에서 또는 회원국에 대해서 행해진 경우에, 그 국가를 해당 유럽출원에서도 지정할 수 있다. 그 선출원은 특허, 실용신안등록,

실용신안증에 대한 것이어도 된다. 하지만 산업디자인에 기초한 우선권은 인정되지 않는다.[1] 출원의 내용이 출원일을 확정하기에 충분한 한, 그 출원이 뒤에 포기되거나 거절되었다고 해도, 선출원은 우선일을 결정하는 데 사용될 수 있다.

위의 1-(ii)의 경우, 출원(또는 그 우선권)의 양도는 유럽출원의 출원일 이전에 일어나야만 하고 또 해당되는 국가의 규정하에서 유효하게 양도되어야 한다. 이 양도에 대한 증거는 후에 제출될 수 있다. 유럽특허출원을 제출하는 공동출원인의 경우에, 공동출원인 중의 하나가 선출원의 출원인 또는 그 승계인이면 충분하다. 유럽특허출원이 공동으로 출원되었으므로, 다른 출원인에 대한 우선권의 특별 양도의 필요성은 없다. 동일한 것이, 이들 모든 출원인 또는 그들의 승계인이 유럽특허출원의 공동출원인 중의 하나인 것을 조건으로, 선출원 자체가 공동출원인에 의해 제출된 경우에 적용된다.

위의 1-(iv)에 대해서, 조약 제87조 1항에 있는 "동일 발명"이라는 표현은 당업자가 선출원 전체로부터 공통의 일반적인 지식을 이용하여 직접적으로 명백하게 청구항의 대상물을 도출할 수 있는 경우에만, 유럽출원의 청구항의 대상물이 선출원의 우선권을 향유할 수 있다는 의미이다. 이것은 청구항에 존재하는 특징들의 특정한 결합이 적어도 암시적으로 선출원에 개시되어 있어야만 한다는 것을 의미한다.[2]

"최초 출원(First application)", 즉 유럽출원의 대상물 중 하나 또는 전부를 최초로 개시한 출원의 출원일이 우선권으로 주장되어야 한다. 우선권 주장의 기초가 되는 출원이 상기 의미에 있어서 실제로 최초출원이 아니고, 동일 출원인 또는 그 전임자로부터 기인하는 더 앞선 선출원에서 그 대상물의 일부 또는 전부가 개시되어 있는 것이 발견된 경우 더 앞선 선출원에서 이미 개시되어 있던 대상물에 대한 우선권의 주장은 무효이다.

우선권 주장이 무효인 범위에서, 유럽출원의 유효일은 그 출원일이다. 만약 위와 관련된 더 앞선 선출원이 그 유럽출원의 유효일 이전에 공개되었거나(조약 제54조 2항), 또는 더 앞선 선출원이 해당 유럽출원의 유효일 또는 그 이후에 공개된 유럽출원이기도 하다면(조약 제54조 3항), 유럽출원의 이미 개시된 대상물은 신규하지 않다.

---

1) J 15/80.
2) G 2/98.

동일한 대상물에 대한 출원이고 동일한 회원국 또는 WTO 회원국에 있어서 또는 회원국 또는 WTO 회원국에 대해서 출원된 후출원은 당해 후출원의 출원일에 최초출원이 취하되거나 포기되거나 또는 거절되었고, 공중의 열람에 제공되지 않았으며, 어떠한 권리도 남기지 않았고, 우선권 주장의 기초가 되지 않은 경우에는 당해 후출원은 우선권에 대하여 최초출원으로 인정된다. 유럽특허청은 미국의 일부계속출원의 경우와 같이 선출원의 존재에 대해서 증거가 있는 경우를 제외하고는, 이 문제에 대해서 고려하지 않는다. 동일한 대상물에 대한 선출원이 존재하는 것이 분명한 경우 및 사이에 존재하는 선행기술이 있기 때문에 우선권이 중요해지는 경우, 심사중인 출원의 대상물에 대하여 선출원에 어떠한 권리도 존재하고 있지 않다는 것을 적절한 관계당국(일반적으로, 국가특허청)의 증명에 의해 확증하도록 출원인이 요청받는다.

참고로, 위에서 말한 최초출원으로 인정될 수 없는 출원의 예로서는 선출원의 일부계속출원인 미국출원, 선출원의 계속출원인 미국출원, 선국가출원 또는 국가실용신안으로부터 우선권을 청구하는 국가출원이 있다.

4. 복합 우선권(Multiple priorities)

복합 우선권이 주장될 수 있다. 즉, 유럽출원은 하나 이상의 선출원에 근거하는 우선권을 주장할 수 있다. 선출원은 동일하거나 또는 다른 국가 및/또는 WTO 회원국에 된 것일 수 있다. 모든 경우에 그 선출원은 그 유럽출원의 출원일 전 12개월 이내에 제출된 것이어야 한다. 유럽출원의 대상물은 그것을 개시하는 가장 빠른 우선권출원의 우선일을 부여받는다.

예를 들어 유럽출원이 발명의 2개의 실시례(A 및 B)를 기재하여 청구하고 있고, A는 프랑스출원에 개시되었고 B는 독일 출원에 개시되었으며 이들이 모두 이전의 12개월 이내에 출원되었으면, 프랑스 및 독일출원의 우선일을 유럽출원의 해당되는 부분에 대해서 주장할 수 있다. 실시례 A는 프랑스 우선일을, 실시례 B는 독일 우선일을 유효일로서 가진다. 실시례 A와 실시례 B가 하나의 청구항에 선택사항으로 청구되어 있다면, 이들 선택사항은 유효일로서 다른 우선일을 가진다.

한편 유럽출원이 특징 C를 개시하는 제1 선출원 및 특징 D를 개시하는 제2 선출원에 근거하는 것으로, 어떠한 선출원도 특징 C 및 D의 조합을 개시하고 있지 않으면, 이 조합에 대한 청구항은 그 유럽출원의 출원일에 있어서만 권리를 가진다. 다르게 말하면, 우선권 서류를 "모자이크(mosaic)"하는 것은 허용되지 않는다. 하나의 우선권 서류가 다른 것을 인용하고 또 그 2개의 서류에서 나온 특징이 특정한 방식으로 조합될 수 있다는 것을 명기하고 있는 경우에는 예외가 있을 수 있다.

II. 우선일의 결정

1. 우선권의 유효성에 대한 심사

일반적으로 심사관은 우선권에 대한 권리의 유효성에 대해서는 조사할 필요가 없다. 하지만 주장된 우선일 이후 그리고 출원일 전에 공중에 이용가능하게 된 선행기술을 고려해야 하는 경우(예를 들어 중간문헌), 또는 유럽특허출원의 내용이 조약 제54조 3항의 다른 유럽출원의 내용과 전체 또는 일부가 동일하고 당해 다른 유럽출원이 그 기간 내에 우선일을 주장하고 있는 경우에 우선권은 중요성을 가진다. 이와 같은 경우(즉, 선일자라면 당해 기술이 관련되는 경우) 심사관은 주장된 우선일이 심사중인 출원의 해당되는 부분에 부여될 수 있는지를 조사해야 하고, 출원인에게 그 결과 및 검토대상의 특정 선행기술, 예를 들어 중간문헌 또는 다른 유럽출원이 결과적으로 조약 제54조에서 말하는 선행기술의 일부를 구성하는지를 통지해야 한다. 또한 조약 제54조 3항에 따른 다른 유럽출원과의 저촉이 있을 수 있는 경우에는, 그 다른 출원의 해당되는 부분에 유효일을 배당하고 그것을 출원인에게 유사하게 통지하는 것이 필요한 경우도 있다.

유럽특허청이 지정관청 또는 선택관청인 유로-PCT출원의 경우에, 우선권서류가 제출되지 않은 경우에도, 실체심사가 시작될 수 있다. 이 경우 우선권 서류의 제출 없이, 관련된 선행기술이 중간문헌 또는 조약 제54조 3항의 출원이 아닌 것을 조건으로, 출원은 청구된 대상물이 신규성 또는 진보성 결여 때문에 거절될 수도 있다. 하지만 우선권서류가 제출될 때까지 유럽특허가 부여될 수는 없다. 이 경우 출원인은 우선권서류가 제출되지 않는 한 특허허여결정이 될 수 없다고 통지받는다.

중간문헌 또는 조약 제54조 3항의 출원이 존재하고 또 청구된 대상물의 특허성이 우선권의 유효성 여부에 따른다면, 우선권 서류가 제출되지 않는 한 실체심사는 종료될 수 없다. 출원인이 PCT 규칙 17.1(a) 또는 (b)를 준수한 경우, 그 출원인은 우선권 서류의 제출을 요청받지 않을 수 있다. 절차의 진행은 중단되고 출원인은 청구된 대상물의 특허성이 우선권의 유효성에 따르므로, 우선권서류가 제출되지 않는 한 실체심사가 종료될 수 없다는 통지를 받는다.

2. 동일한 발명

청구항이 우선권서류의 날짜를 부여받는지를 결정하는 기본적 판단은 동일한 발명의 요건에 관한 한, 출원에 대한 보정이 조약 제123조 2항의 제출된 출원의 내용을 넘어 연장되는 대상물을 포함하지 않아야 한다는 요건을 만족시키는지를 확인하여야 한다. 이 관점에서 우선일이 유효하기 위해서는 청구항의 대상물이 그 우선권서류의 발명의 개시로부터 직접적이면서도 명확하게 나올 수 있어야만 하고, 또 우선권서류에 명시적으로 언급되어 있는 것에서 당업자에게 암시적인 특징도 고려된다.[3] 암시적인 개시의 예로서, "해제가능한 체결수단(Releasable fastening means)"을 포함하는 장치에 대한 청구항은, 관련된 체결요소가 그 개시 내에 "해제가능한"의 일반적 개념이 암시되어 있는 것을 조건으로, 예를 들어 너트 및 볼트 또는 스프링 캐치 또는 토글 동작되는 래치인 장치의 개시의 우선일로 된다.

우선권이 주장된 대상물이 선출원의 청구항에 반드시 있어야 하는 것은 아니다. 우선권 주장의 대상물이 출원서류의 본문 내에 명확하게 개시되어 있으면 된다. 따라서 우선권주장의 대상물의 존재를 확인함에 있어서, 선출원의 상세한 설명 및 청구항 또는 도면이 전체적으로 고려되어야 하나, 종래 기술에 관련된 상세한 설명의 부분 및 명시적 권리포기된 부분에서만 발견되는 대상물은 제외하여야 한다.

발명의 개시가 명확하게 되어야 한다는 요건은 해당 대상물이 단지 넓고 일반적인 용어라면 불충분하다는 것을 의미한다. 어떤 특징의 상세한 실시예에 대한 청구항은 우선권 서류에 있는 그 특징에 대한 일반적인 언급에 근거하여 우선권을 주장할 자격은 없다. 하지만 정확한 일치는 요구되지 않는다. 정당한 판단에 근거하여 청구항의 모든 대상물에 대한 실질적 개시가 있으면 충분하다.

유럽특허조약 제123조 2항에서 허용되는 최초에는 공개되지 않은 디스클레

---

3) G2/98.

이며 그리고 그에 따라 기술적 기여를 제공하지 않은 디스클레이머는 조약 제87조 1항의 의미 내에서 발명의 정체성을 변경하지 않는다. 또한 기술 기여를 하지 못한 디스클레이머는 디스클레이머를 포함하지 않는 최초출원으로부터 우선권에 영향을 미침이 없이 유럽특허출원을 작성하고 제출할 때 허용가능하게 도입될 수 있다.[4]

3. 유효하지 않은 우선권 주장

위에서 설명한 유효성 판단이 특정한 선출원에 대해 만족되지 않는 경우, 해당 청구항의 대상물의 유효일은 요구되는 개시를 제공하고 우선권이 유효하게 주장된 최초출원의 출원일[5] 또는 그와 같은 것이 없는 경우, 유럽출원 자체의 출원일(또는 출원이 규칙 56하에서 재설정된 새로운 출원일)이 된다.

Ⅲ. 우선권의 주장

1. 개　요

우선권을 주장하고자 하는 출원인은 우선권의 기초가 되는 선출원의 출원일, 그 선출원이 제출된 국가 또는 WTO회원국 및 그 선출원의 출원번호를 포함하는 우선권 주장이 필요한 경우, 특허성의 판단을 위해 선출원의 인증사본과 함께 유럽특허청의 공식언어 중 하나에 의한 번역문을 제출하여야 한다.

2. 우선권 주장(Declaration of priority) 및 정정

출원인은 가장 빠른 우선일로부터 16개월 내에 우선권의 주장을 정정할 수 있다. 하지만 선출원으로부터의 우선권의 주장은 바람직하게는 유럽출원 시에 되어야 한다. 우선권 주장은 최선 우선일로부터 16개월 내에 수정될 수 있다. 만약 원래 청구된 우선일이 부정확하고 또 우선일이 12개월보다 더 출원일을 지났

4) G 1/03, G 2/03, G 2/10.
5) G 3/93.

으면 출원인은 이 날짜를 정정하기 위해 항상 적어도 4개월을 가지는데, 즉 출원인이 정확한 우선일을 청구했을 때 그리고 전체 12개월의 우선권기간을 청구했을 때와 같은 기간(그리고 예를 들어 잘못된 출원번호를 가졌을 때)을 가진다. 출원인은 새로운 우선권주장을 도입하기 위한 기간에 관하여는 속행을 요청할 수 없다. 이는 규칙 135(2)에 의해 속행의 대상으로부터 제외되어 있다.

상기 정정이 가장 빠른 우선일의 변화를 초래한 경우, 그 기한은 원래 청구된 가장 빠른 우선일로부터 16개월과 정정된 가장 빠른 우선일로부터 16개월의 만료 중 더 빠른 것으로 된다.

만약 출원인이 후에 정정청구를 제출했을 경우 예외적으로 실수가 된 공개된 출원이 문서상으로 명백한 경우 그 정정청구가 허용될 수 있다.

3. 선출원의 인증 사본[우선권 서류(Priority document)]

유럽특허청의 포대에 인증사본이 존재하지 않는 한, 우선권서류의 인증사본, 즉 우선권서류는 우선일로부터 16개월 이내에 제출되어야 한다. 복수의 우선권이 청구된 경우, 상기 기한은 우선권의 가장 빠른 날짜로부터 진행한다. 유럽특허청은 선출원이 다음의 경우에, 당해 선출원의 사본을 수수료를 청구함이 없이 유럽특허출원의 포대에 포함시킨다.[6)]

(i) 유럽특허출원;

(ii) PCT하에서 수리관청으로서 유럽특허청에 제출된 국제출원;

(iii) 중국 특허 또는 실용신안등록출원;

(iv) 일본 특허 또는 실용신안등록출원;

(v) 미국의 임시 또는 비임시 특허출원; 또는

(vi) 한국 특허 또는 실용신안등록출원.

이를 위해 별도의 요청이 필요 없다. 하지만 중국 특허와 실용신안등록출원에 대해서는 2012년 9월 3일이나 그 이후에 출원된 것에 대해서만 적용한다. 만약 선출원이 미국출원이라면, 유럽특허청과 미국특허청 사이의 우선권서류의 전자적 교환에 대한 2007년 6월 27일자 유럽특허청의 고시를 참고하면 된다. 유럽

---

6) 2012.8.9. OJ EPO 2012, 492.

특허청은 선출원의 사본을 유럽특허출원의 포대에 포함시키고, 이를 출원인에게 즉시 통지한다.

4. 선출원의 번역문

선출원의 유럽특허청의 공식언어 중 하나로의 번역문은 그 우선권 주장의 유효성을 판단하기 위해 필요한 경우에만 요청되는데, 여기서 이것은 진행중인 발명의 특허성에 대한 타당성에 대한 것이다. 번역문은 유럽특허청에 의해 정해진 기한 내에 제출되어야만 한다. 유럽특허출원이 선출원의 완전한 번역문이라는 내용의 선언서를 당해 기간 내에 제출할 수도 있다. 이에 해당하지 않는 경우 또는 유럽특허출원이 선출원의 출원 시에 제출된 것과 어느 정도 다른 어구를 포함하는 경우에는 그러한 선언서가 수리될 수 없고, 완전한 번역문이 제출되어야 한다. 유럽출원이 그 출원일에 청구항을 포함하고 있고, 우선권 출원이 그 출원일에 청구항을 포함하지 않거나 그 이후의 유럽출원보다 출원일에 적은 수의 청구항을 포함하는 경우, 상기 선언서는 수리될 수 없다. 출원의 각종 요소의 단순히 다른 배열(예를 들어 상세한 설명 전에 청구항을 두거나 그 역으로 배열하는 것)은 선언서의 유효성에 영향을 미치지 않는다.

출원인이 이미 유럽특허청에 우선권 출원 그 자체에 대해 상세한 설명 또는 도면의 빠진 부분을 보충하기 위한 규칙 56에 따른 요청으로 우선권서류의 번역문을 제출한 경우, 출원인은 번역문을 또 제출할 필요가 없다.

요청된 번역문 또는 선언서가 기한 내에 제출되지 않으면, 특허성의 판단에 대해 관련되는 청구된 우선권의 유효성에 귀착되는 중간문헌이, 적용가능한 경우, 조약 제54조 2항 또는 제54조 3항하의 선행기술에 속하는 것으로 간주될 것이다. 그러나 법적 확실성을 보장하기 위해 우선권은 다른 유럽특허출원에 대하여 조약 제54조 3항의 취지에서 선행기술을 결정하기 위해 유효하게 존속한다. 이 점에 대하여 공개일 후에 행해진 변경은 조약 제54조 3항의 적용에 영향을 미치지 않으므로, 번역문 또는 선언서가 제출되었는지는 중요하지 않다.

5. 우선권 주장에서의 불비사항 및 우선권 주장의 상실

우선권 주장에 관해서 다음과 같은 3개의 잠재적 불비사항이 존재한다. 즉:

(i) 선출원의 날짜를 표시하지 않거나 또는 정확한 날짜를 표시하지 않음;
(ii) 출원이 되거나 출원을 위한 나라 또는 WTO회원국을 표시하지 않거나 또는 정확한 나라 또는 WTO 회원국을 표시하지 않음;
(iii) 출원번호를 제공하지 않거나 또는 정확한 출원번호를 표시하지 않음.

불비사항 (i)과 (ii)는 위에서 지적된 기한 내에 절차에 따라 정정될 수 있다. 기간 내에 이들 불비사항의 정정을 하지 못하는 것은 조약 제95조 5항에 따라 당해 우선권주장이 상실된다. 규칙 52(3)하의 기한에 속행이 적용되지 않는데, 이는 규칙 135(2)에 의해 이것이 배제되기 때문이다.

하지만 출원인이 규칙 52(1)에 의해 요청되는 바와 같이, 규칙 52(2)하의 기한의 만료 전에 선출원의 출원번호를 표시하지 못하면, 출원인은 규칙 59에 따라 정해진 기간 내에 출원번호를 제공할 것을 유럽특허청에 의해 요청받는다. 이 통지에 대해 기간 내에 응답을 하지 못하면, 조약 제90조 5항에 따라 당해 우선권주장이 상실된다. 속행은 규칙 59하의 기한에 대해 적용되지 않는데, 이는 규칙 135(2)에 의해 이것이 배제되기 때문이다.

6. 우선권 주장의 포기

출원인은 자발적으로 언제라도 유럽특허출원에 대한 우선권 주장을 포기할 수 있다. 출원인이 공개를 위한 기술적 준비의 완료 전에 우선권 주장을 포기한 경우, 우선일은 효력을 잃고 공개는 출원일 후 18개월까지 연기된다. 유럽특허출원에 대한 우선권주장이 공개를 위한 기술적 준비의 완료 후에 포기된 경우 그 유럽특허출원은 최초에 주장된 우선일로부터 18개월 후에 공개된다.

7. 우선권 기간에 관한 권리의 재설정

출원인은 우선권 기간에 대하여 권리의 재설정에 대한 요청을 제출할 수 있다. 조약 제87조 1항에 규정된 기간에 대한 권리의 재설정에 대한 요청은 규칙 136(1), 두 번째 문장에 따라 그 기간의 만료 후 2개월 내에 제출되어야 한다. 우선권기간에 대한 재설정 요청이 받아들여지면, 심사관은 조사보고서 또는 통지에 이미 인용된 선행기술문헌의 관련성을 주의깊게 검토해야 한다.

제12장

심사절차

(Examination procedure)

Ⅰ. 심사의 목적

유럽특허출원은 심사부의 심사를 거쳐 유럽특허에 대한 허여 여부가 결정된다. 조사의견을 준비하는 것과 뒤따르는 심사 절차의 목적은 유럽특허조약과 규칙의 관련 조항에 규정된 요건을 만족시키는 출원과 발명을 만들기 위한 것이다. 심사부의 주업무는 실질적인 요건을 다루는 것이다. 형식적 요건에 대해서는 수리부가 심사를 맡게 된다. 이 장에서 심사관이라고 하면 심사부의 구성원을 의미한다.

심사에 있어서 심사관의 첫 번째 단계는 그 출원의 상세한 설명, 있는 경우에는 도면 그리고 청구항에 대해 연구하는 것이다. 하지만 일반적으로 조사를 수행할 때 이 과정이 이미 수행되었을 것이므로, 조사의견에 대한 응답에서 출원인에 의해 제출된 보정과 의견을 집중해서 살핀다.

Ⅱ. 심사의 시작

1. 심사부

심사부는 일반적으로, 3명의 기술심사관으로 구성된다. 심사부에서 1명의 심사관이 출원의 특허허여에 대한 결정 또는 거절에 대한 결정 시점까지의 모든 일을 수행한다. 이는 그 심사관이 심사부를 대표해서 그 시점까지 출원인과의 모든 연락을 담당하는 것을 의미한다.

2. 심사청구(Request for examination)

유럽출원의 심사는 출원인으로부터의 심사청구가 있어야 진행된다. 하지만 심사청구료가 납부될 때까지는 심사청구는 제출되지 않은 것으로 본다. 심사청구는 출원일로부터 유럽특허공보에 유럽조사보고서가 공고된 날 이후 6개월의 만료일까지 할 수 있다. 이 기간 내에 심사청구가 제출되지 않으면, 그 출원은 취하된 것으로 간주된다. 그러나 그런 경우에 출원인은 속행을 청구할 가능성을 가지고, 심사청구는 취하되지 않을 수 있다.

심사청구가 제출된 시점에서 출원을 심사하는 책임이 수리부에서 심사부로 넘어간다. 다음의 예외가 있다.

출원인이 유럽조사보고서를 받기 전에 심사청구를 제출하면, 심사부는 규칙 70(2)하의 요청에 따라 유럽특허청에 의해 그 요청의 확인이 수리된 때로부터만 심사에 대한 책임이 있다. 그리고 출원인이 유럽조사보고서를 받기 전에 심사청구를 제출하고 규칙 70(2)에 따른 확인 요청을 받을 권리를 또한 포기한 경우, 심사부는 조사보고서가 출원인에게 보내진 때로부터 심사에 대한 책임이 있다.

3. 조기 심사청구

출원인이 조사보고서를 받기 전에 심사청구를 제출했다면, 유럽특허청은 유럽특허공보에 조사보고서 공고의 언급이 된 날로부터 6개월의 기간 내에, 출원인이 그의 출원을 더 진행하기를 원하는지를 확인할 것을 출원인에게 요청한다. 이는 규칙 70(2)에 따른 요청이다. 출원인이 조사의견에 응답하여야만 하는 경우, 그의 응답은 위와 같은 기간 내에 제출되도록 요청된다. 이들 경우들에서 출원인의 조사보고서에 대한 응답은 비록 그에 대한 명백한 표시가 없다 하더라도, 규칙 70(2)에 의해 요구되는 확인으로서 해석된다. 출원인이 이 요청에 대해 정해진 기간 내에 답변하지 못하면 그 출원은 취하된 것으로 간주된다. 하지만 이 경우에 조약 제121조의 절차의 속행을 적용할 수 있다.

4. 출원의 배당

출원서류는 일반적으로 조사를 한 조사부 또는 국제조사기관(ISA)에 의해 분류된 기술분야의 출원심사를 담당하는 심사부에 배당된다. 때로는 표시된 IPC 분류의 분야를 통상적으로 담당하지 않는 심사관이 있는 심사부에 그 출원을 배당하는 것이 적절한 경우도 있을 수 있다. 이에 대해서는 다수의 가능한 이유가 있다. 예를 들어 어떤 출원 심사에 아주 특수한 기술적 지식을 요구하는 경우, 원출원과 분할출원이 동일 심사부에 의해 취급되는 것이 적절한 경우 이를 가능하게 하기 위한 경우(이는 때때로 2건의 출원이 다른 기술분야로 분류된 경우보다 더 효율적이다), 또는 공개된 출원의 분류가 실체 심사관에게 도달한 형태로는 그 출원의 대상물과 일치하지 않는 경우 등이 있다.

5. 조사의견에 대한 응답

조사보고서와 조사의견의 수령 후에 그리고 심사부로부터의 첫 번째 통지 전에, 출원인은 일부 예외를 제외하고 조사의견에 대해 상세한 설명, 청구항 또는 도면에 대한 보정 및/또는 조사보고서에서 제기된 거절이유에 대한 자신의 의견을 제출함에 의해 응답하여야 한다. 지연을 피하기 위해서 보정서가 제출될 때에는 규칙 137(4)의 요건에 맞도록 되어야 한다. 이 단계에서 제출된 보정서는 규칙 137(2)에 따라 출원인의 자진보정에 의해 만들어지는 것이다.

규칙 70a에 의해 규정된 조사의견에 대한 출원인의 응답(또는 응답을 요하지 않는 조사의견에 대해 응답으로서 자진하여 제출된)은 첫 번째 통지를 작성할 때 심사부에 의해 활용될 것이다. 이 통지에 대해 기한 내에 응답하지 못하면 규칙 94(4)에 따라 그 출원은 취하간주에 이르게 되고, 이 권리의 상실은 속행의 대상이 된다.

유럽조사보고서 또는 부가 유럽조사보고서가 조사의견을 포함하고 2010년 4월 1일 이전에 작성되고 또 이에 대해 출원인이 응답하지 않았다면, 조약 제94조 3항에 따른 첫 번째 통지로서 조사의견을 나타내고 응답에 대한 기한이 정해진 통지가 발행되었다. 기한 내에 이 통지에 대한 응답을 하지 못하면, 그 출원은 조약 제94조 4항에 따라 취하간주되었다.

6. 규칙 70a(1)에 따른 요청

규칙 70a(1)하에서, 출원인은 규칙 70(1)의 심사청구기간 내에 또는 출원인이 규칙 70(2)하의 통지를 포기하지 않는 한, 가능한 경우 규칙 70(2)에 규정된 기간 내에 유럽조사의견(ESOP)에 응답할 것을 요청받는다.

조사보고서가 출원인에게 전달된 후에 심사청구가 제출되면 출원인은 규칙 70(1)에 따른 기간 내에 유럽조사보고서에 응답하여야 한다. 그런 경우에 규칙 70a(1)하의 요청이 규칙 69(1)에 따른 통지와 함께 단일의 통지로 보내진다. 이 결합된 통지는 유럽특허공보에 유럽조사보고서의 공개가 된 날 이후에 즉시 주어져야 한다. 일반적으로 1주일 후이다.

조사보고서가 출원인에게 전달되기 전에 심사청구가 제출되면, 출원인은 규칙 70(2)에 따른 기간 내에 유럽조사보고서에 응답하여야 한다. 그런 경우에 규칙 70(2)에 따른 통지와 함께 규칙 70a(1)하의 통지가 단일의 통지로 보내진다. 이 경우 통지에 대한 응답 기한은 유럽조사보고서가 유럽특허공보에 공개된 날로부터 6개월 내이다.

7. 우선권 기초출원에 대한 조사결과의 사본

출원인에 의해 규칙 141(1)에 규정된 청구된 우선권에 대한 조사결과의 사본이 제출되지 않았다는 것과 규칙 141(2)하에서 적절하게 제출된 것으로 간주되지 않는 것을 심사부가 심사책임을 가지는 시점에서 확인한 경우, 2개월의 기한 내에 조사결과의 사본 또는 규칙 141(1)에 규정된 조사의 결과를 출원인이 이용할 수 없다는 설명서를 제출하여야 한다. 이 규정은 2011년 1월 1일 이후에 제출된 유로-PCT에 적용된다.[7] 이 통지는 관련된 우선권 출원이 취하 또는 소멸된 경우에도 보내질 수 있다.

이 요청에 대해 기한 내에 응답하지 못하면, 그 출원은 취하된 것으로 간주된다. 이 권리의 상실에 대해서 속행이 적용된다. 출원인에 의해 제출된 조사결과는 포대에 포함되고 또 포대열람에 대해 공개된다.

---

7) OJ EPO 2009, 585.

Ⅲ. 심사의 첫 번째 단계

1. 서 언

심사부의 심사관이 유럽특허출원을 심사함에 있어서는 청구된 발명의 대상물에 대한 검토에 앞서 규칙 56에 따른 상세한 설명이나 도면의 누락부분에 대한 검토, 출원인의 자진보정내용의 검토, 발명의 단일성에 대한 검토 등이 이루어져야 한다. 그 후에 발명의 대상물에 대한 실질심사를 진행하여 출원인에게 심사 의견을 통지하게 된다.

2. 누락된 도면이나 상세한 설명

출원인이 유럽특허출원에 대한 출원일이 부여된 후에 누락된 도면 또는 상세한 설명의 일부를 제출하고 또 수리부가 청구된 우선권 출원에 누락도면 또는 상세한 설명의 일부가 "완전히 포함"되는 것으로 결정한 경우, 그 출원은 누락 도면 또는 상세한 설명의 일부가 제공된 날짜로 출원일이 재지정되지 않는다.

심사부는 심판소의 결정이 있지 않는 한, 규칙 56(3)의 적용가능성에 대해 수리부의 연구결과를 검토할 수 있다. 일반적으로 이와 같은 연구결과의 검토는 조사단계에서 시작될 것이지만, 이는 실질 심사단계에서 첫 번째로 또 진행될 수 있다.

심사부가 누락요소들이 우선권 출원에 "완전히 포함"되지 않는 것으로 결론내리면, 조약 제94조 3항하의 첫 번째 통지에서 그 이유를 자세하게 표시하면서 규칙 56에 따른 거절이유를 제시한다. 이 통지에는 규칙 56(3)의 요건을 만족하지 못하기 때문에 출원일의 재지정 가능성에 대한 경고가 포함된다. 만약 출원일의 재지정에 의해 출원일이 청구된 우선일 후 12개월 이상으로 되면, 우선권의 상실에 대한 경고도 제시한다.

출원인이 이 통지에 대응하여 누락 부분을 철회하면, 그 누락 부분없이 원래의 출원일을 가지고 심사가 진행된다.

3. 출원인의 자진보정

출원인에 의해 제출된 자진보정은 다음의 요건을 만족시켜야 한다. 즉, 최초 출원의 내용에 신규의 대상물을 추가하지 않아야 하고, 그 보정은 유럽특허조약 하에서 출원이 거절가능하게 되지 않도록 되어야 한다. 예를 들어 보정이 청구항에 명료성 결여를 도입하지 않도록 되어야 한다. 마지막으로 규칙 137(5)의 일군의 발명 관련 규정을 만족하여야 한다.

만약 출원인에 의한 자진보정이 위의 조건을 만족시키지 못하면, 보정된 출원이 특허허여 될 수 없다는 통지를 받게 된다. 규칙 137(2)하의 인정가능한 보정과는 별도로 출원인은 언제라도 명백한 실수는 보정할 수 있다.

4. 발명의 단일성

발명의 단일성에 대한 거절은 적용가능한 경우, 조사단계에서 이미 제기된다. 하지만 그런 거절이 제기되지는 않았지만, 심사부가 조약 제82조의 요건이 만족되지 않는다고 간주하면, 심사기간 중에 가능한 한 빨리 발명의 단일성 결여에 대해 거절이유를 제기하여야 한다.

심사는 조사의 대상이었던 발명에 대해서만 진행될 것이고, 출원인은 조사되지 않은 대상물에 관련된 부분을 제거하여 출원을 해당 대상물로 한정하여야 한다. 제거된 부분에 대해서는 분할출원을 할 수 있다.

출원인이 추가의 조사료를 납부하라는 유럽특허청의 요청에 응답하면, 출원인은 아직 언급하지 않았다면, 실질심사의 시작 시에 어떤 발명을 출원절차 진행의 기초로 할 것인지를 지적할 것을 요청받고 다른 발명에 속하는 부분을 제거하여, 그 출원을 한정할 것을 요청받는다. 여기서 제거된 부분에 대해서 출원인은 분할 출원할 수 있다.

5. 최초 통지

출원인이 조사의견에 대한 응답을 제출한 후에도 불비사항이 출원에 존재하면, 심사부는 다음의 심사절차로서, 조약 제94조 3항 및 규칙 71(1) 및 (2)에 따른 통지를 발행하고, 부정적인 결정 또는 구두절차에 대한 소환을 발행하기 전에 출원인의 응답을 고려할 것이다.

그런 통지를 작성할 때, 심사부는 조사보고서에 인용된 문헌을 고려하고 또 조사의견에 대한 응답 또는 규칙 161(1)에 따른 통지에 대한 응답에서 출원인에 의해 제공된 보정 및 의견뿐만 아니라 조사의 결과로서 발견된 추가의 문헌을 고려할 것이다. 심사관은 그의 의견으로서, 그 출원이 만족하지 않는 유럽특허조약의 요건을 이 통지에 표시하여야 한다. 그 통지에는 제기된 거절이유에 대해 이유가 기재되고 또 출원인의 의견 및/또는 보정이 정해진 기한 내에 제출되도록 요청된다. 출원인이 응답했을 때, 심사관은 그 출원을 재심사할 것이다.

조사의견과 같이, 각각의 거절이유에 대해 조약과 규칙의 특정한 조항을 지적함에 의하거나 다른 명백한 표시를 하면서 유럽특허조약을 만족하지 않는 요건과 불비된 출원의 부분을 표시하여야 한다.

6. 선행기술에 대한 정보의 요청

유럽특허청은 출원인에게 2개월의 기한 내에, 그 유럽특허출원이 관련된 발명에 관하여 국가 또는 지역 특허 절차에서 고려된 선행기술에 대한 정보를 제출하도록 요청할 수 있다. 이것은 특별히, 우선권이 주장되지 않은 출원에 관한 조사결과를 포함하고, 이것은 규칙 70b(1)하에 요청되었을 때 조사결과가 출원인이 이용할 수 없는 경우, 규칙 141(1)에 따른 우선권에 대한 조사의 결과의 사본을 유럽특허청이 요청할 수 있게 한다. 출원인이 이 요청에 따르지 못하는 경우, 그 출원은 조약 제124조 2항하에서 취하간주로 된다. 이 권리의 상실에 대해 속행이 적용될 수 있다.

Ⅳ. 출원인의 응답에 대한 심사

1. 개 요

여기서는 심사관의 최초통지에 대한 출원인의 응답이 이루어진 후에 진행되는 심사절차를 통해 유럽특허가 허여되는 경우 외에 다양한 절차를 살펴본다.

2. 출원인의 응답에 대한 심사의 한도

최초통지 단계 후에 조사의견, 국제조사기관의 서면의견(유럽특허청에 의해 작성되었을 때), 유럽특허청에 의해 작성된 국제조사보고서, 부가 국제조사보고서를 첨부하는 설명, 유럽특허청에 의해 작성된 국제예비심사보고서 또는 최초통지가 종합적이고 명백하다는 조건하에, 심사관은 그 출원을 완전히 다시 검토할 필요는 없으나, 보정 그 자체, 관련된 문단 그리고 이전에 표시된 불비사항에 집중하여야 한다.

이 단계에서 심사관은 출원인과 "필요한 만큼 자주" 반복하여 교신하여야 한다. 출원인의 응답에 대한 심사가 의견이나 보정의 제출에 불구하고 거절이유가 존재하고, 또 심사절차에서 적어도 한번의 통지가 보내졌다는 것과 출원인이 의견을 제시할 기회를 가진 이유에만 결정이 기초하는 것을 조건으로 그 출원은 거절된다.[8)]

출원인의 응답에 대한 심사에서 출원인이 주요한 거절이유 모두에 대해 응답을 제공하지 않았다는 것이 밝혀지면, 예를 들면 전화를 사용하여 불비사항에 대한 출원인의 주의를 환기하는 것이 적절할 수 있다. 하지만 긍정적인 응답이 기대되지 않으면, 심사관은 심사부의 다른 구성원에게 그 출원을 즉시 거절하는 것을 권고하는 것을 고려할 수 있다. 물론 심사절차에서 적어도 한번의 통지가 다수 제공되는 것을 조건으로 그러하다.

하지만 대부분의 경우, 출원인의 응답에 대한 심사는 특허허여 결정의 형태와 같이, 절차를 긍정적인 결과로 이끄는 좋은 전망이 있는 것을 보인다. 그런 경우에 만약 여전히 만족되어야 할 거절이유가 있으면, 추가의 서면 통지, 전화토론 또는 인터뷰 등 어떤 수단에 의해 가장 잘 해결될 수 있을지를 고려해야 한다.

심사관과 출원인 사이에 의견의 실체적 차이점이 존재하는 경우, 그 사안은 일반적으로 서면으로 다루어지는 것이 바람직하다. 하지만 논점에 혼란이 있을 것 같은 경우, 예를 들어 출원인이 심사관의 의견을 오해했다고 생각되는 경우 또는 출원인의 의견이 명료하지 않은 경우에는 인터뷰가 유용할 수 있다. 하지만 해결해야 할 사항이 사소하거나 또는 신속하고 쉽게 설명하고 처리할 수 있는 경우에는 전화를 통해 보다 신속하게 해결하도록 한다.

---

8) T201/98.

3. 심사의 후기 단계

이미 수행된 절차의 수가 많을수록, 결정을 위한 가장 적절한 절차는 그 출원을 심사부의 다른 심사관에게 위임할 가능성이 커진다. 그 결정이 그 출원을 거절하는 것인 경우, 조약 제113조 1항을 위반하지 않도록 특별한 주의를 해야 한다.

4. 보정의 심사

모든 보정은 규정된 조건을 만족시켜야만 한다. 보정이 효력을 발생하는 시점도 확정해야 한다. 유럽조사보고서의 수령 후 심사부로부터의 최초 통지 수령 전에 출원인은 자진해서 상세한 설명, 청구항 및 도면을 보정할 수 있다.[9)]

심사관으로부터 최초 통지를 수령한 후에 출원인은 그의 답변과 동시에 보정을 제출하는 것을 조건으로 자진해서, 적어도 1회 상세한 설명, 청구항 및 도면을 보정할 수 있다. 최초 통지에 대한 답변 후에는 심사관이 보정안에 대해 동의하는 경우에 한하여만 출원인이 보정할 수 있다. 심사부에 이런 재량권을 주는 것은 가능한 한 신속하게 심사절차가 종료될 수 있도록 하기 위한 것이다. 보정이 허용되면, 그 후의 절차는 보정된 상세한 설명, 청구항 및 도면에 기초한다. 보정에 대한 동의는 보정된 출원이 유럽특허조약에 근거한 거절이유로부터 자유롭다는 것을 의미하는 것은 아니다.

이전의 통지에 대응하여 불비사항을 해소하는 보정은 새로운 불비사항을 발생시키지 않는 것을 조건으로, 항상 인정되어야 한다. 이미 허여가능한 것으로 간주되는 청구항을 한정하는 보정은 통상적으로 허용되어야 한다. 명백하게 바람직한 방식으로 상세한 설명 또는 청구항의 명료성을 개선하는 보정도 허용되어야 한다. 출원으로부터 대상물을 삭제할 때, 출원인은 그 대상물의 포기로 해석될 수 있는 어떤 언급도 피하여야 한다. 그렇지 않으면 그 대상물을 원상태로 복원시킬 수 없다.

특허허여될 수 있는 것에 기초한 출원의 본문을 광범위하게 보정된 본문으로 교체하는 출원인에 의한 요청은 출원인이 절차의 이 단계에서만 그 변경을 위한 충분한 이유를 제시하지 않는 한 거절되어야 한다. 이것은 심사부가 출원인에 의

---

9) 규칙 137(2).

해 제시된 청구항의 안이 특허허여 가능하고 출원인이 청구항의 안과 상세한 설명을 일치시키기만 하면 되는 것을 심사부가 표시하는 경우에 특별히 적용된다.

V. 전화통화, 면담, 이메일

1. 개 요

추가의 서면통지를 보내는 것보다 전화통화(Telephone conversation) 또는 면담(Personal interview)에 의해 출원인에게 심사관이 연락하는 것이 더 적절한 경우가 있다. 출원인이 면담을 청구하는 경우, 심사관이 그러한 토의에 의해서 유용한 목적이 달성되지 않는다고 생각하는 경우를 제외하고는 그 청구는 허락되어야 한다. 여기서 '출원인'은 출원인이 대리인을 선임하고 있으면 '대리인'을 의미한다. 출원인이 대리인을 선임하고 있으면 통지는 그 대리인에게 된다.

2. 전화통화 또는 면담의 진행

전화에 의해서든 서면에 의해서든 이메일에 의해서든, 출원인에 의해서든 심사관에 의해서든, 면담 일정이 잡히면 토의 사항이 언급되어야 한다. 전화에 의해 일정이 잡힌 경우, 심사관은 포대에 그 요지를 기록하고, 토의되어야 할 사항을 간단히 표시한다. 전화통화는 출원인과 방식심사관 사이 그리고 출원인과 심사관의 사이에서 진행될 수 있는 반면, 면담은 통상적으로 출원인과 그 출원을 다루는 심사관과의 사이에서만 수행되어야 한다. 면담은 정식 절차가 아니고, 면담의 기록은 토론되는 사항의 특성에 의존한다. 면담이 불명료성의 명확화, 부정확성의 해소 또는 다수의 사소한 점을 명확하게 함에 의해 출원이 제대로 되게 하는 것에 관련된 경우에는 통상적으로 토의된 사항, 도달된 결론 또는 합의된 보정을 심사관이 포대에 기록하는 것으로 충분하다. 하지만 그 면담이 신규성, 진보성 또는 보정이 새로운 대상물을 도입하느냐 등 보다 중요한 사항의 해결에 대한 것인 경우에는 토의된 사항의 완전한 기록이 포대에 넣어져야 한다.

면담에서 새로운 실질적 거절이유가 제기되어 면담에서는 합의된 보정이 없는 경우에는 그 거절이유에 대해서는 출원인이 원하면 새로운 응답기간을 지정한 통지를 송달하여 확인해야만 한다. 그렇지 않으면 면담의 결과로서 기한이 변경될 수 없다.

현안 사항을 해결하기 위해 전화가 사용되는 때에는 통상절차는 심사관이 출원인에게 전화하여 토론을 원하는 출원번호를 말하고, 지정된 시간에 출원인이 다시 전화하도록 한다. 포대에 기록이 되어야 하는데, 요지 그리고 논의된 사항 및 합의사항을 확인하는 기록을 해야 한다. 이때 합의에 도달하지 못한 사항을 기록하고 출원인에 의해 제시된 의견이 요약되어야 한다.

면담 또는 전화통화의 기록은 출원인 또는 심사관 중 누가 그 다음 절차를 진행할 예정인지를 항상 명시해야 한다.

3. 이메일의 사용

이메일은 유럽특허조약하의 절차에서는 법적 효력이 없다. 따라서 이메일은 절차적 행위를 유효하게 수행하기 위해 사용될 수 없고, 특히 기한을 지키기 위해 사용될 수 없다.[10]

예외로서, 규칙 50에서와 같이 추후에 제출된 서류는 심사부에 대한 면담과 구두절차가 화상회의로서 개최된 경우 이메일에 의해 제출될 수 있다.

이메일이 사용될 수 있는 전형적인 예들은 다음과 같다. 면담에 대한 날짜의 주선의 경우, 전화면담 동안 청구항에 대한 보정이 논의될 때 출원인은 이 내용을 즉시 통신하기를 원할 수 있는데 이러한 경우, 구두절차 직전에 팩스에 의해 공식적인 제출이 되는 것에 추가하여 보정된 청구항을 전자사본으로 보내는 경우, 화상회의로 개최된 면담이나 구두절차 동안에 보정된 출원 서류를 포함하여 규칙 50과 관련된 추가의 문서를 제출하는 경우이다.

이메일은 조약 제94조 3항하의 공식적인 통지를 대체할 수 없다. 심사관도 출원인도 이메일을 미리 동의 없이 사용할 수는 없다. 이메일의 사용에 대해 출원인과 심사관 사이의 상호 동의가 있어야 한다.

---

10) OJ EPO 2000, 458.

VI. 심사과정 중의 조사

1. 경합하는 유럽출원에 대한 조사

심사관은 조약 제54조 3항에 규정된 영역 내에 있는 경합하는 유럽출원(Conflicting European application)에 대한 마무리 조사를 할 필요가 있다. 이것은 일반적으로 주 조사가 행해지는 시점에서 그 대상에 대하여 조사포대가 완전하지 않기 때문이다. 주장된 우선일(있을 경우)이 그 출원의 일부 또는 모두에 부여되지 않지만, 경합출원의 적절한 부분에 대해서 부여될 수 있으므로, 이 마무리 조사는 해당 출원의 출원일로부터 18개월까지 공개된 모든 유럽출원을 커버하도록 확장해야 한다. 만약 심사관이 조사의견 또는 최초 통지를 준비하는 시점에서, 마무리 조사를 완성할 수 없는 경우에, 그 출원이 특허허여 가능하다는 보고가 되기 전에 그 조사가 완성되었다는 것을 확인해야 한다. 드문 경우로서, 조사완료 전에 출원의 특허허여가 적절하다는 것이 밝혀진 경우, 예를 들어 우선권 주장이 없는 출원의 촉진된 절차의 청구("PACE")[11]에 의해, 특허의 허여는 그 마무리 조사가 완성될 때까지 연기되어야 한다.[12]

2. 심사중의 추가 조사

때때로 추가조사가 보정의 최초 단계 또는 그 후에 요구된다. 이것은 다양한 이유에 의해 발생한다. 첫째로 조사단계에서 조사보고서를 대신하는 부분조사 또는 선언서가 발행되고 또 그 후에 의미 있는 조사를 불가능하게 하는 불비사항이 보정으로 정정되거나 출원인에 의한 답변에 의해 성공적으로 해소된 경우에 추가조사가 필요하다. 둘째로 조사부가 발명의 단일성 결여의 거절이유 때문에 출원의 특정 부분을 조사하지 않고, 또 출원인에 의해 주어진 의견으로 심사부가 단일성이 있다는 확신을 가지도록 된 경우에 추가조사가 필요하게 될 수 있다. 셋째로 청구항이 최초 조사가 커버하고 있지 않은 범위로 보정된 경우에 추가 조사가 필

---

11) OJ EPO 2010, 352.
12) T 1849/12.

요할 수 있다. 예외적으로 출원인이 종래 기술의 확인을 회피한 경우 또는 심사관이 조사중에 고려되지 않은 기술분야에서 자명성에 관련된 자료가 발견될 수 있다고 믿는 경우에 추가조사가 필요할 수 있다. 넷째로 출원인이 출원일 이후에 새로운 우선권주장을 도입한다면 추가조사가 필요할 수 있다. 조사심사관은 새로운 우선권주장을 몰랐고 결과적으로 출원일(또는 원래 우선일)이 경계점이라는 가정에 조사 전략이 맞춰졌기 때문이다. 그 새로운 우선일은 최초 조사보고서에 인용된 문헌의 하나 또는 그 이상을 선행기술로부터 배제하도록 할 수 있다.

만약 PCT하에서 출원되었다면, 조사보고서는 PCT하에서 만들어진 국제조사보고서이고, 행정이사회가 부가보고서가 필요하지 않다고 결정하지 않는 한 부가유럽조사보고서를 첨부할 것이다. 이들 보고서 모두는 추가조사가 요구되는지를 결정할 때 심사관에 의해 고려되어야만 할 것이다.

3. 심사단계에서의 조사

원칙적으로 조사작업은 모두 조사 단계에서 수행되어야 하지만(조약 제54조 3항의 자료 이외), 예외적인 경우, 단시간에 그 문헌을 찾을 수 있으면, 심사관은 그가 존재를 알고 있는 관련 문헌 또는 의심할 이유를 가진 관련 문헌의 조사를 자유롭게 할 수 있다.

4. 조사 보고서에서 언급되지 않은 인용 문헌

심사관에 의해 인용되었지만 조사보고서에 기재되어 있지 않은 문헌의 사본은 출원인에게 전달되어야 하고, 또한 공중이 열람할 수 있도록 포대 내에 추가의 사본을 두어야 한다.

VII. 심사관으로부터의 통지에 대한 응답기한

1. 응답기한에 대한 일반사항

심사관으로부터의 통지에 대한 응답을 위한 기한은 일반적으로 규칙 132를 따라 2에서 4개월 사이여야 한다. 허용되는 기간은 특정한 출원에 관련되는 모든 요인을 고려하여 심사관이 결정한다. 이 요인으로 출원인 또는 그 대리인에 의해 통상적으로 사용된 언어, 제기된 거절이유의 수 및 특성, 출원 내용의 양 및 기술적 복잡성, 유럽특허청으로부터 출원인까지 또는 대리인이 있다면 대리인까지의 근접도 및 출원인과 대리인 사이의 거리를 포함한다.

2. 응답기한에 대한 특별한 경우

어떤 특별한 상황하에서 심사관은 기한을 6개월까지 허용할 수 있다. 이 6개월의 기간은, 예를 들어 출원인이 그 대리인과 멀리 떨어져 거주하고 진행언어가 출원인에게 익숙지 않은 언어인 경우 또는 출원의 대상물 또는 제기된 거절이유가 매우 복잡하면 적절할 수 있다.

Ⅷ. 심사의 마지막 단계

1. 규칙 71(3)하의 통지

일단 심사부가 특허가 허여될 수 있다고 결정하면, 심사부는 출원인에게 특허를 허여하려고 하는 기초가 되는 본문을 통지해야 한다. 이 본문은 출원인이 받아들일 것으로 충분히 기대할 수 있는 심사부가 직권으로 한 보정과 정정을 포함할 수 있다. 이 본문은 규칙 71(3)하의 통지를 발송함에 의해 출원인에게 통지되는데, 출원인은 연장 불가능한 4개월의 기간 내에 진행언어 이외의 유럽특허청의 2개의 공식언어로의 청구항 번역문을 제출하고 특허허여 및 공고를 위한 수수료를 납부할 것을 더 요청받는다.

심사절차 중에 주청구 및 부청구가 제출되고, 그 청구 중 하나가 허용가능하면, 규칙 71(3)에 따른 통지가 (첫 번째) 허용가능한 청구에 기초하여 발송되고, 순위 높은 청구가 허용될 수 없는 이유의 설명이 첨부되어야 한다.[13)]

출원이 특정 회원국에 대해 다른 청구항의 세트를 포함하고 있으면, 모든 청

---

13) OJ EPO 6/2005, 357.

구항의 세트에 대한 번역문이 제출되어야 한다. 번역문의 하나의 사본만이 제출될 필요가 있다. 심사관은 제출된 번역문의 질에 관여하지 않아야 한다.

특허허여를 위한 기초가 되는 유럽특허출원의 본문이 15개 이상의 청구항을 포함하고 있으면, 심사부는 출원인에게 시행규칙에 따른 기간 내에, 그 수 이상의 각 청구항에 대하여 청구항료를 납부하도록 요청한다. 하나 이상의 청구항 세트가 있는 경우, 청구항료는 가장 많은 수의 청구항을 가진 세트에 대해서만 규칙 45(1), 규칙 162(1) 및 (2) 또는 규칙 71(6)하에서 발생된다.

2. 특허의 허여

출원인이 정해진 기한 내에 특허허여 및 공고에 대한 수수료를 납부하고 청구항의 번역문을 제출하면, 특허허여를 위해 제시된 본문에 동의한 것으로 간주된다. 모든 요건이 만족되면, 기한이 된 유지료와 추가수수료를 이미 납부한 것을 조건으로 유럽특허가 허여되는 것이 결정된다.

유지료가 규칙 71(3)에 따른 통지의 송달 후 유럽특허의 허여가 공고될 것이 기대되는 날 전에 기한이 되면, 유지료가 납부될 때까지 유럽특허의 허여는 유럽특허공보에 공고되지 않는다. 출원인은 이를 즉시 통지받는다. 유지료 또는 다른 추가수수료가 정시에 납부되지 않으면, 그 출원은 취하된 것으로 간주된다.

규칙 71(3)하의 통지가 지정료가 기한이 되기 전에 발행될 만큼 심사가 촉진되는 경우, 특허허여의 결정은 지정료가 납부될 때까지 공고되지 않는다. 출원인은 이를 즉시 통지받는다. 특허허여에 대한 결정은 특허허여가 유럽특허공보에 공고되는 날까지 효력을 발생하지 않는다. 2009년 4월 1일 전에 출원된 유럽특허출원 또는 유럽단계로 진입한 국제출원에 대해서는 지정료가 납부될 때까지 공고가 되지 않고 지정료가 납부되지 않은 회원국의 지정은 취하된 것으로 본다.

3. 취하간주되는 출원

출원인이 기한 내에 특허허여 및 공고에 대한 수수료 또는 청구항료를 납부하지 못하고 또 번역문을 제출하지 못하면, 그 출원은 취하된 것으로 간주된다. 이것은 출원인이 규칙 71(3)하의 통지에, 특허허여가 제안된 본문에 동의하지 않는다고 응답에서 언급한 경우에도 적용된다.

4. 규칙 71(3)하의 통지에 대한 답변으로 제출된 보정

규칙 71(3)하의 통지는 출원인이 앞선 절차의 결과를 질문하도록 하는 기회를 주지는 않는다. 이 단계의 절차에서, 실질 심사는 이미 완성되었고 출원인은 그 출원을 보정할 기회를 가졌고, 따라서 통상적으로 특허의 허여에 대한 준비를 지연시키지 않을 수 있는 보정만이 허용된다. 하지만 1973년 유럽특허조약 제167조 2항하에서 유보되거나 선행 국가권리가 존재하는 하나 이상의 지정국에 대해 별개의 청구항 세트를 허용하는 것은 적절하다.

하지만 규칙 71(3)하의 통지에 선행하는 조약 제94조 3항하의 통지가 없다면, 규칙 71(3)의 통지는 규칙 137(3)의 의미 내의 '최초 통지'이다. 이것은 출원인이 자진해서 상세한 설명, 청구항 및 도면을 보정할 수 있다는 것을 의미한다. 그럼에도 불구하고, 출원인의 응답이 예외(아래의 5.에 설명) 중 하나에 해당되지 않는 한, 특허허여 및 공고를 위한 수수료는 납부되어야 하고 또 청구항의 번역문이 제출되어야 한다.

규칙 71(3)하의 통지에 대한 응답으로 그리고 정해진 기간 내에 출원인이 보정 및/또는 오류의 정정에 대한 요청이 제출되고, 그것이 청구항에 대한 것이면, 그 청구는 보정 및/또는 정정된 청구항의 번역문과 함께 제출되어야 한다. 이것은 그 청구가 보정에 대한 명시적인 청구 또는 제출된 보정에 대해 조건부인 확인으로 작성되었는지에 불구하고 적용된다. 이 요건을 만족시키지 못하면 그 출원은 취하된 것으로 간주된다. 출원인이 지정된 기한 내에 특허허여 및 공고에 대한 수수료를 납부하고 또 보정 및/또는 정정된 것과 같은 청구항의 번역문을 제출하는 것을 조건으로, 출원인은 보정 및/또는 정정된 것과 같은 특허허여를 인정한 것으로 간주된다. 심사부가 이들 보정 및/또는 정정에 대해 동의를 하고 추가의 통지를 발행함이 없이 허용가능한 것으로 판단하면, 규칙 71(3)하의 두 번째 통지를 발행하지 않고, 특허의 허여를 진행한다.

심사부가 출원인이 제안한 보정 및/또는 정정을 받아들이지 않거나 그 출원이 유럽특허조약의 요건에 맞지 않기 때문에 그 보정 및/또는 정정을 허용할 수 없으면, 심사부는 출원인에게 이 사실을 알리는데, 그 이유를 표시하고 또 정해진 기한 내에 그의 의견 그리고 심사부에 의해 필요하다고 생각되는 보정을 제출할 기회를 주고 또 청구항이 다시 보정된 경우, 보정된 바와 같은 청구항의 번역문을 제출하도록 기회를 주어야 한다.

5. 증명서(Certificate)

유럽특허 명세서가 공고되면, 유럽특허청은 유럽특허가 허여되었음을 증명하는 증명서를 특허 소유자에게 발행한다. 규칙 71(3)의 기한 내에 제출된 특별요청에 따라 특허 명세서의 사본이 증명서에 첨부된다. 특허 소유자는 명세서가 첨부된 증명서의 복제된 사본을 제공할 것을 요청할 수 있다. 이때, 특허 소유자는 행정수수료를 납부하여야 한다.

Ⅸ. 유럽특허출원의 촉진된 절차

1. PACE 프로그램

신속한 조사 또는 심사를 원하는 출원인은 유럽특허출원의 촉진된 절차를 위한 프로그램(PACE)하에서 그들의 유럽특허출원을 진행할 것을 요청할 수 있다.[14] 이 절차에 대해서는 비용이 발생하지 않는다.

PACE 프로그램은 서면으로 된 신청서에 의해 이루어지는데, 조사 및 심사절차에 대해 각각 신청이 가능하다. PACE신청은 조사와 심사절차에 대해 하나의 출원에 대하여 한 번만 가능하다. 심사에 대한 PACE신청은 심사부가 유럽특허출원에 대한 심사에 책임을 지게 되었을 때 제출될 수 있다. 유럽특허청은 PACE신청을 공개하지 않는다. 2016년부터는 PACE신청을 위해 유럽특허청 양식 1005를 사용하도록 하고 온라인을 통해서만 제출하도록 하였다.

다음과 같은 경우에 해당 출원은 PACE 프로그램으로부터 제외된다. PACE 신청의 취하, 출원인에 의한 기한의 연장, 출원에 대한 거절, 출원의 취하, 출원의 취하간주의 경우가 있다. 이는 유럽특허조약하의 법적 치유책(속행이나 재설정)에도 불구하고 적용된다. 이 경우 해당 출원을 다시 PACE 상태로 되돌리는 것은 불가능하다. 즉, 같은 단계(조사 또는 심사)에서 그 출원에 대해 두 번째 신청을 할 수 없다. 규칙 51(1)에 규정된 기한까지 유지료가 납부되지 않은 경우에도 촉진된 절차가 중단된다.

---

14) OJ EPO 2010, 352.

PACE 프로그램은 조사부나 심사부의 업무량과 관련해서 실무적으로 가능한 경우에만 제공된다. 따라서 일정량 이상의 PACE신청에 대해서는 절차를 진행할 수 없을 수도 있다. 특정 출원인이 자신의 출원의 전부 또는 대부분에 PACE 프로그램을 신청하는 경우, 유럽특허청은 이를 제한할 수 있다.

2. 조사단계에서의 촉진된 절차

조사단계에서의 PACE 프로그램에 대해 살펴본다. 2014년 7월 1일 이후에 제출된 유럽특허출원과 유럽특허청이 국제조사기관이 아닌 유럽단계에 진입한 유로-PCT출원에 대해서는, 유럽특허청은 규칙 161(2)하의 기간의 만료일로부터 또는 출원일로부터 6개월 내에 확장/부분 유럽조사보고서를 제공하도록 노력한다. 따라서 이 경우 조사단계에서의 PACE신청은 실질적으로 필요 없다.

2014년 7월 1일 이전에 제출된 유럽특허출원과 우선권 주장된 유럽특허출원 그리고 유럽특허청이 국제조사기관이 아닌 유럽단계에 진입한 유로-PCT출원은 PACE신청이 되자마자, 신청의 접수일로부터 6개월 내에 확장/부분 유럽조사보고서를 제공하도록 노력한다.

조사단계에서 촉진된 절차가 진행되기 위해서는 다음과 같은 조건을 만족해야 한다. 먼저 규칙 62a 또는 조약 제63조하의 통지에 대한 출원인의 응답의 수령 또는 이 통지에 대한 기간만료 후에 촉진된 조사가 진행된다. 다음으로 출원된 서류가 조사를 진행할 수 있을 정도로 완비된 경우에 촉진된 조사가 진행된다. 즉, 촉진된 조사가 신청되었을 때, 유럽특허청에 청구항, 상세한 설명, 필요한 번역문 그리고 필요한 경우 도면 등이 제출되어 있어야 한다.

유럽특허청이 국제조사기관이 아닌 유로-PCT출원에 대해서는, 비록 PACE 프로그램이 신청되었더라도, 규칙 161(2)하의 6개월의 기간의 만료 후에 조사가 진행된다. 유럽단계에 진입하자마자 부가유럽조사보고서를 즉시 작성하기 위해서, 출원인은 규칙 161(2)와 규칙 162(2)에 따른 통지에 대한 권리를 명시적으로 포기하여야만 하고 또 관련된 수수료를 모두 납부하여야 한다.

만약 유럽특허청이 규칙 64(1) 두 번째 문장 또는 규칙 164(1)(b)하의 추가조사료를 납부하도록 요청하였다면, 출원인이 답변이 제출될 때 또는 그 요청에 정해진 2개월의 기한이 만료될 때까지 규칙 64(1) 마지막 문장 또는 규칙 164(1)(c)하의 최종 조사보고서를 작성할 수 없다.

3. 심사단계에서의 촉진된 절차

심사단계에서 PACE 프로그램의 진행에 대해 살펴본다. 심사단계에서는 심사부에 심사책임이 일단 넘어가면 언제라도 심사에 대한 촉진된 절차가 신청될 수 있다. 유럽특허청이 국제조사기관인 유럽단계로 진입한 유로-PCT출원에 대해서도 언제라도 심사단계에서의 PACE신청이 가능하다. 예를 들면 유럽특허청에 대한 유럽단계 진입시 또는 규칙 161(1)하에서 요청되는 국제조사보고서 등에 대한 응답과 함께 제출될 수 있다.

촉진된 심사가 신청되면, 심사부는 그 출원에 대한 심사부의 수령, 규칙 70a 또는 규칙 161(1)하의 출원인의 응답 또는 촉진된 심사의 신청 중 가장 최근의 것으로부터 3개월 내에 다음의 절차와 관련된 통지를 하도록 노력한다. 심사부는 출원이 PACE 프로그램하에 있는 것을 조건으로 출원인의 응답의 수령으로부터 3개월 내에 다음의 통지를 제공하도록 노력한다.

4. 신속한 유럽특허등록과 관련된 다른 절차

(1) 특허하이웨이(Patent Prosecution Highway: PPH)제도

PACE 프로그램 외에도 유럽특허출원의 심사를 신속하게 받을 수 있는 방법이 있다. 파일럿 프로그램으로 운영되고 있는 일명 특허하이웨이(Patent Prosecution Highway: PPH)제도가 있다. 특허하이웨이제도를 채택한 다른 특허청에 의해 대응되는 출원의 청구항이 특허허여 가능한 것으로 결정되었을 때, 해당 유럽특허출원의 신속한 진행이 가능하다.

(2) 규칙 70(2)에 따른 권리의 포기

규칙 70(2)에서는 출원인에게 유럽조사보고서가 전달되기 전에 심사청구가 된 경우, 유럽조사보고서를 출원인에게 제공하면서 기간을 정해 그 출원을 더 진행할 것인지의 여부를 묻게 된다. 하지만 출원인은 유럽조사보고서를 받기 전에, 조사의 결과에 상관없이 심사청구를 미리 하고 규칙 70(2)에 따른 요청을 포기할 수 있다. 이 경우 규칙 62하의 유럽조사보고서는 규칙 72하의 특허성에 대한 의견 대신에 조약 제94조 3항과 규칙 71(1)하의 첫 번째 심사통지와 함께 제공된다. 따라서 출원인이 이에 대해 신속하고 완전하게 대응할 수 있으므로 절차가 신속하게 진행될 수 있다.

(3) 규칙 161 및 162하의 통지에 대한 포기

유럽특허청이 국제조사기관 또는 국제예비심사기관인 유로-PCT출원의 경우에, 출원인은 유럽단계의 진입 시에 통지로부터 6개월 내에 그 출원을 보정할 수 있다고 안내받는다. 그 통지는 또 청구항료가 같은 기한 내에 납부되어야 한다는 통지를 포함한다.

출원인은 규칙 161(1) 또는 (2) 그리고 규칙 162하의 통지에 대한 권리를 포기할 수 있다. 이러한 신청은 유럽특허청 양식 1200의 6.4섹션의 박스에 체크하여 제출하면 된다. 이 경우 유럽특허청은 그 출원이 부가유럽조사 또는 심사로 직접 진행되도록 하기 위해, 요청된 경우 규칙 161(1)하의 응답의 제출과 기한이 된 청구항료의 납부와 같은 규칙 161 또는 규칙 162의 모든 요건을 만족시키면서 유럽단계에 진입하면 유럽특허청은 규칙 161(1) 또는 (2) 그리고 규칙 162에 따른 통지를 발생하지 않는다. 위와 같이 규칙 161(1) 또는 (2) 그리고 규칙 162하의 권리를 유효하게 포기하지 않은 경우 통지가 제공되고, PACE 프로그램이 신청되어 있더라도 이들 규칙에서 제공되는 6개월의 기간의 만료 후에만 절차가 진행된다.

규칙 161(1) 또는 (2) 그리고 규칙 162하의 통지가 발행된 경우, 출원인은 보정서의 제출을 위해 6개월의 기간을 가진다. 출원인이 이런 6개월의 기간을 사용하기를 원하지 않으면, 조사 또는 심사의 즉시 시작을 요청할 수 있다. 그런 신청은 보정과 함께 제출될 수 있다. 이 신청은 규칙 161과 162의 규정 모두를 만족시킨 경우에만 유효하다.

(4) 규칙 71(3)하의 추가통지에 대한 포기

출원인은 유럽특허출원에 대한 등록허여절차에서, 규칙 71(3)에 따른 유럽특허의 본문에 대한 보정 또는 수정이 요청된 경우, 규칙 71(3)하의 추가통지를 받을 권리를 포기할 수 있다. 즉, 유럽특허의 본문에 대한 보정 또는 수정이 심사부에 의해 받아들여졌을 때, 다시 한 번 규칙 71(3)에 따라 4개월 내에 절차를 진행하라는 추가의 통지를 받지 않겠다고 하는 것이다. 이 경우에는 심사부가 상기 보정 또는 수정에 대해 반대가 없고, 정해진 공식적 요건이 모두 만족된 것을 조건으로, 유럽특허청은 규칙 71(3)하의 추가의 통지를 보내지 않고 유럽특허 허여결정을 진행한다.

(5) 유럽단계로 조기진입한 유로-PCT출원

지정/선택관청인 유럽특허청은 국제특허출원의 출원일 또는 우선일로부터 31개월의 만료 전에는 해당 유로-PCT출원에 대한 심사를 진행하지 않는다. 출원인은 조기진행[15]에 대한 명시적인 신청을 제출함에 의해 상기 31개월의 만료의 전에 절차를 시작할 것을 요청할 수 있다. 이러한 절차의 진행을 위해 출원인은 규칙 159(1)의 요건을 충족시켜야 한다. PACE 프로그램의 신청은 이러한 절차의 시작에 영향을 미치지 않는다. 역으로 신속진행에 대한 신청은 PACE 프로그램의 신청을 구성하지 않는다. 신속진행에 대한 신청과 PACE 프로그램에 대한 신청은 별개로 되어야 한다.

X. 회원국에서의 승인(Validation)

1. 서 언

유럽특허출원이 유럽특허청에서 심사를 거쳐 특허허여되면, 지정된 회원국에서 유효한 특허로 인정받기 위한 절차를 수행하여야 한다. 이를 승인(Validation)이라고 한다. 승인절차는 해당 회원국에서 요청하는 언어로 된 번역문의 제출과 수수료의 납부에 의해 이루어진다. 승인절차에서 회원국은 해당 국가의 직업대리인의 선임과 번역문의 공개비용의 일부 또는 전부에 해당되는 수수료를 요청할 수 있다.

2. 번역문의 제출

유럽특허조약 회원국의 공식언어는 다양하다. 회원국에서의 공식언어가 유럽특허조약의 공식언어인 영어, 독일어 그리고 프랑스어 중 하나가 아닐 수도 있다. 유럽특허청은 유럽특허를 3개의 공식언어로 번역한 청구항과 함께 진행언어를 사용하여 공고한다. 특허는 상업적 활동에 큰 영향을 줄 수 있으므로, 해당 특허에 대한 이해도를 증진시키기 위해 공식언어 중 하나로의 번역을 요청할 수 있

15) PCT 제23조 2항/제40조 2항.

다. 회원국은 이런 번역문을 유럽특허가 허여되거나 또는 이의나 한정절차에서 보정 또는 한정된 후에 그 나라에 대해서 특허가 승인될 때 요청할 수 있다. 번역문을 요구하는 회원국은 번역문을 공고할 수 있고 특허권자에게 공고수수료의 적어도 일부를 납부하도록 요청할 수 있다.

회원국은 조약 제65조 1항에 의거 전체 특허의 번역문을 요청할 수 있는 반면, 조약 제67조하에서 임시보호를 얻기 위한 특허출원의 청구항의 번역만을 요구할 수도 있다.

번역문 제출의 번거로움을 피하기 위해 런던협약이 만들어졌다. 런던협약의 회원국에 대해서 유럽특허청에서의 진행언어에 따라서는 번역문을 제출하지 않아도 된다.

3. 승인절차의 진행 기한

대부분의 회원국에서의 승인절차는 등록결정의 공고로부터 3개월 내에 수행되어야 한다. 즉, 번역문의 제출, 수수료의 납부 그리고 해당 회원국에서 추가로 요청하는 사항의 이행을 위 기간 내에 하여야 한다. 아이슬란드에서는 4개월을 허용하고 있고, 아일랜드와 산마리노는 6개월을 허용한다.

4. 유지료의 납부와 번역문의 제출

유럽특허출원에 대한 유지료는 유럽특허청에 납부되어야 하는 반면, 허여된 특허에 대한 유지료는 회원국 특허청에 납부되어야 한다. 조약 제141조에서는 납부의무가 이전되는 것을 규정한다. 유럽특허에 대한 유지료는 회원국 특허청이 자신들의 기준에 따른 수수료를 부과하도록 허용하기 위해 회원국 특허청에 납부될 수 있다. 회원국 특허청은 유럽특허청에 유럽특허에 대해 납부된 유지료의 50%를 전달해야 한다.

회원국에 대한 유지료가 유럽특허허여의 공고일로부터 2개월 이내에 기한이 된다면, 이 유지료는 2개월의 만료 전에 납부되어야 한다. 여기서 2개월은 다른 회원국에서 다른 규정을 가지는 것을 허용하기 위한 안전기간이다. 이 경우 수수료의 납부가 3개월의 만료까지로 연장될 수 없다. 따라서 유지료의 납부와 승인을 위한 번역문의 제출에 대해 기간이 서로 다르게 된다.

5. 번역문의 미제출

번역문을 제출하지 않은 경우에는 그 회원국에서 그 특허가 처음부터 없었던 것으로 간주된다. 이 조항은 번역문을 요청하는 모든 회원국에서 채택했다. 번역문의 미제출과 관련해서 준수되지 않은 기한이 유럽특허청에 대한 것이 아니므로, 번역문의 늦은 제출의 경우에 조약 제122조에 따른 재설정은 사용될 수 없다. 재설정에 대한 가능여부는 회원국의 국가법의 규정을 보아야 한다.

6. 기 타

스위스와 리히텐슈타인에는 반드시 함께 승인을 요청해야 한다.[16] 승인과 관련된 수수료를 납부하지 않은 경우, 해당 회원국에서 그 특허는 처음부터 없었던 것으로 간주된다. 승인과 관련해서 각 회원국에서 다른 요구사항들이 있는데, 이는 Natlaw 표 IV에 나와 있다. 따라서 승인이 필요한 회원국의 요구사항은 이를 통해 확인할 필요가 있다.

16) 조약 제142조 1항.

제13장

보 정

(Amendments)

Ⅰ. 서 언

유럽특허출원 또는 유럽특허는 심사절차, 이의절차 그리고 한정절차에서 보정될 수 있다. 이런 단계에서 제출된 보정에 관하여 고려해야 할 중요한 측면이 있다. 보정은 첫 번째로 유럽특허청의 관할 부서에 의해 그 절차에서 인정되어야 한다. 두 번째로 보정은 내용이 허용가능해야 하는데, 이는 다음을 의미한다.

(ⅰ) 최초 출원에 개시되지 않은 대상물을 출원이나 특허에 추가하는 것은 안 된다(조약 제123조 2항).

(ⅱ) 다른 불비사항을 도입해서는 안 된다(예를 들면 청구항에서 명료성 결여와 같은 것 - 조약 제84조).

(ⅲ) 허여된 특허에 의해 부여되는 보호를 넘어서지 않아야 한다(조약 제123조 3항).

보정에 대한 심사에 있어서, 규칙 137(4)에 규정된 형식적 요건이 만족되는지에 대한 판단은 조약 제123조 2항에 규정된 내용적 요건이 만족되는지와는 독립적으로 판단된다.

II. 보정의 인정가능성

여기서는 보정의 인정가능성(Admissibility)이 심사, 이의 또는 한정과 같은 절차의 유형과 절차의 단계에 따라 어떻게 판단되는지를 설명한다. 그리고 보정과 관련하여 보정의 인정가능성과 관련된 절차적 사항과 방식요건도 다룬다.

1. 심사절차에서의 인정가능성

(1) 조사보고서의 수령 전

유럽특허청에 PCT를 통해서가 아닌 직접 제출된 유럽특허출원의 경우에 유럽조사보고서의 수령전에는 그 출원을 보정할 수 없다. 이는 규칙 137(1)에 규정되어 있다. 조약 제153조 7항에 따라 부가 유럽조사보고서가 필요한 유로-PCT 출원의 경우에는 PCT 조약 제19조 및/또는 제34조 2항(b)의 부가조사의 대상이 되는 출원에 대하여 국제단계에서 제출된 보정을 유지함과 규칙 159(1)(b) 및/또는 규칙 161(2)하에서 유럽단계에 진입한 날 또는 그 후에 보정을 제출함에 의해 청구항, 상세한 설명 및/또는 도면을 보정할 수 있다.

(2) 조사보고서의 수령 후

유럽조사보고서와 조사의견을 수령한 후에 출원인은 조사의견에 대해서 응답하여야만 하고 또 그의 응답에서 자진해서 상세한 설명, 청구항 및 도면을 보정할 수 있다. 이는 규칙 137(2)에 규정되어 있다. PCT로부터 유럽단계로 진입했을 때, 부가 유럽조사보고서가 작성되지 않은 출원에 대해서, 유럽특허청이 국제조사기관 및 국제예비심사기관 또는 부가 국제조사기관인 경우에 출원인은 국제조사기관의 서면의견, 국제예비심사보고서 또는 부가국제조사보고서에 대한 응답이 요청된다. 국제조사기관의 서면의견, 국제예비심사보고서 또는 부가국제조사보고서에 대한 응답은 상세한 설명, 청구항 및 도면에 대해 출원인이 자진해서 한 보정을 포함할 수 있다. 그 이후에는 출원인은 그 출원을 심사부의 동의를 얻어서만 보정할 수 있다.

(3) 최초 통지의 수령 후

유럽조사보고서와 조사의견을 수령한 후에 가능한 보정 이후에는 출원인은 제안된 보정에 대해 심사관이 동의하는 경우에만 보정할 수 있다. 심사부에 이런 재량을 주는 것은 가능한 한 적은 단계 내에 심사절차가 결론지어질 수 있도록 하기 위함이다. 이러한 재량을 발휘함에는 출원인의 이익과 유럽특허청의 이익을 조화롭게 해야 한다. 규칙 137(3)에 따른 재량의 실행은 이유를 필요로 한다.

규칙 137(3)에 대한 예외로서, 규칙 164(2)는 규칙 164(2)하의 조사의 결과에 대한 응답으로 출원을 보정할 권리를 제공한다. 이것은 규칙 164(2)하의 조사결과가 관련된 조약 제94조 3항하의 통지에 대한 응답으로 출원인이 한번 자진보정을 할 수 있다는 것을 의미한다.

만약 보정이 인정된다면, 이후의 절차는 보정된 상세한 설명, 청구항 및 도면에 기초한다. 보정에 대한 동의는 보정된 출원이 유럽특허조약 하에서의 어떤 거절로부터 자유롭다는 것을 의미하는 것은 아니다.

이전의 통지에 대한 응답으로 불비사항을 치유하는 보정은 새로운 불비사항을 발생시키지 않는다는 것을 조건으로 항상 인정되어야 한다. 이미 허용가능한 것으로 간주되는 청구항을 한정하는 보정은 일반적으로 인정된다.

(4) 등록허여절차에서의 보정

심사부의 등록허여의사를 알리는 규칙 71(3)에 따른 통지에 대한 정해진 기간 내의 응답에서, 출원인이 규칙 137(3)하의 보정에 대한 청구 및/또는 규칙 139하의 정정에 대한 청구를 할 수 있다. 이에 대해 심사부는 보정 및/또는 정정에 동의를 하면 규칙 71(3)에 따른 등록허여의사를 알리는 새로운 통지를 하거나, 동의하지 않으면 심사절차를 재개할 수 있다. 이것은 그 청구가 보정을 위한 명백한 청구 또는 제출된 보정 및/또는 정정에 대한 조건부의 찬성인지 아닌지에 상관없이 적용된다.

2. 이의절차에서의 인정가능성

(1) 이의신청에 응답한 보정

이의절차에서 된 보정은 조약 제100조에 특정된 이의에 대한 이유에 의해 규제되어야 한다. 말하자면 보정은 이의에 대한 이유를 만족시키기 위해 그들이 요구되는 경우에만 허용가능하다. 이의절차에서 특허소유자는 추가된 대상물을 제거하기 위해 보정을 제출할 수 있다. 허여된 청구항에 대해 새로운 청구항의 단순한 추가는 그런 보정은 이의의 이유를 만족시키는 것이라고 할 수 없기 때문에 받아들여질 수 없다.

(2) 이의의 이유에 관련되지 않은 보정

만약 권리자가 이의의 이유에 응답하여 특허에 대한 보정을 제안하고 이의부는 보정된 형태로 그 특허를 유지하기를 의도하는 경우에, 그런 이유에 대해서, 이의의 이유에 관련되지 않은 다른 보정은 보정된 특허가 여전히 유럽특허조약의 요건을 만족시키고 그 보정이 필요하고 적절한 것으로 고려되는 것을 조건으로 허용될 수 있다. 특히 청구항의 하나의 부분이 보정되면, 청구항의 다른 부분도 보정되는 것이 필요하고 적절할 수 있다.

3. 다수개의 독립항과 미완성조사에 의해 요구되는 보정

(1) 규칙 63의 미완성조사와 관련된 보정

규칙 63의 적용에 의해 조사가 특정 대상물로 한정된 경우, 조사되지 않은 대상물을 제거하는 방식으로 보정되어야 하고 상세한 설명은 즉시 보정된 청구항에 맞도록 보정된다. 참고로 출원인이 미완성조사와 관련한 심사부의 의견에 대한 확신에 찬 반대 의견을 가지는 경우를 제외하고는 보정서를 제출하는 것이 좋고, 실무상 이와 같은 반대 의견은 심사 시작 전의 조사의견에 대한 의견을 제시할 때 제시하는 것이 좋다.

(2) 규칙 62a의 다수개의 독립항과 관련된 보정

규칙 62a의 적용에 의해 조사가 특정한 청구항으로 한정된 경우, 조사되지 않은 독립항을 제거하는 방식으로 보정되고 또 상세한 설명은 즉시 보정된 청구항에 맞춰서 보정된다. 이를 위해 예를 들면 조사되지 않은 독립항의 삭제에 의해 보정될 수 있다. 여기서도 출원인이 심사부의 의견에 확신에 찬 반대 의견을 가지는 경우를 제외하고는 보정서를 제출하는 것이 좋고, 반대 의견은 심사시작전의 조사의견에 대한 의견을 제시할 때 제시하는 것이 좋다.

4. 보정의 인정가능성에 대한 절차적 사항

(1) 서 언

여기서는 보정의 인정가능성에 관련해서 절차적 사항과 방식요건을 살펴본다. 다루어야 할 중요한 사항은 보정내용을 확인하고 또 최초출원에서 보정내용에 대한 근거를 표시하는 출원인의 의무이다.[1] 여기서는 또 보정의 형식과 보정을 하는 절차를 다루고 또 부청구(Auxiliary requests)에 대해서도 다룬다.

(2) 보정내용의 표시와 보정의 근거

출원인이 보정서를 제출할 때에는 보정된 부분을 확인 즉 보정된 부분을 누구나 알 수 있도록 하여야 하고 또 최초 출원에 있는 보정에 대한 근거를 표시하여야 한다. 이 요건은 보정내용이 최초출원으로부터 직접적이고 불명료하지 않게 나올 수 있다는 것에 대해 출원인이 관련부서에 확신에 찬 논의를 줄 수 있는 기회로서 이해되어야 한다. 이런 논의는 조약 제123조 2항에 대한 판단에 대해 관련부서에 의해 이용될 수 있다. 이런 논의는 특히 보정내용에 대한 문자적 뒷받침이 최초 출원 내용에 나타나지 않는 경우에 관련부서의 판단의 결과에 특히 중요하다.

(3) 보정의 형식적 요건과 관련된 통지

규칙 137(4)에 따르면, 심사부는 보정의 형식적 요건을 심사하여 보정이 이를 만족시키지 못하면 한 달의 기간 내에 이 불비사항을 보정할 것을 요청하는 통지를 발행하여야 한다.

출원인이 이 통지에 대해 상기 한 달의 기간 내에 요건을 만족시키지 못하면 이 출원은 취하간주된다. 출원인은 이 기간의 미준수에 대해 속행을 청구할 수 있다.

규칙 71(3)에 따른 등록허여와 관련된 통지에 대하여 보정서가 제출되고 규칙 137(4)의 요건이 만족되지 않으면 심사부는 규칙 137(4)에 따른 통지를 보낼 수 있다. 이 후에 출원인이 기간 내에 응답하면 심사부는 그 보정을 받아들일 것인지를 결정하여야 한다.

---

1) 규칙 137(4).

부청구들이 제출되었을 때, 규칙 137(4)의 통지는 하나 또는 그 이상의 주청구 및/또는 부청구에 대해서 주어질 수 있다. 다르게는 특정한 청구(주청구 또는 부청구)에 대하여 규칙 137(4)가 만족되지 않으면 이 청구는 규칙 137(3)에 따라 인정가능하지 않은 것으로 본다. 이는 절차경제의 관점과 출원인의 청문될 수 있는 권리를 이용할 수 있도록 하기 위함이다.[2)]

(4) 누락서류제출 또는 대체페이지의 제출에 의한 보정

유럽특허출원 또는 유럽특허의 내용은 조약 제123조 2항 및 3항에 규정된 한도 내에서 보정될 수 있다. 이것은 누락서류를 제출함 또는 대체페이지를 제출함에 의해 수행된다. 대체페이지가 제출된 경우, 출원인 또는 특허소유자는 절차경제의 관점에서 수행된 모든 보정을 명확하게 확인하여야 하고 또 이들 보정이 근거하는 원출원의 문단을 지적하여야 한다.

(5) 부청구(Auxiliary requests)

심사, 이의 그리고 한정 절차에서, 당사자는 하나 또는 그 이상의 부청구와 함께 주청구(Main request)를 제출할 수 있다. 주청구와 부청구는 당사자가 관련 부서에 대해서 심사받기를 원하는 보정서이다. 아래에서 주청구와 부청구에 대해서 보다 상세하게 설명한다.

Ⅲ. 주청구(Main request)와 부청구(Auxiliary requests)

1. 서 언

유럽특허출원이나 유럽특허의 심사, 이의 그리고 한정절차 중에 당사자들은 보정안으로서 주청구와 부청구들을 제출할 수 있다. 여러 개의 보정안을 당사자들이 제시할 수 있다. 일반적으로 당사자가 제시하는 보정안으로서 추가의 청구(부청구)는 심사부나 이의부가 주청구(첫 번째 청구)를 허여할 수 없을 때 만들어진다. 주청구가 허여가능하면 관련부서는 부청구는 무시한다. 주청구가 허여가

2) 조약 第113조 1항.

능하지 않으면 관련부서는 부청구를 고려하여야 하는데, 청구자에 의해 선택된 순서에 따른다. 만약 하나의 부청구가 허여가능하면 관련부서는 이후의 청구는 모두 무시한다.

2. 부청구

조약 제113조 2항에는 유럽특허출원이나 유럽특허를 심사함에 있어서 출원인 또는 특허권리자에 의해 제출되거나 동의된 본문만을 심사하고 그에 기초하여 결정하여야 한다고 규정되어 있다. 따라서 이들은 제시하는 본문(Text)을 명백하게 표시하여야 하고, 만약 하나 이상의 본문을 제출한다면 유럽특허청에 의해 심사받기를 원하는 순서를 표시하여야 한다. 그렇지 않으면 유럽특허청은 어떤 보정안을 심사해야 할지를 알 수 없고, 결국 그 출원을 거절하거나 그 특허를 취소하거나 또는 명확성의 결여로서 한정청구를 각하해야 한다. 심사, 이의 그리고 한정절차에서, 당사자들에 의한 청구가 거절될 때마다 항상 이유가 주어져야 한다.

심사부나 이의부가 주청구 또는 모든 부청구를 등록허여할 수 없다면 유럽특허청의 결정에 대한 근거를 규정한 조약 제113조 1항과 구두절차를 규정한 조약 제116조를 이용하여 결정을 내려야 한다. 이 결정은 관련된 주청구 또는 부청구가 취하된 경우를 제외하고는 반드시 주청구 및 각각의 부청구에 대해 거절의 이유를 제공해야 한다.

3. 조사단계에서의 부청구

조사단계에서는 청구항에 대한 규칙 137(1)의 보정은 출원인이 유럽조사보고서를 받기 전에는 인정될 수 없고 따라서 부청구는 제출될 수 없다. 만약 부청구가 부가 유럽조사보고서의 확정 전에 제출되었다면 단지 주청구만 조사에서 이용할 수 있다. 참고로 부가 유럽조사를 요하는 유로-PCT출원의 경우에, 출원인은 출원이 부가조사의 대상이 되기 전에 PCT 제19조와 제34조 2항(b)하의 국제단계에서 제출된 보정을 유지하거나 또는 규칙 159(1)(b) 및/또는 규칙 161(2)하의 유럽단계로의 진입 후에 보정을 제출함에 의해 청구항, 상세한 설명 및/또는 도면을 보정할 수 있다.

4. 심사단계에서의 부청구

심사단계에서 심사부는 하나 또는 그 이상의 부청구를 인정하지 않는 조약 제137조 3항하의 재량권을 수행할 때, 출원인의 이익과 절차경제의 균형을 유지해야만 한다. 그래서 사소한 불비사항을 포함하지만 유럽특허조약의 요건을 만족하는 부청구는 일반적으로 심사절차에서 허용되어야 한다. 부청구의 인정가능성에 대한 결정을 할 때의 원칙은 각각의 청구가 사실상 보정된 청구항의 세트이므로 각각의 청구에 대해서 고려되어야 한다. 이미 허여될 수 없는 것으로 되었거나 출원인에 의해 제거되었된 대상물을 다시 도입하는 것은 인정되지 않는다. 새로운 불비사항을 도입하는 부청구에도 동일한 것이 적용된다.

심사부가 주청구나 상위에 있는 부청구가 아닌 어떤 부청구를 허여할 수 있으면, 주청구 또는 상위에 있는 부청구가 거절되어야 하는 이유와 함께 출원인에게 규칙 71(2)의 통지에서 즉시 알리거나 규칙 71(3)에 따른 통지에 함께하여 출원인에게 알려야 한다.

구두절차에서 허여가능한 청구를 고려해서, 허여가능하지 않은 상위에 있는 청구를 포기할 것인지를 출원인에게 확인하는 것이 좋다. 하지만 출원인은 의무적으로 포기해야 하는 것은 아니다.

허여가능한 부청구에 대한 완전한 본문이 아직 존재하지 않으면 출원인에게 필요한 보정을 할 것이 요청된다. 구두절차에서, 심사부는 허여가능한 것으로 고려되는 청구항에 맞춰서 상세한 설명이 만들어지도록 노력해야 한다.

만약 허여가능한 부청구에 따른 완전한 본문이 존재하면, 규칙 71(3)에 따른 통지가 발행된다. 이 통지와 관련해서 심사부는 상위의 다른 청구들이 거절되는 이유를 제공해야만 한다. 만약 출원인이 이 보정된 본문에 동의하면 보정 청구 또는 보정된 본문에 대한 정정을 제출함이 없이 규칙 71(3)에 따라 허여 및 공고에 대한 수수료를 납부하고 청구항의 번역문을 제출함에 의해 동의의 표시를 한다. 출원인이 이와 같이 절차를 진행하면 그 출원은 규칙 71(3)에 따른 통지에서 제안된 것과 같은 부청구의 본문을 기초하여 허여절차가 진행된다.

5. 이의절차에서의 부청구

이의절차에서, 보정된 형태로 특허의 유지를 위해 권리자에 의해 제출된 부청구가 허여가능하면 이의부는 그 특허를 취소할 수 없다.[3] 이의부는 당사자들의 주장을 심리한 후에 권리자로부터의 부청구에 따른 형태로 보정된 것만이 특허를 유지할 수 있다고 판단하면, 당사자들에게 허여불가능한 상위의 청구에 대한 이유와 증거 그리고 허여가능한 하위의 청구에 대한 이유와 증거에 대해서 조약 제113조 1항에 따른 코멘트를 먼저 허용하여야 한다.

이의절차 중의 구두절차에서 이의부가 주청구나 상위의 부청구가 아닌 부청구가 허여가능한 경우, 의장은 미리 이 결과에 관한 모두 이유와 증거에 대해 언급할 기회를 당사자들이 가지도록 하면서, 당사자에게 어떤 청구가 허여가능하고 어떤 상위 청구가 허여가능하지 않은지를 알려야 한다. 이때 의장은 허여가능하지 않은 상위의 모든 청구를 포기함에 의해 허여가능한 부청구를 주청구로 변경할 수 있는지를 특허소유자에게 요청할 것이다. 하지만 이의부는 그런 결정을 하도록 특허소유자에게 고집할 수 없다.

6. 한정절차에서의 부청구

한정절차에서는 심사절차에서와 같이 주청구와 함께 부청구들의 제출이 가능하다. 하지만 한정절차에서 보정을 제출하는 것의 가능성에 대한 제한이 있다는 것을 기억해야 한다. 구두절차에 대한 청구에 따라 적용되어야 할 절차가 규칙 71(3)하의 허여 전 절차에서 적용가능한 것이 다른데, 특히 조약 제113조 1항 및 2항의 요건의 관점에서 그러하다.

한정에 대한 청구를 심리한 후에 심사부가 그 특허가 단지 부청구에 기초해서 한정될 수 있다고 판단하면, 이것은 청구자에게 규칙 95(2)하의 통지에서 즉시 알려져야 한다. 이 통지에는 주청구와 상위의 부청구가 허여될 수 없는 이유가 주어져야 하고 어떤 부청구가 허여가능한지 청구자에게 알려야 한다. 적절한 경우 심사부는 청구자에게 허여가능한 청구항에 보조를 맞추기 위해 특허명세서에 필요한 보정을 알려야 한다.

한정의 허여 결정과 관련된 규칙 95(2)의 통지에 대한 응답으로 청구자가 허여가능하지 않은 청구를 철회하고 허여가능한 보정을 제시하면, 심사부는 허여가능한 청구의 한정된 청구항의 번역문을 제출하고 소정의 수수료를 납부하도록 요

3) T 234/86.

청하는 규칙 95(2)하의 통지를 발행한다.

만약 청구자가 허용가능하지 않은 청구를 유지할 것을 고집하고, 허여가능한 부청구에 대응하는 문서를 제출하라는 심사부의 청구를 만족시키지 못하면 한정에 대한 청구는 거절되어야 한다. 그 결정은 그 상위의 청구가 허용되지 않아야 할 이유를 제공하고 허여가능한 부청구를 지적하여야 한다.

한정에 대한 구두절차에서, 심사부가 주청구나 상위의 부청구가 아닌 부청구가 허여가능한 경우 의장은 청구자에게 어떤 부청구가 허여가능한지와 왜 상위의 청구가 허여되지 않는지를 알려야 한다. 의장은 일반적으로 청구자에게 허여가능한 부청구가 주청구로 변경될 수 있는지를 확인한다. 하지만 심사부는 그런 결정을 청구자에게 고집할 수 없다.

허여가능한 본문의 존재에도 불구하고, 청구자가 허여불가능한 상위의 청구를 유지하기를 계속하면 한정에 대한 청구는 규칙 95(4)에 따라 거절된다.

Ⅳ. 보정에 대한 허여가능성(Allowability)

1. 서　언

유럽특허청의 관련부서들이 해당 절차 등에서의 보정의 인정가능성에 대한 심사를 한 후에는 해당 보정이 허여가능한 것이냐를 결정하여야 한다. 이는 유럽특허조약의 요건을 만족시키는지에 대한 판단이다. 인정가능성이 있는 보정이 반드시 허여가능한 보정은 아니다.

2. 조약 제123조 2항에 따른 보정

조약 제123조 2항에는 유럽특허출원 또는 유럽특허는 제출된 출원의 내용을 넘어서 연장되는 대상물을 포함하는 방식으로 보정될 수 없다고 규정되어 있다. 보정의 허여가능성에 대한 질문은 그렇게 보정된 출원이 법적으로 허여가능한 것이냐에 대한 질문이다. 보정된 출원은 특히 진보성 등의 요건을 포함하여 유럽특허조약의 모든 요건을 만족시켜야만 한다.

만약 출원인이 상세한 설명, 도면 또는 청구항을 최초 출원의 내용을 넘어서 연장되는 대상물을 포함하는 방식으로 보정하기를 구한다면 보정된 대로의 출원은 허여될 수 없다.

조약 제123조 2항의 근본적인 이론은 출원인에게 부당한 이점을 줄 수 있고 원출원의 내용에 따른 제3자의 법적 안정성에 손상을 줄 수 있는 최초 출원에 개시되지 않은 대상물을 추가함에 의해 출원인의 위치를 개선하는 것이 허용되지 않는다는 것이다.

조약 제123조 2항하에서 당업자가 최초 출원된 발명의 개시로부터, 통상의 일반 지식을 사용하여 또한 그 문헌에 명백하게 언급된 것에 암시된 특징을 그 분야의 당업자가 사용하여 직접적이고 명백하게 끌어낼 수 없는 대상물을 유럽출원에 추가하는 것은 허용될 수 없다. 하지만 문자적 뒷받침은 조약 제123조 2항의 문구에 의해 요구되지 않는다.[4] "암시된 개시(Implicit disclosure)"는 최초 출원에 명쾌하게 언급된 것의 분명하고 명확한 결과에 지나지 않는 것을 의미한다. 통상의 일반적 지식은 문서의 명백한 개시에 의해 분명하고 명확하게 함축된 것을 결정하는 데 이용될 수 있다. 하지만 통상의 일반적 지식의 관점에서 그 개시에 의해 명백하게 나올 수 있는 것에 대한 질문은 그 문서에 의해 암시적으로 개시된 것의 판단에 관련되지 않는다.[5]

보정된 청구항의 조약 제123조 2항의 요건에 대한 일치성을 판단할 때, 관심은 기술담당자에 관련된 것으로 제출된 문서에 의해 당업자에게 실제로 개시된 것에 놓여질 수 있는지에 주어진다.

규칙 58하에서 출원일 후에 제출된 청구항은 "최초 출원된" 출원서류의 일부로서 결코 간주되지 않고 따라서 늦게 제출된 청구항은 조약 제123조 2항의 보정에 관련된 요건을 만족해야만 한다. 이런 이유에서 심사관은 절차의 다른 단계에서 제출된 보정에 대한 심사에서 설정된 표준 및 실무에 따라 그 청구항이 조약 제123조 2항의 요건을 만족하는지를 확인하여야 한다. 조약 제123조 2항하에서, 그 출원에 대한 우선권서류에만 나타나는 사항을 유럽출원에 추가하는 것은 규칙 56(3)의 규정하에서 되지 않는 한 불가능하다.

---

4) T 667/08.

5) T 823/96.

3. 조약 제123조 3항에 따른 보정

조약 제123조 3항에는 유럽특허는 부여된 보호범위를 확장하는 방식으로 보정될 수 없다는 것이 규정되어 있다. 허여된 유럽특허 또는 이의, 한정 또는 취소 절차에서 보정된 유럽특허는 유럽특허출원에 의해 부여된 보호를 그 보호범위가 확장되지 않은 한 소급적으로 가진다. 이의 절차는 조약 제100조하에 제기된 이의에 대한 이유로부터 나오는 청구항에 대한 보정이 자주 생기게 할 것이다.

청구항에 대한 보정을 위해 특허소유자에 의해 독립적으로 제출된 이유를 기재한 청구는 예를 들면 특허소유자가 알게 되는 종래 기술의 관점에서 특허의 한정을 위한 것으로, 이의부에 의해 심사된 후에 청구항에 대한 보정에 귀착될 수 있다. 이런 경우에 유럽특허의 청구항은 그 특허에 의해 부여된 보호를 연장하는 방식으로 보정될 수 없다.

조약 제123조 3항은 비록 최초출원에서 확장에 대한 근거가 있을지라도, 허여된 특허의 청구항의 확장을 금지함에 의해 제3자의 이익을 보호하기 위한 것이 직접적인 목적이다. 유럽특허에 의해 부여된 보호의 한도는 청구항에 의해 결정된다. 그럼에도 불구하고 상세한 설명과 도면은 청구항의 해석에 사용된다. 조약 제69조의 해석에 대한 의정서는 조약 제164조 1항에 따라 유럽특허조약의 일부인데, 조약 제69조가 어떻게 해석되어야 할지를 정한다.

조약 제123조 3항의 기준을 확인하기 위해 심사관은 보정된 청구항과 허여된 특허의 청구항 또는 이의절차 또는 이전의 한정절차에서 보정된 청구항 중에서 더 최근에 보정된 것을 비교할 필요가 있다. 이것은 조약 제123조 3항의 목적으로 보정된 청구항이 허여된 청구항과 반드시 비교되어야 할 필요는 없다. 후에 보정된 청구항이 허여된 청구항을 대체할 때, 조약 제123조 3항에 대한 기준은 이들 보정된 청구항들에서 가장 늦은 것에 관하여 적용된다.

4. 기술적 효과의 명확화 및 새로운 효과

기술적 특징이 원출원에서 명확하게 개시되어 있으나, 그 효과가 언급되어 있지 않거나 또는 효과가 충분히 기재되어 있지 않은 경우에 원출원으로부터 당업자가 어려움 없이 그 효과를 유추할 수 있으면, 상세한 설명에 대한 그 효과의 추후 명확화는 조약 제123조 2항을 위반하지 않는다.

추가의 실시례의 도입에 의한 보정은 위에서 설명된 일반적 고려점의 관점에서 항상 매우 주의 깊게 검토되어야 한다. 동일한 것이 새로운 기술적 장점과 같은 발명의 새로운(즉 이전에 언급되지 않은) 효과의 도입에 적용되어야 한다. 예를 들어 원래 제시된 출원이 의복을 특수한 액체로 처리하는 것으로 이루어진 모직 의복을 세탁하는 방법에 관한 것인 경우, 출원인이 나중에 그 방법이 의복이 좀먹는 것을 방지하는 이점도 가진다는 언급을 상세한 설명에 도입하는 것은 허용되지 않는다.

하지만 특정한 상황하에서는 심사관은 나중에 제출된 실시례 또는 새로운 효과가 출원에 삽입될 수 없는 것이더라도, 그것은 청구된 발명의 특허성을 뒷받침하는 증거로서 고려할 수 있다. 예를 들어 발명이 원래 제출된 출원에 주어진 정보에 기초하여, 청구된 모든 분야에 대해 쉽게 적용할 수 있다는 것에 대한 증거로서 추가의 실시례가 인정될 수 있다. 유사하게 새로운 효과가 원출원에 개시되어 있는 효과에 의해 암시되거나, 적어도 그에 관련된 것을 조건으로, 이것은 진보성을 뒷받침하는 증거로 간주될 수 있다.

5. 언급된 기술적 과제의 정정

유럽특허출원에 개시된 발명에 의해 해결되는 기술적 과제의 기재에 대한 보정 또는 추후 삽입은 조약 제123조 2항을 만족시키는 것을 주의해야 한다. 예를 들어 진보성 결여의 거절이유에 대응하기 위해 청구항을 한정하는 것이 발생할 수 있는데, 선행기술에 의해서가 아니라 한정된 발명에 의해 달성할 수 있는 효과를 강조하기 위해 기재된 문제점의 수정이 바람직할 수 있다. 그런 수정은 최초 출원으로부터 강조되는 효과를 당업자가 어려움 없이 추론할 수 있으면 허용될 수 있다.

6. 참조문헌(Reference document)

최초 출원의 상세한 설명에 개시되어 있지 않지만 상세한 설명에 특정되어 있는 상호-참조문헌에만 기재되어 있는 특징은, 조약 제123조 2항의 의미의 "최초 출원 내용"에 일단 해당되지 않는다. 이는 특정한 조건하에서만 보정에 의해 출원의 청구항에 도입될 수 있다. 그런 보정은 최초 출원된 발명의 상세한 설명이

당업자에게 의문을 남기지 않으며, 다음의 경우에는 조약 제123조 2항의 규정에 위반되지 않는다.[6)]

(ⅰ) 보호가 그런 특징에 대해서 요구되거나 또는 요구할 수 있는 경우;

(ⅱ) 그런 특징이 발명의 기초가 되는 기술적 과제의 해결에 기여하는 경우;

(ⅲ) 그런 특징이 적어도 묵시적으로라도 최초 출원 명세서에 기재되어 있던 발명의 개시에 속하는 것이 명확하고, 따라서 최초 출원의 내용에 속하는 경우; 그리고

(ⅳ) 그런 특징이 명확하게 규정되어 있고 인용문헌에 개시된 범위 내에서 특정이 가능한 것인 경우.

7. 본문의 변경, 삭제 또는 추가

본문의 변경 또는 삭제 또한 본문의 추가는 새로운 대상물을 도입할 수 있다. 예를 들어 발명이 다층 라미네이트 패널에 관한 것으로, 상세한 설명이 다른 적층 구조의 다른 실시례를 포함하고 그 하나의 예가 폴리에틸렌 바깥층을 가지는 것이라면, 이 예의 바깥층을 폴리프로필렌으로 변경하거나 또는 이 층을 완전히 제거하는 보정은 통상적으로 인정되지 않는다. 두 경우 모두 보정된 실시례에 의해 개시된 패널은 최초에 개시된 것과 완전히 다르고, 그 보정은 새로운 대상물을 도입하는 것이 되어, 허용되지 않는다.

8. 청구항으로부터 특징의 교체 또는 제거

청구항으로부터의 특징의 교체 또는 제거는 당업자가 아래의 것을 직접적이고 명확하게 인식할 수 있으면, 조약 제123조 2항을 위반하지 않는다.

(ⅰ) 발명의 개시에서 그 특징이 필수적인 것으로 설명되어 있지 않은 것;

(ⅱ) 그 발명이 해결해야 할 기술적 과제에 비추어 당해 발명의 기능에 있어서 그 특징이 필수 불가결한 것이 아닌 것;

(ⅲ) 그 교체 또는 삭제가 그 변경을 보상하기 위해 다른 특징의 실제 수정을 요하지 않는 것.

---

6) T 689/90, OJ 10/93, 616.

하지만 다른 특징에 의한 교체의 경우, 조약 제123조 2항을 위반하지 않도록 그 교체되는 특징은 최초 출원 서류에서 뒷받침되어야만 한다.7)

9. 오류의 정정

오류의 정정은 보정을 포함하는 특별한 경우이고, 따라서 조약 제123조 2항의 요건이 동일하게 적용된다. 유럽특허청에 제출된 서류에서 언어상의 오류, 번역의 오류 및 그 밖의 실수는 언제라도 정정할 수 있다. 하지만 그 실수가 상세한 설명, 청구항 또는 도면에 있는 경우에는 그 오류와 정정이 다음에 대해서 모두 명백해야만 한다.

(i) 오류가 발생한 것; 그리고

(ii) 어떤 정정이 되어졌는지.

항목 (i)에 대해서, 부정확한 정보는 당업자가 공통의 일반적 지식을 사용하여 출원서류(상세한 설명, 청구항 및 도면) 자체로서 객관적으로 인식할 수 있는 것이어야 한다.

항목 (ii)에 대해서, 정정은 당업자가 공통의 일반적 지식을 사용하고 또한 객관적으로 봤을 때 그리고 출원일에 있어서 직접적이고 명확하게 최초 출원서류로부터 얻을 수 있는 범위 내의 것이어야 한다. 무엇이 출원일에 있어서 공통의 일반적 지식이었는지의 증거는 임의의 적당한 형태로 제공될 수 있다. 우선권서류는 위의 (i) 및 (ii)에 언급된 목적으로 사용될 수 없다.8)

10. 복수개의 보정안

보정의 결과로서 출원이 둘 또는 그 이상의 별개의 청구항의 세트를 가지는 상황이 발생할 수 있다. 위에서 언급된 청구항의 세트를 심사함에 있어서, 특별히 그들 사이의 차이점이 상당한 경우 각각을 별개로 다루는 것이 일반적으로 편리할 것이다. 출원인에 대한 통지는 둘 또는 그 이상의 부분으로 나뉘게 되는데, 그

7) T 331/87.

8) G 3/89 및 G 11/91.

목적은 각각의 청구항의 세트를 상세한 설명 및 도면과 함께 특허허여를 진행하기에 적합한 상태로 만드는 것이다.

만약 심사관이 상세한 설명과 도면이 청구항의 세트 모두와 일치하지 않아 혼란이 생길 수 있다고 생각하면, 심사관은 출원인에게 이것을 해소하기 위해 상세한 설명과 도면을 보정하도록 요청하여야 한다. 출원인이 그런 보정을 자발적으로 하는 경우에는 심사관은 그 보정이 필요하다고 인정하는 경우에만 허락해야 한다. 이런 형태의 출원은 보정 후에, 동일한 상세한 설명 및 도면에 의해 각각 뒷받침되는 둘 또는 그 이상의 별개의 청구항 세트로 구성되거나, 다른 상세한 설명 및 도면에 의해 뒷받침되는 둘 또는 그 이상의 청구항 세트로 구성될 것이다. 동일한 상황이 출원에서 지정된 국가의 일부에 한하여 유럽특허 허여의 최종 결정이 적용되는 경우에 일어날 수 있다.

V. 디스클레이머(Disclaimer)

1. 서 언

청구항의 대상물은 특정한 기술적 특징이 있다는 것을 나타내는 긍정적 특징의 용어로 정의된다. 하지만 예외적으로 특정한 특징이 없다는 것을 명시적으로 언급하는 부정적 한정, 즉 디스클레이머를 사용하여 대상물의 권리범위를 한정할 수 있다. 유럽특허청의 확대심판부는 오랫동안 최초 출원에 기재되지 않은, 청구항의 범위로부터 정의된 실시례를 배제하는 부정적 특징을 심사 중에 청구항에 도입하는 것을 허용해 왔다. 하지만 유럽특허조약에서 보정은 조약 제123조 2항의 요건을 만족시켜야 하므로, 최초 출원명세서에 기초해야 한다는 일반적인 규칙과는 다른 것이다.

2. 디스클레이머의 사용

청구항은 청구항에 디스클레이머를 삽입함에 의해 보정될 수 있다. 디스클레이머란 청구항의 범위로부터 특정한 대상물을 삭제하는 부정적인 기술적 특징이다. 삭제되는 대상물은 하나 또는 그 이상의 특정한 실시례, 서브그룹 또는 분야일 수 있다. 디스클레이머는 최초 출원의 청구항에 있거나 또는 출원진행 중에 보정에 의해 추가될 수 있다.

디스클레이머를 포함하는 보정된 청구항은 유럽특허조약의 요건을 만족시켜야 한다. 청구항에 디스클레이머를 삽입했을 때, 해당 청구항은 조약 제84조의 명확성 요건을 만족시켜야만 한다. 디스클레이머를 사용하는 것은 긍정적 특징의 용어로 더 명확하고 간결하게 대상물이 정의될 수 없다면 허용될 수 있다. 삭제된 대상물은 명확성, 간결성 및 명세서의 뒷받침(조약 제84조), 개시의 충분성(조약 제83조) 및 진보성(조약 제56조)의 판단에 고려될 수 없다.

3. 디스클레이머의 존재

디스클레이머를 삽입하는 보정의 허용여부는 디스클레이머 또는 보정에 의해 삭제되는 대상물이 최초 출원에 기초를 가지고 있느냐의 여부이다. 디스클레이머가 존재할 수 있는 것은 다음과 같은 3가지 경우로 분류할 수 있다.

첫 번째 경우는 '개시된 디스클레이머'이다. 최초 출원 내용에 부정적 특징이 개시되어 있는 것이다. 예를 들면 디스클레이머는 'A가 아니다'로 기재될 수 있는데, 실제로 최초 출원 내용에 'A가 아니다'라는 기재가 개시되어 있는 경우이다.

두 번째 경우는, '개시된 대상물을 삭제하는 디스클레이머'이다. 최초 출원 내용에 디스클레이머의 대상물은 긍정적인 특징으로 개시되어 있지만 그와 같은 디스클레이머는 개시되지 않은 경우이다. 예를 들면 디스클레이머는 'A가 아니다'로 기재되는데, 최초 출원 내용에 'A'는 개시되어 있지만, 'A가 아니다'는 개시되어 있지 않은 경우이다.

세 번째 경우는, '개시되지 않은 디스클레이머'이다. 최초 출원 내용에 디스클레이머도 기재되어 있지 않고 삭제된 대상물도 개시되지 않은 경우이다. 예를 들면 디스클레이머는 'A가 아니다'인데, 최초 출원 내용에 'A'도 개시되어 있지 않고, 'A가 아니다'도 개시되어 있지 않은 경우이다.

4. 개시된 디스클레이머

최초 출원내용에 개시된 부정적 특징에 근거하는 디스클레이머는 보정을 통해 청구항에 삽입될 수 있다. 부정적 특징은 명시적인 방식[9] 또는 암시적인 방식[10]으로 개시될 수 있다. 부정적인 용어로 정의된 처음부터 개시된 특징도 디스클레이머로서 사용될 수 있다.[11] 이 경우 최초 출원은 이미 권리포기된 실시례는 발명의 일부가 아니라는 것을 기재하고 있다. 부정적 특징은 긍정적 특징과 같은 방법으로 청구된 발명을 정의하는 것에 도움이 되고, 동일한 기초에서 심사되어야 한다. 즉, 부정적 한정에 대해서도 신규성과 진보성이 심사되어야 한다. 부정적 한정은 조약 제84조하의 요건인 명확성, 간결성 및 명세서에 의한 뒷받침을 만족시켜야 하고, 부정적 한정의 포함이 조약 제123조 2항을 위반하지 않아야 한다.[12]

디스클레이머의 예는 다음과 같다: "… 상기 체결수단은 볼트를 포함하지 않는다.", "… 120℃보다 낮은 녹는점을 가지는 첨가제는 제외된다."

긍정적 특징과 같이 부정적 특징은 구조적 또는 기능적일 수 있고 또 물리적 실체 또는 행위와 관련된 것일 수 있다.

5. 개시된 대상물을 삭제하는 디스클레이머

긍정적 특징으로 최초 출원에 개시된 대상물은 청구항에 디스클레이머를 삽입함에 의해 청구항의 범위로부터 삭제될 수 있다. 출원인은 청구항들에 특정한 대상물을 삽입하거나 삭제함에 의해 보호의 범위를 자유롭게 결정할 수 있다. 종래 기술에 속하는 것으로 나타난 실시례 또는 비교례로서 나타난 실시례는 결코 권리로서 청구될 수 없다.

개시된 대상물을 삭제하는 디스클레이머의 삽입은 대상물을 추가함에 의한 조약 123조 2항을 위반하지 않아야 한다. 그리고 출원 또는 특허의 보정과 같이, 개시테스트(disclosure test)를 통과해야만 한다. 이 경우 적용되어야 할 테스트는 당업자가 남아 있는 청구된 대상물을 공통의 일반지식을 사용하여, 명시적으로 또는 암시적으로 하지만 직접적이고 분명하게 최초 출원에 개시된 것으로 간주할 수 있을지 여부이다.[13] 이 테스트는 긍정적으로 정의된 특징에 의해 청구항의 한

9) T 245/91, T 255/91.

10) T 278/88, T 170/87.

11) T 154/06.

12) T 170/37, T 365/88.

13) G 2/10.

정의 허용여부가 결정되어야 할 때 적용되는 것과 같다.

디스클레이머의 도입 후에, 그 청구항이 조약 제123조 2항을 침해하는지 아닌지를 결정할 때, 이것은 그 권리포기된 대상물이 최초 출원에 개시되었다는 것을 확정함에 의해서만 결정될 수 없다. 보정된 청구항, 즉 보정된 청구항에 남아 있는 대상물을 당업자가 어떻게 이해할 수 있을지에 따르고 또 공통의 일반지식을 사용하여, 당업자가 최초 출원에 적어도 명백하게 개시된 것과 같은 대상물로 간주할 수 있는지에 의존하는 새로운 정보에 당업자가 맞닥뜨려졌는지 여부에 관련된다.

최초 출원에 개시된 정도와 본질을 고려함, 권리포기된 대상물의 본질과 정도 그리고 보정 후에 청구항에 남은 대상물과의 관계를 고려하면서, 해당 케이스 각각의 전체적 기술적 환경의 판단이 필요하다.

6. 개시되지 않은 디스클레이머

특정한 경우들에서, 개시되지 않은 디스클레이머가 조약 제123조 2항하의 보정의 방법으로 청구항에 삽입될 수 있다. 이런 개시되지 않은 디스클레이머의 허용은 G 1/93에 있는 대상물의 확장에 대한 테스트를 사용하여 G 1/03에서 분석되었다. 최초 출원에 개시되지 않은 기술적 특징을 삭제하는 디스클레이머를 사용하여 청구항의 범위를 한정하는 것은 조약 제123조 2항하에서 다음과 같은 경우들에 허용될 수 있다.[14)]

i) 조약 제54조 3항하의 개시에 대한 신규성의 회복;

ii) 조약 제52조 2항하의 우연한 예측(accidental anticipation)에 대한 신규성의 회복;

iii) 조약 제52조에서 제57조 하에서, 비기술적인 이유로 특허가능성으로부터 배제된 대상물의 제거.

위에 있는 ii)의 우연한 예측과 관련해서, 청구된 발명으로부터 멀리 떨어져 있고 관련이 없어서 발명을 할 때 당업자가 그것을 고려할 수 없을 정도라면 예측은 우연한 것이다. “우연”의 상태는 이용가능한 추가의 선행기술을 찾음이 없이

14) G 1/03, G 2/03.

확인되어야 한다. 어느 문헌이 가장 근접한 종래기술로 고려되지 않았다는 사실은 "우연"의 상태를 구성하는 데 불충분하다. 그 발명으로부터 벗어나는 교시의 종래기술은 우연한 예측을 구성하지 않는다.

위의 iii)과 관련해서, 예를 들면 조약 제53조 (a)의 요건을 만족시키기 위한 "비인간(non-human)"의 삽입은 허용된다.

개시되지 않은 디스클레이머는 다음의 경우에 허용되지 않는다.

i) 디스클레이머가 동작되지 않는 실시례를 제거하거나 불충분한 개시를 치유하기 위해 된 경우;

ii) 디스클레이머가 기술적 기여를 만드는 경우이다.

개시되지 않은 디스클레이머는 특히 다음의 경우에 허용되지 않는다.

i) 그 한정이 진보성을 판단하는 데 관련되는 경우;

ii) 경합하는 출원(조약 제54조 3항)에만 기초하여 허용되는 디스클레이머가, 청구된 발명의 우연한 예측이 아닌, 조약 제54조 2항하의 각각의 종래기술문헌에 대해서 신규하거나 진보된 발명을 낳는 경우;

iii) 경합하는 출원에 기초한 디스클레이머가 조약 제82조하의 불비사항을 제거하는 경우.

제14장

특별출원

Ⅰ. 유럽분할출원(European divisional applications)

1. 개 요

(1) 분할출원 규정의 개정

유럽특허출원에 대한 분할출원의 규정은 2014년 4월 1일부로 개정되어 적용되고 있다. 분할출원에 대한 규정에서 분할출원 가능기간은 2010년 4월 1일과 2014년 4월 1일을 기준으로 달라진다. 전체적으로 보면, 2014년 4월 1일부터는 2010년 4월 1일 이전에 적용되던 분할출원 가능기간이 적용된다. 즉 선 유럽출원이 진행중이면 분할출원을 할 수 있다. 하지만 2010년 4월 1일부터 2014년 4월 1일까지는 분할출원 가능기간으로 최선 유럽출원에 대한 거절 또는 등록에 대한 최초 통지로부터 24개월 또는 선 유럽출원의 발명의 단일성에 대한 통지가 최초의 거절이유인 것을 조건으로 24개월 내에 제출될 수 있었다.

(2) 분할출원의 제출가능기간

유럽특허출원이 진행 중이면 그 출원을 기초로 분할출원을 할 수 있다. 유럽출원을 분할하기 위해, 출원인은 하나 또는 그 이상의 유럽분할출원을 제출한다. 모출원이 어떤 종류의 출원인지는 의미가 없다. 모출원은 그 자체가 이전의 분할출원일 수 있다. 모출원이 유로-PCT출원인 경우에, 분할출원은 유로-PCT출원이 지정관청 또는 수리관청으로 행동하는 유럽특허청에 대하여 진행 중일 때, 즉 유로-PCT출원이 유럽단계에 진입해야만 출원될 수 있다.

모출원은 분할출원이 제출될 때, 진행 중이어야 한다. 그 자체가 분할출원인 하나의 출원으로부터 분할출원으로 제출된 출원의 경우에, 두 번째 분할출원의 출원일에 첫 번째 분할출원이 여전히 진행 중이면 충분하다. 출원이 진행 중이라 함은 유럽특허공보에 그 특허의 허여가 기재되는 날까지(그날을 포함하지 않음)를 말한다. 모출원이 거절, 취하 또는 취하간주되었을 때, 분할출원을 유효하게 제출하는 것은 불가능하다. 조약 제122조에 따른 권리의 재설정은 분할출원의 제출에 대한 기한이 있는 것이 아니고 분할출원이 제출되어야 할 시점이 있기 때문에 분할출원의 제출에 관하여는 배제된다. 결과적으로 속행 또한 이용이 불가능하다.

출원이 기한을 준수하지 않음에 따라 취하간주되면[예를 들어 출원료(조약 제78조 2항, 등록료 및 공고수수료 또는 청구항료를 납부하지 않음, 또는 기간 내에 청구항의 번역문을 제출하지 않음(규칙 71(7))] 그 출원은 규칙 112(1)에 따른 통지로서 그 권리의 상실이 해소되지 않는 한, 준수되지 않은 기한이 만료된 때에 더 이상 진행 중이지 않는 것이다. 이것은 속행에 대한 허용가능한 신청에 의해 효력을 발할 수 있다.

유지료를 기한까지 납부하지 않은 경우, 출원인이 과태료와 함께 유지료를 납부할 수 있는 6개월 기간의 마지막 날까지 그 출원은 계속중이고, 분할출원은 이 기간동안 제출될 수 있다(비록 그 수수료가 결국 납부되지 않았을지라도). 그 출원의 취하간주는 6개월기간의 만료시에 효력을 발휘한다.

유럽특허출원이 거절되고 심판이 청구되지 않았다면, 그 출원은 심판청구의 제출기간의 만료 시까지 규칙 36(1)의 의미에서 여전히 계속 진행 중이다. 따라서 분할출원이 심판청구의 제출기간 만료시까지 유효하게 제출될 수 있다. 출원인이 심판청구를 유효하게 했지만 심판청구이유를 기재한 서류를 제출하지 못한 경우 그 거절된 출원은 조약 제108조하의 심판청구이유의 제출기간의 만료까지 계속 진행 중이다. 분할출원의 제출에 대한 규정이 심판절차 진행 중에도 적용되므로 심판절차가 진행 중에는 분할출원이 제출될 수 있다.

(3) 분할출원을 할 권리를 가진 자

기록된 출원인만이 분할출원을 제출할 수 있다. 이것은 출원의 양도의 경우에 분할출원은 분할출원의 제출일에 양도가 적절하게 등록되고 효력을 발휘한다면 새로운 출원인에 의해 또는 대신하여서만 제출될 수 있다.

2. 분할출원의 제출일과 우선권주장

(1) 분할출원의 제출일

유럽분할출원은 출원된 모출원의 내용을 넘어서 확장되지 않는 대상물에 대하여 제출될 수 있다. 이 요건을 만족하는 것을 요건으로, 분할출원은 모출원의 출원일에 제출된 것으로 간주되고 그 출원의 우선권을 향유한다. 조약 제80조 및 규칙 40(1)의 요건을 만족시켜 제출된 분할출원은 모출원과 같은 동일한 출원일을 부여받는다. 분할출원이 모출원에 포함된 대상물에 한정되는지에 대한 의문은 심사절차까지 결정되지 않는다.

유럽출원에서는 그 출원일에 청구항을 포함할 것을 요청하지 않으므로 동일한 것이 유럽분할출원에도 적용된다. 출원인은 절차에 따라 분할출원의 제출 후에 청구항을 제출할 수 있다. 청구항의 제출은 모출원이 계속 중인 동안 그 분할출원에 관하여 요건이 만족되는 것을 조건으로, 모출원이 더 이상 진행 중이지 않을 때에도 될 수 있다.

(2) 우선권주장

모출원에 주장된 우선권은 분할출원에도 적용될 수 있다. 모출원의 우선권주장이 소멸되지 않은 것을 조건으로, 분할출원은 모출원의 우선권을 유지한다. 우선권을 공식적으로 다시 주장할 필요는 없다. 우선권주장은 분할출원에 대하여 취하될 수 있다. 하지만 이 취하는 모출원의 우선권 주장에 영향을 미치지 않는다. 분할출원의 제출 후의 모출원의 우선권 주장의 취하는 분할출원의 우선권 주장에 영향을 미치지 않는다.

분할출원 전에 모출원에 관하여 우선권출원의 사본 및 번역문이 제출되면, 분할출원에 대하여 다시 우선권서류를 제출하는 것은 필요하지 않다. 유럽특허청은 이들 서류의 사본을 만들고 분할출원의 포대에 둔다.

분할출원이 제출되었을 때, 모출원에 대해 우선권서류가 제출되지 않았으면 우선권 서류는 분할출원에 대하여 제출되어야 하고, 또 모출원의 남아 있는 대상물에 대한 우선권이 유지된다면 모출원에 대해서도 우선권 서류가 제출되어야 한다. 출원인은 분할출원의 절차에서 우선권서류를 제출하기 위한 기간 내에 모출원에 대하여 이들 서류를 그 사이에 제출했다는 것을 유럽특허청에 통지할 수 있다. 만약 분할출원의 대상물이 모출원에서 청구된 우선권들 중 일부에만 관련된 것이면 분할출원에 대한 우선권서류는 그들 우선권만에 대해서 제출되는 것이 필요하다. 이것은 우선권출원의 출원번호를 표시하는 것에 대해서도 적용된다.

3. 분할출원의 제출

(1) 분할출원의 제출방법 및 장소

분할출원은 뮌헨, 헤이그 또는 베를린에 있는 유럽특허청에 직접 또는 우편으로 제출되어야만 한다. 분할출원은 또한 유럽특허청 Online Filing 소프트웨어, 유럽특허청 사건관리시스템 또는 유럽특허청 웹 출원 서비스를 통해 제출될 수 있다. 유럽분할출원의 회원국 관청에의 제출은 법적으로 효력이 없다. 하지만 그 관청은 서비스로서 유럽특허청에 유럽분할출원을 이송할 수 있다. 만약 관할 관청이 그 출원을 이송할 것으로 결정하면, 분할출원은 그 서류가 유럽특허청에 제출될 때까지는 접수된 것으로 간주되지 않는다. 유럽분할출원을 유럽특허청에 제출하도록 하는 것은 유럽분할출원에 대한 공고가 지연 없이 즉각적으로 될 수 있도록 하기 위함이다.

분할출원은 분할출원이 나온 모출원의 선출원에 대한 인용으로서 제출될 수 있다. 그 절차는 규칙 40(1)(c), (2) 및 (3)에 있는 것과 같다. 규칙 40(3)에 따른 선(모)출원의 사본 또는 번역문은 이들 선(모)출원의 포대에서 유럽특허청이 이미 이용할 수 있으므로, 출원인이 제출할 필요는 없다. 이는 모출원이 유럽특허출원 또는 PCT하의 수리관청으로 유럽특허청이 지정된 국제출원이어야 한다.

(2) 특허허여청구

특허허여청구는 분할출원이라는 것과 모출원의 출원번호를 표시한 진술을 포함하여야 한다. 비록 일부의 첨부서류가 분할출원의 효력을 나타내는 진술을 포함할지라도, 그 출원이 분할출원을 구성한다는 표시가 없거나 출원번호가 빠져 있으면 발생할 수 있는 것과 같이 특허허여청구가 불비하면, 그 불비사항은 정정될 수 있다.

(3) 분할출원의 언어

분할출원은 모출원의 진행언어로 제출되어야만 한다. 다르게는 모출원이 유럽특허청의 공식언어 외의 다른 언어로 제출된 경우, 분할출원은 그 언어로 제출될 수도 있다. 이 경우 모출원의 진행언어로의 번역문이 분할출원의 제출일로부터 2개월 내에 제출되어야 한다.[1)]

(4) 회원국의 지정

유럽분할출원 시에 선출원에서 지정된 모든 회원국은 분할출원에 지정된 것으로 본다. 만약 분할출원이 제출되었을 때 모출원에 대해 지정료의 납부를 위한 기한이 만료되지 않았고 또 모출원에 대해 취하된 지정이 없을 때, 모출원의 출원시점에 유럽특허조약을 따르는 모든 회원국이 분할출원에 대해 출원 시에 자동적으로 지정된다. 역으로 분할출원의 시점에서 모출원에 대하여 그 지정이 취하되거나 취하 간주된 회원국은 분할출원에 대하여 지정될 수 없다.

(5) 확장협약국과 승인협약국

유럽분할출원 시에 선출원에 지정된 확장협약국과 승인협약국은 분할출원에서 지정된 것으로 간주된다.

4. 수수료

(1) 두 번째 또는 그 이후의 분할출원에 대한 추가수수료

2014년 4월 1일 이후의 분할출원에서, 2세대 분할출원 또는 그 이후의 분할출원에 대해서는 출원료의 일부로서 추가수수료가 납부된다.[2)] 이 추가수수료는 분할출원이 속하는 분할의 세대에 따라 달라진다. 1세대 분할출원에는 이 추가수수료가 없고, 2세대부터 5세대 분할출원까지는 추가수수료가 계속적으로 증가한다. 5세대 분할출원과 그 이후의 분할출원에 대해서는 추가 수수료가 일정하게 된다.

---

1) 규칙 36(2).

2) OJ EPO 2014, A22.

(2) 출원료, 조사료 및 지정료(Filing, search and designation fees)

분할출원에 대한 출원료와 조사료는 출원된 후 한 달 내에 납부되어야 한다. 지정료는 그 분할출원에 대해 작성된 유럽조사보고서를 유럽특허공보가 공고한 날부터 6개월 내에 납부되어야 한다.

조사료는 발명의 단일성이 결여된 부분, 그래서 현재 그 분할출원의 대상이 된 부분에 대해 모출원에 대한 조사보고서에 대해 이미 추가 조사료가 납부되었을지라도 납부되어야 한다. 만약 출원료, 조사료 또는 지정료의 제출기간 내에 납부하지 않으면 그 출원은 취하간주된다. 유럽특허청은 출원인에게 통지서를 발행하여 이러한 권리의 상실을 통지한다. 출원인은 조약 제121조 및 규칙 135에 따른 속행을 신청할 수 있다.

(3) 청구항료(Claims fees)

청구항의 첫 번째 세트를 제출할 때에 그 분할출원이 15개 이상의 청구항을 포함하는 경우, 15개를 초과하는 각 청구항에 대하여 청구항료가 납부될 수 있다.[3] 청구항료는 현재 분할출원의 대상인 대상물에 대한 청구항에 대하여 모출원에서 제출되었을지라도 납부 가능하다.

(4) 유지료(Renewal fees)

분할출원에 대하여 다른 유럽특허출원과 같이 유럽특허청에 유지료가 납부된다. 유지료는 모출원의 출원일로부터 계산해서 3년째 및 그 이후의 각각의 해에 대하여 납부된다. 모출원의 출원일이 그 분할출원에 대한 유지료의 납부를 위한 기한이 기산되는 날짜가 된다. 분할출원이 제출되었을 때, 모출원에 대한 유지료가 이미 기한이 되었다면 이들 유지료는 분할출원에 대해서도 납부되어야 하고 또 분할출원이 제출되었을 때 기한으로 된다. 이들 수수료의 납부기한은 분할출원의 제출일 후 4개월이다. 기한 내에 납부되지 않으면 늦게 제출되는 유지료에 50%의 가산수수료가 납부되는 것을 조건으로, 분할출원이 제출된 날부터 6개월 내에 수수료가 유효하게 납부될 수 있다. 만약 분할출원의 제출일에 수수료에 더해 추가유지료가 기한이 되고 또는 유지료가 처음으로 기한이 되면 동일한 것이 적용된다.

3) 규칙 45(1), 규칙 162(1)에서 기준이 되는 청구항의 개수는 2008년 4월 1일부터 10개에서 15개로 변경되어 적용되었다(2008.3.6. 행정이사회의 결정 CA/D 2/08).

위에서 언급된 4개월 내에 만약 추가 유지료가 기한이 되거나 또는 유지료가 처음으로 기한이 되면, 그 기간 내에 과태료 없이 납부될 수 있다. 그렇지 않으면 늦게 납부되는 유지료의 50%의 과태료가 동시에 납부되는 것을 조건으로 기한으로부터 6개월 내에 유효하게 납부될 수 있다.

정해진 시간에 유지료를 납부하지 못한 것에 대한 속행은 규칙 135(2)에 의해 배제된다. 하지만 재설정은 가능하다. 규칙 51(3), 두 번째 문장에 규정된 4개월의 기간 내에 기한이 되는 유지료에 대한 권리의 재설정에 관한 출원의 경우에 규칙 136(1)에 의해 규정된 1년의 기간은 규칙 51(2)에 규정된 6개월이 만료된 후에만 시작된다.

5. 발명자의 지정

발명자의 지정이 되지 않은 경우 또는 발명자의 지정이 규칙 19에 맞지 않는 경우 출원인은 유럽특허청에 의해 최소 2개월이 되어야 하는 정해진 기간 내에 발명자의 지정을 하든지 불비사항을 정정할 것을 요청받는다. 분할출원은 분할출원이 기초하는 모출원과 독립해서 별개로 발명자의 지정을 요한다.

6. 분할출원의 심사

분할출원의 실체심사는 원칙적으로 다른 출원에 대한 심사와 동일하게 행해져야 하지만 다음의 특별한 점이 고려될 필요가 있다. 분할출원의 청구항은 모출원의 청구항에서 이미 청구된 대상물에 한정될 필요는 없다. 하지만 분할출원의 대상물은 최초 출원된 모출원의 범위를 넘어서 연장될 수는 없다. 분할출원이 출원 시의 모출원에 포함되어 있던 대상물에 추가된 대상물을 포함하고 있고 출원인이 그 추가된 대상물을 삭제하는 것에 의해 결함을 해소하는 것에 동의하지 않으면 거절되어야 한다. 분할출원의 출원일을 유지하면서 독립출원으로 변경될 수 없다. 또한 이 추가적인 대상물에 대한 추가의 분할출원은 거절되어야 한다.

분할출원에 대해서 출원 후에 행해진 보정은 출원된 분할출원의 내용을 넘어서는 대상물까지 연장될 수 없다는 요건에 따라야만 한다.[4]

---

4) T 873/94.

7. 상세한 설명 및 도면

모출원 및 해당 또는 각 분할출원의 상세한 설명 및 도면은 원칙적으로 그 출원에서 청구된 발명에 관련된 것으로 제한된다. 하지만 상세한 설명의 보정은 절대적으로 필요한 경우에 한하여 요구되어야 한다. 따라서 모출원 중의 내용의 분할출원에서의 반복은 분할출원에서 청구된 발명과 명백하게 관련없지 않거나 불일치하지 않는 한 거절할 필요는 없다. 상호참조의 사항에 대해서는 현재의 실무상으로는 상호참조가 모출원과 분할출원 사이에서 항상 이루어지므로, 상세한 설명에서 심사관이 체크할 필요가 없다.

8. 청구항

모출원과 분할출원은 동일한 대상물을 청구할 수 없다. 이는 실질적으로 동일한 범위의 청구항을 포함해서는 안 될 뿐만 아니라 다른 단어로 된다 할지라도, 하나의 출원이 다른 출원에서 청구된 대상물을 청구할 수 없다는 것을 의미한다. 두 개의 출원의 청구된 대상물 사이의 차이점은 명백하게 구별될 수 있어야 한다. 하지만 일반적으로 하나의 출원은 다른 출원의 대상물과의 조합으로 그 자신의 대상물을 청구할 수 있다. 다시 말하면, 모출원과 분할출원이 조합으로 기능하는 별개이고 구별되는 요소 A 와 B를 각각 청구하는 경우, 이 두 출원의 어느 하나는 A+B에 대한 청구항을 포함할 수 있다.

II. 정당한 권리자의 출원(조약 제61조에 따른 출원)

1. 개 요

출원인 이외에, 조약 제61조 1항에 규정된 자가 유럽특허를 받을 수 있는 권리가 있다고 법원 또는 관할당국의 판결에 의해 결정될 수 있다. 이에 따라 조약 제61조 1항에 따른 정당한 권리자는 그 판결이 확정된 후 3개월 내에, 유럽특허가 아직 허여되지 않은 것을 조건으로, 유럽특허출원에 지정된 회원국들에 대해 출원인을 대신하여 그 자신의 출원으로서 그 출원을 진행하거나, 동일한 발명에 대하여 새로운 유럽특허출원을 제출하거나, 그 출원을 거절할 것을 청구할 수 있다.

정당한 권리자가 첫 번째 경우를 선택하면 그 정당한 권리자가 원출원인을 대신하여 출원인이 되고, 그 출원의 수행에 대해서는 출원절차가 중단된 시점에서 계속한다. 하지만 그 정당한 권리자가 새로운 출원을 제출한 경우에는 조약 제76조 1항의 규정이 이 새로운 출원에 준용된다. 이는 그 새로운 출원이 분할출원인 것처럼 취급되는 것을 의미하는데, 즉 이 출원은 원출원의 출원일과 만약 있다면 우선권의 이익을 보유한다. 따라서 심사관은 그 새로운 출원의 대상물이 원출원의 출원 시의 내용을 넘어서지 않도록 확인해야만 한다. 그 원출원은 관계된 지정국에 대해 새로운 출원의 출원일에 취하된 것으로 간주된다.

2. 특허허여를 위한 절차의 정지

만약 제3자[5]가 그가 그 유럽특허의 허여를 위한 권리를 가졌다는 판결을 구하는 목적으로 출원인에 대한 절차가 개시되었다는 증거를 유럽특허청에 제공하면 —증거는 법원에 의한 확인의 형태를 취할 수 있다— 유럽특허청은 그 제3자가 특허허여를 위한 절차의 계속에 동의하지 않는 한 특허허여를 위한 절차는 정지된다. 상기 동의는 유럽특허청에 서면으로 통지되어야 한다. 이 동의는 취소될 수 없다. 하지만 특허허여를 위한 절차는 유럽특허출원의 공개 전에 정지될 수 없다.

3. 특허허여를 위한 절차의 재개

절차의 정지에 대한 결정이 주어졌을 때나 그 후에, 유럽특허청은 출원인에 대한 절차에서 도달된 상태에 불구하고, 진행중인 절차를 계속하고자 하는 날짜를 정할 수 있다. 그 날짜는 그 제3자, 출원인 및 다른 당사자에게 통지되어야 한다. 그 날짜까지 확정이 된 결정이 주어졌다는 증거가 제공되지 않으면, 유럽특허청은 절차를 계속해야 한다.

만약 특허허여를 위한 절차의 재개를 위한 날짜가 결정되면, 기한 내에 그들이 포함되는 것이 가능하도록 법원절차의 가능한 기간에 기초하여 결정이 그에게

---

5) 여기서 제3자는 판결의 결과에 따라 정당한 권리자가 될 수 있다.

유리하게 주어진 후에 그 절차에 당사자가 된 제3자의 이익을 위한 고려가 기한 내에 선택되어야 한다. 만약 그 날짜의 결정까지, 법원이 판결을 내리지 않으면, 특허허여를 위한 절차는 만약 그 판결이 가까운 미래에 있을 것으로 판단되면 더 정지되어야 한다. 하지만 제3자에 의해 지연전술이 채용되고 있는 것이 명백하거나, 제1심 법원에서의 절차가 출원인에게 유리한 판결로 결론 내려진 경우 및 재심리의 제기에 의해 법적 절차가 연장되면, 특허허여를 위한 절차는 재개되어야 한다. 유럽특허의 허여를 위한 권리부여에 관한 절차에서 최종 결정이 주어졌다는 증거가 유럽특허청에 제공된 경우, 유럽특허청은 출원인 및 다른 당사자들에게, 조약 제61조 1항(b)에 따른 새로운 유럽특허출원이 모든 지정된 회원국에 대해 제출되지 않는 한, 통지에서 언급된 날짜로부터 특허허여를 위한 절차가 재개될 것이라고 통지하여야 한다. 만약 그 결정이 제3자에게 유리하면, 제3자가 특허허여를 위한 절차의 재개를 요청하지 않는 한 그 결정의 확정으로부터 3개월의 기간 후에만 재개될 수 있다.

4. 기한의 중단 및 취하의 제한

유지료의 납부를 위한 기한을 제외하고 절차의 중지 시에 진행 중인 기한은 그 중지에 의해 중단된다. 아직 경과되지 않은 기간은 절차가 재개된 날짜로부터 계속하여 진행하기 시작한다. 하지만 절차의 재개 후에 여전히 진행될 수 있는 기간은 2개월보다 짧지 않아야 한다.

제3자가 특허허여를 위한 권리부여에 관한 절차를 시작했다는 것을 유럽특허청에 증명한 시간으로부터 그리고 유럽특허청이 특허허여를 위한 절차를 재개한 날짜까지, 유럽특허출원이나 회원국의 지정은 취하될 수 없다.

5. 새로운 출원의 제출

조약 제61조 1항(b)에 따른 새로운 유럽특허출원은 유럽특허청의 헤이그, 뮌헨 또는 베를린 사무소에 서면으로 또는 전자적 형식으로 제출되어야만 한다. 조약 제61조 1항(b)에 따른 출원을 회원국의 관할당국에 제출하는 것은 불가능하다. 이 새로운 출원은 많은 다른 관점에서 유럽분할출원과 같이 취급되고 또 대응되는 규정이 적용된다. 특히 분할출원에 대한 다음의 규정이 준용된다. 하지만 유지료에 대한 규정은 다르다. 새로운 출원이 제출된 해와 그 전 해에 대해서는 유지료가 납부될 필요가 없다.

정당한 권리자에 의한 새로운 출원은 방식심사가 다른 출원에 대한 것과 같이 수행된다. 정당한 권리자가 선출원에서 지정된 회원국의 일부에 대해서만 유럽특허의 허여를 위한 권리가 있다는 판결이 되고, 그리고 정당한 권리자가 이들 국가에 대해 새로운 출원을 제출하면, 나머지 국가에 대해서는 선출원이 이전의 출원인의 이름으로 계속된다. 상기 선출원은 판결이 받아들여지고 승인된 지정된 회원국에 대한 새로운 출원의 제출일에 취하된 것으로 간주된다.

만약 정당한 권리자가 조약 제61조 1항(c)하에서 선출원이 거절되어야 한다는 것을 신청하면 유럽특허청은 이 신청을 승인해야 한다. 결정에 대해 심판을 청구할 수 있다.

Ⅲ. 생물학적 물질에 대한 출원

1. 생물학적 물질의 정의

생물학적 물질은 유전적 정보를 함유하고 그 자체로 복제되거나 생물계에서 스스로 복제되는 물질을 의미한다.[6)]

생물학적 물질에 관한 출원에 대해, 출원인이 인증된 기탁기관에 규칙에 따라 생물학적 물질을 기탁하였다고 언급한 경우에, 그런 정보가 제출된 출원에 포함되어 있지 않으면, 아래의 기간 중 가장 먼저 만료하는 기간 내에, 출원인은 기탁기관의 이름과 기탁의 수납번호를 제출해야만 하고 생물학적 물질이 출원인 이외의 자에 의해 기탁된 경우 기탁자의 이름과 주소가 제출되어야 한다.

(i) 유럽특허출원의 출원일 또는 우선일로부터 16개월 내에, 만약 상기 정보가 유럽특허출원의 공개를 위한 기술적 준비의 완성 전에 통지되었다면 이 기간은 준수된 것으로 본다.

(ii) 조약 제93조 1항(b)에 따른 출원의 조기 공개가 요청된 경우, 그 요청의 제출일까지; 또는

---

6) 규칙 26(3).

(iii) 조약 제128조 2항에 따라 포대를 열람할 수 있는 권리가 존재한다는 것이 통지되었다면, 그 통지일부터 한 달 이내.

기탁자와 출원인이 동일하지 않은 경우 기탁자가 출원에 있는 기탁된 생물학적 물질을 출원인이 참조할 수 있도록 위임했고, 또 공중에게 그 기탁된 물질이 사용될 수 있도록 제한 없고 취소할 수 없는 동의를 했다는 유럽특허청을 만족시키는 서류를 제출하기 위해 동일한 기한을 적용한다.

기탁기관은 유럽특허청의 관보에 공고된 것과 같은 공인된 기탁기관의 명부에 나타나야 한다. 이 명부는 기탁기관을 포함하는데, 특히 부다페스트조약에 따른 국제 기탁기관을 포함한다. 갱신된 명부가 관보에 정기적으로 공고된다.

2. 생물학적 물질의 새로운 기탁

만약 규칙 31에 따라 기탁된 생물학적 물질이 공인된 기탁기관으로부터의 이용이 중지된 경우 이용 중지는 다음의 경우에 발생하지 않은 것으로 본다.

(i) 그 물질의 새로운 기탁이 부다페스트 조약에 따라 이루어진 경우;

(ii) 유럽특허 또는 유럽특허출원의 번호를 기재하고, 새로운 기탁의 날로부터 4개월 내에 유럽특허청으로 기탁기관에 의해 발행된 새로운 기탁의 영수서류의 복사본이 전달된 경우.

이용중지는 다음의 경우에 일어날 수 있다. 즉 그 물질이 더 이상 생존가능하지 않을 정도로 퇴화되거나, 원래 기탁된 당국이 부다페스트 조약 또는 유럽특허청과의 쌍방간 협약하에서 더 이상 그런 종류의 물질에 대해 자격이 없는 경우이다. 이와 같은 경우에 기탁기관에 의해 그 물질의 이용중지가 기탁자에게 된 날부터 3개월 내에 새로운 기탁이 되어야만 한다.

하지만 기탁된 당국이 더 이상 자격이 없고, 그 기탁기관이 해당 생물학적 물질에 대하여 더 이상 자격이 없다는 것이 국제사무국(International Bureau)에 의해 공개된 날 이후 6개월 이내에 그 기탁기관으로부터 위의 통지가 수탁자에게 수령되지 않은 경우에는 예외이다. 이 예외적 경우에 새로운 기탁이 국제 사무국에 의한 상기 공개의 날부터 3개월 내에 되어야 한다.

하지만 만약 원래의 기탁이 부다페스트 조약에 따라 되지 않았고, 쌍방 간의 협약에 의해 유럽특허청에 의해 공인된 기탁기관에 된 경우에, 위에서 언급된 6개월의 기간은 유럽특허청이 당해 기탁기관이 그 쌍방간의 협약에 따라 당해 생물학적 물질의 기탁을 받을 수 있는 자격이 더 이상 없다는 사실을 공고한 날부터 계산된다.

출원이 선출원에 대한 인용으로 제출되고, 또 인용된 그 선출원이 이미 그 출원일에 대해 기탁의 요건을 만족시키는 경우, 이들 요건은 유럽출원에 대하여 역시 만족된다. 만약 선출원에 나타난 기탁된 생물학적 물질에 대한 정보가 규칙 31(1)(c)를 만족시키지 않으면, 유럽특허청은 출원인이 선출원의 요구되는 번역문과 인증사본을 제출할 때까지 이것을 알 수 없다[늦어도 출원일로부터 2개월 내에: 규칙 40(3)]. 인증 사본과 요청되는 번역문이 출원일로부터 2개월까지 제출된 경우에도, 만약 규칙 31(1)(c)의 요건이 만족되지 않으면, 규칙 31(2)에 따른 불비사항의 정정을 위한 기한은 영향받지 않는다.

3. 누락된 정보 및 통지

수리부가 규칙 31(1)(c)에 따라 요청되는 정보(기탁기관과 기탁번호의 표시) 또는 규칙 31(1)(d) 에 규정된 문서 및 정보(기탁에 관련된 위임 및 이용에 대한 동의)가 출원 내에 포함되어 있지 않거나 아직 제출되지 않았음을 확인하면, 수리부는 출원인에게 이 정보가 규칙 31(2)에 규정된 기한 내에 유효하게 제출될 수 있다는 사실을 통지하여야 한다. 규칙 31(1)(c)에 따른 누락된 정보의 경우에 나중에 제출된 수탁번호가 명확하게 검색될 수 있도록 제출된 특허출원에서 그 기탁이 확인되어야 한다. 이것은 부다페스트 조약의 규칙 6.1 (a)(4)의 의미 내에서 기탁자에 의해 주어진 인식표시(identification reference)를 표시함에 의해 된다. 출원인은 공인된 기탁기관에의 기탁이 언급되었지만, 기탁기관으로부터 수령증이 제출되지 않았을 때 통지를 받는다. 그 이후의 행위는 심사부의 문제이다.

4. 기탁된 생물학적 물질의 전문가만의 이용

규칙 32(1)(a) 및 (b)에 따라 출원의 공개를 위한 기술적 준비가 완료된 것으로 간주되는 날까지, 출원인은 유럽특허의 허여가 공고될 때까지 또는 적용가능한 경우, 만약 출원이 거절 또는 취하 또는 취하간주되었다면 출원일부터 20년 동안, 규칙 33에 규정된 이용가능성이 전문가에게 샘플의 제공에 의해서만 될 수 있다고 통지할 수 있다.

위의 통지는 유럽특허청에 대해 주어지는 서면으로 된 선언의 형태로 되어야 한다. 이 선언은 유럽특허출원의 상세한 설명 또는 청구항에 포함될 수 없고, 특허허여청구 양식(양식 1001)의 적절한 부분에 주어질 수 있다. 만약 선언이 받아들여질 수 있으면, 유럽특허출원이 공개될 때 첫 페이지에 기재된다. 만약 출원인이 적절하게 유럽특허청에 규칙 32(1)에 따라 통지하면, 생물학적 물질은 유럽특허청장 또는 출원인에 의해 인정된 전문가에게만 제공된다. 인정된 미생물학적 전문가의 명부는 관보에 공고되는데, 여기에는 그들의 상세 사항과 활동분야가 개시된다.

Ⅳ. 뉴클레오티드 및 아미노산 서열에 관한 출원
(Applications relating to nucleotide and amino acid sequences)

1. 개 요

뉴클레오티드 및 아미노산 서열이 유럽특허출원에 개시되면, WIPO 표준 ST. 25에 적합한 서열목록으로 표현되어야 한다. 그 서열목록이 출원과 함께 제출되는 경우 출원서의 끝부분에 위치하여야 한다.[7] 서열목록은 종이로 제출될 수 있다. 그 경우 서열목록의 하나의 사본이 컴퓨터로 읽을 수 있는 형태로도 제출되어야 한다. 유럽특허출원이 온라인으로 제출되는 경우 컴퓨터로 읽을 수 있는 형태가 첨부되어야 한다. 컴퓨터로 읽을 수 있는 데이터는 WIPO 표준 ST. 25, 문단 39ff에 따라야만 한다. 출원이 서면으로 된 경우 전자 데이터 캐리어에 기록된 정보는 정본인 서면으로 된 서열목록과 일치해야 한다. 출원인 또는 그의 대리인은 규칙 30(1) 및 WIPO 표준 ST. 25에 따른 데이터 캐리어를 첨부하는 취지의 언급을 제출해야만 한다.[8] 서열목록이 출원일 후에 제출되거나 정정된 경우, 출원인은 그 서열목록이 최초 출원의 내용을 넘어서는 사항을 포함하지 않도록 제출되

---

7) WIPO 표준 ST.25 3point.

8) 2011.4.28. 유럽특허청장의 decision, OJ EPO 2011, 372, 2013.10.18. 고시, OJ EPO 2013, 542.

고 정정되었다는 진술을 제출하도록 요청받는다.

공개와 포대열람의 목적으로 TXT형식으로 출원일에 제출된 표준에 일치하는 서열목록은 유럽특허청에 의해 변환된다. 그 과도한 볼륨 때문에 서열목록이 변환된 형태로 전자포대에 포함될 수 없다면 전자포대는 이 기술적 한계를 설명하고 서면신청에 대해 전자적 형태로 서열목록의 사본을 얻을 수 있는 옵션을 제시해야 한다.[9)]

수리부는 출원인에게 서열목록에 대한 불비사항 또는 필요한 진술에 대한 불비사항을 통지하고 또 그 불비사항을 해소할 것을 요청하고 또 연장할 수 없는 2개월의 기간 내에 과태료를 납부하도록 한다. 2011년 4월 28일자 유럽특허청장의 결정에 관련한 규칙 30의 요건이 기한 내에 만족되지 않으면 적절한 경우, 과태료의 납부를 포함하여 요건을 만족시키도록 하는 수리부로부터의 요청 후에 거절된다. 출원인은 그 출원의 속행을 청구할 수 있다.

2. 규칙 56하에 제출된 서열목록

최초 출원이 유럽특허청이 불비사항을 알 수 없는, 서열을 개시하지 않으면, 규칙 30(3) 또는 규칙 56(1)에 따른 통지가 출원인에게 보내지지 않는다. 그런 경우 출원인은 규칙 56(2)하에서, 출원일로부터 2개월 내에 자진해서 서열에 관한 누락된 상세한 설명의 부분을 제출할 수 있다. 규칙 57(j)에 따라 제출된 서열정보는 유럽특허청장에 의해 규정된 규칙에 관련된 규칙 30(1)에 따르는지, 소정의 데이터 캐리어에 목록이 제공되어야 하는 요건 및 그 서면 목록과 함께 데이터 캐리어상의 목록의 일치성에 대한 진술을 제공하는지에 대해 확인된다.

제출된 서열정보가 유럽특허청장에 의해 규정된 규칙에 관련한 규칙 30(1)의 요건에 따르지 않는 경우, 규칙 30(3)하의 통지가 정정을 요청하는 출원인에게 보내진다. 한편 서열 정보가 규칙 30(1)의 요건에 따라 이미 제출되었으면, 통지는 보내지지 않는다. 위의 것은 상세한 설명의 일부의 늦은 제출이 출원인의 변경을 발생시키는지 여부 또는 늦게 제출된 누락 부분이 출원의 최초 날짜를 유지하면서, 우선권 주장의 기초가 될 수 있는지의 여부에 상관없이 적용된다. 하지만

---

9) 2013.10.18. 유럽특허청의 고시 OJ EPO 2013, 542 및 2011.4.28. 유럽특허청장의 decision, OJ EPO 2011, 372.

상세한 설명의 늦게 제출된 부분이 출원일의 변경을 가져오면, 요청되는 규칙 30(3)에 따른 통지가 출원인이 그들을 취하함이 없이 늦은 제출 부분의 취하에 대한 일 개월의 기간이 만료된 후에만 보내진다.

최초 출원이 출원서류에 개시된 모든 서열을 포함하지 않는 서열목록을 포함한 경우, 그 서열목록은 이 불완전성 때문에, WIPO 표준 ST. 25에 따르는 것으로 간주될 수 없다. 따라서 출원인은 규칙 30하에서 표준에 일치하는 서열목록을 제출할 것과 과태료를 납부할 것을 요청받는다.

출원인이 규칙 56에 따른 늦게 제출된 상세한 설명의 일부로서 상세한 설명에 규칙 30(1)의 요건에 따른 서열목록을 삽입한 경우, 그렇게 더해진 서열목록은 출원일(이것이 변경되었는지 여부에 상관없이)의 상세한 설명의 일부로 간주된다. 즉 이 경우 규칙 30(2)는 적용되지 않는다.

3. 선출원에 대한 인용으로서 제출된 출원의 서열목록

선출원에 대한 인용에 의해 출원이 제출되고 또 그 출원일에 그 선출원이 서열목록을 포함하는 경우, 그 서열목록은 최초 출원된 출원서의 일부를 형성한다. 서열이 청구항에만 나타나고 선출원의 상세한 설명 또는 도면에는 나타나지 않고 또 출원인이 인용에서 선출원의 청구항을 포함하지 않은 경우, 비록 출원인이 추후에 그 선출원의 진행에 있어서 후에 WIPO 표준 ST. 25에 따른 서열목록을 제출했을지라도, 그 서열은 최초 제출된 유럽출원에 포함되지 않는다. 즉 늦게 제출된 서열목록은 규칙 30(2)에 따른 상세한 설명의 일부가 아니다.

선출원을 유럽특허청이 입수할 수 없는 경우에 출원인이 인증사본 및 요청되는 번역문을 제출할 때까지, 규칙 30(1)에 따른 목록에 따르는 규칙 57(j)에 따른 체크를 수행하는 것이 가능하지 않다. 여기서 상기 체크는 출원일로부터 2개월 내에 되어야 한다.[10] 적용가능한 경우, 인증사본과 번역문이 제출된 후에 목록이 유럽특허청장에 의해 규정된 규칙과 관련하여 규칙 30(1)에 맞지 않는 것을 포함하고 있으면, 유럽특허청은 출원인에게 불비사항(서류로된 목록과 데이터 캐리어상의 목록이 일치한다는 진술의 결여 및/또는 소정의 데이터 캐리어로 된 목록의 결여를 포함)을 정정하고 과태료를 납부할 것을 요청하는 규칙 30(3)에 따른 통지를 보낸다.

10) 규칙 40(3).

인용하는 선출원이 유럽출원 또는 수리관청으로서 유럽특허청에 제출된 국제출원이고, 이 출원이 그 출원일에 WIPO 표준 ST. 25와 함께 규칙 30 또는 규칙 5(2)의 요건을 만족시키면, 규칙 30(1)의 모든 요건은 이 출원을 인용함에 의해 출원된 유럽출원의 출원일에 자동적으로 만족된다.

하지만 모든 다른 경우에 출원인은 규칙 30(1)의 모든 요건이, 유럽특허청에 의해 규정된 규칙과 함께, 만족되는지를 확인해야만 한다. 이것은 인용된 선출원이 위의 형태의 출원 중 하나가 아니면, WIPO 표준 ST. 25에 따르는 서면 서열목록을 포함할지라도, 출원인은 WIPO 표준 ST. 25에 따르는 컴퓨터로 읽을 수 있는 형태의 서열목록을 제공하여야 하고, 또 유럽특허청장이 규정한 규칙과 함께 규칙 30(1)의 요건을 만족시키기 위해 데이터 캐리어에 기록된 정보가 서면 서열목록과 동일하다는 진술을 제공하여야 한다. 이것은 선출원이 유럽출원 또는 수리관청으로서 유럽특허청에 제출된 국제출원인 경우를 포함하지만, WIPO 표준 ST. 25와 함께 PCT 규칙 5(2) 또는 규칙 30(1)의 요건을 만족시키기 위해 요구되는 하나 또는 그 이상의 요소가 출원일에 제출되지 않은 경우이다.

제15장

국제출원(EURO-PCT 출원)

Ⅰ. 유로-PCT 출원

1. 개　요

특허협력조약(PCT)에 따른 국제출원은 국제출원일을 부여받았을 때,[1] 정규의 국가출원으로 간주되고 또 PCT 제45조에 따라 정규의 유럽특허를 위한 출원으로 또한 간주된다. 유로-PCT 출원이란 특허협력조약(PCT)하에서 유럽특허청, 즉 'EP'를 지정하여 제출된 국제출원으로 유럽단계에 진입한 것이다. 국제출원일을 부여받은 국제출원은 유럽특허청에 대한 지역단계에 출원일 또는 우선일로부터 31개월 내에 진입할 수 있다.

2. 유럽특허청의 역할

유로-PCT 출원에 대해 유럽특허청은 '지정관청' 또는 '선택관청'으로 행동할 수 있다. 유로-PCT 출원의 경우에, PCT의 규정이 유럽특허조약의 조항에 추가하여 적용되고, 예를 들어 특정 기한에 대해 그들 사이에 경합이 있는 경우에는,

---

1) PCT 제11조 3항.

PCT의 규정이 우선한다. PCT의 규정하에서 행해진 유럽출원의 심사는 다른 유럽출원에 대한 것과 완전히 같은 방식으로 수행되어야 한다. 하지만 유럽특허청 이외의 국제조사기관에 의해 조사가 수행된 경우, 심사관은 국제조사보고서(특허성에 대한 국제예비보고서 또는 국제예비심사보고서와 함께) 및 유럽특허청에 의해 준비된 부가조사보고서(조사의견을 포함한) 모두를 검토해야만 할 수 있다.

조약 제153조 1항(a)에 따라 유럽특허청은 PCT 효력이 발생되고, 국제출원에서 지정되고, 출원인이 유럽특허를 얻기 원하는 유럽특허조약의 회원국에 대한 지정관청으로 행동한다. 출원인이 지정된 국가를 선택하면, 유럽특허청은 선택관청[2]이다.

PCT 규정하에서 제출된 유럽특허출원은 다음과 같은 가능성이 있다.

(i) 출원 및 국제조사가 유럽특허청 이외의 다른 관청(예를 들어 일본 특허청)에서 수행된다. 유럽특허청은 지정관청으로 행동한다;

(ii) 출원이 다른 관청(예를 들어 영국특허청)에 제출되었으나 유럽특허청이 국제조사를 수행한다. 유럽특허청은 국제조사기관 및 지정관청으로 행동한다;

(iii) 출원이 국제조사도 수행하는 유럽특허청에 된다. 유럽특허청은 수리관청, 국제조사기관 및 지정관청으로도 행동한다;

(iv) 위의 (i)에서 (iii)의 경우에 더해, 출원인이 국제예비심사를 요청하고 또 지정관청 중에서 유럽특허청을 선택한다. 유럽특허청은 '선택관청'이다;

(v) 유럽특허청이 국제예비심사기관이다. 수리관청, 지정관청 또는 선택관청이 아니면서도 이 기능을 수행할 수 있다. 하지만 유럽특허청은 유럽특허청 또는 오스트리아, 스페인, 스웨덴, 핀란드 또는 노르딕특허기구의 특허청에 의해 국제조사가 수행된 경우에 국제예비심사기관으로만 행동할 수 있다.

(vi) 국제조사가 유럽특허청 이외의 관청에 의해 수행된 경우, 부가 국제조사기관으로서 부가 국제조사를 유럽특허청이 수행할 것을 요청할 수 있다.

---

2) 조약 제153조 1항(b).

위의 (i)의 경우 유럽특허출원에는 다른 관청에 의해 작성된 국제조사보고서가 첨부된다. 위의 (ii) 및 (iii)의 경우 국제조사보고서가 유럽특허청의 조사부에 의해 준비된다. 위의 (iv)의 경우 국제조사보고서 및 국제예비심사보고서가 유럽특허청 또는 다른 국제 조사기관 및 국제예비심사기관에 의해 작성되어야 한다.

II. 수리관청으로서 유럽특허청

유럽특허청은 조약 제151조에 규정된 조건이 적용될 때 수리관청으로서 행동할 수 있다. 유럽특허청이 수리관청으로 행동하는 경우, 규칙 157(2)의 규정이 국제출원 및 그 관련된 서류에 적용된다. 다음의 서류가 수리관청[규칙 157(2)]으로 행동하는 유럽특허청에 제출되어야 한다: 출원서, 상세한 설명, 청구항, 요약서 및 도면, 그리고 PCT 규칙 3.3(a)(ii)에 규정된 다른 서류 및 PCT 출원서 양식(PCT/RO/101)의 박스 Ⅷ의 오른쪽에 열거된 서류. 유럽특허청장은 국제출원 및 그에 관련된 서류를 하나 이상의 사본이 제출될 수 있도록 결정할 수 있다.

유럽특허청이 출원인에 의해 수리관청으로 선택된 국제출원은 유럽특허청에 직접 출원되어야 한다. 출원인이 국가당국을 통하여 국제출원을 하도록 회원국의 법률에 의해 구속되는 경우에만 예외가 적용된다.[3] 그 경우 그 국가 당국이 수리관청으로서의 유럽특허청의 중간관청(“출원관청”)으로 행동하고, 그 출원이 출원일 또는 우선권이 청구된 경우 우선일 후 13개월의 만료 전 2주보다 늦지 않게 유럽특허청에 도달할 것을 보장해야 한다.[4] 현재 국제출원은 우선권서류 등과 같은 추가의 서류를 제외하고는 수리관청으로서 유럽특허청에 전자적으로만 제출될 수 있다. 국제출원의 초기 절차 및 방식심사는 PCT의 규정에 따라 수리관청 및 WIPO 국제사무국에 의해 수행된다. 유럽특허청이 수리관청으로서 행동할 때, 유럽특허청의 직원은 PCT 수리관청 가이드라인에 따라 작업한다.[5]

3) 조약 제75조 2항.
4) 규칙 157(3).
5) PCT 16(1) 및 PCT 18.

Ⅲ. 국제조사기관(ISA)으로서 유럽특허청

유럽특허청이 조약 제152조하에서 국제조사기관으로 행동하는 경우, 유럽특허청은 PCT 국제조사 및 예비심사가이드라인에 따라 국제조사보고서를 작성하고 국제사무국에 이를 전달한다.[6] 2004년 1월 1일 또는 그 이후에 제출된 국제출원에 대해, 유럽특허청은 "국제조사기관의 서면의견"(WO-ISA)(PCT 규칙 43bis)도 작성해야 한다. 국제조사기관의 서면의견은 국제조사보고서와 함께 국제사무국에 전달된다. 국제조사보고서의 사본과 적용가능한 경우 국제조사기관의 서면의견은 출원인에게도 전달된다.

출원인과 유럽특허청 사이에 국제조사보고서(ISR) 및 국제조사기관의 서면의견에 대한 대화가능성은 없다. 하지만 국제조사보고서와 국제조사기관의 서면의견에 대한 대응에서, 출원인은 보정을 설명하고 또 그것이 상세한 설명 및 도면에 미치는 영향을 표시하는 간단한 진술과 함께 PCT 제19조하에서 보정된 청구항을 국제사무국에 제출할 수 있다. 또한 출원인은 국제조사기관의 서면의견에 대해 '비공식적 의견'을 제시할 수 있다. PCT 제19조하의 보정 및 비공식적 의견은 국제사무국에 직접 전달되어야 한다.

국제조사보고서의 사본과 적용가능한 경우 국제조사기관의 서면의견은 출원인에게도 송부되는데, 이에 의해 출원인은 국제사무국에 보정된 청구항을 제출할 수 있고 또 그 보정을 설명하고 그 보정이 상세한 설명 및 도면에 미치는 영향을 표시하는 간단한 진술도 제출할 수 있다.

Ⅳ. 국제예비심사기관(IPEA)으로서 유럽특허청

1. 개 요

유럽특허청은 조약 제152조의 규정에 따라 국제예비심사기관으로서 행동할 수 있다. 유럽특허청이 국제예비심사기관으로 행동할 때, PCT 국제조사 및 예비

6) 조약 제16조 1항 및 PCT 18.

심사 가이드라인의 규정은 심사절차에 적용된다.

국제예비심사보고서(IPER)는 PCT 규칙 70에 규정된 형식과 규정된 기한 내에 작성된다. 국제예비심사보고서와 그 부속물의 각각의 사본 1부는 국제사무국과 출원인에게 동일자로 전달된다.[7)]

국제예비심사의 목적은 청구 대상의 발명이 신규성, 진보성 및 산업상 이용가능성이 있다고 간주되는지의 여부에 대한 예비적이고 비구속적인 견해를 제공하는 것이다. 이 3개의 기준에 대해서 유럽특허조약의 경우와 실질적으로 동일한 요건이 적용된다. 하지만 국제예비심사와 유럽특허출원의 심사 사이에는 다음과 같은 본질적 차이가 있다.

(ⅰ) 국제예비심사는 그 출원의 특허허여 또는 거절에 이르지 않는다.

(ⅱ) 국제예비심사에 대해서, PCT 규칙 69에 정해진 기간이 만족되어야 한다.

(ⅲ) 발명의 단일성의 결여의 경우의 절차; 그리고

(ⅳ) 유럽특허기구와 WIPO의 국제사무국 간의 협정에 의해[8)] 유럽특허청은 국제예비심사기관으로서의 심사작업을 제한할 수 있다.[9)]

2. 국제예비심사보고서(IPER)

국제예비심사보고서는 청구된 발명이 신규성, 진보성 및 산업상 이용가능성이 있는지에 대한 예비적이고 비구속적인 의견을 구성한다.[10)] 그 의견은 국제예비심사보고서에 인용된 문헌에 기초하여 형성된다. 이들 문헌은 특히 다음과 같은 것일 수 있다.

(ⅰ) 수리관청에 제출된 출원의 본문(text) 또는 적용가능하다면, 그것의 공개된 번역문(PCT 제21조);

(ⅱ) PCT 제19조에 따라 청구항에 대해 이루어진 보정이 고려된 수리관청에 제출된 출원의 본문 또는 적용가능하다면, 그것의 공개된 번역문(PCT 제

---

7) PCT 규칙 71.1.

8) OJ 12/2001, 601.

9) 2001.11.26. 유럽특허청장의 고시, 제한 기준을 정의하는 OJ 1/2002, 52, OJ 3/2002, 175에 있는 정보를 참조.

10) PCT 제33조(1).

21조);

(iii) 국제예비심사보고서에 부속서류로 첨부되어 있는 서류[상세한 설명, 청구항 및 도면; PCT 제34조 2항(b) 및 3항(b) 그리고 규칙 66 및 68.2를 보시오]가 고려된, 위의 (i) 또는 (ii)에 설명된 출원의 본문.

V. 지정관청으로서 유럽특허청

1. 개 요

출원인이 국제출원에서 수리관청에 그가 회원국에 유럽특허를 얻기 원한다는 것을 통지하는 것을 조건으로, 국제출원에서 지정되고 특허협력조약이 효력을 발휘하는 유럽특허조약에 대한 회원국에 대해 유럽특허청은 지정관청으로서 행동한다. 국제출원에서, 동일한 것이 출원인이 유럽특허를 위한 출원의 효력을 가지는 회원국의 지정을 제공하는 법률을 가지는 회원국을 지정한 경우에 적용된다. 유럽특허청은 2004년 1월 1일 현재 제출되는 모든 국제출원에 자동적으로 지정된다.[11)]

유럽특허청이 지정관청으로서 행동하기 전에 유럽단계를 시작하기 위해서는 규칙 159에 따른 유럽단계로의 진입요건이 만족되어야 한다. 유럽단계로의 진입을 위해, 출원인은 유럽특허청으로부터 무료로 얻을 수 있는, 양식 1200을 사용하여야 한다.

2. 지정관청으로서 유럽특허청에 대한 통지

국제사무국은 PCT 제20조 1항(a)에 따라 지정관청으로서의 유럽특허청에 PCT 제17조 2항(a)에 따른 선언서 또는 국제조사보고서와 함께 출원의 사본을 통지한다. 따라서 유럽특허청은 출원인에게 국제출원의 사본을 제공할 것을 요청하지 않는다.[12)] 지정관청으로서 유럽특허청은 그 출원이 유럽특허조약의 요건에

---

11) PCT 규칙 4.9.

12) PCT 규칙 49.1(a-bis).

따르는지를 심사한다.

국제사무국은 특허성에 대한 국제예비보고서[PCT의 chapter I(국제단계)] 및 지정관청으로서 유럽특허청에 대해 출원인으로부터 수령된 비공식 의견을 우선일로부터 30개월에 통지한다.

3. 국제출원의 번역문에 대한 공개

유럽특허청의 공식언어로 된 유로-PCT 출원의 국제공개는 유럽특허출원의 공개를 대신하여 이루어지고 유럽특허공보에 공고된다. 유로-PCT 출원의 국제공개가 다른 언어로 되면, 공식언어 중 하나로의 번역문이 우선일로부터 31개월 내에 유럽특허청에 제출되어야 한다.[13] 유럽특허청은 번역문을 공개한다. 번역문이 제출되지 않으면 그 출원은 취하간주된다.[14] 이 경우 PCT하에서 공개된 출원은 조약 제54조 3항에 따른 선행기술에 포함되는 것으로 간주되지 않는다. 하지만 유럽특허청이 그 출원이 기한 내에 번역문을 제출하지 않았기 때문에 취하된 것으로 간주된 것을 발견하면, 출원인에게 먼저 이것을 통지해야 한다. 그 통지의 송달로부터 2개월 내에, 번역문이 제출되고, 조약 제121조 및 규칙 135(1)하의 속행이 청구되고, 또 속행을 위한 수수료가 납부되면 권리의 상실은 발생하지 않은 것으로 간주된다.

4. 부가 유럽조사보고서(Supplementary European search report)

유럽특허청의 공식언어 중 하나로 출원되고 국제조사보고서가 유럽특허청에 통지되며 수수료가 납부되었으면, 조사부는 행정위원회가 다르게 결정하는 경우를 제외하고 부가유럽조사보고서를 준비해야 한다. 이 출원은 심사 중에 참작되어야만 하는 하나 또는 2개의 조사보고서를 포함하여 심사부에 도달한다.

---

13) PCT 제22조 1항 및 규칙 159(1)(a).

14) PCT 제24조 1항, 규칙 160(1).

5. 유럽특허청에 대한 절차의 지연

유럽특허청은 지정관청으로 행동할 때, PCT 제22조하에 적용가능한 기간의 만료 전에 국제출원을 심사 또는 진행해서는 안 된다.[15] 하지만 유럽특허청은 출원인의 명시적인 청구에 따라 언제라도 그 국제출원을 진행하고 심사할 수 있다.[16] 출원인은 일단 PCT 제23조 2항하의 청구가 되면, 국제조사기관에 의해 만들어진 서면 의견의 사본을 유럽특허청에 통지할 것을 국제사무국에 요청할 수 있다.

6. 지정관청으로서 유럽특허청에 의한 검토

유럽특허청은 PCT 제25조에 따라 국제출원이 취하된 것으로 간주하는 것 또는 유럽출원으로서 진행할 수 있는 출원일이 부여되지 않은 것으로 간주하는 결정을 할 수 있다.

심사부는 이들 국제출원에 관하여 결정할 권한이 있고, 수리부는 PCT 제25조 1항(a)하에서 국제사무국으로부터 수령한 서류를 심사부로 전달한다. 국제출원이 유럽출원으로 진행될 수 있는 것으로 결정된 경우, 비록 그 국제출원이 PCT 수리관청에 원래 제출된 날짜를 부여받을 수 있고 또 국제출원의 우선일을 주장할 수 있지만, 조사 및 심사는 다른 출원과 동일하게 수행된다.

7. 심사절차의 진행

유로-PCT 출원의 실체심사는 다른 유럽출원과 같이 특정한 규정을 참작하여 수행된다. 유럽특허청으로 이송되기 전에 국제출원에 대해 보정된 청구항이 제출되면, 출원인에 대한 심사관의 최초 통지 전에 제출된 다른 보정과 같은 방식으로, 첨부된 의견과 함께 고려되어야 한다.

심사는 출원인이 PCT 규칙 52.1(b)에 따라 정해진 기한 내에 청구항, 상세한 설명 및 도면을 보정하기 위한 기회가 주어져야 한다는 것을 규정하는 PCT 제28

---

15) PCT 제23조 1항.

16) PCT 제23조 2항.

조에 따라 수행되어야 한다.[17]

심사부는 유럽특허 허여를 위한 절차에 기초로서 사용되는 출원서류가 발명의 단일성의 요건을 만족시키지 않거나 또는 보호가 요구되는 발명이 국제조사보고서(또는 부가조사보고서가 작성되었을 경우, 그 부가조사보고서)에 의해 커버되지 않으면, 국제조사보고서(또는 부가조사보고서)에 의해 커버되는 하나의 발명으로 그 출원을 한정할 것을 출원인에게 요청해야만 한다.

유럽(부가)조사보고서의 수령 후에, 출원인은 원래 청구된 발명과 다르고, 단일의 발명개념을 형성하기 위한 이들 발명과 결합되지 않는 발명에 관련되는 보정된 청구항을 제출한 경우, 규칙 137(4)하의 거절이유가 조약 제94조 3항 및 규칙 71(2)에 따른 최초 통지에 제기되어야 한다.

8. 신속진행(Early processing)

유럽특허청이 지정관청으로 행동할 때, 유럽특허청은 PCT 제22조에 따라 적용가능한 기간의 만료 전에 국제출원의 진행 또는 심사를 하지 않아야만 한다(PCT 제23조 1항). 하지만 유럽특허청은 출원인의 신속진행신청에 따라 언제라도 국제출원의 진행 또는 심사를 할 수 있다(PCT 제23조 2항). 출원인은 위의 신속진행 신청이 되고 나면, 지정관청으로서 유럽특허청에 국제조사기관에 의해 만들어진 서면의견의 사본을 국제사무국이 통지할 것을 요청할 수 있다. 이와 같은 신속진행에 대한 요청은 31개월의 기한의 만료 전에 언제라도 할 수 있다.

신속진행의 신청이 효력을 발휘하도록 하기 위해서, 출원인은 신속진행의 신청일에 마치 31개월의 기간이 만료된 것처럼 규칙 159(1)에 있는 요건을 충족시켜야 한다. 즉, 출원료의 납부, 번역문의 제출, 출원서류의 명세, 그리고 조사료의 납부를 해야 한다.

---

17) 규칙 159(1)(b) 및 161 참조.

VI. 선택관청으로서 유럽특허청

1. 개 요

출원인이 국제예비심사를 청구하고, 국제출원에서 지정되어 있는 회원국 중의 적어도 1국을 PCT 국내단계에 선택하고, 그 나라에 유럽특허를 요구하고 있는 경우 유럽특허청은 선택관청으로 행동한다. 유럽특허청은 2004년 1월 1일 현재 제출된 모든 신청에 대해 자동적으로 지정된다. 국제예비심사보고서는 국제예비심사기관에 의한 요청에 근거하여 작성된다. 유럽특허청의 선택은 출원인이 유럽특허청에 대한 절차에서 국제예비심사보고서의 결과를 사용할 의향이 있다는 것을 의미한다.[18]

2. 유럽단계 및 실체심사의 시작

유럽특허청은 WIPO 국제사무국으로부터 자신의 선택을 통지받는다.[19] 유럽실체심사는 가장 빠른 우선일로부터 31개월의 만료 전에 시작되지 않는다. 심사가 그보다 더 빨리 시작할 수 있는 유일한 상황은 출원인이 명확하게 심사를 요청하는 경우이다.[20] 선택관청으로 행동하는 유럽특허청에 대해 유럽단계를 개시하기 위해, 규칙 159에 따른 유럽단계 진입을 위한 요건이 만족되어야 한다.

3. 국제예비심사보고서를 첨부한 유로-PCT출원의 실체심사

이 실체심사는 유럽출원과 동일한 방식으로 수행된다. 유럽특허청이 국제예비심사기관이었던 경우, 그 국제예비심사는 통상적으로 관련된 유로-PCT 출원을 심사할 책임이 있는 심사관에 의해 수행되었다. 심사되어야 할 출원은 유럽특허청의 공식언어 중 하나에 의해 작성된 국제예비심사보고서를 첨부한다. 원래의 언어로 된 새로운 서류가 그 보고서에 부속되어 첨부될 수 있다.[21] 그 출원은 국

18) PCT 제31조 4항(a).
19) PCT 제31조 2항, PCT 규칙 61.2(a).
20) PCT 제40조 2항.

제예비심사보고서가 번역된 것과 동일한 언어로 된, 출원인에 의해 제출된 부속 서류의 번역문도 첨부한다.[22]

심사는 PCT 제41조 및 제42조에 따라 수행되어야 하는데, 이에는 다음이 규정되어 있다.

먼저 출원인은 PCT 규칙 78.1(b) 또는 78.2에 따라 소정의 기한 내에 청구항, 상세한 설명 및 도면을 보정할 기회를 가져야만 한다.[23] 그리고 유럽특허청은 다른 선택관청에서 동일한 출원에 관계된 심사에 관련된 서류의 사본 또는 그 내용에 대한 정보를 출원인이 제출하도록 요구할 수 없다.

실체심사의 기초가 되는 서류는 다음과 같다. 통상적으로, 국제예비심사보고서의 기초를 형성하는 것으로 보고서에 표시된 서류는 유럽단계에서 선택관청으로서 유럽특허청에서의 실체심사에 대한 기초도 된다. 국제예비심사과정에서 제출되고 최초에 제출된 서류를 대체하는 새로운 서류(청구항, 상세한 설명, 도면)는 국제예비심사보고서에 첨부된다. 국제예비심사보고서에 첨부된 서류가 유럽단계에서 유럽출원의 진행언어 이외의 언어이면, 출원인은 정해진 기간 내에 진행언어로 된 서류를 제출할 것을 요청받아야만 한다.

출원인은 그 심사가 국제출원에서 공개된 것과 같은 서류에 기초하거나 유럽단계의 진입 시에 된 보정에 기초할 것을 청구할 수 있다. 출원인의 선언이 이에 대해 명확하지 않으면, 심사관은 그 상황을 명확히 해야만 한다.

국제예비심사보고서가 유럽특허청에 의해 작성된 경우, 이것은 심사의 목적을 위한 의견으로 간주되어야 하고, 일반적으로 최초 통지는 국제예비심사보고서에 표시된 의견만을 언급한다. 그런 의견은 특허성을 판단하는 것에 관련된 새로운 사실이 증거 내에 있거나(예를 들어, 추가의 선행기술이 인용되었거나 또는 예상치 못한 효과를 가지는 증거가 제출된 경우) 또는 PCT 및 유럽특허조약하에서 실체특허성 요건이 다른 경우에는 달라질 수 있다. 다른 국제예비심사기관에 의해 작성된 심사보고서는 주의 깊게 심사되어야만 한다.

---

21) PCT 제36조 3항 및 PCT 규칙 70.16.

22) PCT 제 36조 3항(b).

23) 규칙 159(1)(b) 및 161.

Ⅶ. 방식심사단계에서의 특허협력조약하의 출원

1. 개 요

여기서는 방식심사단계에서의 특허협력조약하의 출원에 대해 여러 가지를 살펴본다. 유럽특허청이 지정관청 혹은 선택관청으로 행동하는 국제출원은 유럽특허출원으로 간주된다. 특허협력조약하에서 지정관청 또는 선택관청으로서 유럽특허청에 대한 기한 및 절차단계에 대한 정보에 대해서는 출원인에 대한 안내서의 최신판인 「유럽특허 어떻게 얻을 것인가, 2부: 유럽특허청에 대한 PCT절차—유로-PCT」를 참고하면 된다.

유럽단계를 시작하기 위해서 유럽단계에 진입하기 위한 요건이 만족되어야 한다. 유럽단계의 진입을 위해 출원인은 유럽특허청 웹사이트로부터 수정가능한 전자문서 또는 epoline Online Filing 소프트웨어의 일부와 같이, 출력된 형태로 유럽특허청으로부터 무료로 얻을 수 있는 양식 1200의 가장 최신판을 사용하는 것이 좋다.

2. 초기절차 및 방식심사

국제단계에서 국제출원의 초기 절차 및 방식심사는 PCT 당국에 의해 PCT의 규정에 따라 수행된다. 출원인으로부터의 명확한 요청이 없는 한 지정관청 또는 선택관청으로 행동하는 유럽특허청은 출원일 또는 가장 빠른 우선일로부터 31개월의 만료 전에 국제출원을 진행하거나 심사하지 않아야 한다. 유럽특허청은 PCT 제20조 1항(a)에 규정된 포기를 행사하지 않으므로, 국제출원의 사본은 국제사무국에 의해 제공될 것이다. 유럽특허청은 출원인에게 국제사무국이 PCT 제20조에 따른 사본을 통지하지 않았더라도, PCT 제22조하의 국제출원의 사본을 제공할 것을 요청하지 않는다.

국제출원의 언어가 유럽특허청의 공식언어가 아닌 경우, 출원인은 PCT 제22조 또는 제39조 및 규칙 159(1)(a)에 따라 출원일 또는 가장 빠른 우선일로부터 31개월의 기간 내에 번역문을 제출할 것이 요구된다. 만약 번역문이 그 기간 내에 제공되지 않으면 그 출원은 취하된 것으로 간주된다.[24] 만약 유럽특허청이 출원이 이 이유로 취하간주된 것을 발견하면 유럽특허청은 출원인에게 이것을 통지한다. 만약 그 통지로부터 2개월 내에 번역문과 유효한 속행신청(수수료의 납부를 포함)이 제출되면, 그 권리의 상실은 발생하지 않은 것으로 본다.

국제출원이 유럽특허청의 공식언어로 국제단계에서 제출되고 공개된 경우, 유럽단계에 진입할 때, 유럽특허청의 다른 2개의 공식언어 중 하나로의 번역문의 제출에 의해 진행언어를 바꾸는 것은 불가능하다. 그런 경우에 진행언어는 WIPO의 국제사무국에 의해 그 출원이 공개된 언어가 되고 변경될 수 없다.

3. 수수료

출원인은 출원일 또는 가장 빠른 우선일로부터 31개월의 기간 내에 출원료(Filing fee)를 납부하여야만 한다. 만약 유럽조사보고서가 유럽특허공보에 공개된 날부터 6개월의 기간이 먼저 만료된 경우, 규칙 159(1)(d)에 따라 출원인은 이 기간 내에 지정료(Designation fee)를 납부하여야 한다. 만약 심사청구기간(유럽조사보고서의 공개 후 6개월)이 먼저 만료된 경우, 규칙 159(1)(f)에 따라 심사청구가 역시 이 기간 내에 제출되어야 한다.

추가의 유럽조사보고서가 작성되는 것이 필요한 경우, 이 기간 내에 유럽특허청에 조사료(Search fee)가 납부되어야 한다. 적절한 기간 내에 출원료, 조사료, 지정료 또는 심사료를 납부하지 못하거나 또는 심사청구를 제출하지 못하면, 그 출원이 취하간주된다. 만약 유럽특허청이 그 출원이 이런 이유로 취하간주된 것을 알게 되면, 유럽특허청은 이를 출원인에게 통지한다.

규칙 160(2)에 따른 통지와 규칙 112(1)에 따른 통지는 하나의 동일한 통지에 함께 보내진다. 이 권리의 상실에 대한 통지에 응하여 출원인은 속행을 신청할 수 있다. 권리의 상실은 통상적인 기간의 만료의 결과로 일어난다.

청구항료(Claim fee)는 적용가능하다면, 위에 규정된 통상적인 기간 내에 납부되어야 한다. 만약 그렇지 않으면, 청구항료는 그 납부하지 않음을 지적한 통지로부터 6개월의 연장불가능한 시혜기간 내에 유효하게 납부될 수 있다. 만약 보정된 청구항이 위의 시혜기간 동안에 제출되면, 보정된 청구항은 청구항료를 계산하는 기초가 된다. 청구항료가 기간 내에 납부되지 않으면, 관련된 청구항은 포

---

24) 규칙 160(1).

기된 것으로 간주된다. 규칙 162(4)에 따라 포기된 것으로 간주되고 다르게는 상세한 설명 및 도면에서 찾을 수 없는 청구항의 특징은 출원에 그리고 특히 청구항에 그 후에 다시 도입될 수 없다.

4. 특허협력조약과 유럽특허조약의 규정

국제출원에 대하여 유럽특허청에서 절차를 진행함에 있어서, 특허협력조약의 규정이 원칙적으로 적용되고, 유럽특허조약의 규정이 보충적으로 적용된다. 특허협력조약과 유럽특허조약의 규정 사이에 경합이 있는 경우에는 특허협력조약의 규정이 적용된다. 유럽특허청은 특허협력조약의 규정과 다르거나 또는 부가된 국제출원의 형식 또는 내용에 관한 요건을 출원인이 따르도록 요구할 수 없다. 특허협력조약에 따른 국제출원에 관련해서, 특허협력조약 규정과 유럽특허조약의 요건, 즉 조약 제150조에서 제153조가 겹치는 결과로서, 앞에서 설명된 실무가 국제출원에 대해 반드시 유효하게 적용될 필요는 없다. 특히, 유럽특허청의 공식언어로 PCT 국제공개가 된 경우, 아래에서 지적된 내용을 제외하고, 방식심사를 위해 유럽특허청에 제공된 출원의 사본에 수리부가 종속될 필요는 없다. 한편 국제출원의 번역문을 제공할 필요가 있는 경우, 수리부는 그 번역문에 대해 보다 넓은 범위에 걸친 방식심사를 수행하여야만 한다.

국제출원의 방식심사는 유럽특허조약에 규정된 적절한 부분의 조항을 인용하여 따른다. 다르게 정해져 있지 않으면, 그 조항은 국제출원의 번역문에도 적용된다.

5. 출원의 제출과 심사규정

출원의 제출과 그 심사에 대한 규정은 유로-PCT출원을 포함하는 국제출원에 대해 명확히 언급된 경우를 제외하고는 국제출원에 적용되지 않는다. 위의 규정에 대응되는 PCT의 요건은 일반적으로 출원인이 PCT 회원국의 거주자 또는 국민이어야 한다는 것처럼 더 제한적이고 또 그러므로 부가적인 심사가 될 필요가 없다. 우선권서류에 완전하게 포함된 누락부분의 늦은 제출에 대한 규정은 PCT에도 있다.[25]

유로-PCT출원의 출원일은 수리관청으로 행동하는 PCT 당국에 의해 특허협력조약하에 부여된 것이다. 그럼에도 불구하고, 출원료 및 조사료의 납부 그리고 적용가능한 경우, 조약 제153조 4항 및 규칙 159(1)에 따른 번역문의 제공은 확인되어야 한다. 번역문의 제출을 위한 기간 및 출원료 및 조사료의 납부에 대한 기간은 유럽출원에 대해 정해진 것과 같다. 만약 출원이 취하된 것으로 간주되지 않으면, 그 출원의 사본은 만약 필요하다면 부가유럽조사보고서의 작성을 위해 조사부가 참조한다.

6. 방식요건의 심사

(1) 대　리

대리의 규정은 공식언어로 제공되거나 또는 번역문이 제공되었는지에 상관없이 국제출원에 적용된다. PCT 국제기관에 대하여 업무를 수행할 권리를 가진 직업적인 대리인은 유럽특허청에 대한 대리를 위해 반드시 위임을 받아야 하는 것은 아니다.[26] 지정관청 또는 선택관청으로서 유럽특허청에 대한 출원인의 대리에 대해서는 출원인을 위한 안내서의 최신판인, 「유럽특허 어떻게 얻을 것인가, 2부: 유럽특허청에 대한 PCT절차—유로-PCT」를 참고하면 된다.

만약 한 명 이상의 출원인이 있고, 국제단계에서 그들 출원인 중의 하나 또는 그 이상에 대해 주소, 국적, 거주지 또는 주 영업소의 국가가 제공되지 않고 또 31개월 기간의 만료 시에 여전히 누락되어 있으면, 유럽특허청은 2개월 이내에 이들 사항을 제출하도록 출원인에게 요청한다. 만약 31개월 기간의 만료 시에 대리의 요건이 만족되지 않으면 동일한 것이 적용되고, 기간 내에 그 불비사항을 정정하지 못하는 것에 대해 동일한 결과가 생긴다. 만약 출원인이 정해진 기간 내에 위의 요청에 응하지 못하면 출원인은 속행을 요청할 수 있다.

(2) 방식요건

출원은 방식 요건에 맞는지에 대해 심사되어야 한다. 그 요건은 PCT의 대응되는 요건과 일반적으로 동일하고 또 출원이 공식언어로 제출되었을 때 부가적인 심사가 불필요하다.

---

25) PCT 규칙 20.5-20.8.

26) PCT 제27조 7항.

(3) 특허허여청구

국제출원에 대한 특허허여청구는 PCT 출원서 양식[27]에 나타난다. 이 양식은 유럽특허청의 특허허여청구 양식{양식 1001과 일반적으로 대응되고 또 규칙 41(2)에 있는 정보를 기입하는데, (e)(유럽특허출원에 대한 분할출원인 경우 원출원의 번호)와 (f)[조약 제61조 1항(b)]에 따른 새로운 유럽특허출원인 경우 원출원번호}에 규정된 항목은 예외이다.

(4) 발명자의 지정

출원인이 발명자가 아니거나 또는 단독의 발명자가 아닌 경우 발명자의 지정은 별도의 서류로 제출되어야 한다는 요건은, 그 발명자가 PCT 출원서에 이미 이름이 나와 있는 것이 아닌 한, 국제출원의 언어에 상관없이 만족되어야만 한다. 만약 PCT 출원서에 발명자가 나와 있다면, 발명자는 공개된 출원에 그의 이름이 기재되는 권리를 포기할 수 없다. 만약 발명자의 이름이 출원일 또는 가장 빠른 우선일로부터 31개월의 기간의 만료 시에 국제출원에 없다면, 유럽특허청은 2개월의 기간 내에 발명자의 지정을 제출하도록 출원인에게 요청한다. 정해진 시간 내에 이 불비사항을 정정하지 못하면 그 출원은 거절된다. 출원인은 이 결정을 통지받는다. 출원인은 속행을 요청할 수 있다.

(5) 우선권 주장

국제출원에 대한 우선권 주장은 PCT하에서 주장된 날짜를 참고한다. 선출원의 사본, 즉 우선권서류는 출원인에 의해서가 아니라, 국제사무국에 의해 지정관청으로서 유럽특허청에 제공된다. PCT 규칙 17.2에 따라 국제사무국은 유럽특허청에 의해 표준실무에 따라 신속하게 사본을 제출할 것을 요청받는데, 국제공개보다 빠르지 않고, 출원인이 조기심사를 신청한 경우,[28] 그 신청일보다 빠르지 않다. 출원인이 PCT 규칙 17.1(a) 및 (b)에 따른 경우, 유럽특허청은 출원인에게 사본을 제출할 것을 요청하지 않을 수 있다.

31개월의 기간의 만료시에 선출원의 출원번호와 사본이 아직 제출되지 않은 경우, 유럽특허청은 정해진 기간 내에 출원번호와 사본을 제출하도록 요청한다.

---

27) PCT/RO/101 양식.

28) PCT 제23조 2항.

하지만 선출원의 사본이 유럽특허출원의 포대에 포함되어 있으면 적절하게 제출된 것으로 보는 규정[29]과 선출원의 사본이 제출되어야 한다는 요건에 대한 예외를 제공하는 유럽특허청장의 2012년 8월 9일자 결정[30]은 유럽단계에 진입한 국제출원에도 적용된다. 또한 출원인이 PCT 규칙 17.1(a) 또는 (b)에 따른 경우, 지정관청으로서 유럽특허청은 출원인에게 우선권서류의 사본을 제공할 것을 요청하지 않을 수 있다.[31]

우선권 서류가 포대에 없더라도 실질심사는 시작될 수 있다. 하지만 포대에 우선권서류가 있을 때까지 유럽특허가 허여되지 않을 수 있다. 그런 경우 출원인은 우선권 서류가 누락되어 있는 한 특허허여결정이 되지 않는다는 것을 통지받는다. 유럽특허청의 공식언어 중 하나로의 선출원의 번역문이 요청된 경우, 번역문 또는 그 유럽특허출원이 선출원의 완전한 번역이라는 선언이 제출되어야 한다.

우선권의 복원(restoration)에 대한 규정은 PCT하에도 존재한다.[32] PCT하에서, 우선권은 수리관청에 대한 국제단계에서(PCT 규칙 26bis3) 또는 지정관청으로서 유럽특허청에 대한 국내단계(PCT 규칙 49ter.2)에서 모두 복원될 수 있다.

(6) 발명의 명칭

발명의 명칭과 관련해서, 앞에서 설명된 것보다는 PCT 규칙 4.3에서 최소로 요구하는 요건을 만족시킬 필요가 있다.

(7) 금지된 사항

금지된 표현 또는 사항은 PCT 제21조 6항하에서 반드시 삭제되어야 하는 것은 아니므로, 그 출원은 유럽특허조약의 금지된 사항의 규정을 만족시키도록 심사되어야 한다. 유럽특허청이 국제사무국으로부터 공개된 PCT출원으로부터 삭제된 표현 또는 사항을 통지받은 경우, 수리부는 출원인에 의해 제공된 번역문으로부터 대응되는 사항이 삭제되었는지를 확인해야 한다.

---

29) 규칙 53(2).

30) OJ EPO 2012, 492.

31) PCT 규칙 17.2(a), 두 번째 문장.

32) PCT 규칙 26bis3 및 규칙 49ter.

(8) 청구항료(Claims fee)

규정된 청구항료의 납부를 위한 기한은 출원일 또는 우선권이 청구되었다면 가장 빠른 우선일로부터 31개월이다.

(9) 도면(Drawings)

도면의 제출에 관한 규정은 PCT의 대응되는 규정과 동일하고 따라서 부가적인 심사는 필요하지 않다.

(10) 요약서

요약서는 유럽특허청에 제공된 국제출원의 사본에 포함된다.

(11) 지정료(Designation fee)

지정료의 납부 기한은 만약 규칙 39(1)에 정해진 기한이 먼저 만료되었다면, 출원일 또는 가장 빠른 우선일로부터 31개월이다. 유럽특허청에 의한 국제출원의 수령 이후 그리고 절차 또는 심사가 시작될 수 있는 날 전에 유럽특허조약의 모든 회원국의 지정이 취하되면 그 유로-PCT출원은 유럽출원으로 간주되는 한, 취하된 것으로 간주된다.

7. 특별규정

(1) 분할출원

유럽분할출원에 관련해서, 특허협력조약에는 분할출원의 제출에 대한 규정이 없다. 먼저 출원된 유로-PCT출원에 포함된 대상물에 관하여 하나 또는 그 이상의 유럽분할출원이 제출될 수 있으나, 그 유로-PCT출원이 지정관청 또는 선택관청으로서 행동하는 유럽특허청에 대해 진행 중인 경우, 즉 유럽단계에 진입하기 전에는 제출될 수 없다. 규칙 36에 따른 규정을 분할출원이 만족시켜야 한다. 분할출원은 선출원의 진행언어로 제출되어야만 한다.

(2) 서열목록

PCT 규칙 5.2 및 13ter.은 서열목록의 제출에 대해 적용한다(뉴클레오티드 및 아미노산 서열에 관련된 출원). 국제조사기관으로서의 유럽특허청은 PCT 규칙

13ter.1하의 기회를 이용하여, 적절한 경우 WIPO 표준 ST.25, 단락 39ff에 따라 전자적 양식으로 규정된 서열목록을 제출하도록 출원인에게 요청할 수 있다. PCT 규칙 13ter.1에 따른 요청에 응한 서열목록의 제출 시에는 과태료를 납부하여야 한다.

유럽특허청에 대한 국내단계에 진입한 유로-PCT출원에 대해, 국내단계로의 진입을 위한 기간의 만료 시에 유럽특허청이 그 서열목록을 이용할 수 없다면, 출원인은 WIPO 표준 ST.25에 따라 서열목록을 제출할 것과 2개월의 기간 내에 과태료를 납부할 것을 요청받는다.

8. 출원의 공개 등에 관한 규정

(1) 국제출원의 공개

PCT하의 국제출원의 공개는 국제출원이 유럽특허청의 공식 언어로 공개되는 것을 조건으로, 유럽특허청에 의한 공개를 대신하고 유럽특허공보에 공고된다.[33] 이 경우 국제공개 시에 즉시 임시보호의 권리가 발생한다.

국제출원이 공식언어가 아닌 언어로 공개된 경우, 출원인에 의해 제공된 국제출원의 번역문이 공식언어 중 하나로 우선일로부터 31개월 내에 제출되어야만 한다. 유럽특허청은 번역문을 공개한다.[34] 이 경우 임시보호의 권리는 이 번역문이 공개되고 다른 필요한 요건이 충족되면 발생한다. 만약 번역문이 제출되지 않으면 취하간주된다. 이 경우 PCT하에서 공개된 이 출원은 조약 제54조 3항에 따른 종래기술에 포함되지 않게 된다. 유럽특허청에 의한 공개의 규정은 그 조항들이 적절한 범위 내에서 국제출원의 공개에 적용된다.

(2) 심사청구

유럽특허출원에 대해 규정된 심사청구의 제출을 위한 기한은 국제조사보고서의 PCT 제21조하의 공개일로부터 진행한다. 하지만 이 기한은 우선일로부터 31개월 전에 만료하지 않는다. 유럽 실질심사는 최선의 우선일로부터 31개월의 만료 전에 일반적으로 시작되지 않는다. 심사가 더 일찍 시작될 수 있는 유일한

33) 조약 제153조 3항.
34) 조약 제153조 4항.

경우는 출원인이 명시적으로 그렇게 청구를 하고 또 요구되는 부가조사보고서가 이용가능한 경우이다.

(3) 부가유럽조사(Supplementary European search)

유럽특허출원으로 간주되는 국제출원에 대하여 부가유럽조사보고서가 작성되어야만 한다면, 출원인은 그 출원에 대해 계속해서 진행할 의사가 있는지에 대한 의사표시 요청을 받을 권리가 있다.[35] 이 통지로부터 6개월의 기한은 규칙 70(2)하에 요청되는 확인에 대한 제출과 부가 유럽조사보고서에 첨부된 조사의견에 대한 응답을 위해 설정된다.[36]

Ⅷ. 규칙 161에 따른 통지

1. 개 요

유럽특허청이 국제조사기관이 아니거나 또는 부가국제조사(SISA)를 하지 않은 유로-PCT출원의 경우, 그 유럽특허출원은 조약 제153조 7항에 따라 부가유럽조사의 대상이 된다.[37] 이 부가 유럽조사보고서와 조사의견을 포함하여 확대된 유럽조사보고서가 발행되고, 심사와 관련하여 첫 번째 통지가 발행된다.

유럽특허청이 국제조사기관이 아니거나 부가국제조사를 하지 않은 유로-PCT출원의 경우에, 유럽단계에 진입하면 지체 없이 6개월의 기간 내에 그 출원을 보정할 것을 출원인이 통지받는다.[38] 이 기간에 제출된 모든 보정과 의견은 부가 유럽조사보고서와 조사의견을 작성하는 데 참고된다. 부가 유럽조사보고서는 청구항료가 납부되고 이 기간의 만료일까지 최종적으로 제출된 청구항의 세트에 기초한다.

반드시 해야 하는 것은 아니지만 위 유럽출원의 출원인은 유럽특허청 이외의 다른 기관에 의해 작성된 국제조사기관의 서면 의견, 부가 국제조사보고서 또는

35) 규칙 70(2).
36) OJ EPO 2009, 533.
37) OJ EPO 2009, 594; OJ EPO 2010, 316; OJ EPO 2011, 354.
38) OJ EPO 2010, 406; OJ EPO 2009, 533.

국제예비심사보고서에 대해서 답변할 수 있다. 이는 일반적으로 양식 1200과 함께 제출되는 의견서 및/또는 보정서 또는 규칙 161(2)하의 통지에 대한 답변의 형태로 된다. 만약 출원인이 국제조사기관의 서면 의견, 국제예비심사보고서 또는 부가 국제조사보고서에 응답하면, 부가 유럽조사보고와 조사의견은 이 응답을 이용하여 작성된다. 규칙 161(2)하의 6개월의 기간의 만료일까지 기다림 없이 바로 부가 유럽조사를 수행하기 위해, 출원인은 규칙 161(2) 및 162에 따른 통지에 따른 권리를 명시적으로 포기할 수 있다. 포기에 더해, 출원인이 청구항료를 이미 납부하였다면, 이들 통지는 발행되지 않는다. 그렇지 않으면, 비록 PACE 프로그램하의 청구가 제출되었을지라도, 상기 통지가 이루어지고 또 그 출원은 6개월의 기간의 만료 후에만 진행될 것이다.

참고로 규칙 161에 따른 통지에 대응한 보정에서 청구항의 개수가 줄어든 경우에는 이미 납부된 청구항료를 반환받을 수 있다.

2. 부가 유럽조사보고서의 미발행

유럽특허청이 국제조사기관, 부가국제조사 및/또는 국제예비심사보고서에 대한 기관으로 행동하는 경우에는 국제조사기관의 서면 의견, 부가 국제조사보고서 및/또는 국제예비심사보고서는 PCT단계 동안 출원인에게 이미 전달되었다. 2010년 4월 1일까지 규칙 161에 따른 통지가 아직 발행되지 않은 출원에 대해, 출원인은 유럽특허청에 의해 발행된 이들 의견이나 보고서에 대해, 적절한 경우, 응답할 것이 요구된다. 이것은 응답으로 간주할 수 있는 보정서 또는 의견서가 이미 제출된 경우에는 적용되지 않는다. 규칙 161(1)에 따른 요청으로부터 6개월이 응답에 대한 기간이고 연장되지 않는다. 기간 내에 응답하지 못하면 그 출원은 취하된 것으로 간주된다.

응답에 대한 6개월의 기간의 만료까지 기다림 없이 출원에 대한 심사를 진행하기 위해, 출원인은 규칙 161(2) 및 162에 따른 통지에 따른 권리를 명시적으로 포기할 수 있다. 그 출원이 유럽단계로 진입하고, 요청되는 경우, 국제조사기관의 서면 의견, 국제예비조사보고서 또는 부가 국제조사보고서에 대해 이미 응답하고 청구항료를 납부하였다면, 통지는 발행되지 않는다. 그렇지 않으면, 비록 PACE 프로그램하의 청구가 제출되었을지라도, 그 출원은 6개월의 기간의 만료후에만 진행될 것이다.

3. 규칙 161(1)하의 응답이 필요 없는 예외

비록 유럽특허청이 국제조사기관 또는 부가 국제조사기관일지라도, 어떤 경우에는 출원인은 규칙 161(1)하의 통지에 대한 응답을 할 필요가 없다. 먼저 출원인이 유럽국내단계에 진입하면서 새로운 보정서 및/또는 코멘트를 제출하면 규칙 161(1)에 따른 통지를 받을 수 있다. 하지만 이 경우에 이 통지에 대해서 응답이 요청되지 않을 것이다. 이때 이미 제출된 보정서가 보정의 요건[39]을 만족시키지 못하면, 보정에 대한 추가적인 통지를 피하기 위하여 규칙 161(1)에 따른 통지에 응답하는 것이 필요하다.

두 번째 경우로서, PCT 제19조 및/또는 제34조에 따른 보정을 국제단계에서 제출하고 이들 보정이 유럽국내단계의 진입 시에 유지되면, 그리고 유럽특허청이 국제예비심사보고서가 아닌 국제조사기관의 서면 의견 또는 부가 국제조사보고서를 준비하였다면, 이들 보정은 국제조사기관의 서면 의견 또는 부가 국제조사보고서에 대한 응답을 구성한다고 간주된다. 이런 경우에 출원인은 여전히 규칙 161(1)에 따른 통지를 받을 것이지만, 이에 대해 응답할 것이 요구되지는 않는다.

위의 두 가지 경우에, 만약 출원인이 명시적으로 규칙 161(1) 또는 162에 따른 통지를 받을 권리를 포기하고 또 이미 청구항료를 납부했다면, 통지가 발행되지 않는다.

4. 긍정적인 의견

유럽특허청에 의해 작성된 국제조사기관의 서면 의견, 부가 국제조사보고서, 적용가능한 경우, 국제예비심사보고서가 긍정적인 경우, 출원인은 여전히 규칙 161(1)에 따른 통지를 받는다. 하지만 이에 대해 응답할 필요는 없다. 만약 출원인이 명시적으로 규칙 161(1) 또는 162에 따른 통지를 받을 권리를 포기하고, 이미 청구항료를 납부했다면 통지를 받지 않는다.

---

39) 규칙 137(4).

제16장

유럽특허 및 유럽특허출원의 효과

Ⅰ. 서 언

유럽특허조약하에서 허여된 특허는 이 조약에서 다르게 규정하지 않는 한, 승인이 이루어진 회원국에서 그 나라에서 허여된 국가특허와 같은 조건을 따르고 같은 효력을 가진다.[1] 유럽특허와 유럽특허출원에 영향을 미치는 회원국의 특정한 규정은 NatLaw 표 Ⅲ, Ⅳ, Ⅴ그리고 Ⅸ에 나와 있다.

유럽특허출원이 공개되면 임시보호의 권리가 주어진다. 유럽특허에 따른 특허권은 유럽특허공보에 특허허여에 대한 공고가 된 날부터 그 소유자에게 주어진다. 즉 유럽특허출원이 유럽특허로 되면, 임시보호의 권리는 특허권에 따른 통상의 권리로 대체된다. 이의절차에 따른 특허의 취소 또는 조약 제105a조에 따른 한정 또는 취소에 의한 취소는, 결과로서 임시보호의 권리와 특허권이 존재하지 않았던 것으로 간주된다. 특허의 소멸 또는 포기는 임시보호의 권리와 특허권을 종결시키나, 소급하여 소멸되지 않고 소멸과 포기까지는 그 권리를 변화시키지 않는다. 임시보호의 권리와 특허권의 한도는 국가법이 규정한다.

---

1) 조약 제2조 2항.

II. 유럽특허의 효력

1. 존속기간

유럽특허는 모든 지정된 회원국에 대해서 균일하게 20년이다. 존속기간 20년의 기산일은 파리조약에 의한 우선일이 아닌 유럽특허의 출원일이다. 유럽특허조약은 20년의 기간의 만료의 계산에 대해서 규정하지 않았다. 몇몇 회원국은 기간의 첫날이 출원일이다. 이 경우 1984년 3월 7일에 제출된 출원의 존속기간의 마지막 날은 2004년 3월 6일이 된다. 다른 회원국들은 존속기간의 첫날이 출원일의 다음 날이다. 이 경우 그 출원의 존속기간의 마지막 날은 2004년 3월 7일이다. 존속기간은 유럽특허청의 비근무일을 이유로 연장되지 않는다.

존속기간의 만료 후에 각 회원국은 그 회원국에서 특허의 소멸의 날짜를 유럽특허청에 알리고, 그 정보는 유럽특허 등록부에 기재된다. 소멸의 날짜는 유럽특허조약에 정의되지 않았다. 몇몇 회원국은 존속기간의 만료일로서, 그 특허가 유효한 마지막 날로 정의하고, 다른 회원국들은 특허가 비유효한 첫날을 만료일로 정의한다.

2. 존속기간의 연장

유럽특허에 대해서 회원국은 존속기간을 연장할 수 있다. 회원국에 영향을 주는 전쟁상태 또는 유사한 비상상태를 참작하여 존속기간의 만료 후에 존속기간을 연장할 수 있고, 유럽특허의 대상물이 그 나라에서 판매되기 전에 법에 의해 요구되는 행정적 절차를 진행해야 하는 경우에도 존속기간을 연장할 수 있다.

3. 유럽특허에 의해 부여되는 권리

(1) 유럽특허의 권리

대부분의 회원국에서 유럽특허에 의해 허여되는 주 권리는 다른 사람의 발명 사용을 금지하는 것이다. 많은 회원국에서 허여된 명세서에 대한 번역문의 제출 및 그 번역문의 공고비용의 납부에 따라 권리를 부여한다. 그 권리는 특허허여의 언급이 공보에 공고된 후에 즉시 효력을 발휘하나, 회원국에서 요구하는 승인절차를 만족시키지 못한 경우 소급하여 소멸된다. 유럽특허의 권리가 특허허여의 언급이 공보에 공고되면 제공되는 것과 대응하여, 제3자도 침해에 대한 판결을 얻기 위한 절차를 시작할 수 있다. 유럽특허에 대한 이의신청도 역시 특허허여의 언급이 유럽특허공보에 공고된 날부터 시작할 수 있다.

(2) 방법특허

유럽특허의 대상물이 방법인 경우, 그 특허에 의해 부여되는 보호는 그 방법에 의해 직접 얻을 수 있는 제품에까지 확장된다. 제조방법이 특허된 새로운 물건이 제3자에 의해 제조된 경우에 그 제3자가 반대되는 증거를 제공하지 않는 한, 대부분의 회원국에서는 그 물건이 그 특허된 방법에 따라 만들어진 것으로 본다. 조약 제64조 2항은 제품이 특허될 수 없을지라도 그 방법에 의해 직접적으로 얻어진 제품에 대한 방법특허에 의해 부여된 보호를 연장한다. 따라서 그 보호는 공지된 제품(조약 제52조 1항하에서 특허될 수 없는) 또는 식물변종[조약 제53조(b)하에서 특허될 수 없는]에 미친다. 물품의 비특허성은 조약 제64조가 특허성에 대해 심사되어야 할 유럽특허조약의 요건(조약 제52조에서 제57조)에 속하지 않기 때문에, 방법청구항의 심사에 영향을 미치지 않는다. 하지만 침해를 판단하는 국가 법원에 의해 적용되어야 할 특허 및 특허출원의 효력에 관련된 조항이다.[2]

(3) 유럽특허의 침해

유럽특허에 대한 침해문제는 회원국의 국가법에 따라 처리된다. 유럽특허의 보호와 관련해서는 유럽특허조약에는 유럽특허에 대한 보호의 범위가 조약 제69조에 규정되어 있고, 방법에 의한 제품의 보호에 대해서는 조약 제64조 2항에 규정되어 있다. 유럽특허의 침해에 대한 절차에서 유럽특허청이 할 수 있는 행위는 오직 조약 제25조에 따른 기술적 의견의 제시이다. 침해에 대한 절차가 진행되는 회원국의 법원의 의뢰에 따라 정당한 수수료의 지불이 있는 경우에, 유럽특허에 관한 기술적 의견을 제공할 의무를 지는데, 이 의견은 심사부가 제공한다.

---

2) G1/98 r.4.

4. 보호의 범위

(1) 청구항

유럽특허 또는 유럽특허출원에 의해 부여된 보호의 범위는 청구항에 의해 결정되어야 한다. 하지만 청구항의 해석이 필요한 경우에는 명세서 및 도면을 사용하여야 한다.

(2) 유럽특허출원에 대한 보호

조약 제67조에 따라 유럽특허출원이 공개되면 그 공개일로부터 지정된 회원국에서 조약 제64조에 의해 제공되는 보호를 잠정적으로 출원인에게 부여한다. 물론 회원국에 따라서는 제64조에 의해 부여되는 것과 같은 보호를 부여하지 않을 수도 있다. 하지만 유럽특허출원의 공개에 따른 보호는 관계된 회원국의 법이 심사되지 않은 국가출원의 공개에 부여하는 보호보다 낮을 수 없다. 어떠한 경우에도 각 회원국은 유럽특허출원의 공개일로부터 국가특허의 침해에 대해 국가법하에서 책임을 져야 하는 상황에서 그 회원국에서 그 발명을 사용한 자로부터 출원인은 정당한 보상을 청구할 수 있다는 것을 보장해야 한다.

해당 회원국의 진행언어가 유럽특허청의 공식언어가 아닌 경우에는 그 회원국이 특정 공식언어의 사용을 규정하고 있다면, 그 공식언어로 된 청구항의 번역문이 제공되어야 위에서 언급된 임시보호의 권리를 제공할 수 있도록 국가법으로 규정할 수 있다.

유럽특허출원이 취하되거나, 취하 간주되거나 또는 최종적으로 거절되었을 때에는 위에서 언급된 임시보호의 권리는 규정된 효력을 가지지 않았던 것으로 본다. 지정이 취하되거나 취하 간주된 회원국에서도 동일하다.

5. 유럽특허출원과 국가출원의 동등성

유럽특허청에 적법하게 제출되어 출원일을 획득한 유럽특허출원은 지정된 회원국에서 정규의 국가출원과 동등한 것으로 되는데, 여기서 국가출원은 적절한 경우 유럽특허출원에 대해 청구된 우선권을 가진다. 이 조항은 유럽특허출원에 파리조약을 도입한다. 그 출원은 우선권의 권리에 대해 모든 파리조약국가에 의해 인정되어야 한다[파리조약 4A(1),(2)]. 우선권의 권리에 대한 동등성의 연장은 유럽특허출원에 출원일에 대한 권리만에 대해서보다 하나의 국가에서 훨씬 더 강한 권리를 유럽특허출원에 부여한다. 위 우선권에 대한 권리는 실용신안등록 및 실용신안증에도 적용된다.[3)]

Ⅲ. 재산권으로서의 유럽특허출원

1. 유럽특허출원의 양도 및 실시

유럽특허출원은 하나 또는 그 이상의 지정된 회원국에 대해 이전되거나 권리를 발생시킬 수 있다. 유럽특허출원의 양도는 서면으로 행해져야 하고, 계약당사자의 서명을 요구한다.

유럽특허출원은 지정된 회원국의 전체 또는 일부 영토 내에서 전체 또는 부분적으로 실시허락될 수 있다. 실시는 규칙 23에 따라 유럽특허등록부에 기재되어야 한다. 유럽특허등록부에의 기재를 위해서는 반드시 수수료가 납부되고 실시를 증명하는 증거를 제출하여야 한다. 이와 관련된 유럽특허조약 제73조는 유럽특허에 관한 것이 아니고 유럽특허출원에 관한 것이다. 따라서 유럽특허에 대한 실시는 유럽특허등록부에 기재될 수 없다. 이는 이의신청기간에도 마찬가지이다. 유럽특허에 대한 실시의 등록은 국가법에 따라야 한다.

2. 유럽특허등록부에의 기재

유럽특허출원은 몇몇 국가들로 그 효력이 연장되므로, 유럽특허조약은 출원의 이전 및 실시 그리고 유럽특허등록부에 이들의 등록에 대한 균일한 규정을 제공한다. 유럽특허청에 대한 출원의 이전은 모든 지정국에서 효력을 가지고, 법에 따른 한 번의 행위로 발생한다. 출원과 관련된 권리들은 실시(licences)의 허여, 빌려줌(rent), 대출(loan), 용익권(usufruct), 전당(pawning), 압류(seizure)일 수 있다. 유럽특허조약에는 유럽특허출원의 양도에 대해서 조약 제72조에 규정하고 있고, 권리들의 설정에 대해서는 조약 제73조를 제외하고는 특별한 조항이 없다. 하지

3) 조약 제87조 1항.

만 조약 제74조에서는 재산권으로서의 유럽특허출원에 대해서, 유럽특허조약에 특별히 규정한 것이 없으면, 회원국에서 국가특허출원에 적용가능한 법을 따른다고 규정되어 있다.

제17장

이 의

(Opposition)

Ⅰ. 개 요

1. 이의의 정의

이의는 유럽특허청에 의해 특허허여된 유럽특허에 대해 공중이 조약 제100조에 규정된 이유 중 하나를 기초로 하여 특허될 수 없음을 주장하는 것이다. 이의는 공중을 심사에 참가시켜 특허의 질을 높이기 위한 목적을 가진다. 이의신청의 이유는 예를 들어 특허가 허여되었을 때 유럽특허청이 몰랐던 상황으로부터 생긴다. 이와 같은 상황의 예로서, 유럽특허청이 이용가능한 자료 중에 발견되지 않았거나 포함되지 않은 선사용 또는 공개로부터 생긴다. 따라서 이의는 누구라도 잘못하여 허여된 유럽특허의 권리범위의 축소 또는 유럽특허의 취소를 얻을 수 있는 수단이다.

유럽특허조약에서는 일부 회원국이 심사되지 않은 출원에 특허를 부여하는 것을 원하지 않았기 때문에 특허허여 전 이의절차를 선택하지 않고 특허허여 후 이의절차를 선택했다. 이는 만약 이의절차 후에만 출원이 특허로 될 수 있다면 특허권이 권리를 가지기 위해 너무 많은 시간이 필요하게 되기 때문이고, 제3자의 정당하지 못한 이의에 의한 시간지연 가능성을 배제하기 위한 것이다.

2. 이의신청인

이의신청은 누구라도 이해관계를 명기하지 않고 할 수 있다. 여기서 '누구라도'란 조약 제58조에 따라 자연인(개인, 자영업자 등), 법인 또는 그 규율하는 법에 따라 법인과 동등하게 취급되는 단체를 의미하는 것으로 해석된다. 하지만 "누구라도"는 그 특허의 소유자를 포함하지 않는다.[1)]

이의신청은 위에서 언급된 자 중 하나 이상에 의해 함께 제출될 수 있다. 특허의 소유자의 권리와 절차효율성의 이익을 보호하기 위해, 그 절차 중에 누가 공동의 이의신청인에 속하는지는 명백해야 한다.

이의는 양도될 수 없으나 예를 들어 법인의 합병과 같은 경우 등 법률상의 포괄 승계의 일부로서 상속 또는 승계할 수 있다. 매수회사는 피매수회사에 의해 제출된 이의를 취득할 수도 있다. 하지만 이의가 제출되었을 때 이의신청인에 종속되는 법인 또는 그 이의된 특허가 관련된 사업을 수행하는 법인은 그 특허의 모든 지분이 다른 회사에 넘어가면 이의신청인으로서의 지위를 획득할 수 없다.[2)]

유럽특허청은 직권으로 절차의 모든 과정에서 새로운 당사자로 이전된 이의신청인 자격의 유효성을 심사하여야 한다.[3)]

3. 이의의 지역적 효과

이의는 그 특허가 효력을 가지는 모든 회원국에 있는 유럽특허에 적용된다. 따라서 이의는 모든 지정국에 대하여 공식적으로 되어야 한다. 만약 이의가 지정국의 일부에 대해서만 제출된 경우, 모든 지정국에 대해서 된 것으로 취급된다.

하지만 이의의 효과는 회원국 사이에서 다를 수 있다. 이것은, 규칙 18(2) 또는 규칙 138에 따라 다른 회원국에 대해 그 특허가 다른 청구항을 포함한 경우 또는 1973년 유럽특허조약 제54조 3항 및 4항의 규정하에서 그 청구항이 다른 선행기술을 고려하여야만 하는 경우에 생긴다. 이와 같이 그 특허는 다른 회원국에 대하여 다르게 보정될 수 있고 하나 또는 그 이상의 회원국에 대하여 취소될 수 있고 다른 회원국에서는 취소되지 않을 수 있다.

---

1) G 9/93.
2) G 2/04.
3) T 1178/04.

4. 포기 또는 소멸 후의 이의

이의는 유럽특허가 모든 지정국에 대해 포기 또는 소멸되더라도 제출될 수 있다. 이것은 그런 경우에 특허로부터 얻어진 권리가 포기 또는 소멸될 때까지의 기간 동안에 존재하여 남아 있고 또 그런 권리로부터 제기되는 청구권이 그날 이후에 남아 있을 수 있기 때문이다.

5. 상정된 침해자의 참가(Intervention of the assumed infringer)

이의가 제기된 특허의 침해에 대한 소송이 자기에게 제기되어 있는 것 또는 주장된 침해를 정지하도록 특허의 소유자로부터 요구되어 있을 것, 그리고 자기가 그 특허를 침해하고 있지 않다는 판결을 구하여 법원에 소송을 제기한 것 중 어느 하나를 증명하는 제3자는 이의신청 기간의 종료 후라도, 이의절차에 참가할 수 있다. 참가의 신청이 기간 내에 제출되면 그 참가는 이의로서 취급된다.

6. 이의절차의 당사자

특허의 소유자, 이의신청인 그리고 적용가능한 경우, 참가자는 이의절차의 당사자가 된다. 하지만 이의를 취하하거나 그 이의가 적법하지 않아 각하된 이의신청인은 그 취하일 또는 각하가 최종적으로 결정되는 날까지만 절차에 대한 당사자로 남는다. 동일한 것이 참가자의 경우에도 적용된다. 출원이 행해진 발명에 대하여 그 특허성에 대한 의견을 제출한 제3자는 이의절차의 당사자가 아니다.

유럽특허의 소유자가 다른 지정국에 대하여 동일하지 않은 경우, 이의절차에 대해서는 그들은 공동소유자로 간주된다.

어떤 자가 회원국에서, 최종 결정 후에 이전의 소유자를 대신하여 그 나라의 특허등록부에 자신이 등록되었다는 증거를 제시하는 경우, 그의 청구에 의해 그는 그 나라에 관하여 이전의 소유자를 대신하게 된다. 이 경우 조약 제118조에 불구하고, 이전 소유자와 그 청구를 한 자는 그 둘 모두가 그렇게 요청하지 않는 한 공동소유자로 간주되지 않는다. 이 조항의 목적은 새로운 소유자에게 자기가 적당하다고 인정하도록 이의에 대하여 방어할 기회를 제공하는 것이다.

7. 공중에 대한 정보

이의가 수령되면, 그 이의의 제출일이 유럽특허등록부에 기재되고 유럽특허공보에 공고된다. 이의절차가 종결된 날짜 및 이의절차의 결과도 유럽특허등록부에 기재되고 유럽특허공보에 공고된다.

8. 이의관련 통계

유럽특허청의 통계를 기준으로 2014년에 유럽특허허여된 건수는 64,613건이고 이의가 신청된 건수는 3,063건으로 전체 특허허여된 유럽특허에 대해 약 4.7% 정도가 이의신청된다. 이의의 신청에서부터 결정까지의 소요기간은 2012년을 기준으로 약 3년에서 10년 사이이다. 이의절차의 기간이 지연되는 가장 큰 이유는 구두절차라고 한다.

II. 이의부

1. 행정조직

각 이의부는 몇 개의 심사 및 이의부를 포함하는 유럽특허청을 구성하는 조직의 일부분이다.

2. 이의부의 구성

(1) 기술심사관(Technically qualified examiners)

이의부는 3명의 기술심사관으로 구성되는데, 그 중 적어도 2명은 이의에 관련된 유럽특허의 특허허여에 대한 절차에 관여하지 않았어야만 한다.

(2) 법률심사관(Legally qualified examiners)

이의부는 결정의 특성상 필요하다고 판단하는 경우, 이의에 관련된 유럽특허의 허여 절차에 관여하지 않은 법률심사관을 추가하여 확대된다.

법률심사관의 가입과 심사부 및 이의부에 대한 법률심사관의 공급에 책임이 있는 특허법 이사회와의 협의를 위해 심사부에 의해 확립된 원칙은 이의부에도 준용된다. 이에 더해 이의가 부적법하여 각하되어야 할지에 관한 부분은 심사 중에 어려운 법률문제를 발생시킬 수 있다. 법률심사관과의 협의는 서면 이외의 수단에 의해 개시가 공중에게 이용가능했는지 여부가 의문스러운 경우에도 이루어져야 한다.

(3) 이의부의 의장

이의부의 의장은 특허허여 절차에 관여하지 않은 기술심사관이어야 한다. 이의부의 의장은 이의에 대한 결정에 있어서 가부동수인 경우에 결정권을 가진다.

3. 이의부의 업무배분

이의부에 대한 업무배분은 심사부에 대한 업무배분과 동일한 방식으로 이루어진다. 즉 사건은 조사를 한 조사부 또는 국제조사기관에 의해 분류된 기술분야에 따라 적절한 이의부로 배당된다.

4. 이의부의 직무

이의부는 유럽특허에 대한 이의의 심사에 책임이 있다. 새로 제출되는 서류의 양식적 요건 준수에 대한 심사는 본질적으로 소관하는 방식심사관의 직무이다. 이의절차의 과정에서 생기는 부수적인 절차, 예를 들면 이의절차에서 유럽특허청에 대하여 준수되지 않았던 기간의 회복의 재설정에 대한 청구의 절차 또는 권리가 상실되어 있었다는 방식심사관의 인정에 따른 결정에 대한 청구의 절차를 수행하는 것은 이의부의 직무이다.

이의부는 통상적으로 이의의 최종 결정 시까지, 구두절차의 수행을 제외하고, 그 구성원의 1인에게 이의의 심사를 맡긴다. 필요가 있으면 그에게 제출된 증거의 심사도 맡겨진다. 이와 같이 이의를 직접 심사하는 이의부의 구성원을 주심사관이라고 한다.

5. 구성원의 책임 및 권한

주심사관은 이의의 심사를 수행한다. 이 업무에 있어서, 주심사관은 다른 구성원과의 협의 없이 당사자들에게 통지를 발송한다. 하지만 주심사관이 자기가 수행하려는 절차에 대하여 다른 구성원이 반대할 수 있다고 생각하는 경우에는, 발송 전에 이의부에 그 통지를 제출해야만 한다. 주심사관은 그 사안이 결정을 위한 준비가 되었거나 또는 가능하다면 증거수집과 관련하여 구두절차가 준비되어야 한다고 판단하는 경우, 심사부에 서면으로 된 견해를 제출해야만 한다. 이 견해에 따라 이의부의 다른 구성원은 그들의 견해를 서면으로 제시하는데, 단순히 동의한다는 짧은 확인일 수 있다.

견해의 차이가 있는 경우, 의장은 주심사관이 그 사안에 대해 보고하는 회의를 위한 날짜를 결정해야 한다. 의장은 회의를 주재하고, 토의 후에 결정 또는 절차의 추가 과정에 대해 투표를 한다. 투표는 다수결로 결정된다. 가부 동수의 경우에는 의장이 결정권을 가진다. 필요한 추가의 조치는 일반적으로 주심사관에게 위임된다. 만약 추가의 조치가 필요하지 않으면, 주심사관은 이의에 대한 결정의 초안작성을 하고, 그 초안을 검토 및 서명을 위해 이의부의 다른 구성원에게 제공한다. 구성원에 의해 변경이 제안되고, 그 변경에 대해 견해의 차이가 있으면, 의장은 회의를 준비해야만 한다.

Ⅲ. 이의의 절차요건

1. 이의의 신청기간

유럽특허의 허여가 공고된 날부터 9개월 내에 뮌헨, 헤이그 또는 베를린에 있는 유럽특허청에 이의신청이 되어야 한다. 준수되지 않은 이의 기한에 대한 권리의 재설정은 이의신청인의 경우에 불가능하다.

2. 이의료

유럽특허조약하에서 수수료에 관한 규칙에 정해진 이의료(Opposition fee)는 이의신청 기한의 만료 전에 납부되어야 한다.

이의가 둘 또는 그 이상의 자에 의해 공동으로 제출되고, 조약 제99조 및 규칙 3 및 76의 요건을 만족시키면, 단지 하나의 이의료만 납부하는 것이 허용된다.[4]

3. 이의신청의 제출

(1) 서면제출

유럽특허청에 대한 이의신청은 서면으로 제출되어야 하는데, 타자 또는 인쇄되어야 한다. 이의신청은 또한 규칙 49(3)에 규정된 서류의 규격에 대한 요건을 만족시켜야 한다.

(2) 전자적 제출

유럽특허청에 대한 이의신청은 EPO Online Filing 소프트웨어의 5판 또는 그 이후 배포된 것을 사용하여 전자적 형태로 제출될 수 있다.[5] 이의신청은 유럽특허청 웹사이트에서 제공되는 온라인출원서비스(CMS)를 사용하여 제출할 수도 있다.[6] 하지만 유럽특허청의 웹-형태 제출서비스를 사용하여 제출될 수는 없다.[7]

(3) 팩스에 의한 제출

이의신청은 팩스에 의해 제출될 수도 있다.[8] 유럽특허청의 요구로, 팩스의 내용을 재현하고 시행규칙의 요건을 만족하는 서면 확인본 —특별히 적절하게 서명된— 이 제공되어야 한다. 이의신청인이 기한 내에 이 요청에 따르지 않으면, 그 팩스는 수리되지 않은 것으로 간주된다. 이의료는 어느 경우에도 이의신청 기한 내에 납부되어야 한다.

이의신청서에는 책임이 있는 자, 즉 이의신청인 또는 그 대리인이 서명해야

4) G 3/99.
5) OJ EPO 2009, 182 및 2012, 448.
6) OJ EPO 2014, A97.
7) OJ EPO 2014, A98.
8) OJ EPO 2007, A.3.

만 한다. 이의신청이 EPO Online Filing 소프트웨어를 사용하는 전자적 형태로 제출된 경우에 사인은 팩스 사인, 문자열 사인(a text string signature) 또는 강화된 전자서명으로 될 수 있다.[9] 이의신청이 CMS를 사용하여 제출된 경우에는 사인은 팩스 사인 또는 문자열 사인으로 될 수 있다.[10]

이의신청서가 팩스로 제출된 경우에, 이의신청을 제출하는 자의 서명의 팩스의 재현은 충분한 것으로 간주된다. 서명이 누락되었으면, 방식심사관은 당사자 또는 그의 대리인에게 방식심사관에 의해 정해진 기한 내에 서명을 첨부하도록 요청해야 한다. 정해진 기한 내에 서명되면, 이의신청서는 원래 수령일을 유지하고, 그렇지 않으면 수리되지 않은 것으로 간주된다.

4. 이의의 이유

이의의 이유를 기재한 서면은 이의기간 내에 제출되어야 한다. 이의의 근거가 되는 이유들은 다음과 같다.

(ⅰ) 유럽특허의 대상물이 조약 제52조에서 제57조의 취지 내에서 특허될 수 없는 것이고, 그것이 다음의 이유에 해당되는 경우,
- 신규성이 없다(조약 제52조 1항, 제54조, 제55조),
- 진보성을 가지지 않는다(조약 제52조 1항, 제56조),
- 산업상 적용가능성이 없다(조약 제52조 1항, 제57조),
- 조약 제52조 1항, 2항 및 3항하에서 발명으로 간주되지 않는다, 또는
- 조약 제53조하에서 특허가능성이 없다.

(ⅱ) 유럽특허가 당업자가 실시할 수 있을 정도로 충분하게 명료하고 완전하게 발명을 개시하지 않는 경우(조약 제83조 참고);

(ⅲ) 유럽특허의 대상물이 최초 출원의 내용을 넘어서 확대되거나, 또는 특허가 분할출원 또는 조약 제61조에 따라 제출된 새로운 출원(유럽특허를 받을 자격이 있다는 최종 결정을 받은 자에 의해 행해진 새로운 출원)인 경우, 선출원의 최초출원의 내용을 유럽특허의 대상물이 넘어서 확대된 경우(조약 제123조 2항 참고).

---

9) OJ EPO 2009, 182.
10) OJ EPO 2014, A97.

위에서 언급된 각각의 조건은 단독으로 유럽특허에 대한 이의를 위한 법적 근거가 될 수 있다. 결과적으로 이들 각각의 조건은 이의에 대한 별개의 이유로서 간주된다.[11)]

예를 들어 다음의 주장은 이의의 이유를 구성하지 않는다: 발명의 특허성에 의문을 두는 선일자의 국가권리가 존재한다는 것, 특허의 소유자가 유럽특허를 받을 자격이 없는 것, 특허의 대상물이 단일성을 결여한다는 것, 청구항이 상세한 설명에 의해 뒷받침되지 않는 것[청구항이 너무 넓게 작성되어 있어서 명세서의 상세한 설명이 조약 제100조(b)의 의미 내에서 그 대상물을 충분히 개시하지 않는다는 것도 주장하지 않는 한], 특허의 상세한 설명 또는 도면의 형식 및 내용이 규칙 42 및 46에 규정된 형식요건에 대한 규정에 따르지 않는 것 또는 발명자의 표기가 틀린 것. 우선권이 잘못 청구되었다는 단순한 주장은 이의의 이유를 구성하지 않는다. 하지만 우선일이 결정적으로 중요한 것에 관하여 조약 제100조(a)하의 이의의 이유에 관련하여 선행기술이 주장된 경우, 이의절차의 과정에서 우선권의 사항이 실질 심사되어야 한다.

5. 이의신청의 내용

서면으로 제출되고 이유가 기재된 이의신청에는 다음의 사항들이 반드시 포함되어야 한다.

(ⅰ) 이의신청인의 성명, 주소 및 국적 그리고 이의신청인이 거주하거나 주영업소가 있는 국가. 자연인의 성명은 성 및 이름으로 표시되어야 하고, 성은 이름의 앞에 표시되어야 한다. 주소는 표시된 주소로 신속하게 우편이 배달될 수 있는 통상적인 요건을 만족시키도록 표시되어야 한다. 주소는 만약 있다면, 주택의 번지를 포함하는 모든 관련된 행정 단위를 포함하여야 한다. 전화번호와 팩스번호가 표시되는 것이 바람직하다.

(ⅱ) 이의 대상인 유럽특허의 번호, 소유자의 성명 및 발명의 명칭.

(ⅲ) 이의가 제기된 유럽특허의 범위에 대한 언급 및 이의가 기초하는 이유에 대한 언급뿐만 아니라 사실, 증거 및 이들 이유의 근거를 나타내는 의견의 표시. 하지만 이의절차를 효율적으로 만들기 위해 가능한 한 빨리,

11) G 1/95 및 G 7/95.

이상적으로는 이의신청과 함께, 서면증거의 단일 사본이 제출되는 것이 권장된다.

(ⅳ) 이의신청인이 대리인을 선임했으면, 위에서 설명된 (ⅰ)의 규정에 따라 그의 주 영업소의 주소 및 성명.

Ⅳ. 이의의 실질심사까지의 절차

1. 이의신청의 방식심사

이의신청은 방식심사관에게 직접 전달되어야 하고, 방식심사관은 규정에 따라 관련된 유럽특허의 포대에 이의신청을 넣고 지체 없이 이것을 특허소유자에게 통지한다. 이의신청이 유럽특허허여의 공고 전에 수령되면, 방식심사관은 이의신청인에게 그의 서류가 이의로서 취급될 수 없는 이유에 대해 알려야 한다. 이 서류는 포대의 일부가 되고, 조약 제128조 4항하의 열람을 위해 이용될 수 있고 또 조약 제115조에 따라 제3자에 의한 의견으로 특허소유자 또는 출원인이 볼 수 있도록 제공된다. 이의료가 납부되었으면 이 경우에 이의료는 반환된다. 심사, 의견, 통지 및 당사자에 대한 요청은 이의부의 이 직무를 위임받은 방식심사관의 책임이다.

2. 이의신청의 불비사항에 대한 심사

이의신청이 제기된 후 방식심사관은 어떤 불비사항이 있는지 심사한다. 불비사항에는 해소되지 않으면 이의가 제출되지 않은 것으로 간주되는 것과 해소되지 않으면 이의가 부적법하다고 각하되는 것이 있다.

(1) 해소되지 않으면, 이의가 제출되지 않은 것으로 간주되는 불비사항

다음의 불비사항은 해소되지 않으면, 이의가 제출되지 않은 것으로 간주된다.

(ⅰ) 이의료 또는 이의료의 대부분의 액수가 이의기간 내에 납부되지 않은 경우(조약 제99조 1항). 하지만 작은 금액(예를 들어, 은행수수료로 공제된)

이 모자라는 이의료가 이의기간 내에 납부되었다면, 방식심사관은 그 부족액이 무시될 수 있는지의 여부를 심사한다. 방식심사관이 그 부족액이 간과될 수 있다고 결론내리면, 그 이의료는 납부된 것으로 간주된다.

(ii) 이의신청 서류가 서명되지 않고, 방식심사관에 의해 일반적으로 2개월로 되는 지정된 기간 내에 시정되지 않은 경우;[12] 조약 제133조 2항의 경우에, 직업대리인이 소정 기한 내에 선임되었으나 그 대리인에 의해 이의신청이 서명되지 않고, 대리인이 그 불비사항을 시정하지 않은 경우.

(iii) 이의신청이 팩스에 의해 제출되고, 방식심사관에 의해 요청된 경우, 팩스의 내용을 재현하는 서면 확인본이 기한 내에 제출되지 않은 경우.[13]

(iv) 이의신청이 이의신청인의 대리인 또는 고용인에 의해 제출되고, 요청된 경우,[14] 그 위임장이 기한 내에 제출되지 않은 경우.[15] 그리고

(v) 이의가 이의기간 내에 제출되었으나, 유럽특허청의 공식언어가 아니고, 또는 조약 제14조 4항이 이의신청인에게 적용되는 경우, 규칙 76(2)(c)에 규정된 요소의 번역문이 이의기간 내에 제출되지 않은 경우.[16] 이 기간은 규칙 6(2)하에서 요구되는 것과 같은 1개월의 기간 이후에 종료하는 경우 연장된다. 이 불비사항은 이의가 영어, 프랑스어 또는 독일어로 제출되지 않거나, 예를 들어 벨기에로부터의 이의신청인이 기한 내에 네덜란드어로 이의를 제출하였으나, 상기 기한 내에 필수 요소의 영어, 프랑스어 또는 독일어 번역문을 제출하지 않은 경우에 생긴다.

(2) 해소되지 않으면, 이의가 부적법하다고 각하되는 불비사항

제출된 것으로 간주되는 이의만이 규칙 77(1) 및 (2)하의 불비사항에 대해 심사된다. 방식심사관이 그 이의가 규칙 76(2)(c)하의 불비사항을 포함하고 있는지를 확신할 수 없는 경우에는 그 포대를 확인을 위해 이의부에 제출한다. 방식심사관은 특히 이의가 조약 제52조, 제54조 및 제56조하의 비특허성을 주장하고 또 관련 선행기술이 기록된 문서 이외의 수단에 의해 공중에게 이용가능한 경우, 또

12) 규칙 50(3).
13) 규칙 2(1) 및 유럽특허청장의 decision, 특별판 No.3, OJ EPO 2007, A.3.
14) 유럽특허청장의 decision 특별판 No.3, OJ EPO 2007, L.1.
15) 규칙 152(1)에서 (3), (6).
16) G 6/91 및 T 193/87.

는 규칙 117에 따른 증거 조사가 청구되어 있는 경우에 이렇게 한다. 이것과 관련해서, 이의부는 방식심사관이 이의신청인에게 증거의 제출을 요청할 필요를 심사한다.

1) 규칙 77(1)하의 불비사항

규칙 77(1)하의 불비사항은 다음과 같다.

첫째로 이의신청이 유럽특허공보에 유럽특허허여가 공고된 날로부터 계산된, 9개월의 이의기간 내에 뮌헨에 있는 유럽특허청, 헤이그에 있는 그 지청 또는 베를린에 있는 지국에 서면으로 제출되지 않은 경우[17]이다.

두 번째로 이의신청이 이의의 대상인 유럽특허에 대해서 충분한 특정을 제공하지 않는 경우이고, 세 번째는 이의신청이 유럽특허가 이의신청되는 범위의 기재를 포함하지 않은 경우이다.

네 번째로는 이의신청이 이의가 기초하는 이유의 기재를 포함하지 않은 경우이고, 다섯 번째는 이의신청이 이의를 뒷받침하도록 제출된 사실, 증거 또는 의견을 기재하지 않은 경우이다. 마지막은 이의신청에 이의를 제출한 자의 신원이 명확하게 기재되어 있지 않은 경우이다.[18]

2) 규칙 77(2)하의 불비사항

규칙 77(2)하의 불비사항은 다음과 같다.

(i) 이의신청이 이의신청인의 성명, 주소 및 국적 그리고 소정의 방식으로 이의신청인이 거주하는 또는 주 영업소가 위치하는 국가를 언급하지 않은 경우;

(ii) 이의가 제출된 유럽특허의 번호, 그 특허의 소유자의 성명 또는 그 발명의 명칭을 표시하지 않은 경우;

(iii) 이의신청인이 대리인을 선임한 경우에 그 대리인의 성명 또는 영업의 장소가 소정의 방식으로 이의신청에 표시되지 않은 경우;

(iv) 이의신청인이 회원국의 하나에 그의 거주지 또는 주 영업소를 가지지 않고(조약 제133조 2항) 또 직업대리인의 선임을 통지하지 않은 경우(조약 제134조). 그런 불비사항을 해소할 것을 요청하는 통지에서, 이의신청인은 선임된 대리인에 의한 이의신청의 서명 또는 승인을 준비할 것을 요

17) 조약 제99조 1항.

18) 조약 제99조 1항, 규칙 76(2)(a).

청받는다. 그리고

(ⅴ) 이의신청이 규칙 77(1)에 언급된 것 이외에 추가의 공식적 요건을 만족시키지 못하는 경우. 예를 들어 정당한 이유 없이 규칙 50(2)의 규정에 따르지 못하는 경우이다.

(3) 불비사항에 대한 통지

이의에 대한 방식심사의 과정에서 방식심사관이 불비사항을 발견하면 아래와 같은 통지를 하여야 한다.

1) 해소되지 않으면, 이의가 제출되지 않은 것으로 간주되는 불비사항에 대한 통지

이의가 제출되지 않은 것으로 간주되는 불비사항에 대한 통지는 그 불비사항을 표시하고, 또 불비사항이 정해진 기한 내에 해소되지 않는 한 그 이의는 제출되지 않은 것으로 간주될 것이라는 표시를 한다.

2) 해소되지 않으면, 이의가 부적법한 것으로 각하되는 불비사항에 대한 통지

이의가 부적법한 것으로 각하되는 불비사항에 대한 통지는 그 불비사항을 표시하고, 불비사항이 이의기간 내에 해소되지 않는 한 그리고 규칙 77(2)하의 불비사항이 방식심사관에 의해 지정된 기간 내에 해소되지 않으면 받아들여질 수 없는 것으로 각하된다는 것을 표시한다.

(4) 더 이상 해소할 수 없는 결함의 경우의 이후 절차

1) 이의가 제출되지 않은 것으로 간주되는 더 이상 해소될 수 없는 불비사항의 경우

방식심사관은 해소되지 않으면 이의가 제출되지 않는 것으로 만드는 불비사항이 유럽특허청에 의해 유럽특허조약에 규정된 기한 내에 해소되지 않았다고 인정되는 경우, 방식심사관은 이의신청인에게 조약 제119조에 따라 이의신청이 제출되지 않은 것으로 간주된다는 것과 규칙 112(2)의 취지하에서 결정이 적용될 수 있다는 것을 통지한다. 이 통지의 송달 후 2개월의 규정된 기간 내에 그런 적용이 되지 않고, 또 다른 유효한 이의가 계류 중이지 않으면, 절차는 종료되고 당사자들은 즉시 통지받는다. 납부된 이의료가 있으면 반환된다.

제출되지 않은 것으로 간주된 이의신청과 함께 제출된 서류는 포대의 일부를 구성하고, 또 조약 제128조 4항에 따른 열람에 제공될 수 있다. 그들은 조약 제

115조하에서 제3자에 의한 의견과 같이 간주된다. 추가의 적법한 이의가 계류 중이면 그 절차는 그것에 대하여 계속된다.

2) 규칙 77(1) 및 (2)에 따라 더 이상 해소될 수 없는 불비사항으로 그 이의가 부적법한 것으로 각하되는 불비사항의 경우

만약 위의 이의가 제출되지 않은 것으로 간주되는 불비사항은 없으나, 제출된 것으로 간주되는 이의신청이 더 이상 해소될 수 없고, 이의기간이 이미 만료되었기 때문에 이의신청인에게 통지되지 않은 규칙 77(1)하의 불비사항을 밝히는 경우, 방식심사관은 조약 제113조 1항의 규정에 따라 의견을 제출할 기간(통상적으로 2개월)을 주면서 그리고 이의신청인에게 이의신청이 부적법한 것으로 각하될 수 있다는 것을 지적해야 하고 이의신청인에게 이들 불비사항을 통지하여야 한다.

더 이상 정정될 수 없거나 정정할 수 있는데도 상당한 시간 내에 해소하지 않고, 이의신청인에게 통지된 불비사항에 대해 이의신청인이 반박하지 않은 경우, 방식심사관은 허용될 수 없는 것으로, 이의신청에 이의를 제출한 자의 신원이 명확하게 기재되어 있지 않은 경우에는 예외로, 그 이의신청을 각하할 것이다.[19] 모든 다른 경우에 방식심사관은 이의가 제기된 유럽특허에 대해 책임 있는 부서에 이의 서류를 전달한다.

규칙 77(1) 또는 77(2)하에서 그 이의가 부적법하다는 것을 선언하는 결정은 규칙 77(3)에 따라 특허 소유자의 참여 없이 행해질 수 있다. 하지만 절차경제의 이유에서, 적어도 하나 이상의 추가의 적법한 이의가 계류 중이면 실체심사가 사실상 개시된다. 특허의 소유자는 그 심사의 과정에서 앞의 이의의 적법성에 대해서도 의견을 낼 수 있다. 그 이의가 부적법하다는 것을 선언하는 결정이 확정되면 관계된 이의신청인은 더 이상 절차의 당사자가 아니다.

(5) 특허소유자에 대한 송달 및 특허소유자에 의한 의견

이의가 제출된 것으로 간주되는지의 여부 및 적법한지의 여부에 대한 심사의 과정에서 통지 및 결정은 특허 소유자에게도 송달된다. 특허소유자가 그 통지에 관하여 스스로 의견을 제출한 경우 결정 시에 고려될 수 있다.

---

19) 이의부에 결정권한이 있고, 일반적으로 심사 또는 이의부의 책임인 어떤 직무의 비심사 직원에의 위임에 관한 2013.12.12. 유럽특허청장의 decision을 보시오. OJ EPO 2014, A6.

3. 이의부의 활동

방식심사관은 규정된 기간의 만료 시에 적법한 이의에 대해서는 즉시 관할부서에 그 포대를 보낸다.

관할부서의 장은 권한 있는 이의부의 3명의 기술전문가인 구성원을 지정한다. 이의부는 그 구성원 중 1명에게 이의의 결정에 이르기까지의 심사를 위임한다. 이의가 방식심사관에 의해 부적법하다고 각하되고 또 추가의 적법한 이의가 제출되지 않으면, 그 이의부의 기술전문가인 구성원은 지정되지 않는다.

4. 특허소유자가 당사자로 되지 않는, 이의부에 의한 부적법한 이의의 각하

불충분한 입증의 경우에, 방식심사관이 부적법성에 대한 결정권한이 없는 경우, 이의부는 다음의 어느 하나를 수행한다:

(ⅰ) 그 이의가 부적법한 것으로 각하하는 결정을 발행하거나(방식심사관이 불비사항에 대해 이의신청인에게 이미 통지한 경우); 또는

(ⅱ) 이의가 적법하다고 판단하고 그 이의의 심사를 계속하거나; 또는

(ⅲ) 해당 이의신청인에게 그 사항을 통지하고 동시에 그에게 의견을 제출할 것을 요청한다.

이의신청인이 더 이상 정정될 수 없는 이들 불비사항의 존재에 대해서 이의부에 의해 표명된 의견에 반박하지 않으면, 이의부는 그 이의신청을 부적법한 것으로 각하한다.

그 결정은 다른 당사자에게 통지되어야 한다. 부적법한 이의 또는 부적법한 이의를 뒷받침하기 위해 제출된 서류는 포대에 넣어지고, 따라서 조약 제128조 4항에 따른 열람에 이용될 수 있다. 추가의 적법한 이의가 있으면, 절차의 경제의 이유에서, 이의가 부적법하다는 각하 결정은 적법한 이의에 대한 결정과 함께 통상적으로 절차의 마지막에 행해진다.

이의부의 결정에 대해서 이의신청인은 심판을 청구할 수 있다.

5. 부적법한 이의의 경우 이의절차의 종료

조약 제101조 1항 및 규칙 79(1)의 규정하에서, 그 유럽특허가 유지될 수 있는지의 여부에 대한 심사는 적어도 하나의 적법한 이의가 제출되었을 때만 수행될 수 있다. 이것은 이의부가 다른 적법한 이의가 없다면, 이의에 대한 부적법성에 대한 의견을 표명할 때 그 이의의 실체적 장점에 대한 언급을 피하여야만 한다는 것을 의미한다.[20] 이의절차는 유럽특허에 대해 제출된 모든 이의신청이 부적법한 것으로 각하되고 또 이에 관한 최종 결정이 일단 확정되면 종결된다. 이것은 당사자들에게 통지된다.

6. 실질심사의 준비

(1) 이후의 단계에서의 부적법성

이의의 적법성에 대해 특허소유자는 언제라도 문제를 제기할 수 있으므로, 이의가 적법하다는 통지는 이의신청인 또는 특허소유자에게 별도로 주어지지 않는다. 규칙 77(2)의 의미 내의 불비사항이 포함되어 있으면, 그 불비사항을 해소하도록 이의신청인에게 기간을 지정한다. 이의신청인이 더 이상 정정할 수 없는 불비사항의 존재에 대한 이의부의 의견에 답변하지 않거나, 정정될 수 있는 불비사항을 적절한 시간 내에 제거하지 않으면, 이의부는 그 이의신청을 부적법한 것으로 각하한다.

(2) 방식심사관에 의한 특허소유자에 대한 의견제출 요청 및 관련 다른 당사자에 대한 이의의 통지

방식심사관이 각각의 또는 하나의 이의의 적법성에 대하여 더 이상의 직권거절이유가 남아 있지 않다고 생각하면, 방식심사관은 특허소유자에게, 규칙 77(2)에 따른 불비사항의 해소, 또는 증거의 제출을 위해 방식심사관에 의해 규정된 기간 또는 이의기간의 만료 후에 즉시 이전에 통지된 이의에 관한 그의 의견을 제출하고 또 적절한 경우, 방식심사관에 의해 정해진 기간(일반적으로 4개월) 내에 상세한 설명, 청구항 및 도면에 대한 보정을 제출할 것을 즉시 요청한다. 이것은

20) T 925/91, OJ 7/1995, 469.

제출되지 않은 것으로 간주되는 효력 또는 부적법하다는 효력에 대한 결정이 아직 행해지지 않거나 확정되어 있지 않은 경우의 이의에도 적용된다.

몇 개의 이의신청이 제출되었으면, 방식심사관은 앞의 문단에 규정된 통지와 동시에 그것을 다른 이의신청인에게 통지한다. 이것은 의견제출에 대한 요청 또는 기간의 설정을 수반하지는 않는다.

(3) 이의신청에 응답한 보정서류의 제출

보정된 서류는 그 절차가 도달된 단계에서 부적절하지 않은 것을 조건으로, 가능한 한 완전하게 되어야 하고, 적절한 경우 보정된 버전에서 추가의 지연이 없이 유지되는 유럽특허를 허여할 수 있도록 하는 방식으로 작성된다.

이러한 고려점은 이의부가 특허소유자의 주청구를, 예를 들어 그 이의가 거절되어야만 하므로 허여할 수 없을 경우에만 이의부에 의한 고려를 위해 특허소유자가 제안한 보정인 부청구에도 적용된다. 하지만 모든 경우에 후에 다루어져야 할 상세한 설명에서의 결과적인 보정을 남겨두고, 청구항의 형태를 먼저 결정하는 것이 더 편하다.

보정이 조약 제123조 2항 및 3항을 위반하지 않는지를 확인하기 위해 노력해야 한다. 또 특허가 보정 자체에 의해 유럽특허조약의 요건을 위반하지 않는다는 것도 확인해야 한다.

(4) 어느 한 당사자로부터 다른 당사자로의 의견의 통지

방식심사관은 절차의 어느 단계에서라도 어느 당사자의 의견을 정보로서 다른 당사자에게 바로 통지한다. 그 특허의 소유자가 그의 의견과 함께 보정된 서류를 제출하면, 또 다른 요청의 일부로서 적용가능한 경우, 방식심사관은 다른 당사자에게 자신에 의해 정해진 기간(일반적으로 4개월) 내에 의견을 제출할 것을 요청한다. 이의부가 그 후의 절차의 과정에서 의견이 요청된다고 판단되면, 그 이유를 지적한 통지와 함께 또는 통지 없이 별도의 요청이 발행되고 기한이 정해진다(일반적으로 4개월).

(5) 이의의 적법성에 관한 결정으로 특허의 소유자가 당사자인 것

이의신청에 대해 응답할 때, 특허소유자가 그 이의가 규칙 77(1) 및 (2)에 따라 부적법하다는 것을 주장하면, 정해진 불비사항 때문에 관계된 이의신청인에게 방식심사관이 정하는 기간(2개월) 내에 그의 의견을 제출할 기회가 주어져야 한다.

이의부가 이의가 부적법하다고 결론내리면, 일반적으로 이유와 함께 결정을 해야 하는데, 이에 대해서는 심판을 청구할 수 있다. 한편 다른 적법한 이의에 근거해서, 그 특허의 취소 또는 이의나 이의들의 각하를 즉시 결정할 수 있는 경우, 적법성에 대한 결정은 이 최종 결정과 함께 되어야 한다.

특허소유자의 의견에도 불구하고, 이의부가 그 이의가 적법하다고 결론내리면, 적법성에 관한 결정은 특별히 적어도 하나의 다른 적법한 이의가 존재하는 경우, 통상적으로 최종 결정과 함께 된다. 적법성이 의심스러운 이의만이 있을 때, 적용가능하다면, 이것이 그 절차를 부당하게 지연시키지 않는 것을 조건으로, 심판을 청구할 수 있는, 이유를 붙인 중간결정이 발행되어야 한다.

(6) 참가(Intervention)

참가가 적법한지 여부를 심사할 때, 방식심사관과 이의부는 이의의 적법성에 대한 심사와 동일하게 해야 하는데, 조약 제105조 및 규칙 89하의 참가에 대한 요건에 기초하여 심사하여야 한다.

이의절차가 진행된 단계에 있는 경우에, 방식심사관은 참가한 당사자에게 절차의 진행을 통지하고 또, 그 이전의 기간에 규칙 81(2)하의 당사자의 의견 및 이의부로부터의 통지와 함께 규칙 79(1), (2) 및 (3)에 따른 당사자로부터 수령한 서류를 요구하는지의 여부를 참가한 당사자에게 1개월 내에 표시하도록 한다. 이 경우 방식심사관은 이의부 또는 방식심사관으로부터의 해당되는 통지와 함께 그들을 참가하고 있는 제3자에게 보내야 한다.

Ⅴ. 이의에 대한 심사

1. 이의 심사의 시작

이의의 심사를 위한 준비가 규칙 79에 따라 완성되면, 이의부는 조약 제100조에 규정된 이의의 이유가 유럽특허의 유지를 방해하는지의 여부를 심사한다. 이 심사는 유일한 적법한 이의가 그 사이에 취하된 경우에도 시작할 수 있다. 이의신청인이 사망하거나 법적으로 무능력이 된 경우에는 그 심사는 그의 상속인 또는 법률상의 대리인의 참여 없이도 시작할 수 있다.

2. 이의 심사의 범위

(1) 특허가 이의신청되는 범위

이의가 특허의 특정 부분에만 한정되어 있는 특별한 경우, 이의부는 이의신청된 부분에 대해서만 심사를 해야 한다. 하지만 이의 신청이 독립항에만 된 경우, 이미 이용가능한 정보를 기초로 유효성이 명백하게 의심되는 것을 조건으로, 종속항들도 그 이의의 범위에 의해 암시적으로 커버되는 것으로 생각되고 또 심사부에 의해 심사될 수 있다.[21] 유사하게, 단지 방법청구항만 이의신청되면, 동일한 방법을 참조하는 방법에 따른 제품 청구항은 그 이의의 범위에 의해 암시적으로 커버되는 것으로 간주되고 또 위와 동일한 조건하에서 심사될 수 있다.[22]

(2) 이의에 대한 이유의 심사

이의절차는 심사절차의 연속이 아니다. 일반적으로 이의부는 이의신청인에 의해 제기된 이의에 대한 이유에 대해 그 심사를 한정한다. 예를 들면 이의가 단지 유럽특허의 대상물이 적절하게 개시되지 않았거나 또는 최초 출원된 특허의 내용을 넘어서 연장되는 이유에 대해서만 제출된 경우, 이의부는 조약 제52조에서 제57조에 따른 유럽특허의 대상물의 특허성을 심사한다.[23]

특허의 명세서에서 비록 이의기간내에 명백하게 제시되지 않은 문헌일지라도 이의 절차의 부분을 형성하는 상세한 설명에 제시된 기술적 문제를 설명하는 목적을 위한 가장 근접한 또는 중요한 선행기술로서 특허명세서에 표시된다.

일단 이의를 심사하기 위한 절차가 시작된 경우, 적법한 이의가 제출되었기 때문에(비록 중간에 취하될 수도 있지만), 유럽특허의 유지를 전면적으로 또는 부분적으로 방해하는 다른 이유가 존재한다고 믿기에 충분한 이유가 존재하면, 이 이유는 일반적으로 규칙 81(1)에 따라 직권으로 이의부에 의해 심사되어야 한다. 그런 다른 이유는 조사보고서 또는 심사절차로부터 나오는 사실, 심사관의 개인적 지식 또는 조약 제115조에 따라 제3자에 의해 제시된 의견으로부터 나올 수 있

21) G 9/91.
22) T 525/96.
23) G 10/91.

다. 그런 이유는 부적법한 것으로 각하된 다른 이의에 또는 제출되지 않은 것으로 간주된 다른 이의에 제출된 것일 수 있다. 그들은 늦게 제출된 이유도 될 수 있다. 취하된 이의에 제출된 그런 이유는 일반적으로 이의부에 의해 직권으로 심사될 수 있다. 하지만 그런 심사를 수행함에 있어서, 이의부는 절차의 신속한 이익을 고려해야 한다. 그 결정이 조약 제114조 1항 또는 규칙 81(1)에 따라 고려된 이유에 근거한다면, 그 당사자는 의견을 제출할 기회를 가져야만 한다.

심사과정에서 어떤 사실에 대한 철회가 타당한 것으로 보이면, 다른 당사자에 의해 제지되지 않는다면 추가의 증거 없이 인정될 수 있다. 만약 어떤 사실이 다투어지거나 타당하지 않으면, 철회를 한 당사자는 그 것을 증명해야만 한다. 이의절차에 대한 당사자들이 입증할 수 없는 반대되는 주장을 하고 또 이의부가 스스로 그 사실을 설명하는 것이 불가능하면, 특허소유자에게 유리한 판단이 주어져야 한다.[24]

예를 들어, 이의신청인이 조약 제100조 (b)하의 거절을 제기하고 또 예를 들어 그 청구된 공정이 반복재현될 수 없다는 것을 보이는 실험적 증거를 제공한다. 특허소유자는 당업자가 과도한 부담 없이 그리고 통상의 일반적 지식을 사용하여 그 공정을 실시할 수 있다고 응답한다.[25] 특허소유자는 출원일 또는 우선권주장이 있다면 최선의 우선일에 통상의 일반적 지식이 무엇인지에 대한 증거를 제공해야 한다.

조약 제100조에 따라 발명의 단일성 결여는 이의의 이유가 되지 않는다. 조약 제82조하의 발명의 단일성은 단지 유럽특허출원에 대해서만 요구되는 것이므로, 유럽특허의 대상물의 단일성은 이의부에 의해, 직권으로도 심사되지 않을 수 있다. 특별히 이의절차 중에 나타난 사실, 증거 및 의견이 보정된 형태로 유럽특허가 유지되도록 하는 경우, 그 특허의 남아 있는 대상물이 하나의 발명 또는 하나 이상의 발명을 포함하는지에 대해 추가의 심사가 되어서는 안 된다. 단일성의 결여는 받아들여져야만 한다.[26]

---

24) T 219/83, Headnote I.

25) T 281/86, OJ EPO 1989, 202.

26) G 1/91.

VI. 이의에 대한 심사절차

1. 개 요

이의부는 서면절차에 의해 이의에 대한 결정을 해야 한다. 대개 주심사관에 의해 미리 수행된 조사를 참고하면서, 이의부는 당사자의 서면 의견 및 적절한 경우, 특별히 문헌의 제출, 정보요청 및 선서서를 통해 얻어진 다른 서면 증거에 기초한다. 증거는 가능한 한 빨리 제출되어야 한다.

이의부가 편리하다고 판단하거나, 당사자 일방이 구두절차를 요청한 경우, 구두절차는 적절한 준비 후에 이의부에서 열린다. 구두절차에서 당사자는 현안 문제를 명확히 하기 위해 자신들의 주장을 표명하고 또 의견을 제시하고 주장할 수 있다. 이의부의 구성원은 당사자에게 질문할 수 있다.

흔한 경우는 아니지만, 종종 구두절차의 일부분으로서 이의부에 의해 또는 구두절차 외에서 주심사관에 의해 수집되는 구두증거 또는 증거보존이 이의절차에서 필요하다. 이의부는 비록 당사자가 요청했을지라도, 필요하다고 판단하지 않으면 구두증거 수집을 하지 않아도 된다. 구두증거는 적절한 경우에, 청문되어야 할 자의 거주국 관할법원에 대해, 선서하에 수집될 수 있다. 이의부의 구성원은 이의부의 요청에 의해, 그 법정 청문회에 참석할 수 있다. 구두증거 수집의 주요한 수단은 증인과 당사자의 청문이다. 오직 예외적인 경우에서, 증거는, 이의부의 직권으로 전문가에 의한 구두 및/또는 서면 보고서에 의해 또는 조사를 수행함에 의해 얻어질 수 있다.

2. 특허권자에 의해 동의되거나 제출된 유럽특허의 본문

(1) 심사의 기초

특허의 소유자가 이의신청이 그에게 통지된 후에, 상세한 설명, 청구항 또는 도면에 대한 보정을 제출한 경우, 이의부는 그 소유자에 의해 제출된 유럽특허의 본문을 심사의 기초로 해야 한다. 이의부는 가장 최근에 "특허 소유자에 의해 제출되거나 동의된" 본문만을 고려해야 한다는 원칙은 이의절차의 전 과정에서 적용된다.

(2) 특허의 취소

특허소유자가 특허가 허여된 특허의 본문에 동의하지 않고 또 보정된 본문을 제출하지 않으면, 그 특허는 취소되어야 한다. 이것은 특허소유자가 그 특허가 취소되어야 한다고 요청할 때도 적용한다.

3. 의견제출 요청

(1) 심사관의 통지

이의를 심사함에 있어서 이의부는 필요할 때마다, 그 사건의 실체를 명백하게 하기 위해, 다른 당사자 또는 이의부에 의해 발행된 통지에 대한 의견을 제출하고, 적절한 경우 논쟁중인 사항에 관하여 증거를 제출할 것을 요청한다. 규칙 81(2)는 이 요청에 응답하기 위한 기간을 정할 것을 이의부에게 요구하지 않는다. 하지만 그 기간은 이의부가 편하다고 생각되는 때로 결정된다. 이의부로부터의 통지 및 그에 대한 모든 답변은 모든 당사자에게 통지되어야 한다.

(2) 구두절차에 대한 소환

구두절차가 진행되어야 한다면, 가능한 한 신속하게 적당한 예고를 당사자들에게 하고 당사자들은 소환되어야 한다. 만약 구두절차가 청구되었다면, 조약 제101조 1항하의 이의부의 첫 번째 실질통지는 일반적으로 구두절차에 대한 소환에 합쳐진다. 소환과 함께 이의부는 첨부된 문서로 당사자들에게 필요한 내용을 통지하는데, 첨부된 문서는 수행되어야 할 결정을 위해 논의되어야 할 필요가 있는 그 의견의 요지를 설명한다. 이것이 이미 그 이전의 통지에서 충분하게 된 경우에는 그 통지를 참조하는 것이 적절하다. 통상적으로 첨부된 문서는 당사자에 의해 취해진 입장 및 특별히 특허의 소유자에 의해 제출된 보정에 대한 이의부의 잠정적이고 또한 비구속적인 의견도 포함한다. 동시에 서면의견제출이 될 수 있거나 유럽특허조약의 요건을 만족시키는 보정이 제출될 수 있는 날짜가 정해진다. 이 날짜는 통상적으로 구두절차일 1개월 전이 된다. 하지만 예를 들면 다른 당사자에 의해 제출된 비교 실험의 결과를 확인하기 위해 어느 당사자가 시간이 더 필요하다고 합리적으로 예상되는 경우라면, 더 빠른 날짜로 정해질 수 있다. 이 날짜에 관해서, 규칙 132는 적용되지 않는다. 즉, 이 기한은 당사자의 요청에 의해 연장될 수 없다.

4. 특허권자에 대한 통지

(1) 이의부로부터의 통지

필요한 경우에 유럽특허의 소유자에 대한 통지는 이유를 붙인 설명을 포함하여야 한다. 이것은 특허의 소유자에게 단지 정보로서 통지된 다른 당사자에 대한 통지에도 적용한다. 이유를 붙인 설명은 그 통지가 형식적인 것에 관계된 사항만에 관한 것이거나 또는 그 통지가 자명한 제안만을 포함하는 경우에는 통상적으로 요구되지 않는다. 적절한 경우 유럽특허의 유지에 반하는 모든 이유는 통지에 표시되어야 한다.

(2) 보정된 서류 제출에 대한 요청

이의부가 그 유럽특허가 보정되지 않은 형태로 유지될 수 없다고 판단하는 경우, 이것은 특허소유자에게, 그 이유를 언급하면서, 또 적절한 경우 "필요한 경우 보정된 상세한 설명, 청구항 및 도면을 제출"할 것을 요청하면서 즉시 통지되어야 한다. 필요한 경우, 새로운 청구항에 따라 조정되는 상세한 설명은 이의절차에서 설명된 선행기술, 주어진 시점에서 발명의 기술적 목적 및 이점을 다루어야 한다. 하지만 특허소유자가 구두절차를 신청하지도 보정서도 제출하지 않았다면, 그 특허는 이의신청의 이유, 증거 및 의견을 기초로 바로 취소될 수 있다. 이의절차의 늦은 단계에서 제출된 보정에 대한 제안은 무시될 수 있다.[27)]

5. 추가 조사(Additional search)

예외적인 경우로서, 이의부는, 심사부와 같이 직권으로 선행기술에 대한 새로운 자료를 인용하고, 그것을 이후의 결정에서 참작할 수 있다. 하지만 일반적인 경우에는 특허의 허여에 앞서, 조사부, 심사부 및 일반적으로 이의신청인에 의해 출원의 대상물에 대한 조사가 되므로, 추가 조사는 되지 않는다. 단지 예외적인 경우에, 조사부에 의한 추가 조사가 시작된다. 이런 경우는 예를 들어 이의에 있어서 그 특허에 의해 커버되는 대상이 최초에는 부차적으로 중요한 종속항의 요소, 상세한 설명에만 있고 전에는 청구항에 기재되지 않았던 요소, 조합의 개별적

---

27) T 406/86.

특징 또는 하위조합으로 옮겨지고, 또 원래의 조사가 이들 요소 또는 특징에 미치고 있지 않았다고 생각하는 이유가 있는 경우 그리고 특정 상황에서 신속하게 관련 문헌이 찾아질 수 없는 경우에 발생한다.

6. 촉진된 이의절차

유럽특허에 관한 침해소송이 회원국의 국가법원에 대해 계속중인 경우에 이의절차에 대한 당사자는 촉진된 절차를 요청할 수 있다. 그 청구는 언제라도 제출될 수 있다. 이 청구는 이유를 기재한 서면 형태로 제출되어야만 한다. 추가로 유럽특허청은 회원국의 국가법원 또는 관할당국에 의해 침해소송이 계속 중이라는 것을 통지받은 경우 그 이의의 절차를 신속하게 진행할 수 있다.[28]

7. 결정의 준비

(1) 개 요

이의부가 직권으로 구두절차를 준비하는 것 또는 증거조사가 요청된 경우라도 증거조사를 하는 것이 편리하다고 생각하지 않거나 또 적법한 구두절차를 당사자로부터 요청받지 않은 경우, 서면절차를 기초로 결정이 되어야만 한다. 이 경우 결정에 도달하기 전에 구두절차를 할 의무는 없다.

이의가 서면절차에 기초하여 결정이 되는 경우, 결정을 당사자에게 송달하기 위해 유럽특허청 내의 우편서비스에 보내진 후에 제출된 서류는 이의부가 그 시점으로부터 그 결정을 보정할 수 없으므로, 규칙 140에 규정된 제한된 한도를 제외하고는 더 이상 고려될 수 없다.

이의에 대한 결정은 구두절차 또는 증거조사가 있었는지의 여부에 불구하고, 특허의 취소, 이의의 각하 또는 보정된 대로 특허의 유지 중 하나로 될 수 있다.

(2) 보정된 대로 유럽특허를 유지하는 결정의 준비

1) 절차적 요건

이의에 대한 결정은 이의부가 특허를 유지하기로 제안한 본문에 대해 특허소

---

28) 1998.5.19. 유럽특허청장의 고시, OJ 7/1998, 361.

유자가 동의하고, 이의신청인이 이 제안된 새로운 본문에 대해 의견을 제시할 충분한 기회가 주어졌을 때에만 행해질 수 있다.

이 두 가지 요건은 구두절차 중에, 보정된 상세한 설명과 필요하다면 보정된 도면을 포함하는 완전한 본문을 이의부가 제공하여 충족될 수 있다. 서면절차에서 이의부에 의해 제안된 새로운 본문에 대해 의견을 제시할 필요한 기회는 통지가 당사자들에게 발행되었을 때 이의신청인에게도 주어질 수 있다. 일단 이들 요건이 만족되면, 규칙 82(1)에 따른 별도의 통지가 필요 없고 적절하지도 않다.[29)]

특허가 보정된 형태로 유지될 수 있다면, 이의부는 즉시 특허가 유지될 수 있는 본문에 대한 특허소유자의 동의를 얻도록 하고 또 이의신청인에게 그에 대해 의견을 제시할 수 있는 기회를 주어야 한다. 이들 요건이 여전히 만족되지 않고 또 구두절차도 열리지 않았다면, 조약 제101조 1항하의 통지가 발행되어야 한다. 이것은 특정한 형태로 특허가 유지될 수 있다는 취지가 결정되었으나 특허소유자에 의해 명시적으로 동의된 완전한 본문이 아직 제공되지 않았을 때에도 적용한다.

특허의 보정된 본문에 대한 특허소유자의 동의는 별개의 명시된 선언서 형태로 주어지지 않아도 된다. 동의는 주어진 상황으로부터 명백해질 수 있는데, 특히 특허소유자가 보정된 본문을 제출하거나 요청했다는 사실로부터 명백하다. 이것은 부청구로서 제출된 본문에 대해서도 동일하게 적용한다.

특허소유자의 동의는 이의부가 당사자에게 "보정된 특허를 유지하기를 의도한다"는 것을 알리고 또 당사자에게 "특허를 유지하기를 의도하는 본문에 동의하지 않는 경우에는 2개월의 기간 내에 그들의 의견을 진술"하도록 요청하는 규칙 82(1)하의 통지를 통해서도 얻을 수 있다. 특허소유자가 이렇게 통지된 본문에 대해 반대의견을 제출하지 못한 경우, 특허소유자가 그 본문에 동의한 것으로 간주된다.

일반적으로 말하면, 이 통지는 이의부가 특허소유자에 의해 명시적으로 동의되고, 이의신청인이 의견을 진술할 기회를 가졌던 완전한 서류가 아직 보정을 요하는 경우에만 유용하다. 하지만 이것은 가장 최근에 특허소유자에 의해 제출되거나 동의된 본문과의 비교에 의해 절대적으로 필요하다고 여겨지는 표현에 대한 편집적 변경과 같은 것을 넘을 수 없다. 이의부는 그런 보정에 대해 주의를 환기해야 하고 또 그 보정이 자명하지 않은 경우에는 그 보정이 왜 요구되는지를 진술

---

29) G 1/88.

해야 한다.

그 통지 또는 규칙 82(1)하의 통지에서 정해진 기간 내에, 특허소유자가 특허가 유지될 수 있는 본문에 대해 반대하면, 절차가 계속된다. 유럽특허는 그 특허소유자가 그 본문을 반대하고 또 새로 적절하게 보정된 서류를 제출하도록 요청되었음에도 불구하고 제출하지 않으면, 그 특허는 이후의 절차에서 취소될 수 있다.

이의신청인이 특허를 유지하도록 의도되어 그에게 통지된 본문에 대해 반대하는 경우, 이의부는 최초에 파악된 본문으로 유럽특허조약에 의해 특허의 유지가 될 수 없다고 인정하면 이의의 심사를 계속한다.

2) 특허를 유지하기 위한 기초가 되는 서류에 대한 결정

이의부가 특허소유자에 의해 제출되거나 동의된 본문에 기초하여 특허가 유지될 수 있고 또 이의신청인이 특허유지에 대한 이유뿐만 아니라 이 본문에 대해 의견을 제시할 충분한 기회(서면절차 또는 구두절차 동안 모두)를 가졌다고 판단하는 경우, 이의부는 이의절차 중에 특허소유자에 의해 수행된 보정에 따라 유럽특허조약의 요건을 그 특허 및 그 관련된 발명이 만족한다는 취지에 대한 중간결정(interlocutory decision)을 할 수 있다. 특허가 단지 부청구에 기초하여 유지될 수 있는 경우, 그 결정은 주청구(그리고 선행하는 부청구)가 유럽특허조약의 요건을 만족시키지 않는 이유를 붙인 진술을 포함해야만 한다.[30]

이의신청인에 의해 주장되거나 이의부에 의해 채택된 이의에 대한 이유에 관해서 이유를 붙여야만 하는, 이 결정에 반대해서 유럽특허조약 제106조 2항하의 별도의 심판청구가 허용된다. 이 결정은 유럽특허가 보정된 형태로 유지되는 모든 경우에 이의신청인이 이의부에 의해 통지된 본문에 동의하고 또는 그것에 대해 의견을 제출하지 않았던 경우라도 행해진다. 이 결정이 이견이 없는 경우에 그에 포함된 결정이 확정되고 또 그 결과로 그 서류는 더 이상 보정될 수 없게 된다.

이 중간결정은 이의절차에서 본문에 대한 보정으로부터 발생하는 불필요한 번역 비용을 특허소유자가 절약할 수 있도록 하기 위한 것이다.

3) 공고수수료 및 번역에 대한 요청

일단 중간결정이 확정되거나 이의절차에서 특허가 유지될 보정된 본문이 작성되면, 방식심사관은 특허소유자에게 유럽특허의 새로운 명세서의 공고를 위한 수수료를 납부하고 또 진행언어 이외의 다른 2개의 유럽특허청의 공식언어로 보

---

30) T 234/86.

정된 청구항의 번역문을 3개월 내에 제출할 것을 요청한다.

보정된 형태의 유럽특허가 다른 회원국에 대해 다른 청구항을 포함하면, 청구항—특허의 소유자에게 통지된 본문에서—의 모든 세트에 대한 진행언어 이외의 다른 모든 공식언어로의 번역문이 제출되어야 한다.

앞 문단하의 통지는 조약 제65조 1항에 따른 번역문을 필요로 하는 지정된 회원국을 표시하여야 한다. 위의 첫 번째 문단하의 청구가 "적절한 기한"에 되지 않으면, 그 기한을 준수하지 못한 것을 지적하는 통지의 통지일로부터 2개월 이내에, 규정된 과태료를 납부하는 것을 조건으로, 그 행위를 유효하게 할 수 있다. 이 시혜기간 내에 그 행위 중 어느 것이 행해지지 않으면, 방식심사관은 규칙 82(3)에 따라 특허의 취소 결정을 한다.

Ⅶ. 이의부의 결정

1. 적법한 이의에 대한 최종 결정

이의부는 그 유럽특허를 취소하거나 또는 그 이의를 각하하거나 또는 그 유럽특허가 보정된 대로 유지된다는 취지로, 이의에 대해 최종결정을 해야만 한다. 유일한 적법한 이의 또는 모든 적법한 이의가 취하되고, 이의부가 직권으로 그 절차를 계속할 이유가 없다는 의견이면, 그 절차는 방식적 결정에 의해 종결된다.

2. 유럽특허의 취소(Revocation of the European patent)

(1) 실질적인 이유에 따른 취소

조약 제100조에 규정된 적어도 하나의 이의의 이유가 그 유럽특허의 유지를 방해하는 것이라는 이의부의 의견이면, 조약 제101조 2항하에서 그 특허는 취소된다. 유사하게 이의절차의 과정에서 보정된 특허가 조약의 요건을 만족시키지 않는다는 이의부의 의견이면, 조약 제101조 3항(b)에 따라 그 특허는 취소된다.

(2) 공고수수료 미납 또는 번역문 미제출에 따른 취소

특허소유자가 기한 내에 유럽특허의 새로운 명세서의 공고를 위한 소정의 수수료를 납부하지 않거나 또는 진행언어 이외의 유럽특허청의 다른 두 공식언어로 의 보정된 청구항의 번역문을 제출하지 않으면 그 유럽특허는 취소된다.

(3) 새로운 대리인의 선임을 통지하지 않음에 따른 취소

이의절차가 특허권자 또는 대리인의 사망 또는 법적 능력의 상실에 따라 중단되고 또 회원국 중의 하나에 거주하지 않는 특허의 소유자가 대리인 선임에 대한 2개월의 기간 내에 새로운 대리인의 선임 신고를 하지 않으면, 그 유럽특허는 취소된다.

(4) 기한 만료 후까지 요건을 만족시키지 않은 경우의 취소

공고수수료와 번역문의 제출 그리고 새로운 대리인의 선임과 관련된 취소에 관한 경우에, 이행되지 않은 행위가 기한의 만료와 최종결정 수행의 사이에 이행되어도, 권리의 재설정 요청이 제출되지 않는 한 유럽특허는 취소된다. 하지만 그 신청이 있었던 경우에는, 그 신청에 대해 먼저 결정이 주어져야 한다.

(5) 소유자가 그 특허가 허여된 대로 유지되는 것을 원하지 않는 경우의 취소

소유자가 특허가 부여된 본문에 동의하지 않는다고 진술하고 보정된 본문도 제출하지 않는 경우, 그 특허는 취소되어야 한다. 이것은 소유자가 특허의 취소를 청구한 경우에 적용된다. 소유자가 유럽특허청에 대해 특허의 포기를 명백하게 선언한 경우, 이것은 그 특허를 취소해야 한다는 청구와 동등한 것으로 해석된다.[31] 소유자의 청구가 명백하지 않은 경우, 그 소유자는 특허의 취소를 원한다는 청구를 하거나 또는 특허를 부여된 상태로 유지하는 것에 동의하지 않는다는 것을 선언하기 위한 기회가 주어진다. 이것은 결과적으로 그 특허의 취소로 된다.

3. 이의의 각하

이의부가 조약 제100조에 언급된 이의에 대한 이유가 보정되지 않은 유럽특허의 유지를 방해하지 않는다는 의견이면, 그 이의를 각하한다.

---

31) T 237/86.

4. 보정된 유럽특허의 유지

이의부가 이의절차 중에 특허소유자에 의해 수행된 보정을 참작하여, 그 특허 및 그와 관련된 발명이 유럽특허조약의 요건을 만족시킨다는 의견이면, 보정된 대로 그 유럽특허를 유지한다는 결정을 한다. 결정은 유럽특허의 어느 본문이 특허유지를 위한 기초를 형성하는지를 설명해야만 한다.

유럽특허가 보정된 형태로 유지되는 경우, 유럽특허청은 이의 결정의 공고와 동시에 보정된 형태의 상세한 설명, 청구항 및 있다면 도면을 포함하는 유럽특허의 새로운 명세서를 공고한다. 규칙 74에 따라 보정된 특허에 대해 유럽특허등록이 서면으로 제공된다.

제18장

한정 및 취소

(Limitation and Revocation)

Ⅰ. 서 언

유럽특허조약 제105a조에는 유럽특허의 한정과 취소에 대해 나와 있다. 이는 유럽특허의 유효성에 대한 값비싼 논쟁을 피하고 법적 안정성을 제공하기 위한 것이다. 한정절차는 유럽특허의 허여 후에 관련된 선행기술이 발견된 경우, 특허가 불명료한 것을 포함하고 있는 경우 그리고 특허의 권리범위가 지나치게 넓게 허여된 경우에 유용하다.

유럽특허가 허여된 후에 특허권자가 자진해서 그 유럽특허의 청구범위를 보정하기 위해서, EPC 2000 이전에는 각 회원국의 국내 법령에 따라 개별적으로 절차를 진행하거나 권리자가 스스로 이의(Self-opposition)를 신청했다. 하지만 스스로 이의를 신청하는 것이 금지[1]되면서, 특허권자에 의한 유럽특허의 집중적인 리뷰가 불가능해짐에 따라, EPC 2000에서 한정 및 취소제도를 도입했다. 즉, 유럽특허에 대해 특허권자가 자진해서 언제라도 자신의 유럽특허의 청구범위를 보정하여 전체 회원국에서 청구범위 보정의 효과가 미치도록 할 수 있게 되었다. 이것이 유럽특허의 한정(Limitation)이다.

그리고 EPC 2000에서는 특허권자가 유럽특허의 허여 이후에 언제라도 자신

1) G 9/93.

의 특허를 취소(Revocation)할 수 있다. 취소는 공중의 많은 관심을 끄는 기술에서 논쟁이 되는 특허의 경우 신속하게 권리자가 대응하는 것을 허용하여 그의 명성에 대한 손상을 줄일 수 있다.

II. 한정 및 취소의 요건

1. 형식적 요건

유럽특허에 대한 한정 및 취소의 청구에서는 다음과 같은 형식적 요건이 만족되어야 한다. 이와 같은 형식적 요건이 만족되지 않으면, 한정 및 취소 청구가 제출되지 않은 것으로 간주된다.

(i) 한정 및 취소청구는 유럽특허청에 제출되어야 한다(조약 제105a조 1항).

(ii) 한정 및 취소청구의 시점에서 그 유럽특허에 대한 이의절차가 계속되고 있지 않아야 한다[조약 제105a조 2항 및 규칙 93(1)].

(iii) 한정 및 취소 청구에 대한 수수료가 납부되어야 한다(조약 제105a조 1항 및 조약 제2조).

(iv) 유럽특허청의 공식언어가 아닌 언어로 한정 및 취소 청구가 된 경우, 기한 내에 번역문이 제출되어야 한다[규칙 6(2)].

(v) 청구자가 회원국 내에 거주지 또는 주 영업소가 없어 직업대리인을 선임한 경우, 직업대리인의 선임은 기한 내에 되어야 한다[규칙 152(3) 및 (6)].

2. 법적 요건

유럽특허의 한정 및 취소의 청구에 대해서는 위의 형식적 요건 외에 아래의 법적 요건도 만족되어야 한다.

(i) 한정 및 취소에 대한 청구는 서면으로 제출되어야 한다[규칙 92(1)].

(ii) 한정 및 취소에 대한 청구는 규칙 41(2)(c)와 같이 청구자의 상세 사항을 표시하여야 한다[규칙 92(2)(a)].

(iii) 한정 및 취소에 대한 청구는 그 청구자가 어느 회원국에서의 특허소유

자인지를 표시하여야 한다[규칙 92(2)(a)].

(iv) 한정 및 취소에 대한 청구는 한정되거나 취소되는 특허의 번호를 표시하여야 한다[규칙 92(2)(b)].

(v) 한정 및 취소에 대한 청구에서 하나 또는 그 이상의 회원국에서 그 동안 특허가 소멸되었을지라도, 그 특허가 어느 회원국에서 효력을 가지는지를 표시하여야 한다[규칙 92(2)(b)].

(vi) 청구자가 어느 회원국에서 특허소유자인지와 그 특허가 효력을 가지는 회원국에 대한 표시를 해야 하는 경우, 그리고 청구자가 이들 모든 회원국에서 특허 소유자가 아니라면, 청구자는 다른 소유자의 성명과 주소 그리고 그들을 대신[규칙 92(2)(c)]해서 행동할 권한이 있다는 증거를 제공하여야 한다. 이런 증거는 한정 및 취소의 소급적 효력 때문에, 그 특허가 그 사이에 하나 또는 그 이상의 회원국에서 소멸된 경우에도 요구된다. 공동 소유자인 경우에, 동일하거나 다른 회원국이라도, 공동의 대리인을 선임하기 위한 규칙 151의 요건이 한정 또는 취소 절차에도 적용된다.

(vii) 한정이 청구되는 경우, 그 한정청구는 보정된 청구항의 완전한 버전을 포함하여야 한다(필요한 경우에는 상세한 설명과 도면의 완전한 버전도 필요하다)[규칙 92(2)(d)].

(viii) 청구자가 대리인을 선임했다면, 그 대리인의 상세 사항이 표시되어야 한다[규칙 92(2)].

3. 한정 및 취소의 청구가능 시기 및 청구자

한정 및 취소의 청구는 청구할 수 있는 기한에 제한이 없다. 특허가 허여된 이후에는 언제라도 청구가 가능하다. 따라서 유럽특허공보에 유럽특허의 허여가 공고된 이후라면 언제라도 가능하다. 한정 및 취소에 대한 청구는 또한 특허가 만료된 후에도 제출될 수 있다.

한정 및 취소에 대한 청구는 유럽특허의 소유자가 할 수 있다. 유럽특허가 공유이거나, 각 회원국에서의 소유자가 다른 경우에는 공동으로 하거나 다른 소유자의 위임을 받아야 한다.

4. 한정의 청구 횟수

규칙 90[2)]은 한정 절차에서 보정된 청구항이 한정청구에 대한 기초가 될 수 있다는 것을 규정한다. 한정 청구는 몇 번이라도 할 수 있고, 각각의 한정 청구에서 실체심사의 기초가 되는 청구항은 직전의 한정 청구에서 보정된 청구항이 된다.

5. 한정 및 취소제도의 적용 대상

한정 및 취소제도는 EPC 2000의 발효일 전에 이미 등록된 것을 포함하여, 모든 유럽특허에 대해 적용된다.

Ⅲ. 한정 및 취소의 심사

1. 방식심사

한정 및 취소에 대한 청구가 제출되면 형식적 요건 및 법적 요건에 대해서는 방식심사관이 심사를 한다. 방식심사관은 형식적 요건을 심사해서, 한정 및 취소에 대한 청구가 위에 기재된 형식적 요건을 만족시키지 못하는 경우, 청구자에게 그 불비사항을 통지하고, 수수료를 반환한다. 하지만 한정 및 취소에 대한 청구가 형식적 요건을 만족시키면 한정 및 취소에 대한 청구는 제출된 것으로 간주되고, 한정 및 취소 절차를 개시하도록 한다.

방식심사관은 법적 요건에 대해서도 심사를 하는데, 이들 법적 요건 중의 어느 하나라도 만족되지 않으면, 방식심사관은 청구자에게 정해진 기간 내에 이를 해소할 것을 요청한다. 하지만 청구자가 정해진 기간 내에 법적 요건을 만족시키지 않으면, 그 청구는 부적법한 것으로 각하된다. 한정 및 취소에 대한 청구가 법적 요건을 모두 만족시키면, 그 한정 및 취소에 대한 청구는 적법한 것으로 간주된다.

---

2) 규칙 90(절차의 대상) 조약 제105a조하의 한정 또는 취소절차의 대상은 등록허여된 유럽특허 또는 유럽특허청에 대한 이의 또는 한정절차에서 보정된 유럽특허가 된다.

2. 실체심사

(1) 한정 청구의 실체심사부서

방식심사관에 의해 형식적 요건과 법적 요건이 심사되고, 이들 요건을 모두 만족시키는 것으로 간주된 한정에 대한 청구에 대해서는 심사부가 실체심사를 하게 된다.

(2) 한정 절차에서 실체심사의 기초

한정절차에서 실체심사의 기초는 가장 최근에 보정된 특허이다. 따라서 한정절차에서 실체심사의 기초가 될 수 있는 것은 허여된 특허 또는 이의 또는 한정절차에서 보정된 특허 중 가장 최근에 보정된 특허 내용이다. 한정에 대한 청구자는 그 청구가 허용가능한 이유를 제시할 필요는 없다. 만약에 청구자가 한정 청구가 허용가능한 이유를 제시하더라도 심사부는 이를 고려하지 않아도 된다.

한정과 취소의 대상이 되는 것은 유럽특허청에 의해서 허여되고 보정이 인정된 특허만이 대상이 된다.[3] 국가법원 또는 국가 특허청에서 만들어진 보정은 고려될 수 없고, 특허권자가 회원국에서 된 보정과 보조를 맞추기 위해서 유럽특허청에 유럽특허에 대한 한정을 신청할 수 있다.

(3) 한정 청구에서 실체심사의 범위

한정 청구에서 실체심사의 범위는 규칙 95(2)에 규정되어 있다. 즉 심사부는 그 청구의 보정된 청구항이 기 등록되었던 청구항에 대한 한정을 구성하는지, 그리고 청구항의 기재요건[4] 및 보정의 범위[5]를 따르는지에 대해서만 결정한다.

"한정"이라는 용어는 그 청구항에 의해 부여된 보호의 범위에 있어서의 축소를 의미하는 것으로 해석되어야 한다. 다른 대상을 보호하기 위해 된 단순한 명확화 또는 변경은 한정으로 고려되지 않는다. 독립항의 한정 없이 단지 종속항만의 한정도 가능하다.

비록 보정에 의해 그 보호의 범위가 더 좁아지지만, 부분적으로 이전에 제출된 청구항에 의해 부여된 보호의 범위 외부에까지 권리범위가 미치도록 되는 청

---

3) 규칙 91.

4) 조약 제84조.

5) 조약 제123조 2항 및 3항.

구항의 보정은 보정의 범위를 넘어서는 것이다. 비록 보정이 청구항의 범위를 좁히기는 하지만, 이와 같이 보정된 청구항은 조약 제123조 3항을 위반한다.

규칙 95(2)에 따르면, 심사부는 단지 보정된 청구항만을 심사하여야 한다. 하지만 규칙 92(2)(d)에 따라, 한정 청구는 보정된 상세한 설명 및 도면도 포함할 수 있다. 이런 경우에, 보정은 위의 요건에 대하여도 심사되어야 한다. 상세한 설명과 도면은 청구항을 해석하는 데 사용된다. 따라서 상세한 설명 및 도면에 행해진 보정은 조약 제123조 3항에 반하는 사항을 도입할 수 있다.

한정된 특허의 대상물이 특허성이 있는지(조약 제52조-제57조하에서 특허가능한지) 여부 또는, 만약 언급되었다면, 한정(예를 들면, 특정한 선행기술에 대한 결정)의 추정된 목적이 청구항의 요청된 보정에 의해 실제로 달성될 수 있는지 여부에 대해서는 심사되지 않는다. 사본의 오류 또는 명백한 실수는 요청에 의해 또는 유럽특허청의 직권으로 수정되어야 한다.

한정청구에 대한 실체심사의 결과 청구가 허여가능하지 않으면, 이를 해소하기 위해, 청구자에게 그 불비사항을 통지하여 정해진 기간 내에 불비사항을 정정할 기회를 준다[규칙 95(2)]. 통상적인 기간은 2개월[규칙 132(2)]이다.

한정청구에 대한 실체심사의 결과로서, 불비사항이 있는 경우, 심사부가 청구자에게 정정할 1번의 기회를 주어야 한다. 하지만 구두절차에 대한 청구(조약 제116조)는 한정에 대한 청구가 받아들여지지 않으면 허용되어야 한다.

청구자가 심사부의 요청에 기한 내에 응답하지 않거나, 청구자가 기한 내에 답변하였으나, 그 청구가 여전히 허용가능하지 않거나, 또는 청구자가 한정이 허여된 보정된 청구항에 대한 번역문 제출 및 수수료 납부를 하지 않으면, 심사부는 그 청구를 각하한다.[6] 청구의 각하에 대한 결정은 청구자에게 즉시 통지된다. 청구자가 유럽특허청의 요청에 대해 기한 내에 답변하였으나, 그 청구가 여전히 허용가능하지 않으면, 그에 대한 결정은 심사부에 의해 수행된 이유를 붙여야 한다.

3. 한정 청구에 대한 실체심사의 종료

위의 실체심사의 결과, 한정 청구가 허여가능한 것으로 판단되면, 한정에 대한 공식요건의 확정과정이 진행된다. 즉 심사부는 이를 청구자에게 통지하고 또

6) 조약 제105b조 2항 마지막 문장 및 규칙 95(4).

3개월의 기한 내에 보정된 청구항의 다른 2개의 공식언어로의 번역문을 제출하고 소정의 수수료를 납부하도록 요청한다. 이의절차에서처럼, 청구자는 과태료의 납부에 대해 2개월의 시혜기간을 가진다.[7] 만약 상기 번역문과 수수료가 납부되지 않으면 한정 청구는 각하된다. 권리의 재설정이 가능하다.

청구자가 규칙 95(3)하의 통지를 받으면, 그는 단지 수수료를 납부하고 또 번역문을 제출할 수 있고 또는 수수료를 납부하지 않고 또 번역문을 제출하지 않아서 그의 청구가 거절되도록 할 수 있다. 따라서 심사부는 규칙 95(3)하의 통지에서, 청구항이 허여가능하게 만들도록 한정청구의 청구항에 대해 자진해서 보정서를 만들 수 없고 한정된 청구항에 대해 맞도록 자진해서 상세한 설명을 채택할 수 없다. 조약 제113조의 규정은 청구인이 보정서에 대해 다투거나 의견을 제시할 기회를 가지지 못하므로 만족될 수 없다.

청구자가 기한 내에 요구된 번역문을 제출하고 수수료를 납부하면, 심사부는 그 특허를 한정할 것을 결정해야 한다. 이것은 한정의 결정이 공보에 공고된 날로부터 효력을 발휘한다.

이 이후에 즉시, 보정된 명세서는 유럽특허청에 의해 공고된다. 보정된 특허명세서의 공고 형태는 시행규칙에 규정되어 있다.[8]

4. 한정절차의 심사 중의 제3자 의견

유럽특허청에 대한 절차에서, 유럽특허출원의 공개 후에, 제3자는 그 출원 또는 특허에 관련된 발명의 특허성에 대해 의견을 제시할 수 있다.[9] 이는 원칙적으로 취소 및 한정절차에도 적용한다. 하지만 제3자의 의견은 특허성의 문제로만 제한된다. 규칙 95(2)에 따르면, 특허성은 한정청구의 실체심사에 있어서 고려되지 않는다. 결과적으로 심사부는 제3자의 의견을 고려하지 않아야 한다. 하지만 청구자는 규칙 95(2)하의 요청에 대한 답변을 할 때, 제3자의 의견이 강조하기를 의도하는 추가의 한정을 도입할 수 있다. 만약 청구자가 추가의 한정을 하기 원하는데, 규칙 95(2)에 따른 심사관의 요청이 주어지지 않으면, 추가의 한정청구를 제출할 수밖에 없다.

---

7) 조약 제2조, No. 9, RFees.

8) 규칙 96, 규칙 73(2) 및 (3) 그리고 규칙 74.

9) 조약 제115조.

5. 청구의 각하

청구자가 규칙 95(2)하의 요청에 기한 내에 응답하지 않거나, 청구자가 기한 내에 답변하였으나 그 청구가 여전히 허용 가능하지 않거나, 또는 청구자가 규칙 95(3)에 따른 번역문 제출 및 수수료 납부를 하지 않으면, 심사부는 그 청구를 각하한다.[10] 청구의 각하에 대한 결정은 조약 제119조에 따라 청구자에게 즉시 통지된다. 청구자가 유럽특허청의 요청에 대해 기한 내에 답변하였으나, 그 청구가 여전히 허용 가능하지 않으면, 그에 대한 결정은 심사부에 의해 수행된 이유를 붙여야 하고 이에 대해 심판을 청구할 수 있다.

6. 취소 청구에 대한 결정

취소청구에 대해서는 실체심사가 없다. 단지 취소에 대한 청구가 적법하면, 심사부는 그 특허를 취소하고 이것을 청구자에게 통지한다.[11] 그 결정은 유럽특허공보에 공고된 날부터 효력을 발생한다.[12]

Ⅳ. 한정 및 취소절차와 이의절차의 경합

1. 이의절차 우선의 원칙

한정 또는 취소에 대한 청구가 제출되었을 때, 이의절차가 이미 계속 중인 경우에는 이의절차가 우선하므로 그 한정 또는 취소에 대한 청구는 제출되지 않은 것으로 간주된다. 하지만 한정 또는 취소 절차가 계속 중일 때, 이의가 제출된 경우, 어느 절차를 우선 처리해야 하는지는 계속 중인 절차가 한정에 대한 청구인지 또는 취소에 대한 청구인지에 따른다.

---

10) 조약 제105b조 2항 마지막 문장 및 규칙 95(4).

11) 조약 제105b조 2항 및 규칙 95(1).

12) 조약 제105b조 3항.

2. 계속 중인 절차가 한정절차인 경우

이의신청이 제출되었을 때, 계속 중인 절차가 한정 청구이면 심사부는 그 한정절차를 종료하고 한정수수료의 환불을 명령한다.[13] 그 후 이의절차가 통상의 방식으로 진행된다. 한정절차의 종료에 대한 결정은 청구자에게 통지된다(조약 제119조). 규칙 93(2)는 한정절차에 대해서만 적용된다.

3. 계속 중인 절차가 취소절차인 경우

취소절차의 경우에는 이의가 선행되지 않는다. 즉 취소절차가 계속 중에 이의가 제출된 경우, 취소절차는 이의가 제출된 후에 계속되고 취소절차는 취소청구가 제출되지 않은 것으로 되거나, 부적법한 것으로 각하되거나 또는 포기되는 경우에만 이의로 진행된다. 특허가 취소되면, 이의 신청인은 이를 통지받고 그 이의절차는 종료된다.

4. 한정절차 종료 후의 이의신청

한정절차가 이의가 9개월의 기간 내에 제출되기 전에 종료되고 또 유럽특허공보에 한정에 대한 결정이 이미 공고된 경우가 발생할 수 있다. 이 경우 이의신청인은 새로운 9개월의 기간의 이익을 가지지 않는다. 즉 이의기간은 특허허여에 대한 언급의 공고로부터 단지 한 번만 시작하기 때문이다. 따라서 이의신청인은 한정된 특허에 대한 이의를 준비하기 위한 9개월의 기간을 가질 수 없다.

Ⅴ. 한정 및 취소에 대한 결정

1. 결정의 법적 지위

한정 또는 취소에 대한 청구가 부적법하거나 허용될 수 없는 것으로 각하하

13) 규칙 93(2).

는 결정은 그 절차를 종료하는 심사부의 결정인데, 이에 대해서는 심판을 청구하여 불복할 수 있다. 그리고 청구자가 유럽특허청의 요청에 대해 기한 내에 답변하였으나, 그 청구가 여전히 허용가능하지 않으면, 그에 대한 결정은 심사부에 의해 수행된 이유를 붙여야 한다. 이에 대해서도 한정 또는 취소의 청구인 심판을 청구할 수 있다.

2. 한정 및 취소의 효력

한정 및 취소의 청구에 대해 특허를 한정하거나 취소한다는 결정이 주어지면, 그 특허는 소급해서 한정 및 취소되고 그 유럽특허가 허여된 모든 회원국에 대해 적용된다.[14] 따라서 유럽특허에 대해 부여되는 권리(조약 제64조) 또는 공개 후에 유럽특허출원이 가지는 권리(조약 제67조에 따른) 등도 소급해서 없어진다. 그리고 취소의 경우, 특허가 일부 회원국에 대해서만 취소될 수는 없다.

Ⅵ. 기 타

1. 한정 및 취소 청구의 취하

한정 및 취소 청구의 취하에 관한 규정은 유럽특허조약에 별도로 없으나, 통상적인 법적 원칙에 따라 취하는 가능하다. 한정 및 취소에 대한 청구자는 그 청구가 계속 중인 것을 조건으로, 언제라도 한정 또는 취소 청구를 취하할 수 있다. 이 경우 한정 또는 취소 수수료는 반환되지 않는다.

2. 다른 청구항의 세트(Different sets of claims)

한정 또는 취소를 위한 결정은 유럽특허가 허여된 모든 회원국에서 그 유럽특허에 대해 적용된다. 따라서 모든 회원국을 커버하는 단일의 결정이 있지만, 이 결정은 다른 회원국에 대해 다른 청구항의 세트를 포함할 수 있고 또는 그 한정이

14) 조약 제105b조 3항.

다른 회원국에 대해 다른 방식으로 다르다는 것을 결정할 수 있다. 이는 두 개의 다른 상황의 경우에 일어날 수 있다.

(1) 다른 회원국에서 청구항이 다르게 되는 한정

한정은 청구자가 회원국의 선권리와의 경합을 피하기 위해, 하나 또는 그 이상, 하지만 전부는 아닌 회원국에 대해 청구항을 한정하기를 원하면 다른 회원국에서 청구항이 다르게 되도록 될 수 있다. 이런 다른 청구항의 모든 세트에 대해 실체적인 요건이 만족되는 것을 조건으로 허용될 수 있다.

한정 절차 동안 다른 회원국에 대해 다른 청구항의 도입을 위한 필수조건은 다른 청구항의 세트를 제출할 때 국가 선권리의 존재를 청구자가 유럽특허청에 통지하는 것이다. 이는 규칙 138에 나온다. 청구자가 다른 국가의 선권리를 유럽특허청에 통지하지 않고 다른 청구항의 세트를 제출하면, 그 청구는 거절되어야 한다.[15]

(2) 허여된 청구항이 다른 회원국에 대해 다르기 때문에 다른 회원국에 대해 다른 한정

이것은 한정이 한정절차의 기초를 형성하는 청구항이 다른 회원국에서 다르기 때문에 다른 회원국에서 다르게 되는 경우이다. 이 경우는 조약 제54조 3항하의 선행기술 또는 국가 선권리 때문에, 다른 회원국에서 청구항이 다른 경우(EPC 2000 발효전에 허여된 특허에 대해 또는 그 당시에 계속 중인 유럽특허출원에 대해 허여된 특허에 대해) 또는 조약 제61조하에서 권리의 부분 이전이 일어난 경우[16]에 일어날 수 있다.

청구자는 하나 또는 그 이상의 회원국에 대해 이미 도입된 한정을 다른 회원국에 적용하거나 또는 다른 이유로 청구항이 서로 일치하도록 원할 수 있다. 이것이 모든 회원국에 대해 단일의 청구항 세트에 귀착되게 하고, 또 원래의 각각 다른 청구항의 세트에 대해 실체적 요건을 별도로 만족시키면 그 청구는 허용가능하다.

---

15) 조약 제105b조 3항 및 규칙 138.

16) 규칙 18(2).

3. 유럽특허의 국가법원에서의 한정

EPC 2000에서는 무효소송 중인 특허권자의 유럽특허권의 청구항을 국가법원에서 한정할 수 있는 권리를 제공한다. 유럽특허조약 제138조 3항에는 유럽특허의 유효성에 관한 관할법원 또는 당국에서의 절차에서, 특허의 소유자는 청구항을 보정함에 의해 특허를 한정할 권리를 가진다고 규정되어 있다.

4. 우리나라의 유사제도

유럽특허의 한정은 특허등록 후에 보정을 수행한다는 점에서, 우리나라의 정정심판과 유사하다. 하지만 우리나라의 정정심판이 특허심판원에서 심판절차를 통해 진행되는 반면, 유럽특허의 한정제도는 심판부가 아닌 심사부에서 실체심사를 하는 점에서는 상이하다.

5. 기 타

EPC 2000에 따른 한정 및 취소 절차가 도입되기 전에는 각 회원국별로 특허를 한정하기 위한 절차를 수행해야 했고, 프랑스 등 몇몇 회원국에서는 특허등록 후에는 특허를 보정할 수 있는 규정이 없는 경우도 있었고, 영국의 경우는 특정한 경우에만 등록 후 보정을 인정하고 있었다.

하지만 유럽특허의 한정 및 취소제도, 특히 한정제도는 유럽특허의 등록 후에 유럽특허의 청구항을 보정할 수 있는 기회를 제공하고 있다. 한정 및 취소제도는 유럽특허청에 대한 단일의 절차로 모든 지정국에 대해 그 효력을 얻을 수 있도록 하여, 특허소유자가 각 회원국에서 별도로 절차를 수행하지 않아도 되도록 하였다. 따라서 한정 및 취소제도를 이용하면, 특허소유자는 자신의 특허권을 강화하기 위한 절차상의 편의뿐만 아니라 비용 면에서도 많은 혜택을 얻을 수 있게 된다.

특히 한정제도는 특허소유자가 새롭게 발견된 종래 기술로부터 자신의 특허를 차별화시켜 보호할 수 있도록 하여, 법원에서의 소송 전에 특허소유자가 자신의 특허권을 강화할 수 있는 매우 유용한 수단이라 할 것이다.

제19장

구두절차

(Oral proceedings)

Ⅰ. 개 요

유럽특허조약 제116조는 구두절차에 대해 규정하고 있다. 구두절차는 유럽특허청에 의해 진행되는 공식절차이다. 따라서 구두절차는 심사절차 및 한정/취소절차에서 일어나는 비공식적인 면담 또는 전화통화를 포함하지 않는다. 이의절차에서는 한 명 이상의 당사자가 포함되므로, 이런 비공식적 면담 또는 전화통화는 원칙적으로 허용되지 않는다. 하지만 다른 당사자의 이익에 영향을 미치지 않는 사항에 대한 것이라면 면담 또는 전화통화가 이의절차에서도 허용될 수 있다. 예를 들면 이의의 적법성에 대한 심사절차가 있는데, 이 경우에는 유럽특허청과 관련 이의신청인만이 포함된다. 구두절차는 관할부서에 대해 수행된다.

Ⅱ. 당사자의 청구에 따른 구두절차

절차의 진행 중에, 당사자가 구두절차를 청구하면 관할부서는 그 청구를 허용해야만 한다. 유럽특허청은 당사자에게 이 권리에 대해 통지하지는 않지만, 당사자가 관할부서로부터 만족을 얻지 못하면, 결정에 이르기 전에 당사자가 원하면 구두절차를 청구할 수 있다. 다만 구두절차는 수리부가 필요하다고 인정하는 경우 또는 수리부가 유럽특허출원을 거절하려고 하는 경우에 한하여 출원인의 청구에 의해 수리부에 대해 수행된다. 수리부가 구두절차를 진행하는 것이 필요하다고 생각하지 않는 경우, 출원인에게 즉시 통지하여야 한다.[1]

조약 제116조 1항하에서, 진행중인 절차에 대한 당사자에 의해서 구두절차가 청구될 수 있다. 만약 이의부가 이의신청에 불비사항이 있다는 것을 알게 되면, 이의신청인은 그의 이의가 받아들여질 수 없는 것으로 거절된 때까지 그 절차에 대한 당사자로 남아 있는다. 이것은 이의가 제출되지 않은 것으로 간주되는 불비사항인 경우에도 적용된다.

Ⅲ. 추가의 구두절차의 청구

유럽특허청은 당사자와 그 절차의 대상이 동일한 경우 동일한 부서에 대한 추가의 구두절차에 대한 청구를 각하할 수 있다. 특히 이의절차에 있어서, 구두절차는 제기된 모든 사항을 최종적으로 토의할 기회를 주기 위해 열리고 또 통상적으로 구두로 발표된 결정으로 종료된다. 결정이 발표되면 그 결정에 의해 그 부서는 구속되고, 제출된 추가의 의견을 허용하기 위해 또는 새로운 사실을 참작하기 위해 그 절차가 재개될 수 없다. 구두절차에서 그 부서가 결정을 발표하지 않고 서면으로 그 절차를 계속하기를 결정한 경우에만, 추가의 제출의견이 심사될 수 있다. 이것은 예를 들면 심사부가 구두절차 동안에 제출된 서류에 기초해서 특허를 허여할 것으로 표시할 때(또는 한정절차에서 허여된 특허를 한정할 것으로)가 될 수 있다.

원칙적으로 심사, 한정 또는 이의절차에서, 예를 들어 당사자 중 하나가 원래의 구두절차 전 또는 그동안에 절차의 과정에서 이미 토의된 대상을 다른 관점으로부터 재심사하기를 원하는 경우, 추가의 구두절차가 허용될 수 없다. 하지만 구두절차가 결정으로 종결하지 않고 구두절차 후에 절차의 대상이 변경된 경우, 예를 들어 원래의 구두절차 후에 그 절차에 대해 새로운 증거가 제시된 경우, 청구가 있다면 추가의 구두절차가 일반적으로 개최되어야만 한다.[2]

---

1) J 16/02.

2) T 194/96.

Ⅳ. 유럽특허청의 요구에 의한 구두절차

유럽특허청의 관할부서는 편리하다고 인정되는 경우 당사자의 청구 없이 구두절차를 개최할 수 있다. 구두절차는 일반적으로, 서면에 의한 석명 후에 아직도 도달해야 할 결정에 대해 중요한 관계가 있는 질문 또는 의문이 있고, 당사자와의 구두 토의에 의해 보다 효율적 또는 확실하게 해결할 수 있는 질문 또는 의문이 있거나, 구두절차의 일부로서 증거조사가 필요한 경우에 한하여 편의성이 있을 것이다. 관할부서는 구두절차는 유럽특허청과 당사자들에게 비용을 발생시킨다는 것을 절차의 경제 측면에서 고려하여야 한다.

Ⅴ. 구두절차의 준비

구두절차의 목적은 그 결정에 관련된 모든 현안 문제를 가능한 한 해결하기 위한 것에 있다. 이 목적을 위해 제출된 서면 사항을 모두 심사한 후에 절차가 준비되어야 하고, 또 이것을 유의해서 구두절차를 행하는 최적의 일자가 선택되어야 한다. 이의절차에서 구두절차를 준비하는 때에는 복잡한 법적 문제가 발생할 수 있을지를 주의깊게 고려하여야 하고, 따라서 법률전문가를 추가함에 의해 이의부를 확대하도록 결정할 수 있다.

결정에 관련한 문제에 대해 유럽특허청에 의해 토의가 필요하다고 인정되는 한, 당사자에게 통지하여 알리고, 가능하면 증거를 제출하고 서면의견을 제출할 것을 하나 또는 그 이상의 당사자에게 요청하는 것이 편리할 것이다. 당사자들은 자기의 주장을 뒷받침할 증거를 자발적으로 제출할 수 있다. 모든 의견은 늦어도 구두절차 한 달 전에 다른 당사자에게 통지될 수 있도록 시간 여유를 두고 제출되어야 한다. 의견의 제출을 위한 기간은 특히 구두절차에 대한 소환과 동시에 의견제출에 대한 요청이 발행된 경우에 즉시 확정되어야 한다.

실질심사의 초기에, 만약 심사부가 그 출원이 바로 허여될 수 없다는 의견이면, 조약 제94조 3항하의 적어도 한번의 실질적인 통지가 그 부서가 구두절차에 대한 소환을 요청할 것을 고려할 수 있기 전에 보내져야 한다.

확장된 유럽조사보고서 또는 부가조사보고서의 조사의견 그리고 PCT 절차로부터의 의견 또는 보고서는 조약 제93조 3항하의 통지가 아니다. 따라서 출원인이 그에 대해서 응답할 수 있다고 할지라도, 유럽실질심사에서 첫 번째 통지로서 소환요청을 보내는 것은 가능하지 않다.

심사절차에서 출원인이 규칙 53(3)에 따른 우선권의 번역문을 제공할 것을 요청받은 경우에, 번역문이 제출되거나 규칙 53(3)에 따른 기한에 관하여 속행에 대한 기간이 만료된 때까지 구두절차에 대한 소환은 발행되지 않는다.

VI. 구두절차에 대한 소환

모든 당사자는 구두절차에 송달에 의해 적시에 소환되어야 한다. 소환장은 구두절차의 대상과 일시를 표시하여야 한다. 관련된 부서는 구두절차를 위한 하나의 날짜, 즉 하루 또는 특별한 경우에, 하나의 연속되는 날짜를 잡아야 한다. 전화나 팩스로의 날짜 예고는 안 된다.

소환장은 또한 토의되어야 할 필요가 있는 점에 주의를 환기시키는 내용을 첨부하고 일반적으로 그 부서의 잠정적이고 비구속적인 의견을 기재하고 서면의견이 제출될 수 있거나 또는 유럽특허조약의 요건을 만족하는 보정이 제출될 수 있는 날짜를 정한다. 당사자가 더 짧은 기간에 동의하지 않는 한 소환은 적어도 2개월의 기간이 주어져야 한다. 소환장은 적절하게 소환된 당사자가 소환 시에 출석하지 않으면, 그 절차는 그 당사자 없이 진행될 수 있다는 것을 언급하여야 한다.

서면절차에 적용되는 기준과의 조화를 위해 아래에 기재된 실무가, 당사자들이 준비와 서류제출에 충분한 시간을 가지도록 구두절차의 날짜를 정함에 있어 적용된다.

(i) 기한(비록 2개월보다 짧을지라도)은 당사자들의 사전동의가 있는 것을 조건으로 결정될 수 있다.

(ii) 통상적으로 소환장은 구두절차의 날보다 적어도 4개월 전에 발행되어야 한다.

(iii) 소환장에 정해진 날짜 전에 당사자들이 서류 제출을 위한 매우 한정된 시간을 가지기 때문에, 2개월과 4개월 사이의 통지는 사전 동의 없이 주어질 수 있다. 심사에서의 예는 첫 번째 심사관과 출원인 사이에 광범위한 의견교환 후의 소환인 경우 또는 구두절차가 연기되어야만 하는 경우이다.

(iv) 적정할 경우에는 더 긴 기한으로 설정될 수 있다. 예를 들어 특정한 경우의 환경에서 4개월에서 5개월의 기한은 고수될 수 없고 또는 적절한 공간을 찾는 문제에 그 부서가 직면한 경우이다.

다수의 이의가 제기된 경우, 비록 이의 신청이 다른 이유에 근거할지라도, 신청된 모든 구두절차는 단일의 회의에서 처리되어야 한다. 이것은 모든 당사자가 참석하도록 소환되어야 하고 제기된 모든 이유에 대해서 의견을 제시할 수 있다는 것을 의미한다.

Ⅶ. 구두절차의 연기청구

구두절차의 연기청구는 당사자가 새로운 일자의 확정을 정당화하는 상당한 이유를 제출할 수 있는 경우에만 허용된다.[3] 다른 날짜의 확정에 대한 청구는 당사자가 구두절차에 참가할 수 없는 사유가 발생된 후에 가능한 한 빨리 수행되어야 한다. 이 청구는 이러한 이유를 표시하는 충분하게 증명된 서면 언급을 첨부하여야 한다.[4] 구두절차는 예외적으로 해당 부서에 연기사유가 있을 때도 가능하다. 규칙 115(1)에 규정된 통지기간, 즉 적어도 2개월은 당사자가 더 짧은 기간에 동의하지 않는 한, 구두절차의 연기의 경우에도 유효하다.

Ⅷ. 구두절차의 수행

1. 구두절차에 대한 공개

조약 제116조 3항에 따르면 수리부, 심사부 및 법률부에서의 구두절차는 공개되지 않는다. 하지만 조약 제116조 4항에 따르면 이의부에서의 구두절차는 원칙적으로 공개된다. 구두절차의 공개가 특히 그 절차의 일 당사자에게 심각하고 부당한 불이익을 줄 수 있는 경우에 이의부가 다르게 결정을 하지 않는 한 이의부

3) T 1088/99, T 300/04, J4/03 및 T 178/03.

4) OJ EPO 2009, 68 및 T 178/03.

에 있어서의 구두절차는 공개된다. 예를 들면 당사자의 일방이 그의 사건을 뒷받침하기 위해 판매액 또는 다른 상업적 비밀에 대한 정보를 제공하기를 원하는 경우가 이에 해당된다. 일반적으로 그 정보가 주어지고 있는 동안만 그 공개가 배제된다.

2. 구두절차의 진행

수리부에 대하여 구두절차는 방식심사관이 행하고 심사부 또는 이의부에 있어서의 구두절차는 관련 부서의 의장에 의해 수행된다. 구두절차를 수행하는 자의 책임은 그들의 형식 및 실체에 관한 절차를 수행하는 것을 포함한다. 그 절차를 수행하는 자는 필요한 경우 도달되어야 할 결정에 관련되는 쟁점 또는 불명확한 점을 모두 포함하는 리스트가 준비된 것, 이들이 토의되었다는 것 그리고 당사자들이 그들에 대해 의견을 제출할 기회를 가진다는 것을 확인해야만 한다. 한편 구두절차는 엄격하고 효율적으로 실시되므로 당사자의 의견 및 토의는 불필요하게 지엽적이지 않아야 하고 도달할 결정에 관련되지 않은 점은 다루어지지 않는다.

3. 구두절차에의 당사자의 불출석

절차를 수행하는 자는(필요하다면 구두절차의 시작 전에) 관여하는 자의 상세사항을 알아야 하고 그들의 수권사항을 체크한다. 당사자와 그들의 대리인은 그들이 그 절차를 수행하는 자 또는 심사부 또는 이의부의 어느 구성원에게 알려져 있지 않은 한 본인임을 확인시켜야만 한다. 당사자가 출석하지 않고 대리되지도 않은 경우, 그들이 적절하게 소환이 행해진 것이 체크되어야 한다. 그리고 나서 구두절차가 개시된다. 그 절차를 수행하는 자는 출석한 당사자를 소개한다. 그는 절차에 관여하는 자에 대한 상세사항을 기록시키고 또 출석자의 자격을 확인한다. 이들 단계의 상세사항 및 그 결과는 조서에 기록된다. 출석하지 않은 당사자가 적절하게 소환되지 않은 경우에는 이것은 조서에 기재되고 그 구두절차는 종료한다. 다음 번 구두절차에 대한 새로운 날짜가 정해져야만 한다. 구두절차에 적절하게 소환되었던 당사자가 소환시에 출석하지 않은 경우, 당사자의 불출석에 의해 결정의 발표를 지연시킬 수 없으므로, 그 구두절차는 그자 없이 수행될 수 있다.

하지만 허용가능한 구두절차의 연기청구가 제출되었다면, 그 절차는 연기되어야 하고 새로운 날짜가 정해져야 한다. 그 청구의 제출이 관련 당사자의 부주의 때문에 지연되었으면 그 절차는 상황에 따라서 여전히 연기될 수 있고, 이것이 이의절차에서 일어나면 비용의 분담에 대한 결정이 수행될 수 있다.

적절하게 소환되었지만, 당사자가 출석하지 않은 당사자계 구두절차 동안에 새로운 사실 또는 증거가 제출된 경우, 먼저 이들 제출물이 무시될 수 있는지의 여부가 심사되어야만 한다.[5]

출석하지 않은 이의신청인의 특정한 사건에서, 이의 제기된 특허의 유지를 방해할 수 있는 새로운 종래 기술이 구두절차 중에 처음으로 제출되면, 이 새로운 종래 기술은 이의신청인에게 유리하므로 이의신청인의 불출석에도 불구하고 고려될 수 있다.[6]

4. 절차의 실체적인 부분의 공개

필요로 하는 한, 절차를 수행하는 자는 그 절차가 도달한 단계를 요약하고 논의중인 가장 중요한 사항을 표시하여야 한다. 심사 또는 이의절차에서 이것은 주심사관에 의해서 수행될 수 있다.

5. 당사자에 의한 제출

사건의 진행과정에서 각 당사자는 종합적인 진술을 할 1회의 기회만을 가져야 한다. 이의절차에서 이의신청인이 통상적으로 먼저 발언하고, 다음에 특허소유자가 발언한다. 다수의 이의신청인이 있는 경우, 각 이의신청인의 진술이 끝날 때마다 직접 특허소유자에게 답변할 기회를 주는 것이 편리할 수도 있다. 이의신청인 및 특허소유자는 최종 답변을 할 기회를 부여받아야 한다.

당사자에 의한 제출은 가능한 한 즉석에서 행해져야 하지만, 서면으로 준비될 수 있다. 절차에 대해 이미 제출된 서류에 있는 부분으로 또 인용되는 것은 그들의 정확한 표현이 관련되는 경우에만 낭독되어야 한다.

유럽특허청에 대한 절차에 관한 당사자를 대리하기 위한 자격을 가지지 않은

---

5) 조약 제114조 2항.
6) T 1049/93.

자에 의한 제출은 그자가 구두절차에서 그 당사자를 대리하는 직업적 대리권을 가지면 구두절차에서 허용된다. 하지만 그런 제출은 권리로서 당연히 할 수 있는 것은 아니고, 심사부 또는 이의부의 허가 및 재량에 의해서만 된다. 이의절차에서 그 부서는 그 재량권을 행사할 때, 다음을 검토해야 한다.[7)]

(ⅰ) 발언해야 할 자를 대신하여 그 당사자가 이 취지에 대해 청구를 제출하였는지;

(ⅱ) 그 청구를 한 당사자가 그 자의 성명, 제출의 대상물 및 그 자의 이 사항에 대해 발언할 권리를 표시했는지;

(ⅲ) 구두절차 전에 충분히 미리 그 청구가 되어졌는지;

(ⅳ) 지연되어 제출된 청구의 경우, 그 제출의 허용을 정당화시키는 예외적인 상황이 있었는지 또는 그 제출에 대해 다른 모든 당사자가 동의를 했는지; 그리고

(ⅴ) 그 제출이 직업적 대리인의 계속적 책임 및 관리하에 되는지.

상기 (ⅳ)에 언급된 선택조건의 어느 것도 충족되지 않으면 늦게 제출된 청구는 거절되어야 한다. 청구가 지연되어서 이루어졌는지 여부를 결정할 때 적용되는 기한은 규칙 116하의 소환에서 정해진 것이다.

6. 구두절차의 종결

관할 부서가 논의 사항에 대한 논의가 충분히 그리고 철저하게 되었다고 판단하는 경우, 이후의 절차에 대해 결정하여야 한다. 심사부와 이의부 같이 관할부서가 다수의 구성원으로 구성되는 경우, 당사자의 부재 시에, 필요한 경우 그 사항에 대해 논의를 한다. 논의 중에 새로운 견해가 나오고 당사자에게 해야 할 추가의 질문이 요구되는 경우에, 그 절차는 다시 시작될 수 있다. 그 절차를 수행하는 자는 그 후에 관할 부서에 결정을 줄 수 있다. 그렇지 않은 경우 그는 이후의 절차에 대해 당사자들에게 통지하고 구두절차를 종결해야 한다.

관할 부서는 실체적 사항에 대해서 이루어진 결정에 구속되는 반면, 추가의 숙고 결과로서, 당사자에게 이미 통지된 절차를 변경하고자 하는 것을 자유롭게

7) G 4/95.

통지할 수 있다.

예를 들면 이후의 절차는 관할 부서에서 추가의 통지를 발행하는 것, 당사자 중 하나에게 특정한 요건을 부과하는 것 또는 보정된 형태로 특허를 허여 또는 유지하려고 하는 것을 당사자에게 통지하는 것이 있다.

특허가 보정된 형태로 허여되거나 유지되려면, 구두절차에서 최종 본문에 대해 출원인 또는 특허소유자의 동의를 받는 것이 목표가 되어야 한다. 하지만 심사부 또는 이의부가 구두절차 중에 어떤 보정이 이전의 절차로부터 합리적으로 예견할 수 없었던 것을 조건으로 유럽특허를 허여 또는 유지할 의도를 표시하면, 출원인 또는 특허소유자는 그런 보정을 제출할 통상적으로 2에서 4개월의 기한을 받는다. 출원인 또는 특허소유자가 기한 내에 보정을 하지 못하면, 그 출원은 거절되고 또는 그 특허는 취소된다.

IX. 결정의 선고

결정의 선고는 그 절차를 수행하는 자에 의한 그 결정의 효력을 발생하는 부분을 발표하는 진술에 의한다. 효력을 발생하는 부분은, 예를 들면 다음과 같다:

"특허출원은 … 거절된다(The patent application … is refused)." 또는

"특허에 대한 이의는 … 각하된다(The opposition to the patent … is rejected)." 또는

"특허는 … 취소된다(The patent … is revoked)." 또는

"이의절차에서 특허소유자가 수행한 보정을 고려하면, 그 특허 및 그와 관련된 발명은 조약의 요건을 만족한다." 또는

"특허의 한정 청구는 … 허용된다." 또는

"특허의 한정 청구는 … 거절된다."

일단 결정이 발표되면, 당사자의 서류제출은 더 이상 고려될 수 없고, 또 규칙 140에 따른 오기의 정정만을 할 수 있다. 결정은 오직 심판에 의해서만 수정될 수 있다.

결정에 대한 이유 또는 심판의 가능성에 대해서는 이 단계에서 선고될 필요는 없다. 하지만 심사부 또는 이의부는 결정의 이유에 대해 간단한 설명을 할 수

있다.

다음으로 결정의 이유와 심판청구권에 대한 정보를 포함하는 서면으로 된 결정은 지체 없이 당사자에게 송달되어야 한다. 심판에 대한 기한은 그 서면 결정의 송달일로부터 진행된다.

일반적으로 특허허여의 경우에 규칙 71(3)-(7)에 규정된 요건, 그리고 보정되거나 한정된 형태로 특허가 유지되는 경우에, 규칙 82(1) 및 (2) 또는 규칙 95(3)이 만족되어야 하므로, 구두절차에서 보정되거나 한정된 형태로 유럽특허를 유지하거나 유럽특허를 허여하는 결정을 주는 것은 가능하지 않다.

이의부는 이의절차에서 구두절차의 결과를 청문 후에 온라인에 즉시 올려 공중이 이용할 수 있도록 해야 한다. 만약 그 특허가 구두절차동안 제출된 보정서를 기본으로 하여 유지된다면, 이 보정은 공중이 이용할 수 있도록 하여야 한다.

Ⅹ. 구두절차의 의사록

1. 방식적 요건

구두절차에서는 구두절차의 의사록(Minutes)이 작성되어야 한다. 절차를 수행하는 자는 절차의 전 기간 동안 직원이 의사록을 작성하는 것을 확인해야 한다. 필요하다면 구두절차의 기간 동안 다른 직원이 순차적으로 의사록 작성의 사무를 행할 수 있다. 이 경우에 의사록 중 어느 부분을 어느 직원이 작성했는지를 명확하게 하여야 한다. 해당 직원은 일반적으로 관할 부서, 예를 들면 심사부 또는 이의부의 구성원이다. 의사록의 작성은 이 업무를 맡은 부서의 구성원에 의해 수기로 된다. 그 절차 후에 수기된 의사록은 타이핑된다.

의사록은 그 작성 책임을 맡은 직원 및 구두절차를 수행하는 직원에 의해 서명되어야 한다. 당사자는 의사록의 사본을 제공받아야 한다. 구두절차 후에 사본이 당사자들에게 가능한 한 빨리 송달되어야 한다.

당사자에게 통지된 것을 조건으로, 구두절차는 소리기록장치로 기록될 수 있다. 하지만 유럽특허청 직원 이외의 누구도 청문회공간에 그런 장치를 가져오는 것이 허용되지 않는다.[8] 그 기록은 가능한 절차의 종결까지 보존되어야 한다. 녹음의 사본은 당사자에게 제공되지 않는다.

2. 의사록의 내용

의사록은 구두절차의 필수적인 것 및 당사자에 의해 이루어진 관련된 진술을 포함하여야 한다. 관련된 진술이란, 새로운 또는 보정된 절차적 제출물 또는 그의 취하, 청구항, 상세한 설명 및 도면과 같은 출원 서류의 새로운 제출, 보정 또는 취하 그리고 권리포기의 진술이다. 구두절차의 필수적인 것은 당사자 및 그 절차의 대상물에 관한 그 부서의 구성원에 의한 새로운 진술을 포함한다. 심사 및 이의절차에서 필수적인 것은 신규성, 진보성 및 다른 특허의 요건의 존재 또는 결여를 주장하는 새로운 진술이다.

의사록은 구두절차의 종결 후에 어떻게 그 절차가 계속되어야 하는지와 같은 절차적 정보도 포함하여야 한다. 진술 또는 제출서류의 정확한 표현이 중요하지 않으면 필수적인 것의 간결한 요약만을 의사록에 기재하여야 한다.

XI. 구두절차에서 진행언어

1. 공식언어의 사용

유럽특허청에서의 구두절차에 대한 어느 한 당사자는 그 당사자가 그 구두절차에 대해 규정된 날짜 이전 적어도 한 달 전에 유럽특허청에 통지하거나 진행언어로의 통역에 대한 준비를 하는 것을 조건으로 진행언어 대신에, 유럽특허청의 다른 공식언어 중 하나를 사용할 수 있다. 한 달 전에 유럽특허청에 통지된 경우 유럽특허청은 자신의 비용으로 통역을 제공할 책임이 있다.

2. 회원국의 언어 또는 다른 언어

어느 당사자도 진행언어에 대한 통역을 준비하는 것을 조건으로 영어, 프랑스어 및 독일어 이외의 회원국의 공식언어 중 하나를 사용할 수 있다. 하지만 당사자와 유럽특허청이 합의하면, 어느 언어라도 통역 또는 사전통지 없이 구두절

8) OJ EPO 1986, 63.

차에서 사용될 수 있다.

3. 예 외

유럽특허청은 구두절차에서의 언어에 대한 규정[규칙 4(1)]의 예외를 허용할 수 있다. 예를 들면 당사자가 자신의 과실에 의하지 않고 1개월의 통지를 할 수 없고, 또 비록 당사자가 통역을 준비했으나 그 통역이 출석할 수 없는(예를 들면 질병) 경우를 예상할 수 있다. 이런 상황하에서 유럽특허청이 통역을 제공할 수 없다면, 심사단계라면, 구두절차를 연기해야 한다. 하지만 이의절차에서 만약 당사자가 동의하고 그 절차에 관련된 유럽특허청의 직원이 그 언어를 할 수 있다면 구두절차는 진행되어야 한다. 다른 경우에 유럽특허청은 그 구두절차를 연기해야 하고 또 그 연기의 결과, 책임 없는 당사자에 의해 발생한 비용은 조약 제104조하에서 분담사항이 된다.

XII. 화상회의에 의한 구두절차와 인터뷰

1. 화상회의(Video-conferencing)

화상회의에 의한 구두절차는 심사부에 대한 일방 당사자 절차의 경우에만 허용된다. 이의에 대해서나, PCT 유럽단계 케이스 또는 구두증거의 확보를 위해서는 허용되지 않는다. 이 절차에 대한 신청은 위에서 설명된 구두절차의 경우와 같다. 이 신청서에는 출원인이 사용하기 원하는 기술(ISDN 또는 IP)을 정해야 한다.

심사부는 화상회의에 의한 구두절차의 신청에 대해 거절할 특별한 이유가 없는 한 허여하여야 한다. 거절에 대한 기준은 그 출원의 대상물의 부적합성, 사건의 높은 복잡성, 또는 샘플이나 모델을 보거나 사용해 볼 필요 등이다. 구두절차를 위해 정해진 날짜에 화상회의실을 사용할 수 없는 것도 신청에 대한 거절이유이다.

만약 심사부가 화상회의 신청을 거절하기로 결정한다면, 심사부는 신청자에게 거절에 대한 이유가 표시된 통지를 하여야 한다.

2. 화상회의의 준비

화상회의에 의한 구두절차를 수행하기 위해서는 먼저 화상회의실을 예약해야 한다. 구두절차를 위한 화상회의실은 적어도 반나절은 예약되어야 한다. 화상회의에서 문서카메라가 사용되는데, 이 장치에 의해 상대방 모니터로 문서의 사본이 전달된다. 이 장치에 의해서 종이사본이 만들어지지 않는다. 경험적으로 당사자들은 문서의 하드카피를 선호하므로 팩스 또는 이메일 문서가 바람직하다.

3. 서류제출

화상회의 도중에 참석한 당사자는 팩스로 서류제출이 가능하다. 심사관 또는 심사부는 동일한 방식으로 당사자에게 서류를 보낼 수 있다. 제출된 서류의 화질이 적절한 재생을 제공하지 않으면 이들 제출서류의 선명한 사본이 다시 제출될 필요가 있다.

화상회의에 의해 개최되는 심사부에 대한 인터뷰 및 구두절차의 경우에, 규칙 50에 규정된 것처럼 실질적으로 제출된 문서는 이메일에 의해 제출될 수 있다.

4. 대리인의 신분 확인

만약 대리인이 심사부의 적어도 한 구성원에게라도 확인되지 않았으면, 그의 신분을 확인하는 것이 필요하다. 이것은 대리인에게 그의 ID카드를 문서카메라로 보이도록 하거나 또는 그것의 사본을 팩스로 보내도록 함에 의해 달성될 수 있다.

5. 화상회의 내용의 저장

당사자에 의한 구두절차의 저장은 허용되지 않는다.[9] 화상회의의 시초에 의장은 출원인 또는 그의 대리인에게 화상회의의 저장은 금지되었다는 것을 환기시켜야 한다.

---

9) OJ EPO 1986, 63.

제20장

기한(Time limit) 및 기한에 따라 발생되는 문제에 대한 절차

Ⅰ. 기 한

1. 기한의 결정

'기한(time limit)'은 유럽특허청에 대하여 행위를 완성해야만 하는 시간의 특정한 기간을 의미한다. 따라서 기한은 날짜, 즉 지정된 날이 아니다. 유럽특허조약 제120조는 유럽특허청에 대한 절차에서 당사자가 준수해야 할 기한과 이 조약에 의해 정해지지 않는 기한, 기한 계산의 방식과 기한이 연장되는 조건 그리고 유럽특허청에 의해 정해지는 최소 및 최대 기한에 대해 시행규칙에 명기할 것을 규정하고 있다. 하지만 우선권기간(조약 제87조 1항)과 이의기간(조약 제99조 1항) 등은 유럽특허조약에 규정되어 있다.

2. 유럽특허청에 의해 정해지는 기간의 길이

원칙적으로 기간의 길이는 당해 작업을 수행하는 데 요구되는 작업량에 기초하여야 한다. 하지만 당사자와 유럽특허청의 일을 원활하게 하기 위해, 균일한 실무를 채택하도록 결정되어야 한다. 이 실무는 다음과 같다.

보정해야 할 불비사항이 단순히 방식에 대한 것이거나 또는 단순히 사소한 성질인 경우, 즉 당사자에 의해 인용된 문헌의 추후 제출 또는 단순히 사소한 성질의 보정에 대해 의견이 요구되는 경우에는 2개월이다. 한편 실체사항을 발생시키는 심사부 또는 이의부의 통지는 4개월이다.

조약 제94조 3항, 즉 출원이 유럽특허조약의 규정을 만족시키지 못함에 따른 통지가 우선권 서류의 번역에 대한 요청을 첨부하고 있으면, 그 통지에 대한 응답기간과 번역문을 제공하기 위한 기간은 동일하고 또 적어도 4개월이다. 이는 조약 제94조 3항에 따른 통지에 주어진 거절이유의 엄격함의 정도에 불구하고 그러하다.

6개월까지의 더 긴 기한은 사건에 따라 4개월의 기간으로는 수행하기 힘든 것이 명백한 예외적인 경우에만 정해질 수 있다. 이와 같이 기간의 길이를 정하는 것은 각각의 사건의 상황에 따라 판단되어야 하고, 일반적인 지침을 제시하는 것은 어렵다. 예를 들어 출원 또는 특허의 대상물 또는 제기된 거절이유가 예외적으로 복잡하면 6개월의 기간을 줄 수 있다. 출원인이 유럽조사보고서 수령 전에 심사청구를 한 경우, 그 출원을 계속 진행할 것인지에 대한 진술을 제출하도록 요청받은 경우, 조사보고서의 공개로부터 기산하는 6개월의 기한이 적절하다.

3. 자유롭게 결정될 수 있는 기한

기한의 확정에 관한 작업기한은 유럽특허조약에 명시적으로 제시되어 있지 않고 규칙 132에 규정된 기간의 길이에 대해 제한되지 않는다. 이것은 유럽특허청의 재량으로 결정될 수 있다.

4. 기한의 계산

유럽특허청에 의해 정해진 기간은 송달받을 자에 의한 통지서의 수령으로부터 계산되는 만의 월수로 일반적으로 정해진다.[1] 규칙 131에는 기간의 만료일의 결정을 위한 정확한 상세 사항을 제공하고 있고, 규칙 134는 기간의 연장, 예를 들면 유럽특허청이 기간의 만료일에 문을 열지 않거나 유럽특허청과 회원국의 사이의 우편이 전면적으로 불통인 것과 같은 우발사태에 관한 규정을 포함하고 있다.

---

1) 규칙 126(2).

절차가 출원인 또는 특허소유자의 사망 등 규칙 142에 규정된 이유로 중단된 경우, 절차의 중단의 날에 유효한, 심사료 및 유지료의 납부의 기간을 제외한 기간은 그 절차가 재개된 날부터 다시 시작되어야 한다. 만약 그날이 심사청구가 제출되어야만 하는 기간의 종료 전 2개월보다 짧다면, 청구는 그 날로부터 2개월 내에 제출되어야 한다. 심사료 및 유지료의 납부를 위한 기한은 중단된다.[2)]

5. 우선일

어떤 기한은 우선일로부터 시작하고 또는 복합 우선권의 경우에는 최선의 우선일로부터 시작한다. 이 날짜가 더 이상 적용되지 않는 경우(예를 들어 우선권이 조약 제90조 5항의 규정에 따라 상실된 경우), 이런 기한은 보정된 우선일로부터 결정될 수 있게 된다. 이것은 우선일의 상실 전에 이미 만료된 기한으로부터 기인하는 권리의 상실을 회복시키지 않는다.

6. 기한의 연장

규칙 134에 따른 기한의 자동 연장 및 유럽특허조약이 연장될 수 없는 지정기간을 정하고 있는 경우를 제외하고, 기한의 존속기간은 연장될 수 있으나, 출원인은 정해진 기간의 만료 전에 서면으로 연장을 청구해야만 한다. 연장된 기간은 원래의 기간의 시작으로부터 계산된다.[3)]

실체 사항에 대한 통지에 대해, 기간연장 청구는 이유 없이 제출되었더라도, 전체 기간이 그에 의해 6개월을 초과하지 않으면 통상적으로 허용되어야 한다. 사소한 방식사항 또는 사소한 불비사항을 정정하기 위한 단기의 기한은 동일한 상황하에서 2개월까지 연장되어야 한다. 하지만 더 긴 연장에 대한 청구는, 특별히 정해진 총 기간이 6개월을 넘으면, 이미 규정된 기간 내에 응답하는 것이 불가능하다는 것을 설득력 있게 충분히 보이는 이유가 주어졌을 때, 예외적으로 인정되어야 할 것이다. 연장신청이 허여되면 당사자는 새로운 기한을 통지받는다. 연장신청이 허여되지 않으면 기한을 지키지 못한 것에 따른 효력이 발생하고 있거나 효력을 발생할 것이라는 것을 통지받는다. 설정된 기간 내에 이의부로부터의

2) J 07/83, OJ 5/1984, 211.
3) Legal Advice No.5/93 rev., Point III, OJ 4/1993, 229.

통지에 응답하지 못한 것은 어떤 법적인 결과로 직접적으로 연결되지 않는다. 하지만 이의절차는 다음 단계로 진행하고, 또 이의 절차에 대한 결정이 될 수 있다.

기한 내에 제출된 기한연장에 대한 청구가 각하되고 그 출원인이 이것을 부당하다고 생각하는 경우, 그는 속행을 청구함에 의해 그에 따르는 권리의 상실을 회복할 수 있다. 동시에 출원인은 속행에 대한 수수료의 반환을 청구할 수 있다. 반환 청구를 각하하는 결정에 대해, 경우에 따라 최종 결정과 함께 또는 별도로 심판을 청구할 수 있다.

7. 기한 내에 응답하지 못한 경우

당사자가 기한 내에 절차를 수행하지 않으면 다양한 제재가 그 상황에 따라 적용될 수 있다. 예를 들어 조약 제90조 2항 및 규칙 55하에서, 그 출원이 진행되지 않거나, 조약 제90조 5항하에서 그 출원은 거절되거나 우선권을 상실할 수 있고, 규칙 5하에서 서류가 수령되지 않은 것으로 간주될 수 있다. 심사청구가 기간 내에 제출되지 않았으면, 그 출원은 취하된 것으로 간주되고(조약 제94조 2항), 이러한 제재는 출원인이 유럽특허청에 의해 정해진 기한을 만족시키지 못하는 경우들에 역시 적용될 수 있다(예를 들어, 조약 제94조 3항하의 보정 요청에 대한 응답 기한).

특정한 기한이 준수되지 않고 또 강제적인 법적 제재가 규정되어 있는 경우 [예를 들어, 기한 내에 공고수수료가 납부되지 않으면 유럽특허가 취소됨: 규칙 82(3)]와는 대조적으로, 특정한 법적 제재가 유럽특허조약에 규정되어 있지 않고, 기한의 만료 후이지만 결정이 당사자에게의 송달을 위해 유럽특허청 내의 우편서비스에 전달되기 전에 된 당사자로부터의 제출 또는 청구는 정시에 수령되었던 것으로 절차의 나머지과정에서 간주된다.[4] 하지만 기한 내에 제출되지 않은 사실 또는 증거를 유럽특허청이 조약 제114조 2항에 따라 무시하여 기한 내에 제출되지 않은 것으로 처리될 수 있다.

8. 권리의 상실

절차에 대한 당사자 또는 제3자가 유럽특허조약에 규정되거나 유럽특허청에

4) G 12/91, OJ 5/1994, 285.

의해 정해진 기한에 따르지 못하면, 이것은 유럽특허출원의 거절 또는 허여의 결정, 유럽특허의 취소 또는 유지 또는 증거조사 없이, 유럽특허조약에 정해진 케이스에서 권리의 상실에 이를 것이다. 권리의 상실이 있는 경우 방식심사관은 그런 권리의 상실을 관련자들에게 통지한다. 관련자가 유럽특허청의 결정이 정확하지 않다고 판단하면, 그는 그 통지의 송달 후 2개월 내에, 유럽특허청에 의한 결정을 청구할 수 있다. 유럽특허청의 관할부서는 그것을 청구한 자와 의견을 공유하지 않는 경우에만 그런 결정을 한다. 그렇지 않으면, 그 결정을 청구한 자에게 통지하고 또 그 절차를 계속한다. 그런 결정에 대해 심판을 청구할 수 있으므로, 그 결정이 기초하는 이유가 진술되어야만 한다. 표시된 권리의 상실에 의해 영향을 받는 자만이 그 절차에 대해 당사자가 될 수 있다.

II. 절차의 속행 및 권리의 재설정

1. 유럽특허출원 절차의 속행(Further processing)

유럽특허청에 대하여 정해진 기한 내에 응답을 못하여 유럽특허출원이 거절 예정이거나, 거절 또는 취하된 것으로 간주되었을 때, 출원인이 그 출원의 절차의 속행청구를 하면 그 출원은 계속하여 진행될 수 있다. 절차의 속행은 기한을 준수하지 못한 것 또는 권리의 상실에 관한 통지로부터 2개월 내에 규정된 수수료의 납부와 함께 청구되어야만 한다. 그 청구를 하기 위한 기간 내에 누락된 행위가 완성되어야 한다. 이 청구는 수수료가 납부된 때까지 제출된 것으로 간주되지 않는다. 속행에 대한 청구는 준수되지 않은 기한의 만료와 기간을 준수하지 못한 것 또는 권리의 상실에 관한 통지의 사이에 제출될 수 있다. 누락된 행위에 대하여 결정할 권한이 있는 부서가 절차의 속행청구에 대한 결정을 한다.

구두절차에 대한 단순한 신청은 누락된 행위의 완성으로 될 수 없고 따라서 속행절차로 진행될 수 없다. 일반적으로 절차의 속행은 그 결과가 권리의 부분적 상실(예를 들면 우선권의 상실)인 경우에도, 특허허여 전 절차 중에 기한을 준수하지 못한 것에 대한 법적 치유책이다.

2. 절차의 속행이 불가능한 경우

절차의 속행이 불가능한 경우는 규칙 135에 개시되어 있다.

절차의 속행 또는 권리의 재설정 청구를 위한 기한(조약 제121조 4항), 최초의 선출원으로부터 12개월인 우선권기간(조약 제87조 1항), 확대심판소에의 재심리 청구기간(조약 제112a조 4항), 비공식언어로 제출된 출원에 대한 번역문제출기간[규칙 6(1)], 유럽특허출원에 대한 정당한 권리를 인정받은 자가 지켜야 할 기간[규칙 16(1)(a)], 생물학적 물질의 기탁에 대한 기한[규칙 31(2)], 분할출원에 대한 진행언어로의 번역문 제출에 대한 기한[규칙 36(2)], 선출원의 인용에 의한 출원에서 선출원의 인증사본 제출기한[규칙 40(3)], 유지료의 추납기간 등[규칙 51(2)에서 (5)], 16개월 내의 우선권주장 기간[규칙 52(2) 및 (3)], 출원의 불비사항에 대한 2개월의 보정기간, 상세한 설명 또는 도면의 누락부분의 제출에 대한 2개월의 기간(규칙 55-56), 출원서류 및 우선권주장의 불비사항 정정기간(규칙 58-59), 다수개의 독립항을 가진 출원에 대한 통지에 따른 선택에 대한 기간(규칙 62a), 미완성조사와 관련한 조사대상 지적 기한(규칙 63), 발명의 단일성과 관련된 추가조사료 납부기간(규칙 64) 및 유럽특허청의 평결에 대한 결정을 신청하는 2개월의 기한[규칙 112(2)], 단일성 관련된 선택[규칙 164(1) 및 (2)]에 대해서는 절차속행 청구를 할 수 없다.

3. 권리의 재설정(Re-establishment of rights)

(1) 권리의 재설정의 의의

상황에 따라 요청되는 상당한 모든 주의를 하였음에도 불구하고, 조약 제122조 4항 및 규칙 136(3)에 의해 특별히 배제되지 않는 유럽특허청에 대한 기한을 준수할 수 없었던 유럽특허의 출원인 또는 소유자는 그의 권리를 재설정하는 것을 청구할 수 있다. 권리의 재설정은 절차의 속행이 적용될 수 있는 모든 기간 및 권리의 재설정을 청구하기 위한 기간에 대하여 제외된다.[5] 재설정은 절차의 속행을 청구하기 위한 규칙 135(1)하의 기한과 조약 제121조 4항 및 규칙 135(2)에 따라 절차의 속행으로부터 제외되는 기한에도 적용된다. 이것은 절차의 속행을 기

5) 조약 제122조 4항 및 규칙 136(3).

한에 적용한 경우, 재설정은 그 기한을 준수하지 못한 것에 대해 청구할 수 없다는 것을 의미한다. 하지만 절차의 속행이 이용가능하지만, 출원인이 정시에 그것을 청구하지 못하면, 권리의 재설정은 절차의 속행을 신청하기 위한 기한에 대해 이용가능하다. 게다가 권리의 재설정은 출원인이 그의 출원을 조약 제87조 1항의 우선권 기간 내에 제출하지 못한 경우에도 가능하다. 이 신청을 규율하는 조건은 조약 제122조 1항에서 6항 및 규칙 136(1)에서 (4)에 충분히 규정되어 있다. 조약 제122조 및 규칙 136의 규정은, 예를 들어 출원인의 작업서류가 화재에 의해 파손되어 새로운 작업서류를 준비해야만 하는 경우 또는 전문대리인이 우선권 서류에 관련된 잘못된 도면 세트를 보냈고, 그 오류가 즉시 판별되지 않는 경우에 주장될 수 있다. 모든 경우에 출원인 또는 소유자 또는 대리인은 상황에 따라 요구되는 모든 적절한 주의를 했다는 것과 그 지연이 예견할 수 없는 요소에 의해 야기되었다는 것에 대한 증거를 제공하는 것이 필요하다. 하지만 법률에 대한 오해는 재설정을 위한 이유가 될 수 없다.[6)]

출원인이 심판청구의 제출을 위한 기한을 충족시키지 못한 것은 절차의 속행에 의해 해소될 수 없고, 단지 권리의 재설정이 이용가능하다[규칙 136(3)].

(2) 이의신청인에 대한 권리의 재설정의 연장

심판청구를 제출하기 위한 기한에 관하여 이의신청인의 재설정은 조약 제122조 1항하에서 배제된다.[7)] 하지만 심판을 청구한 이의신청인은 심판청구이유의 제출을 위한 기한에 관하여 권리의 재설정을 청구할 수 있다.[8)]

(3) 권리의 재설정이 가능한 기한

다음은 기한을 준수하지 못했을 때 권리의 재설정이 될 수 있는 예이다.

- 유럽특허의 새로운 명세서의 공고를 위한 수수료의 납부기간;
- 이의절차에서 보정된 청구항의 번역문의 제출기간;
- 비용의 인정에 대한 이의부에 의한 결정청구의 제출기간;
- 출원인 또는 특허소유자에 의해 제출된 심판청구기간;
- 확대심판소에 대한 재심리청구에 대한 기간;

---

6) D 6/82, J 31/89 및 J 2/02.

7) T 210/89.

8) G 1/86.

- 조약 제87조 1항에 따른 제1 선출원의 우선권 청구기간.

(4) 권리의 재설정이 되지 않는 기한

기한은 유럽특허청에 대하여 행위를 완성해야만 하는 시간의 특정한 기간이므로, 기한은 날짜 즉 지정된 날이 아니다. 따라서 구두절차에 지정된 날짜에 출석하지 못한 경우에 권리의 재설정에 대해서는 규정이 만들어질 수 없다.

권리의 재설정은 권리의 재설정을 청구하기 위한 기한에 관해서는 명시적으로 배제되고 절차의 속행을 위한 기한은 이용 가능하다. 권리의 재설정은 유럽특허출원 또는 청구의 거절, 유럽특허 출원의 취하간주, 유럽특허의 취소, 다른 권리 또는 구제수단의 상실을 야기하는 직접적 결과를 생기게 하지 않는 기한준수를 하지 못한 경우에는 허용되지 않는다. 예를 들어 이의절차에서 그 절차에 대한 다른 당사자의 서면 진술 또는 이의부로부터의 통지에 대한 그의 의견을 제출하기 위한 기한에 대해서는 권리의 재설정이 있을 수 없다.

(5) 권리의 재설정 청구

권리의 재설정의 청구는 그 기한에 따르지 못한 원인의 제거 후 2개월 이내에 서면으로 제출되어야 한다. 누락된 행위는 이 기간 내에 완성되어야 한다. 하지만 우선권기간에 대한 권리의 재설정 또는 확대심판소에 대한 재심리청구 제출에 대한 기한은 일반적으로 예외를 구성한다. 이들 경우에 조약 제87조 1항 및 조약 제112a조 4항에 규정된 관련 기간의 만료 2개월 내에 제출되어야 한다.

권리의 재설정의 청구는 근거가 되는 이유를 진술하여야 하고 또 권리의 재설정의 청구가 의존하는 사실을 설명하여야 한다. 권리의 재설정의 청구는 유럽특허조약하의 수수료 규칙에 규정된 금액이 권리의 재설정을 위한 수수료로 납부된 때까지 제출된 것으로 간주되지 않는다.

(6) 한 명 이상의 당사자가 있는 절차에서 권리의 재설정

예를 들어 이의절차에서, 특허의 소유자가 권리의 재설정에 대한 신청을 하면, 이의신청인과 다른 당사자는 비록 권리의 재설정을 위한 절차에 포함되지는 않지만, 권리의 재설정에 대한 청구 및 그에 따르는 결정을 통지받아야만 하는데, 이는 그 청구 및 결정이 이의절차에 관련된 기한에 관한 권리의 재설정을 포함하고 있다면 그러하다. 이의신청인은 재설정 절차에 대한 당사자이다.[9]

(7) 권리의 재설정에 대한 결정

누락된 행위에 대한 결정을 할 관할부서는 권리의 재설정에 대한 청구를 결정한다. 결정의 이유는 그 청구가 인정되지 않은 경우에만 기재하면 된다. 이것은 이의신청인이 권리의 재설정을 위한 절차에 포함되지 않으므로, 이의절차에도 적용한다.

다툼이 있는 결정을 한 부서는 중간변경을 허여하기 위한 조건이 만족되면 심판청구를 위한 준수되지 않은 기한에 관하여 권리의 재설정을 고려해야만 한다. 하지만 조약 제109조 2항의 3개월의 기한 내에 그렇게 될 수 있고 또 권리의 재설정을 위한 조건이 충족되면 재설정을 허용하는 결정을 할 수 있다. 다른 모든 경우에는 권리의 재설정의 청구와 함께 관할 심판소에 심판청구가 제출되어야 한다.

9) T552/02 및 T1561/05.

제21장

심 판

(Appeals)

Ⅰ. 개 요

유럽특허조약에서 심판에 대해서는 조약 제106조부터 제111조까지에서 규정하고 있고, 시행규칙에서는 규칙 97부터 규칙 103까지에서 규정하고 있다.

심판은 심판소에서 이루어지는데 심판은 수리부, 심사부, 이의부 및 법률부의 결정에 대해서 할 수 있다. 심판소의 구성에 대해서는 이 책의 제1장, Ⅳ-2.의 (3)에 설명되어 있다.

Ⅱ. 심판청구의 효력

심판청구는 집행정지의 효력을 가진다. 이것은 결정이 아직 확정되지 않고 그 효력은 정지되는 것을 의미한다. 따라서 결정의 집행을 할 수 없으므로, 심판이 청구되면, 다음의 상황은 발생하지 않는다. 즉 유럽특허의 등록부에의 기재, 유럽특허공보에의 공고 및 적절한 경우, 유럽특허출원의 새로운 명세서의 공고 등은 하지 않는다.

III. 심판의 청구

심판은 절차의 당사자로서 결정에 의해 불이익을 받은 자가 청구할 수 있다. 그 절차에서 다른 당사자는 당연히 심판절차의 당사자로 된다.[1] 당사자 중 하나에 대한 절차가 끝나지 않은 결정은 최종 결정과 함께만 심판청구될 수 있다. 다만 그 결정이 별개의 심판제기를 허용하는 경우를 제외한다.

심판청구는 결정의 통지일로부터 2개월 이내에 유럽특허청에 제출되어야 한다. 심판청구의 요건에 대해서는 시행규칙에 규정되어 있다. 심판청구는 심판청구료가 납부될 때까지 제출되지 않은 것으로 간주된다. 이의부의 결정에 대해서는 유럽특허가 모든 지정국에 대해 포기되거나 또는 소멸된 경우라도 심판청구를 할 수 있다.

심판청구 시에는 심판청구인의 성명과 주소, 이의 제기된 결정의 표시, 그리고 심판의 대상을 정의하는 청구서를 포함해야 한다.

심판청구를 한 경우, 결정의 통지일로부터 4개월 내에 심판청구이유를 기재한 서면을 제출하여야 한다. 심판청구의 이유에서 심판청구인은 관련된 결정을 반박하는 이유 또는 보정되어야 할 정도 그리고 심판이 기초하는 사실과 증거를 표시하여야 한다.

IV. 심판청구에 대한 요건

심판이 조약 제106조에서 제108조에 따르지 않거나, 규칙 97 또는 규칙 99 (1)(b) 또는 (c) 또는 (2)를 따르지 않으면, 조약 제108조하에서 해당되는 기간 전에 불비사항을 해소하지 않는 한, 그 심판은 받아들여질 수 없는 것으로 각하된다.

---

1) 조약 제107조.

Ⅴ. 심판의 심리

심판의 심리에 있어서 관련된 결정을 한 부서에 대한 절차에 관한 규정은 심판절차에 적용되어야 한다. 심판의 심리에 있어서, 심판소는 심판소에 의해 제시된 통지 또는 다른 당사자에 의해 제출된 의견에 대해 정해진 기간 내에 의견을 제출할 것을 당사자에게 요청한다. 이와 같은 요청은 필요하다면 그 횟수에 상관없다.

만약 출원인이 정해진 기간 내에 상기 요청에 응답하지 못하면, 관련된 결정을 법률부에서 한 것이 아닌 한, 그 유럽특허출원은 취하된 것으로 간주된다. 이는 규칙 100(3)에 따른 것으로, 이 조항의 취지는 출원과 관련된 심판절차를 신속하게 진행하기 위한 것이다. 하지만 법률부의 결정에 대한 심판에서는 그러하지 않다.

심판소는 누구에 의해서도 구속되지 않는다.

Ⅵ. 심판소의 심결의 형식

심결은 심판소의 의장 또는 심판소의 등기된 법정자격이 있는 고용인에 의해, 그들의 서명 또는 다른 적절한 수단으로 인증되어야 한다.

이 심결에는 심판소에 의해 교부되었다는 진술, 그 심결이 된 날짜, 심판소의 의장 그리고 심판소의 참석한 다른 구성원의 성명, 당사자 및 그 대리인의 성명, 당사자의 청구, 사실의 요약, 심결의 이유, 적절한 경우, 비용에 대한 결정을 포함하는 심판소의 명령이 포함되어야 한다.

Ⅶ. 중간변경(Interlocutory revision)[2]

1. 개 요

유럽특허조약에서는 조약 제109조에 중간변경에 대해 규정하고 있다. 자신이 한 결정이 다투어지고 있는 부서는 심판이 적법하고 이유 있다면, 그 부서는 자신의 결정을 바꾸어야만 한다. 이것은 그 절차에 대한 다른 당사자와 심판청구인이 대립하고 있는 경우에는 적용하지 않는다. 따라서 결정을 변경할 의무와 가능성은 수리부, 법률부 또는 심사부에 의한 결정과 관련하여 발생한다. 이의절차에서는 모든 이의신청이 취하되고 또 특허소유자가 심판을 청구한 특별한 경우에만 발생한다.

제1심 부서는 심판청구인으로부터의 이유진술의 수령 후, 3개월 내에 결정을 바꿀 수 있다. 따라서 관할 부서는 가장 우선적으로 해당 심판을 검토해야 하고, 즉시 적법성에 대한 심리를 개시해야 하며, 또 심판이 적법한 것으로 판단되면, 관할 부서는 즉시 해당 심판의 적법성에 대한 심리를 시작한다.

관련부서는 그 심판이 적법하고 이유 있다고 심판의 이유에 비추어 확신하면 그 결정을 바꾼다. 이것은 예를 들어 다음의 이유로부터 발생한다:

(ⅰ) 관할부서가 그 결정이 행해질 때, 관할부서가 이용가능했던 자료의 일부를 적절하게 고려하지 않았을 경우;

(ⅱ) 관할부서가 직원의 실수로, 그 결정 전 적절한 시간에 유럽특허청에 제출된 자료를 받지 않은 경우; 또는

(ⅲ) 관련부서의 결정은 틀린 것으로 보이지 않으나, 출원인이 새로운 정보 또는 증거를 제출하거나, 출원에 대한 보정을 제출하여 심판에 대한 거절이유를 극복한 경우.[3]

따라서 실체적인 거절이유를 만족시키는 새로 제출된 보정이 심판에 대한 결정에서 다루어지는 경우, 그 결정은 바꾸어져야만 한다. 이것은 예를 들면 그 보

---

2) 우리나라의 심사전치와 유사한 것임.

3) T 139/87.

정내용을 심사의 과정에서 심사부가 제안하였으나, 출원인이 원하지 않았던 경우에 해당한다. 보정이 거절에 대한 이유를 명백하게 만족시킨다면 새로운 거절이유를 발생시키더라도 중간변경이 허여되어야 한다.[4] 이것은 출원인이 제2심에서 심리받을 권리를 가지기 때문이다.

중간변경을 허용하는 결정은 비록 3개월의 기한의 만료 후일지라도 가능한한 그 부서의 모든 구성원에 의해 사인되어야 한다.

2. 심판소로의 이송

심판청구 이유가 수령되어 제1심 부서에서 다시 심리하더라도 그 심판이 허여가능하지 않으면, 그 심판은 관할 심판소로, 의견 없이 즉시 이송되어야 한다. 이것은 1심부서는 심판소에 대해 의견을 제시하지 않아야 한다는 것을 의미한다. 그 부서의 구성원에 의해 심판의 가치에 대해 만들어진 내부 기록은 포대의 비공개부분에 들어가고 심판소에 보내지지 않아야 한다.

심판청구이유의 수령은 심판이 잘 청구되었는지의 여부를 결정할 때 심사부에 대한 전제조건이다. 심판청구이유는 결정의 통지로부터 4개월 내에 언제라도 제출될 수 있다.[5] 심사부는 중간변경을 허용할 것인지 또는 심판소로 심판을 이송할 것인지를 결정하기 전에 모든 이유를 받을 때까지 기다린다.

3. 심판료의 반환

중간변경의 경우, 심판료의 반환이 중요한 절차 위반에 의해 정당한 경우, 이의가 제기된 결정을 한 부서에 의해 심판료의 반환이 명령된다. 이것은 결정에 도달함에 있어서 필수적인 사실 또는 증거가 참작되지 않은 경우로서, 예를 들면 관련 당사자에 의해 유럽특허청에 적절한 때에 제출된 서류가 결정에 도달하기 전에 포대에 추가되지 않거나 또는 결정이 관련 당사자가 의견을 제시할 기회를 가지지 못한 사실 또는 증거에 기초한 경우이다. 원고에 의해 명백하게 요청되지 않더라도 심판료는 반환된다.[6]

---

4) T 219/93, OJ에 미공고.

5) 조약 제108조.

6) G 3/03.

결정이 중요한 절차 위반이 아니라, 예를 들면 관련 당사자가 심판청구 시에 제출한 보정 때문에 중간변경에 의해 결정이 바꾸어지는 경우, 심판료는 반환되지 않는다.

그 결정이 다투어지는 부서가 중간변경에 대한 조약 제109조의 요건은 만족하지만, 심판료의 반환에 대한 규칙 103(1)(a)의 요건을 만족하지 않는 것으로 판단하면, 그 부서는 그 결정을 바꾸어야 하고, 심판료의 반환에 대한 청구를 그 심결을 위한 심판소로 이송하여야 한다.[7)]

심판료의 반환 청구는 그 심판과 함께 제출된 경우에만 심판소로 이송될 수 있다. 중간변경이 수행되고 보정이 되었지만, 중요한 절차 위반이 발생한 경우, 심판청구인에 의해 반환이 명확하게 요청되지 않은 경우에도 심판료는 반환되어야 한다.[8)]

Ⅷ. 1심 부서로의 환송

1. 환송명령

심사부 또는 이의부에 의한 결정에 대해 심판이 청구되면, 심판소는 그 사건을 조약 제111조 1항에 따라 해당 부서로 환송할 수 있다. 그런 경우에, 그 명령에 대한 정확한 용어가 준수되어야 한다. 다음과 같은 다양한 상황이 일어날 수 있다.

(ⅰ) 사건이 심판소에 의해 최종적으로 결정된 완전한 본문에 기초한 형태로 보정되거나 한정된 허여 또는 유지로서 환송된다.

(ⅱ) 사건이 심판소에 의해 최종적으로 결정된 용어로 된 청구항과 보조를 맞춘 상세한 설명으로 환송된다.

(ⅲ) 사건이 추가의 진행을 위해 환송된다.

---

7) J 32/95, OJ 12/1999, 713.

8) G 3/03.

2. 부서에서의 진행

위의 첫 번째의 경우는 허여 또는 유지가 방식심사관에 의해 수행되고, 포대는 해당 부서로 단지 분류와 명칭의 확인과 추가의 기술적 정보 또는 새롭게 인용된 문헌을 추가하기 위해 전달된다.

두 번째의 경우는 심판소가 청구항의 용어에 대한 최종 결정을 한다. 1심부서는 비록 새로운 사실이 밝혀지더라도 더 이상 그 청구항을 보정할 수 없고 또는 출원인 또는 권리자가 보정하도록 허락할 수 없다.[9] 여기서 새로운 사실은 새로운 관련 참고문헌이다. 하지만 규칙 139하의 보정은 여전히 허용가능하다. 출원인 또는 권리자는 상세한 설명을 심판소에서 결정된 청구항의 용어로 보조를 맞출 때 최대한 경제적 절차로 진행해야 한다. 따라서 완전히 새로 타이핑된 본문은 일반적으로 받아들여지지 않는다.

마지막으로 세 번째의 경우에는 그 결정에 대해 심판이 청구된 부서는 사실관계가 동일한 한 심판소의 판결이유에 의해 구속된다.[10] 하지만 새로운 관련 문헌 또는 밝혀진 사실은 고려되어야 한다. 특히 당사자에게 추가의 청구를 제출할 기회가 주어져야 하고 또 관련 부서는 심판 전에 심사 또는 이의절차로부터 청구인지를 확인해야 한다.

IX. 확대심판소

1. 서 언

EPC 1973하에서는 심판소의 최종 심결에 대한 재심의 가능성이 없었으나, 회원국들에서는 달랐다. 이에 따라 EPC 2000에서는 조약 제112a조에 심판소의 심결에 대한 재심청구에 대해 확대심판소가 결정을 할 권한을 부여하여 심판소의 최종 심결에 대해 제한적으로 법률적 심리를 하도록 하였다.

EPC 1973하에서 확대심판소는 심판소에서의 통일된 법적용을 보장하기 위

---

9) T 113/92, Headnote No. 2 및 T 1063/92, Headnote 2번째 문장.
10) 조약 제111조(2)

한 권한과 법률의 관점에 대한 근본적인 문제가 발생한 경우에 쟁점사항에 대한 의뢰를 받아 심결을 하였다.

2. 확대심판소의 역할

확대심판소는 심판소의 심결에 의해 불리하게 된 심판절차의 당사자가 요구하는 재심리요청에 대해 심리를 한다. 재심리를 청구할 수 있는 이유는 다음의 것들이 있다.

(i) 심판소의 구성원이 심판에 대해 개인적인 이해관계를 가지거나 당사자 일방의 대리인으로 이전에 사건에 관여하였거나 심판에 대한 결정에 관여하여 그 사건에 관여할 수 없음에도 불구하고 심판에 관여한 경우(조약 제24조 1항 위반) 및 조약 제24조 4항의 규정에 근거한 심결에 따라 배제되었음에도 불구하고 심결에 관여한 경우;

(ii) 심판소가 심판소의 구성원으로서 임명되지 않은 자를 포함한 경우;

(iii) 청문될 수 있는 권리와 심결의 근거[11]에 대한 기본적인 위반이 발생한 경우;

(iv) 시행규칙에 규정된 다른 기본적인 절차상의 하자가 심판절차에서 발생한 경우;

(v) 시행규칙에 규정된 요건하에서 확정된 범죄행위가 심결에 영향을 미칠 수 있을 경우.

한편 확대심판소는 심판소가 통일된 법적용을 보장하기 위하거나 법률의 관점에 대한 근본적인 문제가 발생한 경우에 쟁점사항에 대해 의뢰를 받아 심결을 할 수 있다. 이것은 사건의 진행 중에 그리고 심판의 당사자로부터의 요청 또는 심판소의 재량으로 청구할 수 있다.[12] 이 경우 심판절차의 당사자들은 확대심판소에 대해 당사자가 되고, 확대심판소의 심결은 쟁점이 된 심판에 대해 심판소를 구속한다.

그리고 확대심판소는 유럽특허청장으로부터 의뢰받아 법률의 관점에 대한

11) 조약 제113조.

12) 조약 제112조 1항(a).

의견을 제시할 수 있다. 이는 2개의 심판소가 쟁점사항에 대해 다른 심결을 한 경우이다.[13)]

3. 재심리청구의 효력

재심리청구는 심판청구와는 달리, 집행정지의 효과를 가지지 않는다. 이는 재심리청구가 과도한 법적 치유책이라는 것을 명확하게 만들고 공격을 받고 있는 결정의 기판력에 영향을 미치지 않는 제출이라는 것을 명확하게 하는 것이다. 심판소의 결정은 성공적인 재심리청구가 심판소의 결정을 뒤집고 심판절차를 다시 개최하게 하는 확대심판소의 결정에 이를 때까지 법적 효력을 가진다. 1심부서의 결정에 대한 심판소의 결정의 효력에 있어서의 차이점은 신속한 절차를 제공하는 것을 노린다는 것이다.

4. 재심리청구의 기한

만약 재심리청구가 위의 (ⅰ)에서 (ⅳ)에 근거하면, 청구는 심판소의 심결 통지후 2개월 내에 제출되어야 한다. 만약 (ⅴ)에 근거하면, 청구는 범죄행위가 확정된 날로부터 2개월 내에 제출되어야 하고, 어떤 경우에도 심판소의 심결통지로부터 5년을 넘을 수 없다. 청구는 지정된 수수료가 납부될 때까지 제출된 것으로 보지 않는다.

5. 재심리청구서

재심리청구는 시행규칙에 따라 이유를 기재한 진술로 제출되어야 한다. 즉 재심리청구는 재심리 청구자의 성명과 주소, 재심리되어야 할 심결의 표시를 포함하여야 하고, 심판소의 심결이 취소되어야 하는 이유, 그리고 그 재심리청구가 기초하는 사실과 이유를 기재하여야 한다.

---

13) 조약 제112조 1항(b).

6. 재심리의 진행

확대심판소는 시행규칙에 따라 재심리청구를 심리하여야 한다. 만약 청구가 허용될 수 있으면, 확대심판소는 심결을 취소하여야 하고 시행규칙에 따라 심판소에서 절차를 재개해야 한다. 이때 확대심판소는 취소된 심결을 하는 데 참여한 심판소의 구성원을 교체할 것을 명할 수 있다.

7. 사용권의 발생

지정된 회원국에서 심판소의 심결과 재심리청구에 대한 확대심판소의 심결이 유럽특허공보에 공고된 사이의 기간에 유럽특허 또는 공개된 유럽특허출원의 대상에 대한 발명을 선의로 사용하거나 사용하기 위해 효과적이고 중대한 준비를 한 자는 그의 사업상 또는 그 필요를 위해 비용 없이 그 유럽특허 또는 공개된 유럽특허출원에 대한 사용을 계속할 수 있다.

8. 심판소에서의 촉진된 절차

법적 이익을 가진 당사자는 그들의 심판을 신속하게 다루어 줄 것을 심판소에 요청할 수 있다. 심판소는 절차적 규정이 허용하는 한 심판을 신속하게 처리할 수 있다. 촉진된 절차에 대한 청구는 관할 심판소에 절차의 초기 또는 절차 동안에 제출되어야만 한다. 이 청구는 관련된 서류와 함께 심판이 긴급하게 이루어져야 하는 이유를 포함하여야 한다. 이는 회원국의 법원 및 관할당국에 대해서도 가능하다.[14]

---

14) OJ EPO 2008, 220.

제22장

기 타

Ⅰ. 유럽출원의 국가출원으로의 전환(Conversion)

1. 개 요

유럽특허의 출원인 또는 소유자는 각 나라의 법률에 의해 제공되는 국가특허의 허여 또는 다른 법적 권리의 허여를 위한 국가출원으로의 전환을 청구할 수 있다. 이와 같은 국가출원으로의 전환은 조약 제135조와 규칙 155에 규정되어 있다. 유럽특허로 되지 못한 유럽특허출원은 정해진 경우에 출원 시에 지정된 국가들을 위한 국가출원으로 전환될 수 있다. 전환에 대한 기초는 유효하게 제출된 유럽특허출원은 같은 출원일 또는 우선일을 가지는 국가출원으로 간주된다는 것을 언급하고 있는 조약 제66조이다. 이것은 전환된 국가출원은 유럽출원과 같은 출원일을 부여받는 것을 의미한다. 전환은 실용신안등록과 실용신안인증에도 적용될 수 있다.[1)]

1) 조약 제140조, 조약 제135조 및 제137조.

2. 전환청구의 요건

전환은 다음의 경우에 청구될 수 있다.

(ⅰ) 유럽특허출원이 회원국의 중앙산업재산청 등에 제출되었으나 유럽특허청으로 기한 내에 이송되지 않아 취하간주되는 경우인데, 이는 국가특허청에 적법하게 제출된 출원이 유럽특허청에 14개월 내에 전달되지 않았을 때, 취하된 것으로 간주된다. 주로 국가안보를 위한 경우 또는 국가특허청의 실수의 경우이다.

(ⅱ) 국가법에 의해 규정된 것과 다른 경우로서, 유럽특허조약하에서 유럽특허출원이 취하되거나 취하간주되거나 또는 유럽특허가 취소된 경우인데, 이 조항의 과도한 사용은 유럽특허조약의 균일한 특허절차의 중요성을 심각하게 훼손할 수 있다. 따라서 이 조항은 포함에 대한 강한 반대가 있었다. 이 조항은 독일에 의해 삽입되었고, 다른 회원국들 중 일부는 조약 제135조 1항(b)의 사용을 매우 제한되게 만들었다.

위와 같은 경우에 유럽특허의 출원인 또는 소유자의 요청이 있으면, 지정국의 중앙산업재산청은 국가특허의 허여를 위한 절차를 적용해야 한다.

3. 전환청구의 제출

위의 (ⅰ)의 경우에, 전환청구는 유럽특허출원이 제출된 중앙산업재산청에 제출되어야 하고, 그 중앙산업재산청은 국가안전보장을 규율하는 조항에 따를 것을 조건으로, 특정된 회원국의 중앙산업재산청에 그 청구를 직접 전달하여야 한다. 이 경우의 전환청구는 모든 회원국에서 전환을 허용해야만 한다.

위의 (ⅱ)의 경우, 전환청구는 유럽특허청에 제출되어야 한다. 전환청구료가 납부되기 전까지는 그 전환청구는 제출된 것으로 보지 않는다. 유럽특허청은 특정된 회원국의 중앙산업재산청에 그 청구를 전달하여야 한다. 이 경우의 전환청구에서는 회원국에서 전환에 대한 조건을 제정하는 것은 자유이다.

출원일을 부여받은 유럽특허가 지정된 회원국에서 정규의 국가출원과 동등하다는 효과는 전환청구가 기한 내에 제출되지 않으면 소멸한다.

4. 전환청구의 방식요건

출원인 또는 소유자에 의해 전환청구되어 특정된 회원국의 중앙산업재산청에 전달된 유럽특허출원은 유럽특허조약에 규정된 것과 다르거나, 유럽특허조약에 규정된 것보다 추가된 국가법의 방식요건을 따르지 않는다.

유럽특허출원을 전달받은 중앙산업재산청은 출원인에게 국가출원료를 납부할 것과 출원인이 국가절차를 위한 기초로 사용하기를 원하는 유럽특허출원의 최초 본문 그리고 적절한 경우 유럽특허청에 대한 절차동안에 보정된 본문의 당해 회원국의 공식언어로 된 번역문을 제출할 것을 요청한다. 이 요청은 2개월을 넘지 않는 기간 내에 수행되어야 한다.

5. 조약 제135조 1항(b)에 대한 제한

이 규정에 대한 회원국의 반대에 따라 적용에 제한이 따르는데, 다음의 가능성이 국가법 하에 만들어졌다. 즉 회원국이 국가법에 관련 규정을 두어 적용하도록 하고 있다.

(1) 번역문의 미제출

몇몇 회원국은 유럽특허청의 공식언어 외의 언어로 제출된 출원이 기한[규칙 6(1)] 내에 공식언어로의 번역문이 제출되지 않아 취하간주되면 전환을 허용한다.

(2) 회원국에서의 선권리

스위스와 리히텐슈타인은 그 나라에 출원된 유럽 선권리 때문에 이들 나라에 대해서 이의절차에서 유럽특허의 취소 또는 유럽특허출원의 거절 또는 취하의 경우에 전환을 허용한다.

(3) 취하, 거절 또는 취소

몇몇 회원국은 유럽특허출원이 취하, 취하간주 또는 거절된 경우와 유럽특허가 이의신청에서 취소된 경우에 전환을 허용한다.

(4) 실용신안

일반적으로, 특허보다 진보성에 대해서 덜 엄격한 규정을 가지는 실용신안을 가지는 나라들은 실패로 된 유럽특허출원을 국가실용신안으로 전환하는 것을 허용한다. 그러므로 몇몇 회원국들은 조약 제77조 3항에 따라 취하된 것으로 보는 유럽특허출원에 대해서 회원국의 실용신안으로 전환하는 것을 허용한다. 몇몇 회원국은 유럽특허청에 의해 거절되거나 취하된 것으로 간주되거나 취하된 유럽특허출원의 국가 실용신안으로의 전환을 허용한다. 다른 나라는 진행언어로 기한 내(조약 제14조 2항)에 번역문을 제출하지 않아 취하된 것으로 보는 유럽특허출원에 대해 국가의 실용신안으로 전환하는 것을 허용한다. 또 몇몇 회원국은 유럽특허청에 의해 거절되거나 취하된 것으로 간주되거나 취하된 유럽특허출원의 국가실용신안으로의 전환을 허용한다. 이태리에서 취소된 유럽특허에 대해 실용신안으로의 전환이 이태리에서 허용된다. 유럽특허출원으로부터 독일실용신안으로의 전환에 대해서는 OJ 1987, 175에 나와 있다.

II. 절차의 중단 및 중지(Interruption and stay)

1. 중단(Interruption)

(1) 절차가 중단될 수 있는 경우

유럽특허청에 대한 절차는 다음의 경우에 중단된다. 이 경우 당사자에게 절차의 중단 및 그 이유를 통지하여야 한다.

(i) 유럽특허의 출원인 또는 소유자 그리고 국가법에 의해 대신할 권한이 부여된 자가 사망 또는 법적 무능력이 된 경우. 위의 사실이 조약 제134조하에 선임된 대리인의 대리권에 영향을 미치지 않는 한도에서 그런 대리인에 의한 청구에 대해서만 절차가 중단된다.

(ii) 유럽특허의 출원인 또는 소유자가 자신의 재산에 대해 수행된 절차의 결과로서, 유럽특허청에 대한 절차를 계속하는 것이 법적 이유에 의해 금지된 경우; 또는

(iii) 유럽특허의 출원인 또는 소유자의 대리인이 사망 또는 법적 무능력이 되었거나 또는 그 자가 자기의 재산에 대하여 수행된 절차로부터 기인하

는 법적 이유에 의해 유럽특허청에 대해 절차를 계속하는 것이 금지된 경우이다.

주로 유럽특허청은 직권으로 규칙 142에 따른 절차를 중단한다. 규칙 142(1)(a)의 경우에는 절차가 청구에 의해서만 중단된다.

(2) 절차의 재개

위의 (ⅰ) 및 (ⅱ)에 규정된 경우에 유럽특허청은 유럽특허청에 대한 절차를 계속할 수 있는 권한을 받은 자의 신원을 통지받았을 때, 유럽특허청에 의해 정해진 날짜로부터 절차가 재개된다는 것을 그 자와 이해관계를 가진 제3자에게 통지한다. 이 날은 관련된 자가 그 사항을 충분히 알 수 있게 충분한 기회를 가질 수 있도록 정해야 한다.

위의 (iii)에 규정된 경우에 출원인의 새로운 대리인의 선임이 유럽특허청에 통지되었을 때 또는 그 특허의 소유자의 새로운 대리인의 선임의 통지를 다른 당사자에게 통지했을 때 그 절차는 재개된다. 절차의 중단개시 후 3개월 동안, 유럽특허청이 새로운 대리인의 선임을 통지받지 못하면 그 특허의 출원인 또는 소유자에게 다음의 사항이 통지된다. 통지의 사본은 다른 당사자에게도 전달된다.

(ⅰ) 대리인이 강제 선임되어야 하는 경우, 이 통지 후에 2개월 내에 선임정보가 제출되지 않으면 그 유럽특허출원은 취하된 것으로 간주되거나 취소된다는 것; 또는

(ⅱ) 조약 제133조 2항이 적용되지 않는 경우, 특허출원인 또는 특허 소유자에게 이 통지가 송달된 날로부터 절차가 재개된다는 것.

(3) 기한의 재개

심사청구에 대한 기한과 유지료 납부를 위한 기한 이외에, 그 절차의 중단의 날에 유효한 기한은 그 절차가 재개되는 날로부터 다시 시작한다. 그 날짜가 심사청구를 위한 기간의 만료로부터 2개월보다 짧은 경우 그런 청구는 그날 이후 2개월의 기간만료일까지 할 수 있다.

(4) 담당부서

유럽특허청의 법률부만이 규칙 142하의 절차의 중단과 재개에 대한 권한을

가진다.[2] 법률부는 절차의 중단 또는 재개에 관한 질문에 대해 답변을 하여야 한다.

2. 권한에 대한 절차가 계속 중인 때 절차의 중지

유럽특허청에 유럽특허(의 허여)에 대한 권한이 그에게 있다는 결정을 구할 목적으로 출원인 또는 소유자에 대해 절차를 개시했다는 증거를 유럽특허청에 제3자가 제공하면, 유럽특허청은 그 제3자가 그 유럽특허에 대한 절차의 계속에 대해 동의하지 않는 한 그 유럽특허에 대한 절차를 중지해야 한다.

3. 확대심판소에 대해 심판이 계속 중인 때의 절차의 중지

확대심판소에서의 절차가 계속 중이고 심사 또는 이의절차의 결과가 전적으로 확대심판소의 심결에 달려 있는 경우, 심사 또는 이의절차는 심사부 또는 이의부가 자발적으로 또는 적어도 당사자 중 하나의 청구에 의해서 중지된다. 절차의 중지 중에는 PACE 청구는 효력이 없다. 절차의 재개 후에 절차가 촉진될 수 있다. 심사 또는 이의절차가 중지되지 않는 경우, 그 절차는 진행하는 실무에 따라 심결된다.[3]

Ⅲ. 유럽특허등록부

1. 서 언

유럽특허청은 유럽특허출원과 유럽특허에 대해서 공중 및 관할당국에게 정보를 제공한다. 이를 위해 유럽특허청은 유럽특허등록부를 작성한다. 조약 제127조에는 유럽특허등록부에 대해 규정하고 있다.

---

2) OJ EPO 2013, 600.

3) OJ EPO 10/2006, 538.

2. 유럽특허등록부의 작성

유럽특허등록부에는 유럽특허출원 및 유럽특허의 절차에 관한 데이터가 기록된다. 이들 데이터의 일부는 유럽특허공보에 공개된다. 유럽특허공보는 이전에는 종이공보로 발행되었으나, 지금은 유럽특허청 웹사이트에서 온라인으로 제공된다. 유럽특허등록부는 'https://register.epo.org'에서 볼 수 있다.

유럽특허등록부는 해당 유럽특허출원이 공개되기 전에는 공중에게 공개되지 않는다. 유럽특허출원의 공개 후에는 유럽특허등록부는 공중에게 공개된다. 유럽특허등록부에의 기록은 이의신청기간의 만료까지 또는 이의절차의 만료시까지 이루어진다.

3. 유럽특허등록부에의 기록사항

(1) 유럽특허출원의 이전

유럽특허출원은 하나 또는 그 이상의 지정된 회원국에 대해 이전될 수 있다. 조약 제72조에 위반함이 없이 유럽특허출원은 이해관계자의 청구와 그 이전이 발생된 것에 대해 유럽특허청을 만족시키는 서류를 제출함에 의해 유럽특허출원의 양도가 유럽특허등록부에 기록된다. 유럽특허출원의 이전신청은 정해진 행정수수료가 납부된 때까지는 제출되지 않은 것으로 간주된다.

유럽특허출원의 이전을 증명하는 데 적합한 서류 증거는 어떤 종류라도 허용될 수 있다. 양 당사자에 의해 서명된 선언서는 적절하지만, 양수인도 유럽특허청에 의해 특허등록부에의 기재를 통지받으므로 양도인에 의해 서명된 이전의 선언서도 경우에 따라 충분할 수 있다. 양도증서 또는 그 이전을 증명하는 공식문서 또는 그 초본과 같은 정식 증거서류(원본 또는 등본) 등이 유럽특허출원의 이전을 증명할 수 있다.

제출된 증거가 부적당하다고 판명되면, 유럽특허청은 즉시 이전을 신청하는 당사자에게 알리고 또 언급된 불비사항을 해소하도록 요청한다.

유럽특허출원의 이전의 신청이 규칙 22(1)의 요건에 적합하면, 이전은 그 신청의 날 또는 요구되는 증거 또는 수수료가 유럽특허청에 수령된 날 중, 더 늦은 날에 등록된다. 위의 날짜에 그 이전은 유럽특허청에 대해 효력을 발생하는데, 즉 그날로부터 새롭게 등록된 출원인이 유럽특허청에 대한 절차에서 유럽특허출원에 대한 권리를 행사할 권한이 있다. 이전이 일부의 지정국에 대한 것이면, 조약 제118조가 적용된다.

유럽특허등록부의 기재에 관한 반대의 결정을 할 권한이 있는 소관부서는 법률부이다.

(2) 유럽특허의 이전

이의기간 중 또는 이의절차 중의 유럽특허의 이전은 유럽특허출원의 이전에 대한 것이 그대로 준용된다.

(3) 실시권 및 다른 권리

유럽특허출원은 권리를 발생시킬 수 있고, 실시허락될 수 있으며, 또 집행의 법적 수단의 대상이 될 수 있다. 규칙 22(1) 및 (2)는 그런 권리의 허여, 설정 또는 이전의 등록에도 준용된다.

실시권은 출원인 및 실시권자가 요구하면 독점적 실시권으로 유럽특허등록부에 등록된다. 유럽특허의 등록부에 실시권이 기록된 실시권자에 의해 실시권이 허락되는 경우, 이 실시권은 부-실시권으로 기록된다.

등록된 실시권 및 다른 권리는 청구가 있고 또 소정의 행정수수료를 납부하면, 유럽특허청을 만족시키는 그 권리가 소멸하였다는 서류의 제출 또는 권리자가 자신이 권리의 취소를 원하는 선언서의 제출에 의해 소멸된다.

(4) 명칭 변경(Change of name)

유럽특허의 출원인 또는 유럽특허의 소유자의 명칭의 변경은 입증하는 증거(예를 들면 상업등기부 등본)의 제출에 따라 유럽특허등록부에 기재되어야 한다.

Ⅳ. PCT를 통해 유럽특허만을 얻을 수 있는 회원국

유럽특허조약의 회원국중에서 PCT를 통해서 회원국 국가특허를 얻을 수 없고 유럽특허만을 얻을 수 있는 회원국이 있다. 유럽특허조약 회원국 중에서 벨기에(BE), 사이프러스(CY), 프랑스(FR), 그리스(GR), 아일랜드(IE), 이탈리아(IT), 리투아니아(LT), 라트비아(LV), 모나코(MC), 몰타(MT), 네덜란드(NL), 슬로베니아

(SI) 등 12개국은 2015년 11월 1일 현재 PCT를 거쳐서 자국의 국가특허를 위해 국내단계로 진입하는 것이 불가능하다. 이들 나라에서는 PCT출원된 건에 대해서는 반드시 유럽특허청을 지정하여 유럽특허허여를 받고 승인을 거쳐서 특허권을 얻도록 해야 한다.

유럽특허조약의 38개 회원국 중에서 위의 12개국을 제외한 나머지 회원국들은 PCT를 통해 국가특허를 대신하거나 국가특허에 추가해서 유럽특허를 얻을 수 있다. 즉 PCT 국제단계를 진행한 후, 위의 12개국을 제외한 나머지 회원국에서는 유럽단계로 들어가거나 각각의 회원국의 국내단계로 진입할 수 있다.

부 록 1

유럽특허조약

European Patent Convention

※ 유럽특허조약의 한글 번역본은 이 책의 내용에 대한 이해를 돕기 위한 것으로, 용어의 선택이나 해석상 원문의 의미와 차이가 있을 수 있습니다.

제1부 총칙 및 조직규정
(General and Institutional Provisions)

제1장 총칙(General provisions)

제1조 (특허허여를 위한 유럽법 European law for the grant of patents)
발명에 특허를 허여하기 위한, 회원국에 공통하는, 법체계가 이 조약에 의해 설립된다.

제2조 (유럽특허 European patent)
(1) 이 조약하에서 허여된 특허는 유럽특허라고 칭해진다.
(2) 유럽특허가 허여된 각 회원국에서, 유럽특허는, 이 조약에서 다르게 규정하지 않는 한, 그 나라에서 허여된 국가특허(national patent)와 같은 조건을 따르고 같은 효력을 가진다.

제3조 (영토적 효력 Territorial effect)
유럽특허의 허여는 하나 또는 그 이상의 회원국에 대해 요청될 수 있다.

제4조 (유럽특허기구 European Patent Organisation)
(1) 유럽특허기구는 이 조약에 의해 설립된다. 유럽특허기구는 행정적 자치권 및 재정적 자치권을 가진다.
(2) 유럽특허기구의 기관은,
(a) 유럽특허청(European Patent Office);
(b) 행정이사회(Administrative Council) 이다.
(3) 유럽특허기구의 업무는 유럽특허를 허여하는 것이다. 이는 상기 행정이사회에 의해 감독되는 유럽특허청에 의해 수행된다.

제4a조 (회원국 장관회의 Conference of minister of the Contracting States)
특허문제에 대해 책임 있는 회원국의 장관회의는 적어도 5년마다 유럽특허기구와 유럽특허제도에 대한 문제를 논의하기 위해 열려야 한다.

제2장 유럽특허기구
(The European Patent Organisation)

제5조 (법적 지위 Legal status)
(1) 유럽특허기구는 법인격을 가진다.
(2) 각 회원국에서, 유럽특허기구는 그 나라의 국가법하에서 법인에게 인정되는 가장 광범위한 법적 능력을 향유한다. 유럽특허기구는 특히, 동산 및 부동산을 취득 및 처분할 수 있고 법적 절차의 당자사가 될 수 있다.
(3) 유럽특허청장은 유럽특허기구를 대표한다.

제6조 (본부 Headquarters)
(1) 유럽특허기구는 뮌헨에 본부를 가진다.
(2) 유럽특허청은 뮌헨에 위치한다. 유럽특허청은 헤이그에 지국을 둔다.

제7조 (유럽특허청의 지청 Sub-offices of the European Patent Office)
행정이사회의 결정에 의해, 필요하다면 정보 및 연락의 목적으로, 회원국 또는 관련 기구의 승낙을 조건으로 회원국 내에 그리고 산업재산분야의 정부간 기구와 함께, 유럽특허청의 지청이 만들어질 수 있다.

제8조 (특권과 면책 Privileges and immunities)

이 조약에 첨부된 특권과 면책에 관한 의정서는, 유럽특허기구, 행정이사회의 구성원, 유럽특허청의 직원 및 유럽특허기구의 직무에 종사하는 자로서 상기 의정서에 명기되어 있는 자가 각 회원국 내에서 그들의 직무수행을 위해 필요한 특권과 면책을 향유할 수 있는 조건을 정하여야 한다.

제9조 (책임 Liability)

(1) 유럽특허기구의 계약상의 책임은 관련된 계약에 적용되는 법에 의해 규제된다.

(2) 유럽특허기구에 의해 발생된 손해 또는 유럽특허청 직원이 그 직무를 집행함에 있어 발생한 손해에 대한 유럽특허기구의 비계약상의 책임은 독일연방공화국의 법에 의해 규제된다. 상기 손해가 헤이그에 있는 지국 또는 지청 또는 그들의 직원에 의해 야기된 경우에는, 상기 지국 또는 지청이 위치한 회원국의 법이 적용된다.

(3) 유럽특허청의 직원의 유럽특허기구에 대한 개인적 책임은 근무규정 또는 고용조건에 의해 규제된다.

(4) (1)항 및 (2)항하의 분쟁을 해결하기 위한 관할법원은,

(a) (1)항하의 분쟁에 대해서는, 당사자 사이에 체결된 계약이 다른 국가의 법원을 지정하지 않는 한, 독일연방공화국의 법원이다;

(b) (2)항하의 분쟁에 대해서는, 독일연방공화국의 법원 또는 지청 또는 지국이 위치한 나라의 법원이다

제3장 유럽특허청 (The European Patent Office)

제10조 (관리 Management)

(1) 유럽특허청은 행정이사회에 대해 그 활동에 대한 책임이 있는, 유럽특허청장에 의해 관리된다.

(2) 이를 위해, 유럽특허청장은 특별히 다음의 직무와 권한을 가진다.

(a) 유럽특허청장은, 내부 행정지시와 공중에 대한 통지의 채택을 포함하는 유럽특허청의 기능을 보장하기 위한 모든 필요한 조치를 취한다.

(b) 이 조약이 다르게 규정하고 있지 않는 한, 청장은 뮌헨에 있는 유럽특허청과 헤이그에 있는 지국에서 각각 어떤 업무가 수행되어야 할지를 규정하여야 한다.

(c) 유럽특허청장은 이 조약을 수정하기 위한 제안서, 행정이사회의 관할에 속한 결정 또는 일반규칙을 위한 제안서를 행정이사회에 제출할 수 있다.

(d) 유럽특허청장은 예산을 준비하고 집행할 수 있으며, 수정예산 또는 보충예산을 준비하고 집행할 수 있다.

(e) 유럽특허청장은 매년 행정이사회에 관리보고서를 제출하여야 한다.

(f) 유럽특허청장은 그 직원들에 대해 감독권을 행사한다.

(g) 제11조에 따라, 유럽특허청장은 직원을 임명하고 인사조치 한다.

(h) 유럽특허청장은 제11조에 규정된 것 외에 직원에 대한 징계권을 행사

하고, 제11조 (2)항 및 (3)항에 따라 직원에 대해 행정이사회에 징계를 제안할 수 있다.

(i) 유럽특허청장은 그의 직무와 권한을 위임할 수 있다.

(3) 유럽특허청장은 다수의 부청장에 의해 보조받는다. 만약 유럽특허청장이 부재 또는 유고이면 부청장 중의 하나가 행정이사회에 의해 규정된 절차에 따라 그의 직무를 대신한다.

제11조 (상급 직원의 임명 Appointment of senior employees)

(1) 유럽특허청장은 행정이사회에 의해 임명된다.

(2) 부청장은 유럽특허청장과 협의 후에 행정이사회에 의해 임명된다.

(3) 심판소와 확대심판소의, 의장을 포함하는 구성원은 유럽특허청장의 제안으로 행정이사회에 의해 임명되어야 한다. 상기 구성원은 유럽특허청장과 협의한 후에 행정이사회에 의해 재임명될 수 있다.

(4) 행정이사회는 (1)항에서 (3)항에 따른 직원에 대한 징계권을 행사한다.

(5) 행정이사회는, 유럽특허청장과 협의 후에, 확대심판소의 구성원으로 회원국의 준사법기관 또는 국가 법원의 법적 자격을 가지는 구성원을 임명할 수 있는데, 이들은 그 국가에서의 그들의 사법활동을 계속할 수 있다. 그들은 3년의 임기로 임명되어야 하고, 재임명될 수 있다

제12조 (직무상의 의무 Duties of office)

유럽특허청의 직원은, 그 고용이 종료된 후라도 그 성질상 직무비밀인 정보를 개시 또는 이용하지 않을 의무가 있다.

제13조 (유럽특허청의 직원과 유럽특허기구 사이의 분쟁 Disputes between the Organisation and the employees of the European Patent Office)

(1) 유럽특허청의 직원 및 직원이었던 자 또는 그 승계인은 유럽특허기구와 분쟁이 있는 경우 국제노동기구의 행정재판소에 이 재판소의 규칙에 따라 종신직원을 위한 근무규칙 또는 연금계획규칙에 정하는 조건, 또는 기타 직원의 고용조건에 기초하는 조건의 범위 내에서 소를 제기할 수 있다.

(2) 불복제기는 관련자가 상기 근무규칙, 연금계획규칙 또는 고용조건하에서 이용할 수 있는 모든 수단을 다 행사한 경우에만 인정된다.

제14조 (유럽특허청, 유럽특허출원 및 다른 서류의 언어 Languages of the European patent applications and other documents)

(1) 유럽특허청의 공식언어들은 영어, 프랑스어 및 독일어이다.

(2) 유럽특허출원은 공식언어 중 하나로 출원되어야 하고 만약 다른 언어로 출원되었다면, 시행규칙에 따라 공식언어 중의 하나로 번역되어야 한다. 유럽특허청에 대한 절차를 통해, 그 번역문은 제출된 출원과 일치되어야 한다. 만약 요청된 번역문이 기한 내에 제출되지 않으면, 그 출원은 취하된 것으로 본다.

(3) 유럽특허출원이 제출되거나 번역

된 유럽특허청의 공식언어는, 시행규칙에 다른 규정이 없는 한, 유럽특허청에 대한 모든 절차에서 진행언어로서 사용된다.

(4) 그 거주지 또는 주 영업소를 공식언어로서 영어, 프랑스어 및 독일어 이외의 다른 언어를 가지는 회원국내에 가지는 자연인 또는 법인 및 외국에 거주하는 그 회원국의 국민은, 그 나라의 공식언어로 기한 내에 제출되어야 할 서류를 제출할 수 있다. 하지만 그들은 시행규칙에 따라 유럽특허청의 공식언어로 된 번역문을 제출하여야 한다. 유럽특허출원을 구성하는 서류 이외의 다른 서류가 규정된 언어로 제출되지 않거나, 요청되는 번역문이 기한 내에 제출되지 않은 경우, 그 서류는 제출되지 않은 것으로 본다.

(5) 유럽특허출원은 진행언어로 공개되어야 한다.

(6) 유럽특허의 명세서는 진행언어로 공고되어야 하고 유럽특허청의 다른 2개의 공식언어로 된 청구항의 번역문을 포함하여야 한다.

(7) 다음의 것은 유럽특허청의 3개의 공식언어로 공개되어야 한다.

(a) 유럽특허공보(the European Patent Bulletin);

(b) 유럽특허청의 관보(the Official Journal of the European Patent Office)

(8) 유럽특허등록부(the European Patent Register)에의 기재는 유럽특허청의 3개의 공식언어로 되어야 한다. 의심이 있는 경우에는, 진행언어로의 기재가 진정한 것으로 된다.

제15조 (절차를 담당하는 부서 Department entrusted with the procedure)

이 조약에 규정된 절차를 수행하기 위해 다음의 부서가 유럽특허청에 설치되어야 한다.

(a) 수리부(a Receiving Section);

(b) 복수의 조사부(Search Divisions);

(c) 복수의 심사부(Examining Divisions);

(d) 복수의 이의부(Opposition Divisions);

(e) 법률부(A Legal Division);

(f) 복수의 심판소(Boards of Appeal);

(g) 확대심판소(an Enlarged Board of Appeal).

제16조 (수리부 Receiving Section)

수리부는 제출 서류에 대한 심사와 유럽특허출원의 방식요건에 관해 심사할 책임이 있다.

제17조 (조사부 Search Divisions)

조사부는 유럽조사보고서를 작성할 책임이 있다.

제18조 (심사부 Examining Divisions)

(1) 심사부는 유럽특허출원에 대한 심사책임이 있다.

(2) 심사부는 3인의 기술심사관으로 구성된다. 하지만 유럽특허출원에 대한 결정이 행해지기 전에는, 그 심사는 일반적으로 심사부 중 하나의 구성원에게 위임되어야 한다. 구두절차는 심사부 자체에 대하여 된다. 만약 심사부가 결정의 특성상 요청된다고 판단하면, 심사부는 1인의 기술심사관을 추가함에 의해 확대된다. 가부 동수인 경우에는 심사부의 의장이 결정권을 가진다.

제19조 (이의부 Opposition Divisions)

(1) 이의부는 유럽특허에 대한 이의를 심사할 책임을 진다.

(2) 이의부는 3인의 기술심사관으로 구성되는데, 이들 중 적어도 2인은 이의와 관련된 특허의 허여과정에 참여하지 않았어야 한다. 그 유럽특허의 특허허여를 위한 과정에 참여한 심사관은 의장이 될 수 없다. 이의에 대한 결정이 행해지기 전에, 이의부는 이의의 심사를 그 구성원 중 1인에게 위탁할 수 있다. 구두절차는 이의부 자체에 대하여 된다. 만약 이의부가 결정의 특성상 요청된다고 판단하면, 이의부는 그 특허의 허여를 위한 과정에 참여하지 않은 1인의 기술심사관을 추가함에 의해 확대된다. 가부 동수인 경우에는 이의부의 의장이 결정권을 가진다.

제20조 (법률부 Legal Division)

(1) 법률부는 유럽특허등록부(Register of European Patents)에의 기재사항에 관한 결정과 직업대리인 명부에 대한 등록과 삭제에 관한 결정에 책임이 있다.

(2) 법률부의 결정은 한 명의 법률전문가인 구성원에 의해 수행된다.

제21조 (심판소 Boards of Appeal)

(1) 심판소는 수리부, 심사부 및 이의부, 그리고 법률부의 결정에 대한 불복을 심리할 책임이 있다.

(2) 수리부 또는 법률부의 결정에 대한 불복에 대해서는, 심판소는 3인의 법률전문가인 구성원으로 구성된다.

(3) 심사부의 결정에 대한 불복에 대해서는, 심판소는

(a) 결정이 유럽특허출원의 거절 또는 유럽특허의 한정 또는 취소, 허여에 관한 것이고, 4명 이하의 구성원으로 구성된 심사부에 의해 이루어진 경우에는, 기술전문가인 2명의 구성원과 법률전문가인 1명의 구성원;

(b) 결정이 4명의 구성원으로 이루어진 심사부에 의해 이루어졌거나, 심판소가 그 불복의 특성상 필요하다고 판단하는 때에는 기술전문가인 3인의 구성원과 법률전문가인 2인의 구성원;

(c) 다른 모든 경우에는 법률전문가인 3인의 구성원으로 구성된다.

(4) 이의부의 결정에 대한 불복에 대해서는, 심판소는

(a) 결정이 3인의 구성원으로 이루어진 이의부에 의해 수행되었을 경우에는 기술전문가인 2명의 구성원과 법률전문가인 1인의 구성원;

(b) 결정이 4인의 구성원으로 이루어진 이의부에 의해 이루어졌거나 또는 심판소가 불복의 특성상 필요하다고 판단하는 경우에는 기술전문가인 3인의 구성원과 법률전문가인 2인의 구성원으로 구성된다.

제22조 (확대심판소 Enlarged Board of Appeal)

(1) 확대심판소는

(a) 제112조하에서 심판소에 의해 회부된 법률의 관점에 대한 결정;

(b) 제112조하에서 유럽특허청장에 의해 회부된 법률의 관점에 대한 의견

제공;

(c) 제112a조하에서 심판소의 심결에 대한 재심리 청구에 관한 심결에 관하여 책임을 진다.

(2) (1)항의 (a)와 (b)에 따른 절차에서, 확대심판소는 법률전문가인 5인의 구성원과 기술전문가인 2인의 구성원으로 구성되어야 한다. (1)항의 (c)에 따른 절차에서는, 확대심판소는 시행규칙에 규정된 것처럼 3인 또는 5인의 구성원에 의해 구성되어야 한다. 모든 절차에서 법률전문가인 구성원이 의장이 된다.

제23조 (심판소 구성원의 독립 Independence of the members of the Boards)

(1) 확대심판소와 심판소의 구성원은 5년의 임기로 임명되고, 그 기간 동안 직무로부터 해임될 수 없다. 다만, 해임에 대해서 중대한 이유가 있거나, 확대심판소의 제안에 따라 행정이사회가 그 결정을 내렸을 경우에는 예외로 한다. 유럽특허청의 종신직원에 대한 직무규정에 따라 사직 또는 퇴직하는 경우에는 앞 문장의 규정에 불구하고 심판소의 구성원의 직무기간은 종료한다.

(2) 심판소의 구성원은 수리부, 심사부, 이의부 또는 법률부의 구성원이 될 수 없다.

(3) 심판소의 구성원은 그 결정에 있어서 어떠한 지시에도 구속되지 않으며, 이 조약의 규정에만 따른다.

(4) 심판소와 확대심판소의 절차에 관한 규칙은 시행규칙에 따라 채택된다. 상기 절차에 관한 규칙은 행정이사회의 승인을 받아야 한다.

제24조 (제척 및 기피 Exclusion and Objection)

(1) 심판소 또는 확대 심판소의 구성원은, 심판에 대해 개인적인 이해관계를 가지고 있는 경우, 당사자 일방의 대리인으로서 이전에 사건에 관여한 경우, 또는 심판에 대한 결정에 관여했을 경우 그 사건에 관여할 수 없다.

(2) (1)항에 언급된 이유 중의 하나 또는 다른 이유 때문에, 심판소 또는 확대심판소의 구성원이 심판에 참가할 수 없다고 여겨지는 경우, 그 구성원은 즉시 그 사실을 심판소에 통지하여야 한다.

(3) 심판소 또는 확대심판소의 구성원은 (1)항에 언급된 이유 중의 하나에 해당되거나 또는 불공평하다고 의심되는 경우, 당사자 중 어느 일방에 의해 기피될 수 있다. 만약 그 당사자가 기피의 사유를 알면서도 그 절차를 진행하였을 경우에는, 기피는 인정받지 못한다. 기피는 심판소의 구성원의 국적에 근거하여서는 안 된다.

(4) 심판소 또는 확대 심판소는 관련된 구성원을 배제한 상태로, (2)항 및 (3)항에 관한 사건에 대해 결정하여야 한다. 이 결정을 위해 다른 구성원이 배제된 구성원을 대체하여야 한다.

제25조 (기술적 의견 Technical opinion)

침해 또는 취소행위를 청문하는 관할 국가법원의 의뢰에 따라, 유럽특허청은 해당하는 수수료의 지불이 있는 경우, 그 행위의 대상인 유럽특허에 관한 기술적 의견을 제공할 의무를 진다. 심사부는 이런 의견을 제공할 책임이 있다.

제4장 행정이사회 (The Administrative Council)

제26조 (구성원의 자격 Membership)

(1) 행정이사회는 회원국의 대표 및 부대표에 의해 구성된다. 각 회원국은 행정이사회에 1명의 대표와 1명의 부대표를 임명할 권리를 가진다.

(2) 행정이사회의 구성원은, 행정이사회의 절차규칙에 따라, 조언자 또는 전문가의 도움을 받을 수 있다.

제27조 (의장의 자격 Chairmanship)

(1) 행정이사회는 회원국의 대표 및 부대표 중에서 1명의 의장과 1명의 부의장을 선출한다. 부의장은 의장이 그 직무를 수행할 수 없을 때 직무상 자동으로 의장을 대신한다.

(2) 의장 및 부의장의 임기는 3년으로 한다. 그들은 재선출될 수 있다.

제28조 (위원회 Board)

(1) 회원국이 적어도 8개국이 있을 때, 행정이사회는 5명의 구성원으로 된 위원회를 설치할 수 있다.

(2) 행정이사회의 의장 및 부의장은 자동으로 구성원이 되고, 나머지 3명은 행정이사회에 의해 선출된다.

(3) 행정이사회에 의해 선출된 구성원의 임기는 3년으로 한다. 그들은 재선출될 수 없다.

(4) 상기 위원회는 행정이사회에 의해 주어지는 직무를 절차 규칙에 따라 수행하여야 한다.

제29조 (회의 Meetings)

(1) 행정이사회의 회의는 그 의장에 의해 소집된다.

(2) 유럽특허청장은 행정이사회의 심의에 참가한다.

(3) 행정이사회는 매년 1회 통상의 회의를 소집한다. 또한 행정이사회는 의장의 발의에 의해 또는 회원국의 1/3의 요청에 의해 회의를 소집한다.

(4) 행정이사회의 심의는 의사일정에 근거해야 하고, 절차 규칙에 따라 수행되어야 한다.

(5) 임시 의사일정은 상기의 절차 규칙에 따라 회원국에 의해 그 회원국이 요청한 모든 문제를 포함한다.

제30조 (옵저버의 참석 Attendance of observers)

(1) 상기 유럽특허기구와 세계지적소유권기구(WIPO) 사이에 체결된 합의서에 따라, 세계지적소유권기구에서는 행정이사회의 회의에 그 대표를 파견한다.

(2) 특허분야에 있어서, 국제절차를 수행할 책임을 지는 다른 정부간 기구로서 유럽특허기구와 합의서를 체결한 정부간 기구에서는, 상기 합의서에 포함된 규정에 따라, 행정이사회의 회의에 그 대표를 파견한다.

(3) 유럽특허기구에 관련된 활동을 수행하는 다른 정부간 기구 및 국제적 비정부간 기관은, 행정이사회가 상호 이

해관계 있는 사항을 토의하는 동안, 행정이사회의 회의에 그 대표가 출석할 수 있도록 초청받을 수 있다.

제31조 (행정이사회의 언어 Languages of the Administrative Council)

(1) 행정이사회의 심의에서 사용되는 언어는 영어, 프랑스어 및 독일어로 한다.

(2) 행정이사회에 제출되는 서류 및 그 심의의 회의록은 (1)항의 언어로 작성되어야 한다.

제32조 (직원, 부동산 및 장비 Staff, premises and equipment)

유럽특허청은 행정이사회 및 그에 의해 설치된 모든 위원회(committee)의 직무를 수행하는 데 필요한 직원, 부동산 및 장비를 행정이사회 및 상기 위원회가 사용할 수 있도록 한다.

제33조 (특정 경우의 행정이사회의 권한 Competence of the Administrative Council in certain cases)

(1) 행정이사회는

(a) 본 조약에 규정된 기한;

(b) 특허에 관한 국제조약 또는 특허에 관한 유럽공동체의 법령에 일치시킬 것을 목적으로 한 본 조약의 제2부에서 제8부까지 및 제10부;

(c) 시행규칙을 개정할 권한을 가진다.

(2) 행정이사회는 본 조약에 따라,

(a) 재무규칙;

(b) 유럽특허청의 종신직원을 위한 근무규정 및 그 외의 직원의 고용조건, 상기 종신직원 및 그 외 직원의 급여등급체계, 추가적인 급여의 내용 및 그 부여를 위한 규칙;

(c) 연금제도규정 및 급여의 증가에 대응하는 현존 연금의 적절한 증가에 관한 사항;

(d) 수수료에 관한 규칙;

(e) 행정이사회의 절차 규칙을 채택하거나 개정할 권한을 가진다.

(3) 제18조 (2)항의 규정에 불구하고, 행정이사회는, 경험에 비추어, 사건의 특정한 카테고리에서 심사부가 1명의 기술심사관에 의해 구성되도록 결정할 수 있는 권한을 가진다. 그런 결정은 취소될 수 있다.

(4) 행정이사회는 유럽특허기구를 대신하여 유럽특허청장이 국가, 정부간 기관 및 당해 기관과의 협상을 하고, 그것을 인증하게 하고, 약정을 체결하도록 하는 권한을 준다.

(5) 행정이사회는,

(a) 발효 전의 국제조약;

(b) 발효 전 또는 시행규칙이 규정하고 있는 경우에는 당해 기간의 만료 전의 유럽공동체 법령에 관하여는, (1)항 (b)에 규정하는 결정을 하여서는 안 된다.

제34조 (투표권 Voting rights)

(1) 행정이사회에서 투표할 권리는 회원국에 한정된다.

(2) 각 회원국은 제36조가 적용되는 경우를 제외하고, 한 표를 가진다.

제35조 (투표 규칙 Voting rules)

(1) 행정이사회는, (2)항 및 (3)항에서 정한 것을 제외하고, 참석하여 투표하는 회원국의 과반수에 의해 그 결정을

행한다.

(2) 행정이사회는 제7조, 제11조 (1)항, 제33조 (1)항 (a) 및 (c) 그리고 (2)항에서 (4)항, 제39조 (1)항, 제40조 (2)항에서 (4)항, 제46조, 제134a, 제149a (2)항, 제152조, 제153조 (7)항, 제166조 및 172조에 따라 행사할 권한을 가지는 결정에 대하여는 참석하여 투표하는 회원국의 3/4의 다수가 필요하다.

(3) 행정이사회가 제33조 (1)항 (b)에 따라 행사하는 권한을 가지는 결정에 관하여는 투표하는 회원국의 만장일치가 요구된다. 행정이사회는 모든 회원국이 대표를 보낸 경우에만 당해 결정을 할 수 있다. 제33조 (1)항 (b)에 근거하는 결정은 그 결정일로부터 12개월 이내에 회원국이 당해 결정에 구속될 의사를 가지지 않은 것으로 선언할 경우에는 그 효력이 생기지 않는다.

(4) 기권은 투표로 간주되지 않는다.

제36조 (투표의 가중치 Weighting of votes)

(1) 수수료에 관한 규칙의 채택 또는 개정에 관하여, 그리고 회원국에 의해 부담되어야 할 재무상의 부담분이 그에 따라 증가하게 될 경우, 유럽특허기구의 예산의 채택과 그 수정 또는 추가예산과 관련하여, 어느 회원국도 각 회원국에게 하나의 투표권이 인정된 1차투표 결과에 이어서, 그 투표의 결과가 어떠한 것일지라도 2차투표가 즉시 행해지도록 요구할 수 있으며, 그 경우 각 회원국에는 아래의 (2)항에 따라 투표권이 주어진다. 결정은 2차투표의 결과에 의해 이루어진다.

(2) 2차투표에서 각 회원국이 가지게 될 표수는 다음과 같이 계산된다.

(a) 각 회원국의 제40조 (3)항 및 (4)항에 따른 특별재정분담금에 대한 비율에 대하여 각 회원국이 얻는 백분율은 회원국의 수에 의해 곱해지고 5로 나누어진다.

(b) 위와 같이 하여 얻어진 표 수는 다음의 상위의 정수까지 절상한다.

(c) 이 표 수에 추가의 5표가 더해질 수 있다.

(d) 다만, 어떤 회원국도 30표보다 더 가질 수 없다.

제5장 재무규정 (Financial Regulations)

제37조 (예산의 재원 Budgetary funding)

유럽특허기구의 예산은,

(a) 유럽특허기구 자신의 재원;

(b) 회원국에서 납부된 유럽특허에 대한 유지료에 대한 회원국의 지불금;

(c) 필요 시에, 회원국에 의한 특별 재정분담금;

(d) 적절한 경우, 제146조에 규정된 수입;

(e) 적절한 경우, 유형재산에 관하여만, 토지 또는 건물을 담보로 한 제3자로부터의 차입금;

(f) 적절한 경우, 특정한 프로젝트를 위한 제3자의 자금제공을 재원으로 한다.

제38조 (유럽특허기구 자신의 재원 The Organisation's own resources)

유럽특허기구 자신의 재원은,

(a) 수수료 및 다른 재원으로부터의 모든 수입과 유럽특허기구의 적립금;

(b) 적당한 적립금을 제공하여 유럽특허기구의 연금계획을 지원하기 위한 기구자산의 특별분류로서 취급되는 연금적립기금의 재원을 포함한다.

제39조 (유럽특허의 유지료에 대한 회원국의 납부 Payments by the Contracting States in respect of renewal fees for European patents)

(1) 회원국은 당해 국가에서 유럽특허에 관하여 지불받는 유지료에 관하여, 행정이사회가 결정하는, 수수료의 일정 비율과 동일한 액수를 유럽특허기구에 지불한다. 이 비율은 75%를 넘어서는 안 되며, 또한 모든 회원국에 관하여 동일하다. 다만, 위 비율이 행정이사회가 결정하는 균일한 최저액보다 낮은 경우에는 그 회원국은 이 최저액을 유럽특허기구에 지불한다.

(2) 회원국은 행정이사회에서 회원국의 지불액을 결정하기 위해 필요하다고 인정되는 정보를 유럽특허기구에 통지한다.

(3) 이들의 지불을 위한 기한은 행정이사회에서 결정된다.

(4) 만약 기한까지 지불이 완전히 되지 않으면, 회원국은 납부되지 않고 남아있는 액수에 대해 기한으로부터 이자를 지불해야 한다.

제40조 (수수료 및 납부의 기준—특별재정분담금 Level of fees and payments—special financial contributions)

(1) 제38조에 규정하는 수수료액 및 제39조에 규정하는 비율은 이에 의해 발생하는 수입이 유럽특허기구의 예산과 충분히 균형을 이루도록 결정한다.

(2) 다만, 만약 유럽특허기구가 (1)항에서 정하는 조건하에 예산의 균형을 유지하지 못할 경우는 회원국은 당해 회계연도에 관하여 행정이사회가 결정할 액수의 특별재정분담금을 유럽특허기구에 납부한다.

(3) 특별재정분담금은 본 조약이 효력을 발생하는 해의 하나 전해에 출원된 특허출원건수에 기초하여 각 회원국에 대해 결정되고, 동시에 다음의 방법에 의해 계산된다.

(a) 그 회원국에 제출된 특허출원건수에 대해 1/2;

(b) 그 회원국에 주소 또는 주 영업소를 가지는 자연인 또는 법인에 의해 다른 회원국에 제출된 특허출원의 2번째 최고수에 대해 1/2. 다만, 제출된 특허출원수가 2만5천 건을 넘는 나라들의 분담금의 액은 일괄하여 고려되고, 동시에 그 국가에 제출된 특허출원의 총수에 비례하여 새로운 비율이 작성되고 결정된다.

(4) 회원국의 분담금의 비율을 (3)항에 따라 확정할 수 없는 경우에는 행정이사회는 그 국가의 동의를 얻어 그 비율을 결정한다.

(5) 제39조 (3)항 및 (4)항은 특별재정분담금에 적용한다.

(6) 특별재정분담금은, 모든 회원국에 의해 동일 비율의 이자와 함께 반환한

다. 반환은 예산에서 이 목적을 위한 조치를 취하는 것이 가능한 선에서 한다. 이와 같이 하여 정해진 금액은 상기 (3)항 및 (4)항에 규정하는 기준에 따라 회원국에 배분된다.

(7) 회계연도 중에 납부된 특별재정분담금은 그에 계속하는 회계연도 중에 납부된 특별재정분담금 또는 그 일부가 지불되기 전에 전액을 반환한다.

제41조 (선불금 Advances)

(1) 유럽특허청장의 요청에 의해 회원국은 행정이사회가 정하는 액수의 한도 내에서 그 지불 및 분담금을 위해 유럽특허기구에 선불금을 지불한다. 이 선불금은 당해 회계연도에서 지불시기가 도래하는 액수에 비례하여 회원국에 할당한다.

(2) 제39조 (3)항 및 (4)항의 규정은 선불금에 준용한다.

제42조 (예산 Budget)

(1) 유럽특허기구의 예산은 수지를 맞춰야 한다. 이 예산은 재정규칙에 규정하고 있는 일반적으로 받아들여지는 회계원칙에 따라 만들어진다. 필요한 경우에는 보정예산 또는 추가예산을 편성할 수 있다.

(2) 예산은 재무규칙에 정해진 계산의 단위로 작성된다.

제43조 (지출의 승인 Authorisation for expenditure)

(1) 예산에 계상되는 지출은 재무규칙에 다르게 규정하지 않는 한, 하나의 회계연도의 기간에 대해 승인된다.

(2) 재무규칙에 따라, 회계연도 말에 지출되지 않은 인건비 이외의 지출은 다음의 회계연도로 이월할 수 있지만 다음 회계연도의 최종일을 넘어서는 안 된다.

(3) 지출은 그 종류 및 목적에 따라 다른 항목하에 기재하고, 동시에 필요하면 재무규칙에 따라 세분화된다.

제44조 (예견할 수 없는 비용의 지출 Appropriations for unforeseeable expenditure)

(1) 유럽특허기구의 예산은 예견할 수 없는 비용의 지출을 포함할 수 있다.

(2) 유럽특허기구에 의한 이 지출의 채용은 행정이사회의 사전 승인을 조건으로 한다.

제45조 (회계연도 Accounting period)

회계연도는 1월 1일에 시작하여 12월 31일에 종료한다.

제46조 (예산의 준비 및 채택 Preparation and adoption of budget)

(1) 유럽특허청장은 재무규칙에 정하는 날까지 예산안을 행정이사회에 제출하여야 한다.

(2) 예산 및 보정예산 또는 추가예산도 행정이사회에 의해 채택된다.

제47조 (임시예산 Provisional budget)

(1) 회계연도의 시작시점에 예산이 행정이사회에 의해 채택되지 않은 경우에, 지출은 재무규칙이 정하는 바에 따라 이전 회계연도의 예산지출의 1/12까지 예산의 항목 또는 기타 하위 구분마다 월 단위로 할 수 있다. 다만, 유럽특허청장에 의한 집행이 가능하게 된 지출은 예산안에서 정하는 지출의 1/12을

넘을 수 없다.

(2) 행정이사회는 (1)항에서 정하는 다른 규정을 준수하는 것을 조건으로 지출의 1/12을 넘는 경비를 승인할 수 있다.

(3) 제37조 (b)에 규정하는 지불은 만들어진 예산안이 관련된 해의 전년에 대하여 제39조의 규정하에서 결정된 조건하에서 임시적으로 계속된다.

(4) 회원국은 임시적으로 그리고 제40조 (3)항 및 (4)항에 정하는 비율에 따라, 상기 (1)항과 (2)항의 규정의 실시를 확보하기 위해 필요한 특별재정분담금을 매월 지불하여야 한다. 제39조 (4)항은 이들 분담금에 적용된다.

제48조 (예산의 집행 Budget implementation)

(1) 유럽특허청장은 예산 및 보정예산 또는 추가예산도 그 책임 및 할당된 지출의 범위 내에서 집행한다.

(2) 예산의 범위 내에서, 유럽특허청장은 재무규칙에서 정하는 제한 및 조건에 따라 다른 항목 또는 하위 항목 간에 자금을 이동할 수 있다.

제49조 (회계의 감사 Auditing of accounts)

(1) 유럽특허기구의 손익계산서 및 대차대조표는 갱신 또는 연장 가능한 5년의 임기로 행정이사회에 의해 임명되고, 그 독립성에 의심이 없는 감사에 의해 감사된다.

(2) 지출 증빙에 근거하고 필요한 경우에는 현장에서 하는 감사는 적법하고 정당한 방법으로 모든 수입이 들어오고 모든 지출이 되고 있다는 것과, 동시에 재무관리가 건전하다는 것을 확인한다. 감사는 각 회계연도 말 이후에 서명된 감사의견을 포함하는 보고서를 작성하여야 한다.

(3) 유럽특허청장은 매년, 전 회계연도의 예산에 관한 계산서 및 유럽특허기구의 자산 및 부채를 명시한 대차대조표를 감사의 보고서와 함께 행정이사회에 제출한다.

(4) 행정이사회는 감사의 보고서와 함께 연차계산서를 승인하고, 예산의 집행에 관하여 유럽특허청장이 책임을 면하도록 한다.

제50조 (재무규칙 Financial Regulations)

재무규칙은 특별히,

(a) 예산의 확정과 시행 및 회계의 실시와 감사에 대한 절차;

(b) 제37조에서 정해지는 지불금과 분담금 및 제41조에 규정된 선불금이 회원국에 의해 유럽특허기구가 사용할 수 있도록 하는 방법 및 절차;

(c) 승인 및 회계담당관의 책임 및 그들의 감독을 위한 절차에 관한 규칙;

(d) 제39조, 제40조 및 제47조에 따른 이자율;

(e) 제146조의 규정에 의해 지불될 분담금의 계산방법;

(f) 행정이사회에 의해 설립된 예산재무위원회의 구성 및 그에 부여되는 직무;

(g) 예산 및 연간재무계산서에 대한 기초가 되는 일반적으로 인정되는 회계원칙에 관하여 규정한다.

제51조 (수수료 Fees)

(1) 유럽특허청은 본 조약에 따라 수행되는 절차 또는 직무에 대한 수수료를 징수할 수 있다.
(2) 본 조약에 의해 정해지지 않은 수수료의 납부 기한은 시행규칙에 규정되어야 한다.
(3) 시행규칙이 수수료가 납부되어야 할 것을 규정하고 있으면, 수수료가 기한 내에 납부되지 않은 것에 대한 법적 결과도 규정하여야 한다.
(4) 수수료에 관한 규칙은 특히 수수료의 총액과 납부방법을 정해야 한다.

제2부 실체 특허법 (Substantive patent law)

제1장 특허성(Patentability)

제52조 (특허가능한 발명 Patentable inventions)
(1) 유럽특허는 모든 기술의 분야에서, 신규하고 진보성을 가지며 산업상 적용가능한 발명에 대해서 허여된다.
(2) 특별히 아래의 것은 제1항의 발명으로 간주되지 않는다.
(a) 발견, 과학적 이론 및 수학적 방법;
(b) 미적 창작물;
(c) 지적 활동을 수행하거나 게임을 하거나 영업을 수행하는 계획, 법칙 및 방법 그리고 컴퓨터를 위한 프로그램;
(d) 정보의 나열.
(3) 2항은 오직 그 대상 또는 행위 그 자체에 관한 유럽특허출원 또는 유럽특허에 한해서만 그에 관한 대상물 또는 행위의 특허성을 배제한다.

제53조 (특허성의 예외 Exceptions to patentability)
유럽특허는 다음의 경우에 허여되지 않는다.
(a) 그 상업적 이용이 공공의 질서 또는 도덕에 반하는 발명; 다만 그 이용이 몇몇 또는 전 회원국의 법률 또는 규칙에 의해 금지된다는 것만으로 공공의 질서 또는 도덕에 반하는 것으로 간주되지 않는다.
(b) 식물 또는 동물 품종 또는 식물 또는 동물의 생산을 위한 필수적인 생물학적 방법; 이 조항은 미생물학적인 방법 또는 그에 따른 제품에는 적용되지 않는다.
(c) 인간 또는 동물의 신체의 수술방법 또는 치료방법과 인간 또는 동물의 신체에 적용되는 진단방법; 이 조항은 제품에 적용되지 않는데, 특별히 이런 방법들에서 이용을 위한 물질 또는 조성물에는 적용되지 않는다.

제54조 (신규성 Novelty)
(1) 발명은 그것이 선행기술(the state of the art)의 일부를 형성하지 않는다면 신규한 것으로 본다.
(2) 선행기술은 유럽특허출원일 이전에 서면 또는 구술설명, 사용 또는 어떤 다른 방법으로 공중이 이용가능하게 된 모든 것을 포함하는 것으로 본다.
(3) 추가적으로, 출원일이 (2)항의 유럽특허출원일 이전이고, 유럽특허출원

일 또는 그 이후에 공개된 유럽특허출원의 출원내용은 선행기술에 포함되는 것으로 본다.

(4) (2)항과 (3)항은 제53조 (c)에 관한 방법에서 사용을 위한, 선행기술에 포함된, 물질 또는 조성물의 특허성을 배제하는 것은 아니다. 다만, 그 방법에 대한 사용이 선행기술에 포함되지 않을 것을 조건으로 한다.

(5) (2)항과 (3)항은 제53조(c)에 관한 방법에서 특정한 사용을 위한 (4)항에 규정된 물질 또는 조성물의 특허성을 배제하지 않는다. 다만, 그러한 사용이 선행기술에 포함되지 않을 것을 조건으로 한다.

제55조 (신규성 상실의 예외 Non-prejudicial disclosures)

(1) 발명의 개시가 유럽특허출원의 출원 전 6개월 이내에 아래의 사항에 의해 발생되었거나 그 결과인 경우, 제54조는 적용되지 않는다.

(a) 출원인 또는 그의 법적 전임자에 관련된 명백한 기만; 또는

(b) 출원인 또는 그의 법적 전임자가 1928년 11월 22일 파리에서 서명되고 1972년 11월 30일에 마지막으로 개정된 국제전시회에 관한 조약의 조항 내에 있는 공식적이고 또는 공식적으로 공인된 국제전시회에서 그 발명을 전시한 경우

(2) (1)항 (b)의 경우, (1)항의 규정은 출원인이 유럽특허출원 시에 그 발명이 공개되었음을 진술하고, 시행규칙에 정해진 조건하에서 기한 내에 증빙서류를 제출하였을 경우에만 적용된다.

제56조 (진보성 Inventive step)

발명은, 선행기술을 고려하여 그 기술분야의 통상의 기술자에게 자명하지 않으면 진보성을 가지는 것으로 본다. 만약 선행기술이 제54조 (3)항의 의미 내에 있는 문서를 포함한다면, 그 문서는 진보성이 있는지의 여부를 결정하는 데 사용될 수 없다.

제57조 (산업상 적용 Industrial application)

발명은 농업을 포함하여, 어떤 종류의 산업분야에서라도 사용되거나 만들어질 수 있다면 산업상 적용가능성을 가진다고 본다.

제2장 유럽특허를 출원하고 취득할 수 있는 자—발명자 게재 (Persons entitled to apply for and obtain European patents—Mention of the inventor)

제58조 (유럽특허출원을 위한 자격 Entitlement to file a European patents application)

유럽특허출원은 자연인 또는 법인, 또는 그 규율하는 법률에 의해 법인과 동등하게 되는 단체에 의해 출원될 수 있다.

제59조 (복수 출원인 Multiple applicants)

유럽특허출원은 공동출원인 또는 다른 회원국을 지정하는 둘 또는 그 이상의 출원인에 의해 제출될 수 있다.

제60조 (유럽특허에 대한 권리 Right to European patent)

(1) 유럽특허에 대한 권리는 발명자 또는 정당한 승계인에게 속한다. 만약 발명자가 종업원인 경우, 유럽특허에 대한 권리는, 종업원이 주로 고용되어 있는 국가의 법률에 따라 결정되는데, 만약 종업원이 주로 고용되어 있는 국가를 결정할 수 없다면, 적용되는 법률은 종업원이 속하는 영업의 장소를 가지는 고용인이 있는 국가의 법률이다.

(2) 만약 둘 또는 그 이상의 자가 각각 독립적으로 발명을 했다면, 유럽특허에 대한 권리는 가장 빠른 출원일을 가지는 유럽특허출원을 가지는 자에게 속하는데, 단 이 첫 번째 출원이 공개된 경우이다.

(3) 유럽특허청에 대한 절차에서, 출원인은 유럽특허에 대한 권리를 행사할 자격을 가지는 것으로 본다.

제61조 (무권리자에 의한 유럽특허출원 European patent applications by persons not having the right to a European patent)

(1) 만약 최종결정에 의해 출원인 이외의 자가 유럽특허를 받을 권리를 가진 것으로 확정되면, 그자는 시행규칙에 따라,

(a) 출원인을 대신하여 그 자신의 출원처럼 유럽특허출원을 수행할 수 있고;

(b) 동일한 발명에 대해 새로운 유럽특허출원을 제출할 수 있고;

(c) 상기 유럽특허출원의 거절을 청구할 수 있다.

(2) 제76조 (1)항은, (1)항 (b)하에서 출원된 새로운 유럽특허출원에 준용된다.

제62조 (발명자 게재권 Right of the inventor to be mentioned)

발명자는 유럽특허청에 대해 유럽특허의 소유자 또는 출원인에 대해서 발명자로서 게재될 권리를 가진다.

제3장 유럽특허와 유럽특허출원의 효력 (Effects of the European patent and the European patent application)

제63조(유럽특허의 존속기간 Term of the European patent)

(1) 유럽특허의 존속기간은 그 출원의 제출일로부터 20년으로 한다.

(2) (1)항은 유럽특허의 존속기간을 연장하거나, 국가특허가 적용되는 동일한 조건하에서 특허의 존속기간의 만료에 따라 즉시 상응하는 보호를 부여하는 다음의 사항을 위한 회원국의 권리를 제한하지 않는다.

(a) 그 회원국에 영향을 주는 전쟁상태 또는 유사한 비상사태를 참작;

(b) 만약 유럽특허의 대상물이 그 나라에서 판매되기 전에 법에 의해 요구되는 행정적 절차를 받아야만 하는 제품 또는 제품을 생산하기 위한 방법 또는 제품의 사용

(3) (2)항은 제142조에 따른 회원국 그룹을 위해 함께 허여된 유럽특허에 준용된다.

(4) (2)항 (b)에 따른 존속기간의 연장 또는 상응하는 보호를 위한 규정을 만

든 회원국은, 유럽특허기구와 체결한 합의에 따라, 해당되는 규정의 시행과 관련된 업무를 유럽특허청에 위탁할 수 있다.

제64조 (유럽특허에 의해 부여되는 권리 Rights conferred by an European patent)

(1) 유럽특허는, (2)항의 규정에 따라, 유럽특허공보에 그 특허허여 공고가 된 날로부터 그 소유자에게 부여되는데, 특허허여된 것에 대해 각 회원국에서, 그 나라에서 허여된 국가특허에 의해 부여되는 것과 같은 권리를 가진다.

(2) 만약 유럽특허의 대상물이 방법인 경우, 특허에 의해 부여되는 보호는 그 방법에 의해 직접 얻을 수 있는 제품에까지 확장된다.

(3) 유럽특허에 대한 침해는 국가법에 의해 처리된다.

제65조 (유럽특허의 번역문 Translation of the European patent)

(1) 회원국은 유럽특허청에 의해 특허허여되거나, 보정되거나 또는 한정된 유럽특허가 그 공식 언어 중 하나로 작성되지 않았다면, 그 특허의 소유자가 그 중앙산업재산청에 특허허여되거나, 보정되거나 또는 한정된 특허의 번역문을 그 공식언어 중 어느 하나로 또는 회원국이 특정한 하나의 공식언어의 사용을 규정하고 있다면 그 공식언어로 제출하도록 규정할 수 있다. 상기 번역문의 제출을 위한 기한은 유럽특허의 특허허여, 보정된 상태로의 유지 또는 한정이 유럽특허공보에 공고된 날부터 3개월이고, 관계된 회원국이 더 긴 기한을 규정한 경우에는 그러하지 아니하다.

(2) (1)항에 따른 조항을 채택한 회원국은 특허의 소유자가 그 회원국에 의해 규정된 기한 내에 그 번역문의 공개 비용의 일부 또는 전부를 납부하도록 규정할 수 있다.

(3) (1)항 및 (2)항에 따라 채택된 조항을 지키지 못하는 경우에 회원국은 그 회원국에서 그 특허가 처음부터 없었던 것으로 간주된다고 규정할 수 있다.

제66조 (국가출원과 유럽출원의 동등성 Equivalence of European filing with national filing)

출원일을 획득한 유럽특허출원은, 지정된 회원국에서, 정규의 국가출원과 동등한 것으로 되는데, 여기서 상기 유럽특허출원에 대해 청구된 우선권이 정당하여야 한다.

제67조 (공개 후 유럽특허출원에 부여되는 권리 Rights conferred by a European patent application after publication)

(1) 유럽특허출원은, 그 공개일로부터, 그 출원이 지정된 회원국에서 제64조에 의해 제공되는 보호를 잠정적으로 출원인에게 부여한다.

(2) 회원국은 제64조에 의해 부여되는 것과 같은 보호를 부여하지 않을 수 있다. 하지만 유럽특허출원의 공개에 따른 보호는 관계된 회원국의 법이 심사되지 않은 국가출원의 강제공개에 부여하는 보호보다 낮을 수 없다. 어떠한 경우에도 각 회원국은, 유럽특허출원의 공개일로부터, 국가특허의 침해에

대해 국가법하에서 책임을 져야 하는 상황에서 그 회원국에서 그 발명을 사용한 자로부터 출원인은 그 상황에서 정당한 보상을 청구할 수 있다는 것을 보장해야 한다.

(3) 공식 언어로서 진행언어를 가지지 않은 회원국은, 그 회원국이 하나의 특정 공식언어의 사용을 규정하고 있다면, 출원인의 선택으로 그 공식언어 중 하나로 된 청구항의 번역문이,

(a) 국가법에 규정된 방식으로 공중에게 이용 가능하게 될 때까지, 또는

(b) 그 회원국에서 그 발명을 사용하는 자에게 통지되었을 때까지; 위의 (1)항과 (2)항에 따른 임시보호는 효력을 발생시킬 수 없다고 규정할 수 있다.

(4) 유럽특허출원은 취하되거나, 취하간주되거나 또는 최종적으로 거절되었을 때 (1)항과 (2)항에 규정된 효력을 가지지 않았던 것으로 본다. 지정이 취하되거나 취하 간주된 회원국에서 유럽특허출원의 효력에 대해서 동일한 것이 적용된다.

제68조 (유럽특허의 한정 또는 취소의 효력 Effect of revocation or limitation of the European patent)

유럽특허출원 및 그에 따른 유럽특허는 그 특허가 이의, 한정 또는 취소절차에서 한정되거나 취소되면, 제64조와 제67조에서 규정된 효력은 처음부터 없었던 것으로 본다.

제69조 (보호의 범위 Extent of protection)

(1) 유럽특허 또는 유럽특허출원에 의해 부여된 보호의 범위는 청구항에 의해 결정되어야 한다. 그럼에도 불구하고 명세서 및 도면은 청구항의 해석을 위해 사용되어야 한다.

(2) 유럽특허가 허여될 때까지의 기간 동안, 유럽특허출원에 의해 부여된 보호의 범위는 공개된 바와 같은 출원서에 포함된 청구항에 의해 결정되어야 한다. 하지만 특허허여되거나 이의, 한정 또는 취소절차에서 보정된 유럽특허는 그 보호가 확장되지 않는 한, 그 출원에 의해 부여된 보호가 소급적으로 결정된다.

제70조 (유럽특허출원 또는 유럽특허의 진정한 본문 Authentic text of a European patent application or European patent)

(1) 진행언어로 된 유럽특허 또는 유럽특허출원의 본문은 유럽특허청에 대한 어떤 절차와 어떤 회원국에서도 진정한 본문이다.

(2) 하지만 만약 유럽특허출원이 유럽특허청의 공식 언어가 아닌 언어로 출원되었다면, 그 본문은 이 조약의 의미 내에서 최초 출원내용으로 된다.

(3) 회원국은 번역문의 언어에 의한 출원 또는 특허가 진행언어에 의한 출원 또는 특허에 의해 부여된 보호보다 좁은 보호를 부여할 경우에, 취소절차를 제외하고, 그 회원국에서는 본 조약에 규정된 바와 같이, 그 회원국의 공식언어 중 하나에 의한 번역문을 그 회원국에서 원본으로 본다는 것을 규정할 수 있다.

(4) (3)항에 따른 조항을 채택한 회원

국은;

(a) 그 특허의 출원인 또는 소유자에게 유럽특허출원 또는 유럽특허의 정정된 번역문을 제출하는 것을 허용하여야 한다. 이와 같은 정정된 번역문은 제65조 (2)항 또는 제67조의 (3)항하에서 회원국에 의해 규정된 조건이 만족될 때까지 어떠한 법적 효과도 가지지 않는다.

(b) 그 회원국에서, 최초 번역문의 출원 또는 특허의 침해를 구성하지 않는 사용은, 정정된 번역문이 효력을 발생하는 이후에도, 발명을 선의로 사용했거나 발명의 사용을 위해 유효하고 중대한 준비를 한 자가 대가 없이 그의 사업에 대해 또는 그 필요를 위해 계속해서 사용을 할 수 있도록 규정할 수 있다.

제4장 재산권으로서의 유럽특허출원 (The European patent application as an object of property)

제71조 (이전 및 권리의 구성 Transfer and constitution of rights)

유럽특허출원은 하나 또는 그 이상의 지정된 회원국에 대해 이전되거나 권리를 발생시킬 수 있다.

제72조 (양도 Assignment)

유럽특허출원의 양도는 서면으로 행해져야 하고 계약당사자의 서명을 요한다.

제73조 (실시허락 Contractual Licensing)

유럽특허출원은 지정된 회원국의 전체 또는 일부 영토 내에서 전체 또는 부분적으로 실시허락될 수 있다.

제74조 (적용법 Law applicable)

이 조약이 다르게 규정한 경우를 제외하고, 각각의 지정된 회원국 내에서 그리고 그 회원국에 대해 효력을 발휘하는, 재산권의 대상으로서의 유럽특허출원은, 그 회원국에서 국가특허출원에 적용가능한 법에 따른다.

제3부 유럽특허출원 (The European patent application)

제1장 유럽특허출원의 제출 및 요건 (Filing and requirements of the European patent application)

제75조 (유럽특허출원의 제출 Filing of the European patent application)

(1) 유럽특허출원은,

(a) 유럽특허청에 제출될 수 있고, 또는

(b) 만약 회원국의 법률이 허락하고, 동시에 제76조 (1)항에 따라, 그 회원국의 중앙산업재산청 또는 다른 관할관청에 제출될 수 있다. 이 방식으로 제출된 어떤 출원도 유럽특허청에 같은 날 제출된 것과 동일한 효과를 가진다.

(2) 1항은 어떤 회원국에서도,

(a) 발명의 대상물의 특성 때문에, 그 회원국의 관할관청의 사전 허락 없이 외국에 알릴 수 없는 발명을 하거나;

(b) 출원이 사전허락을 조건으로 다른 관할관청에 직접 제출되도록 하거나 국가관청에 최초로 출원되어야 한다고 규정하는, 법률 또는 규정의 조항의 적용을 배제하지 못한다.

제76조 (유럽분할출원 European divisional applications)

(1) 유럽분할출원은 시행규칙에 따라 유럽특허청에 직접 제출되어야 한다. 유럽분할출원은 원출원의 범위를 넘지 않는 대상물에 대하여만 출원할 수 있고, 이 요건을 만족하는 한 유럽분할출원은 원출원의 출원일에 제출된 것으로 보고, 우선권의 이익을 향유한다.

(2) 유럽분할출원의 출원 시에 최초 출원에서 지정된 모든 지정국은 유럽분할출원에서도 지정된 것으로 본다.

제77조 (유럽특허출원의 이송 Forwarding of European patent applications)

(1) 회원국의 중앙산업재산청은 중앙산업재산청이나 그 지정국의 다른 관할관청에 제출된 유럽특허출원을, 시행규칙에 따라 유럽특허청에 이송해야 한다.

(2) 비밀로 된 유럽특허출원은 유럽특허청에 이송되지 않는다.

(3) 기한 내에 유럽특허청으로 이송되지 않은 유럽특허출원은 취하된 것으로 본다.

제78조 (유럽특허출원의 요건 Requirements of a European patent application)

(1) 유럽특허출원은;

(a) 유럽특허허여청구;

(b) 발명의 상세한 설명;

(c) 하나 또는 둘 이상의 청구항;

(d) 상세한 설명 또는 청구항이 인용하는 필요 도면;

(e) 요약서를 포함하여야 하고,

시행규칙에서 요구하는 필요서류를 만족시켜야 한다.

(2) 유럽특허출원은 출원료와 조사료를 납부하여야 한다. 만약 기간 내에 출원료와 조사료가 납부되지 않으면, 출원은 취하된 것으로 본다.

제79조 (회원국의 지정 Designation of Contracting States)

(1) 이 조약에 가입된 모든 회원국은 유럽특허출원의 제출 시에 유럽특허허여청구에서 지정된 것으로 본다.

(2) 회원국의 지정은 지정료의 납부에 의해 이루어진다.

(3) 회원국의 지정은 유럽특허의 허여 때까지 언제라도 철회될 수 있다.

제80조 (출원일 Date of filing)

유럽특허출원의 출원일은 시행규칙에 규정된 필요서류가 만족된 날짜로 된다.

제81조 (발명자의 지정 Designation of the inventor)

유럽특허출원은 발명자를 지정할 수 있다. 만약 출원인이 발명자가 아니거나 출원인이 단독 발명자가 아니면, 발명자의 지정은 유럽특허에 대한 권리의 근원을 지적하는 진술을 포함하여야 한다.

제82조 (발명의 단일성 Unity of invention)

유럽특허출원은 오직 하나의 발명 또는 단일의 총괄적 발명 개념을 형성하도록 연결된 1군의 발명에 관한 것이어야 한다.

제83조 (발명의 개시 Disclosure of the invention)

유럽특허출원은 그 기술분야의 통상의 기술자에 의해 실시될 수 있을 정도로 충분히 명확하고 완전하게 발명을 개시해야 한다.

제84조 (청구항 Claims)

청구항은 보호가 요구되는 사항을 정의해야 한다. 청구항은 간결하고 명확해야 하고 상세한 설명에 의해 뒷받침되어야 한다.

제85조 (요약서 Abstract)

요약서는 기술정보의 목적으로만 사용되어야 한다. 요약서는 다른 목적, 특히 보호의 범위를 해석하거나 제54조 (3)항의 적용을 위해 사용될 수 없다.

제86조 (유럽특허출원을 위한 유지료 Renewal fees for the European patent application)

(1) 유럽특허출원을 위한 유지료는 시행규칙에 따라 유럽특허청에 납부되어야 한다. 유지료는 유럽특허출원의 출원일로부터 계산하여 3년째부터 매년 납부되어야 한다. 만약 유지료가 기한 내에 납부되지 않으면, 유럽특허출원은 취하된 것으로 본다.

(2) 유지료 납부의 의무는 유럽특허공보에 유럽특허허여의 공고가 된 해에 기한이 된 유지료의 납부로 끝난다.

제2장 우선권제도(priority)

제87조 (우선권 priority right)

(1) 특허, 실용신안등록 또는 실용신안증을 위한 출원을,

(a) 산업재산권 보호를 위한 파리조약에 가입한 회원국 또는

(b) WTO의 회원국에,

적법하게 행한 자 또는 그 승계인은 동일 발명에 대한 유럽특허출원의 제출을 위해 첫 번째 출원의 출원일로부터 12개월의 기간 동안 우선권을 가진다.

(2) 이 조약을 포함한 양국간 또는 다국간 협정하에 만들어진 국가법 하에서 정규의 국가 출원과 동일한 모든 출원은 우선권을 발생시키는 것으로 인정된다.

(3) 정규의 국가출원은 출원의 결과가 어떠하든지, 출원이 제출된 날짜를 확정하는 것이 충분한 모든 출원을 의미한다.

(4) 첫 번째 선출원과 같은 대상물에 관한 것이고 동일 국가 내에 또는 동일 국가에 대해 출원된 후출원은, 상기 후출원의 출원일에, 상기 제1의 선출원이 공중의 열람에 제공되지 않고 어떠한 현존하는 권리도 없으면서, 취하, 포기 또는 거절되었거나, 우선권을 주장하기 위한 기초로 되지 않았다면, 우선권을 결정함에 있어 선출원으로 간주된다. 상기 선출원은 그 후에 우선권주장을 위한 기초로서 될 수 없다.

(5) 상기 제1출원이 WTO의 설립을 위한 협약 또는 산업재산권의 보호를 위

한 파리조약에 속하지 않는 산업재산청에 행해진 것이라면, 유럽특허청장에 의해 주어진 통지에 따라, 만약 그 산업재산청이 파리조약에 규정된 것과 동등한 조건과 효과를 가지고 유럽특허청에 된 제1출원으로 인정한다면, (1)항에서 (4)항이 적용될 것이다.

제88조 (우선권의 주장 Claiming priority)

(1) 선출원의 우선권의 이익을 향유하기 원하는 출원인은 우선권주장을 하고 시행규칙에 따라 요청되는 서류를 제출하여야 한다.

(2) 복수의 우선권이, 그들이 다른 국가에서 유래되더라도, 유럽특허출원에 대해 주장될 수 있다. 복수의 우선권이, 적절하다면 하나의 청구항에 대해 청구될 수 있다. 복수의 우선권이 청구되면, 우선일로부터 진행하는 기한은 가장 빠른 우선일로부터 진행한다.

(3) 만약 하나 또는 그 이상의 우선권이 유럽특허출원에 대해 청구되면, 우선권은 그 출원 또는 그 우선권이 청구된 출원에 포함된 유럽특허출원의 요소만을 커버한다.

(4) 만약 우선권이 청구된 발명의 특정요소가 선출원에 언급된 청구항 중에 나타나지 않더라도, 선출원의 서류가 전체로서 그런 요소를 명확하게 개시하는 것을 조건으로 우선권이 인정될 수 있다.

제89조 (우선권의 효력 Effect of priority right)

우선권은 우선일이 제54조 (2)항 및 (3)항, 그리고 제60조 (2)항을 위한 유럽특허출원의 출원일로서 계산되는 효력을 가진다.

제4부 특허 허여까지의 절차 (Procedure up to Grant)

제90조 (출원에 대한 심사 및 방식요건에 대한 심사 Examination on filing and examination as to formal requirements)

(1) 유럽특허청은 시행규칙에 따라, 출원일의 부여를 위한 요건을 출원이 만족하는지를 심사하여야 한다.

(2) 만약 출원일이 (1)항에 따른 심사에 따라 부여될 수 없다면, 그 출원은 유럽특허출원으로 취급되지 않는다.

(3) 만약 유럽특허출원이 출원일을 부여받는다면, 유럽특허청은 시행규칙에 따라 시행규칙에 규정된 다른 요건뿐만 아니라 제14조, 제78조 및 제81조의 요건, 그리고 적용가능하다면, 제88조 (1)항 및 제133조 (2)항이 만족하는지를 심사하여야 한다.

(4) 유럽특허청이 상기 (1)항 또는 (3)항하에서 심사를 수행하여, 보정될 수 있는 불비사항이 있는 것을 발견하면, 출원인에게 그것을 보정할 기회를 주어야 한다.

(5) 만약 상기 (3)항하의 심사에서 발견된 불비사항이 보정되지 않으면, 유럽특허출원은 이 조약에 의하여 다른 법적 결론이 제공되지 않은 한 거절되어야 한다. 상기 불비사항이 우선권 주장과 관련된 것이면, 우선권주장은 그

출원에 대해 상실된다.

제91조 (삭제됨)

제92조 (유럽조사보고서의 작성 Drawing up of the European search report)

유럽특허청은 시행규칙에 따라, 유럽특허출원에 대해 청구항에 기초하고, 상세한 설명과 도면을 충분히 참조하여 유럽조사보고서를 작성하고 공개하여야 한다.

제93조 (유럽특허출원의 공개 Publication of the European patent application)

(1) 유럽특허청은,

(a) 출원일 또는, 만약 우선권주장이 되었다면 우선일로부터 18개월의 만료 후 또는

(b) 그 기간의 만료 전에 출원인의 청구가 있을 때, 가능한 한 빨리 유럽특허출원을 공개하여야 한다.

(2) (1)항 (a)에 따른 기간의 만료 전에 특허허여 결정이 되었을 때는, 유럽특허의 명세서와 동시에 공개되어야 한다.

제94조(유럽특허출원의 심사 Examination of the European patent application)

(1) 유럽특허청은 시행규칙에 따라, 청구에 의해 유럽특허출원과 그에 관련된 발명이 이 조약의 요건을 만족하는지를 심사하여야 한다. 이 청구는 심사료가 납부될 때까지 제출된 것으로 볼 수 없다.

(2) 만약 기한 내에 심사청구가 되지 않으면, 그 출원은 취하된 것으로 본다.

(3) 만약 출원 또는 이에 관련된 발명이 이 조약의 요건을 만족시키지 않는 것으로 심사되면, 심사부는 출원인에게, 필요한 횟수만큼 의견을 제출하고 또 제123조 (1)항에 따라 출원을 보정하도록 하여야 한다.

(4) 만약 출원인이 심사부로부터의 통지에 대해 정해진 기간 내에 응답하지 못하면, 그 출원은 취하된 것으로 본다.

제95조 (삭제)

제96조 (삭제)

제97조 (특허허여 또는 거절 Grant or refusal)

(1) 만약 유럽특허출원과 그에 관련된 발명이 이 조약의 요건을 만족시킨다는 것이 심사부의 의견이면, 시행규칙에 규정된 요건을 만족시키는 것을 조건으로 유럽특허를 허여할 것으로 결정하여야 한다.

(2) 만약 유럽특허출원과 그에 관련된 발명이 이 조약의 요건을 만족시키지 않는다는 것이 심사부의 의견이면, 이 조약이 다른 법적 결과를 제공하지 않는 한 이 출원은 거절되어야 한다.

(3) 유럽특허를 허여한다는 결정은 유럽특허공보에 특허허여의 언급이 공고된 날에 효력을 발휘한다.

제98조 (유럽특허명세서의 공고 Publication of the specification of the European patent)

유럽특허청은 유럽특허공보에 유럽특허 허여결정의 언급이 공고된 후에 가능한 한 빨리 유럽특허명세서를 공고하여야 한다.

제5부 이의 및 한정절차
(Opposition and Limitation Procedure)

제99조 (이의 Opposition)

(1) 유럽특허공보에 유럽특허 허여의 공고로부터 9개월 내에, 누구라도 시행규칙에 따라 그 특허에 대해 유럽특허청에 이의를 제출할 수 있다. 이의는 이의신청료가 납부될 때까지 제출된 것으로 간주되지 않는다.

(2) 이의는 그 특허가 효력을 발생하는 모든 회원국에서 유럽특허에 적용된다.

(3) 이의신청인은 그 특허의 소유자와 함께 이의신청절차의 당사자가 된다.

(4) 어떤 자가 회원국에서, 최종 결정에 따라, 이전의 권리자를 대신하여 그 회원국의 특허등록부에 등록된 것을 증거로 제시하는 경우, 그자는 청구에 의해, 그 회원국에 대해 이전 권리자를 대체한다. 제118조에도 불구하고, 이전의 권리자와 상기 청구를 한 자는, 양자 모두가 청구하지 않는 한 공동 권리자로 간주되지 않는다.

제100조 (이의의 이유 Grounds for opposition)

이의는,

(a) 유럽특허의 내용이 제52조에서 제57조에 의해 특허될 수 없는 것,

(b) 유럽특허가 그 기술분야에서 숙련된 기술자에 의해 발명이 실시될 수 있도록 충분히 명확하고 완전하게 개시하지 않는 것,

(c) 유럽특허의 내용이 최초 출원된 명세서의 내용을 넘어서 확장되거나, 만약 그 특허가 분할출원 또는 제61조하에서 출원된 새로운 출원에 대해 허여되었다면, 최초에 출원된 명세서의 내용을 넘어서고 있는 것을 이유로 제출될 수 있다.

제101조 (이의의 심사—유럽특허의 취소 또는 유지 Examination of the opposition—Revocation or maintenance of the European patent)

(1) 만약 이의가 받아들여질 수 있는 것이라면, 이의부는 시행규칙에 따라, 제100조의 이의의 이유 중 적어도 하나가 유럽특허의 유지를 방해하는지의 여부를 심사하여야 한다. 이 심사의 과정 중에서, 이의부는 타 당사자로부터의 통지 또는 이의부 자신에 의해 제시된 통지에 대해, 필요하다면 몇 번이라도 당사자에게 의견을 제출하게 할 수 있다.

(2) 만약 이의에 대한 적어도 하나의 이유가 유럽특허의 유지를 방해한다는 이의부의 의견이라면, 유럽특허는 취소되어야 한다. 그렇지 않으면 이의는 거절되어야 한다.

(3) 이의절차 중에 유럽특허의 권리자에 의해 이루어진 보정을 고려하여, 이의부의 의견이 만약 상기 특허와 그 관련된 발명이,

(a) 이 조약의 요건을 만족시키면, 시행규칙에 규정된 요건을 만족시키는 것을 조건으로 보정된 대로 특허를

유지한다는 결정을 하여야 하고,

(b) 이 조약의 요건을 만족시키지 않는다면 그 특허를 취소하여야 한다.

제102조 (삭제)

제103조 (유럽특허의 새로운 명세서의 공고 Publication of a new specification of the European patent)

유럽특허가 제101조 (3)항 (a)에 따라 보정된 대로 유지된다면, 유럽특허청은 유럽특허공보에 이의결정이 공고된 후에 가능한 한 빨리 유럽특허의 새로운 명세서를 공고하여야 한다.

제104조 (비용 Costs)

(1) 각 당사자는 이의절차에 대해 발생된 비용을 나누어 부담하여야 한다. 다만, 이의부는 형평성의 이유에서, 시행규칙에 따라, 비용의 다른 비율의 분배를 명령한다.

(2) 비용을 확정하기 위한 절차는 시행규칙에 규정된다.

(3) 비용의 확정에 관한 유럽특허청의 어떠한 최종 결정도 집행이 일어나는 회원국의 민사법원에 의해 주어진 최종 결정과 같은 방식으로 회원국에서의 집행을 위해 취급된다. 그 결정의 확인은 그 진정성에 한정된다.

제105조 (상정된 침해자의 참가 Intervention of the assumed infringer)

(1) 제3자는 이의기간이 지난 후 이의절차에, 시행규칙에 따라, 참가할 수 있는데, 이 경우 제3자는,

(a) 동일한 특허의 침해에 관한 절차가 자신에게 진행되고 있는 것 또는,

(b) 특허침해로 추정되는 행위를 중지하라는 특허권리자로부터의 요청에 따라, 그가 그 특허를 침해하지 않았다는 판결을 위한 절차를 개시했음을 증명하여야 한다.

(2) 받아들여질 수 있는 참가는 이의신청으로 취급되어야 한다.

제105a조 (한정 또는 취소청구 Request for limitation or revocation)

(1) 소유자의 청구로, 유럽특허는 취소되거나 또는 청구항의 보정에 의해 한정될 수 있다. 이 청구는 시행규칙에 따라, 유럽특허청에 제출되어야 한다. 한정 또는 취소청구료가 납부될 때까지 한정 또는 취소청구는 제출되지 않은 것으로 본다.

(2) 한정 또는 취소청구는 유럽특허에 대한 이의절차가 계속 중일 때는 제출될 수 없다.

제105b조 (유럽특허의 한정 또는 취소 Limitation or revocation of the European patent)

(1) 유럽특허청은 유럽특허가 한정 또는 취소에 대해 시행규칙에 규정된 요건을 만족시켰는지를 심사하여야 한다.

(2) 만약 유럽특허의 한정 또는 취소에 대한 청구가 이들 요건을 만족시킨다고 유럽특허청이 간주하면, 유럽특허는 시행규칙에 따라 한정 또는 취소되는 것으로 결정한다. 그렇지 않으면 청구를 거절하여야 한다.

(3) 유럽특허에 대한 한정 또는 취소에 대한 결정은 유럽특허가 허여된 모든 회원국에서 유럽특허에 대해 적용된

다. 이는 한정 또는 취소에 대한 결정의 언급이 유럽특허공보에 공고된 날부터 효력을 발휘한다.

제105c조 (유럽특허의 보정된 명세서의 공고 Publication of the amended specification of the European patent)

유럽특허가 제105b조 (2)항에 의해 한정되면, 유럽특허청은 유럽특허공보에 한정이 공고된 후에 가능한 한 빨리 유럽특허의 보정된 명세서를 공고하여야 한다.

제6부 심판절차 (Appeals procedure)

제106조 (심판에 대한 결정 Decisions subject to appeal)

(1) 수리부, 심사부, 이의부 및 법률부의 결정에 대해 심판을 제기할 수 있다. 심판청구는 정지효력을 가진다.

(2) 당사자 중 하나에 대한 절차를 끝내지 않은 결정은 최종결정과 함께만 심판청구될 수 있다. 다만, 그 결정이 별개의 심판청구를 허용하는 경우를 제외한다.

(3) 이의절차에서 비용의 분배 또는 확정에 관한 결정에 대해 심판을 제기하는 권리는 시행규칙에서 제한될 수 있다.

제107조 (심판청구를 할 수 있는 자 및 심판절차에서 당사자로 될 수 있는 자 Persons entitled to appeal and to be parties to appeal proceeding)

절차의 당사자로서 결정에 의해 불이익을 받은 자는 심판청구를 할 수 있다. 그 절차에서 다른 당사자는 당연히 심판절차의 당사자로 된다.

제108조 (기한 및 형식 Time limit and form)

심판청구는 결정의 통지일로부터 2개월 이내에 유럽특허청에 시행규칙에 따라 제출되어야 한다. 심판청구는 심판청구료가 납부될 때까지 제출되지 않은 것으로 본다. 결정의 통지일로부터 4개월 이내에, 시행규칙에 따라 심판청구이유를 기재한 서면을 제출하여야 한다.

제109조 (중간변경 Interlocutory revision)

(1) 다툼이 있는 결정을 한 부서가 심판청구가 받아들여질 수 있고 이유가 타당하다고 판단하면, 그 결정은 수정되어야 한다. 이것은 심판청구인이 심판절차에서 다른 당사자와 대립하는 경우에는 적용되지 않는다.

(2) 만약 심판이 청구이유의 수령 후 3개월 내에 허용되지 않으면, 그 실체에 대한 의견 없이, 지체 없이 심판소로 이송되어야 한다.

제110조 (심판의 심리 Examination of appeals)

심판이 받아들여질 수 있는 것이라면, 심판소는 심판이 인용될 수 있을 것인지를 심리하여야 한다. 심판의 심리는 시행규칙에 따라 수행되어야 한다.

제111조 (심판에 대한 심결 Decision in respect of appeals)

(1) 심판청구의 인용가능성에 대해 심리한 후에, 심판소는 심판청구에 대해

심결하여야 한다. 심판소는 심판청구된 결정에 대해 책임 있는 부서의 권한 범위 내에서 권한을 행사할 수 있고 또는 다시 절차수행을 위해 그 부서로 사건을 환송할 수 있다.

(2) 심판소가 심판청구된 결정을 한 부서에 다시 절차수행을 위해 사건을 환송하면, 그 부서는 사실관계가 동일한 한 심판소의 심결에 구속된다. 만약 심판청구에 대한 심결이 수리부에 의해 받아들여지면, 심사부도 심판소의 심결에 구속된다.

제112조 (확대 심판소의 심결 또는 의견 Decision or opinion of the Enlarged Board of Appeal)

(1) 통일된 법 적용을 보장하기 위하거나 법률의 관점에 대한 근본적인 중요성의 문제가 발생한 경우에는,

(a) 심판소는, 사건의 진행 중에 그리고 그 심판의 당사자로부터의 요청에 따르거나 직권으로, 위의 목적을 위해 심결이 요구된다고 인정되면, 확대심판소에 쟁점사항을 의뢰한다. 만약 심판소가 그 청구를 각하한다면, 그 최종 결정에서 이유를 기재하여야 한다.

(b) 유럽특허청장은 2개의 심판소가 쟁점사항에 대해 다른 심결을 한 경우 확대심판소에 법률의 관점에 대해 의뢰할 수 있다.

(2) (1)항 (a)에 관한 경우에, 심판절차의 당사자들은 확대심판소에 대해 당사자가 된다.

(3) (1)항 (a)에 대한 확대심판소의 심결은 쟁점이 된 심판에 대해 심판소를 구속한다.

제112a조 (확대심판소에 대한 재심리청구 Petition for review by the Enlarged Board of Appeal)

(1) 심판소의 심결에 의해 불리하게 된 심판절차의 당사자는 확대심판소에 대해 재심리를 청구할 수 있다.

(2) 상기 청구는 단지 다음의 이유를 근거로 제출될 수 있다.

(a) 심판소의 구성원이, 제24조 (1)항을 위반하거나 제24조 (4)항의 규정에 근거한 결정에 따라 배제되었음에도 불구하고 심결에 관여한 경우;

(b) 심판소가 심판소의 구성원으로서 임명되지 않은 자를 포함한 경우;

(c) 제113조의 기본적인 위반이 발생한 경우;

(d) 시행규칙에 정의된 다른 기본적인 절차상의 하자가 심판절차에서 발생한 경우;

(e) 시행규칙에 규정된 요건하에서 확정된 범죄행위가 심결에 영향을 미칠 수 있을 경우.

(3) 재심리청구는 정지의 효력을 가지지 않는다.

(4) 재심리청구는 시행규칙에 따라, 이유를 기재한 진술로 제출되어야 한다. 만약 (2)항(a)에서 (d)에 근거하면, 청구는 심판소의 심결 통지 후 2개월 내에 제출되어야 한다. 만약 (2)항(e)에 근거하면, 청구는 범죄행위가 확정된 날로부터 2개월 내에 제출되어야 하고, 어떤 경우에도 심판소의 심결통지로부터

5년을 넘을 수 없다. 청구는 지정된 수수료가 납부될 때까지 제출된 것으로 보지 않는다.

(5) 확대심판소는 시행규칙에 따라 재심리청구를 심리하여야 한다. 만약 청구가 허용될 수 있으면, 확대심판소는 심결을 취소하여야 하고 시행규칙에 따라 심판소에서 절차를 재개해야 한다.

(6) 지정된 회원국에서, 심판소의 심결과 청구에 대한 확대심판소의 심결에 대한 공고가 유럽특허공보에 공개된 사이의 기간에 유럽특허 또는 공개된 유럽특허출원의 대상에 대한 발명을 선의로 사용하거나 사용하기 위해 효과적이고 중대한 준비를 한 자는 그의 사업상 또는 그 필요를 위해 비용 없이 사용을 계속할 수 있다.

제7부 공통규정
(Common Provisions)

제1장 절차에 관한 공통규정
(Common provisions governing procedure)

제113조 (청문될 수 있는 권리와 결정의 근거 Right to be heard and basis of decisions)

(1) 유럽특허청의 결정은 관련 당사자가 그들의 의견을 제시할 기회를 가진 이유와 증거에만 근거할 수 있다.

(2) 유럽특허청은 유럽특허출원 또는 유럽특허를, 출원인 또는 특허소유자에 의해 제출되거나 동의된 본문만을 심사하고 그에 기초하여 결정하여야 한다.

제114조 (유럽특허청의 직권에 의한 심사 Examination by the European Patent Office of its own motion)

(1) 유럽특허청은, 그 절차에 있어서, 직권으로 사실관계를 심사하여야 한다; 유럽특허청은 그 심사에 있어서 사실, 증거 및 당사자에 의해 제공된 의견 및 요구되는 소송상의 구제(the relief)에 한정되지 않는다.

(2) 유럽특허청은 관련 당사자에 의해 기한 내에 제출되지 않은 사실과 증거를 무시할 수 있다.

제115조 (제3자에 의한 의견 Observations by third parties)

유럽특허청에서의 절차에서, 유럽특허출원의 공개 후에, 제3자는 시행규칙에 따라, 그 출원 또는 특허에 관련된 발명의 특허성에 대해 의견을 제시할 수 있다. 그자는 절차에 대한 당사자가 되지 않는다.

제116조 (구두절차 Oral proceedings)

(1) 구두절차는 구두절차가 적절하다고 여겨지는 경우에 유럽특허청의 요청에 따라 또는 그 절차에 대한 어느 당사자의 요청에 의해 진행되어야 한다. 하지만 유럽특허청은 당사자 및 절차의 주제가 동일한 동일부서에 대한 더 이상의 구두절차는 거절할 수 있다.

(2) 그럼에도 불구하고, 구두절차는 유럽특허출원을 거절할 의도인 경우 또는 수리부가 적절하다고 여기는 경우

에만 출원인의 요청에 의해 수리부에서 진행된다.

(3) 수리부, 심사부 및 법률부에서의 구두절차는 공개되지 않는다.

(4) 유럽특허출원의 공개 이후에는, 심판소 및 확대심판소에 관해서, 심결의 선고(delivery)를 포함하는 구두절차는 공개되어야 하고, 그리고 이의부에 있어서도 공개의 허락이, 특히 절차의 당사자에게 중대하고 정당하지 않은 불이익을 주는 경우가 아니라면 절차가 수행되는 부서가 달리 결정하지 않는 한 공개되어야 한다.

제117조 (증거조사 및 수단 Means and taking of evidence)

(1) 유럽특허청에 대한 절차에서, 증거의 제출이나 획득을 위한 수단은 다음의 것을 포함한다.

(a) 당사자에 대한 청문;

(b) 정보에 대한 요청;

(c) 문서의 제출;

(d) 증인에 대한 청문;

(e) 전문가의 의견;

(f) 조사;

(g) 서면으로 된 선서진술서.

(2) 증거조사를 위한 절차는 시행규칙에 규정된다.

제118조 (유럽특허출원 또는 유럽특허의 단일성 Unity of the European patent application or European patent)

유럽특허의 소유자 또는 유럽특허출원인이 다른 지정국에 대해 동일하지 않은 경우, 그들은 유럽특허청에 대한 절차에 대해서 공동출원인 또는 공동소유자로 간주되어야 한다. 이들 절차에서 출원 또는 특허의 단일성은 영향받지 않는데, 특허 출원 또는 특허의 본문은 본 조약에서 다르게 정함이 없는 한, 모든 지정국에 대해 동일하여야 한다.

제119조 (송달 notification)

결정, 소환, 통고(notices) 및 통지는 시행규칙에 따라 유럽특허청의 직권으로 송달된다. 송달은, 특별한 사정이 있는 경우, 회원국의 중앙산업재산청의 개입을 통해 될 수 있다.

제120조 (기한 Time limits)

시행규칙은

(a) 유럽특허청에 대한 절차에서 준수되어야 할 기한과 이 조약에 의해 정해지지 않은 기한;

(b) 기한 계산의 방식과 기한이 연장되는 조건;

(c) 유럽특허청에 의해 정해지는 최소 및 최대 기한을 명기해야 한다.

제121조 (유럽특허출원 절차의 속행 Further processing of the European patent application)

(1) 출원인이 유럽특허청에 의해 정해진 기한을 준수하지 못했다면, 출원인은 유럽특허출원의 속행을 청구할 수 있다.

(2) 유럽특허청은, 시행규칙에 규정된 요건을 만족시키는 것을 조건으로, 상기 청구를 인정할 수 있다. 그렇지 않으면 청구를 거절하여야 한다.

(3) 만약 상기 청구가 받아들여지면, 기한을 준수하지 않은 것에 대한 법적 결

과는 발생하지 않은 것으로 본다.

(4) 절차의 속행은 절차의 속행 또는 권리의 재설정 청구를 위한 기한뿐만 아니라 제87조 (1)항, 제112a조 (4)항의 기한에 관하여 적용되지 않는다. 시행규칙은 다른 기한을 위한 절차속행을 배제할 수 있다.

제122조 (권리의 재설정 Re-establishment of rights)

(1) 상황에 따라 요구되는 모든 적절한 주의를 하였음에도 불구하고, 유럽특허청에 관한 기한을 준수할 수 없었던 유럽특허의 출원인 또는 권리자는, 만약 이 기한의 부준수가 유럽특허출원의 거절 또는 청구의 거절, 또는 취하된 출원으로 봄, 또는 유럽특허의 취소, 또는 어떤 다른 권리나 구제수단의 상실이 야기하는 직접적인 결과를 가져왔다면, 청구에 의해 재설정된 권리를 가질 수 있다.

(2) 유럽특허청은 1항의 요건과 시행규칙에 규정된 다른 요건을 만족하는 한 청구를 인정하여야 한다. 그렇지 않으면 청구를 거절하여야 한다.

(3) 만약 청구가 인정되면, 기한을 준수하지 못함에 의한 법률적 결과는 발생하지 않은 것으로 본다.

(4) 권리의 재설정은 권리의 재설정을 위한 기간에 대하여 배제된다. 시행규칙은 다른 기한에 대한 재설정을 배제할 수 있다.

(5) 지정국에서, (1)항에 따른 권리의 상실과 권리의 재설정이 유럽특허공보에 공고된 것 사이의 기간에 유럽특허 또는 공개된 유럽특허출원의 대상에 대한 발명을 선의로 사용하거나 사용하기 위해 효과적이고 중대한 준비를 한 자는 그의 사업상 또는 그 필요를 위해 비용없이 사용을 계속할 수 있다.

(6) 이 조의 어떤 것도 회원국의 당국에 대하여 준수되어야 하고 또 이 조약에 대해 제공되는 기한에 대해 권리의 재설정을 인정하도록 조약국의 권리를 제한할 수 없다.

제123조 (보정 Amendments)

(1) 유럽특허출원 또는 유럽특허는 유럽특허청에 대한 절차에서, 시행규칙에 따라 보정될 수 있다. 어떤 경우에도 출원인에게 자발적으로 출원을 보정할 수 있는 적어도 한 번의 기회가 주어진다.

(2) 유럽특허출원 또는 유럽특허는 최초 출원의 내용을 넘어 연장되는 대상물을 포함하는 방식으로 보정될 수 없다.

(3) 유럽특허는 부여되는 보호범위를 확장하는 방식으로 보정될 수 없다.

제124조 (종래 기술에 대한 정보 Information on prior art)

(1) 유럽특허청은 시행규칙에 따라, 출원인에게 유럽특허출원이 관련된 발명에 관한 종래 기술에 대한 정보와 국가 또는 지역특허절차에서 고려된 종래 기술에 대한 정보를 제공하도록 요청할 수 있다.

(2) (1)항의 요청에 기간 내에 출원인이 응답하지 않으면, 그 유럽특허출원은 취하된 것으로 본다.

제125조 (일반적 원칙의 참조 Reference to general principles)

이 조약에 절차조항이 없는 경우에, 유럽특허청은 그 회원국에서 일반적으로 인정되는 절차법의 원칙을 참조하여야 한다.

제126조 (삭제)

제2장 공중 또는 당국에 대한 정보제공 (Information to the public or to official authorities)

제127조 (유럽특허등록부 European Patent Register)

유럽특허청은 유럽특허등록부를 가져야 하는데, 이에는 시행규칙에서 규정된 사항들이 기록되어야 한다. 유럽특허출원의 공개 전에 유럽특허등록부에는 어떤 것도 기재되어서는 안 된다. 유럽특허등록부는 공중의 열람을 위해 공개되어야 한다.

제128조 (포대의 열람 Inspection of files)

(1) 아직 공개되지 않은 유럽특허출원에 관련된 포대는 출원인의 동의 없이 열람을 위해 제공될 수 없다.

(2) 출원인이 유럽특허출원에 따른 권리를 자신에게 주장했다는 것을 증명할 수 있는 자는 출원인의 동의 없이 그 출원의 공개 전에 포대의 열람을 할 수 있다.

(3) 제61조 (1)항하에서 제출된 새로운 유럽특허출원 또는 유럽분할출원이 공개되면, 누구라도 출원인의 동의 없이 그리고 원출원의 공개 전에 원출원 포대의 열람을 할 수 있다.

(4) 유럽특허출원의 공개 후에, 그 유럽특허출원 및 그로부터 발생된 유럽특허에 관련된 포대는 청구에 의해, 시행규칙에 규정된 제한에 따라 열람될 수 있다.

(5) 유럽특허출원의 공개 전일지라도, 유럽특허청은 시행규칙에 정해진 특정 사항을 공개하고 제3자에게 통지할 수 있다.

제129조 (정기 간행물 Periodical publications)

유럽특허청은

(a) 이 조약, 시행규칙 또는 유럽특허청장에 의해 공개할 것으로 정해진 사항을 포함하는 유럽특허공보;

(b) 이 조약 또는 그 시행에 관련된 정보뿐만 아니라, 유럽특허청장에 의해 제시된 일반적 정보 및 고시를 포함하는 관보를 정기적으로 발행해야 한다.

제130조 (정보의 교환 Exchange of information)

(1) 유럽특허청과 회원국의 중앙산업재산청은, 이 조약 또는 국가법이 다르게 정한 경우를 제외하고, 유럽 또는 국가 특허출원 및 특허에 관한 유용한 정보와 그들과 관련된 절차에 관한 정보를, 청구에 의해 서로 교환할 수 있다.

(2) (1)항은 유럽특허청과;

(a) 다른 회원국의 중앙산업재산청;

(b) 특허허여업무를 위탁받은 정부간 기구;

(c) 다른 기구; 사이의 업무협약에 의한

정보의 교환에 적용하여야 한다.

(3) (1)항 및 (2)항 (a) 및 (b)하의 교환은 제128조에 규정된 제한에 구애되지 않는다. 행정이사회는 관련 기관이 유럽특허출원이 공개될 때까지 교환된 정보를 비밀로서 취급한다는 것을 조건으로, (2)항 (a)하의 교환이 그런 제한에 구애되지 않는다는 것을 결정할 수 있다.

제131조 (행정 및 법적 협력 Administrative and legal co-operation)

(1) 이 조약 또는 국가법이 다르게 정한 경우를 제외하고, 유럽특허청과 회원국의 법원이나 당국은 요청에 의해 열람을 위해 포대를 공개하거나 정보를 교환함에 의해 서로 도움을 주도록 하여야 한다. 유럽특허청이 법원, 검찰청 또는 중앙산업재산청에 의한 포대의 열람을 가능하게 할 경우, 열람은 제128조에 규정된 제한에 한정되지 않는다.

(2) 유럽특허청의 요청으로, 회원국의 법원 또는 관계당국은 유럽특허청을 대신하고 그들의 권한 내에서 필요한 조사 또는 다른 법적 수단을 행해야 한다.

제132조 (간행물의 교환 Exchange of publications)

(1) 유럽특허청과 회원국의 중앙산업재산청은 청구에 따라 또는 그들 자신의 사용을 위해 각각의 간행물의 사본을 무료로 하나 또는 그 이상 상호 송부하여야 한다.

(2) 유럽특허청은 간행물의 공급 또는 교환에 관한 협약을 체결할 수 있다.

제3장 대리(Representation)

제133조 (대리의 일반 원칙 General principles of representation)

(1) (2)항에 따라, 누구도 이 조약에 의해 규정된 절차에서 직업대리인에 의해 대리될 것을 강제받지 않는다.

(2) 회원국 내에 거주지 또는 주 영업소를 가지지 않는 자연인 또는 법인은, 유럽특허출원의 제출을 제외하고, 이 조약에 의해 규정된 모든 절차에 있어서 직업대리인에 의해 대리되고 그를 통해 절차를 수행하여야 한다. 시행규칙은 다른 예외를 허용할 수 있다.

(3) 회원국 내에 거주지 또는 주 영업소를 가지는 자연인 또는 법인은, 직업대리인은 아니지만 시행규칙에 따라 권한을 받은 고용인에 의해 이 조약에 규정된 절차를 대리 받을 수 있다. 시행규칙은 법인의 고용인이 회원국 내에 영업의 장소를 가지고 동시에 첫 번째 법인과 경제적인 관계를 가지는 타 법인을 대리할 수 있을지와 어떤 조건하에서 대리할 수 있는지에 관하여 정할 수 있다.

(4) 시행규칙은 공동으로 절차를 수행하는 당사자의 공동대리에 관하여 특별조항을 규정할 수 있다.

제134조 (유럽특허청에 대한 대리 Representation before the European Patent Office)

(1) 이 조약에 의해 규정된 절차에서

자연인 또는 법인의 대리는 유럽특허청에 의해 이 목적으로 유지된 명부에 이름이 있는 직업적 대리인에 의해서만 수행될 수 있다.

(2) (a) 회원국의 국민이고,

(b) 회원국 내에 그 영업의 장소 또는 고용의 장소를 가지고, 그리고

(c) 유럽자격시험을 통과한 자연인은 직업적 대리인의 명부에 들어갈 수 있다.

(3) 이 조약에의 회원국 가입이 발효된 날로부터 1년의 기간 동안,

(a) 회원국의 국민이고,

(b) 이 조약에 가입된 국가에 그 영업의 장소 또는 고용의 장소를 가지고, 그리고

(c) 그 나라의 중앙산업재산청에 대해 특허문제에서 자연인 또는 법인을 대리할 자격을 가진 자연인은 명부에의 등록을 신청할 수 있다. 그러한 자격이 특별한 직업적 면허를 요구하지 않는 경우에는, 그자는 그 나라에서 적어도 5년 동안 정식으로 그 일을 하고 있어야 한다.

(4) (2)항 또는 (3)항에 규정된 조건이 만족한다는 것을 표시하는 인증서가 첨부된 신청이 있는 경우에 명부에 들어간다.

(5) 직업적 대리인의 명부에 이름이 있는 자는 이 조약에 의해 규정된 모든 절차에서 법률행위를 할 자격을 가진다.

(6) 직업적 대리인으로 법률행위를 하기 위한 목적을 위해, 직업적 대리인의 명부에 이름이 있는 자는 이 조약에 관련된 집중에 대한 의정서를 고려하여, 이 조약에 의해 규정된 절차가 진행되는 회원국에서 영업의 장소를 가질 수 있다. 그 나라의 당국은 공공의 안전, 법률 및 질서를 보호하기 위해 채택된 법률규정을 적용하는 데 있어서 개별사건에 대해서만, 상기 자격을 박탈할 수 있다. 이러한 조치가 취해지기 전에, 유럽특허청장에게 의견을 물어야 한다.

(7) 유럽특허청장은,

(a) 특별한 경우에 (2)항 (a) 또는 (3)항 (a)의 요건;

(b) 만약 출원인이 다른 방법으로 필요한 자격을 획득했다는 증거를 제공한 경우, (3)항 (c)의 2번째 문장의 요건을 면제할 수 있다.

(8) 회원국에서 자격을 얻고 그 나라에서 영업의 장소를 가지는 법률실무가(legal practitioner)는 특허문제에 있어서 직업적 대리인으로서 그 나라에서 행위를 할 수 있는 권한을 가지는 범위에서 직업대리인과 같은 방식으로 이 조약에 의해 규정된 절차에서의 대리를 수행할 수 있다. 이 경우 (6)항의 규정을 준용한다.

第134a조 (유럽특허청에 대한 직업대리인 협회 Institute of Professional Representatives before the European Patent Office)

(1) 행정이사회(The Administrative Council)는,

(a) 유럽특허청에 대한 직업대리인 협

회(이하 '협회'라고 한다);

(b) 유럽자격시험에 지원하는 자에게 요구되는 연수 및 자격부여 그리고 시험의 시행;

(c) 직업대리인에 대해 유럽특허청이나 그 협회에 의해 시행되는 징계권;

(d) 직업대리인에 대한 비밀유지의무와 유럽특허청에 대한 절차에 있어서 직업대리인과 그 의뢰인 또는 다른 자와의 사이의 통신에 대한 공개의 면제특권을 규율하는 조항을 채택하고 수정할 권한을 가진다.

(2) 제134조 (1)항에 따라 직업대리인의 명부에 있는 자는 상기 협회의 회원이 되어야 한다.

제8부 국가법에 대한 영향 (Impact on National Law)

제1장 국가특허출원으로의 전환(Conversion into a national patent application)

제135조 (전환청구 Request for conversion)

(1) 지정국의 중앙산업재산청은, 유럽특허의 권리자 또는 출원인의 요청으로, 다음의 경우에는 국가특허의 허여를 위한 절차를 적용하여야 한다.

(a) 유럽특허출원이 제77조 3항에 의해 취하된 것으로 간주되는 경우;

(b) 국가법에 의해 규정한 것과 다른 경우로서, 이 조약하에서 유럽특허출원이 거절되거나 취하되거나 취하된 것으로 간주되거나 또는 유럽특허가 취소된 경우.

(2) (1)항 (a)에 따른 경우, 전환청구는 유럽특허출원이 제출된 중앙산업재산청에 제출되어야 한다. 그 중앙산업재산청은 국가안전보장을 규율하는 조항에 따를 것을 조건으로, 특정된 회원국의 중앙산업재산청에 그 청구를 직접 전달하여야 한다.

(3) (1)항 (b)에 따른 경우, 전환청구는 시행규칙에 따라 유럽특허청에 제출되어야 한다. 전환청구료가 지불되기 까지 전환청구는 제출된 것으로 보지 않는다. 유럽특허청은 특정된 회원국의 중앙산업재산청에 그 청구를 전달하여야 한다.

(4) 제66조에 따른 유럽특허출원의 효과는 전환청구가 기한 내에 제출되지 않으면 소멸한다.

제136조 (삭제)

제137조 (전환을 위한 방식요건 Formal requirements for conversion)

(1) 제135조 (2)항 또는 (3)항에 따라 전달된 유럽특허출원은, 이 조약에 규정된 것과 다르거나 이 조약에 규정된 것보다 추가된 국가법의 방식요건을 따르지 않는다.

(2) 유럽특허출원이 전달된 중앙산업재산청은 출원인에 대해 2개월을 넘지 않는 기간 내에,

(a) 국가출원료의 납부; 그리고

(b) 출원인이 국가절차를 위한 기초로 사용하기를 원하는 유럽특허출원의 최초 본문, 그리고 적절한 경우 유럽특허청에 대한 절차 동안에 보정된

본문의 당해 회원국의 공식언어로 된 번역문의 제출을 요청할 수 있다.

제2장 취소 및 선권리 (Revocation and prior rights)

제138조 (유럽특허의 취소 Revocation of European patents)

(1) 제139조에 따라, 유럽특허는

(a) 유럽특허의 대상물이 제52조에서 제57조의 규정에 의해 특허될 수 없는 것;

(b) 유럽특허가 당해 기술분야의 전문가가 실시할 수 있도록 충분히 명확하고 완전하게 발명을 개시하고 있지 않을 것;

(c) 유럽특허의 대상물이 원출원의 내용을 넘어서거나, 원출원의 내용을 넘어서 제61조 규정하에서 제출된 신규출원이나 분할출원에 대해 특허가 허여되었을 것;

(d) 유럽특허에 의해 부여된 보호가 확장되었을 것; 또는

(e) 유럽특허의 소유자가 제60조 (1)항의 권리를 가지고 있지 않을 것을 근거하여서만 회원국에 대한 효력을 취소할 수 있다.

(2) 유럽특허에 영향을 주는 취소의 이유가 단지 일부일 경우, 그 특허는 청구항의 대응되는 보정에 의해 제한되어야 하고 부분적으로 취소된다.

(3) 유럽특허의 유효성에 관한 관할법원 또는 당국에서의 절차에서, 특허의 소유자는 청구항을 보정함에 의해 특허를 한정할 권리를 가진다. 한정된 특허는 절차를 위한 기초가 된다.

제139조 (선권리 및 동일자 권리 Prior rights and rights arising on the same date)

(1) 어느 지정국에서도 유럽특허출원 및 유럽특허는 국가특허출원 및 국가특허에 관하여 국가특허출원 및 국가특허와 동일한 선권리로서의 효력을 가진다.

(2) 회원국에서 국가특허출원과 국가특허는 그 회원국을 지정하는 유럽특허에 관하여 마치 그 유럽특허가 국가특허인 것 같이 동일한 선권리로서의 효력을 가진다.

(3) 회원국은 동일한 출원일 또는 우선권이 주장된 경우, 동일한 우선일을 가지는 국가출원 또는 특허와 유럽특허출원 또는 특허 모두에 개시된 발명이 동시에 두 출원 또는 특허에 의해 보호될 수 있는지와 어떤 조건으로 보호될 수 있는지를 규정할 수 있다.

제3장 기타효과 (Miscellaneous effects)

제140조 (국가실용신안 및 실용신안 인증서 National utility models and utility certificates)

제66, 124, 135, 137 및 139조는 회원국의 법령이 실용신안 및 실용신안 인증서에 대하여 규정하고 있는 회원국에서 등록 또는 기탁되어 있는 실용신안 및 실용신안 인증서를 위한 출원 그

리고 실용신안 및 실용신안 인증서에 적용한다.

제141조 (유럽특허의 유지료 Renewal fees for European patents)

(1) 유럽특허를 위한 유지료는 제86조 2항에 규정된 해의 다음 해들에 대해서만 부과될 수 있다.

(2) 유럽특허허여가 언급된 유럽특허공보의 발행일로부터 2달 이내에 기한이 되는 유지료는 그 기한 내에 납부되면 유효하게 납부된 것으로 본다. 회원국법에 따른 어떠한 추가의 유지료도 청구될 수 없다.

제9부 특별약정 (Special Agreements)

제142조 (단일특허 Unitary patents)

(1) 그들의 영토에 대해 허여된 유럽특허가 단일한 특성을 가진다는 특별 약정을 가지는, 회원국의 어느 하나의 그룹은, 유럽특허가 그들 회원국에 대해 공동으로만 부여될 수 있다는 것을 규정할 수 있다.

(2) 회원국의 어느 그룹이 (1)항에서 규정하는 권한을 이용하는 경우 제9부의 규정이 적용된다.

제143조 (유럽특허청의 특별부서 Special departments of the European Patent Office)

(1) 회원국의 그룹은 유럽특허청에 추가적인 업무를 줄 수 있다.

(2) 상기 그룹 내의 회원국에 공통인 특별부서가 추가적인 업무를 수행하기 위해 유럽특허청 내에 설치될 수 있다. 유럽특허청장은 특별부서를 지휘한다. 제10조 (2)항 및 (3)항이 준용된다.

제144조 (특별부서에 대한 대리 Representation before special departments)

회원국의 그룹은 제143조 (2)항에 규정되는 부서에 대한 당사자의 대리를 규율하는 특별조항을 규정할 수 있다.

제145조 (행정이사회의 특별위원회 Select committee of the Administrative Council)

(1) 회원국의 그룹은 제143조 (2)항의 규정에 따라 설립된 특별부서의 활동을 감독하기 위한 목적으로 행정이사회의 특별위원회를 설립할 수 있다; 유럽특허청은 특별위원회의 직무의 수행을 위해 필요할 수 있는 직원, 부동산 및 장비와 같은 것을 제공하여야 한다. 유럽특허청장은 행정이사회의 특별위원회에 대한 특별부서의 활동에 대해 책임이 있다.

(2) 특별위원회의 구성, 권한 및 기능은 회원국의 그룹에 의해 결정된다.

제146조 (특별업무를 수행하기 위한 비용의 보상 Cover for expenditure for carrying out special tasks)

제143조의 규정에 의해 부가적인 업무가 유럽특허청에 주어진 경우에, 회원국의 그룹은 이들 업무의 수행을 위한 유럽특허기구에 의해 초래된 비용을 부담한다. 특별부서가 이들 부가적인 업무를 수행하기 위해 유럽특허청 내에 설립된 경우, 그 그룹은 이 부서에 대하여 부과할 수 있는 직원, 부동산

및 장비에 대한 비용을 부담한다. 제39조 (3)항 및 (4)항, 제41조 및 제47조가 준용된다.

제147조 (단일 특허에 대한 유지료의 지불 Payments in respect of renewal fees for unitary patents)

회원국의 그룹이 유럽특허에 관한 유지료의 공통요율을 정한 경우에는, 제39조 (1)항에 따른 비율은 상기 공통요율에 근거하여 계산되어야 한다; 제39조 (1)항에 따른 최저액은, 단일 특허에 대해 적용된다. 제39조 (3)항 및 (4)항이 준용된다.

제148조 (재산권으로서의 유럽특허출원 The European patent application as an object of property)

(1) 제74조는 회원국의 그룹이 다르게 정하지 않은 한 적용된다.

(2) 회원국의 그룹은 이들 회원국이 지정된 유럽특허출원이 이 그룹의 모든 회원국에 대하여 특별협약의 규정을 따라서만 이전되고, 담보에 제공되고 또는 집행의 법적 수단으로 될 수 있다고 규정할 수 있다.

제149조 (공동 지정 Joint designation)

(1) 회원국의 그룹은 이들 회원국이 오직 공동으로 지정될 수 있고, 그리고 그들 회원국의 하나 또는 일부만의 지정은 그 그룹의 모든 회원국의 지정으로 된다고 규정할 수 있다.

(2) 유럽특허청이 제153조 (1)항의 규정에 의한 지정관청으로 행동하는 경우, (1)항은 만약 출원인이 하나 또는 그 이상의 그 그룹의 지정국을 위한 유럽특허를 얻기 원한다는 것을 국제출원에 표시하였다면, 적용할 수 있다. 그 국가법이 그 회원국의 지정은 유럽특허를 위한 출원의 효력을 가지는 것으로 규정하는, 그 그룹의 회원국의 하나를 국제출원에서 지정하였다면 동일한 것이 적용된다.

제149a조 (회원국 사이의 다른 협약 Other agreements between the Contracting States)

(1) 이 조약에서 유럽특허 또는 유럽특허출원에 관한 어떤 문제에 대한 특별협약을 체결하는 것이 일부 또는 모든 회원국의 권리를 제한하는 것으로 해석될 수 없고, 특별히 다음과 같은 경우 국가법에 의해 규제되지 않는다.

(a) 협약에 참여하는 회원국에 공통인 유럽특허법원을 설립하는 협약;

(b) 유럽 또는 통일화된 국가특허법의 문제에 관한 의견을, 준사법당국 또는 국가법원의 요청에 의해, 협약에 참여하는 회원국에 보내기 위한 공통 조직을 설립하기 위한 협약;

(c) 협약에 참여하는 회원국이 제65조의 규정에 의한 유럽특허의 번역문을 전체적으로 또는 부분적으로 하지 않아도 되게 하는 협약;

(d) 협약에 참여하는 회원국이 제65조에 의해 요구되는 유럽특허의 번역문을 유럽특허청에 제출할 수도 있고, 공개될 수도 있다는 것을 규정하는 협약.

(2) 행정이사회는,

(a) 심판소 또는 확대심판소의 구성원

은 유럽특허법원 또는 공통조직에서 일할 수 있고 위의 협약에 따라 상기 법원 또는 조직에 대한 절차에 참가할 수 있다는 것;

(b) 유럽특허청은 공통조직에 그 직무의 수행에 필요할 수 있는 직원, 부동산 및 장비를 제공하여야 하고 그 조직에 의해 초래된 비용은 유럽특허기구에 의해 전적으로 또는 부분적으로 부담되어야 한다는 것을 결정할 권한을 가진다.

제10부 특허협력조약하의 국제출원—Euro-PCT 출원 (International applications under the Patent Cooperation Treaty—EURO-PCT Applications)

제150조 (특허협력조약의 적용 Application of the Patent Cooperation Treaty)

(1) 1970년 6월 19일자의 특허협력조약(이하 'PCT'라 한다)은 제10부의 규정에 따라 적용된다.

(2) PCT하에서 제출된 국제출원은 유럽특허청에 대한 절차의 대상이 될 수 있다. 그런 절차에서, PCT와 그 규칙의 규정이, 이 조약의 규정에 의해 보충되어 적용되어야 한다. 경합이 발생하는 경우 PCT 또는 그 규칙이 우선하여야 한다.

제151조 (수리관청으로서의 유럽특허청 The European Patent Office as a receiving Office)

유럽특허청은 시행규칙에 따라, PCT의 취지 내에서 수리관청으로서의 업무를 수행한다. 제75조 (2)항이 적용된다.

제152조 (국제조사기관 또는 국제예비심사기관으로서의 유럽특허청 The European Patent Office as an International Searching Authority or International Preliminary Examining Authority)

유럽특허청은, 유럽특허기구와 세계지적재산기구(WIPO) 사이의 협약에 따라, 이 조약에 따른 회원국의 국민 또는 거주자인 출원인을 위해 PCT의 취지 내에서 국제조사기관과 국제예비심사기관으로서의 업무를 수행한다. 이 협약은 유럽특허청이 다른 출원인을 위해서도 업무를 수행할 수 있다는 것을 규정할 수 있다.

제153조 (지정관청 또는 선택관청으로서의 유럽특허청 The European Patent Office as designated Office or elected Office)

(1) 유럽특허청은,

(a) PCT가 효력을 발생하고, 국제출원에서 지정되고 그리고 출원인이 유럽특허를 얻기를 원하는 이 조약에 관한 회원국에 대해 지정관청이 되고, 그리고

(b) (a)에 따라 지정된 국가를 출원인이 선택하면 선택관청이 된다.

(2) 유럽특허청이 지정되거나 선택되고, 국제출원일이 부여된 국제출원은 정규의 유럽출원과 대등하게 된다[유로(Euro)-PCT출원].

(3) 유럽특허청의 공식언어로 된 유로-

PCT출원의 국제공개는 유럽특허출원의 공개를 대신하여야 하고, 유럽특허공보에 게재된다.

(4) 유로-PCT출원이 다른 언어로 공개되면, 공식언어 중의 하나로 된 번역문이 유럽특허청에 제출되어야 하고, 이 것은 공개되어야 한다. 제67조 (3)항을 조건으로 하는, 제67조 (1)항 및 (2)항하의 임시보호는 공개일로부터 효력을 발생한다.

(5) 유로-PCT출원은 유럽특허출원으로 취급되어야 하고, 만약 (3)항과 (4)항에 규정된 조건과 시행규칙을 만족하면 제54조 (3)항하의 선행기술에 포함되는 것으로 본다.

(6) 유로-PCT출원 또는 이를 대신하는 선언에 관하여 작성된 국제조사보고서 및 그 국제공개는 유럽조사보고서 및 유럽특허공보에서의 공개를 대신한다.

(7) 유럽부가조사보고서는 (5)항하의 유로-PCT 출원에 대하여 작성되어야 한다. 행정이사회는 부가조사보고서를 면제하거나 조사료를 감액할지를 결정할 수 있다.

제154조에서 제158조까지 삭제

제11부 경과규정 (Transitional Provisions) 삭제

제159조에서 제163조까지 삭제

제12부 최종규정 (Final Provisions)

제164조 (시행규칙 및 의정서 Implementing Regulations and Protocols)

(1) 시행규칙, 승인에 관한 의정서, 특권 및 면제에 관한 의정서, 집중에 관한 의정서, 제69조의 해석에 관한 의정서 및 직원 정원에 관한 의정서는 이 조약의 일부분으로 된다.

(2) 이 조약의 규정과 시행규칙의 조항이 경합되는 경우, 이 조약의 규정이 우선한다.

제165조 (서명-비준 Signature-Ratification)

(1) 이 조약은 유럽특허부여시스템의 창설에 관한 정부간 회의에 참가하고 또는 당해 회의의 개최의 통지를 받아 당해 회의에 참가할 선택권을 제공받은 국가에 의한 서명을 위해 1974년 4월 5일까지 개방된다.

(2) 이 조약은 비준을 조건으로 하여야 하고, 비준서는 독일 연방공화국정부에 기탁된다.

제166조 (가입 Accession)

(1) 이 조약은,

(a) 제165조 (1)항에 따른 국가;

(b) 행정이사회가 권유한 다른 유럽국가의 가입을 위해 개방되어야 한다.

(2) 이 조약에 가입하였었고 그리고 제172조 (4)항의 적용의 결과 탈퇴되었던 국가는 이 조약에 가입함으로써 다시 조약의 회원이 될 수 있다.

(3) 가입서는 독일연방공화국 정부에

기탁된다.

제167조 (삭제)

제168조 (적용의 지역적 범위 Territorial field of application)

(1) 어느 회원국도 이 조약이 대외관계에 대해 책임을 지는 하나 또는 그 이상의 영토에 적용가능 하다는 것을 비준서 또는 가입서에 선언할 수 있고 또는 비준 또는 가입 이후 언제라도 서면에 의한 송달로 독일연방공화국정부에 통지할 수 있다. 유럽특허는 이런 선언이 효력을 발생하는 영토 내에서도 효력을 가진다.

(2) 만약 (1)항의 선언이 비준서 또는 가입서에 포함되어 있으면, 비준 또는 가입과 동일한 날짜에 효력을 가진다. 만약 상기 선언이 비준서 또는 가입서의 기탁 이후에 통지되면, 그 통지는 독일연방공화국 정부가 통지를 수령한 날로부터 6개월 후에 효력을 발휘한다.

(3) 어느 회원국도 (1)항에 따른 통지가 된 영토의 일부 또는 전부에 이 조약이 적용되는 것을 중지한다는 것을 언제라도 선언할 수 있다. 이 선언은 독일연방공화국 정부가 그 통지를 수령한 날부터 1년 후에 효력을 발휘한다.

제169조 (효력 발생 Entry into force)

(1) 이 조약은 1970년에 출원된 특허출원의 총수가 상기 모든 국가에 대해 적어도 180,000건이 되는 영토를 가지는 6개국에 의해 최종적으로 비준서 또는 가입서가 기탁된 후 3개월째에 효력을 발생한다.

(2) 이 조약의 효력 발생 이후의 비준 또는 가입은 그 비준서 또는 가입서의 기탁 후 3번째 달의 첫째 날에 효력을 발생한다.

제170조 (초기 분담금)

(1) 이 조약의 효력 발생 이후에 비준 또는 가입하는 회원국은 초기 분담금을 유럽특허기구에 지불하여야 하고, 이는 반환되지 않는다.

(2) 초기 분담금은, 비준 또는 가입이 발효된 날에 제40조 (3)항 및 (4)항에 따른 비율에 의해 당해 국가에 대해 얻어진 비율을, 비준 또는 가입이 발효된 날 전의 회계연도에 대해 다른 회원국으로부터의 특별 재정분담금의 합계에 적용함에 의해 얻어진 금액의 5%이다.

(3) (2)항에 규정된 날 전의 회계연도에 특별재정분담금이 요구되지 않는 경우에는, 동항에 따른 분담금의 비율은 특별재정분담금이 요구된 최종 해에 해당 국가에 적용되었을 비율로 한다.

제171조 (조약의 기간 Duration of Convention)

이 조약은 무기한이다.

제172조 (개정 Revision)

(1) 이 조약은 회원국들의 회의에 의해 개정될 수 있다.

(2) 상기 회의는 행정이사회에 의해 준비되고 소환된다. 상기 회의는 적어도 3/4의 회원국이 참석하지 않는 한 유효하지 않다. 개정안의 채택은 그 회의에 참석하여 투표한 회원국의 3/4의 다수

를 요한다. 기권은 투표로 간주되지 않는다.

(3) 개정안은 회의에 의해 정해진 수의 회원국에 의해 그리고 회의에 의해 정해진 시간까지 비준되거나 승인된 경우에 효력을 발생한다.

(4) 개정안의 효력발생 시에 이 조약의 개정안을 비준하지 않거나 동의하지 않는 회원국은 그 시간으로부터 이 조약에 대한 당사자 자격이 중지된다.

제173조 (회원국 간의 분쟁 Disputes between Contracting States)

(1) 이 조약의 해석 또는 적용에 대한, 협상에 의해 해결되지 않은 회원국 사이의 분쟁은, 관계된 회원국 중 하나의 청구에 의해 행정이사회에 제출되고, 행정이사회는 관계된 회원국 사이의 합의를 가져오도록 노력해야 한다.

(2) 분쟁이 행정이사회에 제기된 날로부터 6개월 내에 합의에 이르지 못하는 경우, 관계된 회원국 중 하나는 구속력 있는 판결을 위해 그 분쟁을 국제사법재판소에 제기할 수 있다.

제174조 (폐기 Denuniciation)

회원국은 언제라도 이 조약을 폐기할 수 있다. 폐기는 독일연방공화국의 정부에 통지하여야 한다. 폐기는 그 송달을 수령한 날부터 1년 후에 효력을 발생한다.

제175조 (기득권의 보호 Preservation of acquired rights)

(1) 제172조 (4)항 또는 제174조에 따라 어느 회원국이 이 조약에의 당사자 자격이 중지된 경우, 이 조약에 따라 이미 획득된 권리는 손상되지 않는다.

(2) 지정국이 이 조약에의 당사자 자격이 중지된 경우 진행중인 유럽특허출원은, 그 지정국에 관한 한, 시행 중인 조약이 그 이후에 그 국가에 적용되는 것으로 하여, 유럽특허청에 의해 진행되어야 한다.

(3) (2)항의 규정은 그 항에서 언급된 일자에 이의가 진행되거나 이의기간이 경과하지 않은 유럽특허에 적용되어야 한다.

(4) 본 조의 어떠한 규정도 이 조약에의 당사자 자격이 중지된 국가가, 당사자였던 조약에 따라 유럽특허를 처리할 권리에 영향을 미치지 않는다.

제176조 (이전 회원국의 재정상의 권리 및 의무 Financial rights and obligations of former Contracting States)

(1) 제172조 (4)항 또는 제174조에 따라 이 조약에의 당사자 자격이 중지된 국가는, 제40조 (2)항에 따라 납부된 특별재정분담금을, 유럽특허기구가 동일 회계연도 내에 다른 국가로부터 지불된 특별 분담금을 반환할 때, 동일한 반환조건으로만, 반환받을 수 있다.

(2) (1)항에 규정된 국가는, 이 조약의 당자사 자격이 중지된 이후에도, 당해 국가가 이 조약에의 당사자 자격이 중지된 날을 기준으로 그 국가에 유효하게 남아 있는 유럽특허에 대한 유지료의 제39조에 따른 부분의 납부를 계속하여야 한다.

제177조 (조약의 언어 Languages of the Convention)

(1) 영어, 프랑스어 및 독일어로 된 단일의 원본으로 작성된 이 조약은 독일연방공화국 정부의 보관소에 보관되고, 3개의 조약 본문은 동등하게 정본이다.

(2) (1)항에 규정된 언어 외의 회원국의 공식언어로 작성된 이 조약의 조약 본문은, 행정이사회에서 승인되면, 공식적인 조약본문으로 인정된다. 다양한 조약본문의 해석에 대한 불일치의 경우 (1)항에 규정된 조약본문이 정본이 된다.

제178조 (송부 및 송달 Transmission and notifications)

(1) 독일연방공화국 정부는 이 조약의 인증 등본을 작성하여야 하고 그것을 모든 서명국 또는 회원국의 정부에 송부한다.

(2) 독일연방공화국 정부는 (1)항에 규정된 국가의 정부에 아래의 사항을 송달하여야 한다.

(a) 비준서 또는 가입서의 기탁

(b) 제168조에 따라 수리된 선언 또는 통지

(c) 제174조에 따라 수리된 폐기와 폐기가 효력을 발생하는 일자

(3) 독일연방공화국의 정부는 이 조약을 국제연합(United Nations)의 사무국에 등록하여야 한다.

부 록 2

유럽특허조약에 대한 시행규칙

Implementing Regulations to the Convention on the Grant of European Patents

※ 유럽특허조약에 대한 시행규칙의 한글 번역본은 이 책의 내용에 대한 이해를 돕기 위한 것으로, 용어의 선택이나 해석상 원문의 의미와 차이가 있을 수 있습니다.

1부 PART I
조약의 제1부에 대한 시행규칙 IMPLEMENTING REGULATIONS TO PART I OF THE CONVENTION

제1장 Chapter I
총칙(General provisions)

규칙 1 (서면 절차 Written proceedings)

유럽특허청에 대한 서면절차에서, 서류의 내용이 종이 상에 읽을 수 있는 형태로 재생될 수 있다면, 서면 형식을 사용하는 요건이 만족된다.

규칙 2 (서류의 제출과 서류에 대한 방식요건 Filing of and requirements for documents)

(1) 유럽특허청에 대한 절차에 있어서, 서류는 직접, 우편 또는 전자적 통신의 수단[1)]에 의해 제출될 수 있다. 유럽특허청장은 조건과 상세 사항을 규정할 수 있고, 적절한 경우, 서류의 제출에 대한 특별한 방식적 또는 기술적 요건을 규정할 수 있다. 특히 유럽특허청장은 확인본이 제공되어야만 함을 명기할 수 있다. 만약 확인본이 기한 내에 제공되지 않으면, 그 유럽특허출원은 거절된다; 그 후에 제출된 서류는 수리되지 않은 것으로 간주된다.

(2) 조약에서 서류는 서명되어야 한다고 규정하는 경우, 그 서류의 진위는 손으로 쓴 서명 또는 유럽특허청장에 의해 그 사용이 허락된 다른 적절한 수단에 의해 확인될 수 있다. 다른 수단에 의해 인증된 서류는 손으로 쓴 서명을 가지는 종이 형태로 제출된 서류와 같은 방식으로 서명의 법적 요건을 만족하는 것으로 본다.

규칙 3 (서면 절차에서의 언어 Language in written proceedings)

(1) 유럽특허청에 대한 서면 절차에서, 당사자는 유럽특허청의 공식언어를 사용할 수 있다. 조약 제14조 (4)항에 규정된 번역문은 유럽특허청의 공식언어로 제출될 수 있다.

(2) 유럽특허출원 또는 유럽특허에 대한 보정은 진행언어로 제출되어야 한다.

(3) 서류적 증거, 그리고 특히 공보는 어떤 언어로라도 제출할 수 있다. 하지만 유럽특허청은, 정해진 기간 내에, 그 공식언어의 하나로 된 번역문이 제출될 것을 요청할 수 있다. 만약 요청된 번역문이 기한 내에 제출되지 않으면, 유럽특허청은 그 서류를 무시할 수 있다.

규칙 4 (구두 절차에서의 언어 Language in oral proceedings)

(1) 유럽특허청에 대한 구두 절차의 당사자는 유럽특허청의 공식언어를 사용할 수 있고, 이 외에, 구두 절차일 적어도 한달 전에 유럽특허청에 통지하거나 진행언어에 대한 통역을 제공하는

1) 2015.4.1. 시행.

조건으로 진행언어를 사용할 수 있다. 당사자는 진행언어에 대한 통역을 제공한다면 회원국의 공식언어를 사용할 수 있다. 유럽특허청은 이들 조항의 예외를 허용할 수 있다.

(2) 구두절차의 과정에서, 유럽특허청의 직원은 진행언어 이외에 유럽특허청의 공식언어를 사용할 수 있다.

(3) 증거가 받아들여진 경우, 유럽특허청의 공식언어 또는 회원국의 공식언어로 스스로 적절하게 표현할 수 없는 당사자, 증인 또는 전문가는 다른 언어를 사용할 수 있다. 당사자의 요청으로 증거가 받아들여진 경우, 유럽특허청의 공식언어 이외의 다른 언어로 표현하는 당사자, 당사자들, 증인 또는 전문가는 진행언어에 대한 통역을 당사자가 제공하는 경우에만 청문될 수 있다. 하지만 유럽특허청은 다른 공식언어 중 하나에 대한 통역을 허용할 수 있다.

(4) 당사자들과 유럽특허청이 동의한다면, 어떤 언어라도 사용될 수 있다.

(5) 필요하다면, 유럽특허청은 진행언어에 대한 통역 또는, 적절한 경우에는 다른 공식언어에 대한 통역을 자신의 비용으로 제공하여야 하는데, 단 그러한 통역이 당사자 중의 하나의 책임이 아닌 경우이다.

(6) 유럽특허청의 공식언어로 된 유럽특허청의 직원, 당사자, 증인 또는 전문가에 의한 진술은 그 언어로 의사록에 기록되어야 한다. 다른 언어로 된 진술은 번역된 공식언어로 기록되어야 한다. 유럽특허출원 또는 유럽특허에 대한 보정은 진행언어로 의사록에 기록 되어야 한다.

규칙 5 (번역문의 인증 Certification of translations)

서류의 번역문이 요구되는 경우, 유럽특허청은 정해진 기간 내에 제출된 원래의 본문에 상응하는 번역문의 인증을 요구할 수 있다. 만약 인증이 기한 내에 제출되지 않으면, 다른 규정이 없는 한 그 서류는 제출되지 않은 것으로 본다.

규칙 6 (번역문의 제출과 수수료의 감면 Filing of translations and reduction of fees)

(1) 조약 제14조 2항에 따른 번역문은, 유럽특허출원의 제출로부터 2개월 이내에 제출되어야 한다.

(2) 조약 제14조 4항에 따른 번역문은, 서류의 제출로부터 1개월 이내에 제출되어야 한다. 이것은 조약 제105a조에 따른 청구에도 적용된다. 서류가 이의 또는 심판청구, 또는 심판 청구이유, 또는 재심리청구인 경우, 그 번역문은, 만약 그 기간이 후에 종료된다면, 그런 신청 또는 심판 청구이유 또는 재심리 청구에 대한 제출기간 내에 제출될 수 있다.

(3) 조약 제14조 4항에 규정된 자가, 그 조항에서 인정된 언어로 유럽특허출원 또는 심사청구를 제출하는 경우, 출원료 또는 심사료는 수수료에 관련된 규칙에 따라 감면된다.

(4) (3)항에 규정된 감면은

(a) 중소기업;

(b) 자연인: 또는

(c) 비영리 단체, 대학 또는 공공연구 기관이 활용할 수 있다.[2)]

(5)(4)(a)항을 위해, 2003년 5월 20일자의 유럽연합 관보 L 124, p.36에 공고된 초소기업, 소기업 및 중기업의 정의에 관한 2003년 5월 6일자 Commission recommendation 2003/361/EC가 적용된다.

(6) (3)항에 규정된 수수료 감면의 이익을 원하는 출원인은 (4)항의 의미 내의 기업 또는 자연인임을 선언하여야 한다. 선언의 진실성에 대한 합리적 의혹이 있는 경우에, 유럽특허청은 증거를 요구할 수 있다.

(7) 공동출원인의 경우에, 각각의 출원인은 (4)항의 의미 내의 기업 또는 자연인이어야 한다.

규칙 7 (유럽특허출원의 번역문의 법적 진위 Legal authenticity of the translation of the European patent application)

반대되는 증거가 제공되지 않는 한, 유럽특허출원 또는 유럽특허가 원 출원의 내용을 넘어서는지를 결정하기 위한 목적으로, 유럽특허청은 조약 제14조 (2)항 또는 규칙 40(3)에 따른 번역문이 출원의 원래의 본문과 일치한다고 추정한다.

제2장 Chapter II
유럽특허청의 조직 Organisation of the European Patent Office

Section 1
일반적 사항 General matters

규칙 8 (특허 분류 Patent classification)

유럽특허청은 1971년 3월 24일의 국제특허분류에 관한 스트라스버그 협약의 제1조에 규정된 분류(이하 국제분류라 한다)를 사용하여야 한다.

규칙 9 (유럽특허청의 행정 조직 Administrative structure of the European Patent Office)

(1) 유럽특허청은 행정적으로, 조약 제15조에 규정된 부서들에 대한 이사회(Directorates-General)들로 분리되고, 법률적 문제와 특허청의 내부 행정을 다루기 위해 규정된 직무가 할당된다.

(2) 각 이사회는 부청장(Vice-President)에 의해 지휘된다. 이사회에 대한 부청장의 할당은, 유럽특허청장과의 협의 후에 행정이사회에서 결정된다.

규칙 10 (수리부와 심사부의 책임 Responsibility of the Receiving Section and the Examining Division)

(1) 수리부는 조약 제94조 (1)항하의 유럽특허출원의 심사에 대해 심사부가 책임을 가지게 될 때까지 제출서류에 대한 심사와 유럽특허출원의 방식요건에 대한 심사에 책임을 진다.

---

2) 2014.4.1. 시행.

(2) (3)항과 (4)항에 따라, 심사청구가 제출된 때부터, 심사부는 조약 제94조 1항하의 유럽특허출원의 심사에 대해 책임을 진다.

(3) 유럽조사보고서가 출원인에게 전달되기 전에 심사청구가 제출되면, 심사부는, (4)항에 따라, 규칙 70(2)하의 의사표시를 받은 때부터 책임을 진다.

(4) 유럽조사보고서가 출원인에게 전달되기 전에 심사청구가 제출되고, 출원인이 규칙70(2)하의 권리를 포기했으면, 심사부는 조사보고서가 출원인에게 전달된 때부터 책임을 진다.

규칙 11 (1심 부서에 대한 직무의 할당 Allocation of duties to the departments of first instance)

(1) 조사부, 심사부 또는 이의부의 구성원으로 활동하는 기술심사관은 이사회에 할당되어야 한다. 유럽특허청장은 국제분류를 참고로 이들 이사회에 직무를 할당하여야 한다.

(2) 유럽특허청장은 수리부, 조사부, 심사부 및 이의부, 그리고 법률부에 추가의 직무를 할당할 수 있고, 추가로 본 조약 하에서 그들에게 정해진 책임을 할당할 수 있다.

(3) 유럽특허청장은 조사부, 심사부 또는 이의부에 주어지고 기술적 또는 법적 어려움이 없는 직무의 수행을 기술적 또는 법적으로 특화되지 않은 직원에게 위탁할 수 있다.

Section 2
심판소와 확대심판소의 조직
Organisation of the Boards of Appeal and the Enlarged Board of Appeal

규칙 12 (심판소의 이사회 Presidium of the Boards of Appeal)

(1) 심판소를 구성하는 조직 단위 내의 자율적인 권위(authority)("심판소의 이사회")는 의장으로 기능하는, 심판소를 책임지는 부청장(Vice-president)과 6명은 의장(Chairmen)이고 6명은 다른 구성원인 12명의 심판소의 구성원으로 구성된다.

(2) 이사회의 모든 구성원은 심판소의 상기 의장(Chairmen)과 구성원에 의해 2년의 임기로 선출된다. 만약 이사회의 완전한 구성에 이르지 못하면, 결원은 가장 연장의 의장과 구성원을 지정함에 의해 채워져야 한다.

(3) 이사회는 그 구성원의 선출과 지정을 위한 절차규칙과 심판소의 절차규칙을 채택하여야 한다. 이사회는 일반적으로 심판소의 기능에 관한 사항에 대해 심판소를 책임지는 부청장에게 조언한다.

(4) 각 회계연도의 시작 전에, 모든 의장을 포함하는 확장된 이사회는 심판소의 직무를 할당하여야 한다. 동일한 구성으로, 이사회는 둘 또는 그 이상의 심판소 사이의 직무의 할당에 관한 경합에 대해 결정을 하여야 한다. 확장된 이사회는 다양한 심판소의 정규 및 교체 구성원을 지정하여야 한다. 심판소

의 구성원은 하나 이상의 심판소의 구성원으로 지정될 수 있다. 이들 규정은 해당 회계연도의 진행 중에, 필요한 경우 수정될 수 있다.

(5) 이사회는 만약 적어도 그 구성원 중 5명이 참석하면 결정만 할 수 있다; 이들은 그 심판소에 책임있는 부청장 또는 그 대리인과 두 개의 심판소의 의장을 포함하여야만 한다. (4)항에서 언급된 과업에 관한 경우, 그 심판소에 책임있는 부총장 또는 그의 대리인과 3개의 심판소의 의장을 포함하여, 9명의 구성원이 참석하여야만 한다. 결정은 다수결에 의하고; 투표가 동수인 경우, 의장 또는 그의 대리인이 결정권을 가진다. 기권은 투표로 취급되지 않는다.

(6) 행정이사회는 심판소에게 조약 제134a조 1항 (c)하의 직무를 할당할 수 있다.

규칙 13 (확대심판소의 사업 분배계획 및 그 절차규정의 채택 Business distribution scheme for the Enlarged Board of Appeal and adoption of its Rules of Procedure)

(1) 각 회계연도의 시작 전에, 조약 제11조 3항 하에서 임명된 확대심판소의 구성원은 조약 제22조 1항(a) 및 (b)하의 절차에서 확대심판소의 정규 및 교체 구성원, 그리고 조약 제22조 1항(c) 하의 절차에서의 정규 및 교체 구성원을 지정하여야 한다.

(2) 조약 제11조 3항 하에서 임명된 확대심판소의 구성원은, 확대심판소의 절차 규칙을 채택하여야 한다.

(3) (1)항 및 (2)항에 언급된 사항에 대한 결정은, 확대심판소의 의장 또는 그의 대리인(deputy)을 포함하여, 적어도 5명의 구성원이 참석한 경우에 이루어진다; 투표가 가부 동수인 경우, 의장 또는 그의 대리인은 결정권을 가진다. 기권은 투표로 취급되지 않는다.

2부 PART II
조약의 제2부에 대한 시행규칙 IMPLEMENTING REGULATIONS TO PART II OF THE CONVENTION

제1장 Chapter I
출원인 적격이 없는 경우의 절차 Procedure where the applicant is not entitled

규칙 14 (절차의 정지 Stay of proceedings)

(1) 만약 제3자가, 조약 제61조 1항의 의미 내의 결정을 구하는 출원인에 대한 절차를 수행한 증거를 제출한다면, 특허허여를 위한 절차는, 그 제3자가 그 절차의 계속에 대한 그의 동의를 유럽특허청에 서면으로 제공하지 않는 한 정지된다. 그런 동의는 취소할 수 없다. 하지만 특허허여를 위한 절차는 유럽특허출원의 공개 전에 정지되어서는 안 된다.

(2) 조약 제61조 1항의 의미 내의 최종 결정이 받아들여졌다는 증거가 제공된

경우, 유럽특허청은, 조약 제61조 1항 (b)에 따른 새로운 유럽특허출원이 모든 지정된 회원국에 제출되지 않는 한, 통지에서 언급된 날짜로부터 허여를 위한 절차가 다시 시작된다는 것을 출원인 및 다른 당사자에게 알려야 한다. 만약 결정이 제3자에게 유리하다면, 그 제3자가 재개를 요청하지 않는 한, 그 결정이 확정된 후 3개월 이전에 그 절차가 재개되지 않을 수 있다.

(3) 특허허여를 위한 절차가 정지되자마자 또는 그 후에, 유럽특허청은, (1)항하에서 수행된 국가절차에서 도달된 상태에 불구하고, 특허허여를 위한 절차를 재개하기로 의도한 날짜를 정할 수 있다. 이 날짜는 제3자, 출원인 및 다른 당사자에게 통지되어야 한다. 최종 결정이 받아들여졌다는 증거가 그 날짜까지 제시되지 않으면, 유럽특허청은 절차를 재개할 수 있다.

(4) 절차의 정지의 날짜에 진행하고 있는, 유지료의 납부를 위한 기간 외의 모든 기간은 그 정지에 의해 중지된다. 아직 끝나지 않은 기간은 절차가 재개된 날부터 진행하기 시작한다. 하지만, 그런 재개 후에 다시 진행하기 위한 기간은 2개월보다 짧지 않아야 한다.

규칙 15 (취하에 대한 제한 Limitation on withdrawals)

제3자가 조약 제14조 1항하의 국가절차를 수행한 증거를 제공한 날부터, 그리고 특허허여를 위한 절차가 재개된 날까지, 유럽특허출원 또는 회원국의 지정은 취하될 수 없다.

규칙 16 (조약 제61조 1항하의 절차 Procedure under Article 61, paragraph 1)

(1) 유럽특허를 허여받을 수 있는 권리를 가진 자는, 만약

(a) 그의 권한이 확정되었다는 것을 승인하는 결정 후 3개월 이전에 그렇게 하거나,

(b) 유럽특허가 아직 허여되지 않았을 경우에, 조약 제61조 1항하의 구제책을 사용할 수 있다.

(2) 그런 구제책은 결정이 받아들여지거나 승인되거나 또는 승인에 대한 의정서에 기초하여 승인되어야만 하는 유럽특허출원에서 지정된 회원국에 대해서만 적용되어야 한다.

규칙 17 (정당한 권리를 가진 자에 의한 새로운 유럽특허출원의 제출 Filing of a new European patent application by the entitled person)

(1) 유럽특허허여에 대한 정당한 권리를 가진 것으로 최종 결정에 의해 판단된 자가 조약 제61조 1항(b)하의 새로운 유럽특허출원을 제출한 경우에, 그 결정이 받아들여지거나 승인되거나 또는 승인에 대한 의정서를 기초하여 승인되어야만 하는 지정된 회원국에 대한 새로운 출원의 날에 원출원은 취하된 것으로 간주된다.

(2) 출원료와 조사료는 새로운 출원의 제출로부터 1개월 이내에 납부되어야 하다. 만약 출원료 또는 조사료가 정해진 기한 내에 납부되지 않으면, 그 출원은 취하된 것으로 본다.

(3) 지정료는 유럽특허공보가 새로운

출원에 대하여 작성된 유럽조사보고서의 발행을 공고한 날로부터 6개월 내에 납부되어야 한다. 규칙 39(2) 및 (3)이 적용된다.

규칙 18 (유럽특허에 대한 권리의 일부 양도 Partial transfer of the right to the European patent)

(1) 만약 원유럽특허출원에 개시된 대상물의 단지 일부에 대하여 제3자가 유럽특허를 받을 수 있는 정당한 권한이 있는 것으로 최종 결정되었다면, 조약 제61조와 규칙 16 및 17은 그 부분에 적용된다.

(2) 적절한 경우, 원유럽특허출원은 그 결정이 받아들여지거나 승인되거나 또는 승인에 대한 의정서에 기초하여 승인되어야만 하는 지정된 회원국에 대해, 다른 지정된 회원국에 대해 다른 청구항, 상세한 설명 및 도면을 포함할 수 있다.

제2장 Chapter II
발명자의 게재 Mention of the inventor

규칙 19 (발명자의 지정 Designation of the inventor)

(1) 유럽특허허여에 대한 청구는 발명자의 지정을 포함하여야 한다. 하지만 만약 출원인이 발명자가 아니거나 또는 출원인이 단독 발명자가 아닌 경우, 지정은 별개의 서류로 제출되어야 한다. 상기 지정은 발명자의 성과 이름 및 주소를 언급하여야 하고, 조약 제81조에 규정된 진술을 포함하여야 하고 출원인 또는 그의 대리인이 서명을 할 필요가 있다.

(2) 유럽특허청은 발명자의 지정의 정확성을 확인하지 않는다.

(3) 만약 출원인이 발명자가 아니거나 출원인이 단독 발명자가 아닌 경우, 유럽특허청은 지정된 발명자에게 그를 지정하는 서류의 정보 및 다음의 데이터를 통지하여야 한다.

(a) 유럽특허출원의 번호;

(b) 유럽특허출원의 제출일과, 만약 우선권이 주장되었다면, 그 선출원의 날짜, 국가 및 제출번호;

(c) 출원인의 이름;

(d) 발명의 명칭;

(e) 지정된 회원국.

(4) 출원인과 발명자는 (3)항하의 통지의 누락과 거기에 포함된 오류를 법에 호소할 수 없다.

규칙 20 (발명자의 게재의 공고 Publication of the mention of the inventor)

(1) 지정된 발명자는, 그가 유럽특허청에 서면으로, 그의 게재된 권리를 포기하였다는 것을 통지하지 않는 한, 공개된 유럽특허출원과 유럽특허 명세서에 기재된다.

(2) (1)항은 유럽특허에 대한 출원인 또는 소유자가 그를 발명자로서 지정할 것이 요청된다는 것을 결정하는 최종 결정을 유럽특허청에 제3자가 제출하는 경우에 적용된다.

규칙 21 (발명자 지정의 수정 Rectification of the designation of an inventor)

(1) 발명자의 부정확한 지정은 청구에

의해 그리고 오직 잘못 지정되었던 자의 동의 그리고, 제3자에 의해 그런 청구가 제출된 경우, 그 특허에 대한 출원인 또는 소유자의 동의로 수정될 수 있다. 규칙 19가 준용되어야 한다.

(2) 발명자의 부정확한 지정이 유럽특허등록부에 기록되거나 유럽특허공보에 공고되었을 경우, 그 수정 또는 취소는 유럽특허등록부에 기록되거나 유럽특허공보에 공고되어야 한다.

제3장 Chapter III 이전, 실시권 및 다른 권리의 등록(Registration of transfers, licences and other rights)

규칙 22 (이전의 등록 Registration of transfers)

(1) 유럽특허출원의 이전은, 이전의 증거를 제공하는 서류의 제출과 함께, 이해관계자의 청구로 유럽특허등록부에 기록되어야 한다.

(2) 이 청구는 행정비용이 납부될 때까지 제출되지 않은 것으로 본다. 이 청구는 (1)항을 따르지 않은 경우에만 거절될 수 있다.

(3) 이전은 (1)항에 규정된 서류가 제출되어야 하고 또 그 제출된 날에 유럽특허청에 대해 효력을 가진다.

규칙 23 (실시권 및 다른 권리의 등록 Registration of licences and other rights)

(1) 규칙 22(1) 및 (2)는, 유럽특허출원과 그런 출원에 영향을 미치는 실행의 법적 수단에 관하여 특허허여의 등록 또는 실시권의 이전, 권리의 설정 또는 이전에 대해 준용된다.

(2) (1)항하의 등록은 그 권리가 소멸되었다는 증거를 제공하는 서류, 또는 그 등록의 취소에 대한 권리의 소유자의 서면 동의에 의해 뒷받침되는 요청에 의해 취소된다. 규칙 22(2)가 준용된다.

규칙 24 (실시권 등록에 대한 특별 기재사항 Special entries for licence registrations)

유럽특허출원에 대한 실시권은,

(a) 만약 출원인과 사용권자가 요청한다면 독점적인 실시권으로;

(b) 그 실시권이 유럽특허등록부에 기록된 사용권자에 의해 허락된다면 부-실시권으로서 기록되어야 한다.

제4장 Chapter IV 전시 증명서(Certificate of exhibition)

규칙 25 (전시 증명서 Certificate of exhibition)

유럽특허출원의 제출일로부터 4개월 내에, 출원인은 조약 제55조 2항에 규정된,

(a) 그 전시회에서 산업재산권의 보호에 대해 책임있는 당국에 의해 전시회에서 발행된;

(b) 발명이 실제로 거기에 개시되었다는 것이 공고된;

(c) 전시회의 시작일과, 그날 이후에 발명이 개시된 경우, 발명이 그 날에

처음으로 개시되었다는 것이 언급된; 그리고,

(d) 위에서 언급된 당국에 의해 적절하게 인증되고 그 발명과 동일하다는 것이 첨부된, 증명서를 제출하여야 한다.

제5장 Chapter V
생명공학발명
(Biotechnological inventions)

규칙 26 (개요 및 정의 General and definitions)

(1) 생명공학 발명에 관련된 유럽특허출원 및 특허에 대해서, 본 조약의 관련 조항은 이 장의 조항에 따라 적용되고 해석된다. 생명공학 발명의 법적 보호에 대한 1998년 7월 6일의 지침(Directive) 98/44/EC는 해석의 보조적인 수단으로서 사용된다.

(2) "생명공학 발명"은 생물학적 물질로 구성되거나 또는 포함하는 제품 또는 생물학적 물질이 생산되고, 생물학적 물질로 진행되고 또는 생물학적 물질이 사용되는 것을 수단으로 하는 방법에 관한 발명이다.

(3) "생물학적 물질"은 유전적 정보를 함유하고 그 자체로 복제되거나 생물계에서 복제되는 물질을 의미한다.

(4) "식물품종(Plant variety)"은 알려진 가장 낮은 순위(the lowest known rank)의 단일의 식물학상의 분류 내에서 그룹화된 식물을 말하고, 식물품종권의 허여를 위한 조건이 완전히 만족되는지 여부에 상관없이, 그룹화는,

(a) 기존의 유전자형(genotype) 또는 유전자형들의 조합으로부터 기인하는 특징의 표현에 의해 정의될 수 있고,

(b) 상기 특징의 적어도 하나의 표현에 의해 그룹화되는 다른 식물로부터 구분될 수 있고, 그리고

(c) 변함없이 증식되는 것에 대한 그 적격성(suitability)에 관해서는 하나의 단위(unit)로 고려될 수 있다.

(5) 식물 또는 동물의 생산을 위한 과정은, 생산이 전적으로 이종교배(crossing) 또는 도태(selection)와 같은 자연현상으로 구성된다면, 필수적으로 생물학적이다.

(6) "미생물학적 과정(Microbiological process)"은 미생물학적 물질이 관련되거나 미생물학적 물질에 의해 수행되거나 또는 미생물학적 물질에 귀착되는 과정을 의미한다.

규칙 27 (특허가능한 생명공학 발명 Patentable biotechnological inventions)

생명공학 발명은,

(a) 비록 생물학적 물질이 자연에서 이미 발견되더라도 그 원래의 환경으로부터 분리되거나 기술적 과정에 의해 생산되는 생물학적 물질;

(b) 그 발명의 기술적 실행가능성이 특별한 식물 또는 동물 품종에 한정되지 않는다면 식물 또는 동물;

(c) 미생물학적 또는 다른 기술적 과정, 또는 식물 또는 동물 품종을 제외한 그런 과정에 의해 얻어지는 제품에 관한 것이라면, 역시 특허 가능

하다.

규칙 28 (특허성에 대한 예외 Exceptions to patentability)

조약 제53조 (a) 하에서, 유럽특허는 특별히 다음에 관련된 생명공학 발명에 대해서는 허여될 수 없다.

(a) 인간 복제를 위한 방법;

(b) 인간의 생식계열의 유전적 특성변경 방법;

(c) 산업적 또는 상업적 목적으로의 인간배아의 이용;

(d) 동물의 유전적 동일성을 변경하는 방법으로 인간 또는 동물에게 실질적인 의학적 이익을 주는 일 없이 고통을 야기할 수 있는 방법 및 그 방법으로부터 얻어지는 동물.

규칙 29 (인체 및 그 구성요소 The human body and its elements)

(1) 그 생성 및 성장의 다양한 단계의 인체와 유전자의 서열 또는 일부 서열을 포함하는, 그 구성요소 중 하나의 단순한 발견은 특허 가능한 발명을 구성할 수 없다.

(2) 유전자의 서열 또는 일부 서열을 포함하는, 인체로부터 분리된 구성요소 또는 기술적 과정에 의해 생산된 구성요소는, 비록 그 구성요소의 구성이 원래의 구성요소의 구성과 동일하더라도, 특허 가능한 발명을 구성할 수 있다.

(3) 유전자의 서열 또는 일부 서열의 산업적 적용은 특허출원에 개시되어야만 한다.

규칙 30 (뉴클레오티드와 아미노산 서열에 관한 유럽특허출원의 요건 Requirements of European patent applications relating to nucleotide and amino acid sequences)

(1) 만약 유럽특허출원에 뉴클레오티드와 아미노산 서열이 개시되어 있으면, 뉴클레오티드와 아미노산 서열의 표준화된 표현을 위해 유럽특허청장에 의해 규정된 규칙에 따르는 서열목록을 상세한 설명이 포함해야 한다.

(2) 출원일 후에 제출된 서열목록은 상세한 설명의 일부를 구성할 수 없다.

(3) 출원인이 출원일에 (1)항하의 요건에 따르는 서열목록을 제출하지 않은 경우에, 유럽특허청은 출원인에게 그 서열목록을 제출하도록 요청하고, 후제출 수수료를 납부하여야 한다. 만약 출원인이 제출요청 후 2개월의 기간 내에 요구되는 서열목록을 제출하지 않고 후제출 수수료를 납부하지 않으면, 그 출원은 거절된다.

규칙 31 (생물학적 물질의 기탁 Deposit of biological material)

(1) 발명이, 공중이 이용할 수 없는 생물학적 물질에 관한 것이거나 그 사용을 포함하는 경우, 그리고 그 분야의 당업자에 의해 발명이 실시될 수 있도록 유럽특허출원에 개시될 수 없는 경우에는,

(a) 1977년 4월 28일 특허 절차에 있어 미생물기탁의 국제적 승인에 관한 부다페스트 조약에 규정된 것과 같은 조건으로 공인된 기탁기관에 생물학적 물질의 샘플이 출원일보다

늦지 않게 기탁되고,

(b) 그 생물학적인 물질의 특징에 관하여 출원인이 이용할 수 있는 것과 같은 관련 정보를 최초출원이 제공하고,

(c) 상세한 설명에 그 기탁기관과 그 기탁된 생물학적 물질의 기탁번호가 언급되고, 그리고,

(d) 출원인 이외의 자에 의해 생물학적 물질이 기탁된 경우, 기탁자의 이름과 주소가 상세한 설명에 언급되고 유럽특허청에 그 출원에서 기탁된 생물학적 물질의 인용에 대하여 출원인에게 기탁자가 권한을 부여하였고 그리고 규칙 33에 따라 기탁된 물질을 공중이 이용할 수 있도록 제한없고 취소할 수 없는 동의를 주었다는 증거를 제공하는 서류가 제출되면, 조약 제83조에 규정된 것과 같이 발명이 개시된 것으로 간주된다.

(2) (1)항의 (c) 및 (d)에 규정된 정보는 다음의 기간 내에 제출될 수 있다.

(a) 출원일 후 또는 우선권이 주장되었다면, 우선일 후 16개월 내, 만약 상기 정보가 유럽특허출원의 공개를 위한 기술적 준비의 완성 전에 통지되었다면 이 기간은 준수된 것으로 본다;

(b) 조약 제93조 1항(b)하의 요청의 제출일까지;

(c) 조약 제128조 2항하의 서류를 열람할 수 있는 권리가 존재한다는 것을 출원인에게 유럽특허청이 통지한 날부터 1개월 이내;

결정기간(The ruling period)은 제일 먼저 만료하는 기간이 된다. 이 정보의 통지는 규칙 33에 따라 기탁된 생물학적 물질을 공중이 이용할 수 있도록 출원인의 제한없고 취소할 수 없는 동의를 구성하는 것으로 간주된다.

규칙 32 (전문가 해결책 Expert solution)

(1) 유럽특허출원의 공개를 위한 기술적 준비의 완료 시까지, 출원인은 유럽특허청에,

(a) 유럽특허허여의 공고가 될 때까지 또는, 적용가능한 경우;

(b) 출원이 거절되거나 취하되거나 취하된 것으로 간주되면, 출원일로부터 20년 동안;

규칙 33에 규정된 이용가능성은 요청자에 의해 지명된 전문가에게 샘플을 지급함에 의해서만 효력이 발생된다.

(2) 다음의 자가 전문가로서 지명될 수 있다.

(a) 상기 요청이 제출될 때, 그 지명이 출원인의 승인을 가진다는 증거를 제공하는 것을 조건으로, 자연인;

(b) 유럽특허청장에 의해 전문가로서 인정된 자연인. 상기 지명은, 모든 지정국에서 특허가 만료된 날 또는 출원이 거절되거나, 취하되거나 또는 취하간주되는 경우, 1(b)에 규정된 날짜까지, 규칙 33하에 주어진 과업에 들어간 출원인에 대하여 전문가로부터의 선언서를 수반하고, 청구자는 제3자로서 간주된다.

규칙 33 (생물학적 물질의 이용 Availability of biological material)

(1) 규칙 31에 따라 기탁된 생물학적 물질은 유럽특허출원의 공개일로부터 청구를 통해 누구라도 이용할 수 있고, 그날 이전에, 조약 제128조 2항에 따라 포대의 열람 권리를 가지는 자가 이용할 수 있다. 이런 이용은, 규칙 32에 따라, 청구를 한 사람(이하에서는 "청구자")에게 생물학적 물질의 샘플을 지급함에 의해 효력을 발생한다.

(2) 그런 지급은, 특허출원인 또는 소유자가 명시적으로 그런 수행을 포기하지 않는 한, 특허출원이 거절되거나 취하 또는 취하간주되는 때까지 또는 유럽특허가 모든 지정국에서 소멸하기 전에 그 청구자가 특허출원인 또는 소유자에 대해 그 생물학적 물질 또는 그로부터 얻어진 생물학적 물질을 제3자가 이용하지 못하도록 하고 또 그 물질을 실험적 목적으로만 사용하게 한 경우에만 된다. 실험적 목적으로만 그 생물학적 물질을 사용하게 하는 수행은, 청구자가 강제실시권하에서 그 물질을 사용하고 있는 한 적용되지 않는다. "강제실시권"이란 용어는 직권실시권(ex officio licences) 및 공중의 이익에서 특허된 발명을 사용할 수 있는 권리를 포함하는 것으로 해석되어야 한다.

(3) (2)항의 목적을 위해, 얻어진 생물학적 물질은 그 발명의 수행에 필수적인 기탁된 물질의 특징을 공개하는 물질을 의미한다. (2)항하의 수행은 특허절차의 목적을 위해 필요한 얻어진 생물학적 물질의 기탁을 방해하지 않는다.

(4) (1)항에 규정된 청구는 유럽특허청에 의해 인정되는 형태로 제출되어야 한다. 유럽특허청은 생물학적 물질의 기탁이 인용된 유럽특허출원이 제출된 형식, 그리고 청구자 또는 규칙 32하에서 지명된 전문가가 그 물질의 샘플의 지급에 대한 권한이 있는지에 대한 인증을 한다. 유럽특허의 허여 후에, 그 청구는 유럽특허청에도 제출되어야 한다.

(5) 유럽특허청은 (4)항에 규정된 인증서와 함께 청구의 사본을 기탁기관과 그 특허의 출원인 또는 소유자에게 전달하여야 한다.

(6) 유럽특허청은 그 관보(Official Journal)에 규칙 31에서 34를 위해 공인된 전문가와 기탁기관의 리스트를 개재하여야 한다.

규칙 34 (생물학적 물질의 새로운 기탁 New deposit of biological material)

규칙 31에 따라 기탁된 생물학적 물질이 공인된 기탁기관으로부터의 이용이 정지된다면, 만약 그 물질의 새로운 기탁이 1977년 4월 28일 특허 절차에 있어 미생물기탁의 국제적 승인에 관한 부다페스트 조약에 규정된 것과 같은 조건으로 공인된 기탁기관에 이루어지고, 그리고 유럽특허 또는 유럽특허출원의 번호를 기재하고, 새로운 기탁의 날로부터 4개월 내에 유럽특허청으로 기탁기관에 의해 발생된 새로운 기탁의 영수서류의 복사본이 전달되면, 이용에 대한 중단은 일어나지 않은 것으로 간주한다.

3부 PART III
조약의 제3부에 대한 시행규칙 IMPLEMENTING REGULATIONS TO PART III OF THE CONVENTION

제1장 Chapter I
유럽특허출원의 제출(Filing of the European patent application)

규칙 35 (총칙 General provisions)

(1) 유럽특허출원은 뮌헨, 헤이그 또는 베를린에 있는 유럽특허청 또는 조약 제75조 1항(b)에 규정된 당국에 서면으로 제출될 수 있다.

(2) 유럽특허출원이 제출되는 상기 당국은 출원을 구성하는 서류에 그 수령일을 표시하고, 지체없이 적어도 출원번호와 특허라는 표시, 서류의 수령일 및 번호를 포함하는 수령증을 출원인에게 발행한다.

(3) 만약 유럽특허출원이 조약 제75조 1항(b)에 규정된 당국에 제출되면, 그 당국은 지체없이, 특히 서류의 수령일과 특허라는 표시, 출원 번호 및 청구된 우선일과 그 출원의 접수를 유럽특허청에 통지하여야 한다.

(4) 회원국의 중앙산업재산청에 의해 이송된 유럽특허출원을 수령하면, 유럽특허청은 출원인에게 즉시 그 수령일을 통지하여야 한다.

규칙 36 (유럽분할출원 European divisional applications)

(1) 출원인은 진행중인 선 유럽특허출원에 관련되는 분할출원을 제출할 수 있다.

(2) 분할출원은 선 유럽특허출원에 대한 진행언어로 되어야 한다. 만약 선 유럽특허출원이 유럽특허청의 공식언어로 되지 않았다면, 분할출원은 선 유럽특허출원의 언어로 제출될 수 있다; 선 유럽특허출원에 대한 진행언어로의 번역문은 분할출원의 출원으로부터 2개월 내에 되어야 한다. 분할출원은 뮌헨, 헤이그 또는 베를린에 있는 유럽특허청에 제출되어야 한다.

(3) 출원료와 조사료는 분할출원의 제출로부터 1개월 이내에 납부되어야 한다. 만약 출원료 또는 조사료가 기한 내에 납부되지 않으면, 그 출원은 취하된 것으로 본다.

(4) 지정료는 유럽특허공보가 분할출원에 대하여 작성된 유럽조사보고서를 공개한 날로부터 6개월 내에 납부되어야 한다. 규칙 39(2) 및 (3)이 적용되어야 한다.

규칙 37 (유럽특허출원의 이송 Forwarding of European patent applications)

(1) 회원국의 중앙산업재산청은 국가의 이익의 범위 내에서 발명의 비밀에 관한 국가법과 양립할 수 있는 가장 짧은 기간 내에 유럽특허청에 유럽특허출원을 이송하여야 하고,

(a) 출원의 대상이 국가법 하에서 명백

하게 비밀에 대한 책임이 없는 경우, 출원으로부터 6주,

(b) 출원이 그 비밀에 대한 책임에 대해 더 심사를 요하는 경우에는, 출원으로부터 4개월 또는 만약 우선권이 청구된 경우, 우선일로부터 14개월 내에 유럽특허출원의 이송을 확정하기 위한 모든 적절한 단계를 수행해야 한다.

(2) 출원으로부터 14개월 또는, 우선권이 청구된 경우, 우선일로부터 14개월 내에 수령되지 않은 유럽특허출원은 취하된 것으로 본다. 이 출원에 대하여 납부된 수수료는 반환되어야 한다.

규칙 38 (출원료 및 조사료 Filing fee and search fee)

(1) 출원료와 조사료는 유럽특허출원의 제출로부터 1개월 내에 납부되어야 한다.

(2) 수수료에 관한 규칙은 만약 그 출원이 35페이지 이상을 포함하고 있다면 출원료의 일부로서 부가수수료에 대해 제공할 수 있다.

(3) (2)항에 대한 부가수수료는 유럽특허출원의 제출로부터 1개월 또는 첫번째 청구항 세트 제출로부터 1개월 또는 규칙 40(3)에 따른 인증사본의 제출로부터 1개월 중 늦게 만료되는 기간 내에 제출되어야 한다.

(4) RFees는 분할출원인 선출원에 대하여 제출된 분할출원의 경우에 출원료의 일부로서 추가의 수수료에 대해서 규정할 수 있다.[3)]

규칙 39 (지정료 Designation fees)

(1) 지정료는 유럽특허공보에 유럽조사보고서가 공개된 날로부터 6개월 이내에 납부되어야 한다.

(2) 지정료가 기간 내에 납부되지 않거나 모든 회원국의 지정이 취소되면, 그 유럽특허출원은 취하된 것으로 간주된다.

(3) 규칙 37(2) 두 번째 문장에 대한 위반없이, 지정료는 반환되지 않는다.

규칙 40 (출원일 Date of filing)

(1) 유럽특허출원의 출원일은 출원인에 의해.

(a) 유럽특허를 원한다는 표시;

(b) 출원인을 나타내거나 또는 출원인을 접촉하는 것을 허용하는 정보; 그리고

(c) 선출원에 대한 상세한 설명 또는 인용(reference)을 포함하는 서류가 제출된 날짜이다.

(2) (1)(c)하의 선출원에 대한 인용은 그 출원의 출원일과 번호 그리고 그것이 제출된 관청을 진술하여야 한다. 그런 인용은 상세한 설명과 도면을 대체한다는 것을 표시하여야 한다.

(3) 출원이 (2)항하의 인용을 포함하는 경우, 선출원의 인증된 사본이 그 출원의 날부터 2개월 내에 제출되어야 한다. 선출원이 유럽특허청의 공식언어로 되지 않은 경우, 공식언어 중 하나로 된 그 번역문이 동일 기간 내에 제

3) 2014.4.1. 시행.

출되어야 한다. 규칙 53(2)가 준용되어야 한다.

제2장 Chapter II
출원을 규율하는 조항
(Provisions governing the application)

규칙 41 (특허허여청구 Request for grant)

(1) 유럽특허의 허여에 대한 특허허여청구가 유럽특허청에 의해 만들어진 양식에 따라 제출되어야 한다.

(2) 특허허여청구는 다음을 포함한다.

(a) 유럽특허의 허여에 대한 신청;

(b) 발명의 기술적 의미를 명확하고 간결하게 진술하고 모든 공상적 단어를 배제한, 발명의 명칭;

(c) 발명자의 성명, 주소 및 국적 그리고 발명자의 거주지 또는 주 영업소가 위치하는 나라. 자연인의 성명은 성 뒤에 이름이 표시되어야 한다. 그 규율 하는 법 하의 법인과 동등한 단체뿐만 아니라 법인의 이름은 공식적 칭호에 의해 표시되어야 한다. 주소는 신속한 우편배달을 위한 적절한 관례적인 요건에 따라 표시되어야 하고, 만약 있다면, 주택의 번지를 포함하는 모든 적절한 행정적인 단위를 포함하여야 한다;

(d) 만약 출원인이 대리인을 선임하였다면 (c)에 규정된 바와 같은 그 성명과 그의 영업장소의 주소;

(e) 적절한 경우, 그 출원이 분할출원을 구성한다는 표시와 선 유럽특허출원의 번호;

(f) 조약 제61조 1항 (b)에 의한 출원의 경우에, 원래의 유럽특허출원의 번호;

(g) 적용가능한 경우, 선출원의 우선권을 주장하고 그리고 선출원이 제출된 나라 및 날짜를 표시하는 선언;

(h) 출원인 또는 그 대리인의 서명;

(i) 특허허여청구에 첨부된 서류의 리스트. 이 리스트는 특허허여청구와 함께 제출된 상세한 설명, 청구항, 도면 및 요약서의 매수를 표시하여야 한다.

(j) 출원인이 발명자인 경우, 발명자의 지정

(3) 만약 출원인이 한 사람 이상인 경우, 특허허여청구는 바람직하게는 공통의 대리인으로서 하나의 출원인 또는 대리인의 선임을 포함하여야 한다.

규칙 42 (상세한 설명의 내용 Content of the description)

(1) 상세한 설명은,

(a) 발명이 관련된 기술분야를 특정하여야 한다;

(b) 출원인이 아는 한, 그 발명을 이해하는 데 유용하고, 유럽조사보고서를 작성하는 데 유용하고 그리고 유럽특허출원을 심사하는 데 유용하게 여겨질 수 있는 배경기술을 지적하여야 하고, 그런 기술을 반영하는 문헌을 인용하여야 한다.

(c) 비록 명백하게 언급되지 않았을지라도, 기술적 문제와 그 해결책이 이해될 수 있는 용어로, 청구된 발명을 개시하여야 하고, 배경기술과 비교

하여 발명의 유리한 효과를 언급하여야 한다.

(d) 필요하다면, 도면(drawings)의 그림(figures)을 간단하게 설명하여야 한다.

(e) 필요하다면, 도면을 참고하고 적절하다면 예를 사용하여, 청구된 발명을 수행하는 적어도 하나의 방식을 상세하게 설명하여야 한다.

(f) 발명의 본질(nature) 또는 상세한 설명으로부터 명확하지 않다면, 발명이 산업적으로 적용될 수 있는 방식을 명시적으로 설명하여야 한다.

(2) 상세한 설명은, 발명의 본질 때문에, 다른 형태의 표현이 보다 나은 이해 또는 보다 명확함을 제공하지 않는 한, (1)항에 특정된 순서와 방식으로 표현되어야 한다.

규칙 43 (청구항의 형식과 내용 Form and content of claims)

(1) 청구항은 발명의 기술적 특징에 대하여 보호를 구하는 사항을 정의한다. 적절한 경우는 언제나, 청구항은,

(a) 발명의 대상물의 지정 및 청구된 대상물의 정의를 위해 필요하지만 협력하여 종래 기술의 일부를 형성하지 않는 기술적 특징을 표시하는 진술;

(b) (a)하에서 언급된 특징과 함께, 보호를 구하고 기술적 특징을 특정하는 "…을 특징으로 하는(characterised in that)" 또는 "…에 의해 특징지어지는(characterised by)"라는 표현으로 시작되는, 특징부(a charactering portion)를 포함하여야 한다.

(2) 조약 제82조를 위반함이 없이, 유럽특허출원은, 만약 출원의 대상물이 다음의 하나와 관련되면, 동일한 카테고리[제품(product), 방법(process), 장치(apparatus) 또는 용도(use)]에 하나 이상의 독립항을 포함할 수 있다.

(a) 다수개의 서로 관련된 제품들;

(b) 제품 또는 장치의 다른 용도(uses);

(c) 단일의 청구항에 의해 다른 실시례를 커버하는 것이 부적절한 경우, 특정한 문제에 대한 다른 해결책

(3) 발명의 필수적 특징을 나타내는 청구항은 그 발명의 특별한 실시례에 관한 하나 또는 그 이상의 청구항으로 될 수 있다.

(4) 다른 청구항(종속항)의 모든 특징을 포함하는 청구항은, 가능하면 서두에, 다른 청구항에 대한 인용을 포함하고 추가적인 특징을 언급한다. 다른 종속항을 직접적으로 인용하는 종속항도 허용될 수 있다. 하나의 앞선 청구항을 인용하는 모든 종속항과 몇 개의 앞선 청구항을 인용하는 모든 종속항은 가능한 범위내에서 그리고 가능한 가장 적절한 방법으로 함께 그룹으로 되어야 한다.

(5) 청구항의 수는 청구된 발명의 특징에 따라 적절하게 되어야 한다. 청구항은 아라비아 숫자로 연속적으로 번호매겨져야 한다.

(6) 절대적으로 필요한 경우를 제외하고, 청구항은 발명의 기술적 특징을 특정함에 있어서 상세한 설명 또는 도면

을 인용해서는 안 된다. 특히 청구항은 "상세한 설명의… 부분에 설명된 것과 같은(as described in part … of the description)", 또는 "도면의… 그림에 도시되어 있는 바와 같은(as illustrated in figure… of the drawings)"라는 표현을 포함할 수 없다.

(7) 유럽특허출원이 참조부호를 포함하는 도면을 가진 경우, 청구항에 특정된 기술적 특징에는 이들 특징에 관련된 참조부호가, 만약 그것에 의해 청구항의 이해도가 증대될 수 있다면, 괄호 내에 위치되게, 표시되는 것이 바람직하다.

규칙 44 (발명의 단일성 Unity of invention)

(1) 유럽특허출원 내에 일군의 발명이 청구된 경우, 조약 제82조하의 발명의 단일성의 요건은, 하나 또는 그 이상의 특별한 기술적 특징과 대응되거나 동일한 것을 수반하는 그들 발명 사이에, 기술적인 관련성이 있는 경우에만 만족된다. "특별한 기술적 특징"이란 표현은 심사중인 각각의 청구된 발명이 전체로서 종래 기술을 능가하는 공헌을 정의하는 특징을 의미한다.

(2) 일군의 발명이 단일의 총괄적 발명 개념을 형성하도록 연결되는지에 대한 결정은 발명이 별개의 청구항으로 청구되었거나 또는 단일의 청구항 내에 다른 실시례로 청구되었는지에 관계없이 되어야 한다.

규칙 45 (수수료를 초래하는 청구항 Claims incurring fees)

(1) 15개 이상의 청구항을 포함하는 유럽특허출원은, 16번째의 청구항과 그 이후의 청구항에 대하여 수수료에 관한 규칙에 규정된 것과 같은 청구항료의 납부를 초래한다.

(2) 청구항료는 청구항의 첫번째 세트를 제출한 날부터 1개월 이내에 납부되어야 한다. 만약 청구항료가 기한 내에 납부되지 않으면, 그 기한을 준수하지 못한 것에 대한 통지로부터 1개월 내에 납부될 수 있다.

(3) 청구항료가 기한 내에 납부되지 않으면, 관련된 청구항은 포기된 것으로 본다.

규칙 46 (도면의 형식 Form of the drawings)

(1) 도면이 있는 용지에는, 사용가능한 표면 영역이 26.2cm×17cm를 넘지 않아야 한다. 사용가능하거나 사용된 표면은 프레임에 의해 둘러지지 않아야 한다. 최소 여백은 다음과 같아야 한다:

상단 2.5cm
좌측단 2.5cm
우측단 1.5cm
하단 1cm

(2) 도면은 아래와 같이 되어야 한다:

(a) 도면은 영속성 있고, 검고, 충분히 짙고 진하며, 두께가 균일하고 명확하며 색상 없는 선과 스트로크(strokes)로 되어야 한다.

(b) 단면은 참조부호와 지시선의 명확한 식별을 방지하지 않는 해칭에 의해 표시되어야 한다.

(c) 도면과 그들의 문자표시의 축척

(scale)은 크기에 있어서 2/3로 선형적으로 축소되어 전자적 또는 사진적 재생이 어려움 없이 모든 상세사항이 구별될 수 있도록 되어야 한다. 만약 예외적으로, 축척이 도면상에 주어져 있으면, 이것은 사실적으로(graphically) 표현될 수 있다.

(d) 도면상에 나타나는 모든 숫자, 문자 및 참조부호는 간단하고 명료해야 한다. 괄호, 원 또는 따옴표는 숫자 또는 문자와 관련하여 사용될 수 없다.

(e) 일반적으로, 도면에 있는 모든 선은 도면 도구의 도움으로 그려져야 한다.

(f) 비율에서의 차이가 그림의 명확성을 위해 필수불가결하지 않은 한, 동일한 그림의 구성요소들은 서로 간에 비례하여야 한다.

(g) 숫자와 문자의 높이는 0.32cm보다 작지 않아야 한다. 도면의 문자는, 관례적으로, 라틴과 그리스 알파벳이 사용된다.

(h) 도면의 하나의 용지는 다수개의 그림을 포함할 수 있다. 둘 또는 그 이상의 용지에 그려진 그림들이 하나의 그림을 형성하도록 된 경우에는, 여러 용지에 있는 그림은 전체 그림이 부분적 그림의 어떤 부분을 숨기지 않고 결합될 수 있도록 배치되어야 한다. 다른 그림들은 공간을 낭비함이 없이, 바람직하게는 직립의 위치에, 서로간에 명확하게 분리되도록 배치되어야 한다. 그림들이 직립 위치로 배열되지 않은 경우에는 용지의 좌측단에 그림의 상단이 있도록 옆으로 배치되어야 한다. 다른 그림들은, 용지의 번호와 독립적으로, 아라비아 숫자로 연속적으로 페이지 매겨져야 한다.

(i) 상세한 설명과 청구범위에 언급되지 않은 참조부호는 도면에 나타나서는 안 되고, 역으로도 마찬가지이다. 특징에 대한 참조부호는 출원전체를 통해 일관되어야 한다.

(j) 도면은 문자 사항(text matter)을 포함하지 않아야 한다. 도면의 이해를 위해 필수불가결한 경우에는, "물(water)", "증기(steam)", "개방(open)", "폐쇄(closed)" 또는 "AB에 대한 단면(section on AB)"과 같은 몇몇 짧은 키워드(keyword)가 포함될 수 있다. 이런 키워드는, 만약 필요하다면, 그들의 번역이 도면의 선과 간섭함이 없이 위치될 수 있도록 공간의 여유를 가지고 표시되어야 한다.

(3) 흐름도(flow sheets)와 도표(diagram)는 도면으로 간주된다.

규칙 47 (요약서의 형식과 내용 Form and content of the abstract)

(1) 요약서는 발명의 명칭을 표시해야 한다.

(2) 요약서는 상세한 설명, 청구항 및 도면에 포함된 것과 같은 개시의 간단한 요약을 포함하여야 한다. 상기 요약은 발명이 관련된 기술분야를 표시하고 그리고 기술적 문제점, 그 발명을 통한 문제점 해결의 요점 및 그 발명의

사용 또는 주요한 사용의 명확한 이해를 허용하는 방식으로 작성되어야 한다. 요약서는, 적용가능한 경우, 출원에 포함되어 있는 것들 중에서, 발명을 가장 특징화하는 화학식을 포함하여야 한다. 요약서는 증거 없이 주장되는 발명의 장점 또는 가치 또는 발명의 확실치 않은 적용에 대한 언급을 포함할 수 없다.

(3) 요약서는 150단어 이상을 포함하지 않는 것이 바람직하다.

(4) 만약 유럽특허출원이 도면을 포함하는 경우, 출원인은 요약서와 함께 공개되어야 할 도면 중의 하나의 그림 또는 예외적으로 그림들을 지정해야 한다. 유럽특허청은 발명을 보다 잘 특징짓는 것이라고 생각하는 경우 하나 또는 그 이상의 다른 그림을 공개하는 것을 결정할 수 있다. 요약서에서 언급되고 도면에 도시된 각각의 필수적 특징은 괄호 안에 위치된 참조부호로 표시되어야 한다.

(5) 요약서는 특별한 기술분야에서 조사의 목적을 위한 효과적인 도구를 구성하도록 작성되어야 한다. 특히 유럽특허출원 그 자체의 참고가 필요한지 아닌지에 대한 판단이 가능하게 만들어야 한다.

규칙 48 (금지된 사항 Prohibited matter)

(1) 유럽특허출원은,

(a) "공공의 질서" 또는 도덕에 반하는 진술 또는 다른 사항;

(b) 제3자의 제품이나 방법을 험담하거나 또는 그런 당사자의 출원 또는 특허의 장점 또는 유효성을 험담하는 진술;

(c) 주어진 상황하에서 명백하게 부적절하고 불필요한 진술 또는 다른 사항을 포함해서는 안 된다.

(2) 만약 출원이 (1)(a)하에 금지된 사항을 포함하고 있는 경우에, 유럽특허청은 생략된 도면 또는 단어의 위치와 숫자를 지적하면서, 공개될 때 그 출원으로부터 그런 사항을 생략할 수 있다.

(3) 만약 출원이 (1)(b)에 규정된 진술을 포함하는 경우, 유럽특허청은 생략된 단어의 위치와 개수를 지적하면서, 공개될 때 그 출원으로부터 그 단어를 생략할 수 있다. 청구에 대해, 유럽특허청은 생략된 단락의 사본을 제공하여야 한다.

규칙 49 (출원서류의 표시를 규율하는 일반규정 General provisions governing the presentation of the application documents)

(1) 조약 제14조 2항, 또는 규칙 40(3)에 따라 제출된 번역문은, 유럽특허출원을 구성하는 서류로 간주된다.

(2) 출원을 구성하는 서류는, 제한없는 숫자의 사본으로, 전자적 또는 직접적 재생, 특히 스캐닝, 사진, 전자기적 방법, 사진 오프셋 및 마이크로 필름화를 허용하도록 표현되어야 한다. 모든 용지(sheets)는 찢어진 부분, 주름 및 접힘이 없어야 한다. 단지 용지의 일면만이 사용되어야 한다.

(3) 출원을 구성하는 서류는 유연하고(pliable), 튼튼하고(strong), 희고(white),

평탄하고(smooth), 광택이 없고(matt) 그리고 내구력있는(durable) A4 용지(29.7cm×21cm)로 되어야 한다. (9)항과 규칙 46(2)(h)에 따라, 각 용지는 그 짧은 쪽이 상단과 하단으로(직립위치) 사용되어야 한다.

(4) 출원을 구성하는 서류(출원서, 상세한 설명, 청구항, 도면 및 요약서)의 각각은 새로운 용지에서 시작되어야 한다. 용지들은 쉽게 넘길 수 있고, 분리될 수 있고 다시 함께 결합될 수 있도록 연결되어야 한다.

(5) 규칙 46(1)에 따라, 최소 여백은 다음과 같다:

상단: 2cm

좌측단: 2.5cm

우측단: 2cm

하단: 2cm

위에서 인용된 여백에 대한 추천되는 최대값은 다음과 같다:

상단: 4cm

좌측단: 4cm

우측단: 3cm

하단: 3cm

(6) 출원에 포함된 모든 용지는 아라비아 숫자로 연속적으로 페이지 매겨져야 한다. 이들은 용지의 상단에서 중앙에 위치되어야 하는데, 상단 여백 내에 위치되어서는 안 된다.

(7) 상세한 설명과 청구항의 각 용지의 라인은 5개의 세트마다 번호 매겨지는 것이 바람직한데, 오른쪽의 여백에 대해 왼쪽에 숫자가 표시되도록 한다.

(8) 유럽특허의 허여청구, 상세한 설명, 청구항 및 요약서는 타이핑되거나 인쇄되어야 한다. 필요한 경우, 오직 그래픽 심볼(graphic symbols)과 화학식 또는 수학식이 그려지거나 수기로 기재될 수 있다. 타이핑은 1과 1/2 간격으로 되어야 한다. 모든 문자사항은 알파벳(characters)으로 되어야 하고, 그 대문자는 0.21cm 높이보다 낮지 않고, 진하고, 지울 수 없는 색상이어야 한다.

(9) 유럽특허의 허여청구, 상세한 설명, 청구항 및 요약서는 도면을 포함하지 않는다. 상세한 설명, 청구항 및 요약서는 화학식 또는 수학식을 포함할 수 있다. 상세한 설명과 요약서는 표(tables)를 포함할 수 있다. 청구항은 그 대상물이 표의 사용을 바람직하게 하는 경우에만 표를 포함할 수 있다. 표와 화학식 또는 수학식은, 직립의 위치에 만족스럽게 표시될 수 없을 경우에 용지에 측방향으로 위치될 수 있다. 측방향으로 표시된 표 또는 화학식 또는 수학식은, 표와 식의 상단이 용지의 좌측단에 있도록 위치된다.

(10) 수치(Values)는 국제 표준에 맞는 단위로 표시되어야 하고, 적절한 경우는 언제나, SI단위를 사용한 미터법으로 표시되어야 한다. 이런 요건을 만족시키지 않는 데이터는 국제 표준에 맞는 단위로 표현되어야 한다. 당해 분야에서 일반적으로 받아들여지는 기술적 용어, 관례(conventions), 공식(formulae), 기호(signs) 및 심볼(symbols)만이 사용될 수 있다.

(11) 전문용어와 부호는 그 유럽특허출

원 전체에 걸쳐 일관되어야 한다.

(12) 각 용지는 말소(erasures)가 쉽지 않아야 하고, 변경될 수 없어야 한다. 이 규칙에 맞지 않음은, 만약 그 내용의 진정성이 이의 제기되지 않고 그리고 좋은 재생에 대한 요건이 위험에 빠지지 않는다면 인정될 수 있다.

규칙 50 (추후에 제출된 서류 Documents filed subsequently)

(1) 규칙 42, 43 및 46에서 49는 유럽특허출원을 구성하는 서류를 대체하는 서류에 적용되어야 한다. 규칙 49(2)에서 (12)는, 규칙 71에 규정된 청구항의 번역문에도 적용되어야 한다.

(2) 출원을 구성하는 서류 이외의 모든 서류는 일반적으로 타이핑되거나 프린트되어야 한다. 각 페이지의 좌측에 약 2.5cm의 여백이 있어야 한다.

(3) 출원의 제출 후에 제출된 서류는 서명되어야 하는데, 부속서류는 예외이다. 만약 서류가 서명되지 않았다면, 유럽특허청은 정해진 기한 내에 그렇게 해야 할 관련 당사자에게 요청해야 한다. 만약 기한 내에 서명되었다면, 그 서류는 그 원래 수령일에 된 것으로 유지되고, 그렇지 않으면 제출되지 않은 것으로 본다.

제3장 Chapter III
유지료 Renewal fees

규칙 51 (유지료의 납부 Payment of renewal fees)

(1) 다음 연도에 대한 유럽특허출원의 유지료는 유럽특허출원의 출원일의 1주년을 포함하는 달의 마지막 날이 기일로 된다. 유지료는 그 기일이 되기 3개월 이전에는 유효하게 납부될 수 없다.

(2) 만약 유지료가 기일 내에 납부되지 않으면, 유지료는 기일로부터 6개월 내에도 납부될 수 있는데, 그 기한 내에 추가수수료가 함께 납부되어야 한다.

(3) 분할출원이 제출된 날에 이미 원출원에 대해 기일이 된 유지료는 분할출원에 대해서도 역시 납부되어야 하고 또 그 제출에 대한 기일이 된다. 분할출원의 제출일로부터 4개월 내에 기일이 된 이들 수수료와 유지료는 추가수수료 없이 그 기간 내에 납부될 수 있다. (2)항이 준용된다.

(4) 만약 유럽특허출원이 거절되거나 기한의 부준수의 결과로서 취하된 것으로 되고, 또 만약 출원인의 권리가 조약 제122조 하에서 재설정되면,

(a) 권리의 상실이 일어난 날에 시작하고, 권리의 재설정 결정의 통지의 날을 포함하여 그때까지의 기간 내에 (1)항하의 기일이 되는 유지료는 권리의 재설정 결정일이 기일이 된다. 권리의 재설정 결정일로부터 4개월 이내에 기일이 되는 이 수수료와 유지료는 추가수수료 없이 4개월 내에 납부될 수 있다. (2)항이 준용된다.

(b) 권리의 상실이 일어난 날에, 이미 기일이 되었으나 (2)항에서 제공된 기간이 아직 만료되지 않았다면, (2)항에 따른 추가수수료가 그 기간 내

에 납부되는 것을 조건으로, 권리의 재설정 결정의 통지의 날부터 6개월 내에 유지료가 납부될 수 있다.

(5) 만약 확대심판소가, 조약 제112a조 (5)항, 2번째 문장 하에서 심판소에 대한 절차를 재개한다면,

(a) 재심리청구에 대한 심판소의 심결이 수행된 날부터 시작해서, 심판소에 대한 절차재개에 대한 확대심판소의 심결에 대한 송달의 날을 포함하여 그때까지 기간 내에 (1)항하의 기일이 되는 유지료는 확대심판소의 심결에 대한 송달의 날이 기일이 된다. 확대심판소의 심결일로부터 4개월 이내에 기일이 되는 이 수수료와 유지료는 추가 수수료 없이 4개월 내에 납부될 수 있다. (2)항이 준용된다.

(b) 심판소의 심결이 수행된 날에 (2)항하의 기간이 아직 만료되지 않은 것을 조건으로, 이미 기일이 된 유지료는, 그 기간 내에 (2)항하의 추가 수수료가 이미 납부된 것을 조건으로 심판소에 대한 절차 재개에 대한 확대심판소의 심결의 통지일로부터 6개월 내에 납부될 수 있다.

(6) 유지료는 조약 제61조 1항 (b)하에 제출된 새로운 유럽특허출원에 대해, 그 출원된 해와 그 전해에 대해 납부될 수 없다.

제4장 Chapter IV
우선권 Priority

규칙 52 (우선권의 주장 Declaration of priority)

(1) 조약 제88조 1항에 규정된 우선권의 주장은 선출원일, 파리조약에 속하거나 WTO회원국에서 또는 그에 대해 출원된 국가 및 출원번호가 표시되어야 한다. 조약 제87조 5항에 규정된 경우에는, 첫 번째 문장이 준용된다.

(2) 우선권의 주장은 유럽특허출원의 제출 시에 되는 것이 바람직하다. 우선권주장은 주장된 가장 빠른 우선일로부터 16개월 내에도 될 수 있다.

(3) 출원인은, 주장된 가장 빠른 우선일로부터 16개월 이내에 우선권의 주장을 수정할 수 있고, 또는 그 수정이 주장된 가장 빠른 우선일에 변화를 야기하는 경우에는, 수정된 가장 빠른 우선일로부터 16개월 이내에 우선권의 주장을 수정할 수 있는데, 어느 쪽의 16개월의 기간이 먼저 만료되었든지, 그런 수정은 유럽특허출원에 부여된 출원일로부터 4개월의 만료 때까지 제출될 수 있다.

(4) 하지만, 우선권의 주장은 조약 제93조 1항 (b)에 따른 청구가 제출된 이후에 되거나 수정될 수 없다.

(5) 우선권 주장의 상세 사항은 공개된 유럽특허출원과 유럽특허 명세서에 나타나야 한다.

규칙53 (우선권서류 Priority documents)

(1) 우선권을 주장한 출원인은, 주장된

가장 빠른 우선일로부터 16개월 이내에 선출원의 사본을 제출해야 한다. 이 사본과 선출원의 출원일은 그 출원이 제출된 당국에 의해 정확하게 인증되어야 한다.

(2) 선출원의 사본은, 유럽특허청이 이용가능한 출원의 사본이 유럽특허청장에 의해 결정된 조건 하에서 유럽특허출원의 포대에 포함되어 있으면 적절하게 제출된 것으로 본다.

(3) 선출원이 유럽특허청의 공식언어로 되어 있지 않고 그리고 관련된 발명의 특허성의 결정에 우선권주장의 유효성이 관련되어 있으면, 유럽특허청은 출원인과 유럽특허의 소유자에게, 정해진 기간 내에 공식언어중 하나로 그 출원의 번역문을 제출하도록 요청해야 한다. 그렇지 않으면, 그 유럽특허출원이 선출원의 완전한 번역이라는 선언서를 제출할 수 있다. (2)항이 준용되어야 한다. 만약 선출원의 요청된 번역문이 기한 내에 제출되지 않으면, 그 유럽특허출원에 대한 우선권의 권리 또는 그 출원에 관한 유럽특허에 대한 우선권의 권리가 상실되어야 한다. 유럽특허에 대한 출원인 또는 유럽특허의 소유자에게 즉시 통지되어야 한다.

규칙 54 (우선권서류의 발행 Issuing priority documents)

요청에 따라, 유럽특허청은, 유럽특허청장에 의해 결정된 조건 하에서, 행정수수료가 납부되면, 출원인에게 우선권서류의 양식을 포함하는, 유럽특허출원의 인증된 사본(우선권 서류)을 발행하여야 한다.

4부 PART IV
조약의 제4부에 대한 시행규칙 IMPLEMENTING REGULATIONS TO PART IV OF THE CONVENTION

제1장 Chapter I
수리부에 의한 심사 Examination by the Receiving Section

규칙55 (출원에 대한 심사 Examination on filing)

만약 조약 제90조 1항에 따른 심사가 그 출원이 규칙 40(1)(a) 또는 (c), (2) 또는 (3)에 규정된 요건을 만족시키지 못하는 것을 밝히면, 유럽특허청은 불비사항을 출원인에게 통지하고, 2개월 내에 그런 불비사항이 해소되지 않으면 그 출원이 유럽특허출원으로 취급되지 않는다는 것을 출원인에게 통지한다. 만약 출원인이 불비사항을 해소하면, 유럽특허청에 의해 부여된 출원일을 통지받을 수 있다.

규칙 56 (상세한 설명의 누락부분 또는 누락 도면 Missing parts of the description or missing drawings)

(1) 조약 제90조 1항하의 심사가 상세한 설명의 일부, 또는 상세한 설명 또는 청구항에 있는 도면이 빠진 것을 밝히면, 유럽특허청은 2개월 내에 누락부분을 제출할 것을 출원인에게 요청하

여야 한다. 출원인은 그런 통지의 누락을 법에 호소할 수 없다.

(2) 만약 상세한 설명의 누락부분 또는 누락 도면이, 출원일보다 후에 제출되었지만 출원일로부터 2개월 이내이거나, 또는 (1)항에 따라 통지가 발부되면, 그 통지로부터 2개월 이내에, 그 출원은 상세한 설명의 누락부분 또는 누락 도면이 제출되어야 할 날짜가 다시 정해진다. 유럽특허청은 출원인에게 즉시 통지하여야 한다.

(3) 상세한 설명의 누락 부분 또는 누락 도면이 (2)항에 따른 기간 내에 제출되고, 그리고 그 출원이 선출원의 우선권을 주장하면, 상세한 설명의 누락 부분 또는 누락 도면이 그 선출원 내에 완전히 포함되어 있는 것을 조건으로, 출원인이

(a) 규칙 53(2)하에서 유럽특허청이 이용할 수 있는 사본이 없다면, 선출원의 사본;

(b) 선출원이 유럽특허청의 공식언어로 되지 않은 경우, 규칙 53(3)하에서 유럽특허청이 이용할 수 있는 사본이 없다면, 이들 언어 중 하나로 된 그 번역문; 그리고

(c) 상세한 설명의 누락 부분 또는 누락 도면이 선출원과, 적용가능한 경우, 그 번역문에 완전히 포함되어 있으면 그 표시를 제출하고 요청하면, 그 제출일은 규칙 40(1)에 규정된 요건을 만족시킨 날짜로 된다.

(4) 만약, 출원인이

(a) (1)항 또는 (2)항하의 기간 내에 상세한 설명의 누락 부분 또는 누락 도면을 제출하지 못하거나,; 또는

(b) (2)항하에 제출된 상세한 설명의 누락 부분 또는 누락 도면을 (6)항하에서 취하하면, (1)항에 규정된 참조는 삭제된 것으로 보고, 그리고 상세한 설명의 누락 부분 또는 누락 도면의 제출은 이루어지지 않은 것으로 본다. 유럽특허청은 출원인에게 즉시 통지하여야 한다.

(5) 만약 출원인이, (2)항하의 기간 내에 (3)(a)에서 (c)에 규정된 요건을 충족시키지 못하면, 상세한 설명의 누락 부분 또는 누락 도면이 제출되어야 할 날짜가 다시 정해져야 한다. 유럽특허청은 출원인에게 즉시 통지해야 한다.

(6) (2)항 또는 (5)항의 마지막 문장에 규정된 통지로부터 1개월 내에, 제출된 상세한 설명의 누락 부분 또는 누락 도면을 취하할 수 있고, 이 경우 날짜의 재 지정은 되지 않은 것으로 본다. 유럽특허청은 출원인에게 즉시 통지해야 한다.

규칙 57 (방식요건에 대한 심사 Examination as to formal requirements)

만약 유럽특허출원이 출원일을 부여받으면, 유럽특허청은 조약 제90조 3항에 따라:

(a) 조약 제14조 2항, 또는 규칙 36(2) 두 번째 문장, 또는 규칙 40(3), 두 번째 문장 하에 요구되는 출원의 번역문이 기한 내에 제출되었는지;

(b) 유럽특허의 허여에 대한 청구가 규칙 41의 요건을 만족시키는지;

(c) 그 출원이 조약 제78조 1항 (c)에 따라 하나 또는 그 이상의 청구항을 포함하고 있는지 또는 규칙40(1)(c), (2) 및 (3)에 따라, 그 청구항을 대체한다는 것을 표시하는, 선출원에 대한 인용을 포함하고 있는지;

(d) 그 출원이 조약 제78조 1항 (e)에 따른 요약서를 포함하고 있는지;

(e) 규칙 17(2), 규칙 36(3) 또는 규칙 38에 따라 출원료 및 조사료가 납부되었는지;

(f) 규칙 19(1)에 따라 발명자의 지정이 되었는지;

(g) 적절한 경우, 우선권주장된 청구항에 관련해서 규칙 52 및 53에 규정된 요건이 충족되는 지;

(h) 적절한 경우, 조약 제133조 2항의 요건이 충족되는지;

(i) 그 출원이 규칙 46과 규칙 49(1)에서 (9) 및 (12)에 규정된 요건을 만족하는지;

(j) 그 출원이 규칙 30 또는 규칙 163(3)에 규정된 요건을 만족하는지를 심사하여야 한다.

규칙 58 (출원서류의 불비사항의 정정 Correction of deficiencies in the applications documents)

만약 유럽특허출원이 규칙 57(a)에서 (d), (h) 및 (i)의 요건을 만족시키지 못하면, 유럽특허청은 즉시 출원인에게 통지하여야 하고 2개월 내에 확인된 불비사항을 정정하도록 요청해야 한다. 상세한 설명, 청구항 및 도면은 그런 불비사항을 해소하기에 충분한 정도로만 보정될 수 있다.

규칙 59 (우선권주장에서의 불비사항들 Deficiencies in claiming priority)

규칙 52(1)하의 선출원의 출원번호 또는 규칙 53(1)하의 출원의 사본이 기한 내에 제출되지 않으면, 유럽특허청은 출원인에게 즉시 통지하고 정해진 기간 내에 그들을 제출하도록 출원인에게 요청하여야 한다.

규칙 60 (발명자의 추후 지정 Subsequent designation of the inventor)

(1) 규칙 19에 따라 발명자의 지정이 이루어지지 않았으면, 유럽특허청은 출원인에게 발명자의 지정이 출원일로부터 16개월 이내 또는, 만약 우선권이 청구되었으면, 우선일로부터 16개월 내에 되지 않으면 그 유럽특허출원이 거절될 것이라는 것을 통지하여야 하고, 만약 이 정보가 유럽특허출원의 공개를 위한 기술적 준비의 완성 전에 전달되었으면 이 기간은 준수된 것으로 본다.

(2) 분할출원 또는 조약 제61조 1항 (b)에 따른 새로운 출원에서 발명자의 지정이 규칙 19에 따라 되지 않았으면, 유럽특허청은 출원인에게 정해진 기간 내에 그 지정을 할 것을 요청하여야 한다.

제2장 Chapter II
유럽조사보고서 European search report

규칙 61 (유럽조사보고서의 내용 Content

of the European search report)

(1) 유럽조사보고서는, 그 보고서의 작성 시점에서, 유럽특허출원이 관련된 발명이 신규하고 진보성을 가지는지를 결정하는 데 고려할 수 있는, 유럽특허청이 이용할 수 있는 인용문헌들을 언급하여야 한다.

(2) 각각의 인용은 그것이 관련된 청구항을 지적하여야 한다. 적절한 경우, 인용문헌의·대응되는 부분이 밝혀져야 한다.

(3) 유럽조사보고서는 우선권이 주장된 날짜 전, 그 우선일과 출원일 사이, 그리고 출원일 또는 그 이후에 공개된 인용문헌 사이를 구별해야 한다.

(4) 구두절차에 관한 문헌, 유럽특허출원의 출원일 이전에 일어난 사용 또는 어떤 다른 개시의 수단에 관한 문헌은 만약 있다면 그 문헌의 공개일과 기록되지 않은 개시의 날짜의 표시와 함께, 유럽조사보고서에 언급되어야 한다.

(5) 유럽조사보고서는 진행언어로 작성되어야 한다.

(6) 유럽조사보고서는 국제분류에 따른 유럽특허출원의 대상물의 분류를 포함하여야 한다.

규칙 62 (확장된 유럽조사보고서 Extended European search report)

(1) 유럽조사보고서에는 그 출원 및 그와 관련된 발명이 본 조약의 요건을 만족시키는 것인지 아닌지에 대한 의견이 첨부되어야 한다.

(2) (1)항에 따른 의견은 조사보고서와 함께 공개되지 않는다.

규칙 62a (다수개의 독립항을 가진 출원 Applications containing a plurality of independent claims)

(1) 만약 유럽특허청이 제출된 청구항이 규칙 43(2)에 부합되지 않는다고 간주하면, 조사가 수행되어야 할 기초가 되는 규칙 43(2)에 부합되는 청구항을 출원인이 2개월 이내에 지적하도록 하여야 한다. 만약 출원인이 정해진 기한 내에 지적하지 못하면, 조사는 각 카테고리에서 첫 번째 청구항에 기초하여 수행되어야 한다.

(2) 심사부는 (1)항하의 거절이 정당하지 않다는 것을 찾지 않는 한 청구항을 조사된 대상에 한정하도록 출원인에게 요청하여야 한다.

규칙 63 (미완성 조사 Incomplete search)

(1) 유럽특허출원이 청구된 대상의 모두 또는 일부에 기초하여 선행기술에 대한 의미 있는 조사를 수행하는 것이 불가능하다는 정도까지 이 조약에 따르지 않은 것으로 유럽특허청이 본다면, 유럽특허청은 출원인에게, 2개월의 기간 내에, 조사되어야 할 대상을 지적하는 진술을 제출할 것을 요청하여야 한다.

(2) (1)항에 따른 진술이 기한 내에 제출되지 않거나, (1)항하에서 표시된 불비사항을 극복하기에 충분하지 않으면, 유럽특허청은 청구된 대상의 모두 또는 일부에 기초하여 선행기술에 대한 의미있는 조사를 수행하는 것이 불가능하여 유럽특허출원이 이 조약에 부합하는 것이 불가능하다는 것을 설

명하는 이유있는 선언서를 발행하거나 실무상 가능한 범위에서 부분 조사보고서를 작성하여야 한다. 이 이유있는 선언서나 부분 조사보고서는, 추후의 절차를 위한, 유럽조사보고서로서 간주되어야 한다.

(3) 부분 조사보고서가 작성되었을 때, 심사부는 출원인에게 (1)항하의 거절이 정당하지 않다는 것을 찾지 않는 한 청구항을 조사된 대상에 한정하도록 출원인에게 요청하여야 한다.

규칙 64 (단일성을 결여한 발명에 대한 유럽조사보고서 European search report where the invention lacks unity)

(1) 유럽특허출원이 발명의 단일성의 요건을 만족시키지 못한다고 유럽특허청이 판단하면, 유럽특허청은, 그 발명에 관련된 출원 또는 조약 제82조의 의미 내에 있는 일군의 발명의, 청구항에서 첫번째 언급된 부분들에 대한 부분 조사보고서를 작성하여야 한다. 다른 발명을 위한 유럽조사보고서를 위해, 각각의 관련된 발명에 대해, 2개월의 기간 내에 추가의 조사료가 납부되어야 한다는 것이 출원인에게 통지되어야 한다. 유럽조사보고서는 조사료가 납부된 발명에 관한 출원의 부분에 대해 작성되어야 한다.

(2) (1)항하에 납부된 수수료는, 그 유럽특허출원의 심사 중에, 출원인이 반환을 요청하고 또 심사부가 (1)항하의 통지가 정당하지 않았다는 것을 발견하면 반환될 수 있다.

규칙 65 (유럽조사보고서의 송달 Transmittal of the European search report)

유럽조사보고서는, 작성되자마자, 출원인에게 인용문헌의 사본들과 함께 송달되어야 한다.

규칙 66 (요약서의 최종 내용 Definitive content of the abstract)

유럽조사보고서를 작성함에 있어서, 유럽특허청은 요약서의 최종 내용을 결정하여야 하고 이것을 출원인에게 조사보고서와 함께 송달하여야 한다.

제3장 Chapter III
유럽특허출원의 공개 Publication of the European patent application

규칙 67 (공개의 기술적 준비 Technical preparation for publication)

(1) 유럽특허청장은 유럽특허출원의 공개를 위한 기술적 준비가 완성된 것으로 보는 때를 결정하여야 한다.

(2) 유럽특허출원이 공개를 위한 기술적 준비의 완료 전에 최종적으로 거절되거나 취하되거나 또는 취하된 것으로 간주되면 공개되지 않는다.

규칙 68 (유럽특허출원과 유럽조사보고서의 공개의 형식 Form of the publication of European patent applications and European search reports)

(1) 유럽특허출원의 공개는 최초 출원된 상세한 설명, 청구항 및 도면, 그리고 요약서를 포함하여야 하고, 만약 그 출원을 구성하는 서류가 유럽특허청의 공식언어로 출원되지 않았다면, 진행언어로 된 번역문을 포함하여야 하고,

그리고 부속문서로서, 공개를 위한 기술적 준비가 완료되기 전에 이용가능한 경우에, 유럽조사보고서를 포함하여야 한다. 만약 조사보고서 또는 요약서가 그 출원의 공개와 함께 공개되지 않았다면, 별도로 공개되어야 한다.

(2) 유럽특허청장은 출원의 공개의 형식과 포함되어야 할 데이터를 결정하여야 한다. 유럽조사보고서와 요약서가 별도로 공개되는 경우에도 동일한 것이 적용된다.

(3) 지정국이 공개된 출원에 표시되어야 한다.

(4) 출원일에 특허청구항이 제출되지 않았다면, 이것은 그 출원이 공개될 때 표시되어야 한다. 만약 그 출원의 공개를 위한 기술적 준비가 완성되기 전에, 청구항이 규칙 137(2)하에서 보정되었다면, 새로운 또는 보정된 청구항은 최초 제출된 청구항에 추가해서 공개에 포함되어야 한다.

규칙 69 (공개에 대한 정보 Information about publication)

(1) 유럽특허청은 유럽특허공보가 유럽조사보고서를 공개한 날짜를 출원인에게 통지해야 하고, 규칙 70(1) 및 조약 제94조 2항 그리고 규칙 70a(1)에 대해 출원인의 주의를 환기시켜야 한다.

(2) (1)항하의 통지에서, 실제의 공고일보다 늦은 공고일이 정해지면, 실수가 명백하지 않은 한, 그 더 늦은 공고일은 규칙 70(1) 및 규칙 70a(1)에 따른 기간으로 간주되어 정해진 날짜가 된다.

규칙 70 (심사청구 Request for examination)

(1) 출원인은 유럽특허공보가 유럽조사보고서를 공개한 날 후에 6개월까지 유럽특허출원의 심사를 청구할 수 있다. 이 청구는 취하될 수 없다.

(2) 출원인에게 유럽조사보고서가 전달되기 전에 심사청구가 제출된 경우에는, 유럽특허청은, 정해진 기간 내에, 출원인이 그 출원을 더 진행하기를 원하는지에 대해 의사표시할 것을 요청하고, 그리고 조사보고서에 대해 코멘트할 기회를 주고, 또 적절한 경우, 상세한 설명, 청구항 및 도면을 보정할 기회를 주어야 한다.

(3) 만약 출원인이 (2)항하의 요청에 대해 기한 내에 응답하지 못하면, 그 출원은 취하된 것으로 본다.

제4장 Chapter IV
심사부에 의한 심사 Examination by the Examining Division

규칙 70a (확장된 유럽조사보고서에 대한 대응 Response to the extended European search report)

(1) 유럽조사보고서에 첨부된 의견에서 유럽특허청은 출원인에게 확장된 유럽조사보고서에 대해서 언급할 기회를 주어야 하고, 적절하다면, 규칙 70(1)에 따른 기간 내에 유럽조사보고서에 첨부된 의견에 표시된 불비사항을 보정하거나 또 상세한 설명, 청구항

및 도면을 보정하도록 해야 한다.

(2) 규칙 70(2)에 관한 경우 또는 유로-PCT출원에 대해 부가적인 유럽조사보고서가 작성되었다면, 유럽특허청은 출원인에게 확장된 유럽조사보고서에 대해 언급할 기회를 주어야 하고, 또 적절하다면, 출원인이 그 출원을 더 진행할 것인지를 표시하기 위해 정해진 기간 내에 유럽조사보고서에 첨부된 의견에 표시된 불비사항을 보정하도록 하고 또 상세한 설명, 청구항 및 도면을 보정하도록 해야 한다.

(3) 출원인이 (1)항 또는 (2)항에 따른 요청에 응답하지도 언급하지도 않은 경우, 그 출원은 취하된 것으로 간주된다.

규칙 70b (조사결과의 사본에 대한 요청 Request for a copy of search results)

(1) 심사부에 심사책임이 있는 시점에서 유럽특허청이 규칙 141(1)에 따른 사본이 출원인에 의해 제출되지 않은 것 또는 규칙 141(2)하에서 적절하게 제출되지 않은 것으로 확인한 경우, 유럽특허청은 출원인에게, 2개월의 기한 내에 그 사본 또는 규칙 141(1)에 따른 조사의 결과를 사용불가하다는 설명서를 제출하도록 해야 한다.

(2) 출원인이 (1)항하의 요청에 적절한 기간 내에 응답하지 못하면, 유럽특허출원은 포기된 것으로 간주된다.

규칙 71 (심사 절차 Examination procedure)

(1) 조약 제94조 3항에 따른 통지에서, 심사부는, 적절하다면, 정해진 기간 내에 출원인에게 주목되는 불비사항을 정정할 것과 상세한 설명, 청구항 및 도면을 보정할 것을 요청하여야 한다.

(2) 조약 제94조 3항에 따른 통지는, 적절한 경우, 유럽특허의 허여를 반대하는 모든 이유를 나타내는 상세한 이유를 붙인 진술을 포함하여야 한다.

(3) 심사부가 유럽특허를 허여할 것을 결정하기 전에, 심사부는 출원인에게 유럽특허를 허여하기를 원하는 본문과 관련된 서지정보를 통지해야 한다. 이 통지에서 심사부는 4개월 내에 진행언어 이외의 다른 유럽특허청의 2개의 공식언어로 청구항의 번역문과 공고 및 특허허여에 대한 수수료를 납부하도록 요청하여야 한다.

(4) 유럽특허출원이 특허를 허여하기 원하는 본문에 15개보다 많은 청구항을 포함하면, 심사부는 출원인에게 16번째 청구항과 그 이후의 청구항에 대해 규칙 45와 규칙 162하에서 상기 수수료가 납부되지 않았으면 (3)항하의 기간 내에 해당 청구항료를 납부하도록 요청하여야 한다.

(5) (3)항에 규정된 기간 내에, 출원인이 (3)항과 적절한 경우 (4)항하의 수수료를 납부하고, (3)항하의 번역문을 제출한 경우, 출원인은 (3)항하에서 통지된 본문을 인정하고 또 서지적 사항을 확인한 것으로 된다.

(6) 출원인이 (3)항에 규정된 기한 내에, 이유있는 보충을 요구하거나 통지된 본문에 대한 보정서 또는 출원인에 의해 가장 최근에 제출된 본문을 유지하는 것을 요청하는 경우, 심사부가 이

에 동의하는 경우에는 (3)항하의 새로운 통지를 발부하여야 하고, 그렇지 않다면 심사부는 심사절차를 재개하여야 한다.

(7) 등록을 위한 수수료와 공고를 위한 수수료 또는 청구항료가 기한 내에 납부되지 않았다면, 또는 번역문이 기한 내에 제출되지 않았다면, 그 유럽특허출원은 취하된 것으로 본다.

규칙 71a (특허허여절차의 완결 Conclusion of the grant procedure)

(1) 유럽특허를 허여한다는 결정은 모든 수수료가 납부되고, 진행언어 이외의 유럽특허청의 다른 2개의 공식언어로 청구항의 번역문이 제출되고 또 특허허여하기로 한 본문에 대한 동의가 있으면 발부된다. 그 결정은 결정에 대한 기초를 형성하는 유럽특허 출원의 본문을 표시하여야 한다.

(2) 유럽특허에 대한 허여결정까지, 심사부는 언제라도 심사절차를 재개할 수 있다.

(3) 규칙 71(3)에 따른 통지 후에 지정료의 기한이 도래한다면, 지정료가 납부될 때까지, 유럽특허허여가 공고되지 않는다. 출원인에게 즉시 통지되어야 한다.

(4) 규칙 71(3)에 따른 통지 후 그리고 유럽특허허여의 공고를 위한 다음의 가능한 날짜 전에 유지료의 기한이 도래하면, 유지료가 납부될 때까지 유럽특허허여는 공고되지 않는다. 출원인에게 즉시 통지되어야 한다.

(5) 만약 규칙 71(3)하의 요청에 대한 응답에서, 출원인이 이미 등록을 위한 수수료, 공고를 위한 수수료 또는 청구항료를 납부하였다면, 그 납부된 액수는 만약 추가의 그런 요청이 발부되면 적립되어야 한다.

(6) 만약 유럽특허출원이 거절되거나, 유럽특허의 허여에 대한 결정의 통지 전에 취하되거나, 그 당시에, 취하간주되면, 등록을 위한 수수료, 공고를 위한 수수료는 반환되어야 한다.

규칙 72 (다른 출원인에 대한 유럽특허의 허여 Grant of the European patent to different applicants)

다른 회원국에 관해서 출원인으로 다른 자가 유럽특허등록부에 기록되는 경우, 유럽특허청은 그에 알맞게 각 회원국에 대해 유럽특허를 허여하여야 한다.

제5장 Chapter V
유럽특허 명세서 The European patent specification

규칙 73 (명세서의 내용 및 형식 Content and form of the specification)

(1) 유럽특허 명세서는 상세한 설명, 청구항 및 필요한 도면을 포함하여야 한다. 명세서는 그 유럽특허에 이의를 신청하기 위한 기간을 표시하여야 한다.

(2) 유럽특허청장은 명세서의 공개의 형식과 포함되어야 하는 데이터를 결정하여야 한다.

(3) 지정국은 명세서에 표시되어야 한

다.

규칙 74 (유럽특허 등록증 Certificate for a European patent)

유럽특허의 명세서가 공고되자마자, 유럽특허청은 유럽특허 등록증을 그 특허의 소유자에게 발행하여야 한다. 유럽특허청장은 등록증의 내용, 형식 및 통지의 수단을 정해야 하고 행정수수료가 납부될 수 있는 상황을 결정해야 한다.

5부 PART V
조약의 제5부에 대한 시행규칙 IMPLEMENTING REGULATIONS TO PART V OF THE CONVENTION

제1장 Chapter I
이의절차 Opposition procedure

규칙 75 (특허의 포기 또는 소멸 Surrender or lapse of the patent)

이의는 비록 유럽특허가 모든 지정국에서 포기되었거나 모든 지정국에서 소멸되었더라도 제출될 수 있다.

규칙 76 (이의의 형식 및 내용 Form and content of the opposition)

(1) 이의는 서면으로 된 이유를 기재한 진술로 제출되어야 한다.

(2) 이의는

(a) 규칙 41(2)(c)에 규정된 것과 같은 이의신청인의 상세 사항;

(b) 이의가 제출된 유럽특허의 번호, 그 특허의 소유자의 성명 및 발명의 명칭;

(c) 유럽특허에 대해 이의신청된 범위의 진술과 이의가 기초하는 이유의 진술, 그리고 이들 이유를 지지하기 위해 제출된 사실 및 증거의 표기;

(d) 만약 이의신청인이 대리인을 선임하였다면, 규칙 41(2)(d)에 규정된 것과 같은 상세 사항을 포함하여야 한다.

(3) 시행규칙의 3부는 이의에 준용된다.

규칙 77 (받아들여질 수 없는 이의의 거절 Rejection of the opposition as inadmissible)

(1) 이의부가 이의가 조약 제99조 1항 또는 규칙 76(2)(c)의 규정에 맞지 않거나, 또는 이의가 제출된 특허가 충분히 확정되지 않은 것으로 인정하면, 이들 불비사항이 이의기간이 만료되기 전에 해소되지 않는다면, 그 이의는 받아들여질 수 없는 것으로 거절된다.

(2) 이의부가 이의가 (1)항에 규정된 것 외의 규정에 맞지 않는다고 인정하면, 이의부는 이를 이의신청인에게 통지하여야 하고 정해진 기간 내에 주목되는 불비사항을 해소하도록 요청하여야 한다. 만약 불비사항이 기한 내에 해소되지 않으면, 이의부는 그 이의를 받아들여질 수 없는 것으로 거절하여야 한다.

(3) 받아들여질 수 없는 이의를 거절한다는 결정은, 이의신청의 사본과 함께 그 특허의 소유자에게 통지되어야 한

다.

규칙 78 (특허의 소유자가 권한이 없는 경우의 절차 Procedure where the proprietor of the patent is not entitled)

(1) 이의절차 중 또는 이의기간 내에 제3자가, 조약 제61조 1항의 의미 내에 있는 결정을 구하는, 유럽특허 소유자에 대한 절차를 제기했다는 증거를 제공하면, 그 제3자가 특허청에 서면으로 그 절차의 계속에 대한 동의를 통지하지 않는 한, 이의절차는 정지되어야 한다. 그런 동의는 취소될 수 없다. 하지만 그 절차는 이의부가 그 이의가 받아들여질 수 있는 것으로 간주할 때까지 정지되지 않는다. 규칙 14(2)에서 (4)가 준용된다.

(2) 조약 제99조 4항에 따라, 제3자가 하나 또는 몇 개의 지정국에 대한 이전 소유자를 대체한 경우, 이의절차에서 유지된 특허는, 이들 국가에 대해, 다른 지정국에 대한 청구항, 상세한 설명 및 도면과 다른 청구항, 상세한 설명 및 도면을 포함할 수 있다.

규칙 79 (이의 심사의 준비 Preparation of the examination of the opposition)

(1) 이의부는 그 특허의 소유자에게 이의신청을 통지하여야 하고, 정해진 기간 내에 그 의견을 제출하거나, 적절한 경우 상세한 설명, 청구항 및 도면을 보정할 기회를 주어야 한다.

(2) 만약 다수의 이의가 제출된 경우, 이의부는 (1)항하의 통지와 동시에 다른 이의신청인들에게 이의를 통지하여야 한다.

(3) 이의부는 특허의 소유자로부터 제출된 의견 및 보정을 다른 당사자에게 통지하여야 한다. 그리고 이의부가 적절하다고 판단하는 경우, 정해진 기간 내에 다른 당사자들에게 답변할 것을 요청할 수 있다.

(4) 조약 제105조하의 참가의 경우에, 이의부는 (1)항에서 (3)항의 적용을 생략할 수 있다.

규칙 80 (유럽특허의 보정 Amendment of the European patent)

규칙 138의 위반 없이, 비록 이의신청인에 의해 주장되지 않은 이의 이유일지라도, 조약 제100조하의 이의의 이유에 의해 생기게 되는 보정이라면, 상세한 설명, 청구항 및 도면이 보정될 수 있다.

규칙 81 (이의의 심사 Examination of opposition)

(1) 이의부는 규칙 76(2)(c)하의 이의신청인의 진술에 주장된 이의의 이유를 심사하여야 한다. 이의신청인에 의해 주장되지 않은 이의의 이유는, 만약 그것이 유럽특허의 유지를 방해할 수 있다면, 이의부의 재량으로 심리될 수 있다.

(2) 조약 제101조 1항, 2번째 문장하의 통지, 그리고 그에 대한 모든 응답은 모든 당사자에게 보내져야 한다. 만약 이의부가 이것이 적절하다고 판단하면, 정해진 기간 내에 당사자에게 답변할 것을 요청하여야 한다.

(3) 조약 제101조 1항, 2번째 문장하의 통지에서, 유럽특허의 소유자는, 적절

한 경우, 상세한 설명, 청구항 및 도면을 보정할 수 있는 기회를, 필요한 경우에 가져야 한다. 필요한 경우, 그 통지는 유럽특허의 유지에 반대하는 근거를 가지는 이유를 붙인 진술을 포함하여야 한다.

규칙 82 (보정된 형태로 유럽특허의 유지 Maintenance of the European patent in amended form)

(1) 이의부가 보정된 대로 유럽특허의 유지를 결정하기 전에, 특허로 유지되도록 할 본문을 당사자들에게 알려야 하고, 그리고 만약 그 본문에 반대한다면, 2개월 내에, 그들의 의견을 제출하도록 요청하여야 한다.

(2) 만약 한 당사자가 이의부에 의해 통지된 본문에 반대하면, 이의에 대한 심사는 계속될 수 있다. 그렇지 않으면 이의부는 (1)항에 따른 기간의 만료 시에, 특허의 소유자에게 규정된 수수료를 납부하고 또 그 진행언어 외의 다른 공식언어로 보정된 청구항의 번역문을, 3개월 이내에 제출할 것을 요청하여야 한다. 구두절차에서 조약 제106조 (2)항, 또는 조약 제111조 (2)항하의 결정이 규칙 49(8)에 따르지 않는 문서에 기초하여 된 경우에, 특허의 소유자는 3개월의 기간 내에 규칙 49(8)에 따르는 형태로 보정된 본문을 제출하도록 요청되어야 한다.[4)]

(3) (2)항에 따라 요구된 행위가 기한 내에 수행되지 않으면, 그 행위는 기한을 준수하지 못한 것에 대한 통지로부터 2개월 이내에도, 그 기간 내에 과태료가 납부되는 것을 조건으로, 수행될 수 있다. 그렇지 않으면 그 특허는 취소되어야 한다.

(4) 보정된 대로 유럽특허를 유지할 것이라는 결정은 그 특허의 어느 본문이 그 결정을 위한 기초를 형성하는지를 진술하여야 한다.

규칙 83 (문헌에 대한 요청 Request for documents)

이의에 대한 당사자에 의해 인용된 문헌은 이의신청 또는 서면의견과 함께 제출되어야 한다. 만약 그런 문헌이 유럽특허청에 의한 요청에 대해 기한 내에 개시되지도 제출되지도 않으면, 그것에 기초한 주장은 고려되지 않는 것으로 결정될 수 있다.

규칙 84 (유럽특허청의 재량에 의한 이의절차의 계속 Continuation of the opposition proceedings by the European Patent Office of its own motion)

(1) 유럽특허가 모든 지정국에서 취소되었거나 또는 모든 지정국에서 소멸되었다면, 그 취소나 소멸이 유럽특허청으로부터 이의신청인에게 통지된 날부터 2개월 이내에 제출된 이의신청인의 청구에 따라 이의의 절차가 계속될 수 있다.

(2) 이의신청인의 사망이나 법적 행위능력의 상실의 경우에는, 그 이의절차는, 상속인 또는 법적 대리인의 참여가

4) 규칙 82(2)는 2015.10.14.에 결정되었고 2016.5.1.부터 시행되었다.

없더라도, 유럽특허청의 재량에 의해 계속될 수 있다. 이의가 취하된 경우에도 동일한 것이 적용된다.

규칙 85 (유럽특허의 이전 Transfer of the European patent)

규칙 22는 이의기간 동안 또는 이의절차 동안 이루어진 유럽특허의 이전에 대해 적용되어야 한다.

규칙 86 (이의 절차에서의 서류 Documents in opposition proceedings)

시행규칙의 3부는 이의 절차에서 제출된 서류에 대해 준용되어야 한다.

규칙 87 (유럽특허의 새로운 명세서의 내용과 형식 Content and form of the new specification of the European patent)

유럽특허의 새로운 명세서는 보정된 대로의 상세한 설명, 청구항 및 도면을 포함하여야 한다. 규칙 73(2) 및 (3)과 규칙 74가 적용되어야 한다.

규칙 88 (비용 Costs)

(1) 비용의 분담은 이의에 대한 결정에서 다루어져야 한다. 그런 분담은 관련된 권리의 적절한 보호를 보장하기 위해 필요한 비용만을 고려하여야 한다. 그 비용은 당사자들의 대리인의 보수를 포함하여야 한다.

(2) 이의부는, 청구에 따라, 그들을 배분하는 최종 결정 하에서 납부되어야 할 비용의 총액을 확정해야 한다. 뒷받침하는 증거와 함께, 비용의 영수증이 상기 청구에 첨부되어야 한다. 비용은 일단 그들의 신빙성이 입증되면 확정될 수 있다.

(3) 이의부에 의한 결정에 대한 청구는 (2)항하의 비용의 확정을 위한 통지로부터 1개월 이내에 제출될 수 있다. 상기 청구는 서면으로 제출되어야 하고 그 것이 기초하는 이유를 진술하여야 한다. 상기 청구는 규정된 수수료가 납부될 때까지는 제출되지 않은 것으로 보아야 한다.

(4) 이의부는 (3)항하의 청구에 대해 구두절차 없이 결정하여야 한다.

규칙 89 (상정된 침해자의 참가 Intervention of the assumed infringer)

(1) 참가신청은 조약 제105조에 규정된 절차가 시작된 날로부터 3개월 이내에 제출되어야 한다.

(2) 참가신청은 서면으로 이유를 붙인 진술로 제출되어야 한다; 규칙 76과 77이 준용된다. 상기 참가신청은 이의료가 납부될 때까지 제출된 것으로 보지 않아야 한다.

제2장 Chapter II
한정 또는 취소 절차 Procedure for limitation or revocation

규칙 90 (절차의 대상 Subject of proceedings)

조약 제105a조하의 한정 또는 취소절차의 대상은 등록허여된 유럽특허 또는 유럽특허청에 대한 이의 또는 한정절차에서 보정된 유럽특허가 된다.

규칙 91 (절차에 대한 책임 Responsibility for proceedings)

조약 제105a조하의 유럽특허의 한정 또는 취소 청구에 대한 결정은, 심사부에 의해 수행되어야 한다. 조약 제18조 2항이 준용된다.

규칙 92 (청구의 요건 Requirements of the request)

(1) 유럽특허의 한정 또는 취소에 대한 청구는 유럽특허청의 공식언어중 하나로 된 서면으로 제출되어야 한다. 이 청구는 규칙 6(2)에 정해진 기간 내에 유럽특허청의 공식언어 중 어느 하나로 번역문이 제출되는 것을 조건으로, 회원국의 공식언어로 제출될 수 있다. 시행규칙의 3부는 한정 또는 취소 절차에서 제출된 서류에 준용된다.

(2) 상기 청구는:

(a) 규칙 41(2)(c)에 규정된 것과 같이 그 청구를 하는 유럽특허의 소유자(청구자)의 상세 사항과 그 청구자가 그 특허의 소유자인 회원국의 표시;

(b) 한정 또는 취소가 청구된 특허의 번호, 그리고 그 특허가 효력을 가지는 회원국의 리스트;

(c) 적절한 경우, 그 청구자가 그 특허의 소유자가 아닌 회원국에 대한 특허의 소유자의 성명과 주소, 그리고 그 청구자가 그 절차에서 그들을 대신해서 절차를 수행하도록 권한을 받았다는 증거;

(d) 특허의 한정이 청구된 경우, 보정된 청구항의 완성본 그리고 사건에 따라, 보정된 상세한 설명과 도면;

(e) 청구자가 대리인을 선임한 경우, 규칙 41(2)(d)에 규정된 바와 같은 상세 사항을 포함하여야 한다.

규칙 93 (이의 절차의 우선 Precedence of opposition proceedings)

(1) 만약 한정이나 취소청구가 제출되었을 때, 그 특허에 대한 이의절차가 진행 중이면, 한정 또는 취소에 대한 청구는 제출되지 않은 것으로 간주된다.

(2) 만약 유럽특허에 대한 이의의 제출시에 그 특허에 대한 한정 절차가 진행 중이면, 심사부는 그 한정 절차를 끝내야 하고, 한정 수수료의 환불을 명하여야 한다. 환불은 규칙 95(3) 첫 번째 문장에 규정된 수수료에 대하여도, 청구자가 이미 그 수수료를 납부했다면, 명해져야 한다.

규칙 94 (받아들여질 수 없는 청구의 거절 Rejection of the request as inadmissible)

한정 또는 취소에 대한 청구가 규칙 92의 요건에 맞지 않는 것을 심사부가 확인한 경우, 정해진 기간 내에 심사부는 청구자에게 그 불비사항을 정정할 것을 청구하여야 한다. 만약 그 불비사항이 기한 내에 정정되지 않으면, 심사부는 그 청구를 받아들여질 수 없는 것으로 거절하여야 한다.

규칙 95 (청구에 대한 결정 Decision on the request)

(1) 만약 취소에 대한 청구가 받아들여질 수 있으면, 심사부는 그 특허를 취소하고 그 청구자에게 이를 통지하여야 한다.

(2) 만약 한정에 대한 청구가 받아들여질 수 있으면, 심사부는, 보정된 청구

항이 등록허여된 청구항 또는 이의 또는 한정 절차에서 보정된 청구항과 비교해서 한정을 구성하는지 그리고 조약 제84조 및 조약 제123조 2항 및 3항에 맞는지를 심사하여야 한다. 만약 그 청구가 이들 요건에 맞지 않으면, 심사부는 정해진 기간 내에, 알려진 불비사항을 정정하고 청구항 그리고 적절한 경우 상세한 설명과 도면을 보정할 한 번의 기회를 주어야 한다.

(3) 만약 한정에 대한 청구가 (2)항하에서 허락될 수 있으면, 심사부는 이를 청구자에게 통지하여야 하고 3개월의 기간 내에, 청구자에게 진행언어 이외의 다른 유럽특허청의 공식언어로 보정된 청구항의 번역문을 제출하고 규정된 수수료를 납부하도록 청구하여야 한다; 규칙 82(3)의 첫 번째 문장이 준용되어야 한다. 만약 청구자가 기한 내에 이들 요청을 수행하면, 심사부는 그 특허를 한정하여야 한다.

(4) 만약 청구자가 (2)항하에서 주어진 요청에 대해 정해진 기간 내에 응답하지 않거나, 또는 한정에 대한 청구가 허락될 수 없는 것이거나, 또는 그 청구자가 기간 내에 (3)항하에 요구되는 청구를 수행하지 못하면, 심사부는 그 청구를 거절하여야 한다.

규칙 96 (보정된 유럽특허 명세서의 내용과 형식 Content and form of the amended European patent specification)

보정된 유럽특허 명세서는 보정된 상세한 설명, 청구항 및 도면을 포함하여야 한다. 규칙 73(2)와 (3), 그리고 규칙 74가 적용되어야 한다.

6부 PART VI
조약의 제6부에 대한 시행규칙 IMPLEMENTING REGULATIONS TO PART VI OF THE CONVENTION

제1장 Chapter I
심판절차 Appeals procedure

규칙 97 (비용의 분배와 확정에 대한 심판 Appeal against apportionment and fixing of costs)

(1) 이의 절차의 비용의 분배는 단독으로 심판의 대상이 될 수 없다.

(2) 이의절차의 비용의 총액을 확정하는 결정은 그 총액이 심판을 위한 수수료의 총액을 넘지 않는 한 심판청구될 수 없다.

규칙 98 (특허의 포기 또는 소멸 Surrender or lapse of the patent)

이의부의 결정은 비록 유럽특허가 모든 지정국에서 포기되었거나 또는 모든 지정국에서 소멸되었을지라도 심판청구될 수 있다.

규칙 99 (심판청구의 내용과 청구의 이유 Content of the notice of appeal and the statement of grounds)

(1) 심판청구는:

(a) 규칙 41(2)(c)에 규정된 것과 같이 심판청구인의 성명과 주소;

(b) 이의제기된 결정의 표시; 그리고

(c) 심판의 대상을 정의하는 청구를 포함하여야 한다.

(2) 심판청구의 이유에서 심판청구인은 이의 제기된 결정을 취소하는 이유, 또는 보정되어야 할 정도 그리고 심판이 기초하는 사실과 증거를 표시하여야 한다.

(3) 시행규칙의 3부는 심판청구, 청구의 이유 및 심판절차에서 제출된 서류에 대해 준용되어야 한다.

규칙 100 (심판의 심리 Examination of appeals)

(1) 다르게 규정되어 있지 않다면, 이의제기된 결정을 한 부서에 대한 절차에 관련된 규정은 심판절차에 적용되어야 한다.

(2) 심판의 심리에 있어서, 심판소는 필요한 만큼 자주, 정해진 기간 내에, 심판소에 의해 제시된 통지 또는 다른 당사자에 의해 제출된 의견에 대한 의견을 제출할 것을 당사자에게 요청하여야 한다.

(3) 만약 출원인이 정해진 기간 내에 (2)하의 요청에 응답하지 못하면, 이의제기된 결정이 법률부에 의해 된 것이 아닌 한, 그 유럽특허출원은 취하된 것으로 간주된다.

규칙 101 (받아들여질 수 없는 심판의 각하 Rejection of the appeal as inadmissible)

(1) 만약 심판이 조약 제106조에서 제108조, 규칙 97 또는 규칙 99(1)(b) 또는 (c) 또는 (2)에 따르지 않으면, 조약 제108조하의 대응되는 기간 전에 불비사항이 해소되지 않는 한, 심판소는 그 심판을 받아들여질 수 없는 것으로 각하하여야 한다.

(2) 만약 심판소가 그 심판이 규칙 99(1)(a)에 맞지 않는 것으로 판단하면, 심판소는 이것을 심판청구인에게 통지하고 또 정해진 기간 내에 주목되는 불비사항을 해소할 것을 심판청구인에게 요청해야 한다. 만약 불비사항이 기한 내에 해소되지 않으면, 심판소는 그 심판을 받아들여질 수 없는 것으로 각하하여야 한다.

규칙 102 (심판소의 심결의 형식 Form of decision of the Board of Appeal)

심결은 심판소의 의장 또는 심판소의 등기된 법정 자격이 있는 고용인에 의해, 그들의 서명 또는 다른 적절한 수단으로 인증되어야 한다. 이 심결은:

(a) 심판소에 의해 교부되었다는 진술;

(b) 심결이 된 날짜;

(c) 심판소의 의장 그리고 심판소의 참석한 다른 구성원의 성명;

(d) 당사자 및 그 대리인의 성명;

(e) 당사자의 청구서;

(f) 사실의 요약;

(g) 이유;

(h) 적절한 경우, 비용에 대한 결정을 포함하는 심판소의 명령을 포함하여야 한다.

규칙 103 (심판 비용의 반환 Reimbursement of the appeal fee)[5)]

(1) 심판수수료는,

(a) 중간변경의 경우 또는 심판소가 심판이 허락될 수 있는 것으로 간주한

경우, 만약 중요한 절차 위반의 이유에 의해 그런 반환이 정당한 것이라면, 또는

(b) 심판의 청구이유의 제출 전 그리고 청구이유의 제출을 위한 기간이 만료되기 전에 그 심판이 취하된다면, 심판수수료는 전부 반환되어야 한다.

(2) 심판수수료는 (1)(b)하에서의 기간 만료 후에 심판이 취하되면

(a) 구두절차를 위한 날짜가 정해졌다면, 적어도 그날 전 4주;

(b) 구두절차에 대한 날짜가 정해지지 않고, 또 심판소가 청구인에게 의견을 제출하라는 요청을 했다면, 의견을 제출하라고 심판소에 의해 정해진 기간의 만료 전;

(c) 다른 모든 케이스에서, 결정이 발행되기 전에 취하되는 것을 조건으로 50% 반환되어야 한다.

(3) 그 결정이 이의 제기된 부서는 만약 그 결정을 수정하고 또 만약 중요한 절차 위반의 이유에 의해 반환이 정당한 것으로 여겨진다면 환불을 명령하여야 한다. 다른 모든 경우에는, 반환의 문제는 심판소에 의해 결정되어야 한다.

제2장 Chapter II
확대심판소에 대한 재심리청구
Petitions for review by the Enlarged Board of Appeal

규칙 104 (추가의 기본적인 절차상의 결함 Further fundamental procedural defects)

조약 제112a조 2항(d)하의 기본적인 절차상의 하자는 심판소가,

(a) 조약 제116조에 대해, 재심리청구인에 의해 요청된 구두절차의 판결에 대한 해결에 실패하거나,

(b) 그 심결에 관련된 청구에 대한 결정없이 심판에 대해 심결한 경우에 발생할 수 있다.

규칙 105 (범죄 행위 Criminal acts)

재심리청구는, 만약 법정자격이 있는 법원 또는 당국이 범죄행위가 발생한 것으로 최종적으로 확정하였다면, 조약 제112a조 2항(e)에 기초할 수 있고, 유죄판결(conviction)이 필요하지 않다.

규칙 106 (불복을 제기하기 위한 의무 Obligation to raise objections)

조약 제112a조 2항(a)에서 (d)에 따른 청구는, 심판절차 중에 절차상 결함에 대한 불복이 일어나거나, 그런 불복이 심판절차 동안 일어날 수 없는 경우를 제외하고, 심판소에 의해 각하된 경우에만 받아들여질 수 있다.

규칙 107 (재심리청구의 내용 Contents of the petition for review)

5) 2014.4.1. 시행.

(1) 재심리청구는:

(a) 규칙 41(2)(c)에 규정된 바와 같은 재심리청구자의 성명과 주소;

(b) 재심리되어야 할 심결의 표시를 포함한다.

(2) 재심리청구는 심판소의 심결이 취소되어야 하는 이유, 그리고 그 재심리청구가 기초하는 사실과 이유를 기재하여야 한다.

(3) 시행규칙 3부는 재심리청구와 그 절차에서 제출된 서류에 준용되어야 한다.

규칙 108 (재심리청구의 심리 Examination of the petition)

(1) 만약 재심리청구가, 조약 제112a조 1항, 2항 또는 4항, 규칙 106 또는 규칙 107(1)(b) 또는 (2)에 맞지 않는다면, 확대심판소는, 조약 제112a조 4항하의 관련된 기간이 만료되기 전에 하자를 해소하지 않는 한, 재심리청구를 받아들여질 수 없는 것으로 거절하여야 한다.

(2) 만약 확대심판소가 재심리청구가 규칙 107(1)(a)에 맞지 않는 것으로 판단하면, 확대심판소는 이것을 재심리청구인에게 통지하여야 하고 정해진 기간 내에 알려진 불비사항을 해소하도록 재심리청구인에게 요청하여야 한다. 만약 불비사항이 기한 내에 해소되지 않으면, 확대심판소는 그 재심리청구를 받아들여질 수 없는 것으로 거절해야 한다.

(3) 만약 재심리청구가 허용될 수 있다면, 확대심판소는 심판소의 심결을 취소하고 규칙 12(4)에 따라 책임있는 심판소에 대해 절차의 재개를 명령하여야 한다. 확대심판소는 취소된 심결을 하는 데 참여한 심판소의 구성원을 교체할 것을 명할 수 있다.

규칙 109 (재심리청구를 처리하는 절차 Procedure in dealing with petitions for review)

(1) 조약 제112a조하의 절차에서, 다르게 규정되어 있지 않으면, 심판소에 대한 절차에 관련된 규정을 적용하여야 한다. 규칙 115(1)의 두 번째 문장, 규칙 118(2)의 첫 번째 문장, 그리고 규칙 132(2)는 적용되지 않는다. 확대심판소는 규칙 4(1) 첫 번째 문장으로부터 벗어나는 기간을 명기할 수 있다.

(2) (a) 법률전문가인 2명의 구성원과 기술전문가인 1명의 구성원으로 구성된 확대심판소는, 모든 재심리청구를 심리하고 또 명백하게 받아들여질 수 없거나 허용될 수 없는 재심리청구는 각하하여야 하고; 그런 결정은 만장일치를 요한다;

(b) 법률전문가인 4명의 구성원과 기술전문가인 1명의 구성원으로 구성된 확대심판소는, (a)하에서 각하되지 않은 재심리청구에 대해 심결하여야 한다.

(3) (2)(a)에 따라 구성된 확대심판소는 다른 당사자의 연루없이 그 재심리청구의 기초에 대해 심결하여야 한다.

규칙 110 (재심리청구에 대한 수수료의 반환 Reimbursement of the fee for petitions for review)

확대심판소는, 만약 심판소에 대한 절차가 재개되었다면 재심리청구에 대한 수수료의 반환을 명령하여야 한다.

7부 PART Ⅶ
조약의 제7부에 대한 시행규칙
IMPLEMENTING REGULATIONS TO PART Ⅶ OF THE CONVENTION

제1장 Chapter Ⅰ
유럽특허청의 결정과 통지
Decisions and communication of the European Patent Office

규칙 111 (결정의 형식 Form for decisions)

(1) 유럽특허청에 대해 구두절차가 열리는 경우, 그 결정은 구두로 주어진다. 그 결정은 실질적으로 서면으로 되어야 하고 당사자에게 통지된다.

(2) 심판을 개최한다는 유럽특허청의 결정은 이유를 붙여야 하고, 심판의 가능성을 지적하고 조약 제106조에서 조약 제108조에 대한 당사자의 관심을 유도하는 통지가 첨부되어야 하며, 본문이 첨부되어야 한다. 당사자들은 상기 통지의 누락을 법에 호소할 수 없다

규칙 112 (권리의 상실 없음 Noting of loss of rights)

(1) 만약 유럽특허청이, 유럽특허출원의 거절 또는 등록허여, 유럽특허의 취소 또는 유지, 또는 증거조사에 관한 결정 없이, 권리의 상실이 발생했다는 것을 판단하면, 유럽특허청은 이것을 관련된 당사자에게 통지하여야 한다.

(2) 만약 관련된 당사자가, 유럽특허청의 평결이 부정확한 것으로 판단하면, (1)항하의 통지로부터 2개월 내에 그 문제에 대한 결정을 신청할 수 있다. 유럽특허청은, 만약 그것을 요청하는 당사자의 의견을 공유하지 않을 때만 그런 결정을 할 수 있고, 그렇지 않으면, 그 당사자에게 알려야 한다.

규칙 113 (서명, 성명, 날인 Signature, name, seal)

(1) 유럽특허청으로부터의 결정, 소환, 고지 및 통지는, 성명이 표시된, 담당 직원에 의해 서명되어야 한다.

(2) (1)항에 규정된 서류가 컴퓨터를 사용하여 담당직원에 의해 만들어졌을 경우, 날인이 서명을 대체할 수 있다. 그 서류가 컴퓨터에 의해 자동적으로 만들어졌을 경우, 직원의 성명은 생략될 수 있다. 동일한 것이 미리 인쇄된 고지 및 통지에 적용되어야 한다.

제2장 Chapter Ⅱ
제3자에 의한 의견
Observations by third parties

규칙 114 (제3자에 의한 의견 Observations by third parties)

(1) 제3자에 의한 의견은 유럽특허청의 공식언어로 된 서면으로 제출되어야 하고 또 그들이 기초하는 이유를 진술하여야 한다. 규칙 3(3)이 적용된다.

(2) 그런 의견은, 그에 대해 의견을 진

술할 수 있는 그 특허의 소유자나 출원인에게 통지되어야 한다.

제3장 Chapter Ⅲ 구두절차 및 증거 조사 Oral proceedings and taking of evidence

규칙 115 (구두절차에 대한 소환 Summons to oral proceedings)

(1) 이 규칙의 (2)항에 대해 당사자들의 관심을 끌도록, 그들은 조약 제116조하의 구두절차에 소환되어야 한다. 당사자가 더 짧은 기간에 동의하지 않는 한, 적어도 2개월의 소환통지가 주어져야 한다.

(2) 만약 유럽특허청에 대한 구두 절차에 대해 적절하게 소환된 당사자가 소환된 때에 출두하지 않으면, 그 절차는 그 당사자 없이 계속될 수 있다.

규칙 116 (구두절차의 준비 Preparation of oral proceedings)

(1) 소환장을 발행할 때, 유럽특허청은 수행되어야 할 결정을 위해 논의되어야 할 사항을 표시해야 한다. 동시에, 구두절차를 위한 준비에서 서면 제출을 하기 위한 최종 날짜가 확정되어야 한다. 규칙 132는 적용되지 않는다. 그 날 이후에 제출된 증거와 새로운 사실은, 그절차의 대상이 바뀌었다는 이유에서 받아들여지지 않는 한, 고려될 필요가 없다.

(2) 만약 출원인 또는 특허소유자가 그 특허의 유지 또는 허여에 반대하는 이유의 통지를 받은 경우, 그는 (1)항의 두 번째 문장에서 정해진 날짜까지, 조약의 요건을 충족하는 서류를 제출할 것을 요청받을 수 있다. (1)항의 3번째와 4번째 문장이 준용된다.

규칙 117 (증거조사에 대한 결정 Decision on taking of evidence)

유럽특허청이 당사자, 증인 또는 전문가에게 청문하거나 조사를 수행하여야 할 필요가 있다고 판단하는 경우, 유럽특허청은 이 목적으로, 수행하고자 의도하는 조사의 준비, 밝혀져야 할 관련 사실 그리고 그 조사의 날짜, 시간 및 장소를 결정하여야 한다. 만약 증인 또는 전문가의 청문회가 당사자에 의해 요청되면, 그 결정은 신청자가 관련된 증인 또는 전문가의 성명과 주소를 소개해야 하는 기간을 정하여야 한다.

규칙 118 (유럽특허청에 대한 증거제출을 위한 소환 Summons to give evidence before the European Patent Office)

(1) 유럽특허청에 대해 증거를 제출하기 위한 소환은 당사자, 관련된 증인 또는 전문가에게 발행되어야 한다.

(2) 당사자, 입증하기 위한 증인 또는 전문가에게 발행된 적어도 2개월의 소환통지가, 그들이 더 짧은 기간에 동의하지 않는 한, 주어져야 한다. 이 소환은:

(a) 명령된 조사의 날짜, 시간 및 장소를 표시하고 그리고 어느 당사자, 증인 또는 전문가가 청문되는지에 대한 사실을 표시하는, 규칙 117하의 결정으로부터의 발췌;

(b) 당사자의 이름과 규칙 122(2)에서

(4)하에서 증인 또는 전문가가 주장할 수 있는 권리의 특별사항;

(c) 당사자, 증인 또는 전문가는 규칙 120하에서 그가 거주하는 나라의 관할권을 가지는 법원에 의해 청문될 것을 요청할 수 있다는 표시, 그리고 그가 유럽특허청에 출두할 준비가 되었는지를, 정해진 기간 내에, 유럽특허청에 알리는 요청을 포함하여야 한다.

규칙 119 (유럽특허청에 대한 증거의 심리 Examination of evidence before the European Patent Office)

(1) 심사부, 이의부 또는 심판소는 그의 구성원의 하나가 인용된 증거를 심리하도록 위임할 수 있다.

(2) 당사자, 증인 또는 전문가가 청문되기 전에, 그들이 거주하는 나라의 관할권을 가지는 법원이 선서하에 또는 동등하게 구속력있는 형식으로 그의 증언을 재심리하도록 유럽특허청이 요청할 수 있다는 것이 그들에게 통지되어야 한다.

(3) 당사자들은 조사에 참석할 수 있고 그리고 진술하는 당사자, 증인 또는 전문가에게 관련되는 질문을 할 수 있다.

규칙 120 (관할권이 있는 국가법원에 의한 청문 Hearing by competent national court)

(1) 유럽특허청에 대해 소환된 당사자, 증인 또는 전문가는, 그들에게 그가 거주하는 나라의 관할권이 있는 법원에 의해 청문되는 것을 허용하도록 유럽특허청에 요청할 수 있다. 만약 이것이 요청되거나, 또는 그 소환에서 정해진 기간 내에 답변이 없으면, 유럽특허청은, 조약 제131조 2항에 따라 관할권이 있는 법원이 관련된 자에게 청문하도록 요청할 수 있다.

(2) 만약 당사자, 증인 또는 전문가는 유럽특허청에 의해 청문되었다면, 유럽특허청은, 만약 선서 또는 동등한 구속력있는 형식으로 주어진 증언에 대해 타당하다고 판단하는 경우, 이런 조건하에서 그의 증언을 재심사하도록 관련된 자가 거주하는 나라의 관할권이 있는 법원에, 조약 제131조 2항하의 요청을 발행할 수 있다.

(3) 유럽특허청이 관할권이 있는 법원에 증거 조사하도록 요청하였을 때, 유럽특허청은 선서하에 또는 동일한 구속력 있는 형식으로 그 법원이 증거 조사하도록 요청할 수 있고, 관련된 부서의 구성원이 청문회에 참석하는 것을 허용하고, 법원을 통하거나 또는 직접, 당사자, 증인 또는 전문가에게 질문할 수 있다.

규칙 121 (전문가 위탁 Commissioning of experts)

(1) 유럽특허청은 선임된 전문가의 의견이 어떤 형태로 제출되어야 하는지를 결정하여야 한다.

(2) 전문가의 권한은:

(a) 그의 직무의 정확한 설명;

(b) 그의 의견의 제출을 위해 정해진 기간;

(c) 그 절차에 대한 당사자의 성명;

(d) 규칙 122(2)에서 (4)하에 그가 주

장할 수 있는 권리의 상세 사항을 포함하여야 한다.

(3) 서면으로 된 의견의 사본은 당사자들에게 전달되어야 한다.

(4) 당사자들은 전문가에게 이의를 제기할 수 있다. 유럽특허청의 관련된 부서는 이 이의에 대한 결정을 하여야 한다.

규칙 122 (증거조사의 비용 Costs of taking of evidence)

(1) 유럽특허청에 의한 증거조사는, 조사되어야 할 증거를 요청하는 당사자에 의해, 그 비용의 산정에 대해 기준에 의해 확정된 금액을 유럽특허청에 기탁하는 것을 조건으로 수행될 수 있다.

(2) 유럽특허청에 의해 소환되어 유럽특허청에 출두한 증인 또는 전문가는 여비와 일당의 적절한 변상을 받을 권리를 가진다. 이들 비용에 대한 선불이 그들에게 허여될 수 있다. 이것은 유럽특허청에 의해 소환되지 않고 유럽특허청에 출두하고 또 증인 또는 전문가로서 청문된 자에게 적용된다.

(3) (2)항하에서 변상받을 수 있는 증인은 수입의 감소에 대해 적절한 보상을 받을 수 있고, 전문가는 그들의 일에 대한 보수를 보상받을 수 있다. 이들 지급은 증인과 전문가에게 그들이 그들의 의무나 직무를 성취한 후에 주어져야 한다.

(4) 행정이사회는 (2)항과 (3)항의 시행을 위한 상세 사항을 규정해야 한다. 이들 규정하에 지급되어야 할 금액은 유럽특허청에 의해 지급되어야 한다.

규칙 123 (증거의 보전 Conservation of evidence)

(1) 청구에 의해, 유럽특허청은, 증거보전이 실질적으로 더 어렵게 되거나 또는 불가능하게 될 수 있다는 염려가 있는 경우에는, 지체없이 유럽특허출원 또는 유럽특허에 관해서 수행이 요청될 수 있는 결정에 영향을 줄 수 있는 사실의 증거를 보존하는 조치를 할 수 있다.

(2) 상기 요청은

(a) 규칙 41(2)(c)에 규정된 바와 같이 청구자의 상세 사항;

(b) 당해 유럽특허 또는 유럽특허출원의 충분한 특정;

(c) 수집되어져야 할 증거에 대한 사실의 표시;

(d) 증거제공 또는 증거획득의 수단에 대한 상세 사항;

(e) 일견하여 증거보존이 실질적으로 더 어렵게 되거나 또는 불가능하게 될 수 있다는 염려를 확증하는 진술을 포함하여야 한다.

(3) 상기 청구는 규정된 수수료가 납부될 때까지 제출된 것으로 간주되지 않는다.

(4) 상기 청구에 대한 결정과 증거를 조사한 결과는 확증되어야 할 사실에 의해 영향을 받을 여지가 있는 결정을 해야 하는 유럽특허청의 부서에게 의무로 지워진다. 유럽특허청에 대한 절차에서 증거조사에 관한 규정이 적용되어야 한다.

규칙 124 (구두절차 및 증거조사의 의사록 Minutes of oral proceedings and of taking of evidence)

(1) 구두절차 또는 증거조사의 필수사항, 당사자들에 의해 된 관련된 진술, 당사자들, 증인 또는 전문가의 증언과 조사의 결과를 포함하는, 구두절차와 증거조사의 의사록이 작성되어야 한다.

(2) 증인, 전문가 또는 당사자의 증언의 의사록은 기록되고, 권리를 포기하지 않는 한, 그에게 전달되어, 그가 의사록을 검토하고, 또는 기술적 수단에 의해 기록된 경우, 그에게 재생되어야 한다. 이 공식절차가 수행된 것과 그 의사록을 승인하는 증언을 한 사람이 의사록에 표시되어야 한다. 만약 그의 승인이 주어지지 않으면, 그의 반대가 표시되어야 한다. 증언이 축어적 기록(verbatim)으로 기록되거나 그리고 기술적 수단을 사용하여 직접적으로 기록되었다면 그 의사록을 재생하거나 그들의 승인을 얻을 필요가 없다.

(3) 의사록은 의사록을 작성할 책임이 있는 직원과 구두절차 또는 증거 조사를 수행하는 직원에 의해, 그들의 서명이나 다른 적절한 수단에 의해 진본임이 증명되어야 한다.[6)]

(4) 당사자들에게는 의사록의 사본이 제공되어야 한다.

제4장 Chapter IV
송달 Notifications

규칙 125 (총칙 General provisions)

(1) 유럽특허청은 결정과 소환, 그리고 기한이 있는 통지나 송달을 관련된 자에게 마땅히 통지하여야 하고, 또는 조약 하에서 통지되어야 할 관련된 자 또는 유럽특허청장에 의해 송달이 명령된 관련된 자에게 마땅히 통지하여야 한다. 수행되어야 할 송달은 원본, 유럽특허청의 날인이 있거나 유럽특허청에 의해 인증된 그 사본, 그런 날인이 있는 컴퓨터로 출력된 사본, 또는 그런 날인 또는 다르게 인증된 것을 포함하는 전자적 문서의 형태를 취하여야 한다. 당사자들로부터 나온 서류의 사본은 그런 인증을 요하지 않는다.

(2) 송달은:

(a) 규칙 126에 따라 우편서비스;

(b) 규칙 127에 따라 전자적 통신 수단;[7)]

(c) 규칙 128에 따라 유럽특허청의 기재사항에 대한 직접 교부; 또는,

(d) 규칙 129에 따른 공시에 의해 된다.

(3) 회원국의 중앙산업재산청을 통한 송달은 국가절차에서 그 중앙산업재산청에 대해 적용할 수 있는 법에 따라 된다.

(4) 서류가 수취인에게 도달한 경우,

---

6) 2015.4.1. 시행.

7) 2015.4.1. 시행.

만약 유럽특허청이 서류가 제대로 통지되었는지 증명할 수 없거나, 또는 그 송달에 관련된 규정이 준수되지 않았으면, 그 서류는 그 수령일로서 유럽특허청에 의해 정해진 날짜에 통지된 것으로 간주되어야 한다.

규칙 126 (우편서비스에 의한 송달 Notification by postal services)[8]

(1) 심판 또는 재심리청구에 대한 기간에 영향을 미치는 결정, 소환 및 유럽특허청장에 의해 결정된 다른 서류는 배달증명이 있는 등기우편 또는 그와 균등한 것에 의해 송달되어야 한다. 우편서비스에 의한 모든 다른 송달은 등기우편으로 되어야 한다.

(2) (1)항에 따라 송달이 이루어진 경우, 배달 증명이 있든지 없든지 간에, 그런 우편은 수취인에게 전달되지 않았거나 수취인에게 10일 후에 도달하지 않는 한, 우편서비스 제공자에게 넘겨진 후 10일째에 수취인에게 배달된 것으로 간주된다; 다툼이 있는 경우, 경우에 따라서, 그 우편이 그 목적지에 도착했다는 것을 확인하거나 또는 그 편지가 수취인에게 배달된 날짜를 확정하는 것은 유럽특허청에 책임이 주어진다.

(3) (1)항에 따른 송달은 그 우편의 수령이 거절된 경우일지라도 효력이 발생하는 것으로 간주된다.

(4) 우편서비스에 의한 송달이 (1)항에서 (3)항에 의해 커버되지 않는 경우, 그 통지가 되는 국가의 법이 적용되어야 한다.

규칙 127 (전자적 통신의 수단에 의한 송달 Notification by means of electronic communication)[9]

(1) 송달은 유럽특허청장에 의해 규정된 조건하에서 유럽특허청장에 의해 결정된 전자적 통신의 수단에 의해 효력이 발생될 수 있다.

(2) 송달이 전자적 통신의 수단에 의해 효력이 발생하는 경우, 송달이 목적지에 도달하지 않거나 더 늦은 날짜에 도달하지 않는 한, 그 전자문서는 그 전송 후 10일째에 수신인에게 전달된 것으로 간주되어야 하고; 논란이 있는 경우, 케이스에 따라서, 그 전자문서가 목적지에 도달했는지를 인정하는 것 또는 목적지에 도달한 날짜를 확정하는 것은 유럽특허청에 책임이 주어진다.

규칙 128 (직접 교부에 의한 송달 Notification by delivery by hand)

송달은 수취인에게 유럽특허청의 기재사항에 대해 그 서류가 직접 교부됨에 의해 효력을 발휘할 수 있는데, 상기 수취인은 배달 시에 그 수령을 확인해야 한다. 송달은 비록 수취인이 그 서류의 수령을 거절하거나 그 수령확인을 거절하더라도 효력을 발생하는 것으로 간주되어야 한다.

8) 2015.4.1. 시행.
9) 2015.4.1. 시행.

규칙 129 (공시송달 Public notification)

(1) 만약 수취인의 주소가 확정될 수 없거나, 또는 규칙 126(1)에 따른 통지가 2번째 시도 후에조차 불가능한 것으로 밝혀지면, 송달은 공시에 의해 효력을 발한다.

(2) 유럽특허청장은 어떻게 공시가 될 것인가와 그 서류가 송달된 것으로 간주되는 그 만료에 대한 한 달의 기간의 시초를 결정하여야 한다.

규칙 130 (대리인에 대한 송달 Notification to representatives)

(1) 대리인이 선임되었다면, 송달은 대리인에게 되어야 한다.

(2) 단일의 당사자에게 여러 명의 대리인이 선임되었다면, 그들 중 어느 하나에 대한 송달로 충분하다.

(3) 만약 여러 당사자가 공통의 대리인을 가진다면, 그 공통의 대리인에 대한 송달로 충분하다.

제5장 Chapter V
기한 Time limits

규칙 131 (기간의 계산 Calculation of periods)

(1) 기간은 만으로 된 년, 월, 주, 일의 단위로 규정되어야 한다.

(2) 해당되는 사건이 발생한 날의 다음날부터 기산되어야 하는데, 위 사건은 절차상의 단계 또는 다른 기간의 만료이다. 상기 절차상의 단계가 송달인 경우, 해당되는 사건은, 다르게 규정되어 있지 않는 한, 송달된 서류의 수령이 된다.

(3) 기간이 일 년 또는 특정 숫자의 년으로 표시된 경우, 그 기간은 해당되는 해의 그 사건이 일어난 월 및 일과 같은 이름을 가지는 월의 같은 숫자를 가지는 일에 만료한다; 만약 해당되는 달이 같은 숫자를 가지는 일을 가지지 않는 경우, 그 기간은 그달의 말일에 만료한다.

(4) 기간이 한 달 또는 특정 숫자의 달로 표현된 경우, 그 기간은 해당되는 달의 그 일이 일어난 날과 같은 숫자를 가지는 날에 만료한다; 만약 해당되는 달에 같은 숫자의 날이 없다면, 그 기간은 그 달의 마지막 날에 만료한다.

(5) 기간이 일 주 또는 특정 숫자의 주로 표현된 경우, 그 기간은 해당되는 주의 그 일이 일어난 요일과 같은 이름을 가지는 요일에 만료한다.

규칙 132 (유럽특허청에 의해 정해진 기간 Periods specified by the European Patent Office)

(1) 조약 또는 이 시행규칙이 "정해진 기간(a period to be specified)"을 규정한 경우, 이 기간은 유럽특허청이 정해야 한다.

(2) 다르게 규정되어 있지 않으면, 유럽특허청에 의해 정해진 기간은 2개월보다 짧거나 4개월보다 길지 않아야 한다; 특정 경우 기간은 6개월까지 될 수 있다. 특별한 경우 기간은 그 기간의 만료 전에 청구에 의해 연장되고, 표시될 수 있다.

규칙 133 (서류의 늦은 수령 Late receipt

of documents)

(1) 유럽특허청에 늦게 수령된 서류는, 그 서류가 그 기간의 만료 후 3개월보다 늦게 수령되지 않았다면, 그 서류가 유럽특허청장에 의해 규정된 조건에 따라 그 기간의 만료 전 기한 내에 인정된 우편서비스 제공자에게 전달되었다면 기한 내에 수령된 것으로 간주되어야 한다.[10)]

(2) (1)항은, 업무처리가 규칙 75(1)(b) 또는 (2)(b)에 따른 관할권있는 당국에 의해 수행된 경우 기간에 대해 준용된다.

규칙 134 (기간의 연장 Extension of periods)

(1) 만약 기간이, 규칙 35(1)하의 유럽특허청의 접수사무실 중 하나가 서류의 수령을 위해 문을 열지 않은 날에 만료하거나, 또는 (2)항에 규정된 것 외의 다른 이유로, 우편이 그곳에 전달되지 않는 날에 만료하면, 그 기간은 그 후에 모든 접수사무실이 서류의 수령을 위해 문을 열고 또 우편이 배달되는 첫 날까지 연장되어야 한다. 상기 첫 번째 문장은, 만약 규칙 2(1)하에 유럽특허청장에 의해 허용된 전자적 통신의 수단 중 하나에 의해 제출된 서류가 수령되지 않았다면 준용되어야 한다.[11)]

(2) 만약 회원국에서 우편의 전달 또는 배달에서 총체적인 혼란(general dislocation)이 있는 날에 기간이 만료한다면, 그 기간은 관련된 나라에 거주하거나 그 나라에 영업의 장소를 가지는 대리인을 선임한 당사자를 위해 혼란의 기간의 만료 후 첫날까지 연장되어야 한다. 상기 관련된 나라가 유럽특허청이 위치한 나라이면, 이 규정은 모든 당사자와 그 대리인에게 적용되어야 한다. 이 항은 규칙 37(2)에 규정된 기간에 대해 준용된다.

(3) (1)항과 (2)항은 규칙 75(1)(b) 또는 (2)(b)에 따른 관할권을 가진 당국에 의해 행위가 수행되는 경우에 준용된다.

(4) (2)항에 따른 혼란의 개시일과 종료일은 유럽특허청에 의해 공개되어야 한다.

(5) (1)항에서 (4)항을 위반하지 않으면서, 관련된 당사자는, 당사자 또는 그의 대리인이 거주하거나 또는 영업의 장소를 가지고 있는 지역에 영향을 미치는, 자연재해, 전쟁, 내란, 규칙 2(1)하에서 유럽특허청장에 의해 허용된 어떠한 전자적 통신의 수단의 총체적 고장 또는 다른 이유와 같은 예외적인 상황 때문에, 기간의 만료일 이전의 10일중 언제에 우송 또는 배달이 혼란되었다는 증거를 제시할 수 있다. 만약 제출된 증거가 유럽특허청을 만족시키면, 그 혼란의 종료 후 늦어도 15일 내에 우송 또는 배달되는 것을 조건으로, 늦게 수령된 문서는 기간 내에 수령된

10) 2015.4.1. 시행.

11) 2015.4.1. 시행.

것으로 간주되어야 한다.[12)]

규칙 135 (속행 Further processing)

(1) 조약 제121조 1항하의 속행은, 기한준수에 대한 실패 또는 권리의 상실에 관한 통지일로부터 2개월 내에 규정된 수수료의 납부에 의해 청구될 수 있다. 누락된 행위는 그 청구를 하기 위한 기간 내에 완성되어야 한다.

(2) 속행은 조약 제121조 4항에 규정된 기간과, 규칙 6(1), 규칙 16(1)(a), 규칙 31(2), 규칙 36(2), 규칙 40(3), 규칙 51(2)에서 (5), 규칙 52(2) 및 (3), 규칙 55, 56, 58, 59, 62a, 63, 64, 규칙 112(2), 그리고 규칙 164(1) 및 (2)하의 기간에 대하여 제외된다.[13)]

(3) 누락된 행위에 대해 결정할 권한이 있는 부서는 속행청구에 대해 결정하여야 한다.

규칙 136 (권리의 재설정 Re-establishment of rights)

(1) 조약 제122조 1항에 따른 권리의 재설정에 대한 청구는 그 기간을 준수할 수 없었던 이유가 제거된 날부터 2개월 이내에, 하지만 준수되지 않은 기한의 만료로부터 늦어도 1년 이내에 서면으로 제출되어야 한다. 하지만 조약 제87조 1항과 조약 제112a조 4항에 규정된 기간에 대한 권리의 재설정에 대한 청구는 그 기간의 만료로부터 2개월 이내에 제출되어야 한다. 권리의 재설정에 대한 청구는 규정된 수수료가 납부될 때까지 제출된 것으로 간주되지 않는다.

(2) 상기 청구는 기초가 되는 근거를 진술하여야 하고 또 그 근거하는 사실을 설명하여야 한다. 누락된 행위는 (1)항에 따른 청구를 제출하기 위한 해당되는 기간 내에 완성되어야 한다.

(3) 권리의 재설정은 조약 제121조하의 속행이 이용할 수 있는 기간과 권리의 재설정을 청구하기 위한 기간에 대해 제외되어야 한다.

(4) 누락된 행위에 대한 결정에 권한이 있는 부서는 권리의 재설정 청구에 대해 결정하여야 한다.

제6장 Chapter VI
보정과 정정 Amendments and corrections

규칙 137 (유럽특허출원의 보정 Amendment of the European patent application)

(1) 유럽조사보고서의 수령 전에, 다르게 규정되어 있지 않는 한, 출원인은 유럽특허출원의 상세한 설명, 청구항 또는 도면을 보정할 수 없다.

(2) 규칙 70a(1) 또는 (2), 또는 규칙 161(1)하에서 유럽특허청에 의한 통지에 대한 응답으로 만들어진 언급, 정정 또는 보정과 함께, 출원인은 상세한 설명, 청구항 그리고 도면을 자진하여 보정할 수 있다.

12) 2015.4.1. 시행.

13) 2014.11.1. 시행.

(3) 심사부의 동의 없이 더 이상의 보정이 수행될 수 없다.

(4) (1)항에서 (3)항에 관한 보정을 제출할 때, 출원인은 보정내용을 확인하여야 하고 또 제출된 출원에서 보정내용에 대한 기초를 지적해야 한다. 만약 심사부가 이들 요건을 만족시키는 것을 실패한 것을 확인하면, 1개월의 기간 내에 이 불비사항의 정정을 요청할 수 있다.

(5) 보정된 청구항은 최초 청구된 발명 또는 단일의 총괄적 발명 개념을 형성하는 일군의 발명과 결합되지 않은 조사되지 않은 대상과 관련되지 않아야 한다. 또한 보정된 청구항은 규칙 62a 또는 규칙 63에 따라 조사되지 않은 대상과 관련되지 않아야 한다.

규칙 138 (다른 나라에 대한 다른 청구항, 상세한 설명 및 도면 Different claims, description and drawings for different States)

만약 유럽특허청이 조약 제139조 2항 하의 선권리(prior right)의 존재를 알게 되면, 유럽특허출원 또는 유럽특허는, 그 나라 또는 나라들에 대해, 다른 지정국과는 다른 청구항, 적절한 경우, 다른 상세한 설명 및 도면을 포함할 수 있다.

규칙 139 (유럽특허청에 제출된 서류에 대한 오류의 정정 Correction of errors in documents filed with the European Patent Office)

유럽특허청에 제출된 서류에 있는 언어적 오류, 사본의 오류 및 명백한 실수는 청구에 의해 정정될 수 있다. 하지만 만약 그 청구가 상세한 설명, 청구항 및 도면에 관한 것이면, 그 정정으로 제공된 것보다 더 의도하는 것이 없다는 것이 직접적으로 명백하다는 점에서 그 정정은 명확해야만 한다.

규칙 140 (결정에서의 오류의 정정 Correction of errors in decisions)

유럽특허청의 결정에서, 단지 언어적 오류, 사본의 오류 및 명백한 실수만이 정정될 수 있다.

제7장 Chapter Ⅶ
종래 기술에 대한 정보 Information on prior art

규칙 141 (종래 기술에 대한 정보 Information on prior art)

(1) 조약 제87조의 의미 내의 우선권을 청구한 출원인은 유럽특허출원과 동시에, 유로-PCT출원의 경우에는 유럽단계로의 진입과 함께, 선출원이 제출된 당국에 의해 수행된 모든 조사의 결과의 사본을 제출하여야 하고, 또는 조사결과를 출원인이 알 수 있게 된 후에 지체없이 제출하여야 한다.

(2) (1)항에 관한 사본은 만약 유럽특허청이 이용가능하거나 유럽특허청장에 의해 결정된 조건하에 유럽특허출원의 포대에 포함되었다면 적절하게 제출된 것으로 간주한다.

(3) (1)항 및 (2)항에 대한 위반없이, 유럽특허청은 출원인에게 조약 제124조 1항의 의미 내의 선행기술에 대한 정보

를, 2개월 내에 제출하도록 요청할 수 있다.

제8장 Chapter Ⅷ
절차의 중단 Interruption of proceedings

규칙 142 (절차의 중단 Interruption of proceedings)

(1) 유럽특허청에 대한 절차는 다음의 경우에 중단된다.

(a) 유럽특허의 소유자 또는 출원인 또는 출원인 등을 대신하도록 국가법에 의해 권한받은 자의 사망 또는 법적 능력의 상실의 경우. 이 일이 조약 제134조에 의해 선임된 대리인의 대리권에 영향을 미치지 않는 한도 내에서, 절차는 단지 그런 대리인에 의한 출원에 대해서만 정지되어야 한다.

(b) 특허출원인 또는 특허의 소유자가, 그의 재산권에 대해 수행된 행위의 결과로서, 법적인 이유에 의해 그 절차를 진행하는 것이 금지되는 경우;

(c) 특허출원인 또는 특허소유자의 대리인의 사망 또는 법적 능력의 상실, 또는 그의 재산권에 대해 수행된 행위의 결과에 기인하는 법적 이유로 그 절차의 수행이 금지된 경우;

(2) (1)(a) 또는 (b)에 규정된 경우들에서, 유럽특허청이 그 절차의 속행을 위해 권한을 받은 자를 알게 되었을 때, 유럽특허청은, 정해진 날로부터 그 절차가 재개된다는 것을 그 자에게, 적절한 경우 제3자에게 통지하여야 한다.

(3) (1)(c)에 규정된 경우, 유럽특허청이 출원인의 새로운 대리인의 선임을 통지받았을 때, 또는 유럽특허청이 그 특허의 소유자의 새로운 대리인의 선임을 다른 당사자에게 통지하였을 때, 그 절차가 재개되어야 한다. 만약 그 절차의 중단의 시작 3개월 후, 유럽특허청이 새로운 대리인의 선임을 통지받지 못했을 경우, 그 특허의 소유자 또는 출원인에게;

(a) 조약 제133조 2항이 적용가능한 경우, 유럽특허출원이 취하간주되거나, 또는 그 유럽특허가 이 통지로부터 2개월 내에 그 정보가 제출되지 않으면 취소되는 것을 통지하여야 한다.

(b) 그렇지 않으면, 이 통지의 송달로부터 특허출원인 또는 그 특허의 소유자에 대해 그 절차가 재개될 것이라는 것을 통지하여야 한다.

(4) 절차의 중단의 날에 유효한, 심사청구 및 유지료의 납부의 기간을 제외한 기간은, 그 절차가 재개된 날로부터 다시 시작되어야 한다. 만약 그런 날짜가, 심사청구가 제출되어야 하는 기간의 종료 전 2개월보다 짧다면, 그런 청구는 그날로부터 2개월 내에 제출되어야 한다.

제9장 Chapter IX
공중에 대한 정보 Information to the public

규칙 143 (유럽특허등록부에의 기재사항

Entries in the European Patent Register)

(1) 유럽특허등록부는 다음의 기재사항을 포함하여야 한다.

(a) 유럽특허출원의 번호;

(b) 출원일;

(c) 발명의 명칭;

(d) 출원에 부여된 분류 기호;

(e) 지정국;

(f) 규칙 41(2)(c)에 규정된 것과 같은 특허출원인 또는 특허의 소유자의 상세 사항;

(g) 발명자가 규칙 20(1)에 언급된 그의 권리를 포기하지 않았다면, 특허출원인 또는 특허의 소유자에 의해 지정된 발명자의 성, 이름 및 주소;

(h) 규칙 41(2)(d)에 규정된 바와 같은 특허출원인 또는 특허의 소유자의 대리인의 상세 사항; 다수의 대리인의 경우에는 처음에 이름이 표시된 대리인의 상세 사항과 "그리고 그 외(and others)"라는 표기, 그리고, 규칙 152(11)에 규정된 협회(association)의 경우에는, 단지 그 협회의 이름과 주소;

(i) 우선권데이터(선출원의 날짜, 국가 및 출원번호);

(j) 출원의 분할의 경우, 모든 분할출원의 번호;

(k) 분할출원 또는 조약 제61조 1항 (b) 하의 새로운 출원의 경우, 선출원에 관해 (a), (b) 및 (i)에 규정된 정보;

(l) 출원의 공개일 그리고, 적절한 경우, 유럽조사보고서의 별도의 공개일;

(m) 심사청구일;

(n) 출원이 거절되거나, 취하되거나 또는 취하 간주된 날짜;

(o) 유럽특허허여가 공고된 날짜;

(p) 이의기간 그리고, 적절한 경우, 이의에 대한 최종 결정의 진행의 동안에 회원국에서 유럽특허의 소멸날짜;

(q) 이의의 제출일;

(r) 이의에 대한 결정의 취지 및 날짜;

(s) 규칙 14 및 78에 규정된 경우에 절차의 정지 및 재개의 날짜;

(t) 규칙 142에 규정된 경우에 절차의 중단 및 재개의 날짜;

(u) 기재사항이 (n) 또는 (r)항 하에서 만들어진 경우 권리의 재설정 날짜;

(v) 조약 제135조 3항하의 전환청구(request for conversion)의 제출;

(w) 이 시행규칙이 기록되어야 한다고 규정한 경우 유럽특허출원 또는 유럽특허에 관한 권리 및 권리의 이전;

(x) 유럽특허의 한정 또는 취소청구에 대한 결정의 취지 및 날짜;

(y) 재심리청구에 대한 확대심판소의 심결의 취지 및 날짜.

(2) 유럽특허청장은 (1)항에 규정된 것 외의 다른 기재사항이 유럽특허등록부에 만들어지는 것을 결정할 수 있다.

규칙 144 (열람으로부터 제외된 포대의 부분 Parts of the file excluded from inspection)

조약 제128조 4항하의 열람으로부터 제외되는 부분은,

(a) 심판소 또는 확대심판소의 구성원

에 대한 제척 또는 기피에 관한 서류;

(b) 결정의 초안 그리고 고지 그리고, 당사자들에게 통지되지 않은, 결정 및 고지의 준비를 위해 사용된 다른 모든 서류;

(c) 규칙 20(1)하에 언급된 발명자의 권리를 발명자가 포기하였다면, 발명자의 지정;

(d) 그 열람이 유럽특허출원 또는 유럽특허에 대해 공중에게 알릴 목적으로 사용되지 않는다는 이유로 유럽특허청장에 의해 열람으로부터 제외된 다른 서류.

규칙 145 (포대 열람을 위한 절차 Procedures for the inspection of files)

(1) 유럽특허출원 및 특허의 포대열람은 원본서류, 또는 그 사본, 또는 만약 포대가 저장의 기술적 수단으로 저장되었다면 저장의 기술적 수단으로 되어야 한다.

(2) 유럽특허청장은 행정수수료가 납부되어야 할 것 등을 포함하는 모든 포대열람 규칙을 결정하여야 한다.

규칙 146 (포대에 포함된 정보의 통지 Communication of information contained in the files)

조약 제128조 1항에서 4항, 그리고 규칙 144에 규정된 제한에 따라, 유럽특허청은, 청구에 대해 행정수수료가 납부되면, 유럽특허출원 또는 유럽특허의 포대에 관한 정보를 통지할 수 있다. 하지만 유럽특허청은 제공되는 정보의 양의 관점에서 적절하다고 간주되는 경우에는 포대 열람의 옵션을 언급할 수 있다.

규칙 147 (포대의 구성, 유지 및 보존 Constitution, maintenance and preservation of files)14)

(1) 유럽특허청은 모든 유럽특허출원 및 특허에 대한 포대를 전자적인 형태로 구성하고, 유지하고 또 보존하여야 한다.

(2) 유럽특허청장은 (1)항에 따른 전자적 포대의 운영에 필요한 모든 기술적 행정적 형식을 결정하여야 한다.

(3) 전자적 포대에 포함된 서류는 원본으로 고려되어야 한다. 그런 문서의 초기 종이버전은 적어도 5년의 만료 후에 소멸되어야 한다. 이 보존기간은 그 문서가 전자적 포대에 합체된 해의 말에 시작한다.

(4) 포대는

(a) 그 출원이 거절되거나 취하되거나 취하간주된;

(b) 유럽특허청에 의해 그 특허가 취소된; 또는

(c) 그 특허 또는 조약 제63조 2항하의 대응되는 보호가 마지막 지정국에서 소멸된 년도의 말부터 적어도 5년 동안 보존되어야 한다.

(5) (4)항을 위반함이 없이, 조약 제76조하의 분할출원 또는 조약 제61조 1항 (b)하의 새로운 출원의 근원이 되는 출원에 대한 포대는, 이들 늦은 출원

---

14) 규칙 147(1)~(3)은 2015.10.14.에 결정되었고 2016.11.1.에 시행되었다.

중 어느 하나에 관련된 포대와 적어도 같은 기간 동안 보존되어야 한다. 동일한 것이 결과로서 생기는 유럽특허에 관련되는 포대에 적용되어야 한다.

제10장 Chapter X
법적 협력 및 행정적 협력 Legal and administrative co-operation

규칙 148 (유럽특허청과 회원국의 당국 사이의 통신 Communications between the European Patent Office and the authorities of the Contracting States)

(1) 유럽특허청과 회원국의 중앙산업재산청 사이에서 이 조약의 출원에 대해 일어나는 통신은 이들 당국 사이에서 직접적으로 효력이 발생된다. 유럽특허청과 회원국의 법원 또는 다른 당국 사이의 통신은 상기 중앙산업재산청의 중개를 통해 효력이 발생될 수 있다.

(2) (1)항의 통신에 대한 비용은 그 통신을 하는 당국에 의해 부담되어야 하고, 수수료는 면제되어야 한다.

규칙 149 (회원국의 법원 또는 당국에 의하거나 그를 통한 포대의 열람 Inspection of files by or via courts or authorities of the Contracting States)

(1) 회원국의 법원 또는 당국에 의한 유럽특허 또는 유럽특허출원의 포대의 열람은 원본서류 또는 그 사본으로 되어야 한다; 규칙 145는 적용되지 않는다.

(2) 회원국의 법원 또는 검찰청은, 그들의 절차의 진행 중에, 제3자에게 포대 또는 그 사본을 유럽특허청에 의해 전달하도록 통지할 수 있다. 그런 통지는 조약 제128조에 따라 효력을 발생하고 또 어떤 수수료도 없다.

(3) 유럽특허청은, 포대를 전달할 때, 조약 제128조 1항과 4항하에서 제3자에 의한 포대열람에 적용되는 제한에 대해 주의를 끌도록 해야 한다.

규칙 150 (서한 심문 절차 Procedure for letters rogatory)

(1) 각 회원국은 유럽특허청에 의해 발부된 심문서한을 수령할 중앙 당국을 지정해야 하고 또 그들의 실행에 권한이 있는 법원 또는 당국에 심문서한을 전달하여야 한다.

(2) 유럽특허청은 권한 있는 법원 또는 당국의 언어로 심문서한을 작성하거나 또는 심문서한에 그 언어로 된 번역문을 첨부하여야 한다.

(3) (5)항과 (6)항에 대해, 권한 있는 법원 또는 당국은 그런 청구를 실행하는데 따라야 할 절차에 대해, 그리고 특히 강제의 적절한 판단에 대해 국가법을 적용하여야 한다.

(4) 심문서한을 전달받는 법원 또는 당국이 그들을 수행할 권한이 없으면, (1)항에 규정된 중앙 당국에 즉시 전달하여야 한다. 그 당국은 그 심문서한을 그 나라에 있는 권한있는 법원 또는 당국에 전달하여야 하고, 또는 그 나라에 권한있는 법원 또는 당국이 없는 경우에는 유럽특허청에 전달하여야 한다.

(5) 유럽특허청은 조사 또는 다른 법적 판단이 수행되어야 할 장소 및 시간을 알고 있어야 하고, 관련된 당사자, 증

인 및 전문가에게 알려야 한다.
(6) 만약 유럽특허청에 의해 그렇게 청구되면, 권한 있는 법원과 당국은 관련된 부서의 구성원의 참석을 허락하여야 하고 또 증거를 주는 자에게 직접 또는 권한있는 법원 또는 당국을 통해 그들에게 질문하는 것이 허용되어야 한다.
(7) 서한심문의 실행은 어떤 종류의 수수료 또는 비용의 환불을 일으키지 않는다. 그럼에도 불구하고, 서한심문이 실행되는 나라는 유럽특허기구에 전문가 또는 통역자에게 지불된 수수료와 (6)항하의 절차로부터 발생된 비용의 변제를 요구할 권리를 가진다.
(8) 권한 있는 법원 또는 당국에 의해 적용된 법이 당사자들에게 증거를 확보할 것을 강제하고 권한 있는 법원 또는 당국이 서한심문을 수행할 수 없으면, 그 법원과 당국은, 유럽특허청의 동의하에, 그것을 할 적절한 자를 선임할 수 있다. 그런 동의를 구할 때, 권한 있는 법원 또는 당국은 그 절차로부터 기인하는 적절한 비용을 표시하여야 한다. 만약 유럽특허청이 동의를 하면, 유럽특허기구는 발생된 어떤 비용도 변제하여야 하고; 그렇지 않으면, 유럽특허기구는 그런 비용에 대해 책임이 없다.

제11장 Chapter XI
대리권 Representation

규칙 151 (공통의 대리인의 선임 Appointment of a common representative)

(1) 한 명 이상의 출원인이 있고, 유럽특허의 허여청구에 공통의 대리인이 기재되지 않으면, 유럽특허의 허여청구에서 제일 앞에 이름이 있는 출원인이 공동의 대리인으로 된다. 하지만 만약 출원인 중의 하나가 직업 대리인의 선임을 하게 되어 있으면, 제일 앞에 이름이 있는 출원인이 직업 대리인을 선임하지 않는 한, 이 대리인을 공통의 대리인으로 간주한다. 동일한 것이 이의 또는 참가신청을 제출하는 공동으로 절차를 수행하는 제3자 그리고 유럽특허의 공유자에게 적용되어야 한다.
(2) 유럽특허출원이 한 명 이상의 자에게 양도되고, 그자들이 공통의 대리인을 선임하지 않는 경우, (1)항이 준용된다. 만약 그런 적용이 불가능하면, 유럽특허청은 정해진 기간 내에 그자들에게 공통의 대리인을 선임하도록 청구하여야 한다. 만약 이 청구가 응해지지 않으면, 유럽특허청은 공통의 대리인을 선임하여야 한다.

규칙 152 (위임 Authorisations)

(1) 유럽특허청장은 서명된 위임이 유럽특허청에 대해 업무를 수행하는 대리인에 의해 제출되어야 할 경우를 결정하여야 한다.
(2) 대리인이 그런 위임을 제출하지 못한 경우, 유럽특허청은 정해진 기간 내에 위임을 제출할 것을 요청하여야 한다. 그 위임은 하나 또는 그 이상의 유럽특허출원 또는 유럽특허를 커버할 수 있고 대응되는 매수의 사본이 제출

되어야 한다.

(3) 조약 제133조 2항의 요건이 충족되지 않았을 경우, 대리인의 선임과 위임의 제출을 위해 동일한 기간이 정해져야 한다.

(4) 당사자의 모든 특허 처리에 관한 행위에 대한 대리를 가능하게 하도록 포괄위임이 제출될 수 있다. 단일의 사본으로 족하다.

(5) 유럽특허청장은

(a) 조약 제133조 2항하의 자에 대한 대리권에 관련된 위임;

(b) 포괄위임의 내용 및 형식을 결정하여야 한다.

(6) 요구되는 위임이 기한 내에 제출되지 않으면, 유럽특허출원의 제출을 제외한, 대리인에 의해 수행된 절차단계가, 이 조약에 의해 규정된 어떤 다른 법적 결과를 손상함이 없이, 수행되지 않은 것으로 간주되어야 한다.

(7) (2)항과 (4)항은 위임의 취하에 적용되어야 한다.

(8) 대리인은 유럽특허청에 그의 위임의 종료가 통지된 때까지는 위임된 것으로 보아야 한다.

(9) 명시적으로 다르게 규정되지 않는 한, 대리권을 준 자의 사망에 의해 유럽특허청에 대해 위임이 종료하지 않는다.

(10) 만약 한 당사자가 몇 명의 대리인을 선임하면, 그들의 선임의 통지 또는 위임에 반하는 규정에도 불구하고, 그들은 공동으로 또는 단독으로 행위를 할 수 있다.

(11) 대리인의 협회에의 위임은 그가 그 협회 내에서 실무를 수행할 수 있다는 증거를 제공할 수 있는 어느 대리인에게라도 위임된 것으로 보아야 한다.

규칙 153 (대리인 면책특권 Attorney evidentiary privilege)

(1) 법률상의 능력을 갖춘 직업대리인이 그런 자격으로 의견이 요청되는 경우, 그 목적에 관련되고 또 직업대리인을 위한 계명에 대한 법규 제2조 하에 일어나는, 직업대리인과 그의 고객 또는 다른 자 사이의 모든 통신은, 그런 특전이 고객에 의해 명시적으로 포기되지 않는 한, 유럽특허청에 대한 절차에서 개시되는 것이 영구적으로 특전으로 면제된다.

(2) 개시에 대한 면제의 그런 특권은, 특별히:

(a) 발명의 특허성의 판단;

(b) 유럽특허출원의 준비 또는 수행;

(c) 유효성, 유럽특허 또는 유럽특허출원의 보호 및 침해의 범위에 대한 의견에 관련된 통지 또는 서류에 적용되어야 한다.

규칙 154 (직업 대리인의 명부의 보정 Amendment of the list of professional representatives)

(1) 직업 대리인의 가입은, 그가 그렇게 요청하거나 또는, 만약 반복된 요청에도 불구하고, 납입의 기한인 해의 9월 말 전에 협회에 연차납입료를 납부하지 않으면, 직업대리인의 명부로부터 삭제되어야 한다.

(2) 조약 제134a조 1항 (c)하에 수행된

징계판정에 위반됨이 없이, 직업 대리인의 가입은:

(a) 그의 사망이나 법적 행위능력상실;

(b) 조약 제134조 7항 (a)하의 면제가 허여되지 않았다면, 그가 더 이상 회원국 중의 하나의 국민이 아닌 경우;

(c) 회원국 중의 하나 내에 사업 또는 고용의 장소가 더 이상 없는 경우에만 직권으로 삭제될 수 있다.

(3) 조약 제134조 2항 또는 3항하에서 직업대리인의 명부에 들어간 자로, 그의 가입이 삭제된 자는, 삭제를 위한 조건이 더 이상 존재하지 않으면, 청구에 의해, 그 명부에 다시 가입된다.

8부 PART Ⅷ
조약의 제8부에 대한 시행규칙
IMPLEMENTING REGULATIONS TO PART Ⅷ OF THE CONVENTION

규칙 155 (전환청구의 제출 및 전달 Filing and transmission of the request for conversion)

(1) 조약 제135조 1항 (a) 또는 1항 (b)에 규정된 전환청구는, 유럽특허출원의 취하, 또는 그 출원이 취하된 것으로 보거나, 또는 그 출원을 거절하거나 또는 그 유럽특허를 취소한다는 결정의 통지로부터 3개월 내에 제출되어야 한다. 조약 제66조하의 유럽특허출원의 효력은 만약 기한 내에 그 청구가 제출되지 않으면 소멸된다.

(2) 청구에서 정해진 회원국의 중앙산업재산청에 전환청구가 전달될 때, 관련된 중앙산업재산청 또는 유럽특허청은 그 유럽특허출원 또는 유럽특허에 관련된 포대의 사본을 그 청구에 첨부하여야 한다.

(3) 조약 제135조 4항은, 만약 조약 제135조 1항 (a) 또는 2항에 규정된 전환청구가 출원일, 또는 우선권이 주장되었다면, 우선일로부터 20개월의 기간의 만료 전까지 전달되지 않으면, 적용된다.

규칙 156 (전환의 경우 공중에 대한 정보 Information to the public in the event of conversion)

(1) 규칙 155(2)하의 전환청구에 첨부하는 서류는, 국가절차에 관련된 서류와 동일한 정도 그리고 동일한 조건하에서 중앙산업재산청에 의해 공중이 이용가능하게 만들어져야 한다.

(2) 유럽특허출원의 전환에 기인하는 국가특허의 출력된 명세서는 그 출원을 언급해야 한다.

9부 PART IX
조약의 제10부에 대한 시행규칙
IMPLEMENTING REGULATIONS TO PART X OF THE CONVENTION

규칙 157 (수리관청으로서의 유럽특허청 The European Patent Office as a receiving Office)

(1) 유럽특허청은, 만약 출원인이 본 조약 및 특허협력조약(PCT)에 대한 회원국의 국민 또는 거주자인 경우, 특허협력조약의 의미 내에서 수리관청으로서 행동할 권한을 가진다. (3)항을 위반함이 없이, 만약 출원인이 수리관청으로서 유럽특허청을 선택하면, 그 국제출원은 유럽특허청에 직접 제출되어야 한다. 조약 제75조 2항이 준용되어야 한다.

(2) 유럽특허청이 특허협력조약 하에서 수리관청으로 행동하는 경우, 그 국제출원은 영어, 프랑스어 또는 독일어로 제출되어야 한다. 유럽특허청장은 그 국제출원 및 관련된 사항이 하나 이상의 사본을 제출하여야 한다는 것을 결정할 수 있다.

(3) 만약 국제출원이 수리관청으로서 유럽특허청에의 전달을 위해 회원국의 당국에 제출되면, 회원국은 그 출원이 유럽특허청에 출원 또는 우선권이 청구되었다면, 우선일로부터 13개월의 만료 전 2주까지는 그 출원이 유럽특허청에 도달할 것을 보장해야 한다.

(4) 국제출원을 위한 전달수수료는 그 출원의 제출로부터 1개월 내에 납부되어야 한다.

규칙 158 (국제조사기관 또는 국제예비심사기관으로서의 유럽특허청 The European Patent Office as an International Searching Authority or International Preliminary Examining Authority)

(1) 특허협력조약 제17조 3항 (a)의 경우에, 국제조사가 수행되어야 하는 각각의 추가의 발명에 대해 추가의 국제조사료가 납부되어야 한다.

(2) 특허협력조약 제34조 3항 (a)의 경우에, 국제예비심사가 수행되어야 할 각각의 추가의 발명에 대해 국제 예비심사를 위한 추가의 비용이 납부되어야 한다.

(3) 항변(protest)에 대한 추가료가 납부된 경우, 규정된 수수료의 납부에 따라, 유럽특허청은 특허협력조약 규칙 40.2(c)에서(e) 또는 규칙 68.3(c)에서 (e)에 따른 항변을 심사하여야 한다. 이 절차에 관한 보다 상세 사항은 유럽특허청장에 의해 결정되어야 한다.

규칙 159 (지정관청 또는 선택관청으로서의 유럽특허청—유럽단계로의 진입을 위한 요건 The European Patent Office as a designated or elected Office—Requirements for entry into the European phase)

(1) 조약 제153조하의 국제출원에 대하여, 출원인은 출원일로부터 또는, 만약 우선권이 주장된 경우, 우선일로부터 31개월 내에 다음을 수행하여야 한다.

(a) 적절한 경우, 조약 제153조 4항 하에 요구되는 국제출원의 번역문을 제공;

(b) 유럽특허허여를 위한 절차의 기초가 되는, 출원된 또는 보정된 대로의 출원서류의 특정;

(c) 조약 제78조 2항에 규정된 출원료의 납부;

(d) 규칙 39하의 기간이 먼저 종료된 경우 지정료의 납부;

(e) 부가적인 유럽조사보고서가 작성되어야만 하는 경우, 조사료의 납부;

(f) 규칙 70(1)하의 기간이 먼저 종료된 경우, 조약 제94조에 규정된 심사청구의 제출;

(g) 규칙 51(1)하에서 먼저 유지료의 기한이 되었다면, 조약 제86조 1항에 규정된 3번째 해에 대한 유지료의 납부;

(h) 적용 가능한 경우, 조약 제55조 2항 및 규칙 25에 규정된 전시 인증서의 제출;

(2) 심사부는 특허협력조약 제25조 2항 (a)하의 유럽특허청의 결정을 할 권한을 가진다.

규칙 160 (요건의 불이행의 결과 Consequences of non-fulfilment of certain requirements)

(1) 국제출원의 번역문 또는 심사청구가 기간 내에 제출되지 않거나, 또는 기간 내에 출원료 또는 조사료가 납부되지 않거나, 또는 기간 내에 지정료가 납부되지 않으면, 유럽특허출원은 취하된 것으로 본다.

(2) 지정료가 기간 내에 납부되지 않은 것에 대한 회원국의 지정은 취하된 것으로 보아야 한다.

(3) 유럽특허청이 그 출원 또는 회원국의 지정이 (1)항 또는 (2)항하에 취하된 것으로 보는 것을 안다면, 유럽특허청은 출원인에게 이것을 통지하여야 한다. 규칙 112(2)가 준용된다.

규칙 161 (출원의 보정 Amendment of the application)

(1) 만약 유럽특허청이 국제조사기관으로서의 역할을 했고 또 PCT 제31조하의 요청이 제출된 경우, 또한 유로-PCT 출원에 대한 국제예비심사기관으로서 역할을 한 경우, 유럽특허청은 출원인에게 국제조사기관의 서면의견 또는 국제 예비심사보고서에 대해 언급할 기회를 주어야 하고, 또, 적절한 경우, 서면의견 또는 국제예비심사보고서에 지적된 불비사항을 정정하도록 요청하여야 하고 또 상세한 설명, 청구항 및 도면에 대해서 해당되는 통지로부터 6개월의 기간 내에 보정하도록 해야 한다. 만약 유럽특허청이 부가적인 국제조사보고서를 작성했다면, 위의 첫 번째 문장에 따른 요청이 PCT 규칙 45bis.7(e)에 따라 주어지는 설명에 관해서 발행되어야 한다. 만약 출원인이 위의 첫 번째 또는 두 번째 문장에 따른 요청에 대해 따르지 않거나 언급하지 않으면, 그 출원은 취하된 것으로 간주된다.

(2) 유럽특허청이 유로-PCT 출원에 대해서 부가적인 유럽조사보고서를 작성하는 경우, 출원은 출원인에게 즉시 알려지는 통지로부터 6개월의 기간 내에 한번 보정될 수 있다. 보정된 그 출원은 부가적인 유럽조사에 대한 기초로서 사용되어야 한다.

규칙 162 (초래된 비용의 청구 Claims incurring fees)

(1) 만약 유럽특허허여 절차에 기초가 되는 출원서류가 15개 이상의 청구항을 포함한다면, 청구항료가, 규칙 159(1)하

의 기간 내에 16번째 청구항과 그 이후의 청구항에 대해 납부되어야 한다.

(2) 만약 청구항료가 기간 내에 납부되지 않으면, 그 기간의 준수의 실패에 관한 통지로부터 1개월 내에도 납부될 수 있다. 만약 이 기간 내에 보정된 청구항이 제출되면, 그 청구항료의 액수는 그 보정된 청구항을 기초로 계산되어야 한다.

(3) (1)항하의 기간 내에 납부되고 (2)항의 2번째 문장하의 액수를 초과하여 납부된 청구항료는 반환되어야 한다.

(4) 청구항료가 기간 내에 납부되지 않는 경우, 관련된 청구항은 포기된 것으로 간주된다.

규칙 163 (유럽특허청에 의한 방식요건의 심사 Examination of certain formal requirements by the European Patent Office)

(1) 규칙 19(1)하의 발명자의 지정이, 규칙 159(1)하의 기한 내에 되지 않았다면, 유럽특허청은 출원인에게 2개월 내에 그 지정을 하도록 요청하여야 한다.

(2) 선출원의 우선권이 주장되고 그리고 규칙 52(1)하 또는 규칙 53에 규정된 선출원의 출원번호 또는 그 사본이, 규칙 159(1)하의 기간 내에 제출되지 않은 경우, 유럽특허청은 출원인에게 2개월 내에 그 번호 또는 사본을 제출하도록 요청하여야 한다. 규칙 53(2) 및 (3)이 적용되어야 한다.

(3) 규칙 159(1)하의 기간의 만료 시에, 특허협력조약 하의 행정지시에 규정된 표준에 따르는 서열목록을 유럽특허청이 이용할 수 없는 경우, 출원인은 유럽특허청장에 의해 규정된 규칙에 따르는 서열목록을 2개월 내에 제출하도록 요청되어야 한다. 규칙 30(2) 및 (3)이 준용되어야 한다.

(4) 규칙 159(1)하의 기간의 만료 시에, 출원인에 대해 주소, 국적 또는 그가 거주하거나 주 영업소가 위치하는 나라가 누락된 경우, 유럽특허청은 2개월 내에 이들 사항을 제출하도록 출원인에게 요청하여야 한다.

(5) 규칙 159(1)하의 기간의 만료 시에, 조약 제133조 2항의 요건이 만족되지 않으면, 유럽특허청은 2개월 내에 직업대리인을 선임할 것을 출원인에게 요청하여야 한다.

(6) 만약 (1)항, (4)항 또는 (5)항에 따른 불비사항이 기한 내에 정정되지 않았다면, 그 유럽특허출원은 거절되어야 한다. 만약 (2)항하의 불비사항이 기한 내에 정정되지 않았다면, 그 출원에 대해 우선권이 상실된다.

규칙 164 (발명의 단일성과 추가의 조사 Unity of invention and further sarches)[15)]

(1) 유럽특허청이 부가조사를 위한 기초로 역할하는 출원서류가 발명의 단일성의 요건을 충족하지 못하는 것으로 판단하는 경우 유럽특허청은,

(a) 조약 제82조의 의미 내의 발명 또

15) 2014.11.1. 시행.

는 발명의 그룹에서 청구항에 처음 언급된 그 발명에 관련된 출원의 해당부분에 대한 부분 부가조사보고서를 작성하고;

(b) 출원인에게 2개월의 기한 내에 관련된 각 발명에 대해 그 나머지 발명을 커버하기 위한 부가 유럽조사보고서를 위해, 추가의 조사료가 납부되어야 한다는 것을 알리고; 또,

(c) 조사료가 납부된 발명에 관련된 출원의 부분에 대해 부가 유럽조사보고서를 작성하여야 한다.

(2) 부가 유럽조사보고서가 반드시 필요하고 또 심사부가 하나의 발명, 또는 조약 제82조 의미 내의 일군의 발명에 대한 심사의 근거로서 사용되는 출원문서에 청구된 것이 국제조사기관 또는 부가국제조사를 위해 정해진 기관의 자격으로서 유럽특허청에 의해 조사되지 않았다고 판단하면, 심사부는:

(a) 출원인에게 2개월의 기간 내에 조사료가 납부된 발명에 관하여 조사가 수행될 것이라는 것을 통지하고,

(b) 아래의 것과 함께 (a)와 관련하여 수행된 조사의 결과를 발행한다;

- 조약 제94조 3항 그리고 규칙 71(1) 및 (2)하에서, 출원인에게 이들 결과에 대해 의견을 제출할 기회와 상세한 설명, 청구항 및 도면을 보정할 기회를 주는 통지, 또는

- 규칙 71(3)하의 통지, 그리고,

(c) 적절한 경우, 국제조사기관 또는 부가적 국제조사를 위해 특정된 기관으로서의 자격으로 유럽특허청에 의해 작성된 조사보고서 또는 (a)하의 절차와 함께 수행된 조사에 대한 (b)하에서 발행된 통지에서, 하나의 발명 또는 조약 제82조의 의미하의 일군의 발명으로 출원을 한정하도록 출원인에게 요청한다.

(3) (2)(a)하의 과정에서, 규칙 62a 및 63이 준용된다.

(4) 규칙 62와 규칙 70(2)는 (2)에 따라 수행된 조사의 결과에 적용되지 않는다.

(5) (1)항 또는 (2)항 하에 납부된 수수료는 출원인이 반환을 청구하고 또 심사부가 (1)(b) 또는 (2)(a)하의 통지가 정당하지 않다는 것을 알면 반환되어야 한다.

규칙 165 (조약 제54조 3항하의 출원과 경합되는 유로-PCT 출원 The Euro-PCT application as conflicting application under Article 54, paragraph 3)

조약 제153조 3항 또는 4항에 규정된 조건뿐만 아니라, 규칙 159(1)(c)하의 출원료가 납부되면, 유로-PCT출원이 조약 제54조 3항하의 선행기술에 포함되는 것으로 간주되어야 한다.

찾아보기

〈저자약력〉

박동식

부산대학교 기계공학과 졸업

부산대학교 기술사업정책학 석사 졸업

부산대학교 기술사업정책학 박사 수료

제30회 변리사 시험 합격

현재 특허법인 남촌 대표 변리사

제2판 유럽특허법

2009년 5월 25일 초 판 발행
2016년 12월 5일 제2판 발행

저 자 박 동 식
발행인 이 방 원
발행처 세창출판사
서울 서대문구 경기대로 88 냉천빌딩 4층
전화 723-8660 팩스 720-4579
E-mail: sc1992@empas.com
Homepage: www.sechangpub.co.kr
신고번호 제300-1990-63호

정가 43,000원

ISBN 978-89-8411-651-1 93360